● 本书为中国社会科学院重大课题成果

中国社会科学院文库
国际问题研究系列
The Selected Works of CASS
International Studies

图书在版编目(CIP)数据

国际体系：理论解释、经验事实与战略启示／李少军等著．—北京：中国社会科学出版社，2012. 8

ISBN 978 - 7 - 5161 - 1332 - 5

Ⅰ．①国… Ⅱ．①李… Ⅲ．①国际关系—研究 Ⅳ．①D81

中国版本图书馆 CIP 数据核字(2012)第 199695 号

出 版 人 赵剑英
选题策划 冯 斌
责任编辑 丁玉灵
责任校对 崔冬梅
责任印制 戴 宽

出 版 中国社会科学出版社
社 址 北京鼓楼西大街甲 158 号（邮编 100720）
网 址 http://www.csspw.cn
中文域名:中国社科网 010 - 64070619
发 行 部 010 - 84083685
门 市 部 010 - 84029450
经 销 新华书店及其他书店

印 刷 北京君升印刷有限公司
装 订 廊坊市广阳区广增装订厂
版 次 2012 年 8 月第 1 版
印 次 2012 年 8 月第 1 次印刷

开 本 710 × 1000 1/16
印 张 34
插 页 2
字 数 592 千字
定 价 78.00 元

李少军 中国社会科学院世界经济与政治研究所研究员，博士生导师，享受国务院政府特殊津贴，主要研究领域是国际关系理论与方法。代表性获奖成果包括：论文《干涉主义及相关理论问题》获中国社会科学院第四届优秀科研成果三等奖；专著《国际政治学概论》、论文《“冲突—合作模型”与中美关系的量化分析》、主编专著《国际战略报告》分别获得中国社会科学院第五届、第六届、第七届优秀科研成果二等奖。其他主要成果包括教科书《国际关系学研究方法》、《国际战略学》、《当代全球问题》，论文《国际安全模式与国家的安全战略选择》、《国际关系大理论与综合解释模式》、《国际关系研究中的事实与观察》、《国际关系研究中的途径与范式》、《国际关系研究中的理论与解释》、《论“主体间世界”》等。

《中国社会科学院文库》出版说明

《中国社会科学院文库》（全称为《中国社会科学院重点研究课题成果文库》）是中国社会科学院组织出版的系列学术丛书。组织出版《中国社会科学院文库》，是我院进一步加强课题成果管理和学术成果出版的规范化、制度化建设的重要举措。

建院以来，我院广大科研人员坚持以马克思主义为指导，在中国特色社会主义理论和实践的双重探索中做出了重要贡献，在推进马克思主义理论创新、为建设中国特色社会主义提供智力支持和各学科基础建设方面，推出了大量的研究成果，其中每年完成的专著类成果就有三四百种之多。从现在起，我们经过一定的鉴定、结项、评审程序，逐年从中选出一批通过各类别课题研究工作而完成的具有较高学术水平和一定代表性的著作，编入《中国社会科学院文库》集中出版。我们希望这能够从一个侧面展示我院整体科研状况和学术成就，同时为优秀学术成果的面世创造更好的条件。

《中国社会科学院文库》分设马克思主义研究、文学语言研究、历史考古研究、哲学宗教研究、经济研究、法学社会学研究、国际问题研究七个系列，选收范围包括专著、研究报告集、学术资料、古籍整理、译著、工具书等。

中国社会科学院科研局

2006 年 11 月

课 题 主 持 人 李少军
全 书 责 任 人 李少军
课题级成员、撰稿人 李少军 李东燕 邵 峰 王鸣鸣
郎 平 王 东 王 玮 徐龙第
胡文秀 张 杨 杨 威

目　录

前　言

国家进行国际竞争，实施对外政策，总是在一定的环境或舞台上进行的。这种环境或舞台，用学术语言来表述，就是国际体系。国际体系是指以主权国家为主的各种国际行为体围绕一定问题互动而形成的整体结构。在这种结构中，每一个行为体都是构成单元，都会受到结构的影响。从这个角度讲，国家进行对外决策，必须对国际体系有充分的了解。这就好比要下水游泳，须对水有充分了解一样。正因为国际体系具有这样的重要意义，相关研究才作为国际关系学科的重要组成部分而发展起来。

有关国际体系的研究是国际关系研究中的宏观部分。国际体系的研究者是从整体上看待国际互动以及这种互动所形成的结构的。之所以要这样做，有两个原因：一是当代的各个行为体和事件存在着复杂的相互联系，这些联系具有整体属性，牵一发而动全身，任何行为体或事件都是整体结构的组成部分。二是国际关系作为一个整体，具有构成单元所不具有的属性，这种属性决定单元会受到环境的无处不在的影响。针对这种特点，国际关系学者有一种共识，即探求国际政治的规律性或相关性，首先要从国际关系的整体着眼。只有在宏观上形成对国际互动的清晰认识，才可能对微观层次的现象做出适宜的解释。这样的哲学观，使得国际体系研究在国际关系学科中处在了最重要的地位。巴里·布赞（Barry Buzan）和理查德·利特尔（Richard Little）指出，没有国际体系的概念，人们就很难证明国际关系作为一个学科存在有道理。没有系统的区别性因素，这个学科就会碎裂化而成为政治学、法学、经济学和社会学的子学科。[1]

对国际体系进行研究，大体上有两个层面。在学理层面上，人们所要研

---

① Barry Buzan and Richard Little, "The Idea of 'International System': Theory Meets History Author," *International Political Science Review*, Vol. 15, No. 3, Jul., 1994, p. 232.

究的是国际关系的整体结构与运作机制。在战略层面上，人们所要研究的是行为体参与互动所面对的国际环境和如何做出战略选择。这两个层面的研究，虽然前者侧重于理论解释，后者侧重于经验解释，但这两者实际上具有内在联系。说得确切些，从理论上对国际体系的机制做出深入解释，才能为国家在国际体系中进行战略选择提供强有力的理由。反过来说，只有在归纳和概括国际互动的经验事实的基础上，才能真正推进国际体系的理论解释。

在国际关系学界，有关国际体系的研究在 20 世纪 60—70 年代成为热点领域，出现了相当多的研究成果。① 由于这一时期的国际格局是美苏对峙的两极结构，因此相关研究基本上是循着权力政治的解释模式。这种解释在 70 年代末以肯尼思 · 华尔兹（Kenneth Waltz）提出的新（结构）现实主义理论为代表，进入成熟期。华尔兹的国际政治理论非常简约，一个常量是“国际无政府状态”，一个变量是“大国的数量”，一个结果是“权力趋于平衡”。②这一研究在国际关系学界得到了广泛认可。在这一时期，独树一帜的英国学派在国际体系研究中也取得了重要进展。英国学派认为国际体系并非是无政府状态下的纯粹的权力结构，还同时存在着规范与制度对行为体起约束作用的“国际社会”。20 世纪 70 年代马丁 · 怀特（Martin Wight）的《国家体系》和赫德利 · 布尔（Hedley Bull）的《无政府社会》是这一学派早期的主要代表作。英国学派对“国际社会”的解释，形成了有别于美国主流学派的国际关系理论。③ 到了 80 年代，随着以基欧汉（Robert Keohane）与约瑟夫 · 奈（Joseph Nye）为代表的自由制度主义理论的兴起，对行为体间的相互依赖与国际制度的解释逐渐流行，形成了与新现实主义体系理论相争论的

① 例如，Sidney Verba，Klaus Knorr，*The International System*，*Theoretical Essays*，Princeton，N. J.，Princeton University Press，1961；Robert L. Pfaltzgraff，*Politics and the International System*，Philadelphia：Lippincott，1969；Morton A. Kaplan，*Great Issues of International Politics*：*The International System and National Policy*，Chicago，Aldine Pub. Co.，1970；Nicholas Greenwood Onuf，“The Principle of Nonintervention，the United Nations，and the International System，”*International Organization*，Spring，1971，Vol. 25，No. 2；David S. Sullivan，Martin J. Sattler，*Change and the Future International System*，New York，Columbia University Press，1972；Ole R. Holsti，Randolph M. Siverson，Alexander L. George，*Change in the International System*，Boulder，Colo.：Westview Press，1980。

② 参见［美］肯尼思 · 华尔兹：《国际政治理论》，信强译，上海人民出版社 2003 年版。

③ 英国学派研究国际体系的代表性文献，可参见 Martin Wight，*System of States*，London：Leister University Press in association with London School of Economics and Political Science，1977；Hedley Bull，*Anarchical Society*：*A Study of Order in World Politics*，London：Macmillan，1977；Hedley Bull and Adam-Watson，eds.，*The Expansion of International Society*，Oxford：Oxford University Press，1984；Martin Wight，*International Theory*：*The Three Troditions*，London：Leister University Press，1991.

局面。[①]

冷战结束后，随着两极体系的解体，人们开始了对体系理论的新思维。一方面，建构主义从社会学的视角解释行为体的互动，提出了有别于物质主义的解释观念互动的体系理论[②]；另一方面，面对冷战后全球化与多极趋势的发展，国际结构的一体化与碎裂化，参与互动的行为体的复杂化与多元化，一些学者感到单一简约的理论已不再适应新的现实，因而提出应从复杂、综合与系统的视角进行国际体系研究。这样的思路为推进国际体系研究展现了新的前景。

1993 年，斯奈德（Jack L. Snyder）和杰维斯（Robert Jervis）主编的《应对国际体系的复杂性》[③] 一书，基于系统效应的视角，探讨了解释国际体系的新观点。该书认为，冷战的结束导致国际体系发生了重大变化。以结构现实主义为代表的体系理论，已不适应日益相互依存的、多极的体系动态。该书所汇集的文章除了对传统体系理论进行修补之外，还基于系统论的视角提出了一些新观点。例如，斯奈德强调要关注国际体系与国内体系的互动，并且关注军事、经济等子系统的影响。杰维斯则提出要关注体系的系统效应。不过，正如斯奈德所说，该书并没有提出新的体系理论，只是针对体系变化提出了一些新思维。

中国学界的国际体系研究，大体上是在国际学界已有研究的基础上发展起来的。这种研究可大致分为两类，一类是理论性研究，另一类是外交与战略研究。理论性研究的成果较多是从国际格局与大国关系着眼进行概念演绎，并且运用历史的方法对国际体系的演进和冷战结束以来的结构转型进行解释。[④] 外交与战略研究主要是以国际格局与世界秩序的研究为背景，阐释

① 参见［美］罗伯特·基欧汉、约瑟夫·奈：《权力与相互依赖》，门洪华译，北京大学出版社 2002 年版。

② 参见［美］亚历山大·温特：《国际政治的社会理论》，秦亚青译，上海人民出版社 2000 年版。

③ Jack L. Snyder, Robert Jervis, *Coping with complexity in the international system*, Boulder: Westview Press, 1993, pp. 1 – 20.

④ 例如，李滨：《国际体系研究：历史与现状》，南京大学出版社 2000 年版；潘忠岐：《世界秩序：结构、机制与模式》，上海人民出版社 2004 年版；刘鸣：《国际体系历史演进与理论的解读》，北京：中共中央党校出版社 2006 年版；夏立平：《当代国际体系与大国战略关系》，北京：时事出版社 2008 年版；杨洁勉等：《大体系：多极多体的新组合》，天津人民出版社 2008 年版。

中国面对的国际挑战与对外政策的选择。①

评估学界对国际体系研究的现状，我们认为，尽管国际学界的几个主流学派都形成了较系统的理论体系，并且出现了进行系统性解释的新思维与新探索，在中国学界有了较多联系外交与战略分析的成果，但无论是体系理论与概念的演绎、经验事实的描述还是战略启示的阐释，都有一些重要方面和问题需要作进一步的探讨。

第一，在概念与理论研究方面，现有的几大主流学派对国际体系都持单一的观点。例如，现实主义把国际体系看做国家进行权力互动的结构，主要表现为冲突；自由制度主义把体系看做复合相互依赖和制度结构，会形成合作；建构主义把国际体系看做共有观念的结构，能够建构行为体的行为。尽管这几种理论都有严谨的逻辑，具有“片面”的深刻，但对照现实就会发现有颇多矛盾的方面。这可能也是几大理论相互间争论不休的一个主要原因。

本书从体系的界定出发对事实进行观察发现，在当代世界，任何国家要满足自己的需求，维护自己的利益，都要参与跨越国家边界的对外互动。行为体参与国际互动，并不是围绕单一问题，它们的多元利益会导致它们参与多元的互动，并因而会形成多元的结构。这些结构有的具有冲突的属性，有的具有合作的属性，有的具有物质属性，有的具有观念属性。由于每个行为体都会参与多个体系的互动，而不同的互动问题又存在相关性，因此这些具有不同属性的体系会经由行为体和互动问题而密切地联系在一起。在这样的复杂体系中进行互动，行为体所受到的影响是非常复杂的，从单一视角很难恰当地解释其结果。基于这一认识，本书认为对体系进行研究，一方面要以现有成熟理论为基础，对它们所解释的各种专门机制作进一步的理论演绎；另一方面，不能局限于这些理论，而要通过观察经验事实，特别是行为体的互动，对体系的运作机制提出一些新解释。这些解释包括对单一机制的说明，但从整体上讲，是综合性与系统性的研究。

第二，国际关系学界现有的体系理论，作为“主义”，与国际互动的现实是有相当程度的脱节的。尽管理论体系的建立需要抽象，但国际关系学科的研究对象毕竟是活生生的现实，如果这种抽象不能与经验事实相对应，那么这种理论就会失去现实意义。就“国际体系”而言，虽然作为概念不能直

① 例如，秦亚青等：《国际体系与中国外交》，北京：世界知识出版社 2009 年版；杨洁勉主编：《国际体系转型和多边组织发展：中国的应对和抉择》，北京：时事出版社 2007 年版。

接观察，但作为对现实的概括却必须与现象相联系。实际上，行为体在任何领域的具体互动，所形成的体系都有可以描述的现象和需要解释的机理。

为了使国际体系的研究能够从抽象变为具体，本书在理论演绎的基础上，对几种主要的互动结构，包括主权国家体系、联合国体系、国际经济体系、国际军事体系、国际政治文化体系等，进行了比较详尽的阐释。对于这些互动结构，学界是有许多专门的研究的①，包括基于体系角度的研究，但把它们作为与体系理论相对应的经验事实，进行综合性的描述和解释，还是很少见的。从学理意义讲，加强经验性研究对于发展国际体系理论是非常必要的。

第三，在以往的体系研究中，尽管国际学界的几个主流学派都阐释了体系影响行为体行为的观点，例如，肯尼思·华尔兹认为国家会周而复始地形成均势，基欧汉和约瑟夫·奈认为相互依赖能够促进国际合作，温特（Alexander Wendt）认为行为体间的共有知识能够建构其利益，但这些阐释基本上都是在学理层面，很少联系行为体的实践，因而不具有指导行为体战略互动的意义。国内学界在这方面的研究与国外学界有很大不同，比较注意与外交、与战略实践相结合，并且特别注意联系中国的实际，但由于体系理论的研究相对薄弱，未能就国际体系影响行为体的机制提出一整套自洽的理论，因而这种研究基本上还是属于中国外交研究的范畴。

本书认为，进行理论联系实际的国际体系研究，不同于传统的体系理论研究，也不同于传统的对外战略研究，而是要在这两者之间建立内在的逻辑联系，并对这种逻辑进行解释。在这里，解释的要点就是行为体的互动。由于体系的构成决定于行为体的互动，体系形成后构成了行为体的互动环境，而这种环境的影响也是作用于行为体的互动，因此对互动机制进行深入的观察与解释，就能够把对体系的理论解释与对行为体战略实践的解释合乎逻辑地联系起来，并使得体系研究能够落到可以操作的外交层面。在本书中，不论是进行理论演绎、事实描述还是战略评估，对互动的解释都是重要的组成

① 例如，可参见 Nicholas Greenwood Onuf, “The Principle of Nonintervention, the United Nations, and the International System,” *International Organization*, Vol. 25, No. 2, Spring 1971; David A. Baldwin, “International political economy and the international monetary system,” *International Organization*, Vol. 32, No. 2, Spring 1978; Ulrich Pfister and Christian Suter, “International Financial Relations As Part of the World – System,” *International Studies Quarterly*, Vol. 31, No. 3, Sep., 1987; Gary Clyde Hufbauer, Steve Charnovitz and Jisun Kim, *Global Warming and the World Trading System*, Washington, DC: Peterson Institute for International Economics, 2009。

部分。

基于上述的总体构想，本书进行了三方面的研究：第一部分是国际体系理论的研究，第二部分是对现实体系的描述与解释，第三部分是基于国际体系视角对中国对外战略的研究。

在对相关概念与理论的研究中，本书从严格的体系界定出发，强调了“单元”、“互动”与“结构”三个要素，并且以互动作为阐释要点。为了说明互动，本书特别强调了“问题”的重要性。尽管把“问题”作为研究要素并非本书的首创，但本书演绎出了一个非常重要的观点，即行为体有不同的问题，就会参与不同的互动，并形成不同的体系。这一观点解释了当今体系林立的原因，也解释了体系理论林立的必然性，并认为不同学派间的排他性争论没有意义。本书认为，此前学界对国际体系的研究，特别是所阐释的权力互动、制度合作与观念建构，都是具有重要意义的成果。这些理论所阐释的结构是并存的。借鉴这些（主流）国际关系理论的研究成果，本书分章节从理论上论述了行为体互动所表现出的权力、制度与观念属性，阐释了这三类互动的结构与机制。虽然这些阐释可以分别与现实主义、自由制度主义和建构主义相对应，但并非是对这三种理论的单纯综述，而是从“互动”这个核心要素出发所作的具有某些新意的演绎。

在第二部分，本书有选择地阐释了国际体系的经验事实，包括主权国家体系、联合国体系、国际经济体系、国际军事体系和国际政治文化体系。这几个体系不能涵盖国际体系的全部，但比较典型地反映了国际互动的现实。主权国家作为国际关系中的主要行为体，其互动结构是当今国际体系的基础格局。联合国作为最具普遍性的国际组织，是国际制度体系的典型体现。国际经济体系、国际军事体系和国际政治文化体系作为有代表性的结构，是行为体在各个专门领域进行互动的产物。对这些领域进行专门阐释，可以比较具体地说明行为体的互动形态及其结果。

本书最后一部分阐释的是国际体系研究对中国对外战略决策的启示。对国家战略进行评估，就要使解释可操作化。毫无疑问，国家进行战略选择，不可能是相对抽象的体系，而只能是相对具体的体系；不可能只相对一个体系，而必须应对多元的体系。从这样的角度进行研究，不但要说明每一种具体结构的存在现状与影响机制，而且要说明它们在整个体系中的地位与相互联系。对国家来说，进行战略互动不但要应对体系的每一种影响机制，而且要应对体系影响所形成的系统效应。

作为国际互动中的一员，中国需要参与各个不同体系的互动，包括与其他大国的权力竞争，在贸易、金融等领域的经济交往，在全球治理中的广泛合作，以及在意识形态与价值观方面的观念互动。在这些互动中，中国作为一个实力迅速上升的发展中国家，不但始终要有正确的身份定位与利益的定位，而且在不同体系的不同机理的作用下要有高明的外交应对。中国需要以谨慎的实力外交处理好与主要大国以及周边国家的权力互动关系，需要以积极的制度外交在国际秩序中扮演参与者和推动者的负责任的角色，同时还需要以广泛的公共外交塑造良好的国家形象。在进行具有不同属性的对外互动的过程中，中国只有在体系中巧妙地统筹运用不同的手段，趋利避害，才能顺利地达到自己的战略目标。

本书所作的研究，作为中国社会科学院的一个重大课题，题目是比较大的。虽然在学术研究上问题过大是大忌，但如果确实是需要研究的问题，那就值得去做。事实上，当我们把国际体系视为国家的战略互动环境时，就必须进行这样的整体性研究，否则所作的解释就没有太大的意义。在这里，关键之点不是问题的大小，而是能不能恰当把握。如果能够在研究中对问题作恰当的界定，清楚论证其研究意义与合法性，并且能够从事实观察与理论演绎中提出具有新意的观点，并建立起自洽的理论，那么这种研究就是有价值的。从现在的研究成果看，应该说实现了立项的设想。由于我们的研究属于国际关系大理论（grand theory）范畴，因此通过对体系的再阐释，对于国际关系学科的发展是有一定的推动意义的。当然，这些研究能否得到学界认可，还有待时间的检验。

本书是集体合作的产物。李少军作为课题主持人，负责整本书的框架设计和思路的确定，撰写了前言与第一章，并最后完成全书的修改与定稿。其他章节的写作分工是：第二章杨威，第三章王玮，第四章王鸣鸣，第五章徐龙第，第六章李东燕，第七章郎平、王东，第八章张杨，第九章胡文秀，第十章邵峰。李少军对全书内容负责。

由于本书的研究框架比较宏大，内容涉及广泛，无论是从演绎理论的角度讲，还是从解释现实的角度讲，都是有很多难点的。尽管我们希望这项研究能够有所创新并给人以启示，但限于水平，目前所形成的这个成果肯定是不完善的，难免有错误与疏漏。我们知道，要发展国际体系研究，结合经验事实建立起一套自洽的体系理论不是一件容易的事，需要较长的过程，因此非常希望我们的研究能够引起讨论，并得到批评与建议。

第一章　国际体系的基本概念

在国际关系学科的学理研究中，“国际体系”（international system）一直是一个核心概念。学者使用的与之含义相近的用语，还有“国家体系”、“世界体系”、“全球体系”及“国际结构”等。对国际体系的相关概念进行讨论，目的是演绎出一套逻辑自洽并具有现实解释力的国际体系理论。这种研究需要说明“国际体系”是对什么现象的概括，其内涵与外延是什么，是怎样构成的，有怎样的属性与机理，对行为体有怎样的影响，并且说明国际体系是怎样变化与演进的。

第一节　国际体系的界定

探讨有关国际体系的概念，首先需要界定什么是“体系”。在中文里，“体系”是指“若干有关事物或某些意识相互联系而构成的一个整体”①。在英文里，system 一词主要指一组有序互动或相互依赖的事物所构成的一个统一整体，或者指有组织的一套学说、思想或原则，通常是用以解释一个有系统的整体的排列与运作。②

比较中文与英文的“体系”词义，可以看到，其主要意思是一致的，即体系是由它的组成部分的互动所构成的一个整体。在这个整体中，其组成部分就是所谓的“单元”。由于体系是由单元的互动所构成，因此“体系”、“单元”和“互动”是体系概念的三个要素。

在国际关系学科的体系研究中，研究者在对“体系”进行界定时，尽管

---

① 中国社会科学院语言研究所词典编辑室编：《现代汉语词典》（第 5 版），北京：商务印书馆 2005 年版，第 1342 页。

② *Webster's Ninth New Collegiate Dictionary*, Springfield, MA: Merriam - Webster Inc., 1991, p. 1199.

表述和用语有不同，但通常都会涉及这些要素。例如，布鲁斯·拉西特（Bruce Rucsett）和哈维·斯塔尔（Harvey Star）提出："一个体系就是一套互动的因素。"① 卡伦·明斯特（Karen A. Mingst）认为："广义地界定，体系是单元、客体或部分经某种形式的有规则互动而联结起来的集合体。"② 巴里·布赞和理查德·利特尔提出："就任何一个体系的概念而言，互动都是最基本的。没有互动，各部分或诸单位便是分离的和独立的。"③

在国际体系的研究中，尽管研究者较普遍地论及这几个要素，但对它们的强调程度却不同。以肯尼思·华尔兹的论述为例。他在阐述其理论时，把体系分为了系统与单元两个层次，认为单元与互动是在单元层次，而由单元的位置和排列所体现的结构则是在系统层次。华尔兹所建立的国际政治理论，是以系统为主要关注点。华尔兹明确提出，应把单元层次的要素，诸如单元的属性、行为、互动忽略掉。他认为，在建构国际政治的系统理论时，不能考虑国家有怎样的政治领袖、社会和经济制度、意识形态等，不能考虑国家之间怎样联系（互动），唯一需要关注的是国家在彼此联系中处于怎样的地位（即如何排列和定位），因为单元的安排属于系统的特性。④ 由于华尔兹的国际政治研究强调的是单元在体系层面的排列结构，并且强调结构对单元行为的决定性作用，因此他的理论被称为结构现实主义。

与华尔兹为代表的结构现实主义不同，也有一些研究者比较关注单元的因素。例如，同为现实主义学派的新古典现实主义，在解释体系影响时就比较重视单元的因素。新古典现实主义认为，国家外交政策的范围与雄心，首先取决于它们在国际体系中的地位，特别是它们的相对物质力量。不过，这种权力地位对外交政策的影响是以国家领导人的感觉为媒介。国家政治领导人所作的外交政策选择，在很大程度上是出自他们自身对国家相对权力的判断。可能对国家外交政策的轮廓和方向起决定性影响的系统压力，未必会强

---

① ［美］布鲁斯·拉西特、哈维·斯塔尔：《世界政治》（第五版），王玉珍等译，北京：华夏出版社 2001 年版，第 14 页。

② Karen A. Mingst, *Essensials of International Relations*, Third Edition, New York and London: W. W. Norton & Company, 2004, p. 83.

③ ［英］巴里·布赞、理查德·利特尔：《世界历史中的国际体系：国际关系研究的再构建》，刘德斌等译，北京：高等教育出版社 2004 年版，第 80 页。

④ ［美］肯尼思·华尔兹：《国际政治理论》，信强译，上海人民出版社 2003 年版，第 53、107 页。

大到决定国家行为特定细节的地步。这种影响只有从比较长远的角度看，才是明显的。①

自由制度主义在阐述体系理论时，强调重点与结构现实主义有相同的一面，也有不同的一面。结构现实主义只强调一个维度——结构，即单元能力的分布，而自由制度主义除了同意这一点之外，还强调了另一个维度——进程，即单元互动的模式或相互联系的方式。② 正因为有这样的不同，自由制度主义才有了以“相互依赖”为核心概念的体系理论。

按照现实主义的理论，作为“体系”对偶概念的“单元”，主要是指主权国家。实际上，对于“单元”的含义，也存在不同的理解与解释。有许多研究者把跨国行为体引入系统研究，并且增加了经济和社会行为体以及次国家行为体。③ 例如，自由制度主义除了关注国家之外，还关注非国家行为体。与自由制度主义有较大相似的全球主义，因为更多关注的是跨越国家边界的联系，因此更强调全球视角下的各种跨国行为体。

不同学派对国际体系中“单元”的不同看法，反映了它们不同的理论偏好，以及对经验事实的不同的观察、认知与概括。从经验层面来看，对于国家行为体与非国家行为体并存的事实，大概没有哪个学派会否认，但它们在建立体系理论时却都有所侧重。在这里，争论的主要问题，就是如何看待国家与非国家行为体的相对地位。

自20世纪70年代以来，伴随着全球政治进程的加速，各种跨国联系和非国家行为体的地位凸显，单元的构成明显地复杂化了。不过，一个不容否认的经验事实是，尽管跨国组织日益增多，非国家行为体的影响日益增大，但国家的边界与政治管辖范围仍然是任何国际组织或个人都不能随意逾越的界限。从这一点来讲，跨国行为体还远未扩展到或达到可以取代主权国家的程度。以欧盟的情况为例，尽管申根国家范围内的人员可以自由流动，欧元区国家流通着同一种货币，《里斯本条约》通过后欧盟有了“总统”与“外长”，但在重大国内和国际事务上，特别是在政治、外交、安全等事务上，

---

① Gideon Rose, “Neoclassical Realism and Theories of Foreign Policy,” *World Politics*, Vol. 51, No. 1, October, 1998, p. 146.

② ［美］罗伯特·基欧汉、约瑟夫·奈：《权力与相互依赖》，门洪华译，北京大学出版社2002年版，第339页。

③ Barry Buzan and Richard Little, “The Idea of ‘International System’: Theory Meets History,” *International Political Science Review*, Vol. 15, No. 3, Jul., 1994, p. 233.

各成员国仍然是首要的和不可替代的行为体，仍然拥有具有主权意义的管辖权。

当然，欧盟一体化的进程也从另一个方面表明，传统主权国家在理论上所普遍享有的至高无上的权威已发生了嬗变。当今的任何政府，不论是否卷入地区一体化进程，进行决策时都不可避免地会受到各种跨国联系与跨国行为体的影响，在很大程度上需要在跨国互动中完成，而且会在一定程度上受到国际规范的约束。例如，联合国的组织体制与规范对主权国家的决策就有众多方面的影响，不但涉及和平与安全问题，而且涉及经济、生态、社会、文化等广泛领域。实际上，当今主权国家围绕任何一个国际问题进行互动，都会直接或间接地与相关国际组织发生关系。尽管国际组织作为行为体互动的产物，本身就是一种国际体系，但它们一旦构成整体，有了自己的独立行为，亦成为一种行为体，并参与更大的体系的互动。观察国际互动现实可以看到，许多国际会议都有国际组织的代表。欧盟的代表就常常与其成员国一道参与国际互动。从这个意义来讲，国家行为体与非国家行为体是并存于国际关系之中的，它们都是构成国际互动的单元。当然，这两类行为体在国际互动中还是有明显区别的。国家行为体在现阶段仍然是最基本的互动单元，因为政府间组织是由主权国家组成的，而非政府组织仍然会受到主权国家在地域上的限制与管辖。

在国际体系中，单元作为组成部分，其基本的存在形式是互动。如果行为体不存在必要的互动，那就不能说它们之间存在体系。在这里，互动的含义是相互联系、相互影响和相互作用。例如，战争、外交、贸易、移民以及文化交流等都是国际体系中单元互动的形态。[①] 就一个体系来说，单元的互动乃是部分构成整体的必要条件。很容易想象，如果没有互动，主权国家就不会构成联合国、北约、东盟那样的国际组织，也不会构成涉及生态、军控、贸易等领域的国际体制。

体系经由单元的互动而构成，这就发生了一个基本问题，即达到何种程度的互动，单元才算构成体系。显然，不是任何程度的互动都能使行为体构成体系。布赞在论述这个问题时，列举了古罗马帝国与中国汉朝互动的例子：这两者知道彼此的存在，但由于相距遥远，交通困难，因此相互来往与

① Barry Buzan, “From International System to International Society: Structural Realism and Regime Theory Meet the English School,” *International Organization*, Vol. 47, No. 3, Summer, 1993, p. 331.

联系非常稀少，基本上是处于彼此隔绝和各自演进的状态。这样的稀少联系就算不上一个体系。[①] 基欧汉与约瑟夫·奈在论述全球主义时，对互动进行了“稀薄”（thin）与“浓厚”（thick）之区分。他们认为，古代欧洲与亚洲的经济文化联系是全球主义，但这种全球主义只是一种“稀薄的”的全球主义，因为参与的人很少，影响面很窄。当今的国际金融市场，则表现为“浓厚的”的全球主义，这种全球主义具有强烈、广泛、大规模、连续且距离远的特点，影响的人很多。用历史的眼光来看，今天的全球主义不同于19世纪，也不同于20年前。今天的全球主义是更远、更快、更深并且更便宜（farther，faster，deeper，and cheaper）的全球主义。[②] 显然，行为体的互动只有达到“浓厚”的程度，才有条件构成体系。

关于互动对体系的构成，赫德利·布尔在《无政府社会》一书中提出了这样的衡量标准：“如果两个或两个以上国家之间有足够的交往，而且一个国家可以对其他国家的决策产生足够的影响，从而促成某种行为，那么国家体系或国际体系就出现了。”[③] 其后，他与沃森（A. Watson）在合写的一篇论文中又提出了一个更简约的说法，即，如果一组独立的政治共同体（political communities）中每一个共同体的行为都是其他共同体必须考虑的因素，那么它们就构成了一个体系。[④]

布尔提出的这种观点，强调的是单元互动的程度与结果，体现了国际关系的内涵。按照这种观点，我们可以提出国际体系的构成标准：单元的互动要达到影响彼此间政策的程度。这里所讲的“影响彼此间政策”，是指相关行为体经过互动会改变政策，采取原本不会采取的行动。这样一个标准对于判断某个体系是否存在是有重要意义的。

---

① Barry Buzan and Richard Little, “The Idea of ‘International System’: Theory Meets History,” *International Political Science Review*, Vol. 15, No. 3, Jul., 1994, p. 233.

② Robert O. Keohane and Joseph S. Nye Jr., “Globalization: What's New? What's Not? (And So What?),” *Foreign Policy*, Spring 2000, pp. 104 – 119.

③ Hedley Bull, *The Anarchical Society: A Study of Order in World Politics*, New York: Columbia University Press, 1977, pp. 9 – 14. 该书的中译本参见［英］赫德利·布尔：《无政府社会：世界政治秩序研究》（第二版），张小明译，北京：世界知识出版社2003年版，第7页。

④ Bull, H. and A. Watson, eds., *The Expansion of International Society*, Oxford: Oxford University Press, 1984, p. 1. 转引自 Barry Buzan and Richard Little, “The Idea of ‘International System’: Theory Meets History,” *International Political Science Review*, Vol. 15, No. 3, Jul., 1994, p. 232。

第二节 国际体系的属性

国际关系研究所针对的“国际体系”，指涉的是人类社会的产物，是某种社会系统，与自然科学研究的“自然系统”是迥然不同的。在自然系统中，单元之间的互动是完全客观的和无意识的，所构成的整体是处于人的意识之外的。例如，太阳系作为一个体系，就与人的意识无关。国际体系指涉的社会现象，乃是人有意识互动的结果。由于国际行为体都是由人构成的，其行为都有意图指导，始终存在观念与意识上的相互交往，因此国际体系是一种具有主体间性（intersubjectivity）的社会存在。① 从这个角度来看，国际体系与自然系统的最大不同，是具有社会意义。所谓社会意义，是指国际体系具有人的意图所赋予的内涵。例如，欧洲国家组成一个联合体，就体现了欧洲国家根深蒂固的“欧洲统一”的理念。从欧共体到欧盟，从最初的煤钢联营到后来在经济、政治、外交、安全等多个领域一体化的深入，都是在这一理念的推动下实现的。以统一的方式实现欧洲的和平与社会发展，正是欧盟这个体系的意义所在。

德里泽克（John S. Dryzek，Margaret L. Clark，Garry McKenzie）等人指出，构成国际政治实体的是人的主体，他们具有选择和设计行为以及进行互动的能力。尽管通常是组成为一个集体行为体，诸如民族国家、国际组织等，但人类主体乃是这种行为体的委托人和代理人。再者，人类的理解、信念和价值都会参与国际体系的创造和演变。在这一方面，物质的和结构性的力量有其作用，但这些力量本身也都受到主体与主体性的影响。显而易见，人类在控制其环境和社会演进方面越成功，主体与主体性对社会科学来说就越重要。②

行为体参与各种不同的国际互动，作为一种有目的与意义的行为，总是要满足某种利益需求，或者说要解决一定的问题。没有一个行为体的对外政策是盲目进行的，是无所谓的。从这个角度讲，任何国际体系都是围绕着某

---

① “主体间性”在这里指行为体间有共享的观念、知识与对世界的认识。这些东西可能是一致的，也可能是不一致的。例如，冷战期间美国与苏联之间相互为敌的意识，也是一种“主体间性”的表现。

② John S. Dryzek，Margaret L. Clark，Garry McKenzie，“Subject and System in International Interaction，” *International Organization*，Vol. 43，No. 3，（Summer，1989），p. 475.

种问题进行互动而形成的，或者说都存在着某种“问题领域”①。“问题领域”（issues - area）的概念最早可能是罗西瑙（J. N. Rosenau）提出的。他认为：“国际体系的结构与功能在不同的问题领域可能是迥然不同的。”②

了解问题领域，对于理解国际体系是非常重要的。这一点在以往的研究中常常受到忽视。实际上，国际体系作为抽象概念，只有与具体的问题领域相联系，才是可以观察和解释的。正因为行为体在互动中都有特定目的，都是以特定“问题”为焦点，因此不同的体系才具有不同的意义。③ 例如，冷战时期的两极体系，两个超级大国都是以“争夺世界霸权”为目的，进行的是权力竞争，因而形成的是一种“高政治”结构。在当今的 WTO 中，各成员国谋求的是经济利益，进行互动的问题是“国际贸易规则的制定、修改和执行”，因而构成的是一种“低政治”结构。作为体系的界定性标志，“问题”构成了一个体系不同于其他体系的主要区别。有学者指出，对全球政治中任何一个体系作质的界定，都要根据它的参加者、参加者的行为，特别是作为行为中心的问题来定。④ 尽管在作这种界定时人们不能忽略行为体互动的外延因素，诸如界定世界格局时需关注参与互动的大国数量，但互动的“问题领域”显然是需要首先关注的内涵因素。

以问题作为国际体系内涵的主要因素，人们可以观察到不同的情况。在有些体系中，行为体的互动比较单一，是围绕一个问题在互动，但也有许多体系，行为体会围绕多个问题在互动。以联合国体系为例，从整体来讲，该组织涉及众多问题领域，每个成员国都需要在其中参与多种不同的互动，包括国际安全、经济、生态、文化、人权等不同问题。但是，如果就联合国某一个具体委员会或下属组织而言，则成员国都是聚焦于一个特定的问题领域。例如，在安理会，成员国的互动是围绕国际安全问题，而在人权委员

---

① “问题领域”（issues - area）的概念最早可能是罗西瑙提出的。他指出：“国际体系的结构与功能在不同的问题领域可能是迥然不同的。”参见 J. N. Rosenau, *The Scientific Study of Foreign Policy*, New York: Free Press, 1971, p. 134。转引自 Donald E. Lampert, Lawrence S. Falkowski, Richard W. Mansbach, “Is there an International System?” *International Studies Quarterly*, Vol. 22, No. 1, Mar., 1978, p. 147。

② J. N. Rosenau, *The Scientific Study of Foreign Policy*, New York: Free Press, 1971, p. 134. 转引自 Donald E. Lampert, Lawrence S. Falkowski, Richard W. Mansbach, “Is there an International System?” *International Studies Quarterly*, Vol. 22, No. 1, Mar., 1978, p. 147。

③ Donald E. Lampert, Lawrence S. Falkowski, Richard W. Mansbach, “Is there an International System?” *International Studies Quarterly*, Vol. 22, No. 1, Mar., 1978, p. 151.

④ Ibid., p. 153.

会，互动则主要涉及人权问题。

通常，行为体进行互动所围绕的问题是会随着时间的推移而变化的。例如，有些体系形成之初只是为了解决经济问题，但随着互动进程的发展，其功能会逐步“溢出”到其他领域。例如，东盟成立之初，成员国进行互动的主旨是防止共产主义的扩张，合作侧重在军事安全与政治中立。冷战结束后各国的互动开始转向地区化目标，开展了各个领域的合作，并且积极与区域外国家或组织展开对话与合作。

从单元的角度来讲，由于每个行为体基于自己的利益，都有多个“问题”需要通过国际互动来解决，因此会参与具有不同属性的互动，并且会构成不同的体系。对于人类社会的不同互动，布赞和利特尔认为主要涉及四个方面，即军事、政治、经济和文化。军事互动主要涉及行为体之间进行战争的能力，以及出自于这种能力的对于威胁的感知。这种互动常常涉及对领土的控制，而且军事力量扮演了主要角色。政治互动涉及的是单元相互承认的方式，以及相互给予的身份，例如，是否认可其他行为体的平等地位，是否相互不承认，或是相互把对方看做无主的可以夺取的领土。经济互动就大部分历史而言，涉及的是贸易关系。只是到了非常近的时期，它们才变成了生产与金融的联系广泛的组织。文化互动涉及的是不同人民和文明之间的思想观念的传播。它们可能是非常特别的技术思想，诸如马镫或犁的使用，或者可能是更堂皇的东西，诸如宗教或有关政治组织之思想的传播。①

布赞和利特尔对问题领域的划分，提供了思考行为体不同互动的一种思路。观察当代国际关系现实，可以看到，行为体的互动及其结果可以说存在非常复杂的情况。在军事上，行为体的互动可能表现为结盟、集团对抗、军备竞赛、战争，诸如第一次世界大战与第二次世界大战，以及冷战时期的东西方对峙；也可能表现为进行军控与裁军的多边外交以及缔结的相关条约或制度。在政治上，行为体的互动可能表现为一种相互冲突、争夺的“自然状态”，也可能表现为组成美洲国家组织、非洲联盟那样的体现合作的国际组织。在经济上，行为体的互动能够形成贸易体系、金融体系，形成各种自由贸易区等。在文化上，行为体的互动可以形成以意识形态为特征的集团，也可以形成以宗教、价值观为体现的共同体。

---

① Barry Buzan and Richard Little, “The Idea of ‘International System’: Theory Meets History,” *International Political Science Review*, Vol. 15, No. 3, Jul., 1994, p. 242.

对于行为体参与的不同互动，摩根（P. M. Morgan）有一种形象的说法：我们可以把国际体系设想为一系列游戏桌上有不同赌注的不同游戏。每一个参与者都参加一两个游戏，而有些参与者同时参与许多游戏。许多游戏是相互依赖的，因此当参与一个游戏时，常常会影响对另一个游戏的参与。[①] 由于行为体为谋求自身利益参与国际互动存在复杂的情况，因此国际关系从整体上来说，呈现的是一种多体系并存的复杂局面。当今世界国际组织林立，每一个国家都参与众多国际组织，就从一个侧面反映了这种状况。针对国际行为体围绕不同的问题进行互动和构成不同体系的现象，有文章提出了“以问题为基础的多元体系”（multiple issue - based systems）的概念。[②] 这一概念是对当代国际体系的一种很好的概括。它强调了体系的问题基础，以及多元体系并存的现实。

多元体系的存在，来源于多元问题的存在。由于行为体（特别是主权国家）都是多个体系的参与者，而它们参与互动的国际问题存在各种联系与相关性，因此不同体系间是存在复杂的相互联系的，呈现为一种相交叠或交织的状态。伯顿（J. W. Burton）指出，当代世界政治如此复杂，原因之一在于许多体系是相联系的，要么是因为参与的行为体（及其行为）相交叠，要么是因为它们所关注的问题相依存。因此，这个世界看起来就像是布满全球的无数叠加的蜘蛛网一样。[③] 伯顿的这种说法，是对当代国际体系存在状态的一种非常好的描述与阐释。

在体系的复杂联系中，成员身份的交叠是基本的联系点。以俄美关系为例，它们共同参与的互动涉及了众多的问题或体系：全球反恐、核不扩散、北约东扩、欧洲反导、战略武器削减、能源供应、欧洲安全、民主人权、中亚地缘较量等。由于它们各自的对外政策行为同时与多个体系相关，因此在围绕一个问题互动时，不可避免地会牵动其他体系。比如，双方在北约东扩和美国在欧洲部署反导系统问题上关系紧张，就可能改变双方在反恐合作和军控问题上的互动，从而对反恐体系和军控与裁军体系发生影响。如果考虑

---

① P. M. Morgan, *Theories and Approaches to International Politics: What Are We to Think?* San Ramon, CA: Consensus, 1972, pp. 227 – 228.

② Donald E. Lampert, Lawrence S. Falkowski, Richard W. Mansbach, “Is there an International System?” *International Studies Quarterly*, Vol. 22, No. 1, Mar., 1978, p. 144.

③ J. W. Burton, *Systems, States, Diplomacy and Rules*, New York: Cambridge University Press, 1968, pp. 8 – 9.

到这种互动与更多国家的连带关系，诸如美俄关系对俄欧关系的影响，以及对中亚国家的影响，那么就可以知道，经由成员国所导致的体系联系是极其复杂的，存在着广泛的系统效应。

从问题领域来说，其相关性所导致的体系联系也是明显和普遍的。例如，发展问题是全球行为体互动的一个基本问题。要解决发展问题，行为体的互动就需要涉及经济增长问题、环境保护问题（包括温室气体排放问题）、贫困问题、贸易与金融问题、健康问题、人权问题等众多方面。由于这些问题具有内在联系与密切的相关性，因此围绕这些问题所形成的体系也是相互联系的。这一点从联合国体系中不同机构的协调与合作中可以看得很清楚。联合国所推行的千年发展目标，就涉及众多子系统，包括联合国开发计划署、世界银行、环境规划署、人口基金会、儿童基金会、国际货币基金组织、粮农组织、世界卫生组织等数十个机构。这些机构实际上都是行为体围绕特定问题互动所形成的体系。

行为体经由错综复杂的互动而构成的林林总总的国际体系，是否存在一般的属性，在国际关系的学理性研究中一直是一个涉及大理论（grand theory）的主要争论问题。在这个问题上，几个主要学派基于不同的观察或理念，提出了不同的解释。

现实主义学派针对“叠加的蜘蛛网”，提出了权力政治的解释。摩根索认为，国际政治像一切政治一样，是追逐权力的斗争。政治家和人民不论以何种手段谋求何种利益，只要他们力图通过国际政治的手段实现自己的目标，他们就必定参与追逐权力的斗争。① 从这个角度讲，国际体系乃是行为体基于权力因素互动而形成的结构。这种以“无政府”为特点的结构，虽然不排除合作，但本质上是一种竞争、对抗甚至战争的关系。行为体参与这种互动的根本宗旨，是要运用权力因素改变他者的行为。由于国家是现今世界上掌握权力的主要行为体，因此这种体系是以国家为主角。以“极”为体现的国际格局（如单极、两极、多极等），国家间因发展军备而形成的相互感到紧张的“安全困境”等，都是这种体系的体现。就现实情况而言，冷战时期的美苏争霸就是典型的全球层面的权力政治体系。

自由制度主义的视角与现实主义不同。这一学派尽管不否认国际体系的

① ［美］汉斯·摩根索：《国家间政治》，徐昕等译，北京：中国人民公安大学出版社 1990 年版，第35—36 页。

“无政府”特性，但关注的是包括非国家行为体在内的更广泛的互动单元，并且把行为体之间的互动视为一种相互依赖。自由制度主义认为，相互依赖会导致合作，而合作的发展会导致出现约束行为体行为的制度与规范。因此，行为体的互动所形成的国际体系，具有一种制度主义的属性。就现实情况而言，主权国家所组成的各种国际组织和签订的各种条约，基于各种全球问题而形成的各种国际合作（例如全球性议程等），都属于具有制度属性的体系。

建构主义的国际体系观具有不同于上述两个学派的“主体间”视角。该学派强调国际体系乃是一种社会事实，是行为体在观念互动的基础上建构的。由于国际关系中的行为体都是由人构成的，其行为都是一定意图的产物，因此它们的互动无时不在进行着观念的交流与沟通。这种沟通会形成一定的共有知识，而这种共有的知识会构成影响行为体行为的形而上的体系。在这种体系中，会谈、会议、互联网、媒体等都是人们的互动形式。通过这种观念互动，行为体会基于认同，在不同的问题领域形成不同的规范或文化体系。例如，基于宗教、意识形态、价值观而形成的联系网络，就属于这样的体系。此外，在许多国家间所建立的“伙伴关系”，也可以视为观念互动的产物，即都把对方“看做伙伴”，并在某种程度上把这种共识体现在对外政策上。

现实主义、自由制度主义和建构主义对国际体系的不同阐释，实际上是对其属性的不同概括。从逻辑上来讲，如果人们承认行为体在上述不同的问题领域与层面都存在互动关系，那么就应该承认国际体系并非只有一个，而是有许多。行为体围绕每一个问题的互动，都会构成一个体系。行为体互动的性质不同，所形成体系的属性就不同。从这个意义来讲，探讨“国际体系”的概念，在整体上需要研究其多重属性而不能仅限于一种属性。从国际关系学界已有研究的贡献来看，至少权力、制度和观念（或文化）都是体现体系属性的基本因素。国际体系所具有的多重属性，决定人们认识国际体系也应该有多元的视角。显然，解释具有不同属性的体系，需要用不同的理论解释其不同的特点与机制。

第三节　行为体与体系的互动

由于体系是由单元的互动构成，因此在有关国际体系的概念中，行为体与体系是一对基本的范畴。就这两者的关系来说，实际上是一种双向的互构，即行为体经由互动构成体系，而体系构成后也会反过来影响和塑造行为体的行为。从这个角度讲，要阐释行为体与体系的关系，就需要说明两者的互构机制。具体来讲，要说明两个方向的影响因素，即单元构成体系的过程中会受到哪些因素的影响，以及体系构成后对单元会产生哪些影响。

一 影响单元参与体系互动的因素

单元在参与构成体系的互动并发挥其作用时，通常会涉及地缘、能力、利益、偏好以及认同等因素，这些因素会使单元的互动带给体系某些特定的影响。

（一）行为体在可以观察的物质层面互动，总是在一定的地缘空间进行的。通常，相邻或相近的行为体会发生更多的互动，因而更容易构成具有地缘意义的体系。欧盟、非盟、东盟、美洲国家组织、上海合作组织等都是典型的地域性体系。这种基于地缘的互动，其内涵可能是权力政治，也可能是制度合作。例如，在东北亚地区，围绕朝鲜半岛问题互动的行为体，在整体上构成的是权力政治体系，至今仍然存在的南北军事对峙，围绕朝核问题的对抗与多边外交互动，都具有这种属性。但在一定的时间和一定的行为体之间，也存在进行合作和建立规范的互动，朝核六方会谈就属于具有合作属性的互动结构。

从地缘空间来讲，行为体进行互动是有远近之别的。中小国家通常是在较近的范围互动，而大国特别是超级大国则可以在广泛的地域甚至在全球范围采取行动。一般来讲，行为体基于地缘因素进行互动，会导致体系具有特定的地域属性。

（二）行为体能在何种范围和进行何种程度的互动，决定于它们的能力。行为体的能力越强，所受到的外部限制就越少。对于体系中单元的能力，华尔兹作了特别的强调。他认为，系统中的单元功能没有差别，有差别的是能力，说得确切些，就是大国小国之分。行为体的能力决定体系的结构。① 行为体作为单元，其功能有没有差别，学界是有不同看法的，这里只讨论单元的能力问题。

---

① ［美］肯尼思·华尔兹：《国际政治理论》，信强译，上海人民出版社 2003 年版，第 129—132 页。

华尔兹所讲的能力，主要是指物质性的硬实力。这种实力的基础，包括经济力量、军事力量和科技力量等。行使这种实力，可以使相关行为体做原本不会做的事。除了这种硬实力之外，有些学者还特别强调行为体所拥有的非物质的软实力，诸如文化影响力等。例如，约瑟夫·奈就对软力量作了大量研究。按照他的观点，软权力能通过吸引力而非威逼或利诱达到目的，这种权力与硬实力具有同样的重要性。① 目前学界较普遍地接受了这样的观点，即参与国际互动的行为体，既需要运用硬实力，也需要运用软实力。

对行为体来说，参与不同的互动要依赖不同的能力。参与权力政治互动，硬实力是主要因素，而参与制度体系或规范建构，软实力则有着同样的甚至是更重要的作用。尽管传统的观点认为弱国无外交，但在很多时候，小国也可以在外交互动中发挥重要影响，例如在国际冲突中发挥斡旋作用。在这种互动中，良好的国际声誉、较强的外交能力和乐于为国际事务作贡献的观念都是重要因素。一般来讲，依靠硬实力互动形成的体系，通常具有权力政治色彩，诸如以“极”为体现的世界格局（单极、两极或多极），而受软实力互动影响较大的体系，则可能凸显体制（regimes）和规范的特点，诸如国际人权体系。

（三）行为体运用能力进行体系的互动，都是为了一定的利益，或者说是要满足一定的需求。每个行为体都有许多利益需求，因此会参与不同体系的互动。对于这些利益需求，行为体会基于判断区别出重要程度的不同，并在参与互动时表现出政策选择的先后排序。按照问题的轻重缓急，它们通常会使自己参与某些体系的行为服从另外一些行为。例如，“9·11”事件发生之后，反恐成为美国的第一需求，而反恐体系也成了美国参与并维护的首要目标。为了这个目标，美国不得不改变在其他一些问题上的政策，同一些原本不那么友好的国家建立起更多的合作关系。

有时，行为体参与某体系的利益需求并不迫切，其他行为体为吸引该行为体加入，会进行某种利益的交换。例如，欧盟在推动俄罗斯加入气候变化框架公约时就是这样做的。从这个角度来看，行为体参与体系的互动是有主动与被动之别的。对于行为体基于利益的行为，可以用理性选择模式进行解

① 可参见 Joseph S. Nye, Jr., *Soft Power: The Means to Success in World Politics*, New York: Public Affairs, 2004。

释，即行为体总是力图以较小代价获取较大利益。

行为体对于利益的追求，依其互动的现状，会直接决定体系的属性。说得确切些，如果行为体追求的是冲突的利益，那么就会构成冲突的体系，反之，则会构成合作的体系。例如，第二次世界大战之前的欧洲，主要国家追求的是冲突的利益，因此战争频仍，第二次世界大战后所追求的是合作的利益，则推动了一体化进程。由于行为体对利益的追求会发生变化，因此体系的属性也会发生变化。

从国际互动的历史发展来看，尽管冲突的体系始终存在，但这种体系不会无限度地发展，因为那样的话人类社会就不能存在了。从这个意义来讲，人类社会的互动始终存在着共同利益。布尔在阐述其体系观时就强调了这一点。他指出，人类面对暴力的时候所表现出来的脆弱性以及使用暴力的倾向性，促使人们形成了有关限制暴力的共同利益观念。人们在物质需求上的相互依赖，促使他们产生了尊重协议的共同利益观念。财富有限度的丰富性和人类有限度的利他主义倾向，导致人们承认他们在确保稳定的占有权这个问题上具有共同的利益。这种共同利益观，可能是畏惧心理的产物，也可能是理性的深思熟虑的结果，即认为人们追求社会生活的基本目标或主要目标时应该受到同等的限制。①

（四）行为体参与体系的互动，除了对利益的理性选择之外，还会受到认同因素的影响。认同因素关系到行为体怎样看待自己以及互动的对象，特别是怎样判断敌人、盟友与伙伴。在类别上，行为体可能进行地区认同、民族认同，也可能进行宗教认同、意识形态认同或社会制度的认同。例如，欧盟的形成，既是一种地区认同，也是一种意识形态与社会制度的认同。欧盟国家把自由、民主、人权、市场经济作为核心价值，从而在一体化的基础上形成了某种价值共同体。实际上，国际关系中的每一个行为体面对体系互动时都会有某种价值选择。出于偏好，它们都希望加入一些体系而拒绝另一些体系。正因为有这样的偏好，因而在国际关系中会存在意识形态、宗教和价值观的体系差异。亨廷顿所讲的文明冲突，就具有这方面的含义。

作为一种具有社会性质的互动，单元的认同因素会使体系具有某种价值与规范意义，在单元之间会形成某种行为准则。正如布尔所指出的，这种体

① ［英］赫德利·布尔：《无政府社会》，张小明译，北京：世界知识出版社2003年版，第43页。

系“体现了一种共同的价值观念，而不是共同的利益观念”[①]。对于行为体基于认同因素进行的互动，在很多情况下是不能用理性选择模式加以解释的，因为行为体有些时候进行认同是不计代价的。

二　体系对单元的影响

在单元层面的互动因素的影响下，体系的形成会具有某些特点或属性，这是单元与体系互动的一个方面。单元与体系互动的另一个方面就是体系形成之后，会反过来对单元的行为产生影响。体系之所以能够对单元产生影响，杰维斯从系统论的角度提出了很好的解释。他认为系统形成之后会具有与单元明显不同的特性，这就是所谓的“突现属性”（emergent properties）。[②]例如，联合国就具有主权国家所不具有的世界事务治理者的属性。任何国际问题，不论是高政治的安全问题还是低政治的经济、社会、生态等问题，经由联合国做出决定就具有合法性，反之则是不合法的。这种“突现属性”决定体系能够对单元发挥特有的影响。

在国际关系学界，几种主要理论都认为体系对行为体会产生影响，但对于体系怎样产生影响和产生怎样的影响却观点各异。

现实主义学派中的结构现实主义对体系的影响强调得最突出，认为体系会决定行为体的行为。肯尼思·华尔兹指出，在一个体系中，不同单元的行为是相似的，由于体系会限制和塑造单元的行为，因而单元的行为及行为的结果具有可预测性。[③] 同属该学派的约翰·米尔斯海默也持相同的观点。他认为：“大国的行为主要受其外部环境而不是内部属性的影响，所有国家必须面对的国家体系的结构在很大程度上塑造着它们的外交政策。现实主义一般不对国家的‘好’或‘坏’进行明确划分，因为任何大国无论它的文化或政治体系如何，也不管它由谁来掌控政府，都会按照相同的逻辑行事。因此，国家很难被区分开来，惟独相对权力的差别例外。实质上，大国犹如台

① ［英］赫德利·布尔：《无政府社会》，张小明译，北京：世界知识出版社2003年版，第43页。

② ［美］罗伯特·杰维斯：《系统效应：政治与社会生活中的复杂性》，李少军、杨少华、官志雄译，上海人民出版社2008年版，第9页。

③ 参见［美］肯尼思·华尔兹：《国际政治理论》，信强译，上海人民出版社2003年版，第96、98—99页。

球，只是型号不同而已。”[①] 尽管两人在体系决定单元行为上观点相同，但结论却不同。华尔兹认为单元的权力互动会趋向于形成均势，而米氏却认为大国之间为争夺霸权不可避免地会发生战争。[②]

自由制度主义认为，以体制（regimes）或国际制度为体现的体系，对单元所起的作用是“禁制”，即“它们限定着特定的行动并禁止其他的行动”[③]。另外，体系作为合作的产物，对行为体谋求利益也会起重要影响，即“降低合法交易的成本，增加非法交易的代价，减少行为的不确定性”。更具体地讲，体系可以推进政府之间的谈判，以达成互相有益的协议；通过对各个议题的联系，以及自身同这些议题的联系，影响遵守所必需的激励因素。[④] 英国学派对体系（即“国际社会”）的阐述，与自由制度主义的理解相似，强调了共同规则对单元行为的制约。[⑤]

建构主义认为，具有“主体间性”的体系具有“建构”作用，即会使行为体采取某些行动。[⑥] 按照建构主义的逻辑，行为体的观念互动会形成某种规范，而规范规定了什么是适当行为，从而会影响参与互动的单元的行为。如果某个单元的行为不合规范，它就会受到体系的压力。在很多时候，它们不得不学习规范并适应规范。这样一个过程，不同于制度的限制性作用，而是一种使行为体“提高认识”的过程。无论这种提高认识是主动的还是被动的，其结果都是单元的观念与行为的改变。

上述几种国际关系主流理论所阐述的体系对单元的影响机制，如果就每一种理论所指涉的特定体系而言，都是有意义和合乎逻辑的。不过，由于国际体系的整体存在呈现的是一种复杂的叠加状态，因此在现实中各种影响可能是交织在一起的。在这种情况下，任何一项国际结果可能都是复杂的因果关系和建构关系所形成的合力的产物。这样的作用机制，用杰维斯的话来

---

① ［美］约翰·米尔斯海默：《大国政治的悲剧》，王义桅、唐小松译，上海人民出版社 2003 年版，第 16—17 页。

② 参见［美］肯尼思·华尔兹《国际政治理论》，信强译，上海人民出版社 2003 年版，第 166—170 页；［美］约翰·米尔斯海默：《大国政治的悲剧》，王义桅、唐小松译，上海人民出版社 2003 年版，中文版前言，第 38—40 页。

③ ［美］罗伯特·基欧汉：《霸权之后》，苏长和等译，上海人民出版社 2001 年版，第 71 页。

④ 同上书，第 130 页。

⑤ ［英］赫德利·布尔：《无政府社会》，张小明译，北京：世界知识出版社 2003 年版，第 11 页。

⑥ ［美］彼得·卡赞斯坦、罗伯特·基欧汉、斯蒂芬·克拉斯纳：《世界政治理论的探索与争鸣》，秦亚青等译，上海世纪出版集团 2006 年版，第 41 页。

说，就是“系统效应”。

国际体系所产生的系统效应，比较突出的表现有两个方面：首先，体系的影响不是单一的而是多元的。每一个行为体在以体系为背景进行互动时都不得不面对多种影响。以中美关系为例，两者的互动会受到世界格局（大国权力结构）的影响，但同时也会受到国际金融与贸易体系、反恐体系、核不扩散体系、环境治理体系、意识形态与价值观认同体系等多方面的影响。其次，体系对单元的影响除了直接产生的作用之外，还会形成更复杂的“涟漪效应”（ripple effect），即“在某一点上发生的变化会产生广泛的影响”[①]。以伊拉克战争为例，美国进行的战争行动，直接的作用对象是伊拉克，但随后就影响到中东的地缘政治体系，接着这场战争又产生了更深远的影响，对美欧关系、美国与伊斯兰世界的关系、核不扩散体系、国际能源体系等产生了作用。这种“涟漪效应”的发生，使得单元与体系之间会形成复杂的联系和因果链条，并会对更广泛的体系和行为体造成连带影响。

第四节　国际体系的历史演进

作为人类社会互动产物的国际体系，并不是静态的结构，而是经历了一个历史演进过程。罗伯特·杰克逊和乔格·索伦森认为：“强调国家体系作为一个历史性的制度是非常重要的，它并非由上帝规定亦非由自然决定，而是由一些人在一定时期塑造成型的一个社会组织。”[②] 基于动态的视角进行观察，可以看到，在不同的历史时期，这种社会组织有不同的形态，并且会随着时间的推移而不断演进。

就现代的国际体系而言，其演进大致有两个维度：一是单元互动范围的扩大，即从较小范围的地区体系演进到具有世界范围的全球体系；二是互动结构的内涵的演进，即伴随着行为体构成的演变，互动中规范、制度因素的增多，国际体系日益呈现出“国际社会”的特点，并会日益增多地表现出某种“人类共同体”的特点。

要了解国际体系的演进，就需要从历史的角度了解人类社会群体间互动

---

① 参见［美］罗伯特·杰维斯《系统效应：政治与社会生活中的复杂性》，李少军、杨少华、官志雄译，上海人民出版社2008年版，第5页。

② ［加］罗伯特·杰克逊、［丹］乔格·索伦森：《国际关系学理论与方法》，吴勇、宁德星译，天津人民出版社2008年版，第11页。

的产生及其发展。

一 人类群体间互动的产生与古代体系的形成

人类社会一产生，就是以群体生活为形式。考古研究发现，原始人类群体的规模大约为几十人。在这种群体内部，成员之间的互动是相互协力的关系。在极低的生产力条件下，人们只有依靠集体的力量，才能在自然界中求得生存。

在原始社会的不同群体之间，只要活动区域有重叠，就会发生互动。这种互动，包括对生存空间和食物的争夺，也包括对抗自然和共同敌人的合作。在这种互动中，不同群体间所形成的最稳定的一种联系，就是经由婚姻而形成氏族关系。氏族社会的形成，是族外婚的产物。当原始群体禁止一切兄弟姐妹间发生性关系时，氏族就出现了。原始社会的互动经历了母系氏族社会和父系氏族社会两个阶段。在母系氏族社会，两个互通婚姻的氏族构成了早期的部落。伴随着生产力的提高和私有制的出现，父系氏族社会取代了母系氏族社会。

原始社会的部落，都是有一定的活动范围的。部落与部落的互动，在很长时间内主要表现为战争。为了解决部落之间的冲突，部落会形成一定的联盟。联盟设有共同的议事会，可以联合对外作战。原始部落制度伴随社会发展逐步解体之后，原本起着管理作用的机构就逐渐拥有了凌驾于一般成员之上的权力，并最终形成了统治若干村社的早期国家。国家的产生是原始社会解体过程中不同政治单元互动的结果。这种互动主要表现为军事兼并和政治权力的扩大。在几大古代文明的发展历程中，都经历了类似的过程。

在古埃及，最早的国家雏形是州。州由许多村社组成。每个州都有自己的图腾、军队和政权机构。早期的埃及约有 40 个州。州之间经过长期的战争和兼并，逐渐统一，在公元前四千纪中叶，形成了两个王国，即上埃及王国与下埃及王国。在约公元前 3000 年前后，上埃及灭下埃及，实现了统一。古埃及王国作为一个体系，所经历的主要互动就是战争，包括对外战争，也包括受到外族入侵。在中王国时期，埃及曾遭到了来自亚洲的游牧部落喜克索斯人的入侵，并受到了后者 100 多年的统治。

在两河流域，最初的国家形成过程开始于公元前 3000—前 2500 年，其标志是出现了许多城市国家。这种城市国家，多为若干地区围绕一个中心城市进行互动而构成。为了争夺奴隶、土地和对河流、灌溉网的控制权，各城市国家之间不断进行战争。在这种战争中，势力强大的国家逐渐实现了较大地区的统一。在公元前 24 世纪，两河领域南部的苏美尔地区和北部的阿卡德地区分别出现了统一的王国。在公元前 18 世纪，古巴比伦王国实现了两河流域的统一。

在世界其他地区，时间或早或晚，也都是先出现较小国家，然后经过主要以战争为形式的互动而形成较大的国家。这种较大国家，无论是史称的王国还是帝国，大多是建立在军事征服的基础上。例如，公元前 6 世纪兴起的波斯帝国，经过军事征服，建立了一个疆域包括小亚细亚、两河流域、巴勒斯坦、埃及、伊朗高原和中亚细亚的广大地区。公元前 4 世纪崛起的马其顿王国，在亚历山大的统治下，首先征服了希腊诸城邦和埃及，然后东侵打败波斯帝国，并进军中亚细亚。在印度河之役受挫后才不得不退兵。当然，这种单依靠军事征服的帝国，其统治往往不稳固。马其顿王国在亚历山大病死后就迅即分裂了。在中国古代的历史进程中，每一次国家统一的实现也都需要经过战争。

对于国际体系的历史演进，布赞和利特尔的研究就追溯到了上古史时期。他们认为，在公元前 3500—前 2500 年，在苏美尔形成了最早的国际体系。在公元前 2000—前 1500 年，在中东形成了一个较大的国际体系。欧亚国际体系的形成是在公元前 500 年至公元 100 年。这个体系（1）通过波斯和希腊之间的战略联系而把中东和欧洲系统联系起来；（2）通过波斯与更晚期的希腊以及印度河谷的战略联系而把中东和南亚系统联系起来；（3）打开了连接中国、印度、中东、地中海/黑海和非洲北半部的陆路和海路商业交通。与这些联系相伴的还有更古老、更间接的联系，经由这些联系，中亚蛮族时起时伏的活动冲击着所有主要的文明中心。

国际体系的历史演进表明，人类社会的产生与发展，在很大程度上就是“国际体系”的产生与发展。

二　互动范围的扩大

古代社会的行为体互动，尽管形成过一些范围广阔的帝国和王国，但限于社会发展水平和自然条件，这些体系还是有很大局限的。在几大主要文明之间，虽然也有联系，但基本上是处于彼此隔绝的状态。在 15 世纪“地理大发现”之前，各种“国际体系”都不具有全球性特点。

布赞和利特尔认为，全球的国际体系形成于 16 世纪初至 1841 年之间。

这一过程开始于欧洲人与美洲的战略和经济联系。在1519—1533年之间，阿兹台克和印加帝国被摧毁了。欧洲人于1497年开始的非洲远航，导致了全球经济体系的迅速形成，得自美洲的黄金和白银被投入了欧洲与亚洲的贸易。欧洲和亚洲之间政治军事互动的延伸，比经济互动要慢。有几点似乎是重要的：德川时期的日本在1623—1641年间实行锁国政策，对抗贸易和文化联系；1689年的第一个中俄条约；18世纪英国在南亚稳步增加的军事和政治权力，特别是1740—1763年打败法国之后；中国在1757年对商业联系的限制；19世纪中叶居优的欧洲（和美国）的军事力量最终进入东亚地区，导致了中国在1841—1842年的失败，并胁迫日本在19世纪50年代打开了国门。从经济和战略视角看，在19世纪中叶，欧洲的强权造就了一个全球性的国际体系。①

欧洲强权所造就的全球体系，尽管存在经济与文化层面的互动，但从总体上讲，是以军事扩张为体现的殖民过程的产物。为了开拓市场，抢占殖民地，掠夺黄金和进行奴隶贸易，全球互动的先行者们以坚船利炮把世界投入了血腥的战争之中。亚洲、非洲、美洲的广大地区，在一段相当长的时期里，正是这种全球互动模式的直接受害者。

欧洲人主导的全球互动的发端，就是所谓的“地理大发现”，而西班牙人和葡萄牙人则扮演了第一批殖民者的角色。从15世纪末开始，在业已完成政治统一和中央集权化过程的专制王朝的支持下，这两国的商人和封建主为了攫取财富，开始了对新航路的探索。葡萄牙人是沿非洲西海岸向南探索。1487年巴托罗缪·迪亚士到达了好望角。1498年达·伽马到达了印度西南的卡利库特。西班牙人是向另一个方向探索。1493年哥伦布到达了美洲。此后，葡萄牙人麦哲伦更于1522年完成了环球航行。新航路的发现使得欧洲人开始走向世界各地。他们的贸易范围得到了空前的扩大，并刺激航海业和工业空前高涨。与此同时，世界范围的殖民主义时代也开始了。从15世纪末开始，早期的殖民者们在非洲、美洲和亚洲大肆掠夺黄金、白银、宝石、香料、大米、糖以及丝织品等，并且从事血腥的奴隶贸易。这样一种掠

① Barry Buzan and Richard Little, “The Idea of ‘International System’: Theory Meets History Author,” *International Political Science Review*, Vol. 15, No. 3, Jul., 1994, pp. 252 – 253. 对于国际体系出现的时间，也有不同的观点。布尔认为，欧洲在15世纪开始的扩张才造就了一个国际体系。可参见 Hedley Bull, “The Emergence of a Universal International Society,” in Hedley Bull and Adam Watson, eds., *The Expansion of International Society*, Oxford: Oxford University Press, 1984, pp. 117 – 126。

夺的方式，正是资本主义原始积累的典型体现。正如马克思所说："美洲金银产地的发现，土著居民被剿灭，被奴隶化，被埋于矿坑，正在开始的东印度的征服与劫掠，非洲被转化为商业性黑人猎夺场所，都表示了资本主义生产时代的曙光。"①

"地理大发现"为"国际体系"向全球的扩张开辟了道路。继葡萄牙和西班牙之后，荷兰、法国、英国等资本主义的先行国家，都投入了对殖民地的争夺和对世界市场的争夺。18 世纪在欧洲发生的工业革命，更进一步推动了这样一个世界主义的过程。最早完成工业革命的英国，在 19 世纪成为资本主义世界的头号强国。出于对世界市场的强烈需求，凭借它自身拥有的强大物质力量，英国在世界各地发动了一系列殖民战争。到 1876 年，英国的殖民地总面积达到了 2250 万平方公里，是它本土的 100 倍，殖民人口 2520 万人，是其本土人口的 8 倍，成为"日不落帝国"②。在这样一个以抢夺殖民地和开拓世界市场为特征的过程中，俄国、美国、德国、日本等也都不甘落后地投入了向海外的扩张。③

如果说 19 世纪的国际体系是欧洲人以殖民扩张的方式把全球性联系强加于亚洲、非洲和美洲的广大地区，那么 20 世纪的国际体系则更清楚地体现出了主权国家互动的特点。20 世纪上半叶发生的两次世界大战，是主权国家参与的世界性的军事互动，造就了国家间力量分布的不同格局与秩序。第一次世界大战之后基于《凡尔赛和约》而形成的"凡尔赛体系"，确立了大国在欧洲、西亚和非洲的统治秩序，而华盛顿会议所签订的一系列条约，则确立了大国支配东亚、太平洋地区秩序的"华盛顿体系"。在第二次世界大战末期，苏、美、英三国首脑在雅尔塔会议上所达成的战后安排，形成了以美苏两极格局为体现的"雅尔塔体系"。这些体现权力互动的国际体系，是属于政治性的世界体系。

自 20 世纪 70 年代末以来，伴随着全球化进程的加速和各种全球问题的凸显，行为体在全球层面的互动日益频繁，各种超越主权国家互动范围并且包括各种非国家行为体的全球性体系不断出现。不论是政治、军事领域，还是经济、社会、生态领域，都出现了世界性议程和跨国主义的互动结构。例

① 马克思：《资本论》第 1 卷，人民出版社 1953 年版，第 948—949 页。

② 参见人民出版社地图室《近代中国百年国耻地图》，北京：人民出版社 1997 年版，第 3 页。

③ 参见李少军《国际政治学概论》（第三版），上海人民出版社 2009 年版，第 403—405 页。

如，行为体围绕贸易、金融、环境、人权、反恐、防扩散等问题进行互动都构成了相应的体系。世界贸易组织、国际货币基金组织、联合国有关人权的制度与机构、联合国有关环境问题的制度与机构等，都属于围绕全球性问题互动的体系。在当代，行为体在全球性结构中的互动已成为常态。

在全球体系普遍存在的情况下，各种地区体系仍然活跃在各个互动层面。由于有了全球性互动的条件，地区性体系很容易跨越原有局限而扩展其范围，而且也不能避免全球性体系的影响。实际上，观察当代任何一个地区性体系，都需要从全球性互动的视角来看才能得出较恰当的结论。

三　体系内涵的演进

国际体系经由何种单元的互动而构成，也存在一个演进过程。以主权国家的产生为标志，我们可以把体系的构成分为两大阶段：前主权国家的古代体系与现代国际体系。从国际关系学科的视角来说，现代国际体系是基本的研究对象。这里所探讨的体系内涵的演进，主要是指体系内的国际政治基本要素的变化。

有关国际体系的内涵的讨论，滥觞于英国学派。马丁·怀特（Martin Wight）最早提出了有关国际体系的三个传统（视角），即霍布斯主义传统、格劳秀斯主义传统和康德主义传统。霍布斯主义传统把国际体系视为所有人反对所有人的战争状态，认为在这种状态下每个国家都是自由地追求自己的目的，不受任何道义或法律的限制。康德主义传统把国际体系视为人类共同体，认为在这种共同体中跨越国界的社会纽带会把所有作为公民的个人联系在一起，在这种联系中存在着限制行为的道义规则，人们享有共同利益，相互间是一种合作的关系。格劳秀斯主义传统是介于前两种传统之间。这种传统虽然承认国家作为主要行为体存在冲突，但认为它们会受到共同规则与制度的限制，而这种规则与制度是产生于国家间的经济与社会交往。①

马丁·怀特所提出的这三个传统，是对国际体系的三种不同解释，并对应于三个不同概念，即国际体系、国际社会和人类共同体。按照赫德利·布尔的解释，只要存在国家，国家之间存在互动，并且互动达到一定程度，就存在国际体系。在国际体系中，如果存在约束国家行为的规范或制度，那就

① 参见［英］赫德利·布尔《无政府社会：世界政治秩序研究》（第二版），张小明译，北京：世界知识出版社2003年版，第19—21页。

演进成了国际社会。就这两者的关系来说，国际社会乃是国际体系的一个类别，是指存在规范与制度的体系。人类共同体与前两者相比，单元已发生了改变，是指公民作为个人进行互动而形成的一种结构。

按照布尔的观点，三种传统所对应的三种结构，乃是国际政治中起作用的三种体系要素。国际体系与国际社会是并存的结构，即“现代国际体系也是一个国际社会，至少国际社会一直是国际体系中起作用的一个要素：国际无政府状态的事实并不能否定国际社会的存在”①。至于人类共同体，布尔认为它是潜在的而非现实的，因为一旦它成为现实，就意味着国家的消亡。②在国家体系存在的情况下，人类共同体只是作为一个要素（体现为跨国联系）起作用。对英国学派来说，虽然国际社会是主要的关注点，但需要结合另外两个要素进行解释。英国学派针对国际体系所阐释的三个要素的观点，对于讨论国际体系的演进有着重要的启示意义。

就主权国家出现以来的国际关系的历史而言，国际体系是始终存在的要素，但体系的存在并不是静态的，而是在不断演进。这种演进的主要表现，就是“国际社会”和“人类共同体”这两种要素在国际互动中的影响日益增大。

“国际社会”作为体现规则与制度的要素，在主权国家形成之初就存在了。作为主权国家形成的标志，1648 年签订的《威斯特伐利亚和约》实际上就蕴涵着有关主权的规范。这种规范的体现，就是每一个主权国家都必须尊重别国的主权地位。虽然这样的规范常常被破坏，但这种主权规范的存在无疑是主体国家体系存在的必要条件。可以想见，如果有国家不尊重别国主权，那么它自身的主权地位就不会得到保证。如果国家破坏主权规范的行为得不到纠正，那么主权规范就失去了意义，而主权体系就无法存在了。所以，主权体系虽然是一种“无政府状态”，即不存在高居于主权国家之上的世界政府或更高权威，但主权国家体系的成员却必须遵循一定的行为规范。从这一点来讲，国家体系一诞生，就是一种具有规范的存在，并因而具有某种“国际社会”的特点。

主权国家遵循主权规范，使得国家（国际）体系能够作为一种相对稳定

---

① ［英］赫德利·布尔：《无政府社会：世界政治秩序研究》（第二版），张小明译，北京：世界知识出版社 2003 年版，第 41 页。

② 参见同上书，第 20 页。

的结构存在。这种结构作为一种互动框架，为主权国家进行更广泛的互动提供了条件。这种进一步的互动，可能涉及各种不同的问题与领域，并且会导致主权国家间形成各种共识和共同利益。主权国家间出现共识与共同利益，它们就会采取集体行动，并确立某种起约束作用的行为准则，以便通过合作实现这种共同利益。这种建立在共识基础上的行为准则就是国际规范。

观察国际关系事实可以看到，国家进行经贸往来，会形成贸易规范；建立外交关系，会形成外交规范；进行军事互动，会形成诸如战争法那样的战争规范。这些规范的生成与发展，会导致国际体系的进一步演化，即在无政府状态的结构中形成日益增多的制度因素，这些因素会伴随着时间的推移而不断扩大其影响，增强其有效性。在当代，由于国际制度已得到很大程度的发展，因此国家在国际体系中的互动，实际上处处都会碰到相关的行为规范。正是因为存在这些行为规范，国际互动才会呈现出一种有序的状态。尽管就单个规范而言，总有一些行为体不愿意遵守，但有序的国际体系在整体上却符合所有行为体的利益。

以国家间的贸易关系为例。最初的贸易可能是偶然发生的。当各个国家间发生频繁的贸易关系之后，为了规范交易行为，减少交易成本，它们就会产生一种共同的需要，即建立一套制度来确保各方的权益。当今世界贸易组织的运作，就是这种需求与互动的产物。当大多数国家加入这个组织并遵守其规则时，作为国际体系一个组成部分的国际贸易体系就形成了。这一制度结构的运作，无疑会使作为整体的国际体系的内在构成发生改变。

伴随着行为体的互动在深度上和广度上的发展，涉及不同问题领域的各种国际组织与国际制度会不断出现，并不断地塑造或改变着行为体的行为。这样一个过程，就是国际体系内涵变化的过程，这种变化使得国际体系日益表现出国际社会的色彩。尽管国际社会的制度与规范没有类似国内政府那样的权威机构加以实施，但也会形成一定的机制以确保行为体能够遵守规范，从而能够在某种程度上进行有序的互动。

当然，我们也应该看到，在不同的互动领域，规范的发展程度和功效是不同的。经济与社会发展等低政治领域的制度化过程是相对发展较快的，而涉及政治与安全问题的高政治领域的制度化过程的发展则相对迟缓，面对重重困难。例如，在核不扩散领域，虽然也形成了诸多规范，但在实际运作中的有效性却远达不到参与互动的单元的期望，国家的参与和批准的程度较低，一些国家不接受其约束，甚至采取对抗的行为，有令不行，有禁不止。

这种现状表明，国际制度与国内制度在实施中还是有本质区别的。

国际体系的内涵发生演变，表明作为体系主要互动单元的主权国家的属性也在发生改变。按照传统的主权理论，国家是享有至高无上的权力的，它们的互动都是在坚硬的主权外壳保护下进行的。然而，由于主权国家在互动中会逐渐接受国际制度的约束并改变自己的行为方式，因而其主权也不可避免地会受到一定程度的限制或削弱。在这个过程中，主权外壳会软化，甚至会变得只具有象征意义。国家发生这种变化，可能有内外两方面的原因。一方面，由于有越来越多的国家加入国际合作，导致国家受到了既定的国际制度环境的压力与影响，不得不加入这一社会化过程，改变自己的观念与行为。另一方面，国家改变自己的行为，也是出于一种理性选择，即知道在接受某种限制的同时，会得到其他方面的更大收益。例如，国家加入世界贸易组织，其经济上的自主权会受到限制，但能获得更大的市场，也可以免受无理的制裁。国家改变行为方式所导致的单元属性的这种改变，与国际制度体系的发展是同步的。

四　主权国家的一体化

在国际制度体系演进的过程中，地区一体化的发展与深化是一种重要的形式，也是国际体系变化的显著标志。这个进程的最典型的事例就是欧洲一体化。为了解决欧洲数百年来战乱不休的问题，第二次世界大战后的西欧国家走上了联合之路。这一联合过程，也是制度化的过程。最初人们的设想是联邦主义，即把欧洲国家编入一个有坚固结构的组织，并建立一个真正拥有权力的欧洲政府。然而，由于各国政府不愿意在国家主权之上建立一个更高的中央政府，因此这种设想并未变成现实。在这种情况下，实现统一的替代性选择出现了，这就是所谓的功能主义（functionalism）。功能主义的最早倡导者是意大利人戴维・米特兰尼（David Mitrany，1888—1975）。他主张在各个功能领域建立国际制度，满足各国人民对跨国社会经济交流的需求，以此克服国家间的政治对立，促进国际和平。功能主义的基本思路是以经济统一为政治协定的达成奠定基础。[①] 从 1952 年建立煤钢联营，到 1958 年建立经

① 参见李巍、王学玉编《欧洲一体化理论与历史文献选读》，济南：山东人民出版社 2001 年版，第 93—116 页；陈志敏、古斯塔夫・盖拉茨：《欧洲联盟对外政策一体化——不可能的使命?》，北京：时事出版社 2003 年版，第 78—81 页。

济共同体和原子能共同体，欧洲整个制度化进程正是循着功能主义的设想进行的。

对于欧洲联合进程中所出现的这种不断扩展与深化的现象，美国学者厄恩斯特·哈斯（Ernst Haas）在20世纪50年代末提出了“新功能主义”的解释。按照这种解释，一体化进程将通过“外溢”（spill－over）的逻辑得到发展：与某个特定目标相关的行动，会带来一个新状态和对更多行动的需求，即原先的目标只有在采取进一步行动的情况下才能实现。这种逻辑将使一体化从一个部门传向其他部门。按照新功能主义的理论，“外溢”不单是功能性的，而且还带有政治性，因为伴随着功能部门的一体化，政治将日益在区域层面而不是国家层面上进行。这样的政治外溢将导致人们的认同和忠诚发生变化，它会引发政治一体化，并最终导致一个政治共同体的形成。[①]

欧洲一体化的实践，确实表现出了这样的“外溢”，即从经济一体化向政治一体化扩展。在这个过程中，成员国的主权在一步步地被侵蚀。从形式上来看，功能主义作为联邦主义的一种替代，似乎是要避免触及国家主权，但当联合过程启动后，它就不可避免地会通向联邦主义，因为在这个过程中会出现超国家机构。面对联合不断发展的局面，参与联合的国家不得不面对这样一种选择：要么让联合过程停滞甚至倒退，要么转让更多的主权。尽管实行联合之初，成员国都小心地把一体化限定在功能领域（主要是经济、社会领域），避免让这个进程扩展到其他方面，但随着联合进程的发展和“外溢”，欧洲联合的进程就不得不一步步地走向政治层面的一体化。

由于一体化的进程导致了一系列超国家机构和决策程序的出现，导致主权受到销蚀，因此在参与联合的成员国之间必然会引发有关主权的争论。这种争论在政策层面的表现，就是所谓的超国家主义（supranationalism）与政府间主义（intergovernmentalism）的争论。在这里，超国家主义是指“拥有超越国家边界或政府的权力与影响”[②]。作为一种体制，其中心特征就是对成员国具有约束性的决定可能在高于国家的层面做出。与之相对，政府间主义的本质乃是主权国家间的一种合作体制。在这种体制中，采取行动必须得到

① 参见陈志敏、古斯塔夫·盖拉茨《欧洲联盟对外政策一体化——不可能的使命?》，北京：时事出版社2003年版，第81—85页。

② Judy Pearsall, ed., *The Oxford Dictionary of English*, Oxford: Clarendon Press, 1998, p. 1866.

成员国全体一致的同意。从超国家主义与政府间主义各自的内涵来看，它们显然是有本质区别的两种政策选择。在欧盟的一体化实践中，这两种政策选择之所以成为争论的主题，是因为欧盟成员国在推动联合的过程中实际上已造就了同时包括超国家主义与政府间主义因素的混合体制。

从欧盟的组织结构来说，代表欧盟共同体利益的欧盟委员会具有典型的超国家主义属性，而代表成员国利益的欧盟理事会和欧洲理事会则具有政府间主义属性。这种“委员会”（Commission）对“理事会”（Council）的体制特点，正是欧洲一体化进程中两种要素并存的结构性产物。一般来说，在涉及联合的不同领域，这两种要素的分量和主导地位是不同的。

从经济领域来说，20 世纪 50 年代《罗马条约》订立之后，欧共体就得到了负责制定对外经济政策的较大权限。《罗马条约》所建立的三个共同体超国家机构，即委员会、欧洲议会和欧洲法院都代表共同体利益，不向成员国负责。在欧共体享有排他性权力的问题上，包括关税同盟、货物贸易下的共同商业政策、不涉及人员流动的跨境服务等领域，超国家主义机制已居支配地位。

在外交与安全政策领域，情况则有很大不同。在 20 世纪 90 年代之前，欧共体的基本现状是只从事经济活动，防务与安全由北约和各成员国负责。1987 年《单一欧洲法令》签署后，在欧共体的条约体系中才第一次出现了政治合作的内容。进入 90 年代，《马斯特里赫特条约》生效后，实施共同的外交和安全政策的进程才真正开始。按照《马斯特里赫特条约》的规定，该项共同政策“涉及外交与安全政策的所有方面”，“包括最终制定一项可适时走向共同防务的共同防务政策”。

在联盟层面上实行共同的外交与安全政策，成员国固然是为了利用联盟的力量来增进本国利益，但显然也担心损害自己的主权，而外交与防务对任何国家来说都是国家主权最核心的部分。从未来的发展看，尽管成员国会继续小心地维护自己在外交和安全方面的主权，但伴随着欧盟的扩大和超国家主义趋势在欧盟整个决策体制中的强化，欧盟国家在外交与安全政策领域也不可避免地会进一步趋向统一。[①] 2009 年获得通过的《里斯本条约》，使得欧盟有了自己的“总统”与“外长”。这标志着一体化进程的进一步发展。

---

① 参见 2004 年 6 月通过的《欧盟宪法条约草案》，见曹卫东编《欧洲为什么需要一部宪法》，北京：中国人民大学出版社 2004 年版，第 123—319 页。

国家间一体化进程的发展，尽管从总体上看是一种制度化建设的深化，体现了原有互动体系中“国际社会”因素的发展，但它同时也体现了一种“人类共同体”因素的发展。欧盟成员国家边界的模糊，欧盟超国家机构对欧盟全体公民的负责，都使得欧盟范围内的公民不再是单纯某一成员国的公民，他们还是欧盟的公民。尽管这种发展还是有限的，但可以视为代表了一种方向。至少在欧盟这个体系内，在国家体系因素继续存在的同时，已形成了由公民跨国互动所体现的明确的共同体因素。

五 全球治理与共同体因素的发展

国家参与国际合作的互动与国际制度的建设，说到底是为了解决共同面对的问题。在当代，国家所面对的问题，除了战争与和平、经济发展等双边和多边的问题之外，还包括日益严峻的全球性问题。这类问题乃是人类社会中所累积的负面效应和社会矛盾达到一定程度的产物。气候变暖、金融危机、核扩散、恐怖主义、贫困化等问题，都是世界各国不得不应对的挑战。可以说伴随着全球化进程，行为体进行互动的问题也全球化了。全球性问题的发生不是一个国家的问题，也不是一个国家能够解决的问题，因此这些问题的凸显促成了行为体的全球互动，这种互动特别表现为以全球治理为形式的全球合作。

“全球治理”（global governance）作为一个概念，其含义有各种不同的界定。联合国“全球治理委员会”（Commission on Global Governance）在1995年的报告中提出了如下界定：治理是或公或私的个人和机构管理其共同事务的诸多方式的总和。它是持续的过程，人们通过这样的过程可以调和冲突的或不同的利益，并且采取合作的行动。它包括了有权迫使人们服从的正式机构和体制，也包含了非正式的各种安排。这些体制与安排，要么是基于人民和机构的同意，要么被认为符合他们的利益。全球治理委员会强调，在全球层次，人们过去一直认为治理是指政府间的关系，如今必须了解，它同时也与非政府组织、各种公民运动、多国公司以及全球资本市场相关联。全球治理中的行为体甚至与具有广泛影响的全球传媒也在互动。①

理解“全球治理”的概念，有这样两个方面是值得注意的：第一，作为

① Commission on Global Governance, *Our Global Neighborhood*, Oxford University Press, 1995, pp. 2 – 3.

一种涉及多种行为体的管理过程，它不但涉及主权国家的政府和由主权国家组成的政府间组织，而且特别涉及以民间（市民）社会为体现的各种非政府组织以及其他行为体；第二，作为一种涉及各种问题特别是全球问题的管理过程，它的管理固然包括国家内部的事务，但更多涉及的是跨国的乃至全球范围的事务。

基于这些特点，人们理解“治理”，应当把它与“统治”相区别。在传统上，“统治”主要是指国家政府的管理。政府管理的权威是政府机关，其权力运作方式是自上而下，带有强制特点，以法规命令为体现，管理范围是在国家的领土边界之内。与政府的管理不同，治理的权威可能来自政府，但也可能来自其他权威。例如，联合国、国际刑警组织、红十字国际委员会、《不扩散核武器条约》等都体现着某种权威。由于治理的权威有不同的来源，因此其运作有自上而下的一面，也有自下而上的一面。例如，非政府组织对政府的监督就是一种自下而上的运作。这种上下的互动，恰恰体现了治理的特有机制。在这样的一种互动中，管理主要是通过合作、协商、建立伙伴关系、确立共同目标等方式实现的。作为一种不受国家边界限制的管理模式，治理所涉及的领域和问题比传统的统治要宽泛很多。在治理的过程中，人们对规范的服从，主要是基于自愿以及对于问题的认同与共识。从这一点来看，治理所形成的权威的属性与统治是有相当大的区别的。①

从国际体系的视角来看，行为体以治理为框架的互动有以下特点：

（1）治理是多层次的，涉及超国家机构（如联合国系统）、跨国机构（如欧盟、东盟等）、主权国家、次国家机构（社区协会、市政部门等）、民间社会乃至个人。这些不同的层次作为治理的主要的基础设施，在结构上是相互联系的。治理所体现的互动实际上是在这样的复杂结构中实现的。

（2）治理的结构或过程是多头或多元的，其中不存在单独的权力中心，也不存在最高的强制性权威。在治理中，政治权力实际上呈现一种分散的状态。在这样的权力结构中，不存在大小权力间的平等，但大大小小的权力都在起作用。作为对传统权威的挑战，在治理中政府并不是唯一的权力中心。各种公共的和私人的机构只要其行使的权力得到了公众的认可，都可以成为各个不同层面上的权力中心。

---

① 参见俞可平主编《全球化：全球治理》，北京：社会科学文献出版社 2003 年版，第 6—8 页。

(3) 治理的形态是复杂的和可变的。它是由不同的机构和网络组成的，这些机构和网络的管辖范围，在功能上或空间上常常相互交叉，而且它们的权力来源和能力也各不相同。在不同的地方，相对不同的问题，治理的主体的地位与调控能力是不同的。

(4) 在治理的体系中，尽管非国家行为体的相对地位凸显，但各国政府并未被边缘化，它们的作用实际上更加重要了。作为承上启下的机构，政府所起的是把不同的治理基础设施结合在一起的重要作用。①

(5) 治理的机制表明，在现代社会，国家正在把一部分原先由它独自承担的责任转移给民间社会，即各种私人部门和公民的自愿性团体。事实上，由私人部门和公民团体承担各种管理责任，正是治理的主要特色。在治理的过程中，公共部门与私人部门之间的界限和责任正变得越来越模糊不清。②

对于治理的这种复杂的互动情况，有人称之为"新中世纪主义"（new medievalism），因为它很像中世纪欧洲的情况：管辖范围犬牙交错，彼此竞争，行政边界相互渗透，政治机构层层划分。③ 对于这种现状，罗西瑙的描述是这样的：全球舞台聚集了各种实体，规模大的和规模小的、正式的和非正式的、经济的和社会的、政治的和文化的、国家的和跨国的、国际的和次国家的、侵略的和和平的、自由的和独裁的，等等。它们共同组成了一个高度复杂的全球治理体系。④

在全球治理的体系中，尽管国家仍然是主要的角色，但人们往往更多关注非国家行为体地位与作用的上升。对于这种趋势，有人称之为全球管制的"私有化"。确实，与传统的国家间政治相比，各种私人实体在推动全球议程、制定相关政策和实施具体行动的过程中，已经成为一支越来越重要的力量。⑤

罗西瑙认为，全球治理的体系实际上包含着两个世界：一个是支配事件

① 参见［英］戴维·赫尔德、安东尼·麦克格鲁编《治理全球化》，曹荣湘等译，北京：社会科学文献出版社2004年版，第14—15页。

② 参见俞可平主编《全球化：全球治理》，北京：社会科学文献出版社2003年版，第4—5页。

③ ［英］戴维·赫尔德、安东尼·麦克格鲁编：《治理全球化》，曹荣湘等译，北京：社会科学文献出版社2004年版，第15页。

④ 参见同上书，第75—76页。

⑤ 同上书，第16页。

进程的国家间体系，另一个是由其他行为体组成的多元体系。这两个体系同时存在，时而竞争，时而合作，相互作用。就这两个体系来说，非国家行为体地位的上升并不意味着国家在走向消亡。相反，国家在未来的数十年或数百年中将继续居于世界事务的中心。不过，事实已经表明，国家已不再是世界政治的唯一主要角色。①

全球治理从形态上来说，包括从全球到个人的各个层次的管理活动。这些活动经由各种联系而形成了广泛的网络。在这些网络中，非政府组织的参与无疑是一个凸显的要素。在一些情况下，非政府组织的活动是在联合国的框架之中，但更多的时候，非政府组织是以独立的身份参与有关问题的互动。《联合国宪章》第 71 条规定："经济与社会理事会得采取恰当办法，俾与各种非政府组织会商有关理事会职权范围内的文件。"据联合国统计，截至 2010 年 9 月 1 日，具有咨商地位的非政府组织共有 3382 个，其中获得全面咨询地位的有 139 个，获专门咨询地位的有 2218 个，获得注册咨询地位的有 1025 个。②

在非政府组织的参与下，联合国这个原本是主权国家构成的体系有了更复杂的互动结构。以联合国的环境治理活动为例，其中非政府组织的参与就是一个重要特征。在 1972 年斯德哥尔摩人类环境会议上，有 250 个非政府组织参加。在 1992 年里约热内卢环境与发展会议举行期间，非政府组织也同时举行了全球论坛，参加团体有约 2 万个，参加的代表有 3 万人。这些与会者密切关注政府首脑会议的进程和讨论的问题，并提交自己的报告、主张、建议，参与政府代表会外讨论。事实上，以这种形式参与全球治理已成为当代国际互动的一种惯例。在重大的国际政府间会议召开的同时，非政府组织往往同时举行自己的会议，对议程施加影响。

非政府组织在很多情况下，扮演的是批评者的角色。在 2002 年约翰内斯堡可持续发展世界首脑会议上，由于发达国家在偿还"生态债务"问题上与发展中国家存在重大矛盾，未能采取实质性措施，因此很多非政府组织提出了抗议。一个名为"地球之友"（Friends of the Earth International，FOEI）的环保组织表示，峰会协议的闭幕声明未能促进贫困与环境问题的解决。

① 参见［英］戴维·赫尔德、安东尼·麦克格鲁编《治理全球化》，曹荣湘等译，北京：社会科学文献出版社 2004 年版，第 75—76 页。

② 数据来源：联合国网站，http：//www. un. org/。

“绿色和平”组织（Greenpeace）的一位发言人认为，峰会协议“比我们想象的还要糟”。牛津饥馑救济委员会（OXFAM）的发言人指出，会议协议是贪婪和自私的胜利，对于穷人和环境来说是一场悲剧。穷人们只获得了一些面包屑。大多数与会领导人缺乏勇气和决心，他们无法达成有效解决贫困与环境恶化问题的全面协议。①

非政府组织在治理中发挥作用的方式是多种多样的。它们可以向政府机构进行正式的询问，提出意见和信息；可以打电话、发电子邮件给相关决策人员，影响决策过程；可以参加各种专业会议提出自己的见解；可以对政府行为诉诸法律行动；可以通过新闻媒体造势；也可以示威甚至进行某种程度的暴力活动。非政府组织可能采取的行动大体上可分为直接施加影响和间接施加影响两种方式。前者是直接与政府机构打交道，诸如参加国际会议和政府的咨询活动，通过提出意见改变政府行为；后者是通过改变大众观念来影响政府行为，主要表现为各种社会活动和宣传活动。② 例如，2001 年小布什政府上台后宣布退出《京都议定书》，“欧洲地球之友”为表示抗议，发动数千人向白宫发送了潮水般的电子邮件。同年，在瑞典哥德堡举行的欧盟峰会上，“地球之友”成员加入了 1.5 万人的游行队伍，要求欧盟单方面承诺批准《京都议定书》。③

除了扮演批评者与抗议者角色之外，非政府组织在解决全球问题的过程中还特别发挥了建设者的作用。其中的一个突出方面，就是进行人道主义救援。据联合国难民事务高级专员公署提供的资料，参与解决难民问题的非政府组织有 2000 多个。④

非政府组织进行人道主义救援，内容相当广泛。以牛津饥馑救济委员会为例，该组织的活动包括提供安全食品、药品和医疗服务，恢复用水供应，建立卫生设施，开展健康教育等。该委员会 20 世纪 50 年代向朝鲜战争，60 年代向刚果内战、尼日利亚内战和印度饥荒的受害者发送过救济物品。80 年代主要向非洲之角的灾民提供紧急救助，帮助恢复生产、生活。90 年代向前

① 李明：《承诺与争吵中的希冀——约翰内斯堡“地球峰会”将可持续发展变成现实》，《文汇报》2002 年 9 月 8 日。

② 参见张贵洪主编《国际组织与国际关系》，杭州：浙江大学出版社 2004 年版，第 307 页。

③ 参见盛红生、贺兵主编《当代国际关系中的“第三者”——非政府组织问题研究》，北京：时事出版社 2004 年版，第 299 页。

④ 资料转引自同上书，第 169 页。

南斯拉夫地区和非洲大湖地区的难民，玻利维亚、巴西和秘鲁交界地区的洪灾受害者，苏丹受干旱影响的灾民提供救助。

同样在人道主义救援领域发挥重要作用的无国界医生组织（Médecins Sans Frontières）是全球最大的独立的专门从事医疗援助的非政府组织。该组织的总部设在比利时，在全球建有18个分部。据有关资料，该组织每年要派出3000名志愿人员，到世界上的80多个国家和地区，与15000名当地雇员一起开展工作。在这些志愿者中，医务人员占一半以上。在人道主义救援活动中，该组织的主要活动是为战争中的受害者、难民以及遭受自然灾害的灾民提供基本的医疗保健和营养服务。

非政府组织参与广泛的全球互动，也构成了各种体系。这种体系的基本构成单元不是国家，而是作为个人的公民。尽管这种体系的地位与作用还比不上国家间组织，但其影响已不容忽视。特别是在全球治理的过程中，这种体系与国家间体系交织在一起，已取得了与主权国家组织近乎同等重要的地位。在发展、生态、难民、人权等领域，这种互动网络的影响都是举足轻重的。显然，这些“民间”体系已构成了国际体系整体的不可分割的组成部分，或者说构成了其中不可缺少的重要元素。

在当代，作为公民的个人能够参与全球互动，与科学技术手段的发展与交通、通信的便利是分不开的。特别是互联网的发展，为全球公民互动提供了一个特殊平台。通过这个网络，信息的全球流动成了非常容易的事情。由于人们能够非常方便地登录这个网络，进行信息互动，因而在一些有共识的全球问题上很容易采取共同的实际行动。近年来频频发生的反全球化的抗议活动就是这种互动的典型体现。

由于这种民间体系的运作是经由公民个人的互动，因而可以视为一种全球共同体因素的发展。虽然在可以预见到的未来这种体系不会取国家间体系而代之，但它的存在与发展，特别是它的无处不在的影响，已构成了国际体系中的新因素，使得传统的国际体系再不是它原来的样子了。

针对全球性联系的发展对主权国家的影响，戴维·赫尔德（David Held）概括为五个方面：（1）伴随着全球相互联系的增多，政府可用的政治手段的效用明显下降；（2）由于跨国力量和相互联系的扩大，减少和限制了国家政府对公民行为的影响；（3）在具有高度相互联系的全球体系范围，在国家行为的许多传统领域，不采取国际合作的形式就无法实现国家的目标；（4）国家不得不增进与其他国家的整合程度；（5）国际机构、组织和制度的大发展，为全球治理奠定了基础。[①]

第五节　结语

讨论国际体系的概念，目的是基于初始的界定，演绎出一套逻辑自洽并具有现实解释力的理论。本书所阐释的体系，是指单元经由互动而构成的整体。在国际关系中，任何行为体要满足自身的利益需求，都需要在相关问题上与外部世界进行互动，只要这种互动达到影响彼此政策的程度，就构成了体系。由于行为体在对外关系中有多元的需求，会参与不同问题的互动，因而会构成不同的体系。由于每个行为体都是参与多个体系互动的单元，它们进行互动的问题相互联系，因此国际体系从整体上讲存在复杂的联系，是一种交叠的网络形态。在这样的体系网络中进行互动的行为体，面对的是多元的环境影响。

从概念上理解国际体系，“单元”、“问题”、“互动”与结构是四个要点。

体系的互动单元，在历史发展进程中是有不同情形的。自威斯特伐里亚体系形成以来，主权国家一直是主要的构成单元。自 20 世纪 70 年代后期起，随着国际组织与非政府组织地位与作用的上升，非国家行为体亦成为体系中的重要单元。在当代，随着全球化进程的加速、全球问题的凸显和全球治理的推进，单元的构成更加复杂化与多样化了。

问题是行为体进行互动的内涵因素。行为体有不同的利益需求，就会围绕不同的问题互动，并因而会形成不同的体系。从动态的视角看，行为体互动的问题改变了，体系的内涵就改变了。在这里，问题决定体系的意义。因此，要解释体系的属性与变化，就必须对问题进行观察与解释。

互动是行为体存在的方式。行为体只要与外部世界有交往，它们就会产生与外部世界相关的利益，并会通过互动的方式谋求这样的利益。如果行为体的利益与他者相冲突，它们的互动就会表现为冲突，如果利益可能协调，它们的互动则会表现为合作。在无政府状态下，行为体的冲突会表现为权力政治，而进行合作则可能建立起规范与制度。无论冲突还是合作，行为体的互动都是在主观意图的指导之下。因此，行为体在物质层面的互动，始终会

① David Held, ed. , *Political Theory Today*, Cambridge: Polity Press, 1991, p. 207.

伴随着观念层面的互动，这种互动会使国际体系具有社会属性。

结构是体系的构成形式。单元不同，问题不同，互动不同，都可能导致结构的不同。在当代，存在冲突的结构，也存在合作的结构；存在权力的结构，也存在制度的结构；存在政治、安全、外交结构，也存在经济、社会、环境结构；存在以主权国家为主的结构，也存在跨国的公民社会结构。从历史演进看，具有“无政府”属性的“国际体系”，由于制度性因素的不断增多而日益具有了“国际社会”的特点，而国际公民社会结构的存在则导致国际体系也具有了某些“人类共同体”的因素。

由于当代的国际体系从整体上讲具有复杂的形态，行为体活动于这样的环境中面对着多元的影响与挑战，因此进行理论解释就需要借鉴系统的观点。对照体系存在的具体事实就可以知道，任何单一视角，都不足以说明当今国际体系互动的全部。尽管体系中的每一种具体的运作机制都需要专门的研究与解释，但只有基于整体性的把握才能得出适宜的认识。

在当代国际关系学界的体系研究中，对权力、制度与观念文化的研究已形成了系统的解释，这些理论构成了本书作进一步阐释的基础。

第二章　权力与国际体系

国际体系作为主权国家间互动的产物，在无政府状态下，首先凸显的是权力因素，而与之相对的结构，则具有权力政治的属性。回顾国际关系学科的已有研究，可以看到，现实主义（realism）对权力与国际体系作了最充分的阐释。对现实主义来说，权力是理解国际互动的关键。所谓国际政治，就是国家间政治或权力政治，说得确切些，就是在一个缺少资源的世界上，群体间为了权力、声望、影响和安全而不间断地进行的斗争。这种互动所形成的整体结构，就是国际格局。在这种结构中，互动的单元是作为整体的国家行为体，其中的主角是可称为“极”的大国。不同的大国关系，会构成不同的世界格局，可以表现为单极、两极或多极。由于国家的权力关系是处于不断变化之中，因此世界格局也会发生变化。格局的演变反映的是权力分布的平衡与不平衡，即均势与霸权。按照现实主义的观点，自从有了国际关系，国际政治就是遵循这样的机制在运作。

由于权力的互动及其形成的结构是国际政治的最引人关注的现实表现，也是国际政治学研究众多经典文献的着眼点，因此阐释国际体系的运作机理需要以此作为开始。

第一节　国际政治中的权力

国际体系是由单元的互动形成的。自从主权国家产生，形成国家间政治，参与权力互动的基本单元就是主权国家。即使在当今各种非国家行为体的作用日益突出的情况下，主权国家间互动的基本框架依然没有改变。对于各种非国家行为体来说，主权国家的边界与主权国家的管辖，仍然是进行全球互动时不能随意逾越的界限。

国家作为体系单元进行互动，与非国家行为体相比，最重要的区别之一，是可以合法使用武力。在国际互动单元中，只有国家可以拥有军队这样的强制性力量。人们通常认为，在20世纪之前，国际体系是准许国家进行战争的。其后尽管禁止战争成为一种规范性观念，发动战争日益失去合法性，但频繁发生的战争事实表明，国家认为有必要，就会使用军事力量，因为在国家之上不存在禁止这样做的力量。[①] 就非国家行为体而言，尽管一些国际组织（如北约）也拥有军事力量，但这种力量及其使用说到底乃是国家授权的结果。国家不授权，这种组织就不能存在。一些非政府组织，如国际恐怖主义组织或是反政府组织，也拥有武装力量，也在使用暴力，但并不具有合法性。因此，国家乃是国际政治中拥有强制力的最基本的行为体，或者说是具有合法性的权力行为体。

国际政治所讲的“权力”，就是英文中的 power。power 体现了国家的根本属性。这一点从英文中有关不同国家的称谓中可以很清楚地看出来：superpower（超级大国）、great power（大国）、middle – range power（中等国家）、small power（小国）。在这些词中，都含有表示权力的 power。在现实主义者看来，国际政治就是大大小小的权力体在较量。由于在国际政治中权力是一个基本要素，因此要解释国家间的互动和体系的形成，首先需要讨论权力的含义。

一　权力的概念

“权力”的概念源于政治学。正如埃尔斯特（Jon Elster）所言，“如同效用（utility）之于经济学，权力在政治理论中是最重要的一个概念”[②]。用鲍德温（David Baldwin）的话来讲，大多数有关政治的界定涉及权力，而大多数国际互动都是政治的或有政治后果，因此这样说并不令人意外，即从修昔底德到今天，在有关国际互动的讨论中，权力一直处于突出的地位。[③] 然而，尽管人们讨论再讨论，但有关权力的适当界定，在国际学界却仍然是个争论问题。[④] 吉尔平（Robert Gilpin）指出，在国际关系领域，更广泛地说，

① Conway W. Henderson, *International Relations*, Boston: McGraw – Hill, 1998, p. 147.

② Jon Elster, “Some Conceptual Problems in Political Theory,” in Brian Barry ed., *Power and Political Theory: Some European Perspectives*, London: John Wiley, 1976, pp. 245 – 270.

③ David Baldwin, “Power and International Relations,” in Walter Carlsnaes, Thomas Risse, and Beth Simmons eds., *The Handbook of International Relations*, London: SAGE Press, 2002, p. 177.

④ ［美］罗伯特·基欧汉编：《新现实主义及其批判》，郭树勇译，北京大学出版社2002年版，第304页。

在政治科学领域，权力的概念是最棘手的概念之一。①

辨析“权力”概念，涉及的问题很多。其中包括：怎样区分行为体的政治互动与非政治互动？权力主要指强制力的功效，还是亦包括说服的影响力？怎样理解“软权力”？国际政治中的权力是目的还是手段？权力表现的是属性、关系还是结构？权力发生作用与观念有怎样的关系？等等。所有这些问题实际上讨论的是一个概念，即权力究竟是什么？

要理解国际政治中的权力，从以下几个方面进行讨论是必要的。

（一）政治与非政治

在政治学领域，韦伯（Max Weber）对权力的界定有较大影响。韦伯认为：“权力意味着行为体在社会关系中居于这样一种地位的可能性，即哪怕遇到反对也能贯彻自己意志，不管这种可能性是建立在何种基础之上。”② 达尔（Robert A. Dahl）对权力的理解与韦伯大体一致，即最好把权力理解为 A 让 B 做原本不会做之事的能力。③ 达尔的这种权力概念得到了较广泛的认可。韦伯与达尔的界定，是从关系的角度进行阐释，即只要 A 有能力改变 B 的行为，那就说明 A 具有权力。④

就国际互动而言，按照上述界定进行解释便很容易理解“权力”的内涵。在行为体实现对外政策目标的过程中，必然与他者发生关系。由于存在目标的差异与利益的冲突，行为体在很多情况下需要运用自己的能力改变他者的行为。说得确切些，在一些场合，国家需要其他行为体做原本不会做的事，或是不做原本会做的事，例如停止冲突、减少军备、签署条约、改变外交立场等。如果行为体运用能力达到了这样的目的，那么就表明了其权力的存在与作用。在这里，权力的含义与政治学的相关界定是一致的，即“权力”是指国际行为体为改变其他行为体的行为而施加的影响或施加影响的能

① ［美］罗伯特·吉尔平：《世界政治中的战争与变革》，宋新宁、杜建平译，上海人民出版社 2007 年版，第 20 页。

② Max Weber, *The Theory of Social and Economic Organization*, New York: The Free Press, 1947, p. 152. 转引自 Walter Carlsnaes, Thomas Risse and Beth Simmons eds., *The Handbook of International Relations*, London: SAGE Press, 2002, p. 180。

③ Robert A. Dahl, “The Concept of Power,” *Behavioral Science*, 1957, Vol. 2, pp. 202 - 203. 转引自 Walter Carlsnaes, Thomas Risse and Beth Simmons eds., *The Handbook of International Relations*, London: SAGE Press, 2002, p. 177。

④ 此种解释可参见 Bruce Russett, Harvey Starr David Kinsella, *World Politics: The Menu for Choice*, 北京大学出版社 2003 年版，第 98 页。

力（capacity）。很多学者支持这一定义，比如摩根索。摩根索在《国家间政治》一书中论述政治权力和国家权力时讲到，所谓权力，“是指人支配他人的意志和行动的控制力”，而国家权力则是这种社会联系中的控制力在国家层面的体现，是人对权力的渴望和行动赋予给国家而形成的。[①] 巴尼特（Michael Barnett）和杜瓦尔（Raymond Duvall）也认为，权力概念反映出“一个行为体通过配置资源实现对其他行为体的控制”[②]。

对权力作上述界定，是存在一个基本的前提的，即行为体对他者行为的改变是就政治语境而言的，或者说是就政治互动而言的。如果行为体之间进行非政治互动，那就与权力无关。正如卡尔（Edward H. Carr）所指出的：“在某种意义上，政治总是权力政治。通常，人们使用‘政治’的时候，并不是指国家所有的活动，而是指那些涉及权力冲突的问题。”[③] 事实上，在国际互动中，行为体之间的各种非政治互动非常普遍。在这种互动中，行为体即使让他者做了原本不会做的事，也不涉及权力。例如，行为体在经济互动中通过变动价格使交易能够实现就不具有权力意义。所以，厘清权力的概念，首先应当作政治性的限定，即只有行为体出于政治意图进行互动，才可能发生权力关系。

进行互动的政治属性的判断，主要根据是行为主体的意愿。由于行为体进行国际互动都是为了实现一定的目的，因此互动的性质就决定于人的主观意图。行为体如果是出于政治目的改变他者的行为，那么互动就具有政治属性，反之则是非政治的。例如，一国停止向他国供应天然气，如果是为了迫使他国补交欠费，那就是非政治的，如果是为了迫使他国改变对外政策，那就具有了政治属性。

在政治互动的范畴，行为体与他者发生关系有可能具有权力意义，但未必都具有权力意义。根据前边讨论的权力概念，权力关系的形成还要看互动的结果，即是否产生了实际效用。只有改变了他者的行为，才表明行为主体拥有权力。例如，美国出兵占领伊拉克，以推翻萨达姆政权的方式改变了伊

---

① ［美］汉斯·摩根索：《国家间政治：权力斗争与和平》，徐昕、郝望、李保平译，北京大学出版社 2006 年版，第 56—141 页。

② Michael Barnett, Raymond Duvall, "Power in International Politics," *International Organization*, Vol. 59, No. 1, 2005, pp. 39 – 75.

③ ［英］爱德华·卡尔：《20 年危机（1919—1939）——国际关系研究导论》，秦亚青译，北京：世界知识出版社 2005 年版，第 98 页。

拉克的国家行为，就是典型的具有权力政治意义的事件，而巴勒斯坦谋求建国的政治斗争，因不能改变西方大国的政策所以不具有权力互动的意义。

基于以上讨论，我们看到了区分权力互动与非权力互动的两个维度。政治性是第一个维度，即只有在政治范围内，行为体的互动才可能涉及权力关系。这一点构成了权力政治的必要条件。没有这个条件，权力政治就无从谈起。在政治的范围内，区分权力互动与非权力互动还有第二个维度，即行为体能够改变他者的行为。这一点构成了权力政治的充分条件。没有这个条件，行为体的政治性互动仍然不能说是权力政治。有了这样两个维度，思考权力关系时就可以把非政治性互动排除在外，同时也把没有实现权力关系的政治性互动排除在外。

从行为体改变他者行为的过程来看，大致可以划分为两种方式，即强制方式与非强制方式。行为体通过威慑、威逼甚至使用暴力的手段进行互动属于强制方式，而进行说服、吸引、诱导等则属于非强制方式。行为体运用强制手段改变他者行为，这本身就是具有政治目的的行为，因此所构成的互动都具有政治性。与之不同，行为体运用非强制手段改变他者行为则存在复杂的情况，可能有政治目的，也可能没有政治目的。有政治目的的互动具有政治性，但是否具有权力意义，还要看能否实现这样的目的。没有政治目的的互动，从理论上来讲是与权力无关的，但从实际情况来看，这种互动也可能产生意外的政治影响，从而构成更复杂的情况。

结合行为主体的主观意图与客观结果，对非强制性互动的属性进行判断，可以区分为下列四种情况（见表 2－1）：

表 2－1 **行为主体非强制性互动属性的判断**

	有明显的政治后果	无明显的政治后果
有明显政治意图	（1）实现了政治意图，具有权力政治意义	（2）没有实现政治意图，未体现权力政治意义
无明显政治意图	（3）政治结果并不是意图的体现	（4）互动没有政治属性

对于这四种情况，可作如下解释：

情况（1），行为主体具有通过非强制方式改变他者行为的政治意图，而且达到了目的。这种互动既具有政治性，又体现了权力的作用。例如，西方国家鼓动“颜色革命”并达到目的，就属于这种情况。中美通过“乒乓外交”打开交往的大门，也属这种情况。

情况（2），行为主体虽然具有通过非强制方式改变他者行为的政治意图，但未达到目的。这种互动具有政治性，但未能体现出权力的作用。例如，力图说服他者改变行为但他者未接受说服，就属于这种情况。

情况（3），行为主体没有通过非强制方式改变他者行为的政治意图，但互动产生了连带的或意外的政治影响。例如，国家间普遍存在的经济互动，从形式上来讲，是通过非强制手段进行交易，而且行为主体大多没有明显的政治意图。不过，这种互动的发展会导致国家间形成相互依赖关系，而这种相互依赖发展到一定程度就会成为稳定双边关系的政治“压舱石”，从而成为政治互动的一个重要影响因素。就中美关系来说，就存在这样的情况。美国购买中国的产品，中国积累的贸易顺差有很大一部分又购买了美国债券。这个过程本身具有经济属性，但同时也构成了双方政治互动的一个重要影响因素。

情况（4），行为主体没有通过非强制方式改变他者行为的政治意图，互动也没有产生其他政治结果。这种互动不具有政治性，也不存在权力的作用。例如，纯粹的民间经济、文化交流就属于这种情况。

在这四种情况中，对情况（1）、情况（2）和情况（4）进行政治性与权力意义的判断都是清楚的，唯有对情况（3）的判断比较复杂。就上述事例来讲，行为体最初的互动意图并不具有政治性，其后来产生的政治影响乃是互动演进过程中的产物，与最初的互动意愿没有直接关系。之所以会形成政治影响，是出于行为体后来的认知。确切地说，只有当行为体出于政治意愿看待并运用这些结果时，这种原本不具有政治属性的因素才具有了政治意义。如果这样的结果在互动中发挥了政治效用，改变了他者的政治行为，那么它就具有了权力的意义。在这里，关键的因素是行为主体在非政治互动中产生了原本没有的政治意愿，从而使得非政治的互动变成了政治互动。显然，当行为主体具有政治意愿之后，这种互动就变成情况（1）了。基于这样的推论，我们可以把情况（3）看做情况（1）的变体，即行为主体的政治意愿是在非政治互动的过程中形成的。

为了进一步说明以上几种情况，我们可以用国际救援（具有非强制属性）为例进行解释。如果救援附带政治条件，而受援国被迫接受这样的条件，那么互动就构成了成功的干涉模式，这属于情况（1）。如果救援附带政治条件，但被受援国拒绝，那么所构成的就是失败的干涉模式，这属于情况

(2)。如果救援不附带政治条件，受援国接受了这样的援助，在这个过程中援助国的形象得到改善，并在事后得到了政治回报，使得双方形成了新的政治关系，那么所构成的就是非政治互动演进为政治互动的事例，这属于情况(3)。如果救援不附带政治条件，受援国接受了这样的援助，事后也没有政治互动，那么所构成的就是纯粹的非政治互动，这属于情况（4）。

（二）硬权力与软权力

由于权力的运用既涉及强制性方式，也涉及非强制方式，因此在概念上可以划分为硬权力与软权力。

运用强制或暴力手段迫使其他国家接受某种影响，例如实施军事打击或是经济制裁，或两种手段相结合，所体现的就是硬权力（hard power)。硬权力的实施实际上是行为体把自己的意志强加于其他行为体。按照传统的理解，权力的运作主要是指这种方式。[①] 例如，卡尔·多伊奇（Karl W. Deutsch）就把“权力”界定为“在冲突中获胜和克服障碍的能力”[②]。通常，人们都把军事力量视为最典型的硬权力，而把进行战争视为对于硬权力的运用。

所谓软权力（soft power)，主要指以非强制方式影响其他行为体的能力。例如，通过意识形态和文化的影响力实现对其他国家的影响，并进而改变其行为，所体现的就是一种软权力。软权力的实现所构成的是一种基于说服的国际关系。

“软权力”的概念是约瑟夫·奈在1990年最早提出的，其后，他在很多文章中对此进行了阐述。[③] 按照约瑟夫·奈的观点，国家达到它想达到的目的，除了依靠引诱（“胡萝卜”）或威胁（“大棒”）之外，也可能是因为别的国家愿意追随它，崇尚它的价值观，学习它的榜样，渴望达到它所达到的繁荣和开放程度。在这种情况下，他者就会改变其行为。以这种方式改变他者行为的能力，就是软权力。软权力是以说服的方式而不是通过强迫或命令

---

① 以上的概念辨析，参见 Mark R. Amstutz, *International Conflict and Cooperation: An Introduction to World Politics*, Boston: McGraw Hill College, 1999, p. 128。

② Karl W. Deutsch, *The Analysis of International Relations*, 3rd ed., Englewood Cliffs, N. J.: Prentice Hall, 1988, p. 20.

③ 可参见 Joseph S. Nye, Jr., *Bound to Lead: The Changing Nature of American Power*, New York: Basic Books, 1990; Joseph S. Nye, Jr., “Soft Power”, *Foreign Policy*, No. 80, 1990, pp. 153 – 171; Joseph S. Nye, Jr., “Soft Power and American Foreign Policy”, *Political Science Quarterly*, Vol. 119, No. 2, 2004, pp. 255 – 270。

达到目的，这种权力主要是与文化、意识形态和制度相联系。①

按照约瑟夫·奈的概念区分，硬权力是有形的、可见的，是以物质为体现的权力，军事力量和经济力量是主要手段；而软权力则是无形的、不可见的，是以思想观念为体现的权力。硬权力的运作，是迫使他者做某事，而软权力的运作，则是通过改变他者的观念而使之心甘情愿地做某事。由于硬权力是有形的和可见的，因此可以观察，比较容易度量和比较。例如，军事力量与经济力量都有许多指标是可以衡量的。软权力作为一种以思想观念为体现的权力，“像爱情一样”，是很难衡量与把握的。例如，当一个国家通过电影、电视、接受留学生等方式发挥影响时，这种影响力有多大就难以评估。

在国际关系中，硬权力的行为主体主要是国家，因为只有国家有权使用军事力量。北约作为军事同盟也可以使用军事力量，联合国在实行集体安全机制时也可以使用军事力量，但这种运作的最终决定权还是在主权国家手里。就使用经济制裁手段而言，虽然并非国家专利，国际组织和跨国公司也可以搞制裁，但毕竟国家的影响最大。与这种情况形成对照的是，非国家行为体在软权力运作中有较大影响。在当今的国际关系中，很多导致政策改变的思想观念来自国际组织和非政府组织。例如，在治理全球问题的过程中，许多国家观念的改变主要是因为受到了各种国际议程的影响，从而接受了相关的国际规范。当然，我们也应该看到，国际组织的观念，在许多情况下也来自个别国家，国际组织是在国家影响下改变了基本的理念，并进而影响到了更多的国家。

从权力运作机制来讲，硬权力的影响是比较容易观察与解释的。1999 年北约对南斯拉夫狂轰滥炸，迫使南签订城下之盟，2001 年美国发动阿富汗战争，推翻塔利班政权，都是典型的运用硬权力的事例。对于这样的事例，人们可以观察权力运作过程，也可以观察权力作用的明显结果。当然，也有许多硬权力的运作，其机制并没有清楚地体现。例如，显示武力就是当今国际关系中常见的运用硬权力的做法，一国进行针对他国的军事演习，目的是为了改变他国的行为，但他国是否受到了这种影响，或者说他国其后行为的改变是不是能归因于这种硬权力的压力，却不容易下结论。再如经济制裁，美国对许多国家进行过制裁，包括对古巴等国的长期制裁，这种制裁肯定是有

① ［美］约瑟夫·奈：《美国霸权的困惑》，郑志国等译，北京：世界知识出版社 2002 年版，第 9—10 页。

影响的，但是否达到了制裁目的，也不容易做出判断。

与硬权力相比，对软权力的运作机制进行判断则更加困难。虽然也有一些属软权力范畴的互动有清楚的机制，如西方国家鼓动“颜色革命”导致政权变更，但多数情况则存在复杂的情况。由于软权力是一种观念性影响，是作用于行为体的心理，通常有一个较长过程，结果的出现是滞后和间接的，因此要判断这种权力是否发生了影响，发生了多大的影响，是不是导致行为体行为改变的主要因素，都有很多不容易判断的方面。例如，一国与他国进行密切的文化交流，肯定会对他国人民的生活方式、思想方式乃至政府行为产生影响，但这种影响怎样体现在对外政策上，却不容易进行观察，因为研究者不可能了解国家决策者的思想改变过程，除非他们自己讲出来，承认他们的转变是因为受到了特定的文化影响。一般来讲，国家决策的形成总是会受到多方面因素的影响，在无法剥离其他因素的情况下，是不可能单独评估观念因素的特定影响的。

面对软权力运作机制的复杂性，进行概念分析首先需要进行政治性的限定，即非政治的文化、观念互动，在未演变为政治性互动之前，是不能视为权力互动的。这样就可以避免对软权力的泛化。例如，美国的一些敌对国的青年人可能喜欢美国的电影及其他文化产品，但只要这种偏好没有变成政治行为，就不能把这种互动定性为软权力的影响。如果受美国影响的政治家执掌了国家政权，并转变了对外政策，那么就可以说美国的软权力发挥作用了。虽然这两者有联系，但毕竟是两种不同的互动，前一种情况充其量只能说是具有潜在的软权力影响。

从政治互动的角度讲，软权力产生作用，其表现就是形成认同。一个国家在别国观念影响下接受一种价值观、意识形态、宗教信仰、国际行为准则，就表明这种观念产生了软权力作用。在这里，互动是否形成了认同，是判断互动是否具有权力意义的主要标准。由于认同的形成有复杂的原因，因此人们心目中软权力影响大的国家未必能真正达到其目的。2003 年美国发动伊拉克战争后，在中东地区推行其民主，目的就是想建立广泛的认同，但却未能如愿。这个事例表明，文化影响力的大小与收效并不存在必然联系。用对方不愿意接受的东西施加影响，效果可能适得其反。

在国际关系中，硬权力与软权力都是国家可用的对外政策手段。一般来讲，这两种权力存在下列关系：

第一，除非是极特殊的情况，所有国家都同时具有这两种权力。即使是有意避开权力之争的中立国家也不例外，它们也有应对外来侵略的硬权力手段。一些小国尽管硬权力很弱，但为了国家的生存与稳定，也都会保有最基本的强制性手段。

第二，在可能的情况下，国家为改变他者行为，总会先使用软权力，因为软权力的成本要低得多。在能说服对方的情况下，就不需要进行强制。在说服无效的情况下，国家的手段就可能升级，从施压到实际使用武力。

第三，由于两种权力有不同的机制与属性，因此它们适用的场合与问题是不同的。在有些领域可以使用硬权力，例如在国家领土主权遭受侵略时进行反击，在需要施加外交压力时进行经济制裁。但也有许多领域基本上不能使用硬权力（有时需要点“胡萝卜”，即提供经济上的好处，但不能使用“大棒”，因为“大棒”无效），例如解决气候变化、金融危机等全球问题时，行为体要想推动相关议程和国际合作，就必须依靠说服。

第四，软权力作为一种通过思想观念发挥作用的能力，尽管其运作与军事、经济力量没有直接关系，但硬权力大国在发挥软权力影响时，与小国还是不同的。一方面，硬权力大国的成功模式可能更具吸引力；另一方面这些国家可能在教育文化建议上有更大的投入，因而在对外文化交流手段上有更多选择。更重要的是，硬权力强大的国家在使用软权力时，其硬权力实际上成了后手，被说服者都清楚，如果不接受说服，硬权力就可能随之而来。

第五，硬权力与软权力尽管在概念上可以区分，但在现实中却常常有复杂的情况。说得确切些，从硬权力到软权力的连线上，实际上分布着各种不同的权力运用情况。例如，一国对他方的行为提出抗议，这究竟算是严厉的说服还是算使用硬权力的先兆？在现实的权力互动中，两种权力常常是交织在一起的。例如，国家在进行战争时，可能同时在进行制度与文化的影响。美国在第二次世界大战后对日本的互动就是如此。

从当代的情况看，硬权力的使用，除了进行战争之外，比较多地表现为经济制裁与军事威慑。经济制裁的发生有不同的情况。只有具有政治意义的经济制裁，才属权力范畴，诸如美国制裁朝鲜、伊朗。如果行为体之间发生的是纯粹的贸易争端，则属于经济互动。军事威慑的运用，主要表现是军备建设与军事部署。例如，发展新式武器，就属于对他者的威慑。进行军事演习，也是较典型的威慑行为。缔结军事同盟，尽管过程是说服，但其结果却是硬权力集团的生成，因而也属于硬权力运作的范畴。由于在当代使用战争手段越来越不具有合法性，且代价高昂，因此进行战争对任何国家来说，都是一种艰难的选择。在有可能引发核对抗的情况下，国家要做出开战的决定就更需要慎重了。

在软权力的应用中，行为体的行为多表现为双边与多边的外交互动，而背景则是全球日益普及的观念沟通与制度影响。由于当今信息交流便捷，这种互动几乎无处不在。极而言之，涉及任何政治问题，只要存在观念的交流，存在观念交流基础上的政府间谈判，就存在说服与软权力影响的过程。这种影响的基础，包括国家的形象、价值观和社会制度，也包括对于特定问题的看法与认知。实际上，只要在行为体改变行为的过程中，他方具有政治意图的互动行为没有使用强制性手段，那么这个过程就可以归入软权力作用的过程。由于软权力所涉及的互动范围极其广泛，因而很难界定其外延。也许可以这样说，硬权力之外的权力都属于软权力。

（三）手段与目的

涉及权力概念的讨论，还有一个重要议题，就是权力是手段还是目的。摩根索在《国际间政治》一书中论述“权力”概念时，就特别讨论了这个问题。

摩根索认为：“国际政治，像一切政治一样，是追逐权力的斗争。无论国际政治的终极目标是什么，权力总是它的直接目标。政治家和人民可以全力寻求自由、安全、繁荣或权力本身；他们可以根据一种宗教的、哲学的、经济的或社会的理想来界定他们的目标；他们可以凭借理想的内在力量，或依靠神力的干预，或通过人类事业的自然发展实现这一理想；他们还可以采用非政治的方式，诸如与别国或国际组织进行技术合作来推动理想的实现。然而，一旦他们力图通过国际政治的手段去实现自己的目标时，他们就必定参与追逐权力的斗争。”① 按照摩根索的观点，在国际政治中，国家必须通过权力手段实现自己的终极或理想目标，要拥有这种手段，国家就必须不断地追逐权力，因而权力具有了更直接的目的性。从这个意义讲，权力既是手段，也是目标。

摩根索在这里所讲的权力，是指硬权力。如前所述，由于国家为实现自己的目标，在很多情况下需要运用硬权力，特别是军事力量和经济制裁的力量，因此国家就必须获得这种权力。为了在国际政治的互动中使自己的权力

① ［美］汉斯·摩根索：《国家间政治——寻求权力与和平的斗争》，徐昕等译，北京：中国人民公安大学出版社1990年版，第35—36页。

有效，国家就必须参与权力的竞争，这种竞争的目的，要么是使自己拥有相对于他者而言的力量优势，以便改变现状，实现对于他者的支配；要么是使自己实现相对他者的力量均衡，以便维持现状，不受他者的支配。由于国家在国际政治中必须时时关注自己硬权力的发展与效用，因此作为手段的硬权力就构成了互动的直接目的。

观察当今的国际关系，可以清楚地看到，国家发展经济力量和军事力量，既是捍卫国家安全的手段，同时作为国家建设的常规任务亦构成了发展的目标。在这里，经济力量的发展可以说具有双重属性，它既是实现国家安全的手段与目标，同时又是实现人民福祉的手段与目标。军事力量作为与硬权力相联系的一个要素，则只与国家安全相关。从理论上讲，如果国家没有维护安全的需求，军事力量的存在与发展就没有意义了。

就软权力而言，其属性与经济力量相似。软权力所涉及的因素可以解释为国家实现政治目标的手段与目的，但它本质上乃是国家精神文明发展的组成部分。任何国家无论是否考虑权力竞争，都需要发展自己的文化教育事业，需要树立良好的国家形象，需要完善自己的制度，形成吸引他国的发展模式。可以说在软权力概念得到广泛认可之后，这些文化思想因素才被纳入权力关系的视野。

从手段与目的的角度讨论权力的概念，所涉及的是国家在权力政治中的行为。说得确切些，国家究竟是以权力为手段还是为目的，在权力互动中的理念与行动的程度可能是不同的。在这个问题上，对软权力和涉及硬权力的经济力量都无须再讨论，因为这些方面涉及的因素大多是国家的终极目标，无论是发展文化事业，还是谋求人民的幸福生活，都需要国家尽力去做，不存在限制程度的问题。需要特别讨论的是硬权力中的军事力量的发展，因为任何国家都不能无限度地增强军事力量。国家究竟应怎样做，这就涉及了对权力是手段还是目的的理解。

对于以军事力量为体现的硬权力的发展，现实主义学派有充分的讨论，而且不同的分支有不同的观点。其中，进攻现实主义（offensive realism）与防御现实主义（defensive realism）是两种典型的观点。

进攻现实主义认为，在国际关系的无政府状态下，安全的稀缺性为国家的权力扩张提供了强有力的动因。由于国家不可能完全把握他国的意图，始终面对着可能的暴力侵害或征服威胁，因此不得不通过军备建设来改进其相对权力地位。由于只有最强大的国家才有最好的生存机会，因此国家会寻机削弱可能的敌手，追求其权力的最大化。由于扩张常常是以对手为代价积累更多权力的最好方式，因此在这样做的利益超过代价的时间和地点，国家就会追求扩张主义的政策，并倾向于采取可能导致与其他国家发生冲突的行动。进攻现实主义特别关注修正主义强国（revisionist power）的威胁，因为这样的国家为改变国际关系的现状，会冒险一战以实现其目标。国际无政府状态之所以会导致国家最大限度地扩展其力量，原因就在于没有国家能确定什么时候会出现一个真正的修正主义强国。按照进攻现实主义的逻辑，大国追求权力的过程，不可避免地会导致对霸权的争夺，并因而形成战争那种“大国政治的悲剧”。这一学派的代表人物米尔斯海默（John J. Mearsheimer）就对这种趋势作了最典型的阐述。①

与进攻现实主义不同，防御现实主义对国际政治的态度较为乐观。防御现实主义认为，尽管安全困境难以驾驭且不可避免，但它未必会导致剧烈的竞争和战争。国际体系只在有限的情况下才会提供扩张和侵略的动机。除了权力的总体分配之外，其他物质因素（防御现实主义称之为“结构调节剂”——structural modifiers）是可以增加或减少冲突的可能性的。这些因素包括军事技术上的进攻—防御平衡、国际经济压力、地区军事平衡等。以这种看法为基点，防御现实主义认为国家会努力追求安全而不是谋求相对权力的最大化。在追求安全的过程中，国家通常会实施较温和的战略，实施克制的军事、外交和对外经济政策。对于现实的威胁，防御现实主义认为国家会以适宜的方式，即以“进行平衡”的方式威慑威胁者，从而消除对实际冲突的需要。防御现实主义认为进攻现实主义所提出的大国战争的预言夸大了对威胁的感觉，并且过分相信军事力量的功效。例如，范·埃弗拉（Van Evera）指出：“国家极少如它们自己所想象的那样不安全。再者，如果它们是不安全的，那这样的不安全也往往出自于它们为逃避想象中的不安全而作的努力。”②

由于防御现实主义者与进攻现实主义者对国际政治的根本感觉和判断不同，因此在国家的对外政策上会有不同选择。进攻现实主义认为国家只有权力居优才有安全，需要始终保持权力的优势，因此是把权力视为目的，追求

① 参见［美］约翰·米尔斯海默《大国政治的悲剧》，王义桅、唐小松译，上海人民出版社2003年版。

② 参见 Van Evera, “Offense, Defense and the Causes of War,” *International Security*, Vol. 22, No. 4, 1998, pp. 42－43。

的是权力的最大化，会要求国家比照竞争对手的总体实力发展自己的权力。防御现实主义认为安全才是国家的目的，而权力只是手段，因此主张国家采取防御态势并保有适度的权力。为了安全的最大化，国家应根据所受到的威胁发展权力。

以上所讨论的两种有关硬权力发展的观点，实际上涉及的是军力增长程度的问题。对于进攻现实主义来说，军力的增长是没有限度的，只要对手在发展，自己就要发展，并且要始终保持优势。对于防御现实主义来说，军力的增长应该是有限度的，只要能够实现安全就行了。就具体的行为主体来说，超级大国及其挑战者的行为模式大体上属于前者，对它们来说，进行竞争的主要内容就是军备竞赛，享有军事优势者才能居于霸权地位。对于世界上的其他国家来说，则不可能参与这样的游戏。尽管在它们之间也存在发展军力的竞争，但它们的发展毕竟是有限度的，因为它们不可能参与谋求霸权的互动。例如，在当今的世界，一般的国家都不会设想建立一支与美国相匹敌的军队。如果哪个国家超出自己的实力谋求不可能实现的权力目标，那就会牺牲人民的福祉，使自己的国家发展陷入歧途。

总之，国家谋求霸权，就会以权力为终极目标；无意谋求霸权，则会以权力作为时刻要用到的手段。尽管以权力为手段进行军力的建设也会在一定程度上以之作为直接目标，但这种建设不可能无限度地进行。国家以权力为手段谋求安全，在对外互动中往往会采取防御的态势。从这个角度来讲，两种不同的权力互动选择，会形成两种不同的权力结构，即霸权与均衡。

（四）客观与主观

把权力理解为改变他者行为的能力，那么，这种改变是怎样发生的呢？对此，摩根索有重要的论述。他认为，在我们讲到权力时，是指人支配他人的意志和行动的能力。他说："一项政策的实际目标，无论是获得自然资源，控制海上要冲，还是改变领土现状，始终必须通过影响他国意志，支配他国行为的途径来实现。"在这里，他强调了权力互动关系中的观念因素的作用，即"政治权力是权力行使者与权力行使对象之间的心理关系。前者通过影响后者的意志而对其某些行动有支配力量"①。

摩根索的这些论述，讲清了一个道理，即在国际政治互动中，一方要通

① ［美］汉斯·摩根索：《国家间政治——寻求权力与和平的斗争》，徐昕等译，北京：中国人民公安大学出版社1990年版，第37—41页。

过权力改变他方行为，最终要使其意志发生改变。如果互动不能使其意志发生变化，那么再强的力量也没有意义。美国在伊拉克战争和阿富汗战争中就遭遇了这样的情况。美国的军力是无与伦比的，但这种权力并没有改变这两国反美力量的意志。

就权力的运作机制来说，软权力的作用就是通过文化和思想观念因素影响他者，从而达到改变其行为的目的。在这里，无论是过程还是结果，都涉及了人的心理活动。对于硬权力的作用，正如摩根索所说，也是通过心理机制。由于国际政治是人的互动，互动的每一方都有意图，因此一方即使使用物质手段让另一方做原本不会做之事，也不是客观的自然过程，而是一个有心理活动的社会过程。这个过程能实现，是因为权力作用对象的观念或意志被改变了。

在权力作用下行为体的观念或意志之所以会改变，按照摩根索的解释，有三种情况：对利益的期待、对损失的恐惧、对领袖或机构的敬仰和热爱。①摩根索所讲的第一种情况，是指行为体对他者进行利益引诱，即用“胡萝卜”达到目的。例如，一些小国接受大国的要求而改变行为，可能是为了依靠大国维护安全，或者是为了得到经济援助。大国能在一些小国建立军事基地，就往往是依靠这种手段。第二种情况，是指行为体对他者施加强制措施，即用“大棒”达到目的。例如，大国对小国进行经济制裁或军事威胁，就属于这种情况。第三种情况，是指行为体具有威信、魅力，能够吸引他者服从、追随和效法。这种情况所体现的就是软权力的作用机制。

由于重视观念因素的影响，摩根索认为合法权力（即得到了道德或法律认可的权力）比非法权力更具影响力。他指出：“合法权力比等量的非法权力更能影响权力对象的意志。通过自卫或以联合国的名义，就比‘侵略’或违犯国际法，能够更为成功地行使权力。我们将看到，政治意识形态是为这样一个目标服务的，即为外交政策披上合法的外衣。”② 在这里，“合法”体现的是被统治者的同意。行为体如果行使的是得到权力对象同意的权力，那么这种权力在观念上就会有更大的影响力。美国 2003 年在未得到联合国授权的情况下发动伊拉克战争，在国际互动中搞单边主义、先发制人，就是因

① ［美］汉斯·摩根索：《国家间政治——寻求权力与和平的斗争》，徐昕等译，北京：中国人民公安大学出版社 1990 年版，第 37 页。

② 同上书，第 39 页。

为不具有合法性而吃到了苦头。

以上这些讨论，对国际关系中的权力互动与非权力互动进行了概念的再辨析。鉴于在当今的国际关系中权力仍然是核心因素，并且权力因素与非权力因素日益密切地交织在一起，因此要解释行为体的权力互动以及由此而形成的权力体系，就必须立足于准确的权力概念之上，避免对权力运用的泛化。这样做不但有利于进一步理解权力的作用机制，而且能够对权力的影响有适当的评估。

综上所述，国际政治中的权力概念，体现的是政治语境的互动关系，指国际行为体为改变其他行为体的行为而施加的影响或施加影响的能力。这种能力无论体现为强制方式还是非强制方式。最终都是要使他者意志发生改变。判断行为体互动是否是权力关系，有两个维度，一要看行为体是否具有政治意图，二要看互动结果是否体现了权力的影响。由于国际关系中的行为体可能把权力作为目的，也可能作为手段，因此在权力政治中会有不同的行为模式。

二 权力的要素以及权力的衡量

权力作为一种关系的产物，具有相对的意义。一个行为体之所以能够影响他者，是因为拥有更大的权力。为了评估和解释行为体发挥这种影响的条件，需要分析权力的构成要素，并且需要对构成权力的要素进行衡量。

（一）构成权力的要素

从权力运作的角度讲，一个行为体能否改变其他行为体的行为，或者说能在多大程度上改变其他行为体的行为，说到底，取决于权力实施者可用的资源。巴尼特和杜瓦尔指出，权力概念反映的是一个行为体通过配置资源而实现的对其他行为体的控制。① 在国际关系中，以国家为主的行为体所运用的权力资源是有复杂的构成的。要运用硬权力改变其他行为体的行为，就要有相应的经济力量与军事力量。要用软权力改变其他行为体的行为，则要有相应的软资源，要具有吸引力和说服力。对这些资源进行评估与解释，就要探讨权力的构成要素。人们对权力构成要素的认识，在方式上存在单一因素

① Michael Barnett and Raymond Duvall, "Power in International Politics," *International Organization*, Vol. 59, No. 1, 2005. p. 40.

分析和综合国力分析的不同。[①]

探讨权力构成，人们通常认为军事力量是最重要的因素，甚至有人将军事力量等同于国家权力本身。拿破仑经典的反问“教皇有多少个师?”就代表了这样一种观念：军事力量即是权力。[②] 直至20世纪中叶，很多决策者、政治家仍然持这样的观点。正如张伯伦（Neville Chamberlain）所说：“在我们当今生活的世界上，一个没有武装力量的国家是没有什么发言权的。”[③] 在国际政治中军事力量之所以这样受重视，是因为权力的最终手段是战争。即使在和平时代，军事能力也仍然是国家权力的基础。威慑侵略者或是影响其他行为体的行为，最终的保证就是军事能力的存在。[④] 对于军事力量的评估，不同学者有不同看法，克洛德（Inis Claude）和多伊奇（Karl Deutsch）强调整体的军事实力，阿尔科克（Norman Alcock）认为军费为军力的主要指标，莫德尔斯基（George Modelski）和汤普森（William Thompson）则把海军力量视为国家权力最重要的因素和指标。[⑤]

除军事力量外，也有学者把经济实力和地理因素作为衡量国家权力的单一指标。保罗·肯尼迪（Paul Kennedy）认为，从长远来看，某一大国在经济上的兴衰同其作为一个重要的军事强国（或世界帝国）的兴衰之间是有很清楚的联系的。这一联系的依据在于：第一，为支持大规模的军事编制，必须有经济资源；第二，就国际体系而言，财富和实力始终都是相关的。[⑥] 由于经济力量能够为大规模常备军的募集与维持以及战时国家资源的投入提供物质保障，因此它是国家军事力量乃至国家权力的基础性因素。不仅如此，在某些情况下，经济力量也可以直接作为国家权力在国际舞台上发挥作用。克诺尔（Klaus Knorr）在分析1973年石油危机时，认为阿拉伯国家与美国

---

① Mohammad R. Hafeznia, Seyed H. Zarghani, Zahra Ahmadipor and Abdelreza R. Efekhari, “Presentation a New Model of Measure national Power of the Countries,” *Journal of Applied Sciences*, Vol. 8, No. 2, 2008, p. 230.

② Norman Z. Alcock and Alan G. Newcombe, “The Perception of National Power,” *Journal of Conflict Resolution*, Vol. 14, 1970, p. 335.

③ *The Times*, June 26, 1939, 转引自［英］爱德华·卡尔《20年危机（1919—1939）：国际关系研究导论》，秦亚青译，北京：世界知识出版社2005年版，第99页。

④ 李少军：《国际政治学概论》（第三版），上海人民出版社2009年版，第128页。

⑤ Ashley J. Tellis, Janice L. Bially, Christopher Layne and Melissa McPherson, *Measuring National Power in the Postindustrial Age*, New York: Rond, 2000.

⑥ ［美］保罗·肯尼迪：《大国的兴衰》，蒋葆英等译，北京：中国经济出版社1989年版，第9页。

之间的矛盾，乃是以经济力量为代表的国家权力与以军事力量为代表的国家权力间的斗争。克诺尔支持用经济力量来代表和衡量国家权力，他认为与美国和其他军事大国不同，日本与西欧国家是依靠其经济实力来参与国际权力互动的。[①]

地理因素在广义上包括领土与地缘条件、自然资源状况以及人口规模与素质等方面。地理因素即国家生存和发展的自然状况，直接或间接决定着一个国家的自然资源、经济发展和周边安全的状况。国家的领土大小、地理位置、邻国的数量与特征等，不论有利还是不利，都会长时间发生影响。19世纪末到20世纪初，马汉（Alfred T. Mahan）和麦金德（Halford J. Mackinder）这两位学者分别以海权与陆权为其理论的核心概念，阐释了地缘与国家权力间的重要关系。尽管他们的观点不同，但都认为国家的地缘特征以及对空间的控制，是国家权力地位的决定性因素。[②] 在当代，尽管伴随着通信、航空运输和导弹技术的发展，地缘因素在权力政治中的地位似乎有所下降，但无论如何，权力互动总是发生在一定的地缘空间，始终伴随着地理环境的影响。霸权国家在权力互动中有最广大的影响范围，其地缘空间的需求也最广泛。新兴国家在崛起中随着经济利益的扩展，地缘空间的需求也会随之扩大。

分析权力的构成可以看到，军事力量、经济实力、地缘因素、自然资源和人口的规模与素质等，作为影响国家权力的物质要素，是有复杂的相互联系的。例如，军事因素与经济因素会相互影响，而地缘因素和人口因素都会影响军事力量，也会影响经济力量。针对这种情况，学者们往往倾向于进行综合视角的系统研究，但他们所涉及的要素却不同。

卡尔认为国际领域的政治权力可以分为三类：（1）军事力量；（2）经济力量；（3）支配舆论的力量。[③] 卡尔把军事力量视为权力的最根本的要素，因为国际关系中运用权力的最终手段是进行战争。正如国内政治中潜伏着革命一样，国际政治中潜伏着战争的危险。从这一点来讲，军事力量是国

① Klaus Knorr, "The Limits of Economics and Military Power," *Daedalus*, Vol. 104, No. 4, 1975, pp. 229 – 243.

② 参见 Alfred T. Mahan, *The Influence of Sea Power Upon History*, 1660 – 1783. Gretna, La: Pelican Pub, 2003; Halford J. Mackinder, *Democratic Ideals and Reality. With Additional Papers*. New York: Norton, 1962。

③ 参见［英］爱德华·卡尔《20年危机（1919—1939）：国际关系研究导论》，秦亚青译，北京：世界知识出版社2005年版，第98—130页。

家生活中的核心因素。对于经济力量，卡尔认为，只要与军事力量相结合，就会成为政治权力的工具。只有最原始的战争才会与经济因素完全无关。卡尔认同经济与政治不可分离的观点，认为国家为了追求权力，军事手段和经济手段会兼而用之。经济手段可以直接用于对其他国家施加影响力，一是资本出口，二是控制国外市场。关于支配舆论的力量，卡尔认为，当代政治活动的基础扩大，使得更多人的意见具有影响力，支配舆论的力量因此成为权力不可或缺的组成部分。各国以宣传极力包装自己，披上所谓的国际原则的外衣，证明一些国际共同理念是存在的。虽然这些理念相当有限，人们对它们的信仰可能也不是很强，但它们是有感召力的。这样的理念就是我们所说的国际道德。①

摩根索在对权力构成进行分析时，阐释了地理因素、自然资源（包括粮食、原料）、工业能力、军事准备（包括技术、领导才能、武装部队的数量与质量）、人口、民族性格、国民士气、外交的质量和政府的质量等 9 个方面。摩根索主张把一个国家的权力与其他国家的权力相联系，把一个国家某一时期的实际权力与未来某一时期的可能权力相联系，并且把一个国家的一个因素与其他因素相联系。②

奥根斯基（Abramo F. K. Organski）认为，有 6 个决定性因素可用于分析权力：人口、政治发展水平、经济发展水平、国家的士气、资源和领土，这些因素可以转化为指数来使用，按他的说法，这种指数就是国民生产总值（GNP）或人均国民生产总值（GNP per capita）。③

米尔斯海默把国家权力分为潜在权力和军事权力两种，其中潜在权力被定义为“一国的可支配财富（mobilizable wealth）和它的技术发展水平”。他认为，“国民生产总值主要是一国财富总值的标尺，并不总是体现不同国家在可支配财富和技术精度方面的重大差异”④。

① ［英］爱德华·卡尔：《20 年危机（1919—1939）：国际关系研究导论》，秦亚青译，北京：世界知识出版社 2005 年版，第 98—130 页。

② 可参见［美］汉斯·摩根索《国家间政治：权力斗争与和平》，徐昕、郝望、李保平译，北京大学出版社 2006 年版，第 152—219 页。

③ Abramo F. K. Organski, *World Politics*, NY: Knopf, 1968, p. 207. 转引自 Michael P. Sullivan, *Power in Contemporary International Politics*, South Carolina: University of South Carolina Press, 1990, pp. 106 - 107。

④ ［美］约翰·米尔斯海默：《大国政治的悲剧》，王义桅、唐小松译，上海人民出版社 2003 年版，第 85—86 页。

克莱因（Ray S. Cline）评估国家权力的因素包括关键资源（人口与领土）、经济能力（包括收入、能源、原料、产品、粮食和贸易）、军事能力（包括战略平衡、作战能力、军备）、国家战略意图和国家意志（国家整合水平、领导人的能力、国家利益的战略相关性）。[①]

从上述学者的观点来看，对权力构成要素的观察与分析并不是一件容易的事。人们存在不同的看法，背景知识导致的认识差异可能是一个原因，而现实权力构成与运作的复杂性可能是另一个原因。鉴于人的主观局限性与客观现实的复杂性，研究者是很难穷尽权力构成要素的，特别是不可能完全说清楚它们之间复杂的相互联系。再者，在权力构成要素中，还存在着一些不能观察或者说很难观察的具有观念属性的要素，诸如国民士气、政府调控能力、支配舆论的力量等，这些要素对于改变他者的行为有重要作用，但它们本身的分量及所产生的影响却很难衡量与评估，这也导致了研究者对权力构成要素的概括的差异。当然，从现有学界的研究中，我们也可以发现人们强调较多的因素与方面。尽管这些因素对权力机制的总体作用是很难解释的东西，但它们各自有哪些影响还是可以说明的。

以上讨论，涉及了影响国家权力的一些比较突出的方面。从总体上讲，这些要素具有客观的属性，但由于与人类互动相关，亦具有主观的属性。具体来说，构成权力的纯物质因素，诸如武器，只有在人的主观因素的作用下才可能在权力政治中具有意义；而非物质因素，诸如政府是否领导有力，是否公正廉洁，国民是否团结，军队是否有士气，国家外交是否得力等，则更是与人的主观作用直接相关。

（二）权力的衡量

对权力的构成要素进行分析，可以观察与解释每一种要素的作用机理，但更重要的是要综合这些要素，对权力进行整体性的评估与衡量。尽管构成权力的每一种因素都有特定的影响，但当行为体的权力发挥作用的时候，却是这些要素综合在一起所产生的整体效应。评估任何单一因素甚至少数因素，都不可能解释国家整体的战略能力与国际影响力。

---

① 关于克莱因的实力评估方法，详见 Ray S. Cline，*World Power Assessment：a Calculus of Strategic Drift*，Washington ：Center for Strategic and International Studies，Georgetown University，1975；Ray S. Cline，*World Power Assessment* 1977：*A Calculus of Strategic Drift*，Boulder（CO）：Westview Press，1977；Ray S. Cline，*World Power Trends and U. S. Foreign Policy for the* 1980's，Boulder（CO）：Westview Press，1980。

学界对国家权力的衡量，可以归纳为两种方式。第一种是考察一个国家所拥有的所有权力资源并进行汇总，以分析国家对各种资源的控制来衡量其权力大小。第二种是考察国家在结构中所处的地位，以分析国家对国际体系中其他行为体的控制来判断其权力大小。

对一个国家所拥有的所有权力资源以汇总的方式进行衡量，其评估的结果就是所谓的“综合国力”（Comprehensive National Power）。综合国力的基本含义，是指一个国家赖以生存与发展的全部力量及资源的总和，或者指国家为实现其战略目标能够调动与运用的力量与资源的总和。这两种说法虽然不同，但从战略角度讲是一致的，因为后者乃是对前者的运用。综合国力分析，一种方法是选择变量，建立一套评估国家权力的数学模型，比如格尔曼（Clifford German）的国力计算公式：G = N（L + P + I + M），国力 = 核能力（土地 + 人口 + 工业基础 + 军事规模）[①]；另一种方法是选取一些最重要的国家权力指标，通过对这些指标的评估与得分来计算国家权力的大小和强弱。[②]

从综合的观点来看待国力，理论上相对简单，但在具体操作层面，则往往存在着若干带根本性的评估难题。国力构成的许多要素，作为单项可以观察，诸如领土、人口、GDP、军费等，但它们结合在一起怎样发挥系统效应，产生了多大的合力，却不能直接观察。从理论上讲，人们可以解释每一种要素的作用机理，但很难解释每一种因素在权力的整体影响中占多大比例。更困难的是，构成权力的各因素的关系并非简单的算术和，权力所发挥的整体作用乃是这些因素综合在一起所形成的系统效应，而这种系统效应几乎是不能解释的。由于权力的互动乃是一种人的社会活动，权力要素的结合和系统效应的发挥乃是人的主观能动性的结果，并非纯粹的自然过程，政府可以根据主观意图随时调整资源的配置，因此权力要素的综合具有很大的不确定性。这种不确定性导致人们很难对之进行规律性解释。每一位研究者对国力的构成都可能有自己的特定认知与选择，并因而会设计出不同的指标体系和计算方法。这样得出来的结果，实际上是不能进行客观验证的。人们只

---

① 王玲：《关于综合国力的测度》，《世界经济与政治》2006 年第 6 期。其他应用数学模型衡量国家权力的文献，参见 Richard Muir, *Modern Political Geography*, New York: Wiley, 1975; John R. V. Prescott, *Political Geography*, London: Methuen, 1972。

② Mohammad R. Hafeznia, Seyed H. Zarghani, Zahra Ahmadipor and Abdelreza R. Efekhari, “Presentation a New Model of Measure national Power of the Countries,” *Journal of Applied Sciences*, Vol. 8, No. 2, 2008, p. 231.

能凭借感觉和经验，判断各种研究结果是否适当。鉴于综合国力研究的这种属性与特点，人们对其意义应该采取适当的态度。一方面，这样的综合性评估是在同一标准下的比较，具有战略参考意义；另一方面，由于不能进行客观检验，因此不能与客观真实画等号。①

权力作为反映行为体关系的一个概念，尽管在某种程度上可以衡量，但最终的结果只有通过互动才能体现出来。说得确切些，行为体权力影响的大小，能否达到改变他者行为的目的，只有通过权力的运作才能体现出来。用形象一点的说法就是，自己所拥有的牌能不能取胜，不但取决自己有怎样的牌和怎样出牌，而且还要看对手有怎样的牌和怎样出牌。所以，尽管从理论上讲权力的大小可以进行衡量（不管以哪种方式），但要真正做出恰当评估，还要看互动的结果。

因此，一些学者提出了第二种衡量权力的方式，即强调互动和互动形成的社会网络（social network），并以此为基础，通过考察国家在国际关系中所处地位来评估其权力的大小。这种方式得出的权力评估结果，可以称之为结构网络权力指数（structural network power index）。按照这种理论，权力的大小取决于一个国家在国际关系的不同互动网络中是否占据绝对或相对的有利地位，在争夺和控制资源过程中是否占据优势。国家权力的获取、施展与衡量不仅要看国家行为体之间的联系与互动，也要分析国际体系的结构与行为体之间的相互影响。受不同国际格局的制约，单一行为体所能发挥出的权力大小也不尽相同。②

按照社会网络理论，国家权力的大小取决于国家在互动网络中是否处于中心位置。一个处于中心点或者偏向互动中心的国家能够拥有更多的互动对象，可以通过更多的替代途径获取自己所需要的资源和结果，对其他国家的依赖程度相对较小，并且对其他国家获取资源与结果的影响力相对较大。比如俄罗斯与乌克兰的互动就是这样的情形。俄罗斯出口欧洲的天然气，其管道经过乌克兰，当乌克兰提出更高要价时，俄罗斯可以改由过境白俄罗斯和土耳其向西输送能源。反过来，乌克兰超过80%的石油与天然气进口依赖俄罗斯，如果俄罗斯停止供给，乌克兰则很难从其他国家获取能源来满足需

---

① 可参见李少军《综合国力评估（2009年）》，载李慎明、王逸舟主编《全球政治与安全报告（2010）》，北京：社会科学文献出版社2009年版，第257—261页。

② Hyung Min Kim, "Comparing Measures of National Power," *International Political Science Review*, Vol. 31, No. 4, 2010, pp. 405 - 407.

要。在这样的互动中，俄罗斯因居于中心位置而获得了更多的互动联系，对其他国家的依赖程度较低，从而能够发挥对资源和互动结果的更大影响力。

综合国力的统计方式强调国家对资源的占有与控制，而社会网络理论强调国家对其他行为体的控制。前者侧重于对国家总体权力资源进行考量，而后者侧重于考察国家整合资源、实行对外政策的互动过程和结果。这两种方式并不存在根本矛盾，实际上都是对权力进行衡量的必要步骤。

第二节　权力政治的互动

权力是个具有互动含义的概念，在厘清概念的前提下，要进一步讨论权力政治，就要讨论权力行为主体的互动。在国际关系中，最主要的权力行为体就是主权国家。从权力政治的角度看，国际关系的核心内容，就是在国际无政府状态的环境中，主权国家为了生存、安全和发展，为了获得和巩固自己的权力而进行的一系列互动。国际无政府状态决定了国家间在利益上存在着永恒的冲突。这种冲突在互动过程中会以种种形式表现出来，比较常见的形式是外交和战争。这一系列权力的互动所形成的权力格局和竞争的态势，造就了不同类型的国际体系。

一　国际无政府状态

国家进行权力互动，是在“无政府状态”（Anarchy）的整体环境之下。“无政府状态”一词源于希腊文ἀναρχία，原意指无执政官状态，现常指无人管制状态或无管制权力的状态。从国际关系的语境讲，国际无政府状态是指在国家之上没有任何中央权威。① 这种状态，按照现实主义的观点，是一种国家间的自然状态。② 最早对这种状态进行阐释的是霍布斯。③

霍布斯认为，在没有一个共同权力使大家慑服的时候，人们便处在所谓的战争状态之下。这种战争是每个人对每个人的战争。对于这一说法，霍布斯是这样解释的：在所有的时代中，国王和最高主权者由于具有独立地位，

① ［美］约翰·米尔斯海默：《大国政治的悲剧》，王义桅、唐小松译，上海人民出版社 2003 年版，第 43 页。

② ［美］肯尼思·华尔兹：《国际政治理论》，信强译，上海人民出版社 2003 年版，第 135 页。

③ ［挪］托布约尔·克努成：《国际关系理论史导论》，余万里、何宗强译，天津人民出版社 2004 年版，第 259 页。

因此始终是相互猜忌的，并保持着斗剑的状态和姿势。他们的武器指向对方，他们的目光互相注视。他们在国土边境上筑碉堡，派边防部队并架设枪炮，还不断派间谍到邻国刺探，而这就是战争的姿态。[①] 霍布斯指出，没有公共权力的地方就没有法律，而没有法律的地方就无所谓不公正。暴力和欺诈在战争中是两种主要的美德。在这种状态下，没有"你的"、"我的"之分，每一个人能得到手的东西，在他能保住的时期内便是他的。在霍布斯看来，要解决这种无政府状态，只有一条道路：把大家所有的权力和力量托付给某一个人或一个能通过多数的意见把大家的意志化为一个意志的多人组成的集体，大家都服从这个人或这个集体的意志与判断。霍布斯说，像这样统一在一个人格之中的一群人就被称为国家。这样，伟大的利维坦（Leviathan）就诞生了。[②]

霍布斯的阐释，说明了权力政治的基本逻辑：由于主权者都具有独立的地位，在主权者之上不存在更高的权力组织，因此主权者之间处于战争状态。霍布斯的这一理论，奠定了现实主义的基石。

在国际政治中，国家间相互具有独立地位，这是主权的属性所决定的。按照让·博丹（Jean Bodin）的经典界定，主权是"统治公民与臣民的不受法律限制的最高权力"[③]。显然，主权者要维护自己的最高权力，就不能接受更高的权威，不能接受他者的干涉，因此必须保持自己的独立。这是无政府状态下国家间关系的基本模式。与国内政治的等级制、垂直的中央集权的权力分布状态不同，国际政治的权力分布是无政府的、横向的和分权的。[④]

在无政府状态下，由于主权国家都是独立的，不能依靠他者，也没有来自更高权威的保护，因此需要自己维护自己的利益。这一点决定主权国家具有自利的属性。作为一种"最高权力"，主权者在任何时候、任何情况下都是以维护自身最大利益为最高原则，一切决策和行为都是以自己的意愿为转移。这种自利的特点决定它们相互间先天具有"不相容"性。显而易见，如果每个主权国家都以自身的最高权威来维护自身的最大利益，都以别国无权过问的方式提出利益要求，并且都按自己的意志自由地处理国际事务，那么

① ［英］霍布斯：《利维坦》，黎思复等译，北京：商务印书馆 1985 年版，第 96 页。

② 同上书，第 94、131—132 页。

③ Jean Bodin, *Six Books on the State*, in William Ebenstein, *Great Political Thinkers: Plato to the Present*, 4th ed., Hinsdale, IL: Dryden, 1969, pp. 354 - 355.

④ ［美］肯尼思·华尔兹：《国际政治理论》，信强译，上海人民出版社 2003 年版，第 149 页。

主权国家之间的冲突就是不可避免的，并且是结构性的。

主权国家间的不相容性，决定国际无政府状态是一种本质上的不安全状态。由于国家间总是存在着利益的差异、竞争与冲突，因此在无政府状态下任何一个主权国家的存在对别国而言都是一种本质上的不安全。雷蒙·阿隆（Raymond Aron）指出，就国际关系而言，政治，无论是抽象概念还是客观实在，都意味着国家在种种潜在威胁中的生存，而这些潜在威胁正是由于其他国家的存在所带来的。[①]

华尔兹在《人、国家与战争》和《国际政治理论》中，把国际无政府状态列为战争的根本原因。他指出，"由于存在许多主权国家，同时又缺乏约束这些主权国家的法律体系，加上各国都是按照本身的意愿来解读自己的雄心与不满，所以冲突甚至战争不可避免"[②]。国家间的无政府状态是与暴力的发生联系在一起的，"国家间的自然状态就是战争状态"[③]。

当然，我们也应该看到，"无政府状态"作为主权国家的存在形式，尽管是一种带有安全竞争和战争特点的状态，具有冲突的本质属性，但并不意味着国际关系必然是无序和混乱的。[④] 实际上，主权国家在无政府状态下的共存就是一种秩序。对每一个主权国家来说，它要保持自己的主权地位，就必须承认其他国家的主权地位；如果它不承认其他国家的主权地位，那么它自己就不可能拥有主权地位。在这种情况下，国家间会经过互动形成某些规范性的认识，即任何一个主权国家在原则上都不能高于其他国家，不能干预其他国家之内部事务，都需要尊重其他国家的独立和平等地位。这样，主权国家间的秩序就形成了。

不过，由于在主权秩序中每个国家都是"拥有最高权力"的独立单元，没有更高的权威来确保这种秩序和稳定，因此这种秩序缺乏可靠的安全保障，而是始终伴随着现实的或潜在的威胁。存在于这种秩序中的国家，在互动中无法确定他国的战略意图，相互间无法建立起真正的信任关系，往往需要做最坏打算，以防备他国的侵略，因此都需要依靠主权的"坚硬外壳"来

---

① Raymond Aron, *Peace and War: A Theory of International Relations*, New Brunswick: Transactions Publishers, 2003, p. 6.

② Kenneth Waltz, *Man, the State and War*, NY: Columbia University Press, 2001, p. 159.

③ ［美］肯尼思·华尔兹：《国际政治理论》，信强译，上海人民出版社 2003 年版，第 135—136 页。

④ ［美］约翰·米尔斯海默：《大国政治的悲剧》，王义桅、唐小松译，上海人民出版社 2003 年版，第 43 页。

确保自己的生存。在这种不信任的和紧张的状态下，所有国家都会存在对不安全的恐惧和对他国的疑虑，并因而会形成相互感到紧张的“安全困境”[①]。

从历史的角度讲，自17世纪主权国家形成伊始，它们之间的这种互动状态就保持了下来。一方面，它们的共存构成了无政府状态下的秩序；另一方面，为了争夺权力与利益，竞争、战争持续不断，其间甚至发生过两次世界大战。在权力的不平衡发展中，总有国家为了自己的利益而无视主权原则，干预或侵略其他国家。一旦发生这样的情况，主权国家间的秩序就被破坏了。这一点体现了主权国家间秩序的不稳定性。然而，经过一段时间的混乱（特别是战争），主权国家又会重新建立秩序。这一点又体现了主权国家间秩序的稳定性。在主权国家体系周而复始的演进中，国家间的权力关系会发生变动，财富可能重新分配，领土与资源可能重新划分，但无政府状态下的国际秩序的本质不会发生改变。

无政府状态作为一个概念，是现实主义理论的一个基石。按照现实主义的观点，无政府状态条件下的国家，在面临着巨大的生存风险和不确定性的情况下，为了获得、保持和增进自己的安全和收益，必然要以权力作为自己行动的出发点和行为模式。[②]

二　权力互动的模式

在无政府状态下，国家间的互动之所以会呈现出以冲突为特点的权力政治模式，正如霍布斯所讲，是因为在这种状态下，没有“你的”、“我的”之分，每一个人能得到手的东西，在他能保住的时期内便是他的。国家所要得到手的东西，从概念上讲，就是国家利益。国家利益是国家参与权力互动的出发点。

由于研究对象与视角的不同，学者对国家利益的定义是有差异的。[③] 不

---

① 关于安全困境，参见 John Herz，“Idealist Internationalism and the Security Dilemma，” *World Politics*，No. 2，1950；Robert Jervis，“Cooperation under the Security Dilemma，” *World Politics*，Vol. 30，No. 2，1978。

② 参见 Joseph M. Grieco，“Anarchy and the Limits of Cooperation：A Realist Critique of the Newest Liberal Institutionalism，” *International Organization*，Vol. 42，No. 3，1988，pp. 485 – 507；Robert Powell，“Absolute and Relative Gains in International Relations Theory，” *The American Political Science Review*，Vol. 85，No. 4，1991，pp. 1303 – 1320。

③ 关于国家利益定义中存在的差异，参见 Felix E. Oppenheim，“National Interest，Rationality，and Morality，” *Political Theory*，Vol. 15，No. 3，1987。

过，无论如何界定，国家利益总是国家所需求和要争取的好处。对于主权国家来说，在任何情况下它的基本职责或义务，都是尽可能多地得到“好处”，这是政府为了国家生存和发展所必须履行的责任。这种好处，用阿姆斯特茨（Mark R. Amstutz）的话说，通常指国家相对其他国家而言的基本的需求（need）和欲求（want）。① 从需求的角度讲，主权国家最根本的利益在于生存，即维护领土的完整、主权的独立及人民与国家的安全。从欲求角度来讲，国家的利益在于争取可用的资源来促进国家的发展和人民的福祉。

国家要实现自己的利益，在很多情况下要通过与他国的互动来实现，例如谋求领土、资源、市场、军事基地或战略通道。在无政府状态下，国家以自利和自助的方式谋求利益，就需要用权力改变他国的行为，而这不可避免地会导致冲突，从而形成权力政治的局面。在权力政治中，为了把“他的”变成“我的”，任何一方都可能对他方采取威胁的行动。

由于国家进行权力互动是以谋求利益为原则，因此利益就成为分析国家行为的基本依据。1939 年丘吉尔（Winston Churchill）在分析苏联对外政策行为时讲过这样的话：“我不能为你预测俄罗斯的行动。这是一个谜中之谜；不过，也许有一个东西是关键所在，这就是俄罗斯的国家利益。”② 按照现实主义的观点，政治家的思想和行动都是从被界定为权力的利益出发的。这一假定使研究者能够回顾和预言政治家已经迈出和将要迈出的步伐，从而使得国际政治的理论分析成为可能。③

国家基于利益的权力互动，从分析的视角看，有两种模式。一种模式是国家以权力为手段实现利益；另一种模式国家是以权力为目的，构筑有利于权力运用的国际结构。这两种模式有不同的机制与表现。

国家在互动中需要以权力维护的根本利益，一般来说，至少有三项基本内容：第一，确保自身的生存，包括保护其公民的生命和维护领土完整；第二，促进其人民的经济福利与幸福；第三，保持其政府体系的自决与自主。这些东西构成了国家的核心价值和最基本的对外政策目标。④

---

① Mark R. Amstutz, *International Conflict and Cooperation*, Boston: McGraw – Hill, 1999, p. 179.

② 转引自 Frederic S. Pearson and J. Martin Rochester, *International Relations*, 4th edition, New York: McGraw – Hill, 1998, p. 176。

③ ［美］汉斯·摩根索：《国家间政治——寻求权力与和平的斗争》，徐昕等译，北京：中国人民公安大学出版社 1990 年版，第 5—6 页。

④ Frederic S. Pearson and J. Martin Rochester, *International Relations*, 4th edition, New York: McGraw – Hill, 1998, pp. 177 – 178.

对于作为独立单元的国家来说，维护利益的首要目标就是加强安全。这一点体现了行为体间的高政治互动的主要内涵。由于无政府状态对国家来说是一种不安全的环境，因此国家必须保证自己的居民、领土和政权不受侵犯，保证自己能得到充足的生存资源，并持续保持自己的文化传统和价值观念。在这里，国家最重要的是要在国际体系中保持自己的主权地位。华尔兹认为，自我保存之所以是最重要的实在利益，是因为实现所有的其他利益都取决于国家的领土完整和政治独立。[①]

除了最根本、最重要的安全利益之外，国家利益中还存在重要、次要以及不太重要的需求与欲求，这些需求与欲求的总和，构成了多维和复杂的国家利益的体系。在国家利益的体系中，通常是可划分出不同的层次的。尽管有关国家利益的研究与讨论中出现了各种不同的分法[②]，但无论是学者还是政府，都承认最重要的是确定第一档次的利益，即生死攸关的利益。“生死攸关”在这里的含义，就是“对某事物的生存和延续至关重要，不可缺少”。对于这种利益，任何国家都不能放弃，不能妥协，都会不顾一切地加以维护，因为失去这种利益，国家就无法生存或继续存在了。在安全互动中，无论是一个国家界定自己的利益，还是评估别国的利益，最重要的都是判定什么是生死攸关的利益。对于这样的利益，属于自己的要坚持到底，属于别国的则要非常谨慎地对待。毫无疑问，在这类利益上发生矛盾，是很可能演变为对抗或战争的。“9・11”事件之后美国之所以全力打击“基地”组织，就是因为该组织危害到了美国生死攸关的利益。[③]

国家在互动中以权力维护利益，权力的有效性就成了利益能否实现的关键。美国遭受恐怖主义袭击之后能够发动阿富汗战争，一方面是因为美国拥有这样做的能力，另一方面是因为美国在国际权力结构中的霸权地位也便于它这样做。从这两方面来看，国家要有效地运用权力，就要在互动中以权力本身作为目的。国家要达到这样的目的需要做两方面的事，一要不断增强自身运用权力的能力，二要构筑有利于自身权力运用的国际权力

---

① 转引自 Mark R. Amstutz, *International Conflict and Cooperation*: *An Introduction to World Politics*, Boston: McGraw Hill College, 1999, p. 181。

② 关于国家利益层次的划分，可参见 Thomas W. Robinson, “A National Interest Analysis of Sino - Soviet Relations,” *International Studies Quarterly*, Vol. 11, No. 2, 1967, pp. 135 - 175; The White House, *A National Security Strategy for A New Century*, Washington D. C.: Press Office of the White House, 1999。

③ 中国政府所使用的概念“核心利益”具有类似的含义。

结构。

国家在国际互动中增强自己的权力，涉及构成权力的各个要素，包括硬权力要素，也包括软权力要素。按照现实主义的观点，暴力始终是权力政治中最重要的因素，因此国家权力最重要的构成就是军事能力。其他因素只有在同军事因素的发展相关联的时候，才具有权力政治的意义。例如，经济力量与科技力量是决定一个国家能建立并维持怎样的军事能力的因素；地理环境是决定一个国家有多少资源可用于军事能力，以及国家是否具有军事脆弱性的因素；政府形式是决定国家具有怎样的军事动员能力的因素；政治领导是决定国家能否适当与明智地使用军事力量的因素。尽管现实主义也重视外交的作用，但认为弱国无外交。这里的“弱”，主要是就国家的军事力量而言。

由于国际政治中的国家权力是一个相对的、关系的概念，即只有在互动与较量中才能显示其意义，因此国家无论是增强权力还是运用权力，最终都是为了构建一定的权力关系或权力结构。为了这个目的，国家在权力互动中会始终关注相关国家的权力动态，关注自己与他国形成了怎样的权力结构，并且会特别关注自己的对外政策行为对于地区乃至全球的权力格局有怎样的影响。实际上，现实主义所阐述的权力政治理论，主要是基于这个角度所进行的解释。观察国际关系的历史，可以看到，许多重大史实，只有从权力关系的角度才能加以理解。

约瑟夫·奈在阐释均势这种国际政治中最常见的权力结构时，引用了这样的例子：1914 年时任英国外交大臣的爱德华·格雷（Edward Grey）并不想让英国介入战争，但他最终还是认为英国应该参战，因为他担心德国通过控制欧洲大陆而主宰整个欧洲。1941 年希特勒入侵苏联之后，丘吉尔主张同斯大林结盟，而此前他一直猛烈抨击斯大林。丘吉尔说：“如果希特勒入侵地狱，那么我至少也会在下议院给魔鬼说几句好话。”① 在这两个例子中，英国的对外政策选择都是出于权力关系的考虑：英国不希望欧洲发生不利于自己的权力结构变化，因此决定用自己的权力行为施加影响。

在权力关系中，国家间之所以会发生冲突，按照吉尔平的说法，是空间和机会的“接近”所造成的结果。他认为，只要国家间存在可扩张的空间，

① ［美］小约瑟夫·奈：《理解国际冲突：理论与历史》，张小明译，上海人民出版社 2002 年版，第 95 页。

不平衡增长规律就不会影响整个体系的稳定。然而，当扩张达到一定的程度，即空间被占满了，一个国家的扩张受到别国的限制，这时国际体系就进入了危险期。处于体系中的国家，其可用资源会越来越少，其增长机会也越来越少，它们相互间的关系会越来越具有“零和”的特点，即一个国家之所得，就是另一个国家之所失。① 这里所讲的空间，可以理解为是权力影响的范围。通常，一种国际格局在形成之前，体系成员的权力影响是存在扩展的余地的。当它们的权力影响发生交叠之后，权力互动的潜在冲突局面就形成了。在这种局面下，如果国家以削弱他方权力的方式扩展自己的权力影响，那么就可能发生冲突甚至战争。

国家运用权力影响国际权力关系，有不同的层次与方式。如前所述，行为体的能力不同，其互动和影响范围就不同。霸权国家作为居于权力结构顶层的行为体，其互动范围是世界性的。说得确切些，它们可以在任何地方通过实施对外政策影响权力关系。以美苏两个霸权国家的争夺为例，它们针锋相对的权力互动从第二次世界大战末期就开始了。罗斯福 1944 年说过：在这次全球性的战争中，没有什么问题——不管是政治的还是军事的——是美国所不感兴趣的。斯大林在 1945 年表达过类似的意思：这次战争和过去不同了。无论谁占领了领土，都会在那里强加自己的社会制度。每个国家都会把自己的制度强加于其军队所能到达的地方。正是由于美苏两国都不允许对方获得权力优势，因此导致两极结构呈螺旋状发展：一个国家的强硬路线导致另一个国家也采取强硬路线。② 随后开始的冷战，正是这两大国争夺权力优势所造就的一种世界格局。

与超级大国不同，其他地区性大国在多数情况下是不会以争夺世界霸权为互动目标的，除非特定历史条件使得迅速崛起的大国成为霸权国的挑战者。尽管地区性大国通常被认为会追求地区霸权，但在存在超级大国的权力结构中，它们的权力影响空间实际上是有限的，因为霸权国家可以轻而易举地在地区层面发挥制约性影响。从这个角度讲，即使这些大国在地区权力关系中占有优势地位，所谋求的仍然是权力的均势，因为它们为了安全，必须平衡受到区域外力量影响的权力关系。

① ［美］罗伯特·吉尔平：《世界政治中的战争与变革》，武军等译，北京：中国人民大学出版社 1994 年版，第 198 页。

② ［美］小约瑟夫·奈：《理解国际冲突：理论与历史》，张小明译，上海人民出版社 2002 年版，第 171 页。

在大国之下，中小国家的能力与影响范围就更加有限了。为了自身的利益，它们可能采取以下一些权力运用的方式：第一，追随强者（bandwagon），做大国的小伙伴，如第二次世界大战后的日本；第二，通过结盟以增强力量，如东盟；第三，利用在大国间制造平衡方式，谋求自己的独立的安全空间，如中亚诸国；第四，实行中立，避开权力之争，如芬兰。中小国家这样做，目的就是构建有利于自己的权力网络，或是避免不利于自己之权力关系的危害。

由于在国际政治中权力互动有不同层面与途径，因此霸权之外的其他大国以及中小国家都可以在一定的范围以一定的方式影响权力结构。例如，中小国家可以拒绝为超级大国的军事行动提供方便，可以拒绝超级大国建立军事基地的要求，这样的行动实际上具有制约超级大国权力的意义。从这个角度讲，超级大国也不得不与非对称的权力体进行权力互动。就这样的互动而言，超级大国最敏感的是崛起大国可能发起的挑战。就当今的国际关系而言，美国在全球层面的权力互动中没有对等的对手，但美国一直提防可能出现的这种对手。为了防止在各个地区美国的影响力受到削弱，美国总是以权力行为在各层面建构有利于自己的权力关系，包括对中小国家使用“胡萝卜”，也包括对新兴大国使用“大棒”。例如，美国为了防范俄罗斯再度崛起，推动北约东扩，并且极力拉拢中东欧国家部署反导系统，而这些行动也激起了俄罗斯的强烈反应。

构筑权力关系，无论大国还是小国，都可能为了自己的利益而变动互动模式。1848 年时任英国外交大臣的帕默斯顿（Palmerston）说过，英国没有永久的盟友或永久的敌人，它只考虑自身的利益。从权力的视角看待利益，国家会特别关注权力关系的变化，并且把推动或阻止这种变化作为参与互动的宗旨。毫无疑问，国家只有在有利的权力结构中，才能更好地实现自己的利益。

三　权力互动的手段

权力政治，作为一种具有冲突属性的关系，有各种不同的表现。如果说最温和的形式是外交，那么最暴烈的形式则是战争。由于战争是代价最高同时也是最具危险性的一种互动方式，因此处于权力政治中的国家，无不把战争作为自己发挥权力影响的最终选择。在当代国际关系中，国家放弃战争能力是不可想象的。即使中立国家也不例外。马丁·怀特指出：“战争是国际关系的中心特征，尽管在学术研究中这一点有时被忘记。”①

在第二次世界大战结束后不久，克莱德·伊格尔顿（Clyde Eagleton）在阐述战争的功用时写道：战争是实现目标的手段，是可以用来行善或作恶的武器。运用战争所达到的某些目的已被人类认为是值得去做的。诚然，在任何人类社会中，战争都发挥着必不可少的功能。它被用来解决争端，支持权利，纠正错误，而且这些肯定都是必须提供的功能。可以毫不夸张地说，为了这些目的所能想出的最愚蠢、残酷、浪费或不公正的办法，莫过于开战了，但这并不能改变实际情形。②

什么是战争？战争就是使用暴力的冲突。格洛索普（Ronald J. Glossop）认为，战争是有组织的群体之间的暴烈的冲突，这种冲突有三个特点：（1）战争的根本属性是使用暴力，它应该是“热战”而不是“冷战”；（2）战争的参与者都是有组织的集团的成员而不是个人，个人即使在冲突中使用暴力，也不能算战争；（3）战争涉及的是政府，或者至少一方是政府，如果另一方是非政府行为体，其根本目的也在于建立政府。就这个特点而言，战争可分为两类：一类是政府之间的战争，即所谓的国际战争（international war）；另一类是一个社会之内为了争夺政府控制权而进行的战争，即所谓的内战（intranational war）。③ 从国际政治的视角来看，前者是属于国际权力互动，而后者则属于国内权力争夺。不过，由于当代的国内冲突几乎都有国际支持的背景，政府向背会直接影响国际权力关系，因此也可能具有国际权力互动的意义。例如，冷战时期美苏的争夺就体现在了一些国家的内战之中，例如阿富汗。

观察主权国家出现以来的战争史，可以看到，在权力政治中，对国际体系影响最大的是发生在大国之间的战争。这种战争往往构成了时代变迁的标志。根据利维（Jack Levy）提供的数字，16 世纪的大国战争发生了 27 场，17 世纪是 17 场，18 世纪是 10 场，19 世纪与 20 世纪各 5 场。④ 从数字来看，

---

① Martin Wight, *International Theory: The Three Traditions*, New York: Holms and Meier, 1992, p. 206. 转引自 Conway W. Henderson, *International Relations*, Boston: McGraw Hill, 1998, p. 155。

② Clyde Eagleton, *International Government*, rev. ed., New York: Ronald, 1948, p. 393. 转引自［美］詹姆斯·多尔蒂、小罗伯特·普法尔茨格拉夫：《争论中的国际关系理论》（第 5 版），北京大学出版社 2004 年版，第 283 页。

③ Ronald J. Glossop, *Confronting War*, Jefferson and London: McFarland, 1983, pp. 7 – 8.

④ 数字出自 Jack Levy, “Historical Trends in Great Power War, 1495 – 1975,” *International Studies Quarterly*, Vol. 26, 1982, pp. 278 – 300。转引自 Mark R. Amstutz, *International Conflict and Cooperation: An Introduction to World Politics*, Boston: McGrawHill College, 1999, p. 260。

20 世纪的大国战争最少，但 20 世纪战争的破坏性是最大的，两次世界大战给人类带来的浩劫是前所未有的。幸亏人类发明核武器后还未打过大规模的核战争，否则人类文明就将彻底毁灭。比尔（Francis A. Beer）认为，与战争频度下降相伴随的战争毁灭性的加强，导致了国际社会的稳定性的加强。[①]确实，从理性判断的角度讲，国家掌握的战争手段毁灭性越大，动用这种毁灭性手段就会越慎重，实际运用的可能性就越小。

由于在国际互动中战争是一种最危险和破坏性最大的手段，因此伴随着人类文明的进步，在什么情况下可以合法地使用战争手段就成了各权力体不得不考虑的问题。亨德森（Conway W. Henderson）认为，尽管在 20 世纪之前国家体系准许国家走向战争，但至少在 1815 年拿破仑战争结束之后就出现了一种趋势，即以战争作为外交政策的合法工具渐渐不被认可了，禁止战争日益成为一种规范性信念。[②] 1919 年国联协约（League of Nations Covenant）被接受为国际法后，严格限制了国家随意走向战争的最高权力。该协约规定国家走向战争之前必须以和平方式解决争端，并持续 3 个月以上。如果国家不经和平方式，直接诉诸战争，就将面对其他国家的经济与军事制裁。1928 年，美、德、比、法、意、日、波、捷、英（联邦）等发起签订的《非战公约》（又称凯洛格—白里安公约，Kellogg - Briand Pact），提出了“废弃战争作为国家政策工具”的法律观念。该公约第二条规定，缔约方之间可能发生的争端或冲突，不论其性质或起因如何，只能用和平方法加以处理或解决。截至 1933 年，共有包括各大国在内的 63 个国家加入了该公约。[③]虽然后来的历史表明这样的法律文件并不能制约国家的战争行为，但这种公约的出台，至少表明国际社会形成了限制乃至取缔战争的观念。

在当代，按照《联合国宪章》，只有两种使用武力的情况是合法的和没有争议的：一是国家行使自卫权反对外来侵略；二是按照集体安全原则，在联合国授权下使用多国武力。尽管这样的制度并不能真正消除战争，但作为规范毕竟限制了国家在权力互动中随意动武的行为。为适应国际关系的这样

① Francis A. Beer, *Peace against War: The Ecology of International Violence*, San Francisco: W. H. Freeman, 1981, pp. 42 - 49. 转引自 Mark R. Amstutz, *International Conflict and Cooperation: An Introduction to World Politics*, Boston: McGraw - Hill College, 1999, p. 254。

② Conway W. Henderson, *International Relations*, Boston: McGraw - Hill, 1998, p. 147.

③ 参见王绳祖等《国际关系史资料选编》(上册)，武汉大学出版社 1983 年版，第 531—533 页。

一种变化，现代国家在权力互动中越来越倾向于选择比战争代价小的政策工具。这种选择实际上就是进行较低烈度的权力互动。

在权力竞争中，发展军备是一种惯常的做法。一个国家的军力增强了，影响他者的硬权力就增大了。对于敌对国家来说，这种增强就意味着威胁，而受到威胁的国家必然会采取相应的行动，以抵消这种威胁。这样，双方就会形成军备竞赛。在冷战期间，美苏之间的这种竞赛非常典型。例如，在20世纪70年代末，苏联在欧洲部署了中程核导弹（SS－20）。北约认为这是不可接受的，因为它破坏了欧洲的均势。北约要求苏联停止生产和部署这种导弹，并威胁要部署类似的导弹。由于苏联没有满足北约的要求，北约于是在西德和英国也部署了中程导弹。[①] 冷战结束后，在存在对抗的地区，诸如中东、南亚等地区，还可以看到这类的权力互动。例如，1998年5月，印度分别在其西部临近巴基斯坦边境地区的拉贾斯坦邦连续进行了5次地下核试验。巴基斯坦以牙还牙，同月在其西南部的俾路支省查盖地区进行了6次核试验。在军备竞赛中，国家间的行为通常会处于不断升级的过程之中。正如多伊奇所指出的，“一国的军备水平或军备支出成了另一国的基线，使它决定以某种‘安全’幅度——譬如10%——来超过它，以便感到安全。但后者这一新的、较高的军备水平却又成为前者安全的基础，它又会努力比其敌手在武器上多支出10%”[②]。这种军备竞赛最后的结果，要么是双方精疲力竭，坐下来进行谈判，要么是进行战争。

行为体手中有了可以威慑他者的武器，把它显示出来（demonstration），也是一种常见的权力政治表现。举行军事演习，展示拥有某种新武器或某种新技术，在敌对国家附近部署军队或舰队，都是常见的现象。采用这样的手段，是为了使对手明白，如果不满足炫耀者的要求，就会受到惩罚。当然，显示武力也可能导致有可能引发战争的危机。1962年，苏联为了对抗美国在意大利和土耳其部署的中程弹道导弹，把中程导弹部署到了古巴。美国发现苏联的行动后，做出了强硬反应，两国关系因而呈现出剑拔弩张的紧张局面。由于双方都不希望发生战争，危机最终通过谈判得以解决，双方都撤除

---

① 1987年，美苏签订了销毁中短程导弹的《中程导弹条约》。根据条约，美、苏双方将销毁2611枚已部署和未部署的中程导弹，其中美国为859枚，苏联为1752枚。这是美苏双方谈判历史上达成的第一个真正减少核武器数量，并彻底取消一个核武器等级的条约。

② ［美］卡尔·多伊奇：《国际关系分析》，周启朋等译，北京：世界知识出版社1992年版，第177、179页。

了中程导弹。对于权力政治中的显示武力者来说，采取类似的非战争行动必须确保可以产生效果，否则就将面对有可能使用武力的危险局面。由于显示武力者的本意可能并不是要发动战争，因此通过施加权力影响，迫使对方坐下来谈判，从而达到改变对方行为的目的，大概是最好的结果。

在权力互动中，国家除了直接使用军事力量之外，大量运用的其实还是外交手段。关于外交，通常有两种解释，狭义界定指的是“纯外交”，即不使用暴力的过程，在这个过程中，国家谋求相互的沟通与影响，并且通过讨价还价——不论是非正式的还是正式的——解决问题与争端。在一般的情况下，只有当外交行动失败，国家才会考虑使用暴力。广义的界定则扩大了外交的含义，其中包括在外交过程中以一种非常有限和有选择的方式运用暴力，在形式上表现为两者的混合。例如，当一方向另一方威胁，“如果不合作我们就采取军事行动，直到你回到谈判桌为止”，所构成的就是这样一种外交模式。这种模式不同于一般的战争，因为其直接目的不是打败对方，而是迫使对方坐下来进行外交谈判，签订城下之盟。1999 年北约为解决科索沃问题对南斯拉夫联盟狂轰滥炸，最后迫使南政府接受谈判条件，就是这种模式的典型表现。由于在这种模式中人们很难把暴力与外交明确区分开，因此用“暴力外交”称呼它是有道理的。①

关于外交手段的运用，谢林曾详尽论述过“承诺的艺术”（art of commitment）。他认为，作为讨价还价的关键，公开申明的意图是必须结合各种心照不宣的行动的，诸如预算拨款，军队调动，展示海上补给以支持这种威胁，派遣著名外交官出访以表明自己承诺的严肃性和权威性等。谢林认为，一种最有效的使威胁可信的办法就是“破釜沉舟”（burn all your bridges behind you），即造成一种形势使对方相信，如果他们采取你希望阻止的特定行动，你将别无选择，只能把你的威胁付诸行动。②

在运用权力影响的过程中，行为体还可以使用强制性经济手段迫使他者改变行为，即进行经济战。在英语中，blockades（封锁）、boycotts（抵制）、quarantine（封锁）、economic coercion（施压）、embargoes（禁运）、economic sanctions（制裁）等概念都与经济战相关。行为体采取这些手段，大体上涉

① 李少军主编：《国际战略学》，北京：中国社会科学出版社 2009 年版，第 90 页。

② Thomas C. Schelling, *Arms and Influence*, ch. 2, New Haven: Yale University Press, 1966. 转引自 Frederic S. Pearson and J. Martin Rochester, *International Relations*, 4th edition, New York: McGraw Hill, 1998, p. 273。

及两个概念，即经济封锁与经济制裁。经济封锁的主要含义是以强制性措施断绝一国与他国的经济联系，包括断绝贸易关系和金融往来，实行禁运，冻结该国政府和私人的海外资产等。经济制裁的内涵更广泛，既包括最严厉的经济封锁，也包括较轻微的惩罚措施，诸如仅对贸易的某些方面进行限制。

在冷战期间，伴随着政治对抗，美国等西方国家对社会主义国家也实施了一系列的经济制裁。1948 年，美国国会批准停止对社会主义国家的一切出口。朝鲜战争爆发后，美国商务部又禁止一切货物运往中国。为了加强经济封锁，美国国会 1951 年 8 月还通过了一个“共同防务援助管制法”，实施连锁制裁，宣布对向苏联及其他社会主义国家提供禁运物资的国家，美国将停止经济、军事援助。在美国进行的经济战中，对古巴的经济封锁是最典型的事例。自 1959 年古巴革命胜利起，美国就一直在实行这样的政策。

国家运用权力手段进行互动，不论采取何种手段，都是在一定的结构中运作。这种手段是否有成效，不但决定于实施者本身的权力影响，而且决定于是否与权力运作的环境相适应。对于国家来说，不同的权力结构会给其权力行为带来不同的影响。因此，要解释权力互动，还必须解释权力互动所导致的结构以及这种结构的变迁。

第三节　权力结构与体系变迁

国家进行权力互动，会形成某种整体结构。在现实主义看来，国际体系乃是大国权力互动的产物，其结构取决于权力的较量与分布。由于参与权力互动的国家有不同的分量和不同的互动范围，因此体系结构包括国家间层次、地区层次和全球层次。

现实主义认为，要解释国际体系的互动，首先要从宏观的国际格局着眼，因为超级大国与大国的互动是决定全球局势走向的主角。华尔兹指出，国际政治理论，如同国际政治历史一样，是根据某一时期的大国来书写的。[①]奥根斯基认为，世界政治事关大国行为，而与小国关系或外交政策无涉。[②]一些学者认为，小国由于缺乏影响大国和国际体系的实力（权力资源），因

① ［美］肯尼思·华尔兹：《国际政治理论》，信强译，上海人民出版社 2003 年版，第 96 页。

② Abramo F. K. Organski, *World Politics*, NY: Knopf, 1968, p. 10.

此只能被动地去适应体系环境，甚至听任大国的摆布。① 鉴于大国在权力互动中的地位与作用，因此国际政治主要表现为大国政治。中小国家作为权力政治的参与者，其行为只有以大国关系为背景才能得到恰当解释。

一 权力的分布与结构

华尔兹认为，以不同方式排列和组合的单元，具有不同的行为方式，在互动中会产生不同的结果。② 国际体系的结构是由体系中行为体的权力分布状况所决定的。由于国家的能力大小不同，因此国际体系的结构也不同。在国际关系学界，人们通常使用“极”（pole）来描述与解释大国关系与世界格局。这个概念来自自然科学，有“端”和“最高”的含义，指的是国际互动中的主要行为体的数量以及它们的实力分布状况。③ 从以往的权力结构看，大国所构成的国际结构大体上可归纳为三种情况：单极（unipolar）、两极（bipolar）和多极（multipolar）。单极是指权力集中于一个国家，两极是指权力集中于两个国家，多极则是指权力集中于三个以上的国家。这三种情况，实际上反映的是国际权力结构的两种基本模式：一种是权力结构的均势（balance of power pattern），另一种是权力结构的霸权（hegemonic of power pattern）。

“均势”一词存在着多种不同的定义，比如一种局面或状态，一种国家行为的普遍倾向或法则，国家领导的一种行动指南，或某类国际体系特有的维持自身的方式等。④ 对于这些定义，我们可以基于认识论划分为两类，一类是表现客观局面的“均势状态”，另一类是表现主观政策倾向的“均势原则”。当我们用均势来描述国际格局的基本形态时，使用的是均势的第一种含义，即在国际体系中多个国家的权力分配近乎均等，没有任何一个国家强

① Nicolaos Zahariadis, “Nationalism and Small - State Foreign Policy: The Greek Response to the Macedonian Issue,” *Political Science Quarterly*, Vol. 109, No. 4, pp. 647 - 668; Michael Handel, *Weak States in the International System*, London: Frank Cass, 1981.

② ［美］肯尼思·华尔兹：《国际政治理论》，信强译，上海人民出版社 2003 年版，第 109 页。

③ ［美］詹姆斯·多尔蒂、小罗伯特·普法尔茨格拉夫：《争论中的国际关系理论》（第 5 版），北京大学出版社 2004 年版，第 129 页。

④ 同上书，第 45 页。关于均势的多种定义，参见［美］肯尼思·华尔兹《国际政治理论》，信强译，上海人民出版社 2003 年版，第 155 页；Martin. Wright, “The Balance of Power,” in H. Butterfield and Martin Wight eds. *Diplomatic Investigations: Essays in the Theory of International Politics*. London: Allen and Unwin, 1966；［美］汉斯·摩根索：《国家间政治：权力斗争与和平》，徐昕、郝望、李保平译，北京大学出版社 2006 年版。

大到足以威胁其他国家的独立或者支配其他国家的一种共存状态。[①]

均势理论认为，权力的均衡能够使各个国家达成一种妥协，从而保证国家或国家集团相互间的安全。各国之间权力的不平衡增长，可能促使某些国家极力改变体系，扩大自身利益，这不仅会威胁到其他国家的利益与安全，也会导致整个体系的不稳定，而体系内主要行为体之间权力对比的变化，往往是国际政治变革的前兆。[②] 由于国家权力的弱势可能导致侵略，因此防止战争的最佳途径就是防止任何国家或国家集团取得权力的优势。[③]

从历史上来讲，欧洲国家曾形成过较长时间的权力均衡的现象。1815 年维也纳会议之后出现的“欧洲协调”（Concert of Europe），就是这样一种格局：没有任何一个国家强大到可以征服和控制整个欧洲的程度。相继出现的谋求霸权的国家，先是西班牙，然后是日耳曼的哈布斯堡和路易十四的法国，都被其他联合起来的国家所挫败。一旦这些谋求霸权的国家失败，其他联合起来的国家就会四分五裂，陷入新的争夺之中。欧洲国家的这种均势互动被卢梭称为力学的奇迹。[④]

按照权力均衡理论，均势的功能之一是实现国家间权力关系的稳定[⑤]，而当这种稳定遇到威胁或者遭受破坏时，就需要一个有效的制约者来加以修复以重新实现均衡。这一修复过程通常有两种方式：“一是减轻天平较重一侧的分量，一是增加较轻一侧的分量。”[⑥] 在国际关系中，为了保持权力的均衡，国家间往往通过流动性的联盟来实现上述的修复过程。国家可以通过变换自己的支持，反对最强大的国家或国家联盟，从而发挥“平衡手”的作用。在 18—19 世纪，英国就惯用这样的外交策略。

在权力互动中，如果国家间的权力分配出现极端不平衡的状况，甚至出现权力最大限度地集中于两个乃至单个国家时，那么霸权体系就形成了。这

① ［美］汉斯·摩根索：《国家间政治：权力斗争与和平》，徐昕、郝望、李保平译，北京大学出版社 2006 年版，第 205、240 页。

② ［美］罗伯特·吉尔平：《世界政治中的战争与变革》，宋新宁、杜建平译，上海人民出版社 2007 年版，第 100 页。

③ Mark R. Amstutz, *International Conflict and Cooperation: An Introduction to World Politics*, Boston: McGraw Hill College, 1999, p. 142.

④ 李少军：《国际政治学概论》（第三版），上海人民出版社 2009 年版，第 132 页。

⑤ ［美］汉斯·摩根索：《国家间政治：权力斗争与和平》，徐昕、郝望、李保平译，北京大学出版社 2006 年版，第 211 页。

⑥ 同上书，第 216 页。

时，个别国家拥有了能够支配国际体系的垄断性权力。在历史上，曾经出现过不同的霸权国家，如葡萄牙、荷兰、英国和现在的美国。这些国家称霸的主要表现就是具有主导全球事务、支配国际政治的能力，在国际体系中处于领导地位。

均势理论认为霸权会威胁体系的稳定和安全，但是，也有学者认为国际秩序乃是权力垄断的结果，权力的优势可以造就国际关系的稳定状态，拥有垄断性权力的国家更有能力和机会发挥"平衡手"的作用，避免战争。这种观点就是所谓的霸权稳定论（hegemonic stability theory）。持霸权稳定观点的奥根斯基认为，19 世纪欧洲之所以能够出现持续的和平，根本原因并不是权力的均衡，而是英国和法国的明显的权力优势。①

按照霸权稳定论，国际权力的互动，会周期性地形成霸权的结构。学界对这种周期性的概括，即长周期理论（the long cycle theory，或称长波理论），其概念来源于经济学家（马克思、康德拉季耶夫、熊彼特等人）对资本主义经济发展的周期性规律的阐释。在国际关系研究中，尽管有关周期性的概括是现代的理论，但其最早的表述却可以追溯到修昔底德。修昔底德认为："过去发生的事，在未来的某个时间会以同样的方法再次呈现。"②

在论述国际体系的演进规律方面，莫德尔斯基对周期理论进行了有重要影响的论述。③ 他对"长周期"的定义是，在某一特定的时期内，体系会回到它的初始点，恢复早期状态。如果这种行为可以被证明是有规则性的，并且它的重现是以一种可预测的模式，那么这种行为就可以被称为周期性或定期性。周期不同于趋势。④ 莫德尔斯基基于历史的观察，提出了这样的解释：自 1500 年以来，有四个大国在世界政治中起了支配性作用：葡萄牙

① Abramo F. K. Organski, *World Politics*, NY: Knopf, 1968, p. 294. 转引自 Mark R. Amstutz, *International Conflict and Cooperation: An Introduction to World Politics*, Boston: McGraw – Hill College, 1999, p. 144。

② Thucydides, *History of the Peloponnesian War*, trans. by Rex Warner, NY: Penguin Book, 1954, p. 48，转引自刘鸣《国际体系：历史演进与理论的解读》，北京：中共中央党校出版社 2006 年版，第 345 页。

③ 可参见 George Modelski, "The Long Cycle of Global Politics and the Nation – State," *Comparative Studies in Society and History*, No. 2, 1978; George Modelski and William Thompson, *Sea power in Global Poitics*, 1494 – 1993, Hampshire: Macmillan Press, 1988; Modelski and Thompson, *Long Cycles in World Politics*, Seattle, Washington: University of Washington Press, 1985。

④ 刘鸣：《国际体系：历史演进与理论的解读》，北京：中共中央党校出版社 2006 年版，第 345 页。

（1516—1580 年）、荷兰（1580—1688 年）、英国（1688—1792 年，1792—1914 年）和美国（1914 年至今）。这几个国家各自在一定的历史时期起了世界领导者的作用。这样的时期大致在 100 年左右。莫德尔斯基认为，主导性权力即霸权国家长期拥有全球支配的能力，是近代世界和平与稳定的基础。不同的历史周期，是开始于大规模战争，又终结于另一场大规模战争，战争既可以确立主导性国家的领导地位，也可能导致主导性国家的权力更迭与转换，而国际秩序正是在这种大国交替争霸的过程中建立的。①

霸权稳定论强调的世界秩序是所谓的"霸权治下的和平"。比如古代的"罗马治下的和平"（Pax Romana），近代的"英国治下的和平 "（Pax Britannica）和现代的"美国治下的和平"（Pax Americana）。这些国家依靠其超群的经济实力与军事实力，承担起了维护体系稳定和国际秩序的责任，主导着国际规则的建立，迫使其他国家接受其领导与支配。比如，19 世纪中期到 20 世纪初，英国凭借自己的世界主导地位，维护了世界贸易自由和国际经济体系的稳定，而美国在第二次世界大战后则推动了布雷顿森林体系的建立。

总结权力结构的形态，可以看到，均势与霸权作为概念，反映的就是权力的平衡与不平衡。如果行为体经过互动达到权力的完美平衡，那就形成了典型的均势；如果行为体间经过互动达到了权力的极端不平衡，那就形成了霸权。由于行为体的权力会发生变化，相互间的互动关系是动态的而不是静态的，因此权力结构尽管可能呈现为均势或霸权的"完美"状态，但多数情况下可能是居于这两者之间，或者接近这一端，或者接近另一端。说得确切些，在出现均势的时候，国家间的权力可能仍存在较大差异，而出现霸权的时候，其支配力也往往有较大局限性。所以，现实中的均势与霸权结构，总是存有一定的模糊性的，有时人们很难明确地进行界定。这也导致了人们对世界权力格局认知的差异与争论。

二 体系的变化

对体系结构的分析以及对权力分配格局的辨识是属于静态的描述性研究，而对结构的转换以及权力分配关系的变化进行的考察则属于动态性研

① 参见 George Modelski, "The Long Cycle of Global Politics and the Nation - State," *Comparative Studies in Society and History*, No. 2, 1978。

究。尽管如辛恩（Dina Zinnes）所批评的，在国际体系研究领域，多数学者只关注于体系类型的识别与描述，很少对体系的转换加以研究①，体系理论也经常因为其静态性而受到批评②，但现实主义理论依然有不少涉及体系的动态变化的内容，其中包括对体系变化原因的分析以及对转换模式的描述与解释。

权力互动所形成的均势与霸权，尽管是两种不同的结构，但却有一个共同点，即都是行为体互动的周期性的结果。由于行为体的权力分布并非静态的，因此互动所形成的结构总是会在平衡与不平衡之间波动。通常，当某个国家取得权力优势并确立霸权的时候，其他实力相近的国家就可能寻找机会或是通过联盟或是通过自身的实力增长来平衡它。同时，霸权国家的实力增长到一定程度后，也面临着相对衰落的危险。权力的制衡加上实力的相对衰落，导致霸权结构会向权力均衡转变，一旦均衡实现，霸权结构就不复存在了。在不存在霸权的结构中，权力的互动可能形成平衡局面，也可能再次向不平衡发展，从而出现新的霸权。

在19世纪以来的国际关系史中，就可以看到这样的变化。拿破仑战争之后，英国在经济和军事上的强大实力，使其成为世界霸主，国际政治进入“英国治下的和平”时期。然而，这种权力结构并不意味着英国可以高枕无忧，实际上，英国在实力扩张过程中几乎在每个大陆和海域都遇到了强劲的对手。一方面，法国、德国、美国、日本和俄国的实力在不断增长，并且开始挑战英国在国际事务中的主导权与领导地位；另一方面，英国扩张权力、维护其海外利益的成本也越来越大，担负与霸主相应的责任成了越来越重的包袱。在这种内外压力之下，“英国治下的和平”难以为继，终于在一场世界性的战争之后结束了。

“英国治下的和平”结束之后，德国、日本等挑战者试图继英国之后建立全球性的霸权。这种争霸的努力导致了第二次世界大战的爆发，战争的结果是挑战者的失败和美国的崛起。美国霸主地位的取得，一方面源于美国综合实力的增长，另一方面也是其他大国国力衰落的结果。欧洲列强和俄国、日本在两次世界大战中大伤元气，而美国则依靠地理优势避免了本土遭遇战

---

① Dina Zinnes, “Three Puzzles in Search of a Researcher,” *International Studies Quarterly*, Vol. 24, 1980, p. 3.

② ［美］罗伯特·基欧汉编：《新现实主义及其批判》，郭树勇译，北京大学出版社2002年版，第312页。

火，同时在其他大国疲于奔命时迅速提高了经济和军事实力，最终在战后依靠实力确立了有利于自己的世界经济、军事与政治秩序。

然而，美国在战后建立霸权的努力，很难说形成了“美国治下的和平”。一方面，美国依靠超强实力建立的单极状态，持续的时间并不长，苏联的权力扩张以及东西方两大阵营的对立标志着美国有了势力大体相当的对手，国际体系迅速形成了美苏两强争霸的格局。持续半个世纪的冷战，维持的是一种“相互确保摧毁”的恐怖和平。另一方面，战后美国主导建立的国际经济体系，不久便遭遇到一系列的挑战与危机，布雷顿森林体系在20世纪70年代宣告结束。即使在冷战结束后，苏联的解体也并没有成全美国建立单极霸权体系的梦想。尽管美国依靠其经济和军事实力成为世界上独一无二的超级大国，但国际互动中来自其他大国的不同声音使得美国的影响力受到挑战。这些大国，包括中国、俄罗斯、法国、巴西等，尽管没有构成对美国的挑战，但却使得只有一个超级大国的国际结构中出现了某种多极的特点。特别是在全球问题凸显的情况下，美国尽管一超独大，但却不可能独自推动国际议程和处理各种重大国际事务。

权力互动中出现不同的政治诉求，或者说出现方向不同的政治推力，恰恰体现了国际权力体系的动态特点。由于国家间权力的发展存在不平衡性，因此体系会发生变革。从纯粹的权力政治角度讲，这种变革就是维持现状与改变现状的斗争。霸权国家一方面会通过提供更多的公共产品和建立国际规范等方式增强其全球领导地位的合法性，另一方面它也要时刻关注那些可能利用增大的相对能力发起挑战的国家。对于要改变现状的国家，霸权国会设法提高自己的相对能力，并且削弱对手的实力。尽管霸权国总是希望能长久地保持自己的优势，但无论如何都不能避免可能出现的挑战。

吉尔平在《世界政治中的战争与变革》一书中，从成本收益分析的角度详细论述了实力增长的差异为什么会最终导致体系内部发生权力重新分配的根本变革。① 他提出了5个假定：

（1）如果没有国家相信改变一种国际体系有利可图，那么这种体系就是稳定的（即处于一种均衡状态）。

（2）如果预期收益大于预期成本（即存在获取纯利益的可能性），那么

① ［美］罗伯特·吉尔平：《世界政治中的战争与变革》，武军等译，北京：中国人民大学出版社1994年版，第1章。

就有国家会力图改变这种国际体系。

（3）一个国家通过领土、政治和经济扩张的方法谋求国际体系变革的过程，只有到付出的成本大于边收益时才会停止。

（4）当变革和扩张的成本与所得收益达到平衡状态之后，维持现状的经济成本的增长就会快于维持现状所得到的经济能力的增长。

（5）如果一个国际体系失去平衡，那么这个体系就会发生变革，并出现一种反映权力重新分配的新平衡。①

吉尔平的变革概念包含了一个无法设定起点和终点的连续的历史进程。在一个符合假定（1）的均衡体系，由于国际体系中实力增长的差异（这种差异主要是由于体系内政治、经济和科技发展导致，也可能是因为国内政治导致了国家对“利益”的重新定义），体系内权力出现了重新分配，均衡体系开始转向失衡。符合假定（2）要求的国家具有了改变现存体系的动力，它们谋求改变的行为与维持现状国家间的对立导致了体系的不稳定和内部危机，这种危机根据假定（4）和假定（5），最终通过战争或和平的机制得到解决，结果是创立一种反映权力分配的新的平衡和现状。他对体系变革的解释，可通过图 2 - 1 表示：

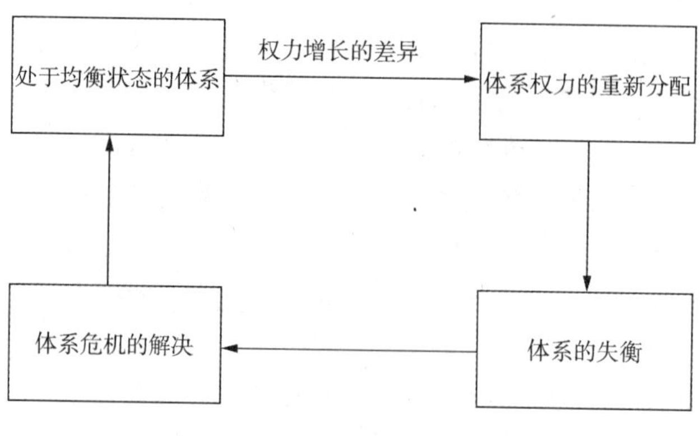

图 2 - 1　吉尔平的体系变革概念

吉尔平权力结构变革模型提出了导致权力增长差异的两种方式，一种是当霸权国家实力扩张至顶点后，其维持现状的成本就会迅速上升，这种成本

① ［美］罗伯特·吉尔平：《世界政治中的战争与变革》，武军等译，北京：中国人民大学出版社 1994 年版，第 10—11 页。

的上升速度一旦大于其实力增长的速度，就会迫使其减少承担的国际义务和提供的“公共产品”以避免实力的急剧衰弱。另一种是其他国家可以利用霸权国家提供的“公共产品”，又不承担维持体系的义务，而得以更快地发展自身实力。第一种方式是霸权国家实力下降造成的不平衡，第二种方式则是挑战国家实力上升带来的不平衡。这两种方式往往是相伴而生的。

观察当代的国际互动可以看到，尽管苏联的解体使得美国成了唯一的超级大国，享有了类似单极的地位，在小布什当政时，一些人甚至有了“帝国”的感觉，但随着美国陷身阿富汗战争与伊拉克战争，它就从顶点开始走下坡路。2008 年发生金融危机之后，美国掌控世界事务的能力进一步被削弱了。虽然根据这些现象不能得出美国衰落的结论，但美国战略收缩的事实，包括 2011 年完成从伊拉克的撤军并开始从阿富汗撤军，表明它确实在减少自己的义务。与美国权力的演进趋势相反，中国、印度、巴西等新兴大国则呈现了国家实力增长的趋势。这样一种此消彼长的现象，在某种程度上可以看做是一种体系结构的变化。

吉尔平认为，最容易破坏现状稳定性的因素是国际体系内部成员之间实力发展的不平衡，这种实力增长的差异最终会导致体系内部发生权力重新分配的根本变革。[①] 在过去，从体系失衡到体系危机，再到危机的解决，往往伴随着大规模的战争，这不仅是因为战争是权力分配差异的结果，也因为在争霸的国家看来，战争是削弱对方实力、夺取权力优势的最快捷的方式。当霸权国实力相对衰落、挑战者实力不断增强时，避免战争、减少冲突的一个方式是强调并努力说服其他国家认同其建立和倡导的国际秩序的合法性。合法性即使不能避免冲突，也可以限制冲突的范围。[②] 秩序的合法性不仅能避免诉诸代价昂贵的战争，也可以发动国际力量牵制挑战者的争霸行为。这样，因权力分配差异而导致的体系变革，就有可能通过竞争而不是冲突的方式解决。

在当代，联系国际互动的现实可以看到，尽管主要大国间实力发展的不平衡仍然是影响国际体系结构的重要因素，但已不是唯一因素。在有些情况下，体系的变化已不能从单纯的权力视角加以解释。就 2010 年以来国际格

---

① ［美］罗伯特·吉尔平：《世界政治中的战争与变革》，武军等译，北京：中国人民大学出版社 1994 年版，第 13—14 页。

② 同上书，第 12 页。

局的变化来讲，就可以看到这样的情况。美国国际主导地位的下降和新兴大国影响力的上升，虽然在某种程度上反映了国际权力结构的变化，但这种变化并不能解释为新兴大国正取代美国的领导地位。实际上，在大国之间所形成的是缺乏国际主导者的情况。对于这种格局，有人称之为“G0”，即没有任何国家或国家集团的政治和经济杠杆能够推动国际议程。[①] 之所以会出现这样的局面，并不是因为权力互动尚未达到稳定形态，而是因为全球问题的凸显和全球治理的进行把一批国家（特别是新兴大国）推到了国际舞台的中央。这些国家为应对共同面对的问题，需要的是相互协调与合作，而不是形成某种极化的权力机制。在这样的体系中，没有大国或国家集团能够单独应对并主导问题的解决，它们必须同其他国家合作。这种情形也从一个侧面表明，解释国际体系的运作，仅仅解释权力互动机制是不够的，还需要理解和解释行为体在其他维度的互动及所形成的结构。

第四节　结语

在国际关系中，作为主要行为体的国家都是权力行为体。在无政府状态下，权力是理解国际互动的关键。所谓国际政治，就是国家间政治或权力政治。权力政治具有冲突的属性。国家为了权力进行互动，所形成的整体结构就是权力政治体系。这种体系是以大国关系为表现，而极的不同数量则决定这种结构有不同的格局。由于国家权力的发展是不平衡的，因此格局会在权力互动中发生演变，要么形成均势，要么形成霸权。均势与霸权的交替，构成了国际政治演进的一种重要动态。

对于权力体系，现实主义学派已进行了充分的研究与解释。以这些已有的研究为基础，本书提出了一些可能有新意的观点：

第一，国际政治中的权力，通常是指国际行为体让他者做原本不会之事的能力。这样讲人们尽管很少异议，但如果不强调“政治关系”的语境，就可能造成权力概念运用的泛化。实际上，国际关系中行为体在很多领域都可以改变他者的行为，例如经济交易的实现，学术观点的改变。这些改变并不涉及权力关系。所以，只有在政治关系中，或者说只有行为体的行为具有政

① Ian Bremmer and David Gordon, “G－Zero,” http://eurasia.foreignpolicy.com/posts/2011/01/07/g_zero.

治目的，改变他者行为才涉及权力概念。

第二，在政治关系中，只有行为体成功地实现了改变他者行为的目的，才体现了权力关系。反之，则不能说具有权力意义。例如，小岛国力图改变大国的温室气体排放政策的行为是具有政治性的，但并不能造成具有权力意义的结果。

第三，对于软权力的解释，由于涉及的方面非常广泛，因此必须限定在政治语境。只有具有政治目的的说服行为，并且确实达到了说服的目的，才具有软权力的意义。对于一些可能发生间接政治影响的说服行为，只有产生了政治意义之后，界定为软权力关系才是适宜的。

第四，权力关系尽管具有最明显的物质属性，但研究权力必须重视观念因素。在权力互动关系中，不但权力实施方的政治目的取决于人的意图，而且权力作用对象的行为的改变也是取决于人的意图与判断。在很多情况下，强者之所以不能改变弱者的行为，就是因为弱者的观念未发生变化。

第五，对国家权力进行评估，作为一项系统性研究，存在很大的不确定性。权力的有效性是取决于各项构成要素的综合，而这种合力的形成是与人的主观协调分不开的。对这种力量的综合与计算，不同的主观性研究有不同的结果。由于“综合国力”不能直接观察，因此也不能进行客观检验。从这一点来讲，尽管这种评估具有横向比较的战略参考意义，但不能与现实权力画等号。

本章对权力与国际体系的探讨，是以行为主体的互动为着眼点，以互动结构的动态为解释对象。我们认为，只有基于互动，才能说明权力概念的意义，并解释国家如何构成国际权力结构和权力结构如何演进。由于在国际关系中权力政治始终是一个基本因素，因此理解权力互动机制和国际权力结构影响行为体的机制，在当今仍然是理解国际关系的关键。

值得注意的是，当代的权力互动与结构，尽管仍然是国际关系中的突出因素，但已不再是唯一重要的因素与主题。在全球政治的影响下，作为权力互动主要结构的大国关系，除了受到权力分布的平衡与不平衡的影响之外，在当代全球问题凸显的情况下还会受到全球治理的影响。由于在全球治理中大国甚至超级大国都不能垄断相关事务，不再能依靠权力行事，因此其影响可能不再与其权力地位相称。在新的国际环境下，一些新兴国家，尽管没有向霸权国家发起挑战，但在全球治理过程中却被推到了舞台的中央，成为在国际事务中起主导作用的角色。这种情况使人们认识到，仅仅了解权力互动的机制是不能对国际体系作出充分解释的。只有联系行为体在其他领域的互动，才能更好地说明权力与国际结构的关系。

第三章　制度与国际体系

行为体在无政府状态下进行互动，尽管会呈现权力政治，但只要在一定的领域形成秩序，形成共存的关系，就会出现某种制度化的安排。在当代的国际关系中，形形色色的国际规范与制度，同以冲突为表现的权力政治一样，同样是行为体互动所形成的整体结构。对于这样的结构及其机理，与现实主义并立的自由制度主义进行了系统的阐释。

自由制度主义对国际体系有着不同于现实主义的观点。对自由主义者来说，尽管参与互动的行为体是以国家为主，但非国家行为体同样扮演着重要的角色。不同行为体之间通过互动，会形成相互依赖的关系。这种关系可能表现为冲突，但如果发现共同利益，则可能形成合作。这种合作关系得到持续发展，在行为体之间就会出现国际制度。在当代，伴随着世界大战危险的消除，各种全球性问题的凸显，以及在解决这些问题过程中地区化和全球化进程的深化，各行为体之间的合作日益密切，国际制度的地位与作用日益重要，而行为体的行为也更多地受到了制度环境的约束。在这样的演进中，国际体系具有了日益明显的国际社会的特点。

对国际制度进行系统阐释的自由制度主义，从知识谱系来讲，与自由主义是有渊源关系的。因此，讨论制度与国际体系的关系，从理论上来讲，需要首先说明自由主义概念与思想的由来与发展。

第一节　自由主义思想的由来

自由主义作为一种意识形态，是泛指以自由作为主要政治价值的思想流派的集合，其中包含不同的分支和众说纷纭的解释。从语境来讲，自由主义原本是就国内政治而言，主要指涉公民与国家的关系。伴随着国际互动的发展，人们把自由主义的原则与思想也应用到了如何实现国际秩序的问题上，并形成了自由主义国际关系学派。从历史演进讲，自由主义可分为强调自由放任的古典自由主义和强调干预的新自由主义。自由主义国际关系学派与之相对应，也存在两种传统。自由制度主义是属于新自由主义的一支。

一 古典自由主义

自由主义所遵奉的“自由”（liberty），是个来自西方的概念[①]，主要指自由的状态或性质，例如可解释为不受外界约束或强制，或者不受专横或暴虐的控制。[②] 对于该词的本义，霍布斯认为是指没有阻碍的状况，即不存在运动的外界障碍。他说，不论任何事物，如果由于受束缚或被包围而只能在一定的空间之内运动，而这一空间又由某种外在物体的障碍决定时，我们就说它没有越出这一空间的自由。就人的行为而言，自由是指在其力量和智慧所能办到的事物中，可以不受阻碍地做他所愿意做的事。[③]

一个人要不受阻碍地做他所愿意做的事，是需要一定的条件的。霍布斯在阐释这个概念时，认为在自然状态下人是不可能享有自由的，因为受到寻求生存与自保的本能所驱使，社会是处于一切人反对一切人的冲突之中。要避免这种危险状态，唯一途径就是建立公共的和最高的权力，臣民通过自愿的社会契约，把他们的自然权利让渡给最高当局，以获取对他们的生命、自由和财产的保护。[④] 霍布斯认为，臣民的自由是以对主权者的服从为前提，即“臣民的自由只有在主权者未对其行为加以规定的事物中才存在”。主权代表人不论在什么口实之下对臣民所做的事情没有一件可确切地被称为不义或侵害，因为每一个臣民都是主权者每一行为的授权人。霍布斯的这种政治自由观，强调的是国家最高权力的仲裁作用。[⑤]

从社会契约的角度把个人自由同国家权力相联系，就使得自由成为一个体现社会关系的词语。确实，自由不可能是无政府状态下的为所欲为，而只

---

① 中国古代文献中亦有“自由”一词，意为“能按己意行动”。例如，（汉）郑玄有语句：“去止不敢自由。”参见《辞源》，北京：商务印书馆1988年版，第1403页。不过，当今政治学所讲的自由，确实是源于西方文化传统。

② 例如，可参见 *Webster's Ninth New Collegiate Dictionary*，Springfield，MA.，Merriam - Webster INC.，Publisher，1991，p. 688。

③ ［英］霍布斯：《利维坦》，黎思复等译，北京：商务印书馆1996年版，第162—163页。

④ Shaun Young，*Beyond Rawls*：*an analysis of the concept of political liberalism*，Lanham：University Press of America，2002，pp. 30 - 31. 转引自 http：//en. wikipedia. org/wiki/Liberalism。

⑤ ［英］霍布斯：《利维坦》，黎思复等译，北京：商务印书馆1996年版，第165页。

能理解为享有法律赋予的权利。在这里，个人自由与国家管理就成了一对范畴。作为一种个人权利，自由意味着不受限制，而得到授权的政府进行社会管理则意味着对个人行为加以限制。怎样理解这两者的关系，或者说应怎样理解自由与管理的度，就构成了有关自由主义争论的一个根本问题。实际上，正是在这个问题上的分歧，导致自由主义形成了不同的传统。

滥觞于18世纪的古典自由主义，是一种支持个人先于国家存在的政治哲学。这种思潮强调个人的权利、私有财产，并主张自由放任（laissez faire）的经济政策，认为政府存在的目的仅在于保护个体的自由。古典自由主义的代表人物亚当·斯密（Adam Smith）和穆勒（Stuart Mill）等人认为，"自由"就是不存在来自政府或其他个人的干预。他们宣称，所有的人都享有可以发展自己独特的智慧与能力而不会遭到他者破坏的自由。[①] 按照穆勒的说法，唯一与"自由"一词相符的含义，就是按照我们自己的方式追求我们自己的善。[②]

亚当·斯密对自由放任主义的阐释是基于经济学的角度，并且是以"自利"作为出发点。他的基本逻辑是个人依照他们自己的利益行动时也会提升共同体的利益。他说："当每一个人企图尽可能地使用他的资本去支持本国工业，从而引导那种工业使它的产品可能有最大的价值时，他必然要为使社会的每年收入尽可能大而劳动。的确，他一般既无心要去促进公共利益，也不知道他对之正在促进多少，他这样做只是为了他自己的利益，是被一只看不见的手引导着，去促进一个并不是出自他本心的目的。"[③]

与亚当·斯密的理论有所不同，边沁（Jeremy Bentham）对自由放任主义的阐释是基于功利主义的角度。他认为，自然将人置于快乐和痛苦这两大主宰之下，由此决定我们应当做什么，将会做什么。以功利原则的价值判断为基石，边沁认为，快乐就是好的，痛苦就是坏的，因为人的行为都是趋利避害。所以任何正确的行动和政治方针都必须做到产生最多数人的最大幸福，并且将痛苦缩减到最少，甚至在必要情况下可以牺牲少部分人的利益。[④] 这就是著名的"最大的幸福原则"。

① Shaun Young, *Beyond Rawls: an analysis of the concept of political liberalism*, Lanham: University Press of America, 2002, p. 33. 转引自 http://en.wikipedia.org/wiki/Liberalism。

② Ibid..

③ ［英］亚当·斯密：《国民财富的性质和原因的研究》，郭大力、王亚南译，北京：商务印书馆1974年版，第456页。

④ ［英］边沁：《道德与立法原理导论》，时殷弘译，北京：商务印书馆2000年版，第58页。

无论是亚当·斯密的“看不见的手”（invisible hand），还是边沁的功利原则，都可以得出自由放任的推论：无须政府去管，个体理性的力量就可以使社会公共利益得到实现。[①] 在这里，自由放任的意思，就是不干涉，其词义是“让他做、让他去、让他走”。在自由放任主义者看来，只要知识得以传播，大多数人就会进行正确的推理，并采取正确的行动，从而确保社会的进步。

自由放任主义所强调的个人自由，不能解释为不要约束，而应理解为主张最低限度的约束。边沁认为，赋予个人最大限度的自由乃是解决问题的根本途径，以契约为基础的国家应当是消极无为的。[②] 虽然政府肩负着“增加全民幸福”的职责，但是政府的权力应当受到限制。政府的活动应尽量限制在保护人身安全和私有财产不受侵犯的范围之内。[③] 这种强调个人自由和有限政府，强调在法制保护之下个人只受最低限度的制约的观点，体现了古典自由主义（classical liberalism）的基本内涵。

古典自由主义用于阐释国内政治关系的逻辑，推而广之，就可以用于解释跨国关系。其推论是，在个人自由与世界政治秩序之间，是存在着不可分割的联系的，国际关系可以经由这样的途径得到改造：在国内保护个人自由，可以形成自由的国家，在国际关系中扩大自由的国家，则可以建立国际秩序。古典自由主义在经济上相信自由贸易促进和平，在政治上相信共和制国家可以实现和平，并因而衍生出了强调自由贸易的商业自由主义和强调民主制度的共和自由主义两个主要分支。这两个分支，都相信和平能够经由“自然”的途径实现。

商业自由主义认为增加国家的整体财富以及提高国民的福利水平是国家存在的基本理由，为此国家需要同别国开展贸易。[④] 亚当·斯密基于劳动分

---

① 正如亚当·斯密另一巨著《道德情操论》的译者所言：“在《国富论》中，这只‘看不见的手’是用来比喻说明竞争过程的有益后果的。而在《道德情操论》中，这只‘看不见的手’却被用来说明另外的问题，即对财富的获取欲本身如何实现着促进人类福利这一更大的社会目的。可见，在《道德情操论》中，这只‘看不见的手’所起的作用比在《国富论》中所起的作用更为基本。”（[英] 亚当·斯密：《道德情操论》，蒋自强等译，胡企林校，北京：商务印书馆1997年版，译者序言）可以说，亚当·斯密让“看不见的手”成为一种经得住理性推敲的信仰。后来的自由放任主义者都相信，人为干预只会适得其反地破坏大自然的精巧设计。

② 徐大同：《当代西方政治思潮：20世纪70年代以来》，天津人民出版社2001年版，第2页。

③ 徐大同：《西方政治思想史》，天津人民出版社2000年版，第282—283页。

④ Katherine Barbieri, *The Liberal Illusion: Does Trade Promote Peace?* Ann Arbor: The University of Michigan Press, 2002, p. 19.

工理论指出，国际贸易不是一种把一国所得建立在别国所失之上的零和游戏，相反，它对所有的参与者都有潜在的好处。在此基础上，大卫·李嘉图发展出更加系统的比较优势理论，认为分工协作可以使贸易双方都获得好处，从而成为国家间发展和平友好关系的保证，而经济相互依存关系的建立则可以排除发生战争的可能性。[①] 孟德斯鸠论证了贸易的本质和特点，并阐明了"贸易的精神"。他指出，"贸易的自然结果就是和平。两个国家之间有了贸易，就彼此互相依存。如果此方由买进获利，则彼方由卖出获利，彼此之间的一切结合是以相互的需要为基础"[②]。

商业自由主义相信贸易能够带来和平，其理由可以概括为以下三点：

第一，贸易能够给参与贸易的各方带来收益，无论收益大小，都能让参与国家增加财富，提高人民的福利。通过交换，可使国际分工及生产专业化的程度加深。参与贸易的经济体能够以低廉的价格购买到所需的产品，以较高的价格卖出自己生产的产品。由于贸易能为参与各方带来好处，因此它们会倾向于进一步开展合作。

第二，经济繁荣可以分散公众的注意力，使他们不再关注民族主义的相互争夺和军事冒险，因为这些事情会对贸易和经济增长带来不利影响。[③] 如果经济繁荣达到一定的程度，民众将会沉浸在繁荣带来的喜悦当中，因而会对相互争夺和军事冒险表现出一定的抵制。在这种情况下，政府动员民众进行军事冒险就会面临相当的阻力。再者，"贸易还能使国家之间保持良好的沟通，培育国家之间的友善情谊"[④]。国家之间的有效沟通可以带来彼此间更多的理解，减轻对他国民众的敌意，减少彼此间的误判，使"信息匮乏导致战争"的情况逐步减少。

第三，贸易能够带动参与各方的社会变革[⑤]，使商业领域的重要性得到

---

① ［美］詹姆斯·多尔蒂、小罗伯特·普法尔茨格拉夫：《争论中的国际关系理论》（第五版），阎学通、陈寒溪等译，北京：世界图书出版社 2002 年版，第 451—453 页。

② ［法］孟德斯鸠：《论法的精神》（下），北京：商务印书馆 2004 年版，第 3 页。

③ ［美］詹姆斯·多尔蒂、小罗伯特·普法尔茨格拉夫：《争论中的国际关系理论》（第五版），阎学通、陈寒溪等译，北京：世界图书出版社 2002 年版，第 453 页。

④ Henry William Spiegel, *The Growth of Economic Thought*, 3rd ed., Durham: Duke University Press, 1991, p. 91. From: Katherine Barbieri, *The Liberal Illusion: Does Trade Promote Peace?* Ann Arbor: The University of Michigan Press, 2002, p. 6.

⑤ Katherine Barbieri, *The Liberal Illusion: Does Trade Promote Peace?* Ann Arbor: The University of Michigan Press, 2002, p. 2.

提升，因为它成为国家财富的重要来源。国家为了维持其经济利益，需要维持同别国的经济联系，降低国家间爆发战争的概率。因此，出于经济利益的考虑，国家会变得不那么好战（less warlike）。面对政府发动战争的可能，经济利益集团能够动员起强大的反对力量。罗斯克兰斯（Richard N. Rosecrance）指出，“在军事手段的成本太过高昂的时候，国家会倾向于选择贸易手段”①。

总之，贸易作为一种互动手段，可以改变相关国家的行为，使国家变得不再好战，从而在国家间建立起和平的秩序。

与商业自由主义不同，共和自由主义强调的是民主政体对国际秩序的贡献。从历史渊源来讲，共和自由主义秉承了康德的“永久和平”（perpetual peace）的思想。康德认为，人民运用理性能够发现他们的共同利益，而不是陷于冲突之中。如果个人是共和国的公民，那么他们的共和国就将代表他们把合作的途径带入国际舞台。正如个人在他们各自的国家中一样，这些国家能够共居于一个“市民社会”（civil society）之中，形成一种以共和制宪法、联邦制国家体系为特征的和平联盟。生活在独立国家里的人民将通过共享价值而成为“世界公民”，而和平联盟的统一将取决于怀有相同原则的人民的道德一体化。伴随着人民免于国家偏见和适意地生活于任何国家之中，世界主义的人类共同体将出现。到那时巨大的贸易量将加强人民的共同体意识，并因而降低国家边界的重要性。康德认为，世界主义共同体的形成将最终造就“永久和平”的条件。

康德认为，在共和制国家组成的和平的联盟中，民族国家之所以不得不把它们的国家利益置于国际法准则之下，根本原因在于它们的理性洞察力以及公民对于人类共同体的道德承诺。由于共和制宪法的制衡作用可以阻止具有冒险性的统治者把其国家投入战争，每一个共和制政府都服从的国际法可以避免国家间的战争，因此立宪制共和国可能是和平主义的。康德认为，如果宣战需要公民的同意，那么就不会有任何宣战，因为公民对于打仗，对于支付战争费用，对于修复战争带来的破坏并使自己担负沉重的国家债务，会持十分谨慎的态度。相反，非共和制体制的情况则完全不同：战争不需要统治者做出牺牲，他们为了微不足道的理由就会像决定一场晚会那样决定一场

---

① Richard N. Rosecrance, *The Rise of the Trading State: Commerce and Conquest in the Modern World*, NY: Basic Books, 1986.

战争。

总之，康德所设想的是一种自由主义的和理想主义的秩序，这种秩序是以具有和平互动关系的共和制国家为基础，而在这些国家居住的公民可以很容易地跨越国界互动，并且共享道德价值和商业利益。这种强调道德价值的国际政治观，为当代“民主和平论”的提出奠定了基础。[①]

在当代，共和自由主义者沿袭康德的思想传统，对“民主和平”（democratic peace）问题作了进一步的研究。他们所提出的解释大致分为两类：规范性解释和结构性解释。[②]

规范性解释是以多伊尔（Michael Doyle）的研究为开端[③]，突出强调民主国家的政治文化，诸如民主规范、惯例、观念以及社会风气等。按照这种解释，民主国家的文化、认知和习惯，使相互让步及和平解决争端成为国内政治的基本模式，而这种模式可以跨越国家边界成为处理对外事务的基本法则。[④] 由于民主国家认为其他民主国家也信奉同样的律条，因而会在国际事务中体现出和平主义的倾向。这种认知由相互交往而来，又因持续的交往而加强。这样的良性循环导致了和平处理国家间关系的规范的形成和利益共同体的出现，在共同体中各国会放弃使用武力，并最终形成一种和平的国际局面。

结构性解释在整体上是坚持国内因素决定论的观点。按照这种解释，民主国家的行政机构要做出开战的决定需要得到内阁成员和立法机构的批准，并且最终需要得到选民的认可。[⑤] 莫根和坎贝尔（T. C. Morgan and

---

① 有关康德的永久和平思想，参见［德］伊曼努尔·康德（Immanuel Kant）《永久和平论》，何兆武译，上海人民出版社 2005 年版。以上有关康德思想的陈述，引自李少军《国际政治学概论》（第三版），上海人民出版社 2009 年版，第 62—63 页。

② Zeev Maoz and Bruce Russett, “Normative and Structural Causes of Democratic Peace,” *American Political Science Review*, Vol. 87, No. 3, Sept., 1993, pp. 624 – 638.

③ Michael Doyle, “Kant, Liberal Legacies, and Foreign Affairs,” *Philosophy and Public Affairs*, Summer 1983, pp. 323 – 353.

④ Christopher Layne, “Kant or Cant: The Myth of the Democratic Peace,” *International Security*, Vol. 19, No. 2, Autumn 1994, p. 10.

⑤ 当然，批评者会质疑说，即使是民主政府，在真正面对紧急状态时也会轻而易举地绕开议会和人民的限制。正如沃尔特·拉夫伯所言：“林肯甚至没有和国会商议便招募了一支军队，用来反对南方的分裂行为。他对国会的控制程度非同寻常，说明行政部门能够广泛地扩张权力。尽管战争结束和林肯死后不久，最高法院立即采取措施限制这些权力，但是，林肯那种用权方式不可能被永远取缔。”参见沃尔特·拉夫伯《美国人对机会的寻求：1865—1913》，载孔华润主编《剑桥美国对外关系史》，北京：新华出版社 2004 年版，第 268—270 页。

S. H. Campbell）认为："由于民主国家的政治精英要对公民的生命和资源负责，担心在选举中受到惩罚，因而不敢擅自开启战端。"① 勒克基恩和索瓦（David Lektzian and Mark Souva）进一步用比较分析法对民主国家和非民主国家的政治机构进行了考察，认为"民主国家的政治机构具有更高的可信度，而非民主国家的政治机构能承担的责任则充满了变数"②。因此，民主国家的政治制度可以减少不确定性和降低风险，从而促使民主国家之间形成和平局面。与之相反，非民主国家则因为其政治制度的内在缺陷而不容易同外部国家建立可靠的和平基础。

总之，沿袭了古典自由主义传统的现代变体，信奉"自由放任"理念，认为自由贸易、民主制度会给每个社会带来可观的收益，因而公民会自觉自愿地投身到这些互动当中以促进共同的善，这样就能"自然地"确立和平的国际秩序而无须管制。在这个过程中，国际制度的作用至多是辅助性的或服务型的，其作用在于为推动自由贸易和扩展民主制度提供便利。

二 新自由主义的兴起

新自由主义是相对古典自由主义而言的。从经济思想来讲，在 20 世纪 30 年代大危机之前，可以说自由放任主义一直是盛行的理念。不过，在此之前对自由主义的理解与解释就已经出现了分歧，因为一些自由主义政党接受了政府有必要对经济进行干预的理念。

1911 年，霍布豪斯（Leonard Trelawny Hobhouse）所著的《自由主义》一书，在总结新自由主义（New liberalism）思潮时，就提出政府应介入经济，并应确保每个人在贸易时的平等权利。③ 这种主张国家干预经济的政策理念，在大萧条之后成为主流。除经济政策之外，一些自由主义者还从政治的角度提出了新的自由理念。他们认为，公民的自由应该是制度框架内的自由，而不是放任自流。国家作为法律的制定者，有责任通过国家干预来提供社会成员自由发展所需的外部条件，提供一个民主环境，保证平等权利和平

① T. C. Morgan and S. H. Campbell, "Domestic Structure, Decisional Constraints and War," *The Journal of Conflict Resolution*, Vol. 35, No. 2, June, 1991, pp. 187－211.

② David Lektzian and Mark Souva, "Institutions and International Cooperation: An Event History Analysis of the Effects of Economic Sanctions," *The Journal of Conflict Resolution*, Vol. 45, No. 1, Feb., 2001, pp. 61－79.

③ ［英］霍布豪斯：《自由主义》，朱曾汉泽，北京：商务印书馆 1996 年版。

等机会的政治自由。这些理念构成了国内政治语境的新自由主义。[①]

从国际政治的语境来讲，可以说也存在一个相似的演进过程。在第一次世界大战之后，人们清楚地认识到，国际秩序不能经由自由放任的途径实现。在欧洲，尽管德、英等国在经济上有密切的相互依赖关系，但在战争中却打得你死我活。显然，和平必须“建立”，而不可能“自然地”实现。于是，通过国际制度的管制来建立国际秩序的思想就出现了。

有关国际制度的思想，尽管可以归类为新自由主义，但其来源并不是国内政治语境的自由主义，而是有关国际法的传统。从历史渊源来讲，这种思想可以追溯到17世纪格劳秀斯（Hugo Grotius，1583—1645）提出的以法律调节国家间关系的系统见解。在格劳秀斯生活的时代，欧洲到处是滋生混乱的土壤，以往中世纪教会偶尔还能施加的软弱限制已不复存在，暴力成为各个国家之间交往的裁决者。面对这种现实，格劳秀斯认为，要实现人类的幸福，就要建立一种指导国家间关系的法律。在《论战争与和平法》（*On the Law of War and Peace*，1625）一书中，格劳秀斯提出，在国家的国内法之上，存在着一种自然法。自然法是正确理性的指令，它根据一项行为是否符合理性，指出它内含卑劣的道德品质或是具有道德上的必然性，并据此指出这样的行为或者是自然造物主上帝所禁止，或者是他吩咐去做的。在当时，有关自然法的思想被认为是所有国家民法的支柱，对于所有民族，对于臣民和统治者，都具有同样的约束力。格劳秀斯认为，支持自然法基础的信念，就是人都有基本的不能剥夺的权利。这种权利（从根本上来说就是生存权和自由权）把所有的国家约束到一起，构成了一个国际性的“国家的社会”。在这个社会中，国家间的关系是建立在普遍的国际行为规则之上的。在这些规则中，甚至包括有关战争行为的规范。把这些规则法典化，就形成了国际关系中的国际法。国际法确立了什么许可、什么不许可的种种限制，它既约束国家，也约束其他非国家行为体。[②]

---

① 对于新自由主义，学界是有不同解释的。有观点认为这种强调国家作用的观点，已不是自由主义，而是社会主义。还有观点把20世纪70年代后再度出现的反对国家干预的思潮称为新自由主义。当然，也有观点把后者称为新古典主义。笔者主张把18世纪至19世纪出现的强调国家干预的自由主义称为新自由主义，而把后来出现的反对国家干预的思潮称为新古典自由主义，因为后一种思潮是对古典的回归。关于自由主义在19世纪末20世纪初“衰落”，又在第二次世界大战后“复兴”的历史轨迹，可参见［英］约翰·格雷《自由主义》，曹海军、刘训练译，长春：吉林人民出版社2005年版。

② 李少军：《国际政治学概论》（第二版），上海人民出版社2005年版，第60页。

格劳秀斯的主张在第一次世界大战之后得到了实质性的发展。针对第一次世界大战的惨痛教训，许多政治家认为，要避免世界战争，就必须对国际体系进行变革，建立约束国家行为的国际制度。他们的探讨集中于理想的世界应如何建立的问题。他们希望通过建立国际组织的方式管理国际事务，消除权力政治的影响。他们认为，法律与道德的框架能够取代军队决定国际事务的结果。同现实主义对人性的看法相反，理想主义对人性持乐观的观点，认为通过建立新的标准和制度，人类社会就可以得到完善和改进。

理想主义的主要代表人物是时任美国总统的伍德罗·威尔逊（Woodrow Wilson，1856—1924）。威尔逊本人的特殊身份和当时美国强大的国力，使得理想主义产生了很大的影响。对于如何建立国际和平的问题，威尔逊认为，权力平衡的假定未必能导致稳定的国际秩序。他主张建立一个由国家组成的国际共同体。这个共同体将以国际法和特定的规范为基础，并将受到国际机构的调节。威尔逊认为，根据这些国际制度确立的跨国联系，可以缓和、在理想的情况下甚至可以消除权力政治的需要。1918 年 1 月 8 日，威尔逊在对美国国会的演讲中提出了著名的“十四点”作为实现战后世界和平的纲领。其中的第十四点就是成立一个具有特定盟约的普遍性的国际联盟。

理想主义作为新自由主义的一个分支，亦被称为制度自由主义（institutional transnationalism）。这一学派认为，通过国际合作，建立国际法和国际组织，能够规范国家的行为，制止侵略，实现国际和平。以集体安全（collective security）原则来解决国家间的安全问题，是理想主义所设想的世界秩序的主要模式。从威尔逊倡导建立国际联盟到罗斯福策划建立联合国，其指导思想都是想通过建立世界性组织来实施集体安全原则。

作为一种制度安排，集体安全就是若干国家相互承担义务，确立反对侵略的相互依赖的安全体系。在这个体系中，所有成员国将共同行动，反对破坏和平的国家，对其实行经济制裁，必要时则实行军事制裁。与权力平衡不同，集体安全不是反对特定的国家，而是反对威胁现状的任何国家，说得确切些，任何破坏和平的国家或国家集团都会被所有国家所确立的这种国际制度的力量所粉碎。在这个意义上，实施国际法将是确保这个共同体中所有国家利益的一种集体义务。威尔逊认为，创立有效的国际组织，可以强制实施秩序，并推动国家间的合作。

作为理想主义实践模式的国际联盟尽管在第一次世界大战后变成了现实，但它并没有真正建立起有效的国际秩序。处理一系列重大国际争端的失败，特别是第二次世界大战的爆发，导致它被认为是一种空想的理论。然而，国际联盟的失败并没有中断世界各国以建立制度的方式求和平的实践。第二次世界大战后出现的联合国，继续了普遍性国际组织的实践和“集体安全”制度。虽然联合国的运作存在很多争议，集体安全也未能真正维护国际安全，但这种制度本身却一直存在了下来。这一事实表明，围绕国际组织与国际制度的互动已成为国际关系的一种常态。特别是进入20世纪70年代之后，伴随着世界各国间经济互动的发展，跨国联系的日益密切，国际合作与国际制度的作用明显地增大了。正是这样的国际互动趋势，推动了自由制度主义的产生。

自由制度主义（liberal institutionalism），亦称经济自由主义（economic transnationalism）或相互依赖模型（interdependence model）。这一学派强调的是国家间的经济联系，认为这种经济联系是国际体系之内确立和维持秩序的基础。正是这种日益发展的相互依赖，深刻地改变了国际关系的性质，使得国际合作日益成为可能。

除了相互依赖之外，“合作”与“国际体制”（international regime）也是自由制度主义的重要概念。基欧汉在其重要著作《霸权之后》（*After Hegemony*：*Cooperation and Discord in the World Political Economy*）[①] 中对合作与国际体制作了论述。他认为，合作是一个政府协调过程，在这个过程中，一个政府所遵循的政策有利于实现其伙伴所追求的目标。合作涉及相互的调整，并且只产生于冲突或可能的冲突之中。国际体制实际上是合作的产物。体制所包括的原则（principles）、规范（norms）、规则（rules）和决策程序（decision - making procedures）可以在一定的问题领域调节国家或其他行为体的行为。[②] 这些制度层面的社会存在，构成了国际合作的基础与架构。

由于自由制度主义理论强调以国际制度和国际机构来管理相互依赖，因此人们认为它继承了理想主义的传统，并因而获得了“新自由主义”之名。在新自由主义看来，当代世界参与国际互动的行为体更加多元化，而且它们的行动都能够在体系层面产生作用；行为体互动的议题更加广泛，而且彼此的联系也日益紧密；行为体可资利用的手段不再局限于军事手

① ［美］罗伯特·基欧汉：《霸权之后：世界政治经济中的合作与纷争》，苏长和等译，上海人民出版社2001年版。

② Stephen D. Krasner, *International Regime*, Beijing University Press, 2005, p. 2.

段，谈判解决问题更加具有吸引力。伴随着国际关系的演进，国际互动的参与者、议题设置、手段选用都发生了根本的变化，而这必然会导致国家行为及国际体系发生相应变化。这种变化的根本表现，就是国际合作的日益流行。

第二节 行为体的互动——国际合作

如果说古典自由主义是着眼于个体的行动，认为个体的行动能够自然而然地导致共同的善，那么新自由主义则是着眼于集体行动，认为集体行动才能导致公共物品的供给。由于集体行动意味着要对个体行动进行协调，使个体的利益服从于社会的共同利益，因而也就催生了对国际合作和国际制度的需求。

为了说明行为体互动如何生成集体行动与国际制度，我们可以先用交通制度为例进行推论。假定初始的人类居住区存在道路与车辆，但不存在管制与制度，所有车辆的行驶都处于古典自由主义所赞同的“自由放任”的情况之下。由于最初的道路上只有少量车辆，很少相互妨碍，因此也无须管制。遇到矛盾的情况，诸如在十字路口相遇，可以通过个别对个别的协商方式解决。然而，随着车辆的增多，仅仅靠个别对个别的解决方式就不行了。这时就会形成交通堵塞，事故频发。所有的路口大概都会像当今没有红绿灯和警察的情况一样，四面八方堵满了车辆，谁也走不了。这时行车人就会产生建立秩序与制度的需求与愿望，因为没有秩序所有车辆都不能享有通行的便利。于是就有人倡议制定交通规则，这些规则得到行车人认可后就成为制度。为了使制度能够执行，所有行车人同意按照制度委派警察维持秩序。这里假设的过程，是不存在政府管制的情况，秩序与制度乃是行车人采取集体行动的结果。通过这样的过程，各方都付出了成本（不能随意行走了），但也都得到了收益（有了通行的便利方式）。

从这个假定事例的演绎中可以看到，车辆的行驶（互动）导致了相互依赖（每个车辆的通行都与其他车辆的存在分不开）；当没有秩序的“自由放任”达到不可容忍的程度后，行为体就会产生建立交通秩序的需求；当这种需求成为共识即成为共同利益之后，行为体就会理性地协调各自的行为（按一定顺序行驶）采取集体行动；为了使秩序能够长久和稳定，行为体最终建立起制度。

把上述推论用于当代的国际关系，可以得出这样几个有待解释的命题：（1）行为体为了满足自身利益，都需要进行跨越边界的互动，这种互动会导致行为体与他者形成相互作用与影响的关系；（2）在相互依赖的关系中，行为体会发现（或形成）共同的利益；（3）为了实现共同利益，行为体会协调各自的行为，形成集体行动；（4）为了使集体行动能够持续与稳定，它们会通过制度化的方式建立起秩序。这个推论，可表示为图3－1。

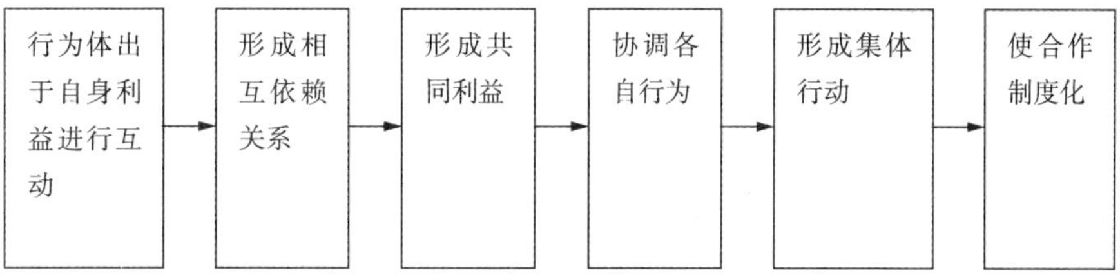

图3－1　行为体合作与制度建设逻辑

图3－1表示了行为体进行合作与制度建设的逻辑。在这样一个过程中，有三个概念或机制是要点，即相互依赖、集体行动与国际制度。

一　相互依赖

"相互依赖"是自由制度主义阐释行为体互动的一个基本概念。在这个概念中，"依赖是指受到外部力量决定或重大影响的一种状态。相互依赖，按照最简单的界定，意指彼此相互依靠。在世界政治中，相互依赖所涉及的情况是以不同行为体之间的互动为特征。作为一个分析性用语，它所指的是一个体系中的不同行为体或事件的相互影响"①。

在国际关系中，行为体之间之所以会形成相互依赖，是因为行为体的生存与发展都需要与外部世界打交道。例如，从政治关系来讲，任何一个国家要维护安全，都需要别国承认自己的主权地位，承认自己的领土完整，而它要获得这样的承认，也必须对别国有相应的承认，这就是一种相互依赖。从经济关系来讲，在资源配置合理的情况下，任何国家的经济繁荣都离不开对外贸易，离不开国际金融体系，除非它可以搞自然经济，自给自足，否则它总有东西要买和卖，这也是一种相互依赖。从生态关系来讲，任何国家要想

① 李少军：《国际政治学概论》（第二版），上海人民出版社2005年版，第64—65页。

有适意的生存环境，都需要别国的合作，需要共同解决气候变暖、荒漠化和环境污染等问题，这同样是一种相互依赖。

作为对现实的一种描述与概括，基欧汉和约瑟夫·奈认为：“相互依赖并不局限于互利的情境，没有任何事物能够保证我们所说的相互依赖关系以互利为特征。……有人认为，相互依赖的增加将创造一个充满合作的、美好的新世界，以取代充满国际冲突的、恶劣的旧世界。我们必须谨慎地看待这个问题。”[①] 实际上，国际关系中的相互依赖是有各种不同的情形的，依其机理可以大体上划分两种类型，即消极的相互依赖（negative interdependence）与积极的相互依赖（positive interdependence）。[②]

消极的相互依赖是指行为体在互动中形成的一种非建设性的、否定性的关系。在这种关系中，行为体之间的相互影响，从总体上讲是消极的。例如，冷战时期美苏之间的相互依赖就属这种类型。[③] 这两个超级大国在对峙中的一举一动，都可能对对方造成负面的影响，而另一方也会采取相应的行动。它们在军备竞赛中的互动是最典型的表现。在当代，以色列与巴勒斯坦、印度与巴基斯坦、朝鲜半岛南北方也都存在类似的相互依赖。[④] 这种基于敌意的依赖是以相互间的不信任为基础的。每一方具有敌意的政策选择，都与另一方的政策取向相关。

积极的相互依赖是指行为体在互动中形成的一种建设性的、肯定性的关系。在这种关系中，每一方要达到的目标都有赖于或有利于其他各方采取合作的行动。例如，在解决气候变化问题上，世界各国就处于这样一种状态，因为每一方利益的实现都有赖于或有利于其他方进行合作，采取共同行动。在当今的全球治理中，行为体在应对恐怖主义、核扩散、金融危机等问题时，大体上都会形成这样一种相互依赖的关系。

行为体在互动中形成相互依赖关系，它们的利益就与他者产生了相关

---

① ［美］罗伯特·基欧汉、约瑟夫·奈：《权力与相互依赖》，门洪华译，北京大学出版社2002年版，第10—11页。

② 约瑟夫·奈在讨论相互依赖的收益时，区分了“零和”与“非零和”两种情况。消极的相互依赖基本上是“零和”关系，而积极的相互依赖则是“非零和”关系。参见［美］小约瑟夫·奈《理解国际冲突：理论与历史》，张小明译，上海人民出版社2002年版，第277页。

③ ［美］罗伯特·基欧汉、约瑟夫·奈：《权力与相互依赖》，林茂辉等译，北京：中国人民公安大学出版社1992年版，第9页。

④ Herbert C. Kelman, “The Interdependence of Israeli and Palestinian National Identities: The Role of the Other in Existential Conflicts,” *Journal of Social Issues*, January 1999.

性。这种与他者相关的利益，可能是冲突的利益，也可能是合作的利益或共同利益。就消极的相互依赖而言，行为体与他者相关的利益从总体上讲是冲突的利益，因为一方所得，可能就是他方所失。例如，冷战时期美苏争夺霸权，所谋求的就是冲突的利益，任何一方取得权力的优势，都是另一方所不能接受的。与这种情况相反，在积极的相互依赖中，行为体与他者相关的利益在总体上讲则是共同的利益，实现这种利益对各方都有利，因而有可能采取集体行动。例如，国家间建立自由贸易区，就是谋求共同利益的行动。所以，从总体上讲，消极的相互依赖是一种妨碍合作的关系，而积极的相互依赖则是一种促进合作的关系。

当然，观察现实的国际关系可以看到，行为体的相互依赖是存在复杂的情形的，并非那样纯粹。在消极的相互依赖中，也可能出现合作的现象，而在积极的相互依赖中也可能存在冲突。例如，朝鲜发展核武器，与相关各方互动所导致的是一种消极的相互依赖，但其间进行多轮的六方会谈，则是一种体现合作的积极互动。在全球气候谈判中，各方在原则上是一种积极的相互依赖，但在讨价还价中却充满了不同利益的冲突。由于存在相反的影响，因此消极的相互依赖未必不能产生合作成果，而积极的相互依赖也有可能合作失败。

在国际关系中，行为体的互动会形成何种相互依赖，互动问题的政治性的高低是一个重要的影响因素。从经验事实来看，行为体在高政治领域互动，很可能形成消极的相互依赖，而在低政治领域互动，则可能形成积极的相互依赖。例如，在大国关系领域，新兴国家崛起导致霸权国家的遏制，所形成的就是一种消极的相互依赖。其间所伴随的军事部署和外交牵制，都是这种关系的体现。相反，在经贸领域、生态领域，行为体的互动则易于形成积极的合作。尽管在高政治领域行为体也可能开展合作，诸如进行军控与裁军谈判，但在这类相互依赖中，由于各方难以建立信任关系，容易形成“安全困境”，因此合作是困难的，往往充满曲折。[①]

在高政治领域的相互依赖中，行为体之所以难以合作，是因为认同的因素起着重要作用。在这类互动中，无论是基于政治安全利益、民族宗教利益

① 例如，2009 年，面对即将到期的《第二阶段裁减战略武器条约》，美俄首脑均表达了缔结新条约的意愿。然而，美国参议院传出了“不为免费品买单”的声音，理由是“不管新的军控条约是否出台，俄罗斯的核武器都会自然衰减”。尽管两国最终都批准了条约，但整个过程始终存在着猜忌和防范的氛围。

还是意识形态利益，行为体往往首先考虑敌友关系，确定自己站在哪一边。在认同的基础上，它们一方面会与他方的行为体形成对立，另一方面则会与己方的行为体结成密切的合作关系。所以，在这种消极的相互依赖中，是同时伴随着集团内部的密切合作的。例如，在不扩散核武器问题上，坚持核不扩散体制的国家之间是积极的相互依赖，而与拒绝加入该体制的国家间则形成的是消极的相互依赖。

相互依赖的形成，使得国际关系中的行为体都成为互动网络中的节点。它们各自的行为都会对其他国家的利益与行为构成密切影响。在这种情况下，国家采取行动的结果，不仅取决于它们自身的行为，而且还取决于其他国家在互动中的反应。

二　共同利益与集体行动

行为体在相互依赖中，由于己方的利益都与他方具有相关性，因此无论是消极的互动还是积极的互动，都可能发现共同利益。尽管在消极的相互依赖中行为体间的关系是以对抗为主，但在一定条件下也是可以找到共同利益的。例如，冷战时期美苏进行军控与裁军谈判，就是在消极相互依赖中发现共同利益的结果。由于双方认识到军备竞赛不能达到压倒对手的目的，且代价过大，因此相互妥协就成了一种共同的理性选择。当然，由于在这类相互依赖中各方的信任基础薄弱，因此即使认识到共同利益，要实现真正的合作也非常困难。

行为体找到共同利益，通过进一步的互动，就可能形成采取集体行动的预期。行为体采取集体行动，是指所有相关方围绕一个共同的有利害关系的问题互动，并且协调彼此的行为与关系。这样的行动不同于霍布斯所讲的在“自然状态”下人与人之间的冲突关系。集体行动所体现的是开启“机会之窗”的合作机制。

行为体在互动中进行合作，其表现就是协调各自的政策。基欧汉认为，合作需要通过谈判的过程（即我们常说的政策协调）将各个独立的个体或组织的行为（并不是处于先在的和谐状态）变得互相一致起来。当行为体将它们的行为调整到适应其他行为体现行或可预料的偏好上时，合作就会出现。用更加正规的语言来说就是：作为政策协调过程的结果，当一国政府的政策被另外国家的政府视为能够促进它们自己目标的相互认识时，政府间的合作就会发生。基欧汉以图3－2说明了行为体互动中的和谐、合作与纷争三种状态。①

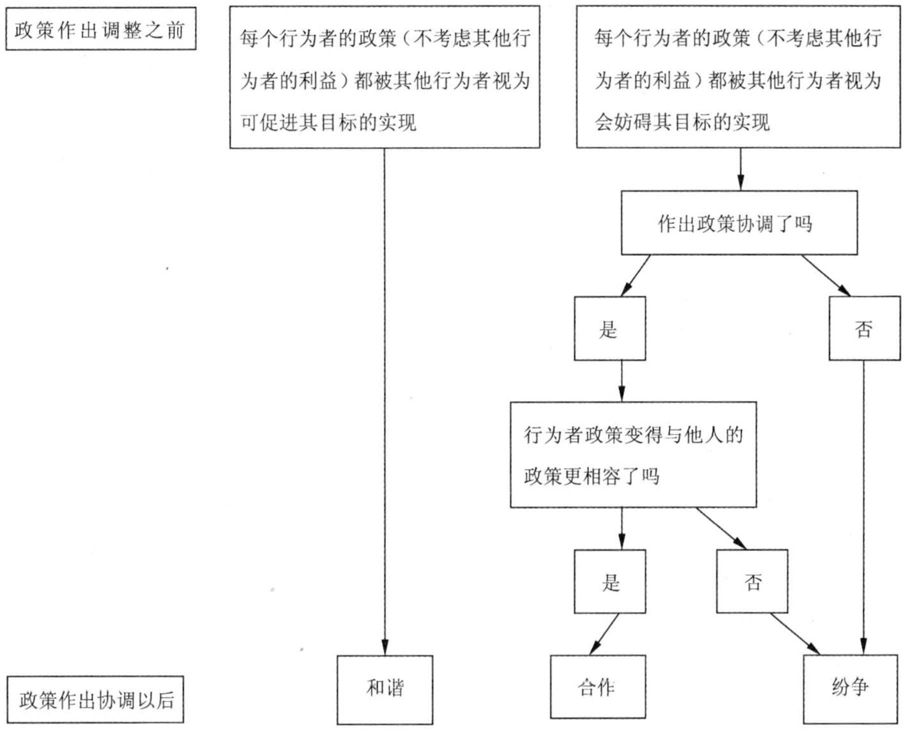

图3－2　行为体互动中和谐、合作与纷争的三种状态

基欧汉所概括的机制，包括两种情况：一种是无须政策协调的和谐状态，另一种是经政策协调而达成的合作。按照基欧汉的观点，和谐与合作是不同的概念。和谐指的是能自动促进其他行为体目标实现的状态。例如，古典自由主义所讲的“看不见的手”使个体追求自身利益的行为自动为整体利益作出贡献就属于这种状态。与之不同，合作则是在不和谐状态下经政策协调所达到的一致状态。②

对于新自由主义所阐释的国际合作，现实主义是持怀疑态度的。现实主义认为国家在无政府状态下对相对收益的强调以及对受骗的恐惧，导致国际

① ［美］罗伯特·基欧汉：《霸权之后：世界政治经济中的合作与纷争》，苏长和等译，上海人民出版社2001年版，第63页。

② 同上书，第61页。

合作不易出现也难以持续下去。[①] 由于在国际互动中国家永远无法洞晓他国的战略意图，贸然参与合作不免会面临巨大的风险，因此理性的国家是不会在不能确定对方意图的情况下参与国际合作的。此外，尽管国家可能在合作中获得一定的收益，但如果其他国家尤其是现实或潜在对手获得的收益更多，那么该国同样会面对着更大的风险。

现实主义对国际合作的悲观态度是基于权力政治的理念。诚然，权力政治对国际合作的影响是不可否认的。经验事实表明，行为体的互动问题的政治性越“高”（强），行为体政策协调的可能性通常就越低，具体操作就越难。例如，在领土争端问题上，由于涉及主权问题和敏感的安全关系，因此以合作的方式进行解决就非常困难。当然，我们也应当注意到，行为体在互动过程中是有可能“小题大做”的，即把原本是低政治的问题有意地变为高政治问题。例如，在相当长时期内，美国将中国的最惠国地位同中国的人权政策相挂钩，这是经济问题政治化的典型事件。再如，直至今日，美国仍对中国实施高技术产品出口管制，特别是对两用品（dual - use item）实施严格的出口管制。其典型的逻辑就是“同中国贸易，但要避免提升其军力”[②]，这明显属于经济问题的安全化。

一般来讲，对于政治性“低”的问题，行为体协调政策的可能性就比较高。在经贸、生态和社会发展领域，尽管协调政策也有很多困难，但世界各国还是取得了很多合作成果。尤其是在一些专门领域，例如通邮、通航，行为体之间的政策协调最容易，因为没有国家愿意在这些方面自找麻烦。所以，就不同的问题领域而言，权力政治的影响是不同的。虽然行为体在“高政治”领域进行合作不能免于权力竞争的紧张背景，但在“低政治”领域进行合作，就未必存在紧张关系。

在行为体进行政策协调的过程中，它们的共同目标的形成乃是各参与方讨价还价的结果。由于任何个体在互动中都不可能实现一相情愿的利益，每一方的需求都需要为他方所接受，因此各方需要寻求一个可以共同接受的点。对任何一个互动成员来说，这个点都应该在其最高收益与最低收益之间。如果不在这个区间，那么这个行为体就不会参与政策协调。在就这个点

① John J. Mearsheimer, “The False Promise of International Institutions,” *International Security*, Vol. 19, No. 3, Winter 1994/1995, p. 12.

② Larry M. Wortzel, “Trade with China But Avoid Strengthening Its Military,” http: //www. heritage. org/Research/AsiaandthePacific/EM749. cfm.

进行讨价还价的时候，每一个成员都会力图使这个点离自己的最高收益尽可能地近，而离自己的最低收益尽可能地远。最终的结果应该是各方都能接受的，它不会与任何一方的最高收益点重合，而是大致居于各方收益的中间。[①]当然，就这个点来说各方的收益是不可能相同的，总有一些成员得益相对多些，有一些成员得益相对少些。在这个过程中，也可能有一些互动方因这个共同利益的点超出了可以接受的范围而退出互动。

从参与互动的规模来讲，通常成员越多，找到共同点就越困难。这里有两个原因：一是成员越多，各方利益的不同点就越多，寻找共同点就越难；二是成员越多，讨价还价的过程就越复杂。这方面的困难情况从全球国家都参与的气候变化谈判中可以看得很清楚。尽管各方有一个共同目标，即减少温室气体排放，但如何减排，各方具体应承担什么样的责任，与会各方却有各种不同的利益要求，从而构成了非常复杂的博弈。

对于行为体的合作，奥尔森在《集体行动的逻辑》中阐述了这样的观点："除非一个集团中人数很少，或者除非存在强制或其他某些特殊手段以使个人按照他们的共同利益行事，有理性的、寻求自我利益的个人不会采取行动以实现他们共同的或集团的利益。"他还说："除非在集团成员同意分担实现集团目标所需的成本的情况下给予他们不同于共同或集体利益的独立的激励，或者除非强迫他们这样做，不然的话，他们不会采取行动以增进他们的共同目标或集团目标。"[②]奥尔森的这个观点，是从现实主义的视角来解释大集体的合作机制，即要么存在有效的强制，要么能给予合作者集体利益之外的好处。

奥尔森所阐释的这个机制，可以大体上对应于国际关系中的霸权体系。确实，霸权国通过强制和提供额外的公共产品，是可以推动国际合作的。不过，这两个条件并不是集体行动的必要条件。没有这些条件，行为体出于共同利益也可以实现合作，包括大集体合作。特别是在各种专门领域，这样的事例很多。例如，世界上的大部分国家加入了类似于《国际民用航空公约》（190个成员）、国际电信联盟（191个成员）、《政府间海事协商组织公约》（169个成员）、国际货币基金组织（186个成员）等多边合作的体制。在这

① 由于存在多种可能的"最终的结果"，有时需要借助复杂的博弈论模型进行分析。这在批评者看来是化简为繁，在方法论上过度包装。

② ［美］奥尔森：《集体行动的逻辑》，陈郁等译，上海人民出版社1995年版，第2页。

些合作体制中，大国肯定起了主导作用，但从整体上讲合作并不是强制的结果。国家参与这样的合作，很像是遵从比赛规则参加国际运动会，虽然为适应规则也要付出代价，但成员间并没有多少利益的讨价还价。

当然，如果行为体参与合作直接涉及相互间的利益得失，那么协调政策的难度就增大了。这方面的典型事例是 WTO 谈判和气候变化谈判。由于 WTO 涉及国家间的贸易关系，具体条款的达成直接关乎各方的利益得失，因此全部谈判过程非常复杂，制度的建立非常困难。气候变化谈判所涉及的减排，由于关系到如何分担为达到共同目标所需付出的成本，会直接影响各国的经济发展，是典型的零和博弈，因此各国都希望自己的损失最小化，而这不可避免地会导致激烈的利益斗争。

通常，参与合作的行为体对于互动问题的敏感度是不同的。除了完全不感兴趣者之外，对问题感兴趣的行为体其需求可能是不同的。有些行为体的需求非常迫切，有些行为体的需求则不迫切。这导致互动的态度不同。例如，在气候变化谈判中，由于小岛国直接面临着国土的没顶之灾，因而对减排的要求最强烈。

行为体进行利益的博弈，讨价还价可以在既定的问题范围内，也可以超出问题领域。正如在前边所讨论过的，行为体出于不同的需求会参与不同问题的互动，这些互动所形成的不同网络，会因不同行为体间的联系，以及不同问题间的联系而交叠在一起。以这些复杂的联系为背景，行为体间的讨价还价如果在特定问题领域不能达成协议，就可以超出原有范围进行更大范围的利益谈判。例如，在朝核问题的多边谈判中，朝鲜除了提出安全需求外，还提出了经济援助要求。2007 年朝核六方会谈的共同文件中，就提出对朝鲜提供相当于 100 万吨重油的经济、能源与人道主义援助。这种做法符合奥尔森的逻辑：为了换取朝鲜的让步，除了谋求共同的安全利益之外，其他方还要给予额外的经济好处。正因为行为体在协调政策时可以扩大有关利益的谈判，因此一些原本不愿意参与集体行动的互动方才能够加入到合作中来。在气候变化谈判中，发展中国家要求发达国家提供资金与技术援助的情形也是相似的。对这些互动方来讲，它们是“失之东隅，收之桑榆”。

在众多行为体进行政策协调的过程中，特别是大集体的合作，通常有少数行为体会起主导作用。虽然全球谈判中涉及国家很多，但它们中的大多数并不占重要地位，一些重要的谈判实际上只涉及少数关键国家或国家集团

(very important states, VIS①), 例如决定世界经济制度的 G7。② 显而易见，由于行为体对互动问题的敏感度不同，本身的互动能力与影响不同，因而参与国际合作的程度也会表现出差别。在很多情况下，是一些主要国家的行为决定着集体行动的进程。例如，冷战时期涉及世界事务的互动是美苏两极称霸，在欧洲一体化进程中是德法英三驾马车主导，在当今的世界经济事务中是 G20 在扮演谈判的主角。观察气候变化谈判，可以看到，尽管参与的行为体很多，但中美两国的影响无疑是最大的。所以，行为体要实现合作，关键是起主导作用的大国要能够成功地达成一致，并推动其他国家接受集体行动的倡议。

第三节 国际制度:概念与作用机制

行为体通过协调政策，形成合作，最基本的表现就是遵守一定的行为规范，从而在国际关系中形成某种秩序。在这样的秩序中，行为体人为建立的规则与组织构成了互动的主要框架。行为体作为单元，在这样的结构中按照制度进行互动，所构成的是不同于权力政治的国际制度体系。

一 与国际制度相关的概念

国际制度来源于国际合作。行为体实现合作，意味着接受共同认可的行为方式。这样，它们的互动就有了规范。规范（norms）是指适当行为的准则。按照规范，行为体的一些行为受到禁止，而另一些行为受到鼓励。例如，《联合国宪章》就是有关主权国家行为的一种规范。该准则认为只有在两种情况下国家可以使用武力，即自卫和履行集体安全责任。除此之外，国家是不准使用武力的。如果违反，就应受到制裁。行为体所接受的规范，在一定的问题领域起着管制与约束行为体行为的作用。

国际合作所形成的行为规范，有不同的形式与约束程度，在属性上有正式与非正式之分。对这些规范进行讨论，主要涉及国际惯例、国际制度、国际体制和国际组织等概念。

---

① Thomas Wright, "On Reforming the International Order: Policy Analysis Brief," *Innovative approaches to Peace and Security From The Stanley Foundation*, February 2009.

② ［美］罗伯特·基欧汉：《霸权之后》，苏长和等译，上海人民出版社 2001 年版，第 93 页。

国际惯例（practices）内含习惯、常规、传统做法等含义。惯例是指包含着默示的规则和谅解、塑造行为体预期的非正式制度。它们能够使行为体相互理解，并且在没有明示的规则的情况下协调彼此行为。惯例特别适用于协调情形，因为只要其他各方以某种特定方式行事，自己也会采取相应的行为。按照基欧汉的观点，惯例的概念尤其适用于诸如主权关系和多边外交行为的某些模式，这些模式的许多规则并不是明文规定的。在大部分参与者看来，就像象棋规则和英语语法一样，对国家主权以及多边外交表示尊重是理所当然的事情。①

作为一种规范，惯例是行为体互动习惯化的产物。只要行为体约定俗成地采取某种共同的做法，惯例就形成了。例如，国家对等地建立大使馆、派遣外交官而且外交官享有豁免权等就是国际通行的外交惯例。1979年美国驻伊朗大使馆被占领，就是惯例被破坏的事例。行为体在互动中之所以会形成某种习惯化的做法，是因为这样的选择对各方都有利。在当代的国际关系中，许多国家接受中国所倡导的和平共处五项原则。这些原则，即互相尊重主权和领土完整、互不侵犯、互不干涉内政、平等互利、和平共处，反映了主权国家的共同要求，因而在国家互动中成为各国都愿意接受的准则。

惯例作为非正式的规范，所适用的领域、被接受的程度和对行为体的约束都是有限的。需要进行利益讨价还价的领域，需要对行为体的行为进行明确而严格约束的领域，通常都不会形成惯例。例如，国家在限制温室气体排放问题上就不可能形成惯例。在这样的问题领域，行为体要实现集体行动就必须建立正式的规范，即明确的法度，诸如规则、规程、规章、条例等。这样的规范不可能自发地形成，而必须经过讨价还价人为地建立。通常，正式的规范要比惯例更严格，并且含有管制的含义。

行为体在互动中建立起正式的规范，可能是基于短期利益采取的暂时的、一次性的合作行动，也可以是基于长远利益采取的持续的和稳定的合作行动。例如，行为体在武装冲突中达成的停火协议，就是临时的规范，而签订和平协议，彻底解决冲突问题，则建立的是长久和稳定的规范。就行为体之间的合作程度而言，只有在一定的问题领域建立起有实质意义的、可稳定

① ［美］罗伯特·基欧汉：《研究国际制度的两种方法》，载［美］罗伯特·基欧汉《局部全球化世界中的自由主义、权力与治理》，门洪华译，北京大学出版社2004年版，第175页。

运作的规范，其互动才具有了模式化与制度化的意义。

行为体的制度化互动所涉及的几个相关概念，即国际制度（institutions）、国际体制（regimes）和国际组织（organizations）等，是存在区别的，但在很大程度上又存在重叠、交叉或相通的情况。

对于国际制度，学者的界定有狭义和广义两种情况。狭义的界定认为制度是指正式的规范，即国际制度是"国际行为体经过谈判达成的，旨在规定、禁止和（或）授权某些行为的明确安排"[①]。广义的界定则是把正式与非正式的规范都包括在内。基欧汉认为，国际制度是规定行为角色、约束行为和塑造预期的一系列持续存在的和相互关联的（正式和非正式的）规则。他还有一种说法：国际制度是一种普遍的行为模式或类型，或是一种特定的、人为建构的安排，无论是否有正式的组织。[②] 霍尔斯蒂（Kalevi J. Holsti）认为，国际制度体现在三个方面：（1）模式化的行为习惯，或称经常性的、有代表性的和反复发生的行为习惯；（2）反映共同行为需要的一系列相互关联的观念；（3）规则和规矩（etiquette）。[③]

国际体制（international regime）与国际制度的广义含义非常相似。按照克拉斯纳（Stephen D. Krasner）的界定，国际体制是指"在一定的国际关系领域中汇聚了行为体期望的一组明确或含蓄的原则、规范、规则和决策程序"[④]。克拉托奇维尔（Friedrich Kratochwil）和鲁杰（John Gerard Ruggie）认为，国际体制可宽泛地定义为由国家建立的旨在各个问题领域协调它们的预期并将国际行为的方方面面组织起来的管理性安排。它们因此而包含着某种规范要素、国家实践和组织角色。[⑤]

比较这两个概念，可以看到，广义的国际制度与国际体制的内涵是一致的，它们有几个共同的要点：第一，它们在普遍的意义上都是指"规则体系"，即相互关联的规范或规则的集合；第二，它们既包括正式的规范，也

---

① Barbara Koremenos, Charles Lipson and Ducan Snidal, "The Rational Design of International Institutions," *International Organization*, Vol. 55, No. 4, Autumn 2001, p. 762.

② Robert O. Keohane, "International Institutions: Two Approaches," *International Studies Quarterly*, Vol. 32, No. 4, Dec., 1988, p. 383.

③ Kalevi. J. Holsti, *Taming the Sovereigns: Institutional Change in International Politics*, Cambridge, UK: Cambridge University Press, 2004, pp. 21 – 23.

④ Stephen D. Krasner, *International Regime*, Beijing University Press, 2005, p. 2.

⑤ Friedrich Kratochwil and John Gerard Ruggie, "International Organization: A State of the Art on an Art of the State," *International Organization*, Vol. 40, No. 4, Autumn 1986, p. 759.

包括非正式的规范；第三，它们都是人为（经由共有观念）建构的安排。由于这两个概念具有同样的指涉，因而经常被互换使用。

行为体遵循规范互动，意味着其行为是受约束与管理的。这样的一种制度化进程，必然产生出相应的组织结构。基欧汉认为，在国际关系中，某些制度是正式组织，它们有确定的科层制，也有实现有目的的行动的能力。而其他制度如国际货币与贸易机制，则是规则和组织的复合体。国际组织总是被嵌于国际体制之中，它们所做的许多事情是监督、管理和调节体制的运作。组织和体制在理论分析中或许是可以被区分开的，但在实践中则可能是彼此包含的。① 观察行为体的制度化互动可以看到，任何规范的体系，要正常而稳定的运作，都需要有一定的组织结构，尽管程度不同。反过来说，任何一个国际组织，其运作也都需要有明确的规范。所以，国际组织乃是有一定组织结构的制度体系。它本身是行为体，但它同时也代表着一组特定的行为规范。

国际组织包括政府间组织和跨国非政府组织。人们通常讲的国际组织，是指政府间组织。按照《国际组织年鉴》的定义，国际组织是指“由两个以上的国家组成的一种国家联盟或国家联合体，该联盟是由各成员国政府通过符合国际法的协议而成立的，具有常设系统或一套机构，宗旨是依靠成员国间的合作谋求符合共同利益的目标”②。非政府组织，按照联合国经社理事会1950年第288（X）号决议的说法是：“任何国际组织，凡是不经由政府间协议而创立的，都被认为是为此种安排而成立的非政府组织。”该组织1968年的第1296（XIV）号决议将这类组织的范围扩大为“包括接受由政府当局指定的成员的组织，如果这种成员资格不干预该组织观点的自由表达的话”。

从国际制度的互动结构看，尽管主权国家是主角，但跨国的非政府组织亦构成了重要的组成部分。在当代，伴随着全球问题的凸显，非政府组织在全球治理中扮演了推动国际制度建设的活跃角色。例如，在联合国的组织和制度体系中，在很多问题领域都有非政府组织的参与。

---

① ［美］罗伯特·基欧汉：《研究国际制度的两种方法》，载［美］罗伯特·基欧汉《局部全球化世界中的自由主义、权力与治理》，门洪华译，北京大学出版社2004年版，第174页。

② Union of International Association, *Yearbook of International Organization*, 1990/1991, 28th edition, pp. 16-45. 转引自袁正清《国际制度研究：理论·实证·趋势》，载李慎明、王逸舟主编《2005年：全球政治与安全报告》，北京：社会科学文献出版2004年版，第244页。

国际组织作为一个规则的体系，相关的制度包括两部分，一是协调国际组织成员之间的内部制度，这种制度只对组织成员有约束作用，组织外的行为体没有遵守的义务；二是调整国际组织与各国、与其他组织关系的外部制度，这些制度是国际组织作为行为体与其他行为体互动的产物。例如，联合国的内部议事规则都属于内部制度，而与其他国际组织及非政府组织关系的规则则属于外部制度。

以上的辨析表明，国际制度、国际体制和国际组织三个概念都可以理解为是包含正式与非正式规则并具有一定组织结构的规则体系。在这里，非正式规则主要指行为体自觉遵从的规则，如果违反规则而侵犯了他者的权益，除了自我意识中的道德不安和受侵害方的报复以外，并不存在权威的第三方对这种行为加以管制。与之不同，正式的规则恰恰隐含或预设了第三方的存在，即有一定的组织与措施推行这些规则，以保证这些规范得到遵守。[①] 尽管在国际无政府状态下，不可能出现如同国内政治中那种制度实施局面，但没有任何管制措施的规范，只能是惯例。

总之，国际制度（国际机制）是行为体基于共同利益进行合作而形成的行为规则和（或）组织安排的总和，汇聚了行为体的预期，其形式具有相当的稳定性、持久性和有效性。具体而言，可以划分为三大类：（1）正式的政府间组织或跨国的非政府组织。这些组织本身是国际行为体，有精心设计的明确规则，能够监督行动体的行为并对其做出反应。（2）政府间人为建立的明确规则。这些规则经过政府同意，构成了适用于国际关系特定领域的制度。（3）国际惯例。这些非正式制度能够规范行为体的行为，塑造行为体的预期，使行为体能够彼此理解，并自愿协调它们的行为。[②]

二　国际制度的作用与影响机制

国际制度的出现与运作，构成了一种不同于权力政治体系的国际结构。这种结构不会取代权力政治体系，但在与权力体系并存的情况下能够对之进

---

① 可参见韦森《博弈论制度分析史上的第一块里程碑：肖特〈社会制度的经济理论〉中译本序》，载［美］安德鲁·肖特《社会制度的经济理论》，陆铭、陈钊译，上海财经大学出版社 2003 年版。

② Robert O. Keohane, *International Institutions and State Power*, Boulder: Westview Press, 1989, pp. 3 - 4. 转引自袁正清《国际制度研究：理论·实证·趋势》，载李慎明、王逸舟主编《2005 年：全球政治与安全报告》，北京：社会科学文献出版 2004 年版，第 244 页。

行制约。在制度结构下进行互动，行为体仍然是一个具有权力的实体，不能免于权力政治的影响，但由于相互间在各个特定的问题领域形成了合作关系，会遵循已达成的行为规范行事，因而在一定的条件下会把权力政治竞争限制在国际制度体系可以容纳的范围之内。

在密集的制度网络之下，国际规范在某种程度上构成了各行为体互动的稳定器。由于国际制度包含了激励遵守和整治违规的机制，因此国家遵守国际规则成为值得预期的事情。这种预期的形成会从根本上改变国际互动的氛围。由于共同遵守的国际规则能够规范行为体的行为，因而能在很大程度上消除互动中的不确定性。鉴于国际合作与遵约的预期，国家对互动中遭到其他国家背叛的疑虑会降低，对生存环境会有相对乐观的判断。正是基于这样的思考，自由制度主义者相信国际范围内的制度化安排，能“最终使世界政治步入秩序状态”①。

国际互动的制度化，推动了主权国家体系的质的变化。以无管制为主要特征的威斯特伐利亚体系，呈现出了一定程度的管制现象。虽然在主权国家之上并没有出现更高的政府，但国际制度在某种程度上扮演了国家间事务的管理者的角色。这样的一种情形，按照英国学派的看法，体现了某种“国际社会”的特点。正是国际制度的形成，塑造了国际互动的有序的环境。

在变化了的国际体系中，即使是未受制衡的霸权（unbalanced hegemon），也受到了制约性的影响。有观点认为，在可预见的未来，尽管不会出现对于美国的硬制衡（hard balancing），但美国会不断受到各种软制衡（soft balancing）。② 国际体系中的其他国家，尤其是二等大国，会通过非对抗的方式稀释美国的权力，而诉诸国际制度就是软制衡的一种途径。例如，美国在发动伊拉克战争问题上抛开联合国，采取了单边主义行动，但在国际制度的压力下，不得不在采取行动之后回到联合国寻求行动的合法性。这一事实表

① 可参见苏长和《自由主义与国际政治：自由主义国际关系理论的启示》，《世界经济与政治》2004 年第 7 期，第 16 页。

② Robert A. Pape, “Soft Balancing against the United States,” *International Security*, Vol. 30, No. 1, Summer 2005, pp. 7 – 45; T. V. Paul, “Soft Balancing in the Age of U. S. Primacy,” *International Security*, Vol. 30, No. 1, Summer 2005, pp. 46 – 71; Stephen G. Brooks and William C. Wohlforth, “Hard Times for Soft Balancing,” *International Security*, Vol. 30, No. 1, Summer 2005, pp. 72 – 108; Keir A. Lieber and Gerard Alexander, “Waiting for Balancing: Why the World Is Not Pushing Back,” *International Security*, Vol. 30, No. 1, Summer 2005, pp. 121 – 122.

明，类似联合国那样的制度结构，虽然影响有限，但毕竟还是不可缺少的。[①]近来北约在利比亚采取行动，得到了联合国安理会的授权。国内有学者认为，中、俄两国投票弃权是一种退让，给西方造成了某种错觉，甚至在以后面对类似情形时，中、俄两国会相当被动。[②] 然而，从另一方面看，北约既然有了在科索沃和伊拉克的先例，就不会因为得不到安理会授权而放弃在利比亚的行动。中俄两国投弃权票，将安理会保持在事态发展之中，在一定意义上未尝不可以说是对美国及其领导的北约的软制衡。

在国际制度的作用下，行为体能够建立一种“没有政府的治理”[③]。这种治理结构（即“全球治理”），作为一种秩序，是牵涉到各种不同行为体的复杂政治系统。罗西瑙（J. N. Rosenau）1995 年在新创刊的《全球治理》（*Global Governance*）期刊上撰文提出，全球治理可界定为涵盖各个层次的人类活动——从家庭到国际组织——的规则系统（systems of rule），这些规则系统通过控制行动来追求各种目标，并进而对各层次人类活动产生跨国性的影响。[④] 按照联合国“全球治理委员会”（Commission on Global Governance）的说法，治理是或公或私的个人和机构管理其共同事务的诸多方式的总和。它是持续的过程，人们通过这样的过程可以调和冲突的或不同的利益，并且采取合作的行动。它包括了有权迫使人们服从的正式机构和体制，也包含了非正式的各种安排，对于这些体制与安排，要么是基于人民和机构的同意，要么被认为符合他们的利益。[⑤]

从“全球治理”的概念来看，这种结构与国际制度有一致的内涵，体现了合作的关系，有各种不同的行为体的参与，是一种包括正式与正式制度的全球性安排。这种管理模式的发展，从根本上来说，乃是各行为体应对日益增多的全球事务的必然结果。面对这些全球问题，仅靠国家的合作不行，仅

---

① Mats Berdal, “The UN Security Council: Ineffective but indispensable,” *Survival*. Vol. 45, No. 2, 2003, pp. 7 – 30; Juergen Dedring, “The Role of the UN Security Council in Peace and Security in the Post – Cold War Era First Steps in the Exploration of a Misunderstood Organ of Global Governance,” Paper presented to*International Studies Association* 41st Annual Convention, Los Angeles, CA, March 14 – 18, 2000.

② 时殷弘在“2011 年初以来的中美关系走势”国际学术研讨会上的发言。

③ ［美］奥兰·扬：《世界事务中的治理》，陈玉刚、薄燕译，上海人民出版社 2007 年版，第 1—6 页。

④ J. N. Rosenau, “Governance in the Twenty – first Century,” *Global Governance*, Vol. 1, Winter, 1995, pp. 13 – 14.

⑤ Commission on Global Governance, *Our Global Neighborhood*, Oxford University Press, 1995, pp. 2 – 3.

靠自上而下的治理不行，仅靠自发的合作也不行，而必须在制度的协调下，实现多行为体、多种方式的治理。实际上，这正是当代国际制度发挥作用的方式。

按照普遍的理解，国际社会的制度体系是一个轴辐式的架构，联合国居于核心位置，在联合国功能弱化的地方，其他国际制度会发挥补充作用或者替代作用。图3－3展示了国际组织在全球治理中的基础性作用。[①] 从图3－3可以看出，在不同的事务领域，国际组织都承担了全球治理的重要使命。需要指出的是，图3－3没有包括经合组织、亚欧会议、七十七国集团、亚太经合组织等重要的综合性国际组织。在安全领域，核供应国集团、桑戈委员会、澳大利亚集团等多边出口控制制度也未被纳入考察范围。尽管如此，图3－3还是粗略地绘制出了全球治理的基本制度框架。

在国际制度的框架下，行为体之间进行合作，从某种程度上说乃是一种交易。在经济互动中，进行交易的最佳条件，是有便利的交易场所、对称的交易信息和零交易成本。在国际政治互动中，行为体进行讨价还价，实现集体行动，也需要一定的条件。基欧汉认为，国际制度的建立，能够提供原则和规范的框架，从而改进交易场所的性质。无政府状态下的“跳蚤市场”于是就能够改善为制度框架下的“综合超市”。有了这样的“交易平台”，行为体更易于达成交易。在这样的制度环境里，行为体可以获得重要的信息，

---

① 载［英］戴维·赫尔德、安东尼·麦克格鲁主编《治理全球化：权力、权威与全球治理》，曹荣湘、龙虎等译，社会科学文献出版社2004年版，第62—63页。国际组织译名：AL大赦国际；BCBS巴塞尔银行监管委员会；CCC关税合作委员会；CMI国际海事委员会；CTBTO全面禁止核试验条约组织；ECOSOC联合国经济和社会理事会；FAO粮农组织；FATF金融行动特别行动工作组；FOE地球之友；GESAMP海洋污染科学联合专家组；GFW全球妇女基金；GICHD日内瓦国际人道主义排雷中心；HRW人权观察；AEA国际原子能机构；IAIS国际保险监督者协会；IASB国际会计准则委员会；IATA国际航空运输协会；ICANN国际域名管理机构；ICAO国际民航组织；ICBL国际禁雷运动；ICC国际商会；ICC国际刑事法庭；ICCA国际化学协会；ICFTU国际自由工会联盟；ICRC国际红十字会；ICS国际航运公会；ICSU国际科学联盟；IFAD国际农业发展基金；IFPMA国际制药商协会；ILO国际劳工组织；IMF国际货币基金组织；IMO国际海洋组织；INTELSAT国际通信卫星组织；INTERPOL国际刑警组织；IOC国际奥委会；IOM国际移民组织；IOSCO国际证监会组织；ISA国际海底管理局；ISO国际标准化组织；ITTO国际热带木材组织；ITU国际电报联盟；IWC国际捕鲸委员会；IWHC国际妇女健康联盟；OHCHR人权事务高级专员办公室；OMT世界旅游组织；OPCW禁止化学武器组织；UNCTAD联合国贸易与发展会议；UNDCP联合国禁毒署；UNDP联合国开发署；UNEP联合国环境规划署；UNESCO联合国教科文组织；UNFPA联合国人口基金；UNHCR联合国难民署；UNICEF联合国儿童基金会；UNIDO联合国工业发展组织；UPU万国邮政联盟；WA瓦森纳安排；WCN世界自然保护联盟；WFP世界粮食署；WHO世界卫生组织；WIPO世界知识产权组织；WMO世界气象组织；WTO世界贸易组织；WWF世界自然基金会。

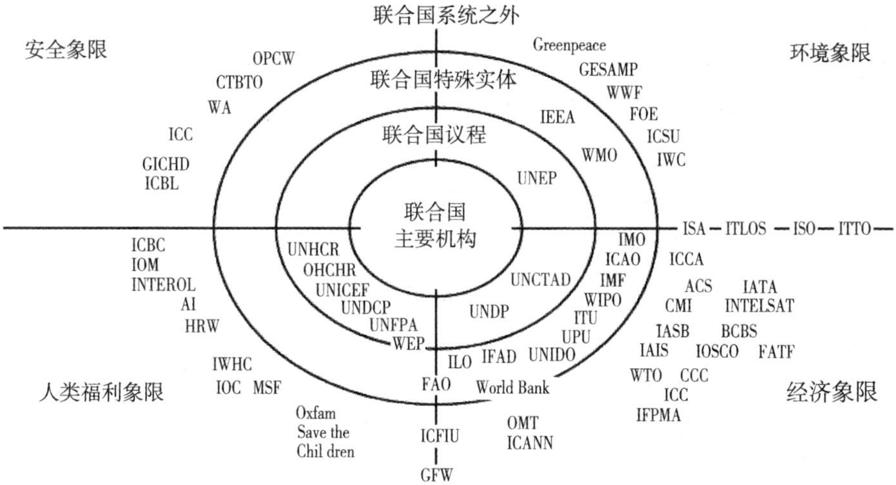

图 3-3　全球治理的组织基础：以联合国为中心的考察

比如关于政府资源和正式谈判地位的信息，以及其他国家是否有意愿在将来信守协议的信息。由于每个国家的行为都受到他者的密切监控，欺骗变得得不偿失，因而能够杜绝道德冒险和不负责任的行为。① 从“交易成本”来讲，在未有国际制度之前，国家必须在多个领域同多个国家单独达成协议，这会导致高额的交易成本。国际制度将谈判者聚集在一起，在一个平台上解决整个复杂的问题，因而能够大大降低交易成本。②

国际制度作为行为体互动的环境，一旦生成并运作起来，就构成了影响单元行为的结构性因素。单元不论愿意与否，不论是否是正式成员，都不得不接受国际制度存在的客观现实。从国际制度对互动单元的作用来看，主要体现在两个方面：一是作为行为准则规范行为体的行为，起到对互动的管制作用；二是作为期望的聚合体，对行为体起到建构作用，即塑造行为体的预期，推动其形成共有观念。

国际制度的管制作用，与行为体进行合作的宗旨是相符的，即为了实现共同目标，采取集体行动，必须规范行为体的行为，使之遵守明示或默示的行为准则。厄恩斯特·哈斯（Ernst Hass）指出：“国际组织必须领导、指导

① ［美］罗伯特·基欧汉：《局部全球化世界中的自由主义、权力与治理》，门洪华译，北京大学出版社 2004 年版，第 154—160 页。

② 同上书，第 149 页。

和协调跨国互动的发展。”① 这种管制的实现，一方面需要有明确的规则体系，使行为体有章可循；另一方面需要有执行和监管的措施，有一定的组织保证，使参与制度的行为体能够遵守规范。

从协调和管理的角度讲，不同的国际制度可以承担不同的使命与任务。奥兰·扬（Oran Young）认为，一个体制可以执行管制的、程序的、项目的和开发的任务，或者是这些任务的不同组合。② 管制安排是对体制成员该做什么或者禁止做什么的行为规定。例如，世界贸易组织（WTO）规定成员间应当相互给予最惠国待遇就是一种管制规定。程序安排是为体制成员提供一种协调与决策机制，使它们能够在体制规定的范围内针对相关问题采取集体行动。项目体制是为了把资源集中起来，实施单个国家不能执行的项目，例如实施联合国的各种发展规划。开发体制则是指旨在传播某些核心观念的制度安排。

在国际互动中，行为体接受制度的管制，最基本的要求就是遵约。遵约是指履行特定的国际惯例与规则。③ 对任何一个制度体系来说，其成功运作都需要成员遵约。如果大多数成员不遵守规范，那么该制度的存在就没有意义了。当然，如何遵约，在什么情况下算违规，在现实互动中往往是存在复杂的情况的。按照蔡斯（Abram Chayes）等的观察，疏忽或是非本意的行为也有可能构成对约定行为方式的违反。④ 塔尔博格（Jonas Tallberg）认为，含糊的条约语言有可能导致各国对条约的不同解释。再者，履行国际义务可能要求特定的国内政策的支持，而国内政策的形成与实施具有不确定性，而且个别国家可能本身就不具备履行条约义务的能力。⑤ 奥兰·扬指出，可以把许多不遵守的情况看做是某种“善意”的不遵守。⑥

---

① 李少军：《国际政治学概论》（第二版），上海人民出版社 2005 年版，第 330 页。

② ［美］奥兰·扬：《世界事务中的治理》，陈玉刚、薄燕译，上海人民出版社 2007 年版，第 26 页。

③ Jeffrey T. Checkel, “Why Comply? Social Learning and European Identity Change,” *International Organization*, Vol. 55, No. 3, Summer 2001, p. 554; Abram Chayes and Antonia Handler Chayes, “On Compliance,” *International Organization*, Vol. 47, No. 2, Spring 1993, p. 178.

④ Abram Chayes and Antonia Handler Chayes, *The New Sovereignty: Compliance with International Regulatory Agreements*, Cambridge, Mass.: Harvard University Press, 1995, p. 22.

⑤ Jonas Tallberg, “Paths to Compliance: Enforcement, Management, and European Union,” *International Organization*, Vol. 56, No. 3, Summer 2002, p. 613.

⑥ ［美］奥兰·扬：《世界事务中的治理》，陈玉刚、薄燕译，上海人民出版社 2007 年版，第 87 页。

关于制度体系中的遵约和违规，有两个问题是需要讨论的，一个是制度体系与问题领域的互动的关系，另一个是互动中成员与非成员的区别。对任何一个制度来讲，其作用都是相对一个确定的问题领域而言。与之相对应，讲一个行为体遵约或违规，也是相对行为体在一定的问题领域的行为而言。例如，在核不扩散领域，签署不扩散核武器条约的国家的遵约行为就是不扩散核武器，反之则是违约。从条约的约束作用来说，它只能针对同意遵守其规范的签约国家，而不能约束未加入该条约的国家。但是，如果未加入相关制度的国家的行为涉及了相关的问题领域，那也不可避免地会卷入相关问题的互动。例如，未加入核不扩散条约的国家，如果发展核武器，则在事实上构成了对该制度体系的破坏，从而成为该问题领域互动的一部分。所以，尽管讨论遵约与违规行为时，针对的是制度体系与其成员间的关系，但如果把视角投放在相关问题领域的互动，那么就需要同时考虑非成员在相关问题领域的互动。虽然成员与非成员就制度而言的互动意义不同，但它们确实都是特定体系的互动单元。从这样的广义视角对制度进行讨论，不但需要考虑制度与制度内单元的关系，而且需要考虑制度与制度外单元的关系。

考察国际关系事实可以发现，非成员国不受制度规则约束，构成了国际制度有效性大打折扣的重要原因。例如，有研究者考察了杀伤人员地雷（anti personnel landmine，APL）（下称地雷）的生产国和出口国情况，发现《禁雷公约》的成员[①]遵约情况相当好，但公约外国家却仍然在生产和出口地雷，从而构成了问题的症结所在（见图 3－4、图 3－5）。[②]

从两图所反映的情况看，自 1992 年以来，全球地雷产量呈现了下降趋势。1992—1996 年降速较快，1997 年后降速趋缓。禁雷公约成员国 1997 年后就不再生产地雷，但非成员国仍在生产。从地雷出口的情况来看，自 1992 年起呈下降趋势，1992—1997 年降速较快，1998 年后降速趋缓。禁雷公约成员国自 1998 年起不再出口，但非成员国在继续出口。从数据来看，禁雷公约发挥了明显的作用，但没有彻底解决问题，原因在于公约体制外国家不

---

① 截至 2011 年 4 月，共有 156 个国家签署并批准了《禁雷公约》，有 39 个国家未签署或批准条约。

② Adriana Lins de Albuquerque, "The Power of Norms? Reassessing the Significance of International Support for the Mine Ban Treaty," Available at: http://www.columbia.edu/cu/polisci/pdf-files/apsa_albuquerque.pdf.

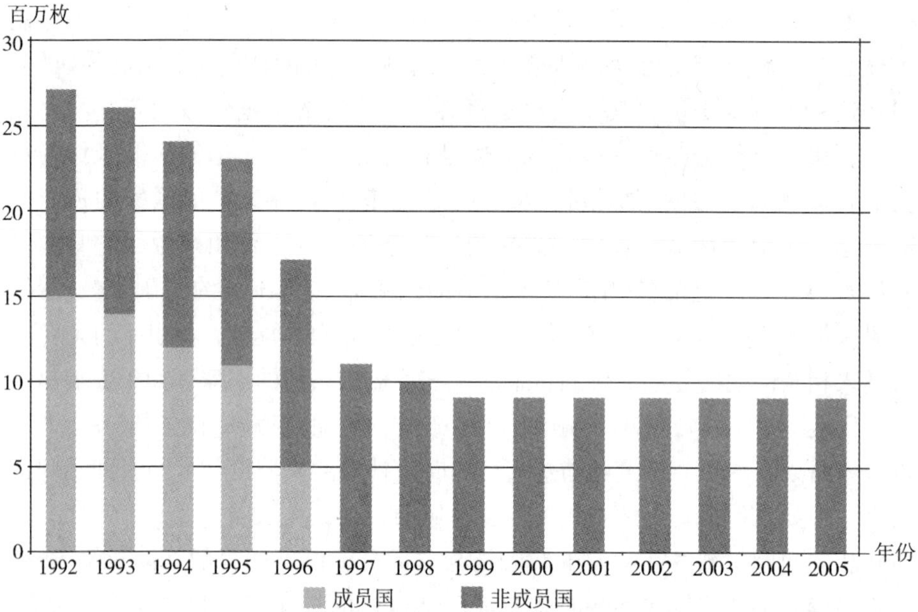

图 3－4　《禁雷公约》成员国和非成员国的地雷生产情况

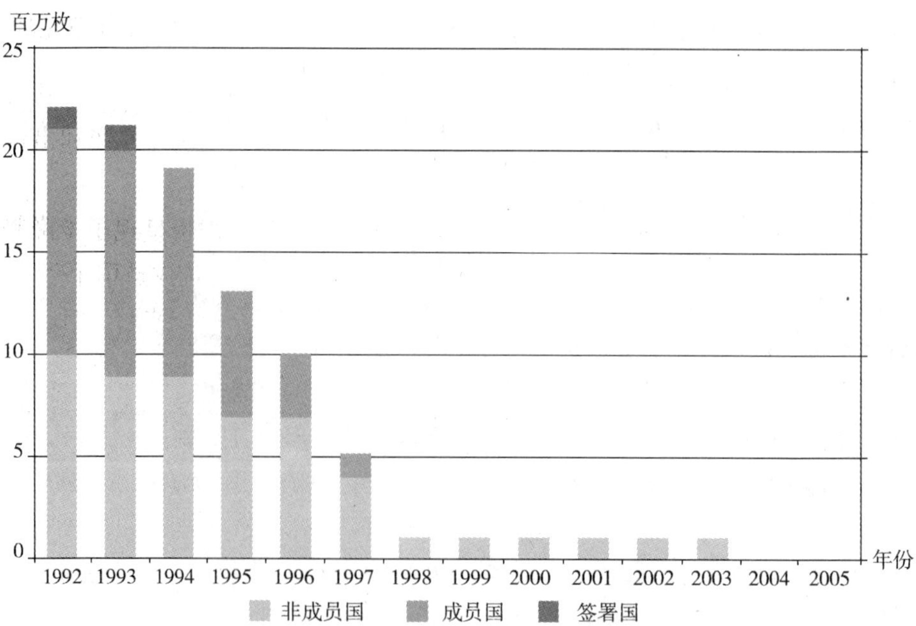

图 3－5　《禁雷公约》成员国和非成员国的地雷出口情况

受约束。这些国家虽然显著减少了出口，但生产在继续，这表明，一旦有实际需要，它们就可能继续使用这种武器。事实表明，国际制度体系的互动，在很多情况下与制度外行为体是有密切的相关性的。这些行为体对规范的破坏，能够构成对国际制度有效性的重大挑战。

从体系结构来讲，正式的国际制度都是一种有边界的存在，正式加入的成员与没有加入的行为体之间是有明确的界限的。加入制度的成员，是在制度的边界之内，需要遵守相关的规则。它们享有相关的权利，也要承担相关的义务。未加入制度的行为体，则处于制度的边界之外，不需要遵守相关的规则，也没有相关的权利与义务。对任何一项制度来讲，要有效运作都需要让与互动相关的行为体都加入制度。

由于正式制度存在边界，因此一个行为体要加入国际制度，就需要越过一个门槛。对于不同的制度来说，其门槛是不同的。有些制度有严格的准入标准，如欧盟、WTO，也有些制度是开放的，可以自愿加入，如《不扩散核武器条约》。不论国际制度的门槛严格与否，一个行为体要加入制度，总要经过一定的步骤。它首先需要接受相关的规则作为自己的行为规范。其次，它接受规则的行为需要得到组织机构的评估与认可。就这样一个过程而言，是否接受规则是取决于提出申请的行为体的意愿，而是否能从组织上加入制度，则取决于组织的同意。特别是对一些有严格标准的组织，行为体即使接受相关的规则，也未必能够跨过制度的门槛。例如，申请加入欧盟的国家所面对的就是这样的情况。按照制度的要求，只有接受了《罗马条约》的国家才有可能加入欧共体，但欧共体并没有接受所有接受《罗马条约》的国家为成员。英国和土耳其很早就表示接受《罗马条约》的各项经济规则，但英国在正式提出申请的 12 年后才被接受为成员，而土耳其则至今仍未加入欧盟。

欧盟与候选国之间的关系，体现的是封闭性组织与外在行为体的互动。实际上，只要不是普遍性国际制度或组织，基本上都存在这样的情况。有些组织有地区性标准，有些组织有社会发展的标准，也有些组织有宗教、意识形态等认同标准。这些封闭性制度体系之所以会形成拒绝外来者加入的门槛，是因为该制度的互动问题并不是普遍性的，而只是为了在一定范围内寻求合作，追求的是小群体的利益。例如，上海合作组织的建立是为了谋求地区的安全与发展而形成的组织，到目前为止，无意扩大范围。核供应集团等多边出口控制体制，其合作的目的是要控制敏感技术与物资的出口，因而也不愿意接受更多成员加入。在这些制度体制中，群体成员为了保护自己的既得利益，不破坏相互间的信任关系，会对外来者持谨慎态度，除非外来者能带来更多的好处。由于这样的组织其利益不在于制度的扩大，因而会设立较高的门槛。

相反，如果一项制度的形成，行为体的互动是为了解决普遍性问题，那就不会形成封闭性结构，而趋向于扩大互动范围，向所有的互动单元开放。例如，联合国及其下设组织，尽管存在一定的门槛，但作为普遍性组织，不会拒绝任何符合条件之成员的加入。联合国所治理的环境问题、发展问题、人权问题等都具有普遍性，因而相关的制度也都具有开放性。这些制度的运作是希望发挥普遍性作用，因而希望所有相关国家加入。任何国家在制度外实施与制度相悖的行为，都是对制度本身的破坏。如果这样的行为长期得不到纠正，那么制度就可能失去存在的意义。

国际制度在运作过程中，除了作为规则对单元的行为进行管制之外，还作为一种规范性共识对单元的观念进行着建构。从建构主义的视角来看，行为体在参与问题领域的互动时都是带有一定的社会意图的。因此，在进行合作的过程中，在行为体之间会形成某种共有的观念，这种共有观念反映了行为体的共同预期。由于这种预期与每个行为体的意图都分不开，因此构成了行为体互动的环境。江忆恩（Alastair Iain Johnston）认为，国际制度作为社会环境，会压制一些国家行为，而倡导另外一些行为。这种环境使得国家不得不进行适应和学习。对环境的适应导致某些行为成为国家的主导行为，并在进一步的互动中得到强化。当特定的行为得到制度化之后，它便会逐渐内化为国内政治制度的有效组成部分。① 从这样的角度来看，国际制度所发挥的是社会化施动者（socialization agent）的作用②，可以在观念层面对行为体产生影响，从而塑造行为体的行为。这样一种使行为体“提高认识”的作用，无论对于制度内行为体还是制度外行为体，都是现实存在的和可以解释的。

对于制度内的行为体，制度的存在与运作体现的是一种共同的预期，即

① Alastair Iain Johnston, “Treating International Institutions as Social Environments,” *International Studies Quarterly*, Vol. 45, No. 3, December 2001.

② “施动”在这里是指造成了某种结果的行动。有关这个问题的进一步阐释，可见下一章。以上观点，参见 Alexandra Gheciu, “Security Institution as Agents of Socialization? NATO and the New Europe,” *International Organization* 59, Fall 2005, pp. 973 - 1012.

大家都应该遵守相关的规范。这种预期是建立在行为体对共同利益与目标的认知基础上的。由于存在着这样的共识，参与互动的每个行为体的观念都会受到影响。可能有一些成员并非心甘情愿地加入，但在这样的环境中不得不接受社会化的塑造。它们会通过学习与适应，接受一些新观念，放弃一些旧观念，从而逐渐适应自己作为制度成员的身份。

在对制度内成员的行为进行塑造的过程中，国际制度的社会化作用还特别表现为对单元的国内制度的改变。这个过程可称为国际制度的内部化，即国际制度变为国内制度。一般来讲，国家参与国际制度，都需要对其国内制度进行相应的变更。为了履行国际制度规定的义务，国家必须改变与国际制度不一致的国内规则。这个过程就是把国际规则嵌入国内制度。

对于国际制度的内部化过程，苏长和作了这样的阐释：

> 国际规范被内部化的过程初步体现在国际规范的合法性得到国内政治精英的理解和话语上的支持，直至逐步上升到立法层次的辩论议程上。尽管国内政治中频繁出现与国际规范相关的话语并不是国际规范被内部化的充分条件，但是政治话语的变化往往的确是国内政治变迁的前奏，有时也确实是与政治变迁相伴相随的。
>
> 国际规范被内部化还体现在与国际规范相协调的国内官僚体制与政治制度变革上。为了适应并在国内执行国际规范，国家需要在行政机构上做相应的变动，例如在相关的政府部门中设立对应的部门，处理与国际规范相关的事务。
>
> 最后，甚至是最主要的，国际规范的内部化体现在特定国家为了接受具体的国际规范而在国内实施的立法行动。原则上讲，具体的国际制度正式进入一国的政治生活，是以该国立法机构的批准为根据的，而当一国批准某项国际制度时，为显示对该制度的尊重，它还需要在国内配套进行一系列的立法行动，包括订立新法，修改旧的与国际规范不适应的法，以保证国际规范在国内通畅地得到执行与遵守。①

除了对制度内成员有塑造作用之外，国际制度对制度外行为体也有塑造

① 苏长和：《导读：跨国关系与国内政治》，载［美］罗伯特·基欧汉、海伦·米尔纳主编《国际化与国内政治》，姜鹏、董素华译，北京大学出版社2003年版，第12—14页。

作用。如前所述，由于制度外行为体也会参与相关问题的互动，因此也会受到制度的社会化影响。它们对制度的了解过程就是一个学习的过程，而在国际规范的压力下改变行为则是一个适应的过程。如果它们在这个过程中“提高了认识”，就可能加入制度，成为正式成员。如果它们拒不接受社会化过程，除了会受到国际社会的谴责之外，还可能因形象受损而付出其他物质上的代价。

由于国际制度对制度外成员也能够发挥改变其观念和塑造其行为的作用，因此这种社会化能够扩大制度的影响范围。规则体系的生成和运作，为国际社会说服国家接受共同认可的行为标准提供了同一的蓝本，这种说服可以使日益增多的行为体接受国际制度。在当代，涉及普遍性问题并且体现国际道义的制度，大体上都会经历这样的进程。这样的进程也体现出了国际社会的进步。

对于一些封闭的制度体系，即有严格门槛的组织，这种社会化的作用对于申请加入的成员有特别明显的塑造效果。斯莫芬宁（Frank Schimmelfennig）指出，国际制度的成员资格对个体国家构成了一项重大激励，能够促使它们按照国际制度提出的要求改变自身行为。[①] 例如，北约要求那些申请加入的国家按照北约建制改组国防设施。虽然北约并未允诺接受这些国家成为其成员，但这些国家却会不折不扣地推进北约要求的军事改革。[②] 相类似，世界贸易组织、经济合作与发展组织等，都是把有条件接纳新成员视为改变申请者行为的重要手段。这些策略能够成功，就在于运用了制度对制度外行为体的塑造作用。

在接纳制度外成行为体的问题上，欧盟的做法是比较典型的。1993 年欧洲理事会制定了衡量申请加入欧盟国家的“哥本哈根标准”（Copenhagen Criteria）。该标准主要有三方面内容：第一是政治标准，要求候选国有稳定的民主制度，尊重人权、法制，并且保护少数；第二是经济标准，要求候选国实行市场经济；第三是法律标准，要求候选国接受欧盟法系中的公共法、规则和政策。为了帮助候选国达到这些标准，欧盟提供了大量的财政援助，同

① Frank Schimmelfennig, “Strategic Calculation and International Socialization: Membership Incentives, Party Constellations, and Sustained Compliance in Central and Eastern Europe,” *International Organization* 59, fall 2005, pp. 827 – 860.

② Alexandra Gheciu, “Security Institution as Agents of Socialization? NATO and the New Europe,” *International Organization* 59, Fall 2005, pp. 973 – 1012.

时制订了严格的验收标准。[①] 哥本哈根标准的提出，使得入盟标准进一步提高，比前两轮扩大时的要求更加苛刻。[②]

对于这类存在高门槛的互动，国际制度的社会化进程是包括政治条件的作用的。凯利（Judith Kelley）在分析这类互动时，阐释了进行说服的条件和决策者接受说服的不同情形。他认为，如果决策者本身不需要说服，那么设置政治条件就没有必要。如果决策者可以被吸引，或者可以被说服，那么政治条件就有可能产生作用，促使其作出政策调整。反之，如果外部势力无法诱使决策者作出政策调整，那么政治条件将不会产生作用。如图 3－6 所示。

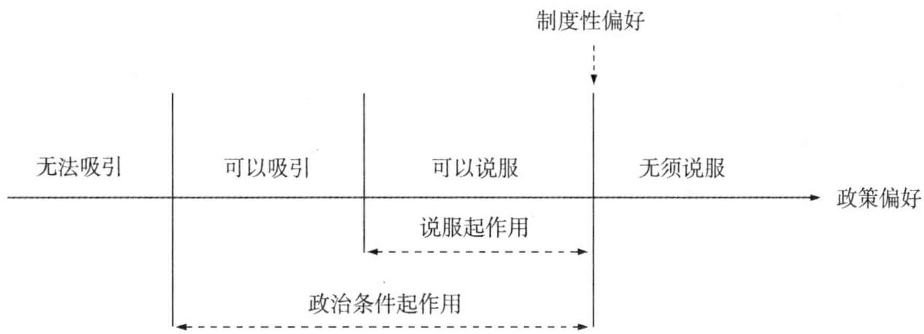

图 3－6　行为体偏好与政治条件起作用关系

资料来源：Judith Kelley，2004。

按照图 3－6 的示意，政治条件与说服要起作用，取决于行为体对制度的不同态度。具有制度性偏好的行为体不需要说服。对制度完全没有偏好的行为体，制度无法诱致其行为发生变化，政治条件与说服都不起作用。可以"驯服"、"教化"、"感化"的行为体，则能通过政治条件或政治对话使之形成制度偏好。上面例子中要求加入欧盟的国家，就属于图 3－6 中间的情况，它们是在欧盟的政治条件的影响下心悦诚服地改变了自己的政策偏好。

国际制度的社会化进程，除了可以影响国家这样的行为体之外，还可能

① 周弘：《东扩：欧盟的既定战略方针》，《人民论坛》2002 年第 12 期；杨友孙：《欧盟东扩与制度互动：从一个入盟标准说起》，北京：世界图书出版社 2008 年版。

② 参见汪波《土耳其加入欧盟进程中的库尔德问题》，《国际观察》2010 年第 4 期，第 49—55 页。

通过影响公民个人而发挥更广泛的作用。有些强调个人作用的“强自由主义者”认为，国际制度通过改变公民的身份，会带来更深刻的社会变革。例如，伊肯伯里提出了“结构自由主义”（structural liberalism）的观点，把“公民身份”和“经济开放度”视为最重要的体系要素。[①] 按照这种观点，国家是存在于更广大范围的社会当中，当社会发生深刻变化之后，国家的性质必然随着发生改变。由于国际制度发挥着重大的体系作用，因此会日渐改变市民社会的形态，进而改变国家作为最主要国际行为体的行为方式。在欧洲一体化的进程中，作为制度化的产物，欧盟成员国公民的身份亦发生了变化。他们除了是某一个国家的公民，同时还是欧盟的公民，不论走到哪里，都能够参与政治。

总之，行为体期望通过参与国际制度的方式融入国际社会，就会在满足国际制度条件的过程中不断调整自身行为，以适应已加入制度之行为体共同认可的行为标准。这样，国际制度作为一种独立的体系变量，就会对行为体的行为构成直接影响。当然，国际制度作为环境因素并不是时时处处都能成功地管制和塑造行为体的行为，问题性质、行为体需求和认同的差异决定了在此时此地能够获得成功的策略，在其他时间、其他领域、针对其他国家时未必会取得预期效果。

三　制度承载力的局限

国际制度能对行为体的行为作出规定并产生约束，这是它的精髓所在，甚至可以说是它存在的全部意义。然而，国际制度的存在意义是参与国家所赋予的，它的有效性要依赖参与国家的认可和支持。国际制度所设定的一套行为规则，随着认可国家的增多而逐渐成为社会行为的一般模式。规则所内含的“规训与惩罚”的能力，构成了国际制度有效性和权威性的基础。制度规则能得到贯彻实施的力度越大，范围越广，它就越具备规定行为体行为和调整国家间关系的能力，或者说拥有更强的制度承载力（institutional capacity）。反之，如果制度规则得到贯彻实施的力度很弱，它规定行为体行为和调整国家间关系的能力就相对较弱。

---

① G. John Ikenberry, “The nature and Sources of Liberal International Order,” in his *Liberal Order and Imperial Ambition: Essays on American Power and World Politics*, Cambridge: Polity Press, 2006, pp. 89 - 91.

在国际制度的运作中，其承载力的强弱在某种程度上是与大国的作用分不开的。制度的有效性和权威性之所以能够形成并得到维系，在很大程度上是因为得到了大国的支持。大国的影响，除了在自发秩序（spontaneous order）的产生过程中并不明显外，无论在协商秩序（negotiated order）还是在强推秩序（imposed order）中都异常突出。① 特别是在国际机制的创立阶段，大国的参与是不可或缺的。正因为大国在制度中有更优势的地位，因此总是试图维持一种不对等的制度约束（见图 3－7、图 3－8）。

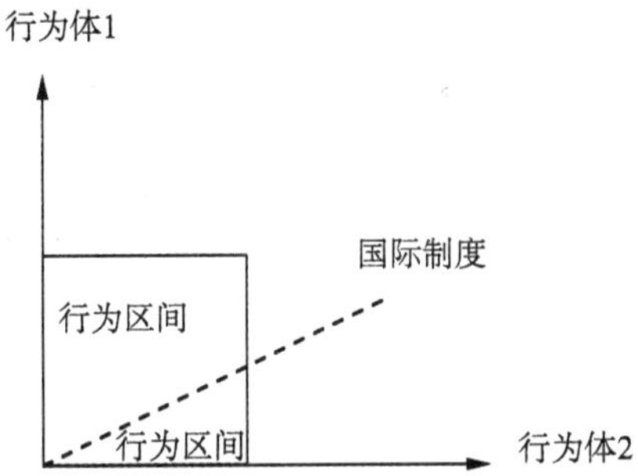

图 3－7　行为体不对等约束下的交往

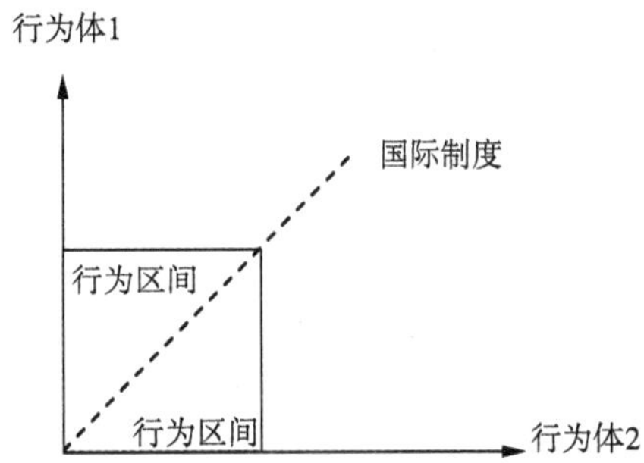

图 3－8　行为体对等约束下的交往

由于制度承载力依赖于主要国家在集体行动中的贡献，因此国际制度存在内在的局限性。这种局限性在于，尽管它会发展出一定的自主性②，却始终难以甚至无法摆脱受制于大国的命运，因为大国作为集体行动的“第一集团”，不会容忍自己为之付出的公共物品成为严重束缚自身行为的工具。在制度框架下互动，如果不超过制度承载力的限度，而且也符合自身的利益和偏好，大国将寻求在制度框架下的问题解决方案。然而，当大国追求的目标超出制度承载的范围，当多边机制场合的交往影响到大国的形象，或者当大国缺席国际制度时，国际制度在涉及大国的事务上就难以充分发挥其约束作用了。国际制度机制相对大国而言的局限性主要体现在以下几个方面：

第一，大国之间的互动议题，甚至是涉及任何一方的重大议题，都是国

① Oran Young, “Regime Dynamics: The Rise and Fall of International Regimes,” in Stephen D. Krasner, ed., *International Regime*, Beijing University Press, 2005, pp. 93－113.

② ［美］迈克尔·巴尼特、玛莎·芬尼莫尔：《为世界制定规则：世界政治中的国际组织》，薄燕译，上海人民出版社 2009 年版。

际制度机制所不能承载的。事实表明，国际制度对大国的约束是有限的，而国际制度对大国间交往的约束性就更弱了。这种情况在联合国体系中表现很典型。在联合国创建过程中，英国曾提出作为争端当事国的常任理事国不应该参加投票，但遭到苏联拒绝。苏联坚持大国一致原则是联合国采取行动的绝对必要的前提。① 日后的联合国实践表明，只要涉及常任理事国的国际问题，安理会就不可能采取行动，因为常任理事国都拥有一票否决的权利。

例如，1996 年 12 月，危地马拉政府和游击队组织全国革命联盟达成和平协定，并请求联合国派驻维和人员以监督停火。在 1997 年 1 月 10 日安理会表决向危地马拉派驻联合国观察员以核查该地停火协议的决议草案时，中国投了否决票，阻止了该维和行动的实施。时任外交部发言人的沈国放在答记者问时指出："中国一直支持危地马拉和平进程，对危双方签署的和平协定表示欢迎。危实现和平本是件好事，但令人遗憾的是，危当局对中方的再三劝告置若罔闻，执意邀请台湾当局的所谓'外长'参加了危和平协定签字仪式。危的所作所为违反了联合国宪章和联大 2758 号决议，严重伤害了中国人民的民族感情，破坏了中危在联合国合作的政治基础。危当局不能指望一方面悍然违反《联合国宪章》的基本原则与宗旨，做有损中国主权和领土完整的事，另一方面又要求中国在联合国安理会与其合作。危当局应该对此造成的一切后果负完全责任。"②

第二，作为国家间交往的规范结构，国际机制具有相当的开放性，但大国在一些问题上未必喜欢这样的互动方式，因而可能采取较消极的态度。

按照制度经济学的观点，国际制度提供了可信的交易平台，能够稳定交易者的共同预期。它之所以受到重视，在很大程度上是因为减少了信息不对称，并将经济交易置于更多社会成员的共同监视之下。然而，正是由于国际制度突出了交易的透明度和公开性，才使得大国对国际制度有所保留，不愿使其具有过分的侵入性（intrusive）。事实上，大国并不愿意将其外交活动完全公开，特别是在国际制度这样的多边场合。例如，在中国加入世界贸易组织问题上，中美谈判达成协议之后，两国国内都出现过一些反对声音。如果是在国际制度场合，在众目睽睽之下，两国可能要费更大的力气才能达成同样的协定。从讨价还价的角度讲，国际制度的开放性挤压了国家交往的私密

---

① 唐贤兴主编：《近现代国际关系史》，上海：复旦大学出版社 2002 年版，第 396 页。

② 《人民日报》1997 年 1 月 10 日。

空间。因此，对于某些重要问题，它们更青睐双边外交，而不是诉诸公共场合。

第三，大国参与国际制度的互动，会进行利益的算计（rational calculation)。如果不能从国际制度参与中解决自身关切的事项，它们就无意投入有限的外交资源。在这方面，美国假国际制度之公济国内政治之私（private use of public goods）是典型事例。

第二次世界大战后的重要国际制度安排，都是在美国的领导下发起的，体现了美国和其他国家在权力与利益上的妥协与折中。对美国来讲，一切国际组织都是推进其国家利益的工具。国际组织的运行离不开美国，但它要保持独立又必须淡化美国的影响。国际组织如果不能迎合美国的口味，就会被边缘化。例如，联合国安理会未支持美国对南斯拉夫和伊拉克的武装干涉行动，结果被美国搁置在一旁。[①] 在逻辑上，当多数国家或者多数主要国家持有异议时，美国的行为就无法被容纳。在美国不能利用联合国实现其政策目标时，就可能寻求其他途径，例如策划"志愿者联盟"或"民主同盟"。[②] 虽然美国这样做并不能使联合国被取代[③]，但美国淡化对联合国的参与，会使联合国不再是有效的预期稳定器，使维持和平与建设和平的工作难于实施，甚至让安理会变成败落宗教的庙宇（temple of failed religion)。[④]

第四，在参与国际机制的问题上，各国都会受到国内政治的掣肘，因而有可能形成一方参与国际机制而另一方不参与以及双方均不参与的互动局面。如果不参与的是大国一方，那么，国际制度对双方互动的约束性就是微弱的。

例如，尽管中美两国都是国际制度的重要参与者，但参与情况却不尽相同。例如，中国批准了《1969年维也纳条约法公约》、《联合国海洋法公约》等多边国际公约，而美国却未批准。美国领导缔造了出口控制领域的各主要

---

① 关于美国与联合国关系的分析，可参见李少军《评美国与联合国关系的历史进程》，《美国研究》1995年第2期。

② 参见刘建飞《试析美"民主国家联盟"战略构想的走向》，《现代国际关系》2009年第11期。

③ 郑永年：《民主同盟能取代联合国吗》，http://www.china.com.cn/international/txt/2006-10/23/content_7265124_2.htm。

④ John Toye, "Order and Justice in the International Trade System," in John-ren Chen ed., *The Role of International Institutions in Globalization: The Challenges of Reform*, Cheltenham, Massachussets: Edward Elgar Publishing, Inc., 2003, p.66.

国际机制，但中国只参与了其中部分国际机制。例如，中国并未参加导弹及其技术控制制度、瓦森纳安排、海牙行为准则、防扩散安全倡议等。另外，对于某些国际制度安排，中美两国同时缺席，这也造成了中美交往中制度缺失的事实。例如，中美两国均未批准《全面禁止核试验条约》、《国际刑事法院罗马规约》等多边公约。在这些领域，中美两国的互动就很难适用国际制度的一般准则。

简而言之，“大国一致”是战后国际体系的内嵌原则（embedded rule）。对多数国际制度来讲，制度承载力的限度，取决于大国支持的力度。如果得到大国的积极支持，国际制度会成为有效的预期稳定器，反之，国际制度就难以发挥影响。这也是制约国际制度有效性与合法性的最大瓶颈。

第四节　国际制度的变迁

国际制度作为国际关系中的一种结构，是一种稳定的存在。从国际互动的大趋势来看，国际制度的存在与发展表现出了网络日益密集、地位日益重要、作用日益增强的特点。不过，制度体系的稳定存在，并不等于说其中每一项制度（或制度的子系统）都永远不变。事实上，国际关系的变化，始终伴随着国际制度的演进。例如，从第一次世界大战后建立的国联到第二次世界大战后建立的联合国是一种制度的演进，从关贸总协定到世界贸易组织也是制度的演进。在制度演进过程中，旧制度会逐渐为新制度所取代。一些持续存在的制度，其结构框架、作用领域、规则和议程等方面也会不断变革。从总体上来讲，国际制度结构是一种动态的体制。它的存在是稳定的，但同时又处于不断变迁的进程之中。

国际制度的变迁，可能是重大制度发生重大改变，也可能只是制度的微调，即其中的某些要素发生变化。例如，1944 年 7 月，44 个国家的代表在美国新罕布什尔州“布雷顿森林”召开联合国和盟国货币金融会议，建立“布雷顿森林体系”（Bretton Woods system），就是国际金融制度的一次根本性变革。会议通过的《联合国货币金融协议最后决议书》、《国际货币基金组织协定》和《国际复兴开发银行协定》等文件（总称《布雷顿森林协定》），建立的国际货币基金组织与世界银行，为各国间的国际金融互动作出了重大的制度性安排。与这种根本性的变革不同，如果是制度构成要素的变化，诸如联合国内部常常出现的机构改革，则属于制度的微调。

在制度变革中，增加新制度和废除旧制度，或者以新创制度或制度的新创条款取代陈旧制度或制度的陈旧条款，是比较常见的模式。[①] 在这种变革中，有一个从量变到质变的过程。最初可能是某个条款不适应新情况，但由于制度本身具有灵活性和自适应能力，因而制度总体上还是能够得到遵照执行。其后，随着不适当条款越来越多，原有的制度框架就不再能容纳新变革了，这时整个制度就会被新制度所取代。当一批重要制度发生变化时，制度体系的变革就发生了。在当代，全球国家为达成《京都议定书》到期后的新的协议书而进行的气候谈判，就体现了制度变革的要求。

如果说制度内容的演进是内涵的变革，那么制度作用范围的扩大或缩小，即普适度的变化，则是外延的变革。[②] 这种普适度的变化，是与行为体对制度的认同度相联系的。行为体认同并遵守一项制度的数量越多，该制度的普适度就越高，作用范围就越大。如果多数行为体对一项制度持消极态度，不相信该制度会得到遵守进而不再履约，那么该制度就不再具有存在的意义了。

国际制度之所以会发生变迁，有外部原因，也有内部原因。从外部原因来讲，国际环境的变化，所要解决问题的变化，都会导致制度的不适应从而引发变革。从内部原因来讲，成员国需求发生变化，对制度提出新要求，亦会推动制度发生变革。

对于制度变迁的问题，基欧汉和约瑟夫·奈在《权力与相互依赖》一书中讨论了四种解释模式，即经济进程、世界总体权力结构、问题领域的权力结构和受国际组织影响的权力能力。[③] 在这种四种解释模式中，第一种解释模式认为经济进程会推动国际制度的变化。具体来讲，技术变革与经济相互依赖的增加会使现有的国际制度过时，而国内提高生活水准的政治要求，以及资本、商品和劳务的跨国流动所带来的巨大经济利益，则会导致政府就国际经济制度的变革作出反应。第二种解释模式认为国际的结构决定制度的变化。具体来讲，规则是强国制定的，特定阶段的国际制度反映了该阶段的权力分配状况。一旦权力结构发生变化，国际制度就会发生变化。第三种解释模式认为有一些事实与权力结构解释模式不符，例如 1973 年后石油问题领

---

① 张旭昆：《制度演化分析导论》，杭州：浙江人民出版社 2007 年版，第 270 页。

② 同上书，第 264 页。

③ ［美］罗伯特·基欧汉、约瑟夫·奈：《权力与相互依赖》，门洪华译，北京大学出版社 2002 年版，第 39 页。

域中的权力分布状况就与世界政治中的权力分布不符。因此应把国家能够在特定问题领域动员起来的权力作为分析的主要对象。在问题体系中，较强的国家将支配较弱的国家，并规定竞争的规则。第四种解释认为解释制度的变化，不仅要关注国家的权力，而且要关注相互依赖条件下的跨国联系，关注国际组织准则、程序和其他的政治过程等重要的独立因素。这些因素是具有惯性的，一旦存在，即使是强国政府要摧毁之也要付出高昂代价。在这种情况下，国际组织事实上拥有了独立于强国的权力。对于制度变迁的这四种解释模式，基欧汉和约瑟夫·奈认为都具有解释力，但它们之中的任何一种模式都不能完美无瑕地解释世界政治中的制度变迁。他们认为，对于不同的问题领域，可能需要用不同的解释模式，在很多情况下需要把它们综合起来。[①]

对于基欧汉和约瑟夫·奈的制度变迁理论，奥兰·扬作了进一步的发展。他对于影响制度变迁的内生力量和外生力量作了特别的区分。他认为，基欧汉和约瑟夫·奈的理论解释主要关注的是行为体面临的外部环境、限制结构等外生于国际制度的因素，而要解释制度变迁，还应该关注各种谈判形式所支配的内生性过程，关注体制内成员在制度变迁问题上的直接互动。[②]在这里，外生力量是指国际社会成员之间的权力分配，而内生力量是指体制本身运作过程中所产生的与制度功能相联系的力量。[③] 从基欧汉和约瑟夫·奈的论述看，他们确实过于强调制度变迁的外生力量，虽然在第一种解释中强调了国家内部的影响因素，但更多地是把国际制度看做是权力关系的反映，或者看做是运用权力主导的谈判的结果。实际上，要解释制度变迁，除了要关注外部因素的影响外，还要关注内部单元互动的影响，并且要关注不同影响因素共同起作用时所形成的复杂机制。

对于影响制度变迁的不同因素，奥兰·扬主张进行系统的解释。他指出，内生力量和外生力量并不只是同时发挥作用，而是可以通过复杂的方式发生互动。在可预见的将来，建构一种简单的、单一的制度变迁理论似乎是不可能的。在理解这种互动时，没有必要讨论一组力量与另外一组力量的相对重要性。在不同制度变迁的来源中作出区分的目的是理解运作的力量范

---

① [美]罗伯特·基欧汉、约瑟夫·奈：《权力与相互依赖》，林茂辉等译，北京：中国人民公安大学出版社1992年版，第44—73页。

② [美]奥兰·扬：《世界事务中的治理》，陈玉刚、薄燕译，上海人民出版社2007年版，第139—140页。

③ 同上书，第140—141页。

围，由此提供一种基础，来考察力量的联合产生互动的方式，从而能够解释具体情况下实际发生的变迁。这种观察对于我们理解体制动力具有重要的含义。许多乃至大部分国际体制的变迁是同时运作的众多力量的产物。进一步看，殊途同归性是制度变迁的显著特征，因为不同力量的联合会导致相似的后果。因此，表明具体制度变迁结果发生的必要条件或充分条件的简单概括不可能很好地接受实证的检验。①

关于制度变迁的内生因素，"问题"、"方案"、"行动"三个基本要素是需要重点把握的。国际制度作为行为体互动的产物，提供着关于公共问题的一般性解决方案。而公共问题的解决，又需要社会动员以便形成集体行动。在形成集体行动的过程中，权利和责任分配又是重中之重。行为体之间的互动，对于公共问题的界定、问题解决方案的提供以及权利义务关系的协调都有至关重要的影响。这对于维持国际制度的运作、引导现有机制的改革、必要时缔造新的国际制度都有重要影响。

就已有国际制度而言，其现状是历史形成的产物，主要反映制度先行者对公共问题的界定、对解决办法的选择。以发展的眼光看，公共问题的性质日新月异，其解决办法也应当与时俱进。界定公共问题的性质，构成了行为体在国际制度中互动的重要内容。以围绕核不扩散问题的互动为例，早期国际合作的目标主要集中在防止核武器及其技术在国家层面的扩散。苏联解体后，出现了核武器落到非国家行为体手中的危险。"9·11"事件后，超级恐怖主义成为了各国面临的重大威胁。卡迪尔·汗地下核网络逐渐浮出水面，使得国际社会意识到恐怖组织等非国家行为体获得大规模杀伤性武器是非常可能的。国际社会对问题性质的判定，无疑会对国际制度的演进产生显著影响。

国际社会对公共问题的性质的界定发生变化，解决这些问题的方案，即制度，就会发生相应变化。如果原有的制度平台能够适应变化了的问题结构，国际社会就无须建立新的国际制度，而只需在原有基础上拟定补充方案。如果原有的制度平台不能适应形势变化，那么国际社会就需要建立新国际制度以取代旧制度。例如，1994 年巴黎统筹委员会（COCOM）终止存在，各相关国家宣布将组建以防扩散为主题的出口管制制度，就属于以新制度取

① ［美］奥兰·扬：《世界事务中的治理》，陈玉刚、薄燕译，上海人民出版社 2007 年版，第 144 页。

代旧制度；而2004 年联合国安理会通过第 1540 号决议，要求各国采取有效措施，加强对大规模杀伤性武器及相关材料和技术的国内管理和出口管制，防范和打击非国家实体获取上述物项，并向安理会提交执行决议情况的国家报告，则属于补充性制度规定。①

总之，对制度变迁进行解释，即要关注外部原因，也要关注内部原因。尽管其中的复杂机制有很多方面难以观察，存在很大的不确定性，但有几个问题还是可以作出明确结论的：

第一，行为体互动关系的整体结构发生变化，或迟或早会推动制度的变革。由于制度是与现存的国际秩序相对应的，因此，一旦国际秩序发生变化，原有的制度就不再适应了。无论是经济制度、政治制度还是其他制度，都是如此。例如，2010 年 G20 取代 G8 成为世界经济的主要论坛，就是反映国际经济秩序变化的一种制度变化。由于西方国家与新兴国家的力量此消彼长，因此国际经济安排就需要有新的议程。其中，新兴国家在国际货币基金组织和世界银行中投票权的提高，也是这种新安排的表现。

第二，国际制度体系是与国际权力体系不同的结构。这两者是并存的关系，因此制度的变迁往往会受到国际权力结构的影响。例如，联合国作为一种制度体系，在冷战后的变化就与国际权力结构的演变分不开。在冷战时期，由于美苏的对峙，联合国几乎不能发挥作用，正是冷战的结束使得联合国获得了行动的能力与机会。联合国一系列新议程、计划的实施，一些新制度的谈判，都是在新的国际环境下出现的。

第三，国际制度之所以在外部原因的作用下发生变化，是因为外部原因导致了制度内互动问题的变化。由于国际制度的存在归根结底是与互动问题相联系，而互动问题的存在又是与行为体的利益需求相联系，因此这些外因只有导致行为体的利益需求发生变化，才会推动制度的演变。例如，冷战结束后世界大战的危险基本消除，正是在这种情况下世界各国对解决各种全球问题的需求上升，并推动了联合国各种议程的开展和相关制度的建设。联合国所主导的发展问题和环境问题的制度谈判，在冷战时期是不可想象的。

第四，国际制度的存在尽管受单元的互动所决定，但国际制度一旦形成，它本身就有了一定的独立性，不再以个别成员国的意志为转移。即使是

① 中华人民共和国外交部网站：《安理会第 1540 号决议》，http：//www. fmprc. gov. cn/chn/gxh/zlb/zcwj/t320983. htm。

制度内的主导性大国，想要对制度加以变革，在制度的约束下也未必能如愿。例如，美国与联合国的关系就是如此。美国是联合国的一个主要创始国，它之所以要推动几大国建立联合国，就是要通过联合国这种制度形式实现主导世界秩序的目的。然而，随着联合国成员国的扩大，美国的意愿就越来越难以实现了。尽管美国一直想要改变这个它不喜欢的组织，但却不能如愿。

第五，行为体对制度的变革，大概都会经历一个渐进的过程。对于一项成熟的制度，即使有很多成员不满，其变革大概也是从少数成员开始。这些要求变革的少数只有说服多数，才能使变革付诸实施。在一般情况下，想要变革制度的少数成员，不但要面对制度本身的惯性，而且要面对制度内多数成员的意志所构成的维护制度的压力。例如，联合国安理会是一种有效但不合理的制度，联合国会员国中一直存在改变这种制度的呼声，但在现有制度的制约下却很难改变它。

总之，国际制度的形成，是行为体在互动中达成共识的产物。虽然制度的形成在一定程度上反映了互动单元共同的利益与愿望，但作为讨价还价的产物，它总是不完美的，总会有不适应环境与问题的方面，总有成员存在各种不满。当这些来自外部的压力和内部的不满达到一定程度的时候，制度就会发生变革。这种变革可能导致制度的完善和影响范围的扩大，也可能导致旧制度被新制度所取代。尽管从机制上来讲，制度成员的利益与意愿决定着制度的变迁，但由于制度本身作为独立的存在具有惯性，因而决定制度演进的因素未必就能立即推动制度的变迁。这也是许多令人不满之制度能够长期存在的原因。

第五节　结语

国际制度体系是与权力政治体系并存的一种国际结构。行为体在制度结构下进行互动，仍然是一个具有权力的实体，不能免于权力政治的影响，但由于相互间在各个特定的问题领域形成了合作关系，确立了行为规范，因而在一定条件下会把权力政治竞争限制在国际制度可以容纳的范围之内。

国际制度结构的形成，是行为体互动的产物。在国际关系中，行为体要生存与发展，都需要与外部世界打交道，这就导致与他者形成相互作用与相互影响的关系。行为体之间形成相互依赖关系，它们的利益就会与他者产生相关性。这种与他者相关的利益，可能具有冲突性，也可能具有共同性。共同利益可以促使行为体协调政策，采取合作行动。在合作的持续进程中，行为体会通过制度化的方式建立稳定的互动秩序。这样的秩序就是国际制度体系。国际制度体系作为行为体互动的环境，一方面对行为体起着管制作用，即规范行为体的行为；另一方面则起着建构作用，即塑造行为体的预期，改变行为体的观念。

对于国际制度，循着自由制度主义的思路，学界已有很多研究。本章具有新意的阐释主要有以下几点：

第一，以行为体的互动作为阐释的出发点，明确地把国际制度作为行为体互动所形成的结构加以论述。这样的角度，可以更清楚地说明国际制度形成的机制和对行为体影响的机制，并且能够更好地把抽象的理论与国际制度的现实结合起来。

第二，行为体互动所形成的普遍的相互依赖，可区分为消极相互依赖与积极相互依赖。消极相互依赖是指行为体互动所形成的否定性的关系，这种关系对各方造成的是负面的影响。积极相互依赖是指行为体互动所形成的肯定性关系，这种关系对各方造成的是正面的影响。从总体上讲，消极相互依赖容易导致冲突，而积极相互依赖有利于开展合作。在高政治领域，行为体的互动容易形成消极相互依赖，而在低政治领域，行为体的互动则容易形成积极的相互依赖。在高政治领域，认同是影响相互依赖性质的一个重要因素。在这个领域进行互动，无论涉及政治安全利益、民族宗教利益还是意识形态利益，行为体往往首先考虑敌友关系，确定自己站在哪一边。在认同的基础上，它们一方面会与他方形成对立，另一方面则会与己方的伙伴结成密切的合作关系。

第三，行为体之所以会形成不同的相互依赖，从互动的角度讲，是因为它们会形成与他者相关的不同的利益。就消极的相互依赖而言，行为体与他者相关的利益从总体上讲是冲突的利益；而在积极的相互依赖中，行为体与他者相关的利益在总体上讲则存在重要的共同方面。这种与他者相关的利益的形成，取决于行为体单方的目标，也取决于相互间目标的互动。

第四，国际制度作为一种结构，除了制度内成员会参与相关互动之外，制度外行为体因为利益的相关性也会参与该领域的互动。这种互动，对国际制度来说，是一个扩大影响与吸收新成员的过程，而对非成员来说，则可能是一个接受制度和加入制度的过程。由于制度外行为体会参与相关的互动，因此国际制度对制度外行为体也能够发挥改变其观念和塑造其行为的作用。在这样的互动过程中，国际制度的社会化作用可以使日益增多的行为体接受国际制度从而扩大制度的影响范围。在当代，涉及普遍性问题并且体现国际道义的制度，大体上都会经历这样的进程。这样的进程也体现了国际社会的进步。

第五，行为体互动关系的整体结构发生变化，或迟或早会推动制度的变革。国际制度之所以在外部原因的作用下会发生变化，从根本上来讲是因为外部原因导致了制度内互动问题的变化。由于国际制度的属性决定于互动问题，而互动问题又决定于行为体的利益需求，因此这些外因只有导致行为体的利益需求发生变化，才会推动制度的演变。

国际制度理论作为一种体系理论，是解释国际关系演进的有力工具。不过，由于行为体在国际关系中进行互动涉及多个体系，有不同的属性、机制与结果，因此只有适宜地看待这种理论的意义，才能对适宜的问题作出适宜的解释。

第四章　观念与国际体系

国际体系作为行为体围绕一定问题互动而形成的整体结构，说到底，是人的社会行为的产物。行为体参与互动，都是有一定的意图与目的的，有对自身与他者的身份、利益与角色的定位，并且对于与互动相关的问题有特定的看法。从这个角度讲，行为体在物质层面进行互动的时候，也会同时进行观念层面的互动，而观念互动达到一定的程度，就会在参与互动的行为体之间形成主体间的关系，形成所谓的“共有知识”或“文化”。由于这种“共有知识”或“文化”作为联系行为体的一种整体结构，会影响行为体的对外政策并因而对行为体间物质层面的关系现状产生决定性影响，因此也是一种国际关系的体系。当然，这种体系不同于前边章节所阐释的权力、制度等具有物质主义属性的体系，它是一种理念主义的体系。

第一节　国际关系研究中的观念因素

从观念的视角对国际互动及互动结构进行系统阐释，是始于建构主义的兴起。不过，在建构主义形成之前，在国际关系研究中就已经存在解释观念的传统。实际上，在科学行为主义兴起之前，对观念因素的阐释在国系关系学界是一直保持着重要影响的。即使是被认为有物质主义本体倾向的古典现实主义，也包括有关观念因素的阐释。

早在古希腊时期，历史学家修昔底德的《伯罗奔尼撒战争史》就探讨了不同城邦之间战争的正义性质问题，这个问题涉及人们对于战争意义的理解。在古罗马时代，用于规范国家之间的战争和媾和的实在法，被认为必须服从更高的自然法，因为自然法源自上帝的意志和人的理性或人的社会性。这涉及对法律规范意义的解释。① 在中世纪，整个欧洲被基督教神学的气氛

① 王福春、张学斌编著：《西方外交思想史》，北京大学出版社 2005 年版，第 21 页。

所笼罩和包围，政治学思想浸润着基督教神学中关于正义、道德、人性等问题的讨论。对于奥古斯丁、托马斯·阿奎那等神学家来讲，理想的国际体系设计应该是由野心不大的中小国家和中等国家组成。[①] 这体现了基督教神学家对世俗世界的公平、正义的弘扬以及对世界和平的一种愿望。到了近代，经过文艺复兴和启蒙运动的洗礼，欧洲古典的政治文明得到了复兴，人的本体地位得到了重新的认识。从这一时期代表人物康德构筑的永久和平的世界秩序理念中，就可以窥见其伦理道德的基础。

现代的国际关系学研究开始于第一次世界大战结束之后。这场战争给人类文明造成了巨大的破坏，并在人类的内心留下了不可磨灭的创伤。人们厌倦了欧洲古典的势力均衡及权力政治逻辑，政治精英也开始探索避免战争、寻求永久和平之法。国际关系学中的理想主义应时而生。理想主义是基于人性善和理性人的基本假设，认为国家间合作和利益和谐是国际关系的本质特征；世界舆论、道德、国际法是制约行为体行为的有效手段；国际组织和集体安全是取代均势和权力政治的根本途径。在理想主义者的思想中，道德、国际规范等观念性因素始终具有特别的重要性。这些建立在良好观念基础上的世界秩序构想是根植于西方的自由主义政治传统，而自由主义传统是强调观念的作用的。[②] 从格劳秀斯的国际法思想、洛克的个人主义政治观、斯密的自由资本主义理论到康德的永久和平理论，17—19 世纪的自由主义思想家从不同的角度阐释了观念对国际秩序的影响。[③]

理想主义作为观念的产物，尽管为人们提供了一个美好世界的远景，但未能把这一构想变成现实。第二次世界大战的爆发使得理想主义陷入了低潮，同时也给以权力政治为基础的现实主义理论的兴起提供了机会。现实主义虽然重点关注的是物质层面的现实，但同时也关注对观念因素的解释。[④]

---

① ［美］肯尼思·W. 汤普森：《国际思想之父——政治理论的遗产》，谢峰译，北京大学出版社 2003 年版，第 49—70 页。

② ［美］约翰·杰拉尔德·鲁杰：《什么因素将世界维系在一起？新功利主义和社会建构主义的挑战》，载［美］彼得·卡赞斯坦、罗伯特·基欧汉、斯蒂芬·克拉斯纳编《世界政治理论的探索和争鸣》，秦亚青等译，上海世纪出版集团 2006 年版，第 255 页。

③ 秦亚青编：《理性与国际合作：自由主义国际关系理论研究》，北京：世界知识出版社 2008 年版，第 1—33 页。

④ 马莎·芬尼莫尔、卡瑟琳·斯金克：《国际规范的动力与政治变革》，载［美］彼得·卡赞斯坦、罗伯特·基欧汉、斯蒂芬·克拉斯纳编《世界政治理论的探索和争鸣》，秦亚青等译，上海世纪出版集团 2006 年版，第 295 页。

在两次世界大战之间，卡尔的“道德现实主义”奉行的是观念与物质的折中主义。卡尔在阐释现实主义基本原理的同时，对理想主义和现实主义都进行了批判。卡尔对观念的重视体现在两个方面：一是关于社会科学的研究对象的社会事实性质的认识；二是关于权力的认识。① 关于政治学的目的和分析，卡尔认为政治学领域的研究是与人的行为联系在一起的，所以不存在自然科学意义上的客观事实，而且政治学研究的事实可以通过人的愿望加以改变。② 关于权力，卡尔区分了权力的三种形态，即军事权力、经济权力和观念权力（舆论权力），认为要实现政治目标这三种权力同样重要。

第二次世界大战之后，现实主义的发展进入黄金时期。古典现实主义的集大成者摩根索，在其代表作《国家间政治》中，系统阐述了现实主义的基本理论框架。不过，摩根索在对权力进行充分论证的同时，亦用相当大的篇幅论证对权力的制约因素。在摩根索看来，权力所受到的制约，除了来自其他权力之外，还来自道德、舆论与法律的因素。在摩根索的论证框架中，观念在很大程度上是作为体系与权力体系并存的。他说，从《圣经》一直到现代民主制度的道德标准和宪法安排，这些规范化体系的主要功能一直是使权力欲望保持在社会可以容忍的界限内。他是反对像马基雅维里和霍布斯那样对权力欲不加谴责的政治哲学的。他明确地肯定了超越国界的公众舆论对国际政治的影响，强调在一切政治斗争和冲突的深处，存在着无法再减少的最小限度的全人类所共有的心理特征与愿望，而在这一心理基础之上，矗立着一座由哲学信念、伦理观念和政治愿望构成的大厦。③ 由于摩根索在理论中强调了观念因素对权力的制约，因此他的思想与后来英国学派所阐释的国际社会概念是相通的。迈克尔·威廉姆斯（Michael C. Williams）在《国际关系中观念为什么是重要的》一文中，通过对古典现实主义文献的小心梳理和对其核心变量的重新审视，认为这一学派强调了观念在建构行为和作出政治和价值判断等方面的作用。④

① 王学军、杜彬伟：《西方国际关系理论演进中的观念因素》，《国际关系学院学报》2008 年第 1 期，第 7—8 页。

② ［英］爱德华·卡尔：《20 年危机（1919—1939）——国际关系研究导论》，秦亚青译，北京：世界知识出版社 2005 年版，第 5 页。

③ ［美］汉斯·摩根索著：《国家间政治——权力斗争与和平》，徐昕等译，北京大学出版社 2006 年版，第 285—332 页。

④ Michael C. Williams, “Why Ideas Matter in International Relations: Hans Morgenthau, Classical Realism, and the Moral Construction of Power Politics?” *International Organization*, Vol. 58, No. 4, 2004, pp. 633 - 660.

在20世纪70年代，以阐释“国际社会”而著名的英国学派，在国际关系研究中发挥了重要影响。在英国学派看来，国家组成国际社会，所以国际关系的本质属于社会关系。国际社会不是物质事实，而是社会事实。英国学派对观念的关注主要体现在两个方面，一个是其国际社会思想，另外一个是对国际关系的伦理思考。赫德利·布尔（Hedley Bull）认为，国际社会是指一群国家意识到它们具有共同的利益和价值观念从而组成的一个社会。组成国际社会的国家认识到它们之间的关系是受到一套共同规则制约的，因而一起构建共同的制度。[①] 布尔认为历史上的所有国际社会都是建立在一个共同文化的基础之上。[②] 在英国学派的著作中，对伦理道德的关切一直是一条主线。

自20世纪60年代以来，尽管存在英国学派的影响，但国际关系研究从整体上讲，对观念因素的关注呈下降趋势。这里的一个重要原因是科学行为主义对青睐哲学、历史等方法的传统主义的挑战。行为主义强调要充分借鉴自然科学的研究方法，运用统计学、数学模型等方法建立可检验和具有预测性的理论，并且还强调分析单位、分析层次以及核心概念的精确化和科学化。这一研究范式的兴盛，使人们的观察与解释兴趣日益集中于可以观察、特别是可以计量的领域与问题。由于价值、认同、规范等观念性因素比较难测量，所以在这个潮流中自然被弃置一边。[③]

另一个导致观念因素被淡化的原因是美国和苏联的冷战。为了压倒对手，美苏双方都建立了能够将对方毁灭多次的庞大的核武器库。面对这样的现实，以理性选择理论为基础的战略威慑理论成为研究的重点。为了预测这种现实的威胁，学者运用博弈理论建立了各种数学模型，模拟核对峙的结果。对于这种研究现状，理查德·帕普（Richard Pipes）认为，美国的战略理论是科学家和统计学家联姻的成果。[④]

---

① ［英］赫德利·布尔：《无政府社会——世界政治秩序研究》，秦亚青译，北京：世界知识出版社2003年版，第10—11页。

② 参见张小明《国际关系英国学派——历史、理论与中国观》，北京：人民出版社2010年版，第175、177页。

③ 马莎·芬尼莫尔、卡瑟琳·斯金克：《国际规范的动力与政治变革》，载［美］彼得·卡赞斯坦、罗伯特·基欧汉、斯蒂芬·克拉斯纳编《世界政治理论的探索和争鸣》，秦亚青等译，上海世纪出版集团2006年版，第298页。

④ Michael C. Desch, “Culture Cash: Assessing the Importance of Ideas in Security Studies,” *International Security*, Vol. 23, No. 1, 1998, p. 146.

当然，尽管“科学研究”占据了主导地位，但人们在国际关系研究中并未完全排除规范和观念因素。[①] 正如彼得·卡赞斯坦（Peter Katzenstein）所说，新现实主义者试图在华尔兹极其简约的理论中加入更多的解释变量，方法是把一些未经认可的观念因素掺杂在华尔兹的理论中，比如将文化作为社会动员的工具或是产生威胁知觉的根源等。[②] 亚历山大·温特（Alexander E. Wendt）认为很多的物质主义者含蓄地把文化因素植入其理论之中，所以实际上是在物质主义—理念主义的测试中“作弊”，而只有把话语条件从这些理论的解释中剥离出来，我们才能够真正知道物质力量的真正作用。[③]

从国际关系理论范式的演进来看，也许冷战的结束是一个比较明显的分水岭。由于这一重大事件的发生不是权力互动的产物，也不能用相互依赖与国际制度加以解释，因此人们再次把研究的视角投向了观念。按照建构主义的说法，冷战的结束是因为苏联领导人戈尔巴乔夫改变了观念。在 20 世纪 90 年代，随着日益增多的重要成果从主体间的视角对国际关系进行解释，建构主义作为一个学派兴起了。这一学派的兴起，标志着人们对观念因素研究的复兴。[④]

建构主义的兴起，在某种程度上是人们对国际关系理论进行反思的结果。实际上，对于倾向物质主义本体论的理论，诸如新现实主义与新自由主义，是一直存在被统称为反思主义的批评意见的，其中包括批判理论、后现代主义、女性主义、规范理论等。这些理论同建构主义的共同点在于强调国际关系中理念性的东西，诸如观念和话语的作用，结构和行为体的相互建构，以及权力的非物质性和真理的相对性等。[⑤] 这些理论尽管没有形成主流影响，但开阔了人们对国际互动及结构认识的思路。

1999 年，在纪念《国际组织》创刊 50 周年的一组专稿中，对建构主义

---

① 马莎·芬尼莫尔、卡瑟琳·斯金克：《国际规范的动力与政治变革》，载［美］彼得·卡赞斯坦、罗伯特·基欧汉、斯蒂芬·克拉斯纳编《世界政治理论的探索和争鸣》，秦亚青等译，上海世纪出版集团 2006 年版，第 296 页。

② 约翰·杰拉尔德·鲁杰：《什么因素将世界维系在一起？新功利主义和社会建构主义的挑战》，载［美］彼得·卡赞斯坦、罗伯特·基欧汉、斯蒂芬·克拉斯纳编《世界政治理论的探索和争鸣》，秦亚青等译，上海世纪出版集团 2006 年版，第 267 页。

③ ［美］亚历山大·温特：《国际政治的社会理论》，秦亚青译，上海世纪出版集团 2008 年版，第 132 页。

④ 王学军、杜彬伟：《西方国际关系理论演进中的观念因素》，《国际关系学院学报》2008 年第 1 期。

⑤ 李少军：《国际政治学概论》，上海人民出版社 2005 年版，第 78 页。

的综述构成了一个重要组成部分。约翰·鲁杰（John G. Ruggie）在文章中讨论了这样的问题："什么因素将世界维系在一起？"他说，这个问题从一开始就吸引了国际关系理论家的关注。从思想传统方面来说，现实主义与自由主义一直是相互竞争的两种思想：从马基雅弗利到霍布斯与康德的论争，这种传统一直延续下来。自由主义传统强调的是观念的作用。但是，第二次世界大战以后美国学界摒弃了理想主义，结果是大家普遍低估了观念因素在国际生活中的影响，因此也就根本没有认真理解观念因素在国际事务中能够起到什么作用，无论这些因素是认同、规范、期望、意识形态，还是仅仅涉及因果关系的思想。按照鲁杰的阐释，建构主义的兴起，其实就是这一发展趋势的结果。

对于行为体在观念层面的互动以及由此而形成的整体结构，建构主义学派进行了学术层面的阐释。鲁杰指出，建构主义讨论的是人的意识及其在国际生活中的作用。[①] 温特（Alexander Wendt）宣称，建构主义希望完整地理解观念在世界政治中所起的系列作用。[②] 对建构主义来说，国际互动结构不是物质现象而是观念现象，所谓国际体系，实际上是行为体通过有意图的互动而建构的一种意义与知识的世界。正是基于这样的研究旨趣，建构主义提出了有别于现实主义和自由制度主义的体系理论，这种理论解释了行为体通过观念的互动而形成的文化（或规范）结构。

第二节　行为体的观念互动与身份定位

建构主义认为，在物质世界之外，还存在一个意义（meaning）与知识的世界，或者说存在一个主体间（意识相互联系的）世界（intersubjective world）。这个世界包含了行为体对其周围世界的理解和解释。在这样的世界里，行为体的行为以及由此而形成的国际体系，最终都是由行为体经由观念互动而形成的共同具有的理解与期望决定的。

在建构主义看来，国际互动的现象是不同于自然事实的社会事实。由于国际关系中的行为体都是由人组成的，行为体采取对外政策行为是出于

① ［美］彼得·卡赞斯坦、罗伯特·基欧汉、斯蒂芬·克拉斯纳编：《世界政治理论的探索和争鸣》，秦亚青等译，上海世纪出版集团2006年版，第256页。

② 同上书，第268页。

自身的利益，这种利益反映人的意图，因而它们的互动具有社会意义。用温特的说法就是："在国际关系学界，通常的做法是把国家当作'意图性'实体（intentional entities），意思是国家采取行动是有目的的，是根据自己的意愿和对世界的信念作出行为选择的。"[①] 从这样的角度解释国际关系事实，就必须说明国际行为体怎样进行观念的互动，以及影响观念互动的基本要素。

一 行为体互动的观念结构

从人类社会的历史发展来看，不论是个人、家庭、团体、国家还是国际组织，其生存都伴随着与他者的互动，而只要与他者发生互动，就会形成具有社会意义的关系。每一个行为体，都会在互动中谋求自己的利益需求。这种互动可能最初是在群体的内部，但随着互动范围的拓展和社会需求的扩大，基于利益的互动就会扩展到群体的外部。这种互动，目的包括满足物质利益的需求，但同时也包括进行观念层面的沟通。作为有信念与意愿的人类，无论他们对外部世界采取何种行动，都会以对他者的认知为指导。他们需要判断他者是谁，对自己有怎样的利害关系，自己应如何与之交往，诸如此类。

显然，行为体与外界的互动是存在"第一次"的问题的。温特在《国际政治的社会理论》一书中多次提到了1519年美洲的阿兹特克人（Aztec）与西班牙殖民者相遇的事例。[②] 这两个群体之前没有接触过，在交往时所持有的是各自在国内环境中产生的关于自我与他者的自有信念，这些信念建构了他们各自的利益，使他们界定了面临的环境。当时，西班牙人的意愿是征服该帝国，屠杀其人民，掠夺其财富。阿兹特克人则基于本民族的一个传说而把这些殖民者定位为"神"，设宴欢迎这些殖民者，结果这些"神"毁灭了高度发达的阿兹特克文明。[③] 温特把这种情况称为"霍布斯式

---

① ［美］亚历山大·温特：《国际政治的社会理论》，秦亚青译，上海人民出版社2000年版，第216页。

② 同上书，第180页。

③ 阿兹特克人曾有一个关于来自海上民族的传说，是指一些白皮肤、白胡子的人从海上而来，教给他们各种知识，帮助他们建造神庙，后来又从海上离去，并许诺以后一定回来，这些人被阿兹特克人称为"克萨尔科亚特尔"。所以当西班牙人到阿兹特克帝国的特诺奇蒂特兰时，他们的白皮肤给了他们极大的优势。阿兹特克人以为他们的神依照诺言又回到了他们身边，于是设宴庆祝。没想到这些"神"却毁灭了他们。

的第一次相遇”[①]。

在国际互动中，行为体之间的第一次相遇往往是在互不了解的情况下进行的。这时它们所依据的知识，主要来自于以往的信念与经验。如前文所述，行为体与外部世界的互动是有一个历史演进过程的，从最初的氏族与氏族的互动，部落与部落的互动，国家与国家的互动，再到国家集团与国家集团的互动，由近及远，范围不断扩大。在这个过程中，行为体自身在演进，其背景知识会不断积累和更新。每一次遇到新的互动方，它们的观念都会发生相应的变化。就上例而言，阿兹特克人在与西班牙人互动之前，已有了与该地区其他行为体互动的经历与经验，他们之所以会把西班牙视为“神”，也是基于他们先在的信念。就西班牙人而言，他们在征服阿兹特克帝国之前，已有了征服美洲其他地区所形成的信念与经验。

如果说行为体初次相遇不存在共享的观念，那么随着互动的持续进行，情况就不同了。互动方都会依据对对方不断深入的了解而不断调整对对方的定位，并因而会建立起某种共有的知识。温特指出，从第一次相遇开始，行为体就会相互认知，并且使相互的期望值趋近。人们会有相互交往的动机，即使仅仅希望要求和得到对方的投降，也必须进行交往。[②] 西班牙人对阿兹特克人的屠杀与掠夺，会使阿兹特克人明白对方与自己是敌对关系，而使用武力才是唯一可行的互动方式。如果阿兹特克人的反抗能够坚持下去，那么双方互为敌人的信念就会成为规定双方关系的共有知识。当然，由于多种原因，阿兹特克文明很快就被毁灭了。温特指出，弱国易于被强国所消灭。但是，经受过第一次武装冲突而没有被消灭的敌人会比较能够承受冲突，并在他们之间开始形成一种对面临条件的共有知识，这种共有知识就是霍布斯文化。[③] 在这里，“霍布斯文化”是指相互为敌的共识，建立在这种共识基础上的互动，是以冲突为表现形式。

对于行为体互动中所涉及的观念问题，建构主义力图解释的是共有观念的形成。从国际关系中的互动来说，“第一次相遇”不论结局如何，都是观念互动的开始。由于每一次实际的接触都是行为体宣示己方的信念与意愿，同时认识他者的信念与意愿的过程，因此这种互动达到一定程度，就会使各

---

① ［美］亚历山大·温特：《国际政治的社会理论》，秦亚青译，上海人民出版社2000年版，第336页。

② 同上。

③ 同上书，第337页。

方基于对方观念明确自己对一系列问题的认识，这时互动方就会形成某种相互关联的认识。

以1972年美国总统尼克松访华为例，中美双方就经历了这样的观念互动。周恩来在与尼克松握手时意味深长地说："总统先生，你把手伸过了世界上最辽阔的海洋同我握手，我们之间已经有25年没有交往了。"尼克松激动地说："我感到很荣幸，终于来到了你们伟大的国家。"后来，尼克松在回忆录中写道："我们的手一接触，一个时代宣告结束，另一个时代宣告开始了。"① 中美领导人的会面，尽管不能说是"第一次相遇"，但确实具有相似的意义。通过这一次相遇，双方打破了坚冰，开始了观念建构。尼克松在祝酒词中表达了建立新的共有知识的愿望：

> 我希望我们这个星期的会谈将是坦率的。本着这种坦率的精神，我们一开始就认识到这样几点：过去的一些时期我们曾是敌人。今天我们有巨大的分歧。使我们走到一起的，是我们有超过这些分歧的共同利益。在我们讨论我们的分歧的时候，我们哪一方都不会在我们的原则上妥协。但是，虽然我们不能弥合我们之间的鸿沟，我们却能够设法搭一座桥，以便我们能够越过它进行会谈。
>
> 因此，让我们在今后的五天里在一起开始一次长征吧，不是在一起迈步，而是在不同的道路上向同一目标前进。这个目标就是建立一个和平和正义的世界结构，在这个世界结构中，所有的人都可以在一起享有同等的尊严；每个国家，不论大小，都有权利决定它自己的政府形式，而不受外来的干涉或统治。
>
> 中国人民是伟大的人民，美国人民是伟大的人民。如果我们两国互相敌视，那么我们共同拥有的这个世界的前途就会暗淡无光。但是，如果我们能找到相互合作的共同立场，那么实现和平的机会就将无法估量地大大增加。我们没有要成为敌人的理由。无论我们哪一方都不企图侵占对方的领土；无论哪一方都不企图控制对方；无论我们哪一方都不企图伸手去主宰这个世界。②

---

① 转引自张伟《尼克松访华，准备很充分》，《环球时报》2002年2月11日第7版。

② 《外国领导人访华讲话》，北京：中国对外翻译出版公司1988年版，第2页。

正是通过这一次访问，中美两国关系开始了历史的新篇章。

对于行为体的相遇与观念互动，温特作了这样的概括与推论：假设国际互动中有两个行为体，分别是A和B。这两个行为体间几乎不存在共有的知识或观念，它们要有所作为，就必须通过自己的私有观念赋予某些事物以意义，如自我的角色认知、国家的利益诉求、对手的反应方式等等。当它们初次相遇时，国家A首先要对情景进行界定，弄清自己所要面对的环境。另外，国家还会根据自己以前的经验在自己的意向中给国家B先验地界定一个角色。在这之后，国家A便开始采取试探性的行动。A的行为对B来说是一个外部刺激因素，B必须把它与自己的主观认知结合起来。因此，B首先也要对环境作整体把握，并通过诠释A的行为来判断A的意图。这一阶段也为B采取行动奠定了基础。A会根据B的行为来检验以前对B的角色预设是否正确，从而进一步调整自己的认知并重新界定环境。如果行为体A和行为体B能够通过互动实践建立相互之间稳定的角色预期，那么一种社会结构便在两个国家之间建立起来。其机制与进程如图4－1所示。

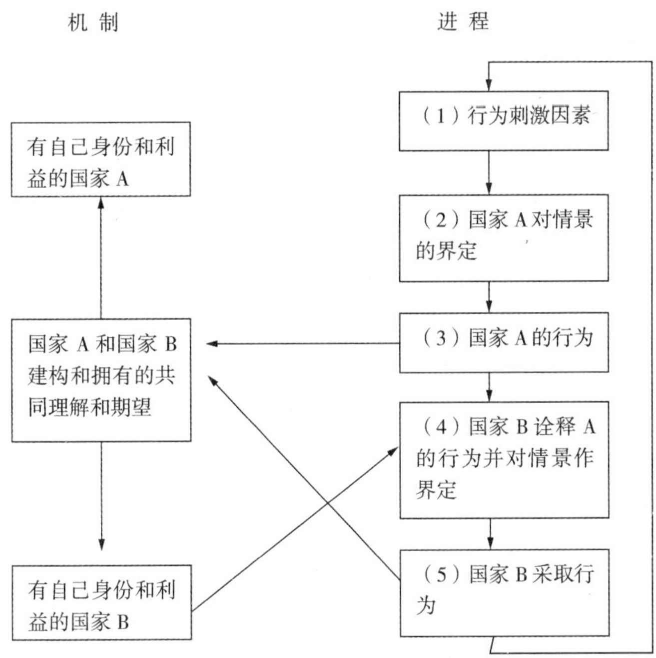

图4－1　行为体A、行为体B互动机制与进程

在现实生活中，行为体所抱有的观念是存在各种不同情况的。例如，如果行为体对他者抱有敌意，就会通过行为表现出来，如扩张军备、进行军事演习甚至发动战争。其他行为体为求自保也会采取相同的措施。这样的结果就是私有的敌意观念通过互动被再造为共有的敌意，霍布斯式的体系文化就形成了。第二次世界大战以后冷战的爆发就是证明。美国和苏联相互都有根深蒂固的不信任。苏联认为资本主义与社会主义始终是两种不能共融的制度，而美国等西方世界也始终认为苏联信奉的学说对西方国家是威胁。“铁幕演说”、“杜鲁门主义”等都强化了这种观念。

“铁幕演说”是指1946年3月5日丘吉尔在美国总统杜鲁门的母校——威斯敏斯特学院发表的题为“和平砥柱”的演说。丘吉尔在演说中宣称，“从波罗的海的什切青到亚得里亚海边的里雅斯特，一幅横贯欧洲大陆的铁幕已经降落下来”，苏联对“铁幕”以东的中欧、东欧国家进行日益增强的高压控制。对于苏联的扩张，不能采取“绥靖政策”。高居于世界权力顶峰的美国应担负起未来的责任。英语民族应联合起来，制止苏联的“侵略”。丘吉尔的演说引起了苏联方面的强烈反应。斯大林说丘吉尔“采取了战争贩子的立场”。美国朝野也受到强烈震撼。杜鲁门很高兴，但美国国会也出现了激烈的反对言论，认为丘吉尔是想把美国引向“最恐怖的战争”，让英国火中取栗。丘吉尔的“铁幕演说”被认为揭开了长达40多年冷战的序幕。其后，以苏联为首的社会主义国家与以美国为首的资本主义国家开始了充满敌意的观念互动。1947年3月12日，美国总统杜鲁门在致国会的咨文中提出了支持自由国家抵御“极权政体”的理念即杜鲁门主义。[①] 冷战的爆发正是这种观念建构的结果。

行为体通过观念互动的机制与进程，建构的是一种主体间知识。[②] 在这里，“知识”（knowledge）一词是个社会学用语。按照温特的解释，“知识”是指施动者认为属真的信念。[③] 显然，阿兹特克人把西班牙人定位为“神”并不是属真的信念。就内涵而言，知识不仅包括信念（belief），而且还包括

① 文中他要求国会为援助土耳其和希腊政府，拨款8亿美元，防止当地发生有共产党背景的革命。这是美国政府防止共产主义在世界其他地方出现的原则性表述，成为美国第二次世界大战后美国对外政策的核心。

② 可参见 Alexander E. Wendt，“Anarchy is What States Make of it：The Social Construction of Power Politics，” *International Organization*，Vol. 46，No. 2，1992，p. 407。

③ ［美］亚历山大·温特：《国际政治的社会理论》，秦亚青译，上海人民出版社2000年版，第179页。

意愿（desire）。从互动的角度讲，一方所有的知识是自有的知识，而各方共享的知识才是共有知识。共有知识是在行为体互动中聚集起来的信念与意愿。例如，有关“主权”的规范，有关“不干涉内政”的原则，有关“不扩散核武器”的制度等，都体现了行为体共有的知识。这样的知识作为行为体单方面的观念存在是没有意义的。出现了共有的知识，行为体又受到了这种知识的影响，就有了观念的体系。

行为体通过互动建构共有知识，并不一定是在朋友之间。事实上，在对手之间，也可以形成共识。1963 年美国总统肯尼迪针对美苏关系讲过这样的话：

> 在美国与苏联人民中间有许多特性是相同的，没有人比我们两国更憎恶战争了。在主要世界大国中，我们彼此之间从未有过战争，这几乎是独一无二的。今天，如果全面战争再度爆发，不管它会怎么样，我们两个国家都将成为主要目标。两个最强的大国，却又是大浩劫中处境最危险的两个国家。这是一个讽刺，但又是确凿的事实……我们双方都卷入到了一个险恶的循环之中：一方之疑虑将导致另一方之疑虑；新武器将引出抵消它的武器。简言之，美国及其盟友与苏联及其盟友，在实现公正、真实之和平与停止军备竞赛方面，是有深层次的共同利益的。因此，不应让分歧蒙住我们的眼睛，让我们把注意力转向我们的共同利益，并转向那些能化解分歧的手段吧。即使我们现在还难以消除我们的分歧，我们也至少可以使多样性安存于这个世界。①

韦伯认为，行为体之间出现共有知识构成的是一种“社会”结构。② 在建构主义理论中，这种结构被称为“文化”。文化在这里是指集体观念而不是个体观念。这种观念不单是指个体观念的聚合，它还特别指行为体之间具有关联性的知识。例如，互为敌人或互为朋友都是具有关联性的知识。③ 上述肯尼迪的话，反映的就是敌对者之间的共识。在当代的国际互动中，有时

① 转引自［加］罗伯特·杰克逊、［丹］乔格·索伦森《国际关系学理论与方法》，吴勇、宋德星译，天津人民出版社 2008 年版，第 101 页。

② ［美］亚历山大·温特：《国际政治的社会理论》，秦亚青译，上海人民出版社 2000 年版，第 180 页。

③ 同上书，第 181 页。

行为体并不特别指明自己的敌人是谁，但所涉及的国家心知肚明，它们也会把对方视为潜在威胁。这也是一种反映敌对关系的共识。

对于国际互动所形成的共有知识，温特概括成了三种文化。除了前边提到的霍布斯文化，还有洛克文化与康德文化。这些不同的文化是基于对敌人、对竞争对手和对朋友的不同的角色定位。说得确切些，如果国家间关系是以互为敌人为特征，那么就会建构一种霍布斯文化；如果国家间关系是一种竞争者的关系，虽然有利益冲突，但能够共存，那么就会建构一种洛克文化；如果国家间关系是以朋友关系为特征，那么就会建构一种非暴力和互助的康德文化。[①] 就这些不同文化的建构而言，行为体的身份定位是一个决定性因素。

二　身份认同

行为体在观念层面发生互动，首先会进行身份的定位。对于参与互动的行为体来说，它们需要确定自己与他者的关系是敌人、朋友还是伙伴。行为体有了身份的定位，才能确定其基本政策。前述的阿兹特克人如果在一开始把西班牙人定位为敌人，那就会兵戎相见而不是设宴欢迎。

身份/认同（identity）是社会心理学的一个重要概念，这个概念主要是用于辨别自我与他者的心理认知基础和社会文化基础。卡赞斯坦认为身份有两种基本形式，固有身份和关系身份，固有身份外生于游戏，而关系认同则是由游戏本身建构的。[②] 这两种身份，前者与互动没有直接关系，是行为体对自身的定位，诸如民主国家、市场经济国家等。后者与互动有直接关系，是同其他行为体打交道时才形成的身份，诸如基于敌对、朋友或伙伴关系的身份定位。

建构主义是通过探讨行为体在互动过程中塑造的不同身份来分析国际体系的变迁，例如温特对三种无政府文化所进行的讨论。这样的方法是以社会心理学的身份认同理论为基础的。社会心理学家早就发现，在现实生活中，行为体之间的不同的身份认知会显著影响两者互动的性质，从而导致不同的关系结构的产生。

---

① ［美］亚历山大·温特：《国际政治的社会理论》，秦亚青译，上海人民出版社 2000 年版，第 384 页。

② 袁正清：《国际政治理论的社会学转向》，上海人民出版社 2005 年版，第 130 页。

在20世纪70年代，社会心理学家塔伊菲尔（Henri Tajfel）和他的同事做过最小团体范式的实验（minimal group paradigm）。在塔伊菲尔的实验中，先依据一定的准则把一个群体随机分成两组。在第二阶段，每一个被试者被要求给其他两个被试者分配资源，但这种分配要避免和他自己的收益发生关联。试验的结果表明，当在两个自己组的成员之间分配资源的时候，被试者考虑的基本分配原则是共同得益；但在给自己组的成员和另外一组成员之间分配时，被试者往往会突出两者之间收益的不同，即使是为了一些没有意义的差别（诸如衬衫的颜色）他也会偏向自己组的成员。这样的试验可以重复得到类似的结果。为了解释这一社会现象，塔伊菲尔建立了身份认同理论。[①] 塔杰菲尔认为，在社会交往中，个体往往将自己归属于某一群体，并通过强调和夸大自己群体与他人的差异，使得群体内相似度最高而群体间差异最大，由此获得积极的自我评价并提升自尊。

就国际关系领域的互动而言，温特认为国家身份的形成主要依靠两种进程，即自然选择和文化选择。自然选择是一个物质进程，指无法在物质环境中完成再造的行为体会被其他行为体所代替。这种选择在历史上曾对国家身份的形成起过作用，但是现今更重要的是文化选择。文化选择在本质上就是社会化，是行为体通过有意识的模仿和学习从一个独立的个体变成了同他者建立了某种关系的整体的一部分。行为体的身份是行为体在文化选择过程中建构的，而不是既定的。也就是说行为体自身身份的获得是通过他者对自己的认知或评价以及自己对他者的认知和评价而获得的。因此，行为体之间的互动就是社会认同过程或文化选择过程。

温特认为，行为体要超越自私的本性创造集体身份认同，与两个条件密切相关，一个是角色分担（role - taking），另外一个是移情（empathy）。[②] 在这里，移情更重要，因为没有移情的作用，国家自私的本性就会被加剧并固化。移情要求行为者拓展自我的边界，把他者当做自我的一部分。自己认同的其他行为者获得了利益，自己会有满足感，认同的他者受到了威胁，自己也会感到安全没有保障。在这种情况下，“一人为大家”、“大家为一人”的集体身份结构就被塑造出来了。

---

① Henri Tajfel, “Social Categorization and Intergroup Behaviour,” *European Journal of Social Psychology*, Vol. 1, Issue 2, 1971, pp. 149 - 178.

② Jonathan Mercer, “Anarchy and Identity,” *International Organization*, Vol. 49, No. 2, 1995, p. 236.

在国际互动中，身份的定位可以说是行为体需要思考的首要问题。正如温特所讲，国际政治的日常生活是一个不断发展的过程，在这个过程中国家相对他者界定自我身份，赋予他者相应的身份，并根据这样定位的结果进行互动。[①] 观察国际互动的事实可以看到，国家的对外政策必须以对他者的身份定位为出发点。例如，就美国的对华政策而言，是否把中国视为威胁就是一个决定性因素。

行为体进行自我和他者的身份定位，从整体上讲，构成了集体或社会认同的过程。在这个过程中，一个重要的方面就是确立群体的构成性规范（constitutive norm），即群体成员行事的规则。这些规则除了具有规范成员行为的作用外，还能够建构群体成员身份的特点，即使该集体具有区别于其他集体的特质。在这个过程中，进行社会认同的行为体在对外关系中还期待其他群体也能够认同这些规则，从而使得集体规范成为全社会的规范。

例如，在国际关系中，行为体围绕人权问题互动，所形成的体系就包括构成性规范，即对人权的认同。参与这种互动的行为体，一方面要接受人权规范的约束，维护人权，不做有违人权之事；另一方面在互动中会不断地改变认识和提高认识。可能有一些成员最初是被迫接受人权规范，但通过互动变成了自愿的行动。这些改变认识的行为体，就成为对人权有相同认识的群体的一部分，并且形成了有别于不接受人权规范者的身份。在当今的国际互动中，人权作为一种构成性规范，正为越来越多的行为体所接受。

在社会认同过程中行为体确立构成性规范，其作用不仅在于确定行为体的适当行为的准则，而且还在于通过建立集体和个体责任而使自身的行为获得社会意义与价值，进而使本群体的特有身份获得其他行为体承认。例如，保护全球环境，推动人类发展，进行人道主义救援等，对国家来说就具有这样的伦理意义。因此，构成性规范在很大程度上可以影响群体的目标偏好，从而使得一个群体具有了不同于其他群体的特质。

由于社会是由不同群体组成的，因而存在多种构成性规范。从历史发展进程看，行为体在观念互动中会形成一些得到较广泛认同的东西，诸如共有的价值、共有的知识、共有的思维习惯等。这些得到较广泛认同的观念会形成更大范围和更高层次的构成性规范。例如，第二次世界大战之后国际关系

---

① ［美］亚历山大·温特：《国际政治的社会理论》，秦亚青译，上海人民出版社2000年版，第25页。

中所形成的一系列禁止大规模杀伤性武器公约就是这类构成性规范的具体体现。行为体对这些构成性规范的态度，即文化选择，乃是决定身份定位的重要因素。

在观念层面的互动中，群体认同是存在于与其他群体的相互比较和对照中，只有在这种相互关系中，不同的群体认同才具有自己的生命和价值。正如迈克尔·巴内特（Michael Barnett）所说，群体身份不是个人心理现象，而是一种社会关系。因此，群体身份是通过与其他群体的互动和在整个社会结构中的位置表现出来的。①

各种集体认同之间的排他性、相对性的程度构成了群体间社会关系的性质。比如，欧盟国家的身份认同就是建立在它们对“他者”（others）认识的基础之上，这种认识建构了“自己人”的欧盟内部社会关系。一度为学界所关注的民主和平论，也是基于这种“社会认同理论”（SIT - social identity theory）的假设所设计的实证研究得出的结论，即相似的民主政体国家作为一个群体相对于群体外那些与之政体不同的国家有着不同的纠纷解决方式。

亨廷顿在阐述认同问题时，曾用这样一段话说明了国际政治中的两分法：人们总是试图把人分成我们和他们，集团中的和集团外的，我们的文明和那些野蛮人。学者们曾根据东方和西方、南方和北方、中心和外围来分析世界。穆斯林传统上把世界分为 Der al - Islam 和 Der al - Harb，即和平的住所和战争的住所。这一区分在相反意义上的反映是冷战结束时美国学者把世界划分为“和平地带”和“动乱地带”。前者包括西方和日本，拥有大约15%的世界人口，后者则包括其他所有的人。②

在冷战时期，以美国和苏联为首的东西方两大集团，都是有明确的身份定位的。冷战结束之后，苏联不复存在了，美国作为唯一的超级大国，要确认自己的敌人并制定相应的对外政策就需要重新进行身份定位。在寻找可能出现的对美国及其盟国利益的新挑战的过程中，“无赖国家”（Rogue State）成为一个重要概念。在克林顿执政期间，美国政府使用这个政治术语主要指那些仇视美国，被怀疑谋求发展大规模杀伤性武器和导弹系统，支持恐怖主

---

① Michael Barnett, *Identity and Foreign Policy in the Middle East*, Ithaca and London: Cornell University Press, 2002. 转引自 Rawi Abdelal, Yoshiko M. Herrera, Alastair Iain Johnston and Rose McDermott, “Identity as a Variable,” *Perspectives on Politics*, Vol. 4, No. 4, 2006, p. 698。

② ［美］塞缪尔·亨廷顿：《文明的冲突与世界秩序的重建》，周琪等译，北京：新华出版社1998 年版，第12—13 页。

义并且不遵守国际规范的国家。在华盛顿的名单上，无赖国家包括伊拉克、伊朗、朝鲜和利比亚。在“9·11”事件之前，南斯拉夫、阿富汗、叙利亚和苏丹也曾被列入这个名单。[①] 美国对这些国家的政策，尽管有区别，但都具有敌对的属性。

2001 年“9·11”事件发生后，美国的对外政策发生了重大变化。在打击“基地”组织的同时，小布什总统在 2002 年 1 月的一次讲话中，又提出了一个新的政治概念，即“邪恶轴心”（Axis of Evil），用以称呼伊拉克、伊朗和朝鲜三国。他说：“像这些国家，以及它们的恐怖主义盟友，构成了一个邪恶轴心，目标是威胁世界和平。通过寻求大规模杀伤性武器，它们的政权带来了一个重大的和日益增长的危险……在任何情况下对此漠不关心的代价都是灾难性的。”[②] 其后，美国发动了对伊位克的战争，对伊朗和朝鲜也采取了一系列具有敌意的行动。

在当今的国际政治中，尽管两分法的关系仍然存在，但由于国际形势已发生了根本变化，在主要大国之间不存在剑拔弩张的对抗关系，因此大多数国家并不需要特意明确一个敌国来定位自己的对外关系。像印巴关系、阿以关系那样的敌对格局是不多见的。一些国家即使在某个问题上与别国发生冲突，也未必会长期与之为敌。在这种情况下，国家进行身份定位，除了敌国和盟友的选择之外，还可以有其他的关系定位，并因而形成了更多样的身份定位用语。

例如，“伙伴”就是一个常用的关系定位用语。中国就与许多国家确立了“伙伴关系”。这是一种非盟友的合作关系，可以在很大程度上规定双方的互动方式。这种关系既不是权力互动的产物，也不是制度性的关系，而是一种观念上的定位，反映双方的共有期望与意愿，目的是在一系列国际问题上协商、合作。又如，“发展中国家”也是一种重要的身份定位。中国在一系列重大国际问题上强调自己是“发展中国家”，一方面是表明自己的发展程度还落后于发达国家，不能承担发达国家应负的责任；另一方面也是一种政治宣示，表明自己在一些重大国际问题上是站在广大发展中国家一边。

对于中国的身份定位，2005 年时任美国副国务卿的佐利克（Robert Zoel-

---

① Nick Childs, “Analysis: The New Bogeymen,” *BBC News*, Wednesday, December 12, 2001, http://news.bbc.co.uk/2/hi/1376425.stm.

② Glenn Kessler and Peter Baker, “Bush's ‘Axis of Evil’ Comes Back to Haunt United States,” *Washington Post*, Tuesday, October 10, 2006.

lick）提出了一个“负责任的利益攸关方”（responsible stakeholder）的说法。按照美国一些学者的解释，做一个“负责任的利益攸关方”，需要对国家利益作更广泛的界定，需要考虑国际体系的健康，同时也包括要中国进行国内改革。无论怎样解释，这个定位不是要建构一种敌对关系，而是要中国进一步融入国际社会，意图是拉中国遵守美国主导下的国际规范。

除了政府所使用的术语之外，还有一些学术用语也具有关系定位的含义。面对中国的崛起是否会挑战美国霸权的问题，一些学者讨论了中国是“维持现状的国家”（status quo state）还是“修正主义国家”（revisionist state）的问题。这两个概念出自国际关系中的“权力转移理论”（Power Transition Theory）。[①] 按照这种理论，前者是指对现有秩序满意的国家，而后者则指要向现有秩序提出挑战的国家。显然，如果美国把中国定位为要改变现有国际秩序的“修正主义国家”，那么就会对中国采取防范和遏制的政策，反之则会采取合作和接触政策。

在国际互动中，一方对他者进行关系的定位，他者必然会作出反应。事实上，一方把另一方定位为敌人，另一方的反馈通常是做同样的事，并因而会形成对抗性文化。在这种互动中，双方可能都做一些进一步刺激对方的事，从而使得敌对关系升级，也可能减少敌意使关系逐步缓和。在互动方已形成既定文化的情况下，如果一方改变观念，并导致对方也改变观念，那么关系就会发生根本转变。例如，20 世纪 70 年代中美关系的突破，80 年代之后以色列与阿拉伯国家关系的改善，在某种程度上都可以说是互动方观念改变的结果。

在国际互动中，行为体的身份常常是多种多样的，有的身份体现的是单元层次的特征，内生于行为体，如个人（团体）身份、类属身份；有些身份则体现出主体间的特性，是由社会关系建构而成的，如角色身份和集体身份。温特在阐述这个问题时曾以奴隶主和奴隶的身份为例，认为这两种身份并不是先天的特征，而是因为两者在社会结构中有不同的位置，并且都以符合行为规范的方式与具有反向身份的人进行了互动。[②] 就当代现实的国际关系而言，发展中国家可以说是个体、类属身份，但相对发达国家而言，则又

---

① 该理论的代表作可参见 F. K. Organski, *World Politics*, New York: Alfred Aknopf, 1958。

② ［美］亚历山大·温特：《国际政治的社会理论》，秦亚青译，上海世纪出版集团 2008 年版，第 222 页。

是一种关系的定位。

行为体在互动中之所以会对他者作特定的关系定位，是有复杂的社会原因的。亨廷顿认为，人们可能“用祖先、宗教、语言、历史、价值、习俗和体制来界定自己”①。在国际关系中，互动的单元都是有特定的思想观念、意识形态、宗教信仰、话语体系和文化传统的。由于这些社会因素都是经过较长的历史过程形成的，已内化在了行为体的深层意识之中，因此具有很强的稳定性。在确定外部认同的时候，这些因素总是起着明显的或潜在的作用。具有相同观念传统的行为体往往会成为朋友，反之，则可能成为敌人。

在冷战时期，东西方两大阵营的国家都清楚地知道，在自己的阵营内部，国家间有相同的意识形态，而对方信奉的主义则与自己不相容。这样的认识就是一种共有知识。这样的知识也构成了双方确定对外政策的行为规范，规定它们在互动时会怎样做。冷战结束之后，尽管不存在两大阵营的对立了，但世界范围内意识形态的分歧仍继续存在。欧美等西方国家是有一套共享的信念和价值体系的，包括自由、民主、人权和市场经济等要素。这些国家在意识形态上形成了一个圈子，而把不符合其价值准则的国家视为另一类。与西方国家常常表现出差异的许多发展中国家，在坚持主权原则和发展权问题上也有自己的共有信念。由于信奉不同意识形态的国家会认同不同的行为规范，因而在一些重大的国际政治问题上会持不同的政策立场。例如，在科索沃问题、苏丹问题上，强调人权观念的国家与强调主权观念的国家就会形成对立，并且会有不同的政策选择。一些国际组织在援助不发达国家时附加对受援国的国内政治要求所导致的矛盾，也是出于不同成员国所信奉的不同的意识形态。

在进行观念互动时，宗教因素与意识形态因素的作用是类似的。亨廷顿在论述这个问题时引述过这样的例子：1994 年 4 月 8 日，2000 人聚集在萨拉热窝市挥舞着沙特阿拉伯和土耳其的国旗。这些萨拉热窝人通过挥舞这些旗帜而不是联合国、北约或美国旗帜，是表明他们认同穆斯林伙伴，告诉世界谁是他们真正的朋友，谁不是。② 观察事实可以知道，在国际互动中宗教一直是一个敏感和重要的认同要素。自中世纪以来，几大不同宗教甚至同一

① ［美］塞缪尔·亨廷顿：《文明的冲突与世界秩序的重建》，周琪等译，北京：新华出版社1998 年版，第 6 页。

② 同上书，第 3 页。

宗教的不同教派之间是常常发生血腥的战争的。这种战争可能有物质利益之争，但最根本的还是信仰和认同之争。在当代的国际政治中，宗教观念所形成的认同，一直是一种强有力的国际联系纽带，对很多重要事件和国际进程有着不可忽视的影响。一些受到强有力宗教影响的国家和其他非国家行为体，常常会基于宗教观念决定在重大国际问题上的态度与立场。

三　对利益与目标的定位

在国际互动中，认同不但决定行为体是谁（who we are），而且决定行为体想要什么（what we want）。集体认同本身就包含有对集体目的和利益的认识和界定，简单说就是集体想要什么取决于他们对自己是谁的认识。目标是行为体认同的重要组成部分。行为体会基于这些目标来看待世界。构成性内容会赋予行为体义务，目标性内容也会赋予行为体义务。在 20 世纪 90 年代，立陶宛、拉脱维亚、爱沙尼亚等苏联加盟共和国民族主义的兴起就与这些国家“脱俄入欧”的目的与利益认同密切相关。在当代，美国在中东搞民主，也是它的一种目标认同。

在观念体系的建构过程中，如果说意识形态、宗教信仰等因素是行为体的内生性因素，那么行为体基于利益需求围绕特定问题互动时所形成的意愿则构成了一种外生性因素。在这种意愿的互动中，每个行为体都会表达自己对特定问题的理解与解释，同时了解他方对该问题的理解与解释。经过这样的过程，在行为体间会形成对该问题的共有知识：互动群体中的主导信念是什么，各方要谋求的利益是什么，有哪些是各方的共同利益，有哪些是各方的冲突利益，各方能不能基于共同利益采取集体行动。基于这些共有知识，行为体可以确定自己在互动中支持谁、反对谁，在哪些问题上必须坚持自己的立场，在哪些问题上可以做一定的妥协，在哪些问题上可以说服他者接受自己的信念，在哪些问题上需要进行利益的讨价还价。

基于利益的观念互动与基于意识形态或宗教定位的观念互动不是一个层次，因此未必是一致的。说得确切些，具有敌对关系的行为体，在围绕特定问题互动时可能有相同的利益；反之，具有盟友关系的行为体，也可能在互动中有冲突的利益。例如，美国、欧盟与日本之间，尽管在政治上是盟友关系，但在经济、环境等问题上则有不同利益。由于每个行为体的对外政策行为都会涉及众多利益与问题，会参与复杂的体系互动，因而在观念上也会涉及不同的利益认同，并形成不同的观念聚合。

在当代，伴随着全球化进程和全球问题的凸显，全球性议程和多边外交活动日益增多。这是一种新的国际关系局面。由于全球性问题不是一个国家面对的问题，也不是一个国家能够解决的问题，因此每一个国家都不得不参与围绕这类问题的互动。在这些互动中，国家不能再简单地按照敌友来确定自己的立场了。他们基于利益所表达的意愿，会形成复杂的观念的聚合和共有知识。通常，它们会同与自己利益相同的行为体采取共同行动，以加强自己的讨价还价的力量。在就重大国际问题进行互动的时候，这种定位是不能少的。

以 2009 年 12 月在哥本哈根召开的气候变化大会为例，就可以看到行为体基于利益定位进行观念互动的复杂情况。在这次具有全球规模的会议上，192 个国家的政府首脑或高官出席了会议，商讨《京都议定书》一期承诺到期后如何采取新的全球行动。对参与方而言，采取集体行动的关键是就减少温室气体排放达成共识。按照气候科学家的观点，要防止全球平均气温再上升 2℃，到 2050 年，全球的温室气体减排量需达到 1990 年水平的 80%。如果这个目标是科学的，那么这一点就应该成为世界各国的共有知识。然而，由于各国对于如何承担减排的历史责任和现实成本有不同的信念与愿望，发达国家要求发展中国家牺牲发展，与之共同承担代价；发展中国家坚持捍卫自己的发展权利，要求发达国家率先付出成本，并且对发展中国家作出技术补偿，因而会议并没有达成有约束力的行动协议。

在会议的观念交锋中，具有不同利益与愿望的国家形成了不同的集团，表达了不同的诉求。欧盟原本提出了到 2020 年温室气体年排放量比 1990 年减少 20% 的目标，并表示愿和其他发达国家一道将减排目标提高至 30%，但金融危机爆发后在资金和技术转让问题上态度转趋消极。美国、日本、加拿大、澳大利亚、新西兰等国家组成的伞形集团的中期减排目标较低，并且坚持以一些发展中国家参与减排为前提条件。发展中国家在总体上要求发达国家应正视自己的历史责任，作出严格的减排承诺，认为要达成一项长期的应对气候变化的协议，必须坚持“共同但有区别的责任”原则。在这些集团中，小岛国集团因面临气候变化的威胁最大，因而立场最为激进。从哥本哈根大会的互动情况看，所形成的观念体系并不是理想的能采取集体行动的体系，而是一种意愿冲突的体系。当然，各方能够与会的事实表明，它们的行动大方向还是一致的。正是各国在目标上的共识，使得后来的坎昆会议和德班会议能够取得谈判进展。

四　对世界的认知与文化传统

集体认同还具有认知意义，即从广义上讲的群体世界观。这种认知涉及一个集体在什么认识框架下看待周围的自然、社会、政治、经济环境以及自己与这个环境之间的关系。集体认同在认知上解决的是群体成员的世界观和对社会现实的描述有怎样关系的问题，涉及群体的本体论和认识论范畴。

身份研究的“认知转向”（cognitive turn）非常重要。正如布鲁贝克（Rogers Brubaker）、拉夫曼（Mara Loveman）和斯塔玛托夫（Peter Stamatov）所说：“从认知的角度看，种族和民族并不是这个世界的客观存在，而是人们看待世界的一种方法，即人们定位自我和他者的身份，分析所面临的问题和处境，确定利益所在和行动方向的方法；是人们对他者进行识别、定位、归类、确定异同、解释其行为的手段。”①

集体认同的认知意义还包括对各个群体独特的思维推理方式的认识。东方文化与西方文化认识世界的思路就有着很大差别。例如法国人与美国人、美国人与中国人解释世界的思路都是不一样的。古龙（Regan A. R. Gurung）指出，不同文化（例如中国文化与西方文化）对于什么是“知识”有着不同的理解。② 这种以不同认知为基础的世界观，其形成都有复杂的原因。虽然一些特殊事件会改变人们的认知，诸如冷战的结束、“9·11”事件的发生对人们的世界观就有很大影响，但总体来讲，集体认知乃是一种文明的产物，是一个群体通过对自己历史的代代相传的解读形成的。在这个方面，国际关系学界有关“战略文化”的研究作出了很好的解释。

所谓战略文化（strategic culture），是指一个国家实施战略的根本理念。这种理念是一个国家或民族在长期历史发展中所形成的对其利益与目标、朋友与敌人以及如何处理与外部世界关系的习惯与传统的总和。这种传统是根植于一个国家的文明发展之中，对其如何参与国际互动有着深刻的社会影响，决定一个国家的大致的战略偏好，会使一个国家有某些比较稳定的战略

① Rogers Brubaker, Mara Loveman and Peter Stamatov, “Ethnicity as Cognition,” *Theory and Society*, Vol. 33, No. 1, 2004, p. 47. 转引自 Rawi Abdelal, Yoshiko M. Herrera, Alastair Iain Johnston and Rose McDermott, “Identity as a Variable,” *Perspectives on Politics*, Vol. 4, No. 4, 2006, p. 699。

② R. Gurung, “Comparing Cultural and Individual Learning Tendencies,” *American Psychologist*, Vol. 58, 2003, pp. 145 - 146. 转引自 Rawi Abdelal, Yoshiko M. Herrera, Alastair Iain Johnston and Rose McDermott, “Identity as a Variable,” *Perspectives on Politics*, Vol. 4, No. 4, 2006, p. 699。

模式。一般来说，有不同的战略文化传统的群体，在国际互动中会有不同的认知模式，看问题有不同的角度与习惯，对同一个问题可能有不同的解读，并且会采取不同的互动行为。分析不同国家的不同的世界观，可以看到，其形成往往有复杂原因，但历史因素是一个特别重要的方面。

例如，中国的战略文化传统就其性质而言具有内向特点，注重追求和平、统一和防御，并且反对侵略、分裂和攻伐。之所以会形成这种思维模式，与中国几千年来奉行“和合”文化，注重民族融合和教化作用是分不开的，这种文化传统直到今天对于中国处理与外部世界关系的行为模式仍有重要的影响。

法国的战略观念也有其深刻的历史根源。“从法国的角度来看，需要记取的历史经验有两点：盟友可能像对手一样不可靠；如果想避免被人在外交博弈中像无足轻重的小卒一样丢掉，就必须有独立的保卫自己的利益和安全的能力。”① 戴高乐总统的特立独行，在某种程度上可以说是对两次大战中的战败耻辱和丧失北非、东南亚殖民地的一种直接反应。法国战略决策者对民族主义和独立精神的强烈诉求，恰恰是对其过去软弱地位的一种反思，尽管有时这种反思是潜意识的。

俄罗斯的战略文化也主要来自其地理特点和历史经验。缺乏诸如海洋、大山等自然边境的地理环境和蒙古人、法国人的进犯，使俄罗斯反过来形成一种扩张的观点，其动机是使潜在敌人远离其心脏地区并得到冰封的西伯利亚所不能提供的耕地和矿产资源。其扩张成功所带来的巨大版图和丰富的自然资源，又使俄罗斯形成了长期的大国意识。有学者将其概括为：（1）以控制地理范围为核心的安全观念；（2）以占有出海口为要旨的海洋观念；（3）以维护东正教信念及其地位为使命的大国观念；（4）以追赶西方文明为内涵的图强观念。② 这些历史上形成的战略思维，对当今俄罗斯战略的形成起着基础性的支撑作用。冷战结束之后，随着俄罗斯国际地位相对于苏联的衰落，俄罗斯的安全观念和战略思维呈现出了回归历史传统的倾向。俄罗斯的大国外交战略，在很大程度上是以向传统文化观念的回归为特征。

就日本的战略文化而言，在1945年以前的长时间内都是以“强兵富国”

---

① A. N. Sabrosky, “The Defense Policy of France,” in D. J. Murray and P. R. Viotti eds., *The Defense Policy of Nations*, Baltimore and London: Johns Hopkins University Press, 1982, p. 232

② 唐贤兴：《重建政治文化的价值：俄罗斯大国复兴的文化底蕴》，《世界经济与政治论坛》1999年第2期，第23页。

为核心。日本“强兵”的情结源自奴隶社会和封建社会连年征战不休的历史。在连绵的战争实践中，不少日本人悟出一个简单而有实效的道理：要想保持部族、藩国或领地的生存与强盛，必须强兵。于是，“强兵—扩张—富国”渐渐成为20世纪中叶以前日本战略文化的一部分。日本的武士道起源于镰仓幕府，后经江户时代以神道教为主吸收儒家和佛家的某些元素而形成。武士道在人格上容易导致极端的两重性：自狂而又自卑；信佛而又嗜杀；注重礼仪而又野蛮残暴；欺压弱者而又顺从强者。武士道作为封建制度的宠儿在法西斯化的军队中找到了安身立命之所，成为帝国主义扩张的工具。

美国的战略文化的源头是来自欧洲大陆的清教文化，这种文化由清教信徒带到新大陆之后，找到了广阔的发展空间，形成了具有很强的民族优越感、国家优越感和地域优越感的美国文化，对美利坚民族的形成起了重要的作用。作为一个基督教人口占绝对多数的国家，不少美国人认为自己是“上帝的选民”，负有像救世主一样教化和拯救弱小民族的“天赋使命”，而美国则是一座照亮世界的“山巅之城”，是寻求自由者的“希望之乡”。这种以对其他民族的优越感为价值取向的文化，主宰了美国对外政策的主流，贯穿于美国的全部对外交往史。正是基于这样的文化传统，美国的决策者常常把自己的是非标准作为国际社会的评判标准，把其他国家是否接受自己的文化价值观作为衡量该国文明进步与否的尺度。在国际事务中，他们相信大多数国家喜欢美国并愿意接受美国的国际领导地位，认为美国的信念与理想不仅对美国是正确的，对其他国家也是正确的。可以说，这就是美国推行霸权主义战略的文化基础。①

从上述事例中可以看到，不同的自然环境、社会历史导致不同群体形成了对世界的不同看法和处理与外部世界关系的不同的行为习惯。正如托马斯·瑞赛（Thomas Risse）所说，集体认同决定行为体怎样看待自己的物质利益，包括经济权益和领土主权，以及为此而采取的相应行动。② 在当代人道主义干预日益流行的情况下，很多发展中国家之所以坚持主权原则，在很

① 参见李少主编《国际战略学》，北京：中国社会科学出版社2009年版，第71—75页。

② Thomas Risse, Daniela Engelmann - Martin, Hans - Joachim Knopf and Klaus Roscher, “To Euro or not to Euro? The EMU and identity politics in the European Union,” *European Journal of International Relations*, Vol. 5, No 2, 1999, pp. 147 - 87. 转引自 Rawi Abdelal, Yoshiko M. Herrera, Alastair Iain Johnston and Rose McDermott, “Identity as a Variable,” *Perspectives on Politics*, Vol. 4, No. 4, 2006, p. 699。

大程度上与它们遭受过侵略与殖民的历史是分不开的。历史的经验导致它们形成了一种集体认知，不坚持主权就没有安全。

由于国际关系中的不同群体有不同的世界观，因而它们在很多问题上的争论甚至冲突都可以反映出认知上的差异。例如，面对中国的崛起，很多西方的政治家和学者都是基于西方传统加以解读，认为中国会像历史上的挑战国一样与现今体系中的主导大国发生冲突甚至战争，而不了解中国事实上有不同于西方的认知传统，有自己对世界的看法和处理与外部世界关系的不同的习惯做法。这种认知上的误解，会导致对国家间关系的错误认知与应对。

从总体上来看，国际结构的社会意义取决于行为体在观念层面的互动。这种互动的构成要素包括人们对自我与他者的认同，对利益与目标的定位，以及理解与解释外部世界的文化传统等。这些反映人们的信仰、愿望、情感、认知、意志的东西，相互作用，相互影响，构成的是一个主体间世界。这种具有社会意义的结构，同国际关系中的物质结构一样，同样是行为体不能回避的国际环境。这种环境具有形而上的属性，但同行为体在物质环境中的互动却又有不可分割的联系。

第三节　观念结构形成的机制与属性

行为体通过互动所建构的“主体间世界”，从其内涵和过程来看有两个基本点：第一，它是一种不同于物质结构的观念结构；第二，它同物质结构一样是行为体互动的产物。作为观念结构，它与人的心理分不开；作为互动的产物，它与人的社会实践分不开。从这两个基本点出发，我们可以进一步探讨“主体间世界”形成的机制与属性。

一　内在观念与外在表达

“主体间世界”作为对“共有知识”的指涉，其本质是一种观念。所谓“观念”，是指思想意识，或者指客观事物在人脑里留下的概括的形象。在心理学中，观念有广义与狭义两种解释。广义的观念是对一切心理反应形式的总称。狭义的观念和表象同义，包括早先由知觉而来的感性形象的再现和由原初形象组合而成的新的观念整体。不论广义界定还是狭义界定，在心理的意义上观念都是指人头脑中的东西。照此推理，“主体间世界”指的也是人头脑中的东西，不过它不是指一个人头脑中的东西，而是指组成不同行为体参与互动的众多人头脑中共有的东西。

观念体系作为一个系统，离不开那些造就系统者的感知。它们被感知是在持续的互动发生并且人们以复杂的方式相互联系发生之后。持续的互动越强烈，相互依赖的联系越多，系统的品质就越强有力。人们在系统中的联系可以是合作的，也可以是竞争的，也可以两者兼而有之。[①]

从建构主义的视角来看，要解释国际互动，就要解释行为体的社会互动所形成的共有观念。要解释这种共有观念，就必须知道组成行为体的人的头脑中真实的思想意识是什么。这样就产生了一个问题：人头脑中的观念是可以观察的吗？要讨论这一问题，可以先看看心理学的观点。

心理学是研究人的心理活动的科学。心理学认为，人的心理是无法直接通过感官感知的。人们可以知道心理现象是客观存在的，也可以探讨人如何认知世界的许多机理，但人的心理活动的具体内容却不可以观察。[②] 在这里，我们可以进行电脑与人脑的对比。电脑里存有什么内容，打开目录一看就知道了。人脑里存有的内容，也可以说是有“目录”的，但这些内容他者是无从得知的，除非本人愿意把它们原原本本地说出来。这一点构成了观念的内在属性。

温特在谈到这个问题时列举了谋杀案审理的例子：陪审团无法直接知道被告的心理，故而依赖社会的经验法则从实际情景中推导被告的动机。被告是否与死者发生过冲突？是否拒捕？是否有证据把被告与犯罪现场联系在一起？[③] 在这个过程中，案件审理者并不能直接揭示被告的心理，但可以基于被告的外在表现进行推导。案件审理者之所以能够这样做，是因为人的观念不可能是纯粹存在于头脑中的东西，在指导行为体的行为时，它是一定会以某种形式表达出来的，确切说就是转化成“言”或“行”，从而会让他者感知。从这个角度讲，行为体观念又是可以观察的。这一点构成了观念的外在属性。例如，国际关系研究中常见的民意调查，就是对人的观念的一种观察。当然，这种观察的对象并非人头脑中的观念，而是观念（以问卷为形

---

① Donald E. Lampert, Lawrence S. Falkowski, Richard W. Mansbach, “Is there an International System?” *International Studies Quarterly*, Vol. 22, No. 1, Mar., 1978, p. 146.

② ［美］威廉·詹姆斯：《心理学原理》，郭宾译，北京：中国社会科学出版社 2009 年版，第 1—10 页。

③ ［美］亚历山大·温特：《国际政治的社会理论》，秦亚青译，上海世纪出版集团 2008 年版，第 223 页。

式）的外在表达。

在国际关系中观念具有外在表现，这一点与行为体的实践性是分不开的。在国际互动中，行为体的参与都是要达到一定的目的，因而其头脑中的意愿都会变成对外政策行动。试想，如果行为体的观念只存在于人脑之中，不说也不做，那它如何通过改变他者的行为而实现自己的需求目标？如果自己的意愿他者完全不知道，那怎么会形成冲突或合作？所以，行为体的观念互动必须通过可以感知的形式进行。只有行为体相互感知信念与意图，才能形成互动，才能通过不断的回应最终形成有关一定问题的共有知识。

作为行动的发出者，国际关系行为体不单是“行为体”（actor）或“单元”（unit），而且特别表现为施动者（agent）。在建构主义的话语中，与结构相对的概念就是“施动者”。使用这个概念的目的是强调行为体对体系的建构作用与建构过程。施动者在概念上主要有两层含义：第一，产生某种效应的东西，导致或促成某种结果的力量；第二，驱动、激起启动者。这个概念与传统国际关系理论所讲的行为体、演员、参与者确实有不同含义。简而言之，施动者建构舞台，而演员只上台表演。

行为体在互动中以外在形式把观念表达出来，大体上可以经由两种途径，一种是以文本的方式（包括语言、文字等形式），另一种是以行动的方式。

行为体在国际互动中通过举行会谈、电话联系、发表讲话或声明、举行新闻发布会等多种形式把自己的对外政策意图表达出来，是常见的观念表达方式。这样表达的信息，无论采取声音的形式还是文字的形式，都可以称为文本。这种文本大致包括两类：一类是正式的文本，即由政府发布的文件，这类文件不管是否准确地反映了行为体的观念，都是代表行为体态度的，是得到正式认可的；另一类是其他文本，诸如新闻媒体的报道，研究者发表的研究成果等。这类文本可能是准确的，也可能是炒作的，可能代表了政府的观点，也可能只是作者本人的意见。从总体来看，与行为体的观念互动相对应的信息表达是存在复杂情况的。

行为体以发表文本的方式表达自己的信念与意愿，这本身就是一种对外政策行为。如果行为体通过言说使他者了解了自己的意愿，并且愿意改变行为以满足自己的要求，那就不需要采取进一步的行动了。“不战而屈人之兵”就是这样一种互动的结果。在国际关系中，如果以“说”的方式达不到目的，那行为体就会以进一步的行动来强调自己的意愿。实施经济制裁，进行军事部署，甚至发动先发制人的打击等，都是可能采取的行动。行为体采取这些行动，目的也是表达意愿。在国际关系中，行为体采取对外政策行为，是可以选取具有不同影响的观念表达方式的，有时是先说后做，有时则是只做不说。只做不说是典型的信息不透明的互动。

行为体在进行军事互动时，在很多时候是不解释或者不充分解释其真实意图的。这时所流行的文本，诸如媒体的报道，很可能是捕风捉影的猜测。在这种情况下，各方都只能揣度他者的意图，并且往往要做最坏的打算。例如，美国在欧洲部署反导系统，与俄罗斯就形成了这样的互动。美国声明说这不是针对俄罗斯的，但俄罗斯根本不相信这种解释，并因而采取了相应的对策。双方在这个问题上所表达的信念，造成了一种相互感到紧张的结构。

在国际关系研究中，“安全困境”指的就是这样一种观念互动的过程：一方声称是出于自卫的意图而发展军力，这种行动被相关的他者得知后会感到紧张，并因而采取应对行动，包括进行军事上的准备与部署。他者的这种反应，反过来会使最初采取行动的一方进一步加强行动的力度，从而导致双方敌意不断升级。这时，如果各方能够坐下来开诚布公地进行沟通，也许就能消解这种紧张气氛，但由于不能建立起信任关系，各方都担心自己示弱或放松警惕会处于被动局面，因而这种困境会持续存在。这种“安全困境”的形成尽管与物质的互动（诸如军备竞赛）分不开，但归根结底是互动方的心态所建构的：每一方所采取的导致对方紧张的行动，都是对他者不信任的观念的产物。这种不信任的观念会因他者采取进一步的行动而强化。

二　观念体系的实质

由于行为体在互动中所采取的每一步行动，都是以自己的信念为指导，并且以对他者的“言”或“行”的观察为依据，因此互动所涉及的观念要素实际上有两个层次。一个层次是人的内在观念，另一层次是观念的外在表达。行为体进行观念互动，并不是头脑中的东西直接进行互动，而是表达出来的东西在互动。因此，要理解和解释“主体间世界”，就需要理解和解释这两个不同层面的特点及其关系。

行为体通过观念的外在表达进行互动，经过一定的阶段，就会形成某种稳定的结构，即以“共有知识”为内涵的体系。在这种体系中，无论各方是为敌还是为友，政策都会受到影响。例如，小布什政府在“9・11”事件之后把伊拉克萨达姆政权视为敌人，宣称伊拉克拥有大规模杀伤性武器，并以此为由对伊拉克发动“反恐战争”，这个事件本身也是一个观念建构的过程。

我们可以看看小布什政府为了发动对伊拉克的战争而进行观念建构的过程：

> 第一步，制造一个问题，宣布伊拉克是对美国的一个严重威胁。做法包括：论证这种威胁是通过其大杀伤性武器和恐怖主义网络；断言这种威胁与日俱增，因此需紧急采取行动；通过传播恐怖故事在人民中制造普遍的焦虑；把侯赛因妖魔化，说明采取行动是一种道义责任。
>
> 第二步，排除其他可能的政策。做法：论证冷战时有效的遏制策略对伊拉克不起作用；抨击联合国的武器核查无效；宣称不会同伊拉克进行谈判。
>
> 最后，宣称“我们别无选择”——美国不想开战，但不得不采取行动。做法：是萨达姆选择战争，因为他不肯交出大杀伤性武器；如果联合国不采取行动，美国将不得不采取行动；宣称战争是美国的最后选择，也是唯一的选择。
>
> 经过持续的建构，大多数美国人支持了战争。2003 年 3 月 19 日，战争开始了。①

在这个建构过程中，美国有一批盟国接受了布什政府所表达的观念，并且派军队参与了美国领导下的联军。很明显，围绕伊拉克问题的互动形成了一个观念体系，从外在形式看，包括行为体的言论，诸如各国政府的正式表态，也包括行为体的行动，诸如参与战争行动。在这个体系中，西方国家与伊拉克的定位是相互为敌的。这一点，从密集的相关文本与行动中可以看得很清楚。

观念体系作为行为体所表达出来的东西的集合，在本质上是行为体内在观念建构的。不过，这种体系作为行为体内在观念的一种外在反映，与行为体的内在观念是不能画等号的，因为任何行为体的观念表达与其真实观念都不是一回事。“逢人只说三分话，未可全抛一片心”，这句俗语用来描述国际关系中行为体对观念的表达是很适当的。在一般的情况下，行为体对其信念的外在表达总是有选择的，它们不可能把自己的内在观念完全地展现出来。

① http：//www. leadingtowar. com/mechanism_ war. php.

每一个行为体在这种互动中大概都希望充分“知彼”，而不希望让他者完全“知己”，因为在无政府的国际环境中和“丛林法则”依然起作用的情况下，国家的外交底牌是不能让他者知道的。如果自己的意图对他者没有任何秘密，那就会处于极其被动的地位。在这种情况下，行为体对观念的表达，会与自己的真实意愿有较大差距。有些外在的表达在一定程度上反映了行为体真实的思想，有些则不是，有些表达是希望他者明白自己的意愿，有些则故意模模糊糊，让他者不能把握和判断自己的政策意图。这一点从外交官所惯用的“外交语言”中就可见一斑。

“外交语言”作为国家在外交活动中所使用的语言，与“市井语言”有显著不同。例如，说“表示关切”，意思是对事态发展十分不满，有意对此采取强硬步骤；说对某事“不能无动于衷”，意思是如果事态继续变化，进行干预不可避免；说会谈是“建设性的”，是指双方在会谈中取得某些进展，但解决争端还相去甚远；说会谈是“有益的”，是指双方会谈未取得具体成果，但谈总比不谈要好。在很多时候，外交语言讲究的就是模糊。例如，日本外交官不说“拒绝”，而说“考虑考虑”。美国外交官不说“决不”，而说“可能”、“或许”、“让我们考虑考虑”。[①] 对于这些已有约定俗成用法的表达，人们尽管知道它们反映了什么态度，但却不可能从中得知会伴随什么实际步骤。也许，让他者一头雾水，恰恰是观念表达者所要追求的效果。在很多情况下，由于行为体得不到他者的准确信息，往往会要求相关方作出澄清，以免因误判而付出无意义的代价。

从行为体的内在观念及其外在表达这两个层面来看，它们显然是表里的关系。行为体以可以感知的形式进行观念互动，从表面上看，是可以观察的东西在碰撞，但实质则是内在信念在交流。“听话听音，锣鼓听声。”每一个行为体观察他者的观念表达，目的都是理解其内在含义，以便做出适当回应。在这里，表达形式是互动渠道，而内在观念则是决定互动进程与结果的根本。从这个意义来讲，要对互动所形成的“共有知识”作出解释，根本点在于搞清楚行为体的内在观念是什么。由于要了解行为体的内在观念只能通过其外在表达，因此行为体的互动在很大程度上乃是一个相互透过现象看本质的过程。每个行为体都需要不断地解读他者的“言”和“行”，同时不断地以自己的“言”和“行”表达自己的观念。由于这个过程是一个各方求

① 靳言：《谈——折冲于口舌之间》，《北京晚报》2010 年 1 月 30 日第 27 版。

“真”的过程，因此最终所形成的“共有知识”应该是“真”观念的交汇与集合。表达过程中所出现的不反映行为体真实观念的东西，会在这个过程中被淘汰。

当然，在观念表达的过程中，各种片面、虚假的东西也会汇集在其中，这些东西在一定时间内甚至会发生重要作用。例如，美国在发动伊拉克战争时所建构的“共有知识”，就是以虚假情报为根据的，即伊拉克拥有大规模杀伤性武器。在当时，美国的支持者们是相信这一点的，并且参与了美国塑造的这个“反恐体系”。不过，由于这个虚假信息最终被戳穿，因而这个体系的合法性也就不复存在了。共有知识不存在了，共同的军事行动就名不正言不顺了。当然，美国为了战争行动的合法性，不得不更新“共有知识”的内容，把在中东建立民主作为使命。所以，尽管行为体在进行观念互动时泥沙俱下，会出现各种扭曲的和不真实的东西，但经过大浪淘沙，虚假信息会不断消失，而真实的观念则会长久地起作用。

行为体的真实观念，指行为体真正相信的东西，或是反映其真实意愿的东西。例如，欧盟国家以“自由、民主、人权、市场经济”为基本价值，阿拉伯国家崇尚伊斯兰教，都是真实的观念。从这个意义上讲，能够稳定存在的观念体系，都有以行为体的真实观念为支撑的结构。通常，以国际制度和规范为表现形式的观念结构，大多是以行为体的真实观念为基础的，因而是比较稳定的。可以想见，在是否加入国际制度的问题上，行为体是必须经过深思熟虑后才明确表态。例如，加入 WTO，各行为体是必须把自己的真实想法说出来的。在这个体系中的观念交流，尽管在谈判中不能把底牌都亮出来，但表达出来的东西必须是负责任的。WTO 所形成的贸易规则，可以说是反映各国共同意愿的文本。

行为体的真实观念所支撑的“共有知识”的体系，通常都有对应的国际规范。规范是指适当行为的准则。行为体接受某种规范，就是认为该行为准则是适当的。例如，加入 WTO，就要接受贸易规则的约束；加入核不扩散体制，就要在发展核武器问题上接受约束；加入联合国气候变化框架公约，就要在温室气体排放上接受约束。对这些规范来说，能否起作用的关键在于行为体是否有信念。国际社会大多数成员对一项规范有信心，那它就具有合法性，就能够维持一定的秩序；反之，规范就是一纸空文。具有合法性（即多数成员同意）的规范，在国际关系中就具有普遍的和强有力的影响，行为体无论遵从与否，都会感到它的存在。特别是不遵从的行为体，会时时受到这种体系的压力。有时这种压力会转变成物质压力。例如，违背核不扩散规范的行为体，就可能受到国际制裁。

从行为体对规范的不同态度来看，观念体系可以分为同质体系与异质体系两种。如果行为体在一定问题上有相同或近似的观点，那么就会形成同质的体系。例如，欧美国家在价值观上就是一个同质的体系。如果体系中存在不同的观念，特别是对立的观念，那么所构成的就是异质的体系。例如，核不扩散体系就是一个异质的体系。当然，体系的性质是可以转变的。苏联东欧发生剧变后，以冷战为形式的异质体系就不复存在了。在很多情况下，行为体最初的互动可能是异质的，在核心问题上持有不同意见，但随着互动的进行，共识就不断增多了，并且有可能在同质的基础上建立共有知识。实际上，国际制度的建立就往往要经历这样的过程。联合国主导的气候变化谈判，只要大前提不发生变化，即有关气候变暖是人为活动的结果在科学上站得住脚，那么这个互动过程就有可能是一个从异质走向同质的过程。

第四节　观念体系的社会化作用

“主体间世界”作为体系，构成了行为体身处其中的文化环境。由于参与互动的行为体的观念是相互关联的，并且都构成了体系的一部分，因此“主体间世界”对行为体有着全方位的影响。这种影响的主要体现，就是对行为体的社会化（socialization）。

一　社会化的含义

在有关社会化的政治科学文献中，有两个主要议题：第一，社会化参与者主要是集体新成员，是新成员变成群体一分子的过程。第二，社会化的实质是全社会的集体或群体成员内化（internalize）各自群体的共有价值、规则和知识的过程。

社会化就群体生活的动物而言，就是其幼体在群体的哺育中接受各种陶染，获得将来结成个体间关系所必需的素质的过程。对人类来说情况也是一样。在理论上，社会化就是人从自然人到社会人的转变过程。只有经过社会化，人才能从一个独立的个体变成同他者建立了某种关系的整体的一部分，使外在于自己的社会规范、准则内化为自己的行为标准。社会化是人成为群体成员的必经步骤。

就国际关系而言，行为体参与国际互动，实际上也要经过社会化过程。行为体登上国际舞台，就与国际社会发生了联系，其观念也开始受到“主体间世界”的陶染。对行为体来说，“主体间世界”既包括各种知识，也包括各种行为规范。行为体了解、学习这些知识与规范的过程，就是接受社会化的过程。对行为体来说，这种社会化可能是主动的过程，也可能是被动的过程。

肯尼思·华尔兹在论述社会化问题时结合实例指出，没有人告诉某一学校或城镇的青年在穿着上彼此相似，但事实上却往往如此，尽管他们的父母通常都会告诉他们不要这样做。社会以自发的、非正式方式建构起了行为规范。成员受到团体意见的控制。英雄和领袖出现并被广泛效仿。符合团体规范的行为得到赞许，则使规范得到进一步的加强。社会化使团体的成员遵从团体的规范。团体中某些成员会觉得这些规范令人压抑，并倾向于偏离规范而行动。但是嘲弄会很快使他们重归正途，或是迫使他们离开团体。无论是哪种结局，团体的同质性都得以维系。社会以多种方式建立自己的规范，并鼓励成员遵守规范。社会化减少了差异，社会成员间的实际差异要大于他们在行为上表现出来的差异。团体行为特性持久不变的原因，部分在于成员的特质，部分在于成员互动所产生的社会的特性。华尔兹认为，社会进程限制和塑造了行为体的行为。①

按照华尔兹的推论，外来者进入一个社会团体，会立刻受到这个团体的共有知识与规范的影响。他自有的不同的知识与行为方式，会受到嘲弄或批评。在这种情况下，他首先需要进行观察，了解这个团体对世界有怎样的理解与解释，并且了解团体成员间相互打交道的方式。在这个过程中，他可以有两种选择，要么接受团体的共有知识与行为规范，成为其中的一员，要么拒绝社会化，离开这个团体。作为个体，不接受团体的规范是不可能在这个团体中生活下去的。华尔兹所讲的社会化过程是一种比较简单的情况。这种情况所导致的结果，就是行为体行为的趋同。华尔兹作这样的阐述是要说明他的结构理论，即在无政府的权力结构中，社会化导致了单元行为的相似。

按照华尔兹所讲的情况，行为体面对社会化是可以有离开的选择的。然而，联系“主体间世界”中观念互动的复杂情况，可以想到，行为体在当代资讯极其发达的情况下是很难真正离开这个过程的。即使行为体不接受特定

① ［美］肯尼思·华尔兹：《国际政治理论》，信强译，上海人民出版社 2003 年版，第 101 页。

的规范，离开直接互动的圈子，它也不可能离开像大气层一样的观念体系的影响。例如，朝鲜不接受核不扩散的规范，它可以退出相关条约，但不能摆脱有关这个问题的观念互动的影响和国际社会要求它放弃核武器选择的社会化压力。说服、诱导、施压和讨价还价实际上都可以理解为是社会化的表现形式。朝核六方会谈作为一种多边外交活动，也具有社会化的含义。在国际社会，“核不扩散”成为共有知识与规范之后，其影响是无处不在的，这种影响对任何“离开”的行为体都会继续发生作用。

由于在当今的国际关系中“主体间世界”有复杂的构成，有同质的体系，也有异质的体系，不同的体系可以经由互动构成更大的体系，因此行为体所面对的社会化并非单一进程，而是并存着不同的进程。例如，核不扩散体系就有逆向的进程，一个行为体可以在拒绝核不扩散规范之后，以违反核不扩散规范的国家为榜样，加入核扩散的进程。所以，国际关系中的社会化进程很可能同时存在着不同的甚至是相反的规范的影响。行为体面对某一体系的压力与影响时，可以有不同的身份选择。它可以是特定规范的融入者，也可以是该规范的批评者与违反者。事实上，正因为有不同的身份选择，在围绕一个问题的互动所形成的较大体系中，总是会形成持不同观念并有不同身份的群体，这些群体本身也是一种体系。例如，拒绝核不扩散规范的国家通过密切的互动也可以形成某种国际结构。一般来说，存在对立情况的互动问题往往是难以解决的问题。

二　社会化过程：说服与社会影响

行为体接受社会化，是将组织（群体）的价值、规范、知识内化的过程。行为体之所以被社会化，按照建构主义的解释，“说服”（persuasion）是一个重要因素。作为一种互动，说服就是改变行为体的思维、观点、态度和情感（认同）的过程，目的是建立共有知识和共同利益，但未必是合作性质的。成功地说服会缩小行为体之间在基本价值和情感认知方面的差距。在这个过程中，不存在明显的利益诱惑和精神强迫。与其他战略相比较，行为体更喜欢通过说服改变他者意见，不管这个他者是朋友还是敌人。[①] 一些学

① B. G. Rule. & G. L. Bisanz, “Goals and Strategies of Persuasion: A Cognitive Schema for Understanding Social Events,” in M. P. Zanna, J. M. Olson & C. P. Herman, eds., *Social Influence: The Ontario Symposium*, Vol. 5, 1987, p. 192.

者将说服看做是政治的“硬核”，即政治互动的核心目标。①

在学界，“说服”一直是沟通理论、社会心理学和社会学的研究重点。人们通常认为，行为体能否被说服受三方面因素制约：

第一，被说服者是否对新的信息进行了高强度的认知活动，包括思考和论证。这一认知改变过程是让行为体有机会和时间对自己的初始态度进行反向思考，将不同的态度与可能的后果和利益联系起来。比如让不够宽容的反对派考虑不妥协的恶性循环对社会稳定的危害，以及在不宽容环境下自己将来表达观点的困难。在接受新的信息并考虑不同观点和态度的反复认知中，被说服者的原始态度就可能改变，说服就可能成功。

第二，行为体与说服者的情感关系是说服能否成功的一个因素，因为行为体会在这种关系的背景下判断反向论据的合法性。通常，来自群体内的信息比来自群体外的信息更有说服力；来自权威（如科学家、医生、宗教领袖）的信息比来自非/弱权威的信息更有说服力；来自自己喜欢的人或组织的信息比来自不喜欢的人或组织的信息更有说服力。这些特点表明，行为体的态度和观点需要某种社会证明，能获得组织内部绝大多数成员支持的观点比内部争论较大的观点更具说服力。

第三，行为体的个性特征和经历是说服成功与否的重要变量，其中包括被说服者的认知能力、已有观点的刚性（由个人经历形成的观点比口口相传的观点更具刚性）、对信守诺言的态度和独立性等。有时，行为体拒绝改变（被说服），并不是因为新的观点不具说服力，而是因为先前作出过特定的承诺，不愿承担违背承诺所带来的信誉损失。这些都意味着行为体进入社会互动时带有自己的特性，说服结果与这些特性有密切关系。②

总之，说服能否成功，取决于被说服者对说服者相关知识和意图的判断，被说服者的反应越具有肯定性，说服者的说服力就越强。

就社会化进程而言，“社会影响”（social influence）是行为体发生变化的另一个途径。社会影响是通过社会奖惩系统诱导行为体遵守规范的过程。

---

① Diana C. Mutz, Richard A. Brody and Paul M. Sniderman, eds, *Political Persuasion and Attitude Change*, Ann Arbor: University of Michigan Press, 1996, p. 1.

② Alastair Iain Johnston, “Treating International Institutions as Social Environments,” *International Studies Quarterly*, Vol. 45, 2001, p. 497.

社会奖励包括心理福利①、地位、归属感、角色成就感等；而社会惩罚则包括羞辱、避开、排除、边缘化等。奖惩体系是组织获得认同的主要手段，也是社会影响的主要途径。其作用对象是那些群体之外，有着不同观念、利益、信仰和态度的行为体，目的是使他们内化新的集体身份。

成功的社会影响是通过实际的或心理上的压力使行为体的行为符合组织给定的角色。社会影响与说服的不同之处在于，前者是社会压力的结果，公开的一致不一定意味着私下接受（public conformity without private acceptance）②；说服则属于表里如一的认同。社会影响是“规范性影响”（normative influence）的结果，即用规则、权利、义务等促成个体的社会化；说服则主要是“信息性影响”（informational influence）的结果，即用新的信息、观点、推理和结论去促成个体的社会化。

不论经由哪一种社会化途径，从机理上讲，行为体都需要经过这样的心理过程：（1）建构自己的背景知识；（2）分析互动问题与自己的利害关系；（3）学习该体系的共有知识与规范；（4）决定是否接受该体系的社会化。

在社会影响过程中，行为体参与体系互动，即使是初次相遇，也是持有一定的背景知识的。它们最起码有自己的身份定位，知道这个体系是围绕什么问题的互动构成的，这些问题与自己有怎样的利害关系，参与成员有怎样的身份，它们遵循的规范是什么，等等。这种背景知识最初是一种自有的观念。通过与体系的接触，与体系成员的交往，对体系内互动的观察，行为体对彼此的身份关系以及体系的共有知识会有所感悟。它们会发现自己的自有知识与体系的共有知识的不同，并且会发现自己所认可的规范与体系的规范的不同。在这个过程中，行为体实际上是把自己置于了体系的社会化过程之中，不得不思考自己的背景知识是否需要修正，身份是否需要进一步界定，特别是要确定是否应把体系的知识与规范内化为自己的知识与规范。

在行为体这样做的时候，它们固然要进行纯观念层面的思考，例如会考虑意识形态、宗教及情感等价值，但更重要的则是要对利益进行权衡。行为体是否接受体系的社会化，或者说在若干个体系中会接受哪个体系的社会化，利益是一个关键的因素。事实上，行为体之所以会与特定的体系建立联

---

① 心理福利（psychological welfare），指组织通过提供心理治疗和慰藉使成员获得心理上的满足和平安。

② Alastair Iain Johnston, “Treating International Institutions as Social Environments,” *International Studies Quarterly*, Vol. 45, 2001, p. 499.

系，在很多情况下并非出于纯粹的观念上的偏好，而是出于利益的驱动。它们可能基于自身的需求，对体系指涉的问题感兴趣，认为参与这样的互动对自己有好处。例如，行为体参与国际军控与裁军体系的互动，虽然不排除有维护国际正义的伦理追求，但最关键的动机还是要谋求国家安全。

对于社会化进程中行为体对于规范的态度，温特划分了三种情况。在第一种情况下，行为体对文化规范的服从乃是屈从外部压力或逃避武力惩罚的结果。行为体没有选择的余地。在第二种情况下，行为体对文化规范的遵守是追求自身利益最大化的结果。外部的压力并不是考量的基本依据，行为体满足自身欲望的动机才是关键。与前两种情况下行为体对待文化规范的工具主义态度不同，在第三种情况下行为体不是把文化规范当成一种外部制约，而是完全认同文化规范，也就是说，文化规范在行为者看来具有合法性。① 按照这种分法，只有第三种情况行为体才实现了社会化，而前两种情况尽管行为体接受了规范，但并没有把规范内化，或者说虽有遵约行为，但观念并没有改变。

从温特的分类来看，行为体受体系影响开始互动可以分为两种基本的情况，一种是被迫接受互动，另一种是主动加入互动。温特所讲的迫于压力或逃避惩罚，是属于前一种情况，而出于利益或是文化认同则是属于后一种情况。对于这两种不同的初始状态，在这里需要作进一步的讨论。

行为体被迫接受某种规范，尽管是集体的“社会影响”的结果，但通常是带有权力政治属性的互动的产物。在国际关系中，一个行为体以威胁、施压、制裁甚至战争等手段迫使他者做原本不会做的事，就属于这种模式。第二次世界大战后日本在美国的占领下接受一系列规范，2003 年美国发动伊拉克战争之后对伊拉克社会进行改造，都是典型事例。然而，这种以“大棒”为开始的互动，要想使互动转变为社会化进程，没有“胡萝卜”是不行的。说得确切些，要让没有意愿的行为体接受社会化，就必须使互动具有吸引力，例如能够提供实际利益，或者使规范具有说服力，可以得到认同。如果没有这样的条件，始终以强制为手段，行为体是不可能真正把规范内化的。

对于接受社会化的行为体来说，追求利益与实现认同，在很多情况下可能是一个过程的两个阶段，即最初是为了获取利益而接受规范，后来“提高

① ［美］亚历山大·温特：《国际政治的社会理论》，秦亚青译，上海世纪出版集团 2008 年版，第 267 页。

了认识”，把规范内化了。例如，“可持续发展”的理念及相关规范在许多国家被接受就经历了这样的过程。它们最初是为了外贸利益而接受了某些环保标准，后来才逐渐接受了“可持续发展”的理念，并自愿地把国际规范内化成了国内制度。

由于行为体接受一项规范，不论是否内化，都意味着行为受到某种约束，某些原本可以做的事不能做了，因此行为体的利益不可能不受影响。在这种情况下，除非社会化的施动者能够解决利益受损者的补偿问题，否则社会化的进程就可能受阻。在这个过程中即使某些社会精英能够接受某些超前观念，推动社会对新的利益的认同，但如果利益不能实现，这个过程还是会夭折。例如，俄罗斯成为独立国家之初，政府在西方国家的社会化压力下推动市场化改革，搞休克疗法。由于这个过程使俄的经济一落千丈，严重损害了国家和公众利益，结果以失败而告终。事实表明，社会化过程的进行，是必须满足行为体对利益特别是物质利益的需求的。如果社会化进程使行为体的物质利益受损，那么观念的建构就不可能再进行了。

在观念与利益的关系上，以温特为代表的建构主义理论特别强调观念结构对行为体利益的塑造。[①] 确实，从体系的角度讲，如果通过社会化进程能够改变新来者的观念，那么就可以塑造其新的利益。但从行为体的角度讲，则可能存在相反的机理，即行为体是否接受社会化，要取决于对自身利益的判断。例如，美国之所以要退出《京都议定书》，并不是因为观念认识的问题，而是为了维护自己的经济利益。所以，观念与利益是存在双向的关系的，即观念可以塑造利益，利益也可以塑造观念。观察气候大会的谈判就可以看到，虽然各国在观念上都赞同以行动解决气候变暖问题，但如果不能解决不同国家对利益的不同诉求，大会就不可能取得有实质意义的成果，或者说就不可能完成在该问题上的社会化进程。

由于国际体系对行为体有无处不在的社会化影响，而行为体不得不在复杂的社会化情景下进行对外战略选择，因此适宜地对待这种社会化进程就成了行为体参与国际互动必须解决的重大问题。一般来讲，国家总是面对多种不同的社会化进程，可以基于自己的认识与需求，基于社会化的不同压力，进行适当的选择。在这里，既要考虑国家利益、眼前利益，也要考虑全球利

① ［美］亚历山大·温特：《国际政治的社会理论》，秦亚青译，上海世纪出版集团 2008 年版，第 226 页。

益、长远利益；既要学习、适应，也要改造、推动、引领。在这种互动中，大国与中小国家所受到的社会压力可能是不同的，大国可能会受到承担更多国际责任的压力。

从互动的角度讲，国家一旦卷入（或被卷入）社会化进程，它的意图与选择就构成了观念结构的整体的组成部分，无论它的身份是赞同者还是反对者，其对外政策行为都会对他者的观念乃至体系的共有观念产生影响；反过来，它的观念与政策行为也会受到他者和体系的社会化压力的影响。总之，国家既要适应自己所处的环境，也要积极建构自己所处的环境。在观念互动中，国家只有积极为自己营造一个适意的“主体间世界”，才能使自己得到更有利的生存与发展条件。很显然，一个行为体如果始终面对着不利于自己国家利益的社会化压力，那它的生存与发展就需要付出很多不必要的代价。

在原则上，国家实施对外政策始终要把对自身利益的考虑同对体系的观念影响结合起来，因势利导，把握观念建构的主动权，这样才能有更适意的国际环境，才能更好地实现自己的意愿与意志。

第五节　观念互动与结构的变化

观念体系作为行为体观念互动所形成的整体结构，不可能是一成不变的。事实上，行为体的观念变化了，它们的主体间相互联系的意识就会发生变化，并因而会使国际结构发生变化。为了理解这种结构变化，可以先看温特的表述：

> 一旦把结构理解为一种文化，国际政治的深层结构从来没有变化的观点就站不住脚了。在国际历史的大部分时间里，国家生活在霍布斯文化之中。在这种文化中，无政府逻辑就是杀戮或被杀。但是17世纪欧洲国家建立了洛克文化，在这种文化中，相互承认主权的做法限制了冲突。这种文化最终成为全球的文化，虽然有些地方是通过霍布斯式的殖民主义进程建立的。在20世纪后期，我认为国际体系正在经历着另一种结构变化，即向着集体安全的康德文化变化。到目前为止，这种变化主要限于西方，即使是在西方，这种变化也是初步的，但是可以说变化确实开始了。虽然无政府状态在继续，但每一次变化都使国际社会发生质的变化，使其更容易采取集体行动。国家不断地使无政府状态具有新

的内容。①

温特所描述的结构变化，不同于现实主义所描述的世界格局即单极、两极或多极的变化。这是一种集体身份认同的变化：一群行为体，从相互为敌的你死我活关系，到互为伙伴的共存关系，再到一部分行为体间互为朋友的关系。伴随着行为体相互间认同的变化，国际结构就改变了。温特基于三种文化所讲的结构进化，是一种宏观层面的解释，或者说是他所理解的国际体系变化的大趋势。这种解释模式未必适用于说明行为体现实互动中出现的复杂现象，但其硬核是具有重要意义的，即观念体系会随着行为体观念的变化而变化。在这个问题上，建构主义经常引用的冷战结束的事例具有典型性。

第二次世界大战后延续了 40 余年的美苏两极争霸体系的终结与一方领导人观念的变化有着直接的关系。20 世纪 80 年代中后期，苏共新任总书记戈尔巴乔夫提出了全面改革的设想，倡导民主化、公开性和新思维。在苏共 27 大上，戈尔巴乔夫对国际形势进行重新思考和全面分析，抛弃了“陈旧过时的东西”，提出“全人类的利益高于一切”，对外交政策进行了引人注目的调整。他极大地缓和了美苏之间长期的尖锐对立，使苏联放弃了“世界革命”的思想和东欧的势力范围，从阿富汗撤军，卸下了在国外诸多沉重的包袱。所有这些新的政策主张和实践引发包括苏联自己在内的华沙条约组织成员国内部的剧烈动荡和政权更迭，苏联阵营迅速瓦解，最终导致两极对立的国际体系发生剧变。

从行为体的观念变化来看，是存在着不同情形的。温特所讲的三种文化的变化，是基于行为体身份认同的改变，即从为敌到为友。实际上，行为体除了身份认同的变化之外，还有其他方面的认同的变化，包括对构成性规范（constitutive norms）、社会目标（social purposes）以及认知模型（cognitive models）的看法的改变。

行为体对“构成性规范”即界定成员身份的正式或非正式规则的看法改变，就可能使自己成为这些群体的成员。例如，中东欧国家申请加入欧盟，其前提是改变观念，认同欧盟的相关规则。欧盟作为一个共同体，在接受“新欧洲”的成员之后，其自身也改变了。

---

①［美］亚历山大·温特：《国际政治的社会理论》，秦亚青译，上海世纪出版集团 2008 年版，第 398—399 页。

对目标的认同涉及行为体的对外互动所要达到的目的。由于行为体的互动会涉及许多问题，涉及自身的众多目标，因此当它们对目标的看法改变后，它们相互间在特定问题上的关系也会发生改变。这种认同实际上涉及行为体对利益的认识。例如，当行为体把防止气候变暖作为目标之后，参与气候变化合作的态度就会改变。当全球多数国家改变观念之后，在气候问题上的国际合作局面就出现了。实际上，在核不扩散、贸易、金融、人权等问题上行为体目标的改变，都会导致合作体系发生改变。这种观念的改变并不涉及身份的认同，即使是敌对的国家，也可能参与一个群体的合作。

认知模型涉及行为体的世界观。行为体对世界的总体看法改变了，其行为就会改变，因而体系结构也会改变。例如，行为体对市场经济、民主、人权等涉及价值判断的问题的态度发生改变，其行为就会发生带根本性的改变。冷战结束、苏联解体之后，一些原属华约集团的国家和苏联的加盟国，正是在世界观发生变化，转而认同市场经济、民主和人权等价值体系之后才申请加入欧盟和北约的。

当然，说观念结构会变化，并不等于说这种结构会轻易变化。正如温特所指出的，结构性变化是困难的，因为文化是自我实现的预言，具有自均衡倾向。文化被行为体内化的程度越深，这样的倾向就越强。[①] 对于这一点，温特认为有两方面的原因：一是国际体系一旦得以建构，便成为一种客观存在的社会事实，从而会强化某些行为而抵制另一些行为；二是从心理学角度来说，体系会成为行为体自我认同的组成部分，因此其变化也会受到成员保持自身角色认同相对稳定的抵制。[②] 总之，文化具有自我实现的特性，一旦某一种国际文化体系形成，行为体很难摆脱其影响与约束。

一般来讲，具有不同内涵的观念结构，其变化的难易程度也可能不同。涉及身份定位的认同，涉及世界观的认同，往往不容易改变，而涉及目标的认同则相对容易改变。当然，有时这些不同的认同是交织在一起的，相互影响。以朝鲜半岛问题为例，互动结构就涉及多方面的问题。其中冷战遗留下来的战争状态涉及南北的身份定位问题，其后发生的朝鲜核武器问题和进行的六方会谈，则使这个问题发生了更复杂的变化。解决核问题，涉及的是对

① ［美］亚历山大·温特：《国际政治的社会理论》，秦亚青译，上海世纪出版集团2008年版，第399页

② Alexander E. Wendt, "Anarchy is What States Make of it: The Social Construction of Power Politics," *International Organization*, Vol. 46, No. 2, 1992, p, 411.

一个具体问题的认识，可以通过六方会谈的讨价还价，解决各方目标的差异。解决南北方的敌对关系，则涉及相互间身份认同的根本改变，不但包括南北关系，而且包括美朝关系。比较这两个层面的问题，可以看到，敌对身份认同问题涉及更深层次的观念结构，因而更难解决。事实上，如果双方消除敌对的身份认同，那么作为对抗手段的核问题也就容易解决了。

从朝鲜半岛问题的演进来看，各方围绕核问题进行的互动，之所以不能达成最终协议，固然有目标存在差异的问题，但主要是因为敌意不能消除。南北方身份认同不变化，整体结构就不会变化。整体结构不变化，即使在具体问题的谈判中达成某种共识，也很容易被破坏。实际上，无论是20世纪90年代的美朝核框架协议，还是后来六方会谈达成的协议，都因为敌意的存在而不能履行。在这个进程中，每一方采取的任何敌意行为，都可能导致关系的紧张化。2010年3月发生的“天安”号沉没事件①，以及后来发生的炮击事件②，都是这种观念结构的反映。

从逻辑上讲，观念结构的改变有一个逐渐积累的过程。从单元的角度讲，结构中有较多行为体的观念发生改变，共有知识才会发生改变。在这个过程中，总有一些行为体更积极地推进这种变化。这样就存在对话语权的争夺。拥有话语优势的行为体，有可能在互动中引导结构变化的方向，说服他者接受自己的主张，从而使自己的主张变成在一定范围得到认可的规范。从体系的角度讲，规范的社会化作用也构成了一种推动体系变化的动因。规范会对行为体的身份进行改造，使行为体在习得的过程中接受规范，从而接受新的身份。行为体一旦被规范所“化”，就成了体系的一部分。欧盟在不断接收新成员的过程中，自身也在变化。联合国在成立之初是个大国政治的机构，到今天，在全球国家几乎都加入的情况下，除安理会还有大国政治色彩之外，整个体系已演进成了一个无所不包的规范的集合。对体系来说，在观念互动中可能都有一个从量变到质变的过程。在一群互动的行为体中，从没有规范到形成规范，从存在影响较小的规范到存在影响较大的规范，从存在

---

① 2010年3月26日，韩国“天安”号警戒舰在朝鲜半岛西部海域值勤时因发生爆炸而沉没，舰上48名官兵丧生。韩国于5月20日正式发表有关事件原因的调查结论，称“天安”号是受到朝鲜小型潜水艇发射的鱼雷攻击而沉没的。

② 2010年11月23日，在位于朝鲜半岛西部海域的延坪岛附近，朝鲜和韩国发生了相互炮击事件。媒体报道此次相互炮击造成韩国方面2死16伤，延坪岛部分建筑被击中起火。朝鲜方面发射了200余发海岸炮弹，韩国方面则还击了80余发。双方事后都发表声明，指责是对方挑起此次交火。

旧规范到出现新规范，都是观念体系的变化。平时，人们最常见的乃是观念互动的量变。

就国际关系的语境而言，观念体系的变革，最终都会体现在物质互动的层面。在一些国家之间，无论是从友好变成敌对还是敌对变成友好，都会反映在现实的外交、军事、经济等互动中。前面列举的冷战结束、朝核问题、气候变化等事例，观念结构的变化都体现在了物质层面的现实互动上。尽管在国际互动也存在一些纯观念的东西，诸如学者提出的各种未能变成现实的思想，但这些存在于书斋的东西与具有现实意义的“观念体系”是没有多大关系的。

从体系变化的角度来讲，行为体在观念层面的互动与物质层面的互动是有密切关系的。在有些时候是观念关系的改变推动现实物质关系的改变，有时情况则正相反。20 世纪 70 年代中美关系的正常化，直接的表现是两国领导人观念的改变推动物质关系的改变，但中美苏三国间力量的变化无疑又是这种观念改变的推动力。

第六节　结语

在国际关系中，行为体的互动都是具有意图与意义的。无论是进行权力互动，还是制度互动，它们都需要表达自己行为的意义，因而都会进行观念层面的互动。这种观念互动达到一定的程度，就会在参与互动的行为体之间形成主体间的关系，形成“共有知识”或有关联性的知识。这样的知识，作为一种整体结构，也是国际体系，即观念的体系。

共有知识是在行为体的身份认同中形成的，而行为体的自身身份是通过他者对自己的认知或评价以及自己对他者的认知和评价而获得的。这种对自己和他者的身份定位就是集体认同的过程。集体认同有四个主要功能：确立群体的构成性规范、界定集体目的和利益、形成集体内部和集体之间的相互关系、建立共同的认知框架（包括世界观和方法论）。

行为体所建构的“主体间世界”，作为观念结构与人的心理分不开，作为互动产物与人的社会实践分不开。人的心理无法直接通过感官感知，这是观念的内在属性；但人的观念一定会以“言”或“行”表达出来，从而会让他者观察到，这又构成了观念的外在属性。由于行为体在互动中所采取的每一步行动，都是以自己的信念为指导，并且以对他者的“言”或“行”

的观察为依据，因此互动所涉及的观念要素实际上有两个层次。一个层次是人的内在观念，另一层次是观念的外在表达。行为体进行观念互动，并不是头脑中的东西直接进行互动，而是表达出来的东西在互动。在一般的情况下，行为体对其信念的外在表达总是有选择的，会与自己的真实意愿有较大差距。因此行为体的互动在很大程度上乃是一个相互透过现象看本质的过程。每个行为体都需要不断地解读他者的“言”和“行”，同时不断地以自己的“言”和“行”表达自己的观念。

对任何一个行为体来说，参与观念互动都不能免于社会化进程。所谓社会化，就是新成员变成群体一分子以及群体成员内化各自群体的共有价值、规则和知识的过程。行为体的社会化主要是通过说服和社会影响两个途径完成。说服主要是通过“信息性影响”，即用新的信息、观点、推理和结论去促成个体主动认同集体的利益、目的、价值等。社会影响主要是通过“规范性影响”，即用规则、权利、义务等促成行为体主动或被动接受集体的规范、责任、义务等。从互动的角度讲，国家一旦卷入（或被卷入）社会化进程，它的意图与选择就构成了观念结构的整体的组成部分，无论它的身份是赞同者还是反对者，其对外政策行为都会对他者的观念乃至体系的共有观念产生影响；反过来，它的观念与政策行为也会受到他者和体系的社会化压力的影响。

行为体的观念变化了，它们的主体间相互联系的意识就会发生变化，并因而会使国际结构发生变化。对体系来说，在观念互动下可能都有一个从量变到质变的过程。观念体系的变革，最终都会体现在物质互动的层面。

第五章　主权国家体系

在国际关系中，主权国家不是唯一的行为体，但一直是最重要的和基础的行为体。主权国家是具有司法独立性的单元，控制并管理着有明确边界划分的领土和生活于领土之上的人口。它们拥有实际存在的自治权，不受外在权威的支配与干涉，在国际合作与冲突中扮演着主要角色。尽管在全球化进程和各种跨国互动的推动下，主权的传统意义受到侵蚀，非国家行为体的地位与作用显著上升，但有一个事实并没有改变，即主权国家始终是现代国家体系的基本单元（building blocks）①，而主权国家经由互动而构成的各种整体结构也仍然是国际体系的主要构成部分。

第一节　主权与主权国家

“主权”是一个与国家相联系的概念，体现现代国家的属性。因此，阐释主权国家体系，首先需要讨论主权的概念与主权国家的属性。

一　主权的概念

按照中文词义，“主权”指的是一个国家在其领域内拥有的最高权力。根据这种权力，国家是按照自己的意志决定对内对外政策，处理国内国际一切事务，而不受任何外来干涉。② 在英文中，sovereignty 是指最高权力或权威③，

---

① Stephen D. Krasner, “Abiding Sovereignty,” *International Political Science Review*, Vol. 22, No. 3, 2001, p. 230.

② 中国社会科学院语言研究所词典编辑室编：《现代汉语词典》，北京：商务印书馆 1983 年版，第 1511 页。

③ Judy Pearsall (ed.), *The New Oxford Dictionary of English*, Oxford: Clarendon Press, 1998, p. 1781.

还有解释把它等同于“自治权”，即“免于外部的控制”[①]。在词源上，“主权”是个产生于西方的概念，但该词语在中国古代文献中却早已在使用。《管子·七臣七主》中说：“藏竭则主权衰，法伤则奸门闿。”这里的“主权”是指君主的无上权力，与sovereignty的古义是一致的。[②]当然，作为一个政治概念，“主权”的现代含义与古义是不同的。伴随它所反映的政治制度的不同，它的内涵也在不断发展和变化。

现代意义上的主权概念最早是由16世纪的法国政治思想家让·布丹（Jean Bodin，1530—1596）提出的。他在其代表性著作《论共和国》（*Les Six Livres de la République*，1576）中首次提出“国家主权”的概念，认为主权是国家的本质特征，国家没有主权就不成其为国家。这部作品是法国内战时期的产物，其主旨是要加强国王的地位，使之能够凌驾于各教派之上，成为国家统一的核心。他把原意是“君主之权”的“主权”，解释为一个国家作为整体所享有的“超乎公民与居民之上，不受法律限制的最高权力”，“是在一个国家中进行指挥的……绝对的和永久的权力”。布丹系统地论述了主权的本质特征：最高性和绝对性、永久性和不可转移性、统一性和不可分割性。[③]布丹认为，主权者不受义务和条件的限制，没有臣民的同意也能立法，不受前任法律的约束，也不受自己法律的约束。布丹还认为，主权必须是永久性的，因为任何有权对统治者施加时间限制的人都必须在统治者之上，但如果统治者是绝对的话，那么这将是不可能的。[④]布丹的主权思想具有重要意义，它使主权与当时新兴的民族国家——法国——紧密地结合了起来，“在近代世界体系中，通过把这两个概念结合在一起，一种不同类型的国家体系被创立出来：一种建立在多种主权实体之上的国家间体系”[⑤]。

现代国际法之父、荷兰政治思想家雨果·格劳秀斯（Hugo Grotius，

---

① *Webster's Ninth New Collegiate Dictionary*, Massachusetts: Merrian - Webster Inc., 1991, p. 1129.

② 黄金祺：《外交外事知识和技能：涉外人员素质修养》，北京：世界知识出版社1998年版，第4页。

③ 王福春、张学斌主编：《西方外交思想史》，北京大学出版社2002年版，第51—53页。

④ Jean Bodin, *On Sovereignty: Four Chapters from the Six Books of the Commonwealth*, edited and translated by Julian H. Franklin, Beijing: China University of Political Science and Law Press, 2003, pp. 1 - 45；中译本见［法］让·布丹《主权论》，李卫海等译，北京大学出版社2008年版，第1—46页。

⑤ Eleonore Kofman & Gillian Youngs, *Globalization: Theory and Practice*, Pinter, 1996, p. 102.

1583—1645）也对国家主权进行了阐述。与布丹不同，他是从国际法的角度，从国家与国家关系的角度来论述国家主权。他认为，主权是国家的最高统治权。国家主权者是国家本身，它的具体体现是君主或少数人。在格劳秀斯看来，人们通过社会契约建立国家，国家是“一群自由人为着享受公共的权利和利益而结合起来的完善的团体”。因此，国家的主要特征就是拥有主权。他在《战争与和平法》（1625 年）一书中全面发展了国家主权的概念。他指出：“所谓主权，就是说它的行为不受另一种权力的限制，所以它的行为不是其他任何人类意志可以任意视为无效的。”格劳秀斯主张国家主权是属于一个人的。他说，有些人认为，最高权力永无例外地属于人民，所以只要君主滥用权力，人民便可以限制他，惩罚他。我们不能不反对这种意见。实际上，当人们订立契约成立国家之时，就把权力交给了君主，并对君主负有服从的义务。国家（君主）主权只受自然法的约束。人民对君主的反抗权只在极端的情况下才能成立。① 简言之，格劳秀斯反对人民主权的原则，认为国家主权是绝对的。尽管他的这种思想与“尼德兰革命受西班牙的镇压以及后来他支持反对派受奥兰治家族的迫害有关”②，但他的国家主权思想客观上在反对西班牙的压迫和维护荷兰的独立方面具有进步意义。③ 除承认主权者在国内的最高权威外，格劳秀斯还划分了对内主权和对外主权。按照格劳秀斯的经典解释，主权属于国家者，称之为对外主权；属于一个人或者多数人者，则称之为对内主权。与布丹相比，身为国际法学家的格劳秀斯更加强调对外主权，即国家的独立性和平等性。

与格劳秀斯同时代的托马斯·霍布斯（Thomas Hobbes，1588—1679）也持有类似的观点。他们处在同一个时代的事实或许塑造了他们类似的君主专制主义思想。霍布斯认为，通过社会契约而统一在一个人格之中的一群人组成了国家，国家的体现和代表便是主权者。这样，伟大的“利维坦”就诞生了。他认为，主权者的权力是至高无上的，国家制度的最佳形式是君主制，而人民的义务则是绝对的服从。霍布斯作为典型的君主专制主义者，主张把一切权力都集中于君主之手。他认为，主权者或国家的职责包括三个方面：一是对外抵御敌人侵略，保障国家安全；二是对内维护社会的和平与安

---

① ［荷］雨果·格劳秀斯：《战争与和平法》，何勤华译，上海人民出版社 2005 年版；王福春、张学斌主编：《西方外交思想史》，北京大学出版社 2002 年版，第 55—58 页。

② 李滨：《国际体系研究：历史与现状》，南京大学出版社 2000 年版，第 50 页。

③ 鲁毅等：《外交学概论》，北京：世界知识出版社 1997 年版，第 28—29 页。

宁；三是保障人民通过合法的劳动生产致富。霍布斯认为主权具有绝对性和不可分割性。主权的绝对性意味着不能由外部仲裁决定主权者是否违反了规定，因为那种情况下主权者就不是最高权威。主权的不可分割性意味着主权者是其领土上唯一的最高权威，他不与任何其他实体共享最高权力。霍布斯认为唯有如此才是正确的安排，否则，将无法解决多个权威之间的分歧。①

进入18世纪之后，特别是在经历了新兴资产阶级与王权的激烈斗争之后，西方思想界对主权的认识有了一些变化。法国思想家让－雅克·卢梭（Jean－Jacques Rousseau，1712—1778）是18世纪启蒙运动最卓越的代表人物之一，是法国大革命的思想先驱者。卢梭在《社会契约论》中也论述了主权及其权利问题。卢梭认为，主权或者说公意是不可剥夺的，因为公意是不可转让的；主权也是不可分割的，因为它在本质上是属于公众的；主权还是绝对可靠、永远正确的，共同利益决定并限制了其权力；主权者除了立法权力之外便没有任何别的力量，所以只能依靠法律而行动，而法律又只不过是公意的正式表示，所以唯有当人民集合起来的时候，主权者才能行动。尽管公意永远正确并且只向往好的东西，但它的判断并非永远开明，不能永远看清楚共同利益在哪里，因而也就有了立法者的必要性。但是，立法者本身并没有权力，他只负责指导起草和提出法律，只有人民本身（也就是主权者或者公意）才有权制定和强加它们。② 与格劳秀斯和霍布斯的君主主权论不同，卢梭是人民主权论的代表。

从主权概念的产生与演进中可以看到，这一概念的产生，最初主要是相对国内的权力而言的。布丹与霍布斯在他们的时代提出主权概念，意在建立国内的最高权威，解决国家内部的权力关系问题。尽管它亦涉及国家之外的政治权力，但归根到底是要确立国内最高统治者的地位。在当时的欧洲，宗教战争已摧毁了国家组织的稳定性。他们想要建立一个稳定的权力体系，这种体系能够被国家组织的全体成员承认为合法权力，而不管他们的宗教关系如何。布丹支持一个高度集权的权力结构，并且拒绝造反的权利。这种主权，即所谓的国内主权（domestic sovereignty），指的是国家之内的权力组织

① ［英］托马斯·霍布斯：《利维坦》，黎思复等译，北京：商务印书馆1996年版，第128—142页。

② ［法］让－雅克·卢梭：《社会契约论》，何兆武译，北京：商务印书馆2003年版，第22—25、31—49、114页。

以及这些组织有效调节行为的能力。[①]

由于国内最高权力的确立是以外部原本存在的错综复杂的权力关系为背景，因此国内权力关系的改变，必然会牵动与外部权力组织的关系，从而使得主权具有了相对其他国家而言的含义。由于主权要成为国内的最高权力，就不能接受任何外来的干涉，因此相互不干涉就成了主权国家共存的条件。在这种规范下，每一个主权国家都拒绝外来干涉，它们在整体上就会形成一种相互独立与平等的关系。对内的最高与对外的独立使得主权的概念具有了两重性：一方面，它与国家之内政治上和法律上的权力相关；另一方面，它与其他国家的权力相关。[②] 前者指涉对内主权（internal sovereignty），即国家对内享有最高的和最终的政治权威；后者指涉对外主权（external sovereignty），即国家在国际社会中是平等的一员，享有独立自主权。[③]

对内主权和对外主权的区分，实际上是对主权国家的内部领域和外部领域进行区分。

对内主权的含义，基本上就是布丹的界定，即主权是最终和最高的政治权威，是一种发布公共法则以规范人们政治行为的权力。这些法则的运作是决定性的。国家享有主权就意味着有组织地垄断了一切强制性权力，可以随心所欲地控制社会的公共行为，甚至“不受任何道德考虑的约束”[④]。

对外主权的含义，要点在于国家在对外关系中不受任何外部权力的支配，每一个国家都独立于其他所有国家。与国家内部存在的得到公认的制定和实施法律的合法机制不同，在国家之间则不存在这样的机制。要保障每一个主权国家在国家内部拥有最高权力，在国际关系中就必须相互独立，尊重各自处理内部事务的权利。这样一来，对外主权便具有了司法管辖范围的含义。正是有了这样的规范，国际关系才逐渐演变为现代主权国家体系，或者说形成了由主权国家构成的国际体系。

总之，主权的基本含义便是主权国家间的平等性及其内部事务的不可干

---

① Stephen D. Krasner, “Abiding Sovereignty,” *International Political Science Review*, Vol. 22, No. 3, 2001, pp. 231 – 232.

② 李少军：《国际政治学概论》（第二版），上海人民出版社 2005 年版，第 115 页。

③ Charles R. Beitz, “Sovereignty and Morality in International Affairs,” in David Held, ed., *Political Theory Today*, Cambridge: Polity Press, 1991, pp. 236 – 254; Hedley Bull, *The Anarchical Society: A Study of Order in World Politics*, New York: Columbia University Press, 1977, p. 8.

④ Charles R. Beitz, “Sovereignty and Morality in International Affairs,” in David Held, ed., *Political Theory Today*, Cambridge: Polity Press, 1991, p. 238.

涉性。平等性是指无论国家大小、强弱、贫富如何，一律平等；不可干涉性则是指主权国家有权独立自主地处理一切内外事务，而不受任何来自外部的干涉。就像布鲁斯·琼斯等人所说的那样，主权强调不干涉内政，这一原则成为一种国际规范，因为在一个权力极不平衡、干预他国内政事件连绵不断的世界上，不干预原则是保证国家之间的秩序、互惠和行为可预测性的最佳办法。不干涉原则还可以保护弱小国家免受强权国家的侵犯。①

对于谋求独立和不受干涉的主权国家来说，得到他国的承认是一个重要条件，这种由"外部世界的承认"而来的主权也可称为"法理主权"②。贾尼斯·汤姆森（Janice E. Thomson）认为："主权是由他国或他国统治者赋予的。"③ 如果从国际法的角度来理解，国家所拥有是克拉斯纳所讲的"国际法主权"（international legal sovereignty），它涉及相互承认，即主权国家乃是得到承认的司法独立的领土实体，这种实体能够缔结自愿的协约。如同个人在国内政治体制中一样，国家在国际体系中也是自由和平等的。④ 简言之，主权国家的存在有赖于其他国家的外交承认，得不到承认的国家，在国际社会中就不可能享有主权地位。

二　主权国家的构成要素

主权作为国家存在的一种形态，是有若干必不可少的构成要素的。《奥本海国际法》指出："当人民在他们自己的主权政府下定居在一块土地之上时，一个正当意义的国家就存在了。"⑤ 这种说法涉及了四个要素，即主权、领土、居民和政权组织。人们通常认为，国家失去其中的任何一项，就不成其为国家了。

马克·阿姆斯图茨（Mark R. Amstutz）认为，主权国家通常具有四个基本特征：（1）国家拥有主权，是主权行为体（sovereign actor）；（2）国家拥

---

① ［美］布鲁斯·琼斯等《权力与责任：构建跨国威胁时代的国际秩序》，秦亚青等译，北京：世界知识出版社 2009 年版，第 9 页。

② 同上书，第 10 页。

③ Janice E. Thomson, "State Sovereignty in International Relations: Bridging the Gap between Theory and Empirical Research," *International Studies Quarterly*, Vol. 39, No. 2, Jun., 1995, p. 219.

④ Stephen D. Krasner, "Abiding Sovereignty," *International Political Science Review*, Vol. 22, No. 3, 2001, p. 233.

⑤ ［英］詹宁斯、瓦茨修订：《奥本海国际法》（第一卷第一分册），北京：中国大百科全书出版社 1995 年版，第 92 页。

有一定的政权组织，特别是中央政府；（3）国家统治着一定的居民和一定的领土；（4）在国际范围内国家代表并保护着这些居民。从另一个角度来说，国家作为一种政治实体，其构成也可以说包括三个要素：（1）思想观念，以人民的情感为代表，这种思想观念体现在文化、历史和意识形态之中；（2）自然要素，包括领土、人口和经济资源等；（3）制度因素，包括规制、法律、政府决策结构等，这些东西构成了国家的秩序。①

对于任何主权国家来讲，永久的居民乃是首要因素。人是国家存在的基础。没有固定和永久居民的国家是不存在的。永久性居民作为国家构成要素，除了其本身所具有的物质构成作用之外，更重要的是还承载着历史传承、文化认同、思想归属等精神使命。人的因素构成了国家的社会属性，使国家成为具有特定意义的存在。在不同的国家之间，固然存在物质方面的差异，但更重要的则是存在社会差异。这种差异来源于国家的不同的文明发展进程。

构成国家的人口，总是居住于一定的领土之上。因此，领土同样是主权国家的重要属性之一。对于国家来说，主权的行使是相对于一定的地理空间而言的。没有领土的存在，也就没有对领土的控制，对居住在领土上的人民的管辖，和对领土上蕴涵的资源的调配和使用。布鲁斯·拉西特和哈维·斯塔尔认为："每个人都生活于国家所控制的领土之上。其他国际行为体都不能控制领土。政府认为领土有压倒性的重要性。失去领土的风险不可避免地会引发战争。"② 贾尼斯·汤姆森也认为，主权是现代世界政治秩序的独特基础。有了主权，政治权威便与领土联系起来。它的范围限于一定的地理边界内的人民和资源。主权不是按照功能而是按照地理来决定权威的。③ 简言之，领土之所及，便是主权之所在。

在主权国家中，国家管理职能的发挥是经由政府实现的。人们通常认为，国家的对内职能主要包括三个方面：（1）在其统治区域内维持社会的稳定，控制暴力的发生；（2）自由和自主地分配国家的资源；（3）作为国家

---

① Mark R. Amstutz, *International Conflict and Cooperation: An Introduction to World Politics*, Boston: McGraw Hill College, 1999, p. 27.

② ［美］布鲁斯·拉西特和哈维·斯塔尔：《世界政治》，王玉珍等译，北京：华夏出版社2001年版，第51页。

③ Janice E. Thomson, "State Sovereignty in International Relations: Bridging the Gap between Theory and Empirical Research," *International Studies Quarterly*, Vol. 39, No. 2, Jun., 1995, p. 227.

内部大多数人民认同的核心。为了能够实现这些职能，国家是具有一定的强制性的，垄断着对暴力和暴力机器的控制和使用，包括对警察、军队等国家暴力机器的调集和使用。按照韦伯学派的传统，对主要的和有组织的暴力力量的垄断，构成了国家的标志。[①] 没有其他权威有权在一国之内使用武力或以武力维持秩序。同样，通过国际法，国家还合法地垄断了在对外关系中使用武力的权利。[②]

在当代政治中，有效的政府除了要有健全的立法、行政、司法制度之外，还要有行政能力和执法能力。主权国家在能力及能力建设上的差异在很大程度上决定了政府的有效性、可信性和合法性。弗朗西斯·邓把这称为国家的实际主权，即合法地控制和使用暴力、为发展而动用和使用资源的能力。[③] 从法理上来说，各个主权国家之间并没有什么差别，但是当人们打开主权国家的内核进行观察时，就会发现它们之间实际上存在很大甚至是非常大的差别。西方国家近年来所说的“失败国家”或“失能国家”便是当代国际政治中管理不善和治理失效的典型例子。这些概念所指涉的国家，在国内不能组织起有效的管理和治理结构，不能维护有效的国内秩序，不能保障民众的基本生活、福利甚至是安全，并且也不能维持国家的不受干涉的地位。由此可见，有效的国内政府不仅是主权国家的构成要素之一，也是影响一国对外关系的重要因素。

在国家的基本特征中，主权是国家所独有的属性。国际关系中的其他政治实体也可以拥有领土、居民甚至政权组织，但不可能拥有主权，只有国家才拥有主权。主权可以说是国家作为国际关系行为体的最本质属性。国家只有拥有主权，才能享有对内权力的最高和对外地位的独立与平等。

在国际关系中，主权国家是国际法的主体，因此国家只有拥有主权，才有相关的国际法权利和义务。1946 年联合国大会通过的《国家权利义务宣言草案》第 1 条规定：“各国有独立权，因而有权自由行使一切合法权力，包括其政体之选择，不接受其他任何国家之命令。”1970 年联合国大会通过

---

① Max Weber, *The Theory of Social and Economic Organization*, New York: Free Press, 1964, p. 154.

② ［美］布鲁斯·拉西特和哈维·斯塔尔：《世界政治》，王玉珍等译，北京：华夏出版社 2001 年版，第 51 页。

③ Francis M. Deng, *Protecting the Dispossessed: A Challenge for the International Community*, Washington, DC: The Brookings Institution, 1993. 转引自［美］布鲁斯·琼斯等《权力与责任：构建跨国威胁时代的国际秩序》，秦亚青等译，北京：世界知识出版社 2009 年版，第 10 页。

的《关于各国依联合国宪章建立友好关系及合作之国际法原则之宣言》指出：各国一律享有主权平等，包括各国法律地位平等、每一国均享有充分主权之应有权利、国家之领土完整及政治独立不得侵犯、每一国均有权利自由选择并发展其政治、社会、经济及文化制度等。

在当代世界，主权原则及主权国家的构成，已成为共识，并被应用于具体实践。例如，1933 年在乌拉圭首都蒙得维的亚签订的《美洲国家间关于国家权利和义务的公约》[①] 第 1 条规定："国家作为国际法人必须具备下列条件：（1）固定的居民；（2）确定的领土；（3）政府；（4）与他国交往的能力。"[②] 这样的条文，反映了人们对于主权国家标准的认识。事实上，主权作为社会事实能够存在，正是因为人们形成了共识，并且在互动中建构了适当的国际规范。

三　主权国家的产生

主权是个历史范畴。主权国家并不是从来就有的。现代主权国家最先产生于 17 世纪的欧洲。在此之前，欧洲盛行的是封建主义的国家体系。这个体系的构成包括大大小小的王国、公国、公爵领地及其他准自治单位。在这一体系中，存在着重叠交错的忠诚和政治义务。各个国家的臣民，除了要效忠本地的封建主之外，还可能要对一些遥远的贵族、主教以及罗马教皇负有义务。在当时，婚姻、血缘关系和战争是改变国家间关系的主要方式。布鲁斯·拉西特和哈维·斯塔尔指出：

> 形形色色封建实体的领袖和他们的臣民陷入了一张多种效忠的网中，各级各层的贵族既是诸侯又是领主，从地位低于自己的人那里得到忠顺（效忠和遵从），又忠顺于地位高于自己的人。从原则上讲，这种效忠的顶点是两个人物：神圣罗马帝国皇帝，这是世俗权威和领导；教皇，这是精神权威和领导。这种状况跟将要发展起来的主权国家的明显

---

① 亦称《蒙得维的亚国家权利义务公约》（Montevideo Convention on the Rights and Duties of States）。该公约于 1933 年 12 月 26 日在乌拉圭蒙得维的亚的第七届美洲国家国际会议（International Conference of American States）上由美国及中南美国家共 19 个国家签订，开创了将主权国家的定义写入国际条约的先例，其中永久的人口 、固定的领土、有效的政府、与他国交往的能力是构成主权国家的要素。以后联合国有关主权国家的草案、宣言均源自该公约的有关内容。

② 邵津主编：《国际法》，北京大学出版社 2000 年版，第 35 页。

区别在于，没有一个统治者（或他之下的人）可以垄断任何领土的政治权威。①

简言之，在中世纪的欧洲，“权力和权威是建立在宗教和政治的双重基础上的，教皇和君主是两个相互平行和彼此联系的等级体系的首领，一个是宗教的，一个是政治的”。因此，在中世纪的欧洲，“像我们今天所熟知的领土上的政治独立在中世纪的欧洲并不存在”，既不存在排他性的领土控制，也没有清晰的国家（nation）或国家利益（national interests）观念。② 可以说，在这种统治下，欧洲没有现代意义上的主权国家，只有“在教皇主权名义下的帝国、诸侯、封地和采邑或少量的城邦。这种教皇主权下的统治结构和行为规范，不同于没有中心权威的国家间的国际体系”③。

与中世纪的这种封建主义国家不同，主权国家是在三十年战争之后诞生的一种新型的国家形态。人们通常认为，发生在1618—1648年的三十年战争和结束这场战争的《威斯特伐利亚和约》是中世纪结束的终点和现代国际体系形成的起点。④ 在这场战争中，西欧、中欧和北欧的主要国家几乎都卷了进去。霍尔斯蒂指出：“以波西米亚的新贵族反抗西班牙权威为开端，此次战争迅速升级，并最后牵扯进了所有的问题……宗教宽容问题是此次冲突的根源。”⑤

在16世纪中期，四分五裂的德意志陷入了天主教邦国与新教邦国之间的战争。新教邦国在法国国王弗兰西斯一世的支持下打败了天主教邦国。1555年，双方签订了《奥格斯堡宗教和约》，规定帝国的每一个邦国都有权根据“教随国定”的原则，在信仰路德教和信仰天主教之间任择其一。在三十年战争发生之前，德国的新教与天主教势均力敌，但是由于皇帝鲁道夫二世企图用武力约束新教诸侯，德国因此分为两个敌对集团，即

① ［美］布鲁斯·拉西特、哈维·斯塔尔：《世界政治》，王玉珍等译，北京：华夏出版社2001年版，第48页。

② ［加］罗伯特·杰克逊、［丹］乔格·索伦森：《国际关系学理论与方法》，吴勇等译，天津人民出版社2008年版，第15—16页。

③ 李滨：《国际体系研究：历史与现状》，南京大学出版社2000年版，第42页。

④ ［加］罗伯特·杰克逊、［丹］乔格·索伦森：《国际关系学理论与方法》，吴勇等译，天津人民出版社2008年版，第19页。

⑤ K. J. Holsti, *Peace and War: Armed Conflicts and International Order*, Cambridge: Cambridge University Press, 1991, pp. 26－28.

新教同盟与天主教同盟。1618 年，由于哈布斯堡王室压迫捷克新教徒，剥夺他们的政治权利，激起了捷克人民的起义。这一事件构成了三十年战争的导火索。

三十年战争发生于欧洲从封建时代向资本主义时代过渡、从中世纪国际关系向现代国际关系转换的阶段。这场旷日持久、时断时续的战争的参与者差不多包括了欧洲所有的国家，战争几乎全部在德意志的土地上进行。虽然这场战争在开始时主要表现为德国内部的新教与旧教之争，但是“这场战争的背景错综复杂，欧洲各国以及神圣罗马帝国内部的政治、经济、领土、霸权以及宗教的矛盾和纠纷交织在一起”①，特别是“到了 17 世纪 30 年代，战争演变成了一场涉及各种王朝利益、宗教利益和国家利益的纵横交错的大赌局”②。三十年战争是中世纪以来欧洲第一次大规模的国际战争。战争的长时间持续令各方兵力疲惫，不得不进行和谈。

威斯特伐利亚和会是欧洲近现代以来最早的一次国际多边会议，参会者众多，规模空前庞大。会议从 1643 年开始，进程既拖拉又曲折。在该次会议上，各国代表实际上面临着两个层次的议题：一个是实用性的，即“如何重新分配领土、资源以及处理争端”，另一个更深层次的议题则是“如何在交战国之间建立‘广泛的、持久的、恰当的和诚挚的’友好关系”③。由于各方矛盾重重，仍想在战场上见高低，因此在整个和谈期间，交战方的军事行动仍在继续，和谈的进展极为缓慢，直到 1648 年 10 月 24 日才签订了《威斯特伐利亚和约》。

威斯特伐利亚和会及其签订的和约在国际关系史上是一个划时代的事件，占有十分重要的地位。和约确立了现代国际关系的一些原则，对欧洲国际体系的建立和欧洲后来的政治经济秩序产生了深远的影响。拉西特和斯塔尔指出：“《威斯特伐利亚和约》的中心原则简单而且明显：一块领土的统治者应该决定该领土内的宗教。这项原则早在 1555 年就明确写入了《奥格斯堡宗教和约》，尽管这项原则很简单，但它有重大影响。当时，宗教作为主要国内问题，要由统治者，而不是由外在的权威，无论是罗马帝国皇帝还

① 刘德斌主编：《国际关系史》，北京：高等教育出版社 2003 年版，第 45—46 页。

② K. J. Holsti, *Peace and War: Armed Conflicts and International Order*, Cambridge: Cambridge University Press, 1991, pp. 26 – 28.

③ Charles W. Kegley, Gregory A. Raymond, *From War to Peace: Fateful Decisions in International Politics*, Beijing: Peking University Press, 2003, p. 67.

是教皇来决定。宗教或者政治统一的假象在欧洲不复存在。权威分属于各个国王、君王，主权国家的基础因此得以确立。在每一个领土上不再有多种效忠和权威，只有对国王或君王权威的效忠。领土和领土之上的人民属于统治者，而统治者不必听命于一个外部权威。”[①] 杰克逊和索伦森也指出：“主权体制的确立，反映了欧洲的政治秩序的变革：国王使男爵臣服于自己，并拒绝皇帝和教皇的权威。他们平息内乱，抵御外患，成了国家主权的捍卫者。农民开始摆脱对地方封建统治者的依赖，逐渐成为了国王治下的臣民。权力和权威被集中于一点：国王与他的政府。国王的领土有明确的边界，以抵御外界的侵扰。国王成为一国之中所有国民的最高权威，不必再通过中间权威和统治者来发挥作用。”[②] 简言之，《威斯特伐利亚和约》承认了新教与天主教享有同等的权利，破除了罗马教皇神权统治体制的世界主权论。

《威斯特伐利亚和约》的意义除了标志着教皇权力和世俗权力不可逆转的分割，同时也标志着各个国家开始取得平等的法律地位。和约承认了德意志数百个诸侯国的王权，确认了荷兰和瑞士的独立国地位。这次和会表明王权平等、领土主权等原则已确立为国际关系中应遵守的准则，也构成为近代国际法的主要原则。[③] 这些规范的确立标志着主权国家体系的形成。各国承认彼此的主权，取得了法律意义上的平等地位。

不过，对于主权形成过程的意义，学界也存在不同看法。斯蒂芬·克拉斯纳认为，威斯特伐利亚式或瓦特尔式主权（Westphalian or Vattelian sovereignty）不论是在法理上还是在事实上都意味着对外来权力的排斥。在国家之内，国家对权威决策具有垄断地位；在国际层面，国家遵循不干涉内部事务的原则。对于这样的主权概念，人们往往把它与1648年结束三十年战争的《威斯特伐利亚和约》联系在一起，但“实际上该条约只不过确定了得到国际认可的在德国的宗教宽容体制，与通常的主权观念并不相干”。他指出：“统治者不应干预别国内部事务的原则实际上是18世纪晚期是由瓦特尔（Emer de Vattel）和沃尔夫（Christian Wolff）两位国际法学家提出的。”其

---

① ［美］布鲁斯·拉西特和哈维·斯塔尔：《世界政治》，王玉珍等译，北京：华夏出版社2001年版，第50页。

② ［加］罗伯特·杰克逊、［丹］乔格·索伦森：《国际关系学理论与方法》，吴勇等译，天津人民出版社2008年版，第17—18页。

③ 王绳祖主编：《国际关系史（第一卷：1648—1814）》，北京：世界知识出版社1995年版，第62页。

中，沃尔夫在19世纪60年代写道，干预别国的统治，无论以何种方式，都是与国家的自然的自主权相悖的，基于这一自主权，国家在其行动中完全独立于他国的意志。[①] 瓦特尔则不但把这一论证用于欧洲国家，而且用于非欧洲国家。他说："如果西班牙人把自己当作印加人（Inca Athualpa）的裁决者，他们就违反了所有的规则。"[②]

对于《威斯特伐利亚和约》所确立的体制，查尔斯·凯格利和格雷戈里·雷蒙德认为，特别值得关注的是以下六个方面的内容。第一，在战后体系安排上吸纳战败国重新进入，战胜国放弃了胜者为王的传统思想，允许战败方以平等身份参与战后秩序安排。第二，和约要求各国保护宗教信仰上的少数族群（religious minorities），明确说明清教徒与天主教徒具有平等地位。其标志性事件是，和约赋予各国不受教皇干预地签署条约的权利。第三，和约还赋予各国权利，使之有"完全自由行动的权利去保障自我独立"。和约的第65条是民族国家诞生的标志，因为它第一次明确地提出领土国家可以自由地与其他国家互动，而不受任何外在权威的限制。第四，和约提出任何国家，无论其信仰何种宗教，采用何种政体，在法律上都是平等的，享有参与制定国际法的平等权利，享有独立于任何超政府权威之外的平等权利。第五，初步明确了有选择的不干涉别国内政（selective nonintervention）的原则。"尽管和约赋予法国在某些情势下干涉别国政治的权利，但不干涉别国内政成为了和约的基本条例。"第六，解除了对国家的道德限制。和约强化了得到了广泛认可的观点，即国家为了提高地位而采取的行动都是正当的。这为"国家建设"铺平了道路，使国家"存在的理由"（*raison d'être*）得到进一步的加强。[③]

总之，正是在17世纪以来的一系列复杂的军事和外交互动中，参与互动的行为体建构了主权的规范，形成了新型的关系，并把自己变成了不同于中世纪政治实体的主权国家。

---

① Stephen D. Krasner, "Abiding Sovereignty," *International Political Science Review*, Vol. 22, No. 3, 2001, p. 232.

② Emer de Vattel, *The Law of Nations or Principles of the Law of Nature, Applied to the Conduct and Affairs of Nations and Sovereigns* (New ed.), J. Chitty, trans., Philadelphia: T. & J. W. Johnson, 1852, p. 155.

③ Charles W. Kegley, Gregory A. Raymond, *From War to Peace: Fateful Decisions in International Politics*, Beijing: Peking University Press, 2003, pp. 71 – 76.

四　主权国家的扩展

主权国家在欧洲出现后，就开始了逐步扩展的过程。在西方人的视野中，最初的主权国家体系主要是由西方的“文明”国家组成的，世界其他地区的国家都在这一体系之外，无法享有主权原则带来的各项权利。但是，伴随着欧洲的对外殖民和扩张，主权国家也逐渐扩展到世界其他地区，经历了一个从少到多、从欧洲扩展至全世界的发展过程。

在第一次世界大战之前的欧洲，尽管主权原则得到了认可，但各国的政治形态并不相同，并经历了较大变化。这种情况构成了主权国家体系扩展的背景。英国在三十年战争后期便发生了资产阶级革命，并在1688年的“光荣革命”后成为君主立宪制国家。“神圣罗马帝国”的版图在三十年战争后只剩下了奥地利等地，以后通过对土耳其的战争把匈牙利等地纳入自己的领土范围而成为奥匈帝国。尽管德意志仍在其名下，但它们中的许多诸侯已经是具有主权的国家了。可以说，“版图的重新扩大使这个衰落的帝国得以苟延残喘到第一次世界大战”①。在腓特烈·威廉选帝侯（1640—1688）、腓特烈·威廉一世国王（1713—1740）和腓特烈大帝（1740—1786）的强力领导下，到18世纪70年代，普鲁士也日益发展壮大，成为欧洲的重要强国。此后，经过1864年的普丹战争、1866年的普奥战争、1870年的普法战争，德意志实现统一，成为影响欧洲格局的强大帝国。在“启蒙运动”——特别是在卢梭民主思想——的影响下，法国大革命于1789年爆发，“人民主权”的思想、“自由、平等、博爱”的观念也随之在欧洲广泛传播，并导致民族主义的兴起和民族国家的出现。在法国大革命的影响下，欧洲进入了要求自由民主、消除封建专制的“革命时代”，许多国家都发生了革命，从而“基本结束了欧洲的封建政治经济统治制度（农奴制和封建专制），开始了民族国家的创造过程”②。

可以说，在欧洲主权国家体系的演进中，各国国内政治形态的差异并未妨碍主权原则在其相互关系中得以巩固和发展。虽然欧洲几大帝国的存在构成了主权国家体系在欧陆扩展的紧身衣，但民族主义和民族国家的兴起却撕裂了这一束缚，并促使主权原则在欧洲得到了进一步的实践。历史表明，民

---

① 李滨：《国际体系研究：历史与现状》，南京大学出版社2000年版，第67页。

② 同上书，第93页。

族主义的广泛传播对欧洲国家自身的发展及其对外扩张有着重大影响，而工业革命带来的技术和实力优势则为主权体系迈出欧洲、向世界其他地区扩展提供了动力。

从历史进程来讲，主权国家在世界范围内的扩展与欧洲的殖民运动是密切相关的。欧洲国家凭借自身在技术、军事等方面的优势，在相互争夺和斗争中大力向外扩张，在世界各个地区都建立起了殖民地，逐渐实现了对世界的控制。就像查尔斯·蒂利所指出的那样，“欧洲国家在1500年对地球上7%的陆地保持着控制，在1800年是35%，在1914年是84%。这一扩张本身加速了民族国家在全世界的增长”①。在欧洲国家的殖民扩张过程中，主权国家的制度和观念也被带到了殖民地国家。随着殖民地人民的反殖民运动的发展和不断争得独立，主权国家在客观上也得到了扩展。在这个进程中，新独立的国家都把主权原则作为维护自己的国际地位和对外互动的重要工具。在现有的近200个国家中，有相当多的国家是在这样的过程中产生的，主权国家体系也因之得到了扩展。

现今的超级大国美国，最初也是作为英国的殖民地而存在的。美国是1776年脱离英国殖民统治而独立的。主权国家体系的历史发展表明：“最早接过主权旗帜的非欧洲国家固然是美国，但美国与欧洲列强在文化传统、社会制度、经济水平的相近本质决定了它在政治地域概念上与欧洲没有多少区别，真正突破了欧洲主权藩篱的，是19世纪的拉丁美洲和日本。”② 18世纪末19世纪初席卷拉丁美洲的独立战争是欧洲以外的国家争取国家主权和独立的第一次大规模非殖民化运动，到19世纪20年代，先后出现了18个独立的主权国家。与其他落后国家和地区一样，日本在近代也经受过西方列强的侵略和干涉。经过“明治维新”后，迅速走上发展的道路，进而确立了自己的主权地位。

随着这些主权国家的建立，国家主权的有关原则也得到了更广泛的认可。例如，1823年美洲各国举行的巴拿马会议提出了“尊重每个缔约国的主权”和“不干预”的原则；1826年举行的美洲大陆会议确认了这些原则。在与会国签订的《团结、联合和永久同盟条约》中，包括了共同维护各缔约

① ［美］查尔斯·蒂利：《强制、资本和欧洲国家（公元990—1992年）》，魏洪钟译，上海人民出版社2007年版，第203页。

② 黄仁伟、刘杰：《国家主权新论》，北京：时事出版社2003年版，第21页。

国的主权和独立；各缔约国之间的争端通过调解和仲裁来解决；努力发展外交政策的共同基础但不干预各缔约国自己的决定等内容。[①] 对于主权规范在拉美的传播，克拉斯纳指出："在19世纪，作为国际体系中的弱国，拉丁美洲国家支持了不干涉原则；美国则直至20世纪30年代才正式接受这一原则。"[②]

20世纪初爆发的第一次世界大战，是主权国家体系发生变化的一个重要事件。卷入战争的先后有31个国家，共15亿人口，占当时全世界总人口的3/4，可谓是人类历史上的一次大浩劫。战争摧毁了罗曼诺夫王朝、霍亨索伦王朝以及哈布斯堡王朝统治下的俄罗斯帝国、德意志帝国以及奥匈帝国，取而代之的则是苏联、德意志（魏玛）共和国、奥地利共和国、匈牙利苏维埃共和国（1919年3月）、捷克斯洛伐克共和国（1918年10月28日）等。芬兰于1917年12月6日独立，1919年成立共和国。波兰也于1918年11月11日得以恢复独立。第一次世界大战结束后，争取国家独立和主权的斗争成为世界性的潮流，特别是民族解放运动的兴起进一步打破了主权在地域上的局限。例如，中国爆发了五四运动，提出了"争国权"的口号。土耳其的凯末尔革命、印度的第一次非暴力不合作运动、朝鲜的"三一起义"、阿富汗的独立运动等也都具有争取主权地位的意义。在很大程度上，这些运动既源于主权观念的传播和殖民地人民的思想觉醒，也源于殖民地人民在第一次世界大战中的英勇表现，粉碎了西方"白人至上"的种族偏见和歧视。[③]

第一次世界大战结束之后，美国总统伍德罗·威尔逊倡议和推动了国际联盟（简称"国联"）的建立。1920年1月10日，《国际联盟盟约》连同对德《凡尔赛和约》一起正式生效。作为历史上第一个普遍性国际组织，国联是威斯特伐利亚体系形成后进一步制度化和组织化的主权国家结构。与威斯特伐利亚体系相比，国联体系纳入了更多的欧洲之外的国家，可谓主权国家体系的第一次实质性扩展。"盟约"第10条明确规定："联盟会员国有尊重并保持所有联盟各会员国之领土完整及现有之政治独立，以防御外来之侵犯

---

① 转引自黄仁伟、刘杰《国家主权新论》，北京：时事出版社2003年版，第21页。

② Stephen D. Krasner, "Abiding Sovereignty," *International Political Science Review*, Vol. 22, No. 3, 2001, pp. 232 – 233。

③ ［英］马克·索尔特：《国际关系中的野蛮与文明》，肖欢容等译，北京：新华出版社2004年版，第115页；徐龙第：《文明/野蛮话语的国际关系含义》，《欧洲研究》2005年第5期，第143页。

的义务。如遇此种侵犯或有此种侵犯之任何威胁或危险之虞时，行政院应筹划履行此项义务之方法。”[①] 这是主权原则的重要体现。从组织上讲，国联会员国分为三类：一是创始会员国，须是第一次世界大战中参加协约国方面的国家，它们也是“和约”的签字国；二是被邀请会员国，亦即未在“和约”上签字，也未参加第一次世界大战的中立国；三是其他一切国家、领地和殖民地，根据“盟约”要求的条件，须经过申请并得到国联大会 2/3 多数通过方可加入。[②] 实际上，国联成立后，会员国的变化较大，数量时有增减，会员最多时为 58 个。[③]

国联的宗旨及其基本任务是维护世界和平、和平解决争端、防止战争再起，但在实际运作中，国联的作用并未充分发挥，在很大程度上沦为了大国政治的工具。例如，由于国会的反对，美国最终没有加入国联，削弱了国联的有效性和执行力。1931 年的“九一八”事变后，国联未能阻止日本的侵华战争。1935 年 10 月，意大利入侵埃塞俄比亚后，国联也未能有效制止。国联在机制上的这些局限性，体现了主权体系的“无政府”特点：主权国家组织尽管形成了一个整体结构，但并不具有凌驾于主权国家之上的权力，主权国家接受国际规范是基于自愿的原则。在这个体系中，大国实力政治的逻辑依然占据上风。

在国联中，除会员国外，根据“盟约”第 22 条的规定，还包括托管地。托管地都是第一次世界大战战败国的殖民地，由战胜方的协约国负责托管。根据人口和发展情况，托管地又分为三个不同的等级。第一等托管地全部为前奥斯曼帝国所控制的地区，包括伊拉克、巴勒斯坦、叙利亚等；第二等托管地全都属于前德意志第二帝国在西非和中非的殖民地或保护国，包括卢安达－乌隆迪（今卢旺达和布隆迪）、坦噶尼喀（今坦桑尼亚）、喀麦隆、多哥兰（今多哥和加纳）等；第三等托管地包括西南非洲（今纳米比亚）和南太平洋诸岛，大多为前德意志第二帝国的领地，包括德属新几内亚和萨摩

---

① 《国际条约集（1917—1923）》，北京：世界知识出版社 1961 年版，第 270 页；“The Covenant of the League of Nations”，http：//avalon. law. yale. edu/20th_ century/leagcov. asp#art22。

② 国联的组织机构主要有大会、行政院和秘书处。大会由所有会员国的代表组成，大会例会每年一次，各会员国均有一票表决权，特别会议于紧急时召开。不过，国联的实权操纵在行政院手里。国联还设有秘书处和辅助其工作的各种专门委员会，并建立了国际法庭和国际劳工组织。参见鲁毅等《外交学概论》，北京：世界知识出版社 1997 年版，第 204 页；王绳祖主编：《国际关系史（第四卷：1917—1929）》，北京：世界知识出版社 1995 年版，第 89—91 页。

③ 《国际联盟会员国列表》，参见 http：//zh. wikipedia. org/。

亚、瑙鲁、南太平洋托管地、西南非洲等。[①] 与之前的殖民地相比，托管地具有不同的自治权，虽然仍是西方国家控制亚、非、拉地区国家的一种形式，但在一定程度上也为之前赤裸裸的殖民统治松了绑，有助于这些地区的国家最终成为主权独立国家。

第二次世界大战的爆发，使得第一次世界大战后形成的主权国家体系又发生了巨变，不仅旧的体系被打碎了，而且主权原则的内涵和主权国家的构成也发生了相应的变化，这种变化的一个显著标志就是联合国体系的建立与发展。在《联合国宪章》中，第1条就规定“本组织基于各会员国主权之平等原则”。1946年联合国大会通过的《国家权利义务宣言草案》，规定了国家权利和义务的14个方面，包括独立权、各国对他国内政外交的不干涉义务、与他国在法律上的平等权利等。1965年联合国大会通过的《关于各国内政不容干涉及其独立与主权之保护宣言》，首次以国际文件的形式完整地表述了国家主权原则，成为对《联合国宪章》中主权原则的重要补充和完善。1970年联合国大会通过的《关于各国依联合国宪章建立友好关系及合作之国际法原则之宣言》，对“主权平等”进行了界定，突出强调了各国主权平等的原则。[②] 可以说，联合国体系的发展促进了主权原则的扩展和完善。

第二次世界大战结束后亚、非、拉地区政治形势发生的变化，为这些地区民族解放运动的发展创造了条件。第一次世界大战后的托管地基本上实现了独立，建立起了主权国家。在亚洲民族解放运动的进程中，中国、朝鲜、越南等国获得独立和解放。印度、巴基斯坦、锡兰（斯里兰卡）、缅甸、印度尼西亚、菲律宾、老挝、柬埔寨、约旦、叙利亚以及黎巴嫩等11个国家经过长期斗争，也先后赢得了政治上的独立。进入20世纪60年代之后，非洲爆发了声势浩大的民族独立运动，到1968年，出现了41个独立的主权国家，仅1960年就有17个国家宣布独立。与这个进程相对应，联合国会员国的数量迅速增加。[③] 可以说，“非洲国家主权地位的获得，标志着现代主权国

① 参见 http://en.wikipedia.org/wiki/League_of_Nations_mandate。

② 包括：（1）各国法律地位平等；（2）每一国均享有充分主权之固有权利；（3）每一国均有义务尊重他国之人格；（4）国家之领土完整及政治独立不得侵犯；（5）每一国均有权利自由选择并发展其政治、社会、经济及文化制度；（6）每一国均有责任充分并一秉诚意履行其国际义务，并与其他国家和平相处，等等。参见黄仁伟、刘杰《国家主权新论》，北京：时事出版社2003年版，第24—27页。

③ 《会员国的增长——1945年至今》，参见 http://www.un.org/zh/members/growth.shtml#text。

家体系的最终形成和国家主权原则在国际关系中进入了全面实践的新时期”①。

除反殖民主义和民族解放运动中新诞生的国家外，国家的合并和分离也造就了新主权国家的诞生。例如，第一次世界大战后奥匈帝国一分为三，建立了奥地利、匈牙利和捷克斯洛伐克。1964 年坦葛尼克与桑给巴尔合并为坦桑尼亚共和国。1971 年，孟加拉国从巴基斯坦分离出来，成为独立国家。1991 年，苏联解体，其各加盟共和国分别成立了 15 个新的主权独立国家。在前南斯拉夫版图内，克罗地亚、斯洛文尼亚、马其顿、波黑相继独立。2011 年 7 月 9 日，南苏丹正式从苏丹分离出来，成立南苏丹共和国，成为世界上最年轻的主权国家，并于 7 月 14 日成为联合国的第 193 个成员国。

在主权国家不断扩展的过程中，有关主权原则的相关理念也不断得到发展。1954 年中印、中缅共同倡导的“和平共处五项原则”，使国家主权原则成为指导国家间关系的更具现实意义的规范。1953 年底，中印就两国在西藏地方关系的问题举行谈判。12 月 31 日，即谈判的第一天，周恩来总理在接见印度政府代表团时，首先提出了和平共处五项原则。他说：“新中国成立后就确立了处理中印两国关系的原则，那就是相互尊重领土，互不侵犯，互不干涉内政，平等互惠和和平共处的原则。”② 印方赞同以此作为指导谈判的原则。1954 年 4 月 29 日，双方就《中印关于中国西藏地方和印度之间的通商和交通协定》及有关换文达成协议。协定在序言中表示：“双方同意基于（一）互相尊重领土主权，（二）互不侵犯，（三）互不干涉内政，（四）平等互惠，（五）和平共处的原则，缔结本协定。”③

1954 年 6 月下旬，周恩来先后访问印度和缅甸，具体阐明了和平共处五项原则的基本思想，即：“世界各国不论大小强弱，不论其社会制度如何，是可以和平共处的。各国人民的民族独立和自主权利是必须得到尊重的。各国人民都应该有选择其国家制度和生活方式的权利，不应受其他国家的干涉。”6 月 28 日和 29 日分别发表的《中印两国总理联合声明》和《中缅两

① 黄仁伟、刘杰：《国家主权新论》，北京：时事出版社 2003 年版，第 27 页。

② 中华人民共和国外交部、中共中央文献研究室：《周恩来外交文选》，北京：中央文献出版社 1990 年版，第 63 页。

③ 《中华人民共和国对外关系文件集》第 3 集，北京：世界知识出版社 1958 年版，第 12 页。转引自王绳祖主编《国际关系史（第八卷：1949—1959）》，北京：世界知识出版社 1995 年版，第 32 页。

国总理联合声明》，倡议将和平共处五项原则作为国际关系的准则。在中缅联合声明中，“平等互惠”被改为“平等互利”。在同年10月12日的中苏联合宣言中，“互相尊重领土主权”被改为“互相尊重主权和领土完整”。此后，这一表述就一直延续下来。从其内容来看，五项原则之间存在着不可分割的相互联系。自现代主权国家诞生以来，和平共处五项原则可谓是主权原则的最明确、最简洁、最清晰的表达和界定，在主权规范发展史上具有里程碑的重要意义。

1955年4月18—24日，在印度尼西亚万隆召开的亚非会议上，周恩来对和平共处五项原则又作了进一步的阐释，并提出了“求同存异”的方针，不仅对万隆会议的成功起了推动作用，而且为实现国与国之间的和平共处开辟了切实可行的途径。亚非会议通过的关于促进世界和平与合作的宣言，提出了“万隆十项原则”①，创造了著名的“万隆精神”，为有关国家之间的和平共处、友好合作奠定了基础。万隆十项原则实质上是和平共处五项原则的延伸，促进了主权原则和规范在世界更广泛范围内的传播。

总而言之，主权国家体系的逐步扩展乃是近现代国际关系的一个基本趋势和基本事实。就像查尔斯·蒂利所说的那样，在上个500年里，三件显著的事情发生了。第一，几乎所有的欧洲国家都形成了边界和相互关系都明确的民族国家。第二，欧洲体系实际上已经扩展到了整个世界。第三，其他国家行动一致地对新的国家的组织和领土施加了日益增长的影响。自从欧洲最主要的国家通过对非欧洲国家的殖民化、征服和渗透，积极地推广这个体系，这三个变化紧密联系在了一起。国联和联合国的创立推动了这一过程，批准了把地球上的所有人口都组织进单一的国家体系并使其合理化。② 在当今世界，由近200个在法律上平等的主权国家组成的主权国家体系，构成了

① 万隆十项原则包括：（1）尊重基本人权、尊重《联合国宪章》的宗旨和原则；（2）尊重一切国家的主权和领土完整；（3）承认一切种族的平等，承认一切大小国家的平等；（4）不干预或干涉他国内政；（5）尊重每一个国家按照《联合国宪章》单独地或集体地进行自卫的权利；（6）（a）不使用集体防御的安排来为任何一个大国的特殊利益服务，（b）任何国家不对其他国家施加压力；（7）不以侵略行为或侵略威胁或使用武力来侵犯任何国家的领土完整或政治独立；（8）按照《联合国宪章》，通过如谈判、调停、仲裁或司法解决等和平方法以及有关方面自己选择的任何其他和平方法来解决一切国家争端；（9）促进相互的利益和合作；（10）尊重正义和国际义务。参见王绳祖主编《国际关系史（第八卷：1949—1959）》，北京：世界知识出版社1995年版，第249页。

② 参见［美］查尔斯·蒂利《强制、资本和欧洲国家（公元990—1992年）》，魏洪钟译，上海人民出版社2007年版，第203页。

国际关系的基本格局。这一现实使得主权平等的外交基本准则真正具有了普遍性。①

第二节 当代主权国家体系的形态

当代的主权国家是以互动并构成体系的形态而存在的。主权国家相互间的互动，包括外交、缔约、结盟、对峙、战争、经贸、观念沟通和文化交流等许多种方式。这些方式的互动，达到影响彼此政策与行为的程度，就构成了典型的国际体系。

从整体上讲，当代主权国家体系首先是一种主权国家秩序。主权国家秩序是主权国家互动所形成的最基础的结构。主权国家的其他互动都是在这个结构的框架之内。在这种秩序下，所有主权国家在国际舞台上行动时都需要遵守一定的国际规范和准则，其中最根本的就是主权规范，确切地讲，就是不干涉内政与独立平等。然而，由于主权国家秩序是一种“无政府状态”，即在主权国家之上没有更高的权威机构，没有实施管制的机构，因此主权秩序常常遭到破坏，其表现就是发生侵略、战争。为了使主权国家能够共存下去，每一次发生秩序被破坏的情况后，主权国家都会通过互动使之恢复秩序。尽管在这个过程中单元会发生变化，但主权国家的整体结构与原则却能够保持下来，因为主权国家别无选择，只能以这种方式共存。

以主权秩序的存在为大背景，主权国家基于自身的不同利益，会以不同的角色、不同的行为进行不同的互动。不同的互动会形成不同的体系，而不同的体系有不同的属性与运作机制，并且会对作为单元的主权国家有不同的影响。

一 政治结构下的当代主权国家体系

主权国家作为一种政治实体，其互动首先具有政治属性。在这种属性的互动中，主权国家有不同角色，基于这些角色所形成的结构主要有三种：一是权力政治结构，即世界格局；二是国际制度与组织结构；三是双边与多边外交结构。

权力政治结构，如前所述，就是国家作为权力体，经由互动所形成的国

① 鲁毅等:《外交学概论》，北京：世界知识出版社 1997 年版，第 72—73 页。

际权力格局。在这种游戏中，只有大国才有资格参与。在竞争中，权力居于最顶层的国家，就构成了互动中的“极”。大国数量的不同，所构成的格局就不同。人们常说的单极、两极、多极，都是这样的结构。主权国家在权力政治中，相互间关系的本质是竞争。每个国家都力图取得发展或保持自己的权力。它们要么谋求霸权，要么谋求均势。当世界主要大国经过权力较量形成稳定的关系后，一种权力结构就形成了。第二次世界大战结束后美苏之间经过互动所形成的冷战，就是一种典型的两极体系。在美苏两个超级大国的主导下，它们各自的盟国都加入了这场对抗。由于两者在世界范围进行争夺，因此整个世界都受到这种权力结构的影响。冷战结束后，美国曾一度被认为处于单极状态，但随着新兴大国的崛起，多极化的趋势又显现出来。从主权国家形成后的整个历史来看，权力政治一直是主权国家间互动的基本形式。尽管这种互动常常以冲突甚至战争为表现，但通过演进总会在一定时期形成稳定的权力格局。这种格局对国家行为和国际关系的整体是有深刻而重大的影响的。

主权国家在互动中除了会形成权力政治的冲突局面之外，它们在互动中还会因共同利益的形成而进行合作。实际上，只要主权国家形成稳定的秩序，形成一定的规范，就会出现合作的局面。即使是明显的敌对国家，也可能在某些方面进行某种程度的合作。国家基于共识与规范开展合作，最典型的表现就是建立国际制度与组织。这样的互动会形成主权国家间政治互动的另外一种结构。

主权国家间的制度与组织，作为政治性体系，在当今国际关系中占有非常突出的位置，其中既有普遍性组织，也有区域性组织，前者如联合国，后者如欧盟、东盟、非盟、美洲国家组织、上合组织等。这些组织一方面构成了主权国家进行互动的适当平台，便于它们沟通信息、交流对特定问题的看法，并进行利益的讨价还价；另一方面则构成了在一定程度上约束主权国家行为的规范。主权国家以这样的形式互动，是一种在秩序下的互动，能够方便地处理参与成员共同面对的问题。这远比无序下的权力互动要好得多。当然，由于国际组织的制度化程度不同，对主权国家的约束不同，因此主权服从约束的程度也不同。实际上，一旦主权国家认为相关组织或制度对自己不利，它们就会退出该制度。这也是国际组织的一个重要特点。

在主权国家建立的政治性组织中，联合国是最具普遍性的一个结构。当今世界的主权国家，几乎都是联合国成员。这种情况反过来也构成了主权国家是否得到承认的一个标志。截至 2011 年 7 月，联合国会员国的数量已从最初的 51 个增加到 193 个。另外，还有 2 个常驻联合国观察员国：梵蒂冈和巴勒斯坦（地位高于梵蒂冈）。根据《联合国宪章》的规定，联合国的宗旨是维护国际和平与安全；发展国际间以尊重各国人民平等权利及自决原则为基础的友好关系；进行国际合作，以解决国际间经济、社会、文化和人道主义性质的问题，并且促进对于全体人类的人权和基本自由的尊重；作为协调各国行动的中心，以达到上述共同目的。[①] 联合国所承担的使命是任何单一主权国家都完不成的。这些问题只有在世界范围内经由全体国家共同合作，才能形成共识与规范。

从几十年来的历史实践来看，主权国家体系的基本原则在联合国得到了最充分的体现。联合国为人类的和平与繁荣作出了重要贡献，在实现全球非殖民化、维护世界和平和安全、促进社会和经济发展等方面起了重要作用。例如，自 1948 年以来，安理会共授权进行了 60 余项维和行动，联合国还先后组织制定了从不扩散核武器到和平利用外层空间等数百个国际条约，联合国大会以及各功能性组织更是为世界各国提供了平等表达自己声音、维护自身权益的重要舞台。尽管联合国会员国之间也存在一定的差异，特别是安理会 5 个常任理事国拥有其他国家所不具备的否决权，但这并没有妨碍联合国作为政府间国际组织发挥它的不可替代的作用。

除了联合国及其所联系的各种世界性组织之外，主权国家间还建立有大量的区域性组织。这种组织有一定的地域范围，所要解决的主要是地区问题，运用的也主要是地区性力量。前面提到的欧盟、东盟、非盟、美洲国家组织、上合组织等就都是地区性组织。参与这些组织的国家，一方面作为结构的构成单元参与体系内的互动，另一方面则作为整体与其他国际组织以及组织外国家形成跨区域互动。例如，东盟以 10 + 1 或 10 + 3 的方式与中国、

① 为实现上述宗旨，联合国遵循下列原则：（1）联合国组织基于所有会员国主权平等的原则；（2）各会员国应该忠实履行它们依宪章规定所承担的义务；（3）各会员国应该以和平方法解决它们的国际争端；（4）各会员国在它们的国际关系中不得以不符合联合国宗旨的任何方式进行武力威胁或使用武力；（5）各会员国对联合国依照宪章所采取的任何行动应给予一切协助；（6）联合国在维护国际和平与安全的必要范围内，应确保使非会员国遵循上述原则；（7）联合国组织不得干涉在本质上属于任何国家内部管辖的事项，但此项规定不应妨碍联合国对威胁和平、破坏和平的行为及侵略行径采取强制行动。《联合国系统》，见 http://news.xinhuanet.com/ziliao/2003-02/19/content_735253.htm。

日本、韩国的互动就属这种情况。

地区组织作为一种政治合作框架，其主要目的是解决地区性问题。由于这些国家有密切的地缘、文化关系，有沟通的便利条件，面对的问题往往与各方都相关，因此更容易建立起合作机制。例如，非盟解决地区的冲突问题，上合组织解决地区内反对恐怖主义和极端主义的问题，欧盟解决经济、外交与防务等方面的问题等。当然，由于各个地区组织成立时间长短不一，一体化程度不同，政治文化不同，面对的问题也不同，因此也是存在很大差异的。欧盟作为一个国际组织，一体化程度最高，不但经济上（包括货币）和政治上实现了相当程度的一体化，而且在共同外交与防务上也取得了重要进展。当然，欧盟一体化的步子大，碰到的问题也多。与欧盟的一体化进程不同，东盟作为一个政治体系，则特别注意维护与坚持主权原则。各成员国是本着独立与平等的精神开展合作，政治目标是促进本地区的和平与稳定。上海合作组织对内遵循的是“互信、互利、平等、协商、尊重多样文明、谋求共同发展”的“上海精神”，对外奉行不结盟、不针对其他国家和地区及开放原则。[①] 自 2001 年 6 月成立以来，上合组织在诸多领域展开合作，坚持了对各成员国主权的尊重。

与上述全球性和地区性政治体系不同，当今世界还有基于特殊历史原因而存在的主权国家结构。英联邦（The Commonwealth）就是这样的体系。英联邦由英国及其自治领和其他已独立的前殖民地、附属国组成。英联邦现有 54 个成员，每年 4 月 27 日为英联邦日。它并不是一个共和国，也没有中央政府。尽管英王是英联邦名义上的元首，但各成员都是主权国家，英王仅具有“象征”意义。英联邦不设权力机构，英国和各成员国互派高级专员，代表大使级外交关系。随着英联邦内部联系越来越不稳定，英国如今已不再是英联邦的主宰，英联邦也只是一个供各成员国进行政治、经济磋商与合作的松散组织。[②] 作为与殖民历史相关的一种主权国家结构，英联邦在当代的维系主要是基于一种历史文化的纽带。随着时代的发展，它的内容也不得不变化。

除了有正式组织的主权国家结构之外，主权国家间还存在大量的以外交为形式的互动结构。最常见的是国家间的双边外交。在这种外交互动中，只

---

① 《上海合作组织》，http：//news. xinhuanet. com/ziliao/2002 - 06/01/content_418824. htm。

② 《英联邦》，http：//news. xinhuanet. com/ziliao/2003 - 01/27/content_709633. htm。

要国家间形成稳定的关系，这种关系会影响相互的政策，那就可以视为是一种结构。当然，这是一种最微型的体系。比较典型的外交体系是指多边外交。多边外交的开展，通常都有一个平台，使这种外交固定化。例如，解决朝核问题的六方会谈就是典型的多边外交。朝核问题始于20世纪90年代初。当时，美国根据卫星资料怀疑朝鲜开发核武器，扬言要对朝鲜的核设施实行检查。朝鲜则宣布无意也无力开发核武器，同时指责美国在韩国部署核武器威胁它的安全。第一次朝鲜半岛核危机由此爆发。为了和平解决朝核问题，中国政府进行多方斡旋，最终促成朝鲜、美国、中国、韩国、俄罗斯、日本六国举行正式会谈，自2003年8月开始，已进行了六轮。[①] 由于各方立场差异甚大，核心关切不尽相同，会谈还没有取得实质性结果，但这种外交结构却为最终解决这个棘手问题提供了一种不可替代的形式。

在当代，日益增多的G型结构也是典型的多边外交体系，如G8、G20、G77等。这些结构不同于正式的国际组织，它们实际上是一种外交平台。由于形成了惯例，有了程序性规范，因而具有了准组织的色彩。尽管这些结构会涉及经济等其他方面的问题，但它们作为主权国家的互动结构，首先具有政治性，而且它们的议题也往往兼具政治与经济属性。例如，G8就具有很典型的政治属性。

1975年，经法国倡议，法国、美国、德国、日本、英国和意大利六国领导人在巴黎召开第一次首脑会议。1976年，加拿大参加第二次首脑会议，始称七国集团。俄罗斯从1997年开始加入七国集团，并于2002年被接纳为八国集团正式成员。八国集团成员国人口约8.8亿人，约占世界人口的14%，国内生产总值约占世界总量的65%，2008年达到33.9万亿美元。从成立之初到20世纪80年代，该集团以协调主要发达国家宏观经济政策和汇率政策、稳定国际金融市场、应对经济危机为宗旨。20世纪80年代后期以来，随着国际形势的演变，国际政治、经济领域出现许多新问题，它的讨论议题也逐渐扩大到国际政治、安全、社会、贫困、环境等领域。就其性质而言，八国集团是一个由主权国家组成的论坛性组织，无常设机构，主要活动是每年一次的首脑会议及其他各层次会议。[②] 这一论坛作为西方大国的俱乐部，尽管有主导世界事务的象征意义，但伴随全球问题的凸显和全球治理进程的

---

① 《朝核问题北京六方会谈》，http：//news. xinhuanet. com。

② 《背景资料：八国集团》，http：//news. xinhuanet. com。

推进，已不得不把与发展中国家的对话作为论坛的惯常形式。2010 年，包括新兴大国在内的 G20 正式取代了其世界经济论坛的地位。

用 G 来表述主权国家间的互动，与用极表述的格局是不同的。极是代表全球最顶尖的权力体，而 G 则比较宽泛，也可以指地区大国。近年有人用 G2 称呼中美两国，这种说法的内涵就不同于冷战时的两极，主要是指两国间的外交互动，因为这种外交互动影响越来越大。

在当代全球国家的政治性互动中，新兴大国正扮演日益重要的角色。这也是国际政治结构变化的一个表现。作为新兴大国互动的平台，“金砖国家”是一个重要的体系，包括巴西、俄罗斯、印度、中国及南非五个国家。2001 年，美国高盛公司首席经济师吉姆·奥尼尔首次提出了“金砖四国”的概念，巴西、俄罗斯、印度和中国四个国家英文名称首个字母的合称是 BRIC，其发音类似英文的“砖块”（BRICK）一词，故得其名。[①] 2003 年，高盛公司在一份题为《与“金砖四国”一起梦想》的研究报告中预测，到 2050 年，世界经济格局将重新洗牌，“金砖四国”将超越包括英国、法国、意大利、德国在内的西方发达国家，与美国、日本一起跻身全球新的六大经济体。[②] 此后，“金砖四国”作为新兴市场国家的领头羊，越来越受到世界的关注。2008 年 9 月，金融危机爆发后，“金砖四国”采取积极措施，加强相互合作。2009 年 6 月 16 日，四国领导人在俄罗斯举行首次正式会晤，就国际金融机构改革、粮食安全、能源安全、气候变化以及“金砖四国”未来对话与合作前景等问题交换看法，并发表了《“金砖四国”领导人俄罗斯叶卡捷琳堡会晤联合声明》。这次正式会晤将“金砖四国”从一个学术概念转化为现实的国际关系结构。2010 年 12 月，南非作为正式成员加入，“金砖四国”变成“金砖国家”（BRICS）。随着相互间合作的逐步深入，金砖国家的合作在逐步走向制度化。虽然到目前为止，金砖国家间的互动主要是在经济领域，但这些国家的地位与作用决定它们坐在一起就是对世界政治格局的一种改变。

---

① Jim O' Neil, "Building Better Global Economic BRICs," *Global Economics Paper*, No. 66, Goldman Sachs, November 30, 2001. http: //www2. goldmansachs. com/our – thinking/brics/building – better. html.

② Dominic Wilson and Roopa Purushothaman, "Dreaming with BRICs: The Path to 2050," *Global Economics Paper*, No. 99, Goldman Sachs, October 1, 2003. http: //www2. goldmansachs. com/our – thinking/brics/brics – dream. html; 《金砖国家的由来》, 人民网, http: //theory. people. com. cn/GB/14354539. html。

二 经济结构下的当代主权国家体系

主权国家要生存，就必须从事经济活动。任何国家如果不能给人民带来福祉，那么它就不具有合法性了。在当代世界，国家的生存不但要靠发展经济增强权力，而且要靠发展经济实现繁荣，提高人民的生活水平。要做到这一点，国家不但要实现国内经济的发展，而且要进行对外经济互动。这种互动，会导致国家间形成经济体系。

与主权国家间组成的政治性体系一样，经济性的体系也包括普遍性的、区域性的以及次区域性的和跨区域性的结构。国际货币基金组织（IMF）、世界贸易组织（WTO）、世界银行（WB）等都是普遍性的经济体系。亚太经合组织（APEC）等属于区域性的经济体系，石油输出国组织（OPEC）、G7/8、G20等则是跨区域性的体系。与政治领域的一些体系结构稍有不同，经济性的体系结构往往具有更强的制度化结构，因为经济结构都是国家间有序互动的产物，是合作的结果，而合作的深化必然表现为制度化进程的发展。

国际货币基金组织、世界银行和世界贸易组织并称为当今世界经济体制的“三大支柱”，它们是第二次世界大战后建立起来的专门处理国际金融、贸易、货币事务的重要组织。根据1944年7月签订的《国际货币基金协定》，国际货币基金组织（IMF）于1945年12月与世界银行同时成立，是重要的政府间国际金融组织。截至2011年6月，共有187个成员国。自1947年11月15日起，它成为联合国的一个专门机构，但在经营上具有独立性。IMF的资金来源于各成员国认缴的份额，每个成员国都有一个与其在世界经济中的比重大致相符的份额。各成员国的份额由IMF根据各国的国民收入、黄金和外汇储备、进出口贸易额以及出口的波动性等经济指标确定。成员国的主要权利是按所缴份额的比例借用外汇，成员国的份额决定其向IMF缴款的最高限额、其投票权和可从该组织获得贷款的限额。[①] 一直以来，美国在IMF中拥有最多份额，处于主导地位，它也因此具有决定性的影响力。关于成员国份额及投票权的规定表明，实力政治的逻辑在这一体系结构中是有明显的表现的。

IMF自成立以来在稳定国际汇兑、消除妨碍世界贸易的外汇管制、促进

① 《国际货币基金组织》，http：//news. xinhuanet. com/。

货币问题国际合作、提供短期贷款等方面发挥了重要作用。不过，该组织"出钱多权就大"的参股式组织原则并不符合主权国家的平等原则。随着以"金砖国家"为代表的诸多发展中国家的快速发展和崛起，它们在世界经济中所占的分量和比重也增加了，因此改革国际货币基金组织的呼声近年来越来越高。2006 年、2008 年和 2010 年，国际货币基金组织三次通过决议，对份额和投票权分配进行改革，增加了新兴市场国家和发展中国家在该组织中的代表性和发言权。

世界银行也是联合国系统下的多边发展机构[①]，负责向全世界发展中国家提供金融和技术援助。它创始之初的使命是帮助重建在第二次世界大战中遭到破坏的国家，如今它的使命已发展为帮助发展中国家消除贫困、促进可持续发展。世界银行宣称，其使命是以热情和专业精神实现持久减贫，通过提供资源、共享知识、建立能力以及培育公共和私营部门合作，帮助人们实现自助。世界银行并不是一家常规意义上的银行，它的资金来源包括各成员国缴纳的股金、向国际金融市场借款以及发行债券和收取贷款利息等。世界银行的贷款有一定的限制性，如只有参加国际货币基金组织的国家，才允许申请成为世界银行的成员；只有成员国才能申请贷款，私人生产性企业申请贷款要由政府担保；成员国申请贷款一定要有工程项目计划，贷款专款专用，世界银行每隔两年要对其贷款项目进行一次大检查等。[②]

与 IMF 一样，世界银行也面临着改革的压力。2010 年 4 月，世界银行发展委员会春季会议发表公报说，会议通过了发达国家向发展中国家转移投票权以及增加世行资本金的改革方案，决定将发展中国家在世行的投票权提高 3.13 个百分点至 47.19%。自 2008 年以来，发达国家已向发展中国家共转移了 4.59 个百分点的投票权。

世界贸易组织（WTO）的前身是成立于 1947 年的关税及贸易总协定（GATT），它于 1996 年 1 月 1 日正式取代关贸总协定临时机构。截至 2008 年 7 月，世贸组织共有成员 153 个。除主权国家外，世贸组织还有机构成员，

① 它包括五个机构，有不同的成员构成：国际复兴开发银行拥有 186 个成员国，国际开发协会拥有 169 个成员国，国际金融公司拥有 182 个成员国，多边投资担保机构拥有 175 个成员国，国际投资争端解决中心拥有 144 个成员国。见 http：//web. worldbank. org/。

② 参见 http：//web. worldbank. org/WBSITE/EXTERNAL/EXTCHINESEHOME/EXTABOUTUS-CHINESE/0，contentMDK：21123190 - menuPK：3147250 - pagePK：50004410 - piPK：36602 - theSitePK：3141487，00. html。

如欧盟从 1995 年起就是世贸组织的成员。随着《里斯本条约》的生效，世贸组织也正式使用“欧洲联盟”（欧盟）来取代之前的“欧洲共同体”（欧共体）。与国际货币基金组织和世界银行不同，世界贸易组织是独立于联合国的永久性国际组织，具有法人地位，负责管理世界经济和贸易秩序，在调解成员争端方面具有更高的权威性。世贸组织的目标是建立一个完整的、更具有活力的和永久性的多边贸易体制，被视为多边贸易体制的代表，其核心是世贸组织的各项协定。这些协定是由世界上绝大多数国家和地区通过谈判达成并签署的，经过了各成员立法机构的批准。世贸组织成员分四类：发达成员、发展中成员、转轨经济体成员和最不发达成员。世贸组织对推动贸易自由化和便利化起了重要作用。

除了全球的普遍性经济组织之外，还有一些经济组织是由特定国家所构成的。例如，石油输出国组织就是由主要产油国构成的组织。1960 年 9 月，伊朗、伊拉克、科威特、沙特阿拉伯和委内瑞拉等国的代表在巴格达开会，决定联合起来共同对付西方石油公司，维护石油权益和收入。9 月 14 日，五国宣告成立石油输出国组织（OPEC，简称“欧佩克”）。随着成员的增加，欧佩克逐步发展成为亚洲、非洲和拉丁美洲一些主要石油生产国组成的国际性组织。截至 2010 年 3 月，欧佩克共有 12 个成员国，原油产量占世界总产量的 40%。欧佩克意在协调和统一各成员国的石油政策，并确定以最适宜的手段维护其各自和共同的利益。自成立以来，欧佩克致力于石油市场的稳定与繁荣，为使石油生产者与消费者的利益都得到保证，还实行了石油生产配额制。在当代国际关系史上，欧佩克国家曾利用手中的“石油”武器争取和维护自身利益。由于石油是世界各国都不能缺少的战略资源，因此这些具有举足轻重地位的产油国所建立的互动结构除了具有经济影响之外，还具有重要的政治意义。

以上所陈述的经济组织，尽管有很大差别，但都是正式的国际组织，有严格的组织程序和规范。除这类组织外，还有一些经济互动结构具有论坛属性，如亚太经合组织，以及前面提到的 G20 等。

1989 年 11 月，澳大利亚、美国、日本、韩国、新西兰、加拿大及当时的东盟六国在澳大利亚首都堪培拉举行亚太经合组织（APEC）首届部长级会议，标志着该组织正式成立。成立之初，该组织只是一个区域性的经济论坛和磋商机构，经过 20 多年的发展，已逐渐演变为亚太地区重要的经济合作论坛，也是亚太地区最高级别的政府间经济合作机制。1991 年 11 月，中国以主权国家身份，中国台北和香港（1997 年 7 月 1 日起改为“中国香港”）以地区经济体名义正式加入亚太经合组织。截至 2010 年 11 月，亚太经合组织共有 21 个成员。此外，东盟秘书处、太平洋经济合作理事会和太平洋岛国论坛为该组织的观察员，可参加亚太经合组织部长级及其以下各层次的会议和活动。非主权国家行为体的参与，丰富了该体系结构成员的属性，也是这一体系结构之非正式性特点的重要体现。亚太经合组织采取自主自愿、协商一致的合作原则，所做决定必须经各成员一致同意认可。会议文件不具法律约束力，但各成员在政治上和道义上有责任尽力予以实施。因此，这一体系结构只是一个较为松散的组织架构。尽管如此，该组织自成立以来在推动区域和全球范围的贸易投资自由化和便利化、开展经济技术合作等方面仍然发挥了重要作用。

G20 的成立与 1997 年的亚洲金融危机有关系。该次危机的爆发使人们认识到，解决国际金融问题的互动除了要有西方发达国家的参与外，还需要有影响的发展中国家参与。1999 年 9 月，八国集团的财长在华盛顿宣布成立由主要发达国家和新兴市场国家组成的二十国集团（G20），同意二十国集团就国际金融问题进行磋商。同年 12 月，二十国集团的财政部长和中央银行行长在柏林举行二十国集团创始会议，强调二十国集团是国际货币基金组织和世界银行框架内非正式对话的一种新机制，旨在推动国际金融体制改革以及在发达国家和新兴市场国家之间就实质性问题进行讨论和研究，以寻求合作并促进世界经济的稳定和持续增长。二十国集团的议题涉及各方经济金融主管部门，会议讨论机制具有专业化、多层次的特点，并且按照协商一致的原则运作。作为一个国际论坛，二十国集团由八国集团成员国以及澳大利亚、中国、巴西、阿根廷、墨西哥、韩国、印度尼西亚、印度、沙特阿拉伯、南非、土耳其和作为实体的欧盟组成。[①] 据统计，二十国集团的人口占全球的 2/3，国土面积占全球的 60%，国内生产总值占全球的近 90%，贸易额占全球的 80%。与八国集团相比，二十国集团成员涵盖面更广，代表性也更强，其成员除主权国家外，还有作为超国家行为体的欧盟，可以说兼顾了发达国家和发展中国家以及不同地域利益的平衡。实际上，二十国集团的兴起标志着全球经济治理改革步入了加速期。随着改革的深化，二十国集团所代表的新型经济体系结构将在未来的全球治理中占有重要地位。自 2008 年

① 《二十国集团》，新华网，http：//news. xinhuanet. com。

发生国际金融危机以来，二十国集团已召开五次峰会，讨论应对国际金融危机之策。自2010年起，G20正式取代G8成为世界经济的主要论坛。

从主权国家互动而结成的经济体系结构中，可以看到，这个领域的互动从总体上讲具有合作的属性，即使有矛盾与冲突，通常也是在规范许可的范围之内，不同于权力政治下的斗争与对抗。与政治领域的互动结构相比，这一领域的结构具有更加普遍的制度化特点。这一特点主要是由经济互动的属性所决定的。在这种互动中，无论涉及哪一类问题，都必须有序地进行，否则互动就不会存在。

三 军事结构下的当代主权国家体系

主权国家参与国际互动，在任何情况下，安全都是首要问题。由于主权国家的安全是相对其他国家而言，因此它们的互动就涉及安全领域。为了维护自身的安全，主权国家通过互动形成了各种各样的军事结构。主权国家结成军事同盟是一种结构，在同盟之间进行对峙与战争也是一种结构；开展军备竞赛是一种结构，进行军控与裁军也是一种结构。对于主权国家来说，这些结构既是一种安全的因素，也是一种实实在在的威胁。由于主权国家不能免于这样的互动，因此都需要遵循这样的机制来维护自己的安全利益。

第二次世界大战结束后，美国为了遏制苏联，维护其在欧洲的主导地位，联合西欧一些国家于1949年4月成立了北大西洋公约组织（NATO）。北约的直接对手是苏联和东欧国家于1955年成立的华沙条约组织。这两个组织的互动构成了冷战期间的主要军事结构。北约成立之初只有12个成员国，后来经过六次扩大，成员国逐渐达到今天的28个。在性质上，北约首先是一个由主权国家组成的军事同盟，以后又逐渐发展成一个军事—政治集团。它的宗旨是要通过集体防御，通过政治和军事手段等来保卫成员国的自由与安全。冷战结束后，华约组织随之解散，但北约却延续至今。在北约的体制中，各成员国在名义上都是平等的主权国家，但实际上美国在该组织的安全架构中居于主导地位，为其他国家提供事实上的安全保护，特别是提供作为稀缺资源的“核保护伞”；其他国家则处于附属地位，在维护安全方面只能起辅助作用。

除了大规模的军事集团间的互动，当代更多见的是双边军事合作，这种合作也具有军事结盟性质。例如，美国在第二次世界大战后就与许多国家建立了军事同盟关系，美日关系便是其中比较典型的例子。

第二次世界大战后，美国对日本实施了全面控制。后来，随着美苏冷战的全面展开，美国决定改变对日政策，策划缔结对日和约，以便扶植日本，并使美国占领日本合法化。1951 年 9 月，在美国旧金山召开对日媾和会议，共有 48 个国家签订了对日和约。同时，美国还与日本签订了《美日安保条约》，并取得了“在日本国内及周围驻扎美国陆、海、空军的权利”，驻日美军不仅“用以维持远东的国际和平和日本免受外来武装进攻的安全”，还可用于镇压日本国内的“大规模暴动和骚乱”。之后，美日两国又签订了实施《美日安保条约》的行政协定，规定日本应向美国无限制地提供军事基地，驻日美军及其家属在基地内外享有治外法权及原占领军军人所享受的一切特权。这样一种结构的确立，其结果就是“日本形式上获得独立，实际上处于半独立、半被占领的状态，在军事上和经济上依赖美国，外交上追随美国”①。

1954 年 3 月，美日又签订了《共同防御援助协定》，意在“加强日本自身的防卫力量，使日本更好地履行《美日安保条约》，把日本纳入美国霸权的战略轨道”。1957 年 2 月岸信介政府上台后，两国进行了关于修订《美日安保条约》的谈判，最终于 1960 年 1 月签订了美日《共同合作和安全条约》（即新美日安保条约），删除了原来有关镇压日本国内暴动和骚乱的内容，并使日本获得了更多的自主权，这也是两国间控制与反控制博弈的结果。② 长期以来，美日军事同盟一直是两国关系的基础，但近年来两国间在驻日美军等问题上的矛盾日渐突出。在这一双边结构中，尽管双方是一种主权国家间关系，但由于历史及安全等原因，日本始终是处于美国的安全保护之下，“美主日从”的不平等现状也一直是清楚的事实。

在全球的军事互动中，如果说结盟是行为体增强军事力量的一种方式，那么进行军备竞赛则是行为体增强自身军事手段的另一种方式。在这个领域，行为体似乎是进入了一个无休止的过程。只要对立的一方有什么，另一方就会千方百计得到它。除了常规武器的发展之外，人类社会还发明出了一种更危险的武器即核武器。这种武器的发展，特别是冷战期间两个超级大国的荒唐的核军备竞赛，把全球置于一种非常危险的状态。发生核战争的危险无须赘言，即使是发生核事故也是人类社会所不可接受的。正是基于这样的

---

① 何春超等编著：《国际关系史纲（1917—1985）》，北京：法律出版社 1987 年版，第 302 页。
② 何春超主编：《国际关系史（1945—1980）》，北京：法律出版社 1986 年版，第 289 页。

现实，自第二次世界大战结束以来，世界各国就开始了进行军控与裁军的互动。如果说结盟与军备竞赛是增强战争能力的一种互动，那么军控与裁军则是减少军事能力的一种互动。

在核军控领域，除了美俄（苏）这两个核大国的互动之外，围绕核不扩散问题所形成的互动乃是涉及全球问题的一种结构。这一进程开始于 20 世纪 50 年代末。1959 年，联合国大会通过了爱尔兰提出的一项议案，要求核武器国家不要向无核国家提供核武器。1961 年，爱尔兰又向联合国大会提出了“关于防止核扩散问题的国际协定”草案，呼吁所有国家（特别是有核武器国家）缔结一项核不扩散协定。1962 年，防止核扩散问题被列入 18 国裁军委员会会议议程。与此同时，美苏两国也就这个问题开始了双边谈判。1968 年美苏向联合国大会第一委员会提出了不扩散核武器条约的案文，同年 6 月 12 日在联合国大会获得通过，1970 年 3 月 5 日正式生效，有效期为 25 年。1995 年 4 月，在该条约期满之际，联合国通过决议，将该条约无限期延长。到目前为止，除印度、巴基斯坦、以色列和古巴四个国家外，世界上的其他国家都已签署了该条约。朝鲜于 1985 年 12 月 12 日正式加入该条约；1993 年 3 月 12 日，朝鲜宣布了退出意向，但后又撤回；2003 年 1 月 10 日，朝鲜再次宣布退出意向，并于同年 4 月 10 日正式退出。可以说，《不扩散核武器条约》的通过为核不扩散的国际体系奠定了基础。目前，核不扩散领域已形成了结构复杂的国际体制。除《不扩散核武器条约》这一基本条约外，在主权国家的互动中还形成了有关无核区的各种条约以及对核材料的出口进行控制与核查的各种国际机构与制度。这些体制再加上其他一些核裁军与核军控领域的体制，共同构成了一个更大的控制核武器发展的体系结构。这个体系从总体上讲，遏制了核武器及核原料的扩散，促进了核军控与核裁军的进展。当然，核不扩散体系也存在许多不完善之处，仍然面临着许多挑战。①

从理论上来说，参与核不扩散体系结构的都是主权国家，各国平等应是题中应有之义。但是，核不扩散体系结构的内在矛盾却使之天生便是个歧视性的体制。按照《核不扩散条约》的规定，美、苏（俄）、英、法、中五国是有核武器国家，而世界上的其他国家则都是无核武器国家。这种不平等和不公正的结构尽管比核武器得到普遍发展要好，但却不能使这个互动进程导向无核武器世界，不能实现彻底的核裁军以保证所有主权国家的安全

① 李少军：《论核不扩散体制》，《世界经济与政治》2001 年第 1 期，第 36—39 页。

利益。

在主权国家的军事互动中，进行战争是一种最极端的结构。20世纪所发生的两次世界大战，就是主权国家间最暴烈的军事互动结构，给人类社会带来了浩劫。自冷战结束以来，世界大战的危险基本消除，发生在主权国家之间的国际战争也日渐减少，但具有跨国因素的国内冲突却广泛蔓延了。得到国际力量支持的反对派与政府间的战争（例如利比亚反政府武装在北约支持下与政府军的战争），反对派跨越边界进行的战争（非洲许多国家反政府武装进行跨境武装活动），都属于这类军事互动。

在全球的军事互动中，国际组织的干预亦构成了一种重要表现。自冷战结束之后，联合国获得了行动的机会。面对冲突蔓延的趋势，联合国的维和行动广泛展开，为冲突解决发挥了重要作用。尽管在维和中联合国原则是持中立立场，但维和部队毕竟是作为一个军事单元参与互动。

如果说联合国参与军事互动是一种具有合法性的行为，那么联合国体系之外所发生的对一个主权国家的军事干预就未必具有合法性了。无论是美国率北约轰炸南斯拉夫，还是进行伊拉克战争，采取军事行动之初都没有得到联合国授权。尽管这一类军事互动具有国际属性，但与传统的国际战争不同。北约对南斯拉夫的战争，是为了迫使其签订城下之盟，按照其意愿解决科索沃问题。对伊拉克进行战争，名义上则要解决大杀伤性武器问题。这类行动实际上形成了一种当代的军事互动结构：如果一个国家被认为侵犯了人权，支持恐怖主义，或是发展大规模杀伤性武器，就可能遭到外部干预（未必具有合法性），进而被卷入军事互动。由于这类行动可能涉及很多国家，因而对国际关系具有较广泛的影响。

四　其他结构下的当代主权国家体系

除了前述几种主要类型的体系结构之外，主权国家间在互动过程中还形成了其他形式的体系结构，如宗教与意识形态结构、功能性结构等。这些体系结构在各自领域也都占有重要地位，发挥了独特的作用，构成了主权国家实施对外政策的国际背景和组成部分。

在当代的国际关系中，最突出的意识形态体系结构当属冷战期间以苏联为首的社会主义阵营和以美国为首的资本主义阵营之间的对立结构。社会主义阵营以马克思主义的阶级斗争理论为指导思想，目标是在世界范围内进行无产阶级革命，最终战胜和消灭资本主义，建立起共产主义制度。资本主义阵营则力图在世界范围内推广民主，维护人权，实现自由资本主义的国际秩序。这两大意识形态集团之间在世界范围的对立和博弈，形成了冷战期间的两极格局。在两大集团内部，美苏两国作为各自阵营的领导者，居于主导地位，认为必要时有可能干涉本阵营其他国家的内部事务，如苏联对匈牙利等国的干涉。

在许多功能性的“低政治”领域，主权国家之间更早就有了相互间的互动与合作。例如，在国际联盟于1920年建立之前，已存在有20多个国际组织，如国际度量衡组织（1865年）、邮政总联盟（1874年）、国际保护工业产权联盟（1883年）、国际保护文化艺术作品联盟（1888年）、国际铁路货运联盟（1890年）等。在当代，这类组织很多。在联合国体系中，就有国际民用航空组织、国际劳工组织、国际海事组织等专门机构。这些组织作为主权国家体系，不涉及国际政治事务，它们的国际行为只局限在成员国之间行业服务的范围内。例如，万国邮政联盟（UPU，简称“万国邮联”或“邮联”）是联合国为商定国际邮政事务而专门设立的政府间国际组织，其前身就是“邮政总联盟”。该组织自1948年7月1日起成为联合国的一个专门机构，由邮政联盟大会、行政理事会、邮政经营理事会和国际局组成，其宗旨是组织和改善国际邮政业务，促进国际合作的发展。联合国所有会员国均可加入邮联，不是联合国会员国的主权国家亦可以申请参加邮联，但需得到至少2/3邮联会员国的同意。截至2008年，万国邮联有成员191个。邮联法规包括会员国政府全权代表签订的关于邮联的组织法、总规则、公约和各项业务协定。[①] 在当代世界，这些功能性的主权国家体系的存在保证了各种国际事务的正常运作。

在当代国际关系中，主权国家体系构成了国际互动的各个层面的架构。这些体系中，有一些具有对抗的属性，如战争体系，多数都代表着某种秩序，有通行的规范。正因为有这些规范，国际关系尽管是无政府状态，但并不是无序状态。规范使得主权国家能够在互动中共存。更加重要的是，面对共同问题，主权国家甚至能够开展全球性合作，采取集体行动。正是这些体系所蕴涵的规范，使得国际体系在某种程度上具有了可称为“国际社会”的结构形态。

---

① 《万国邮政联盟》，新华网，http：//news. xinhuanet. com。

第三节　主权与现代国家体系的演变

主权国家体系作为一个历史性结构，并不是静态的，而是处于不断的变化之中。特别是自20世纪70年代以来，随着国家间的相互依赖的普遍化和全球化进程的深化，主权国家体系不断发生着演变。由于主权国家体系是最基础性的国际互动框架，因此这种变化影响了国际关系的方方面面。

面对主权国家体系的变化，学界有关主权的争论日益增多，怎样认识当代的主权成为一个重要的问题：在各种影响的侵蚀下，主权原则还起作用吗？当代的国际结构发生根本变化了吗？正因为存在着不同认识与争议，杰克逊和索伦森将“主权”列为国际关系学的新议题，认为主权制度正以传统方法无法充分有效预知的方式在发展变化着。①

一　全球化对主权国家的影响

按照传统观念，主权国家是一个个具有坚硬外壳的独立单元。虽然它们是以体系的形态为存在方式，但它们在本质上是以相互独立为基本属性。在全球化的大背景下，跨国互动的纽带、全球治理模式和一体化进程把主权国家日益密切地联系在了一起，这些联系不断穿透主权的壁垒，把各种影响渗透进主权国家内部。在这一过程中，主权不断受到侵蚀，主权和主权国家体系都在发生变化。

主权国家的变化，首要的影响因素就是日益深化的全球化。弗格森（Yale H. Ferguson）和曼斯巴赫（Richard W. Mansbach）认为，今天，当代国家面对的是超越其合法边界的经济、文化以及种种制度的挑战。② 科学技术的进步促进了通信、互联网等交往手段的快速发展，便利了世界范围内物资、人员的密切往来，促进了思想、文化的跨国传播，推动了经济的全球联系和贸易、投资、金融、跨国公司的蓬勃发展，也便利了宗教运动（如伊斯兰原教旨主义运动）和民族运动（如库尔德人的运动）等超越国家边界的活动。这些既是全球化的重要组成部分，也是全球化的重要结果。

---

① ［加］罗伯特·杰克逊、［丹］乔格·索伦森：《国际关系学理论与方法》，吴勇等译，天津人民出版社2008年版，第358页。

② Yale H. Ferguson, et al., “What Is the Polity? A Roundtable,” *International Studies Review*, Vol. 2, Issue 1, Spring 2000, pp. 3－4.

斯蒂芬·克拉斯纳（Stephen D. Krasner）指出："在当代，主权国家遭到了前所未有的压力，特别是来自于全球化和人权规范的压力，这些压力使得主权体系的生存能力发生了问题。"他使用"相互依赖的主权"（interdependence sovereignty）的概念来总结这种现象，并写道："在相互依赖条件下，主权正受到因技术变革而导致的全球化的侵蚀，这种技术变革极大地降低了通信和运输的成本。国家不能控制商品、资本、人员、思想以及传染病的跨界移动。政府推动了一些传统上的管理职能：由于国际资本的流动，它们不能有效地实施货币政策；由于互联网，它们不能有效地控制知识；由于个人能够便捷地在全球移动，它们不能保证公众健康。虽然它们控制边界的权利并没有受到挑战，但全球化实际上侵蚀了它们这样做的能力。"① 卡伦·明斯特也认为，国家尽管位居中心，但却面临着来自全球化进程、以宗教和意识形态为基础的跨国运动以及种族—民族运动的多重挑战。②

随全球化而来的全球性问题的出现，如气候变化、环境破坏、资源枯竭、传染性疾病等，也使人们的主权观念大受挑战。杰克逊和索伦森认为，"全球市场正以前所未有的方式、更加轻而易举地侵蚀着国家的疆界，影响着国民经济。环境关切、全球通信系统、核武器、恐怖主义、毒品贸易以及其他所有此类要素无不是强有力的例证。它们超越了国家边界并质疑着旧的传统观念，即由独立的主权国家对其领土实施全面控制的观念。"③ 在此情况下，人们传统的主权观念似乎显得无力，因为各国难以单独应对这些全球性问题，而是必须与其他国家合作。甚至可以说，如果没有各国之间的密切合作，全球性问题将难以解决，而就这些全球性问题进行合作则很可能意味着主权的削弱，因为没有哪个国家可以完全掌控有关事态的发展，而只能根据共同的规则参与合作。

弗格森和曼斯巴赫认为，这些新的趋势使得统治权已不专属于政府，而是形成了所谓的"全球治理"（global governance）。这种治理包括不同层面的政府活动，也包括其他的许多渠道，这些渠道可以通过制定目标、确定方

---

① Stephen D. Krasner, "Abiding Sovereignty," *International Political Science Review*, Vol. 22, No. 3, 2001, pp. 230 - 231.

② ［美］卡伦·明斯特：《国际关系精要》（第三版），潘忠歧译，上海人民出版社 2007 年版，第 128—132 页。

③ ［加］罗伯特·杰克逊、［丹］乔格·索伦森：《国际关系学理论与方法》，吴勇等译，天津人民出版社 2008 年版，第 359 页。

向和政策而发出指令。实际上，这种治理乃是一种控制机制的总和，它受到不同的历史、目标、结构和过程的驱动。在这样一个世界，权力分散于各个政治实体而不存在完整的等级制，而且不一定与领土空间的分割相联系。[①]总而言之，“全球化导致全球价值分配中的最高统治权，也就是最高自治决策权，正经历消失、削弱、下降或减少的过程。国家主权一些固有性质和显著特征，如自治、内政不受干涉等，已经有了明显的改变。结果是它们的功能和意义都受到全球化的削弱”。“无论是哪个国家或国家集团，而且不管多么强大，都难以继续依靠单独或结盟性行动来追求自我目标。”[②]

从上述观点中可以看到，很多学者在关注全球化进程对主权和主权国家体系的影响。这种情况表明，理解和解释当代的主权已成为一个需要进行深入探讨的问题。

克拉斯纳所讲的“相互依赖的主权”，是对现实的一个非常有意义的概括。这样的主权，显然不同于具有“对内最高”和“对外独立”内涵的传统主权。为了理解当代的主权与传统主权的区别，我们可以假设一种情况，即国家相互封闭，“鸡犬之声相闻，老死不相往来”。在这样的“国际”环境下，每个国家在内部是可以确立符合传统主权理论的最高权力的，而且相互间也可以保持各自的独立。但是，如果发生国家间的互动，那情况就不同了。互动意味着相互影响。如果国家在国内事务的决策上相互影响，那就无所谓权力的对内最高与相互独立了。

以国家间的经济关系为例。在完全封闭和自给自足的情况下，国家间可以不发生任何关系。一旦国家相互接触，它们就会发现有互动的必要。事实上，国家经济只有互动，才能较快地发展。正如真实的历史进程一样，任何封闭的国家，最终都需要打开国门。国家在开放条件下进行经济互动，其决策是相互影响的。说得确切些，交易的实现，只有各方都同意才行。在这种情况下，每一主权者的决策，都是与他方相关的事情。在进行讨价还价的时候，谁都不能“最高”与“独立”。如果国家间是偶尔发生这样的互动，就像古代的中国与欧洲的来往一样，那么就不会导致结构发生变化。如果国家间有了密切的互动，形成了相互依赖关系，那主权的内涵就要发生变化了。

---

① Yale H. Ferguson, et al., “What Is the Polity? A Roundtable,” *International Studies Review*, Vol. 2, Issue 1, Spring 2000, pp. 3-4.

② ［日］星野昭吉：《全球政治学：全球化进程中的变动、冲突、治理与和平》，刘小林等译，北京：世界知识出版社2000年版，第102、110页。

从逻辑上讲，主权国家间的互动越密切，主权的最高与独立属性受到的影响就越大。

观察全球化进程可以看到，当代国家间的相互依赖已成为普遍现象。国家不但在经济上相互依赖，而且在政治、军事、文化上都有了越来越密切的关系。在这样的结构下，国家除了处理内部问题时会受到彼此间的影响之外，还面对日益增多的全球性问题，诸如环境问题、发展问题、核扩散问题、恐怖主义问题等。这些问题超出了主权国家的管辖范围和治理能力。例如，毒品犯罪问题就不是发生在一个国家的问题，也不是一个国家能够解决的。面对这样的问题，国家只能进行国际合作和全球治理。

全球治理模式与主权模式是有迥然不同的机制的。主权模式的对内最高与对外独立，在全球治理中是行不通的。全球治理不接受自上而下的等级模式，而且在治理过程中会导致对主权国家内部事务的干预。例如，在解决气候变化问题的过程中，主权国家与非国家行为体要进行广泛的合作与协调，而且要按照治理要求改变国内政策。从理论上讲，治理的过程就是国际规范内化为国内规范的过程，不管主权国家是否愿意。这样的过程，显然使得主权在发生变化。

二 一体化与国际制度对主权国家的影响

一体化进程是主权国家的融合过程。这个过程是明确的主权让渡。通常，人们是用这个概念指涉经济合作过程，比如建立自由贸易区。在这样的合作中，国家在关税等方面的最高权力需要让渡出一部分。在其他领域，实际上也存在这样的过程。例如，互免签证是把外交方面的最高权力让渡一部分，而建立共同防务则是把军事主权让渡一部分。

在一体化进程中，国家间的合作是有不同程度的，或者说主权是有不同的让渡程度的。在这方面，欧盟的发展过程具有典型性。欧盟的前身欧共体，最初只是开展经济合作，其后才逐渐扩展到其他领域。在成员国之间，从实行共同的经济政策，到实行共同的外交与防务政策，程度逐渐加深。实施申根协定，把边界开放了；实行共同的货币政策，使得各国原本的货币不复存在；建立欧洲议会与法院，使得成员国之上出现了更高的机构。欧盟的一体化进程，是一个国家主权不断被侵蚀的过程。尽管欧盟成员国在世界上仍然是独立的主权国家，但欧盟作为一个整体，已日益增多地作为一个行为体活跃在国际舞台上。

欧盟的一体化进程，是一个从政府间主义到超国家主义的过程。政府间主义就是国家作为主权者相互合作，而超国家主义则是在高于主权的层面进行互动。欧盟所建立的欧盟委员会、欧洲议会、欧洲法院，就是超国家机构。这样的机构，尽管权力与作用还是有限的，但已具有了改变主权国家体系的深刻意义。

以欧盟为参照，我们可以看到，当今世界的各种一体化组织，尽管程度不同，但基本上都属于政府间主义的结构。这种政府间主义的初步阶段，具有相互依赖的特点，例如定期举行的首脑会议。这种会议对各方政策有影响，因而是一种体系。因只限于相互影响，因此对主权的影响也是最低的，通常最容易为各国所接受。如果进一步加深合作，诸如建立关税同盟，那主权就会受到更多的影响。如果建立军事同盟，让外国在本国驻军，甚至把本国的军事指挥权交与他国，那主权让渡的程度就比较大了。通常，涉及主权让渡的程度越大，政府在决策时就会越谨慎。当然，国家让渡部分主权后，作为主权者还可以把让渡的权力再收回来，除非主权者同意在自己的权力之上建立起更高的权力。

目前国际关系中普遍出现的国际组织，尽管与一体化不是一回事，但作为政府间主义结构，对主权也是有相似的影响的。国家就国际组织（国际制度）的建立进行谈判，本质上就是对主权让渡进行讨价还价。达成协议，主权国家就必须按照相应的规范改变自己的行为。例如，国家加入核不扩散条约之后，就不能再进行有违条约的核活动了。在当今世界，随着国际组织的不断增多，国家参与制度化进程的不断加深，国家主权必然受到日益增多的制约。尽管国际组织作为国家合作的产物，其权力与影响来自国家的授权，但这些组织一旦成为独立实体，它们就有了主权国家所不具有的属性，可以对主权国家进行约束。主权国家即使想改变，有时也很难。

三　人道主义干涉对主权的影响

按照主权原则，国家是不受干涉的。然而，按照西方的人道主义传统，国家却是可以干涉的，即主权者合理而公正地行事有一定的限度，如果人民受到了超出这种限度的专横和持续的虐待，别国就可以干涉。这就是所谓的人道主义干涉。这样一来，人权与主权就成了一对相关的范畴。显然，进行人道主义干涉就会破坏主权原则，而坚持主权原则，则可能会导致人权得不到保护。

按照卢尔（Nick Lewer ）和拉姆斯博顿（ Oliver Ramsbothan）的观点，干涉要被看做是人道主义的，必须（1）是对实际否认或违反基本人权的行为所作出的反应；（2）保证纠正这种情况；（3）是以国际共同体名义采取行动。[①] 在当代的国际实践中，人道主义干涉的合法性是来自联合国的授权。正是联合国把人道主义干预行动发展成了比较规范的大规模的国际性活动，诸如人道主义救援行动和维和行动，以及出于人道主义理由对某些国家实施的强制性措施等。当然，由于联合国的这些活动事实上干涉了相关国家的主权，因此这类活动也始终伴随着争议。

对于联合国的人道主义干涉行为，人们存在着两种对立的观点。一派被称为“限制主义者”（restrictionist)，另一派被称为“反限制主义者”（counter - restrictionist)。限制主义者认为，只有在行使宪章第 51 条所规定的单独或集体自卫权，或是联合国安理会根据宪章第 42 条授权采取军事行动时，可以不理会宪章第 2 条第 4 款的不干涉主权原则。由于限制主义者认为人权（正义）永远从属于联合国维持国际和平与安全（秩序）的主要目的，因而对人道主义干涉持否定态度。与此不同，反限制主义者认为，当人权受到极大侵害以致震惊人类良心的时候，就可以不理会国家主权和不干涉原则。他们认为，在过去几十年里，人权已从单纯的国内利害问题变成了合法的国际关注的问题。按照这种观点，人权已被置于宪章第 2 条第 7 款的不干涉限制之外，即使这样的情况并未危及国际和平与安全。[②]

在联合国中存在对于人道主义干涉的争论，是因为联合国的有关规范既包含保护人权的原则，亦包含不干涉主权的原则。不存在人权问题的时候，不干涉主权原则是不存在问题的，而一旦发生人权问题，是否应该干涉就会发生争论。从发展趋势看，西方发达国家越来越重视人权问题，而广大发展

---

① Nick Lewer and Oliver Ramsbotham, “*Something Must Be Done*”: *Toward an Ethical Framework for Humanitarian Intervention in International Social Conflict*, Peace Research Report No. 33, Braford, England: Department of Peace Studies, University of Braford, 1993, p. 25.

② “限制主义者”的观点参见 Ian Brownlie, *International Law and the Use of Force by States*, Oxford: Clarendon Press, 1963; Richard B. Lillich, ed. , *Humanitarian Intervention and the United Nations*, Charlottesville: University Press of Virginia, 1973, pp. 139 - 348; Hedley Bull, ed. , *Intervention in World Politics*, Oxford: Clarendon Press, 1984; Lori F. Damrosch and David J. Scheffer, *Law and Force in the New International Order*, Boulder, Colo. : Westview Press, 1991, pp. 316 - 347。“反限制主义者”的观点参见 John Vincent, *Human Rights and International Relations*, Cambridge: Cambridge University Press, 1986; Fernando R. Tesón, *Humanitarian Intervention: An Inquiry into Law and Morality*, Dobbs Ferry, N. Y. : Transnational Publishers, 1988。

中国家则坚持维护自己的主权，或者说主张在维护主权的前提下维护人权。

1999 年北约干涉南联盟的战争发生之后，一些支持新干涉主义的西方学者力图从理论上证明北约的军事干涉行动是正义和正当的，证明《联合国宪章》过时了，主权观念过时了，并且提出要修改国际法准则，也就是修改《联合国宪章》。美国学者格伦农（Michael F. Glennon）认为，随着 20 世纪的离去，有关干涉问题的国际一致也将消失。冷战结束以来的事件充分表明，落伍的反干涉主义制度已不再与现代正义观念同步。①

尽管在人道主义干涉问题上世界各国的立场并不一致，但在当今的国际关系中，人权观念对主权的"坚硬外壳"的冲击确实越来越大。这种变化表明，在主权国家体系中人道主义干涉问题已成为一个重要的影响因素。

不过，不管人道主义干涉理念有怎样的发展，它在现阶段都不可能在实践中真正突破主权结构。从理论上来讲，要在体制上解决对主权国家的干涉问题，就必须有一个高居于主权国家之上的公正的权力机构。没有这样的机构，干涉行为就会产生弊端或被某些国家滥用。然而，在现阶段没有国家会接受一个世界政府的权力安排。作为权宜之计，目前各国只能依靠联合国来解决问题，但联合国并不是世界政府，它不具有这样的权威，也没有这样的执行能力。联合国在干涉问题上要么被撇在一边，要么不得不授权某些国家进行干涉，就反映了其体制上的局限性。事实上，正因为存在这样的结构性问题，国际干涉始终是存在争议的。

四 霸权主义对主权的影响

在当代的国际关系中，主权制度为各国之间的平等、互不干涉内政提供了规范和制度基础，特别是为弱国维护自身利益提供了法理和制度保障。然而，法理上的平等并不等于事实上的平等。由于各国之间在幅员大小、资源禀赋、发展水平等方面的差异，它们在互动中是存在明显的权益和责任上的不平等的。这导致国际关系中倚强凌弱、以大欺小、以富压贫的现象不断出现，以武力相威胁或直接使用武力侵犯别国主权、干涉别国内政等违反外交准则的事件时有发生。② 霸权现象其实就是这种不平等关系

---

① Michael J. Glennon, "The New Interventionism: The Search for a Just International Law," *Foreign Affairs*, Vol. 78, No. 3, May/June 1999, pp. 2 – 7.

② 鲁毅等:《外交学概论》，北京：世界知识出版社 1997 年版，第 73 页。

的典型体现。

在国际关系中，霸权乃是改变平等的主权关系的产物。对于主权国家体系中的成员来讲，其主权的行使是有一定的限度的，即不能干预、限制别国主权的行使。如果一国把自己的权力扩展到别国的主权范围，形成了某种不平等的支配关系，那就形成了霸权主义。在这里，与主权相对的霸权，意味着在一定的体系中有国家拥有使别国不能正常行使主权的能力。

从现实情况来讲，主权国家体系中的国家不可能都拥有理论上的平等地位，总有国家影响更大一些，甚至拥有绝对优势地位。超级大国在与别国进行互动时，就常常运用超强的权力影响形成不平等的关系。由于大国与小国在国际体系中的地位与影响不同，因此有学者认为，主权国际体系实际上是大国关系体系。弱小国家并不具有与大国相同的主权，二者主权的意义存在很大差别。① 汉斯－亨里克·霍尔姆和乔治·索伦森甚至认为："国际体系将所有国家都假设为平等，这是理论上的误导。国家可以在形式上、法律上根据主权的概念获得平等，但考虑到地位以及主权的实际运用，国家之间有很大的不同。"②

在当代国际关系中，主权国家及其体系面临的最大威胁仍是霸权国家对其他国家内政的干涉。霸权国家既包括全球性霸权国家，也包括地区性霸权国家。在当前的国际政治中，多数情况下霸权国家是指处于强势地位的西方发达国家，因为许多主权受到侵蚀的情况都与它们有着密切的联系，而它们破坏国家主权的行为通常包括战争、经济制裁、人道主义干涉以及文化渗透等。

自冷战结束以来，尽管世界大战的危险基本消除，但局部战争特别是国家内部冲突却持续存在。一些国家的内部冲突，往往招致外界包括霸权国家的武力干涉，进而使国家主权遭到破坏。科索沃战争就是典型事例。除直接发动战争外，霸权国家还经常对其他主权国家进行经济制裁，以达到预期的战略目标。例如，自 20 世纪 60 年代以来，美国一直对古巴进行经济封锁，

① Geoffrey Stern, *The Structure of International Society: An Introduction to the Study of International Relations*, London: Pinter, 2000, pp. 89－105. 参见［日］星野昭吉《全球化时代的世界政治：世界政治的行为主体与结构》，刘小林等译，北京：社会科学文献出版社 2004 年版，第 33 页。

② Hans－Henrik Holm and Georg Sørensen, "International Relations Theory in a World of Variation," in Hans－Henrik Holm and Georg Sørensen, eds., *Whose World Order: Uneven Globalization and the End of the Cold War*, Boulder: Westview Press, 1995, pp. 195－197.

极大地妨碍了古巴经济的发展。2009 年 7 月，在埃及沙姆沙伊赫举行的第 15 届不结盟运动峰会上，不结盟运动秘书处在其发表的“特别声明”中指出：“单方面的制裁措施和做法违背《联合国宪章》和国际法原则，严重威胁国际贸易、投资和航运自由，呼吁所有国家予以抵制。”①

事实表明，霸权主义与干涉主义总是联系在一起的。霸权国家搞干涉主义通常有两个出发点，一是所谓的责任，二是谋求的利益。1993 年，老布什对美国的世界角色作了这样的阐述：美国是世界上唯一的超级大国，美国的职责就是运用自己的道德与物质资源促进民主与和平。美国有责任也有机会进行领导。没有其他国家能担当这一责任。有时，真正的领导地位要求有使用武力的意愿。一旦确信使用武力有意义，就须尽可能为行动争取最大支持。如果使用武力得不到国际社会的支持，那么美国就单独采取行动。据统计，美国较大规模的对外军事行动，冷战时期平均每年 2.8 次，进入 20 世纪 90 年代之后平均每年达到了 5 次以上。②

“9·11”事件之后，美国通过发动反恐战争，又表现出了一些干涉主义的新特点。小布什政府实行的是以单边主义、先发制人和政权变更为特征的新保守主义。这种对外政策继承了美国道德优越的一面，力图把激进的外交和军事政策与传统的犹太—基督教价值结合起来，塑造一个美国没有对等竞争对手，以军事力量实现对外政策目标较少受到制约的世界。进入 21 世纪的美国对外互动，经历了从咄咄逼人发动战争，到深陷战争泥潭，在金融危机打击下不得不收缩力量的过程。这一点可能表明，在新的历史条件下，以军事力量为基础搞霸权主义与干涉主义，其代价之高，即使是美国这样的超级大国也是不可能长期承受的。

从未来发展看，尽管国际关系中会存在超级大国，存在霸权主义与干涉主义，不时有国家会受到干涉，但由于很难有国家能够建立真正的单极体系，主权体系不会因此而发生根本改变。在主权国家的互动体系中，持续存在的霸权主义因素和反霸权主义因素会在较长时间内作为国际政治的一个重要表现而存在。

---

① 《不结盟运动要求美国结束对古巴的单方面制裁》，新华网 2009 年 7 月 13 日电，http://news.xinhuanet.com/world/2009-07/13/content_11703465.htm。

② 参见［美］理查德·N. 哈斯《新干涉主义》，殷雄、徐静译，北京：新华出版社 2000 年版，第 1、8 页。

第四节 结语

自1648年《威斯特伐利亚和约》的签署算起，主权国家已延续了三个多世纪了。观察当代的主权国家和主权国家体系，有两个事实是清楚的：一是主权国家与主权国家体系正在发生变化，二是主权国家及其体系仍然是当代国际关系的基础架构。

对于主权国家的现状与变化，星野昭吉认为，目前，“关于应然的主权有两个相互矛盾的方面：一方面全球体系中国家主权日益受到限制，它的作用日渐减小；另一方面，仍有许多国家要求建立并努力维护国家主权。尽管如此，不可否认的是，国家主权的性质、形式、作用、地位以及含义在很大程度上伴随世界（国际）政治的变动而发生着变化”[①]。

在当代，主权的含义之所以发生变化，是因为主权国家的互动结构在发生深刻变化。全球性纽带把主权国家的方方面面联结在一起，主权国家的决策几乎都是在相互依赖的情形下进行，主权国家的行为正受到日益增多的国际规范的约束。这些变化使得主权不再具有理论上的绝对性、不可侵害性和不可转让性了。

不过，承认主权意义在发生变化，并不能因此得出主权将被否定的结论。面对主权的变化，确实有学者认为民族国家作为一种复杂的政治形式已日薄西山。[②] 但是，当代主权国家仍然存在和起作用的事实，使得多数人仍持如下观点，即独立的国家和由之形成的社会依然是全球政治组织的一个显著特征，在可以预见的未来，它们不会显露出即将消失或进一步弱化的征兆。[③]

迈克尔·曼指出，尽管当今的国家不是唯一的规则制定者，但中央集权的领土国家仍然是独特的，因为只有这样的国家才有能力为居住在一定领域内的居民制定法则。对于“中央集权的领土性统治现在是否在下降”的问

---

① ［日］星野昭吉：《全球政治学：全球化进程中的变动、冲突、治理与和平》，刘小林等译，北京：世界知识出版社2000年版，第81—82页。

② A. Appadurai, *Modernity at Large: Cultural Dimensions of Globalization*, Minneapolis: University of Minnesota Press, 1996, p. 19, 20. 转引自 Stephen D. Krasner, “Abiding Sovereignty,” *International Political Science Review*, Vol. 22, No. 3, 2001, pp. 230 - 231。

③ ［日］星野昭吉：《全球政治学：全球化进程中的变动、冲突、治理与和平》，刘小林等译，北京：世界知识出版社2000年版，第82页。

题，他的回答是，一个没有国家的世界是难以想象的，同样，只有一个国家的世界也是难以想象的。迈克尔·曼认为，在当代的世界存在着若干不同类型的相互竞争的权力组织，它们都承担着制定和实施规则的义务。但无论如何，国家仍然是重要的，现在还看不到全球性的国家作用的下降。现在日益多样化的选民仍然是由国家来代表的，日益多样化的社会行为也主要是由国家来调节的。

事实表明，尽管全球化进程的快速发展和全球性问题的出现削弱了国家主权，但主权的内核或者硬壳并没有受到根本性的破坏。正如弗格森和曼斯巴赫所指出的，进入21世纪的主权国家毫无疑问不会消失，它们无论成功程度如何，都会努力继续其角色：界定其管辖权限，确保其国民经济的发展并在全球范围继续竞争，保证公民在法律面前的平等，维持适当规模的军队以应付偶然的袭击和世界上的麻烦，并提供最低标准的公共服务。不过，这只是事情的一个方面。另一方面，国家的支配性政治形式确实受到了削弱。它现在只是日益增多的多样化政治实体中的一个。国家与认同之间的联系在弱化，公民已进入了各种地方的、地区的和跨国的网络和政治实体，而这种情况在发达世界已达到了相当程度。人类的认同与忠诚，现在已不能保证肯定给予主权国家了。

正因为主权国家既是现存的基本国际结构，又在发生着深刻变化，因而导致不同的国家对主权表现出不同的态度。例如，身处一体化进程的欧盟"后现代国家"，尽管并未放弃主权观念，在外交与安全领域仍然坚持自己的主权，但一体化的经济和政治结构显然在淡化各成员国的主权意识。相反，对为数众多的所谓"前现代国家"和"现代国家"来说，国家主权制度却仍是它们维护自己权益的重要工具①，仍然是其居民寻求各种安全保护、福利的最直接和最终庇护者，在可以预见的未来，其他行为体都不可能取代主权国家。主权国家在全球政治中的首要地位与作用仍然是不可缺少的。

面对着国际关系的历史演进，我们也必须看到，主权国家与主权国家体系在全球化的大背景下的进一步变化是不可避免的。主权国家在维护自己利益的时候，必须适应这样的变化，这样才能更恰当地处理相互间的问题，并且更好地应对未来的挑战。

① 关于"前现代国家"、"现代国家"和"后现代国家"的概念，参见［英］罗伯特·库珀《和平箴言：21世纪的秩序与混乱》，吴云等译，北京大学出版社2007年版。

第六章　联合国体系

联合国是全球层次最高，规模最大，并且最具普遍性的国际组织。作为主权国家及其他非国家行为体互动的产物，它所包含的组织、制度、规则及价值等因素构成了一个复杂的体系。这一体系不是“自发”形成的结构，而是人为建构的产物。人们是为了谋求和平，应对各种国际事务和解决全球问题而建立起了这样一个包含有复杂的子系统的体制。这些子系统之间存在着密切的互动关系，而联合国作为整个国际体系中的一个行为体与全球其他体系也发生着互动。① 由于世界上的国家几乎都是联合国成员，而联合国的组织和制度体系涉及国际关系的方方面面，因此这个体系被公认为是全球最具影响力的国家间体系和国际制度体系。

观察作为体系的联合国，探讨它的形成历程，它的结构构成与运作机制，并且分析这个体系对各种不同的国际行为体的影响，对于解释当代国际体系的现实运作是十分必要和重要的。

第一节　联合国体系的形成与发展

联合国的创建，是主权国家进行互动的产物。无论是第二次世界大战期间相关国家的筹划和战后该组织的正式建立，还是在其后的历史进程中为协调主权国家间关系、解决各种国际问题和创建一系列国际制度而进行的活动，都反映了以主权国家为主的国际行为体的利益需求。在第二次世界大战期间，美苏英等大国创建联合国是为了安排战后的世界秩序。战后和平时期

---

① 参见 Oran R. Young, “The United Nations and the International System,” *International Organization*, Vol. 22, No. 4, Autumn 1968, pp. 902 – 922。奥兰·扬从体系角度阐释了联合国属性，强调联合国是一个五花八门的行为体构成的体系，是一个日益相互依赖的体系。

世界各国继续在这个多边平台上互动，则是为了在有序的国际环境下实现和平、安全与发展。在这样的进程中，联合国的互动单元在不断增多，互动问题在不断变化，体系结构在不断改革。这样的演进过程，反映了国际形势的变化和主权国家利益需求的变化。正是这些变化，推动了联合国体系的发展。

一 国家间的互动与联合国体系的创建

联合国体系发端于第二次世界大战。作为有史以来国家间最大规模的军事互动，其最直接的表现，就是形成了两个国家集团，即法西斯集团与反法西斯集团。联合国作为战后安排世界秩序的一个普遍性组织，正是在反法西斯国家间的一系列互动中产生的。美、英、苏三国寻求战后大国合作和建立集体安全机制的立场是联合国体系建立的关键。

在联合国体系创立过程中，美国总统罗斯福发挥了重要的倡导和推动作用。美国在战争初期就已经开始策划建立战后的国际组织，罗斯福总统及新成立的“战后对外政策咨询委员会”在国内外四处活动，积极推动战后国际组织的建立。同是战后国际组织的倡导者，罗斯福与威尔逊一样，试图将美国的民主自由思想推广到全世界，并对基于大国合作的集体安全机制抱有希望。美国领导人和决策者相信，作为最强大的交战国之一，美国“能够对任何维护国际和平的国际组织的建立施加强大的影响”。罗斯福总统认为，应该在战后建立一个包括苏联和中国在内的“四大警察”共同合作的世界秩序。1942 年 5 月苏联外长莫洛托夫访问美国时，罗斯福阐述了这种看法，并委托他转告斯大林：只有担负警卫世界责任的四个大国，才应该保持强大的军备，美国准备接受一个普遍性的国际组织。① 美国对战后国际组织的态度一直主导着联合国的创建。

从主要国家的互动看，联合国创建的实质性工作是始于战时联盟的建立。1941 年，第二次世界大战在世界范围内全面展开。希特勒在横扫欧洲和北非后，撕毁了与苏联签订的互不侵犯条约。苏德战争爆发后，英国、美国都表示了对苏联的支持。与此同时，美英两国也加强了相互的支持与合作。1941 年 8 月 14 日，两国领导人签署了一项重要的联合声明，即《大西洋宪

---

① 《战后世界历史长编》委员会：《战后世界历史长编（1945. 5—1945. 12）》，上海人民出版社 1975 年版，第 455—456 页。

章》，提议建立一个普遍的、永久的世界安全体系，表示两国将不追求领土扩张，将尊重各国领土完整，尊重各民族自由选择政府的权利，并提出了国家相互平等、放弃侵略、放弃武力、贸易自由、公海航行自由、开展经济全面合作等原则。两国发誓要一起为消灭法西斯、重建和平、维护人类自由而努力。[①]《大西洋宪章》为英美两国在战后继续进行安全和经济等方面的合作确立了基本原则。

《大西洋宪章》的签署标志着英、美两国反法西斯联盟的建立，这也是战后联合国宪章的基础。美国试图通过一个大国合作的国际组织主宰世界，而日益衰落的英国意识到战后不得不接受美国的领导，希望能在大国合作的国际秩序中占有一席之地。1941 年 9 月，在伦敦召开了讨论《大西洋宪章》的同盟国会议。英国、苏联、比利时、卢森堡、荷兰、南斯拉夫、波兰、捷克斯洛伐克、希腊、挪威和“自由法国”参加了会议。苏联表示赞同宪章的基本原则，愿意加强与其他国家的合作。《大西洋宪章》成为反法西斯联盟的纲领。

美英两国在战后世界安排上虽然存在一些分歧，但在把苏联拉进战后大国合作框架这一点上看法是基本一致的。美国和英国都看到了苏联在战争中显示出的巨大力量和战后不可忽视的国际地位，认为要避免当年国际联盟失败的命运，就必须建立一个包括所有大国的国际组织。当时的美国国务卿说得很明白：“把俄国拉进来共同决定建立战后国际组织是极为重要的。如果在这一点上达成协议，解决其他问题就会容易得多。如果俄国拒绝，所有其他问题将严重起来。”[②] 建立反法西斯联盟，并在战后建立大国合作的世界秩序和国际安全机构，这也符合苏联的意愿。1941 年 7 月，斯大林在广播讲话中表示：“我们为了保卫我们祖国的自由而进行的战争，将同欧洲和美洲各国人民为争取他们的独立、民主自由的斗争汇合在一起。这将是各国人民争取自由、反对希特勒法西斯军队的奴役和奴役威胁而结成的统一战线。”[③] 苏联政府希望战时联盟能延续到战后，“诚恳和坚决地主张建立一个强有力的

① 《大西洋宪章》，引自王绳祖主编《国际关系史资料选编》（上册），武汉大学出版社 1983 年，第 721—722 页。

② 《战后世界历史长编》委员会：《战后世界历史长编（1945. 5—1945. 12）》，上海人民出版社 1975 年版，第 471 页。

③ 颜声毅等编：《现代国际关系史》，北京：世界知识出版社 1984 年版，第 400 页。

国际安全机构"①。

在美英《大西洋宪章》签订之后不久，1941 年 9 月，德国、意大利和日本签订了三国同盟条约，形成了法西斯轴心。同年 12 月，这三国签订了《联合作战协定》，表示将使用一切手段把与英美的战争进行到底。在亚洲太平洋地区，日本对珍珠港的袭击，导致美国正式加入战争，也使得更多国家加入了反法西斯阵线。

1942 年 1 月 1 日，26 个反法西斯国家在华盛顿签署了一项由美英起草的《联合国家宣言》(The Declaration by United Nations)。宣言表示，支持《大西洋宪章》的宗旨和原则，共同向法西斯轴心国宣战。签字国政府将动员所有资源，相互支持，坚决打败法西斯，并表示不与敌人单独签订停战协议。在宣言中，首次使用了"联合国"（United Nations）的用语，这个用语是罗斯福提出来的，用以代替"同盟国"。后来的"联合国"名称便是由此而来。②《联合国家宣言》的最直接的目的是打败法西斯，为了这个目的，反法西斯国家之间的互动与合作扩大了。

在战争中，大国围绕建立战后国际组织的磋商是一个相当艰难的过程。美国决策者希望以类似美洲国家组织的形式来组建战后的国际组织，而英国领导人则提出了建立地区安全理事会的主张。1943 年 8 月英美两国举行了魁北克首脑会议，美国提出了国务院起草的"普遍安全宣言草案"，主张在战后尽早建立一个世界性的国际组织。在美国的坚持下，英国不得不放弃区域理事会的主张，同意接受美国主导的建立世界性国际组织的方案。

1943 年 10 月，苏、美、英三国外长举行莫斯科会议，其主要任务之一就是讨论和签署由美国提出、得到英国赞同的《四国关于普通安全的宣言》草案。美、英、苏、中四国政府代表正式签署了这一宣言。宣言宣布：四国将承认有必要在尽速可行的日期，根据一切爱好和平国家主权平等的原则，建立一个普遍性的国际组织，所有这些国家无论大小，均得加入为会员国，以维持国际和平与安全。《四国宣言》描绘出了未来国际组织的一个轮廓，也明确了四国在国际组织中的特殊地位。这一共识的取得是战后联合国建立进程中具有重要意义的一步。

---

① 《战后世界历史长编》委员会：《战后世界历史长编 1945. 5—1945. 12》，上海人民出版社 1975 年版，第 471 页。

② 《联合国家宣言》，引自王绳祖主编《国际关系史资料选编》上册，武汉大学出版社 1983 年版，第 738—739 页。

1944年，美国国务院起草了国际组织宪章草案，邀请英国、苏联参加讨论，并建议中国和法国参加。在后来1944年8月举行的敦巴顿橡树园会议上，首先是美国、英国和苏联三国，然后加上中国，就战后国际组织章程草案进行了讨论。在第一阶段讨论中，美、英、苏三大国同意国际组织由大国、安理会、秘书处和国际法庭组成，并一致同意设立否决权。苏联曾希望未来的国际组织只是一个负责和平与安全问题的机构，经济和社会等问题应该由另外的组织负责。这与美国和英国的想法完全不同。英美认为如果开放的自由市场失败，发生经济和社会崩溃，就会导致动乱和极端主义行为，进而引发革命和战争，因此联合国必须包括经济和社会职能。在美国和英国的坚持下，苏联同意在联合国包括一个经济和社会理事会。三国签署了“关于建立普遍性国际组织的建议案”，同意将未来的国际组织定名为“联合国”，同意新国际组织的基本文件名称为“宪章”，并就联合国的宗旨、原则、会员国资格等提出了建议。中、美、英三国参加了第二阶段会议，中国表示同意第一阶段会议议案，并就坚持国际法原则、推动国际法的编纂和发展以及加强教育和文化合作等方面提出了补充意见。1944年10月9日，参加敦巴顿会议的四大国发表了会议的最后文件。

在联合国建立的过程中，敦巴顿橡树园会议是一次具有重要意义的会议，包括了四大国建议的会议最后文件的发表，意味着大国就未来国际组织的重大问题达成了“实质性协议”，因而为联合国的建立奠定了“基本框架”。①

1945年2月，在雅尔塔会议上，美、英、苏三国除了就最后打败法西斯、赔款、领土划分等战后安排问题达成一致外，还就敦巴顿会议留下的两个悬而未决的问题达成了协议，即联合国的否决权问题和创始会员国问题。关于联合国安理会否决权达成的协议是：安理会涉及一切非程序性事项之决议，须得到全体常任理事国一致同意才能通过，即任何一个常任理事国都可以采用一票否决来阻止对自己不利的安理会决议通过。这就是建立在大国一致原则上的“雅尔塔公式”。在创始会员国问题上，美、英同意了斯大林的要求，增加乌克兰和白俄罗斯作为联合国创始会员国。雅尔塔会议决定1945年4月25日在美国旧金山召开联合国组织制宪会议，以讨论敦巴顿橡树园

① A. LeRoy Bennett, *International Organizations: Principles and Issues*, Englewood Cliffs: Prentice-Hall, Inc., 1977, p. 38.

会议和雅尔塔会议关于联合国组织的建议案。1945 年 3 月，美国代表中、美、英、苏四个发起国向其他国家发出了召开旧金山会议的邀请。

1945 年 4 月 25 日，联合国家组织会议在旧金山开幕，50 个国家的代表参加了会议。会议充满了大国和大国集团之间的角逐。围绕大国否决权、安理会表决程序、国际托管、大会权力等问题，大国之间以及大国和小国之间展开了激烈的辩论，会议时常陷入困境。例如，苏联提出让波兰参加旧金山会议遭到美国反对，而美国支持阿根廷参会则遭到苏联的反对。最后，美国操作多数否决了苏联的要求。在有关否决权的解释上，苏联坚持否决权适用于判定一个问题是否属于“程序性问题”，除非所有常任理事国同意，安理会不得讨论任何争端问题。美国则坚持，任何成员国都可以不受任何妨碍地把争端提交安理会。美国和苏联在这一问题上的冲突使得旧金山会议陷入僵局。美国总统杜鲁门直接向斯大林提出这一问题，并警告说这是美国不能接受的。为了保障大国合作的成功，苏联领导人接受了美国方案。此外，加拿大、墨西哥、澳大利亚等许多中小国家强烈反对大国的否决权，但大国在否决权上的态度是明确的。美国参议员范登堡对墨西哥代表说了这样的话：要么是五个常任理事国拥有否决权的联合国，要么就根本没有联合国。①

1945 年 10 月 24 日，中、苏、美、英、法五大国及其他宪章签字国批准了《联合国宪章》。联合国的建立是当时各国政府和人民共同努力的结果。除了大国之间的互动外，许多中小国家、非政府组织和民间人士都积极参与了这一过程。例如，在 1942—1943 年间，来自美国、加拿大的 600 多位律师、法官、教师、教授曾举行了一系列会议，就未来国际法和联合国国际法院方面的问题进行了商讨，并提交了题为《联合国国际法院》的报告。美国和欧洲的一些和平组织、宗教团体也积极参与了有关战后国际组织建立的研究和设计工作。正是不同行为体的共同努力与合作，最终促成了联合国体系的建立。

二　会员国的需求与联合国体系的发展

自联合国创立以来，已经走过了 60 多年的历程。长期以来，尽管联合国不断受到各方的批评和指责，经历了大国对抗和集体安全机制瘫痪的冷战

① Paul Kennedy, *The Parliament of Man: The Past, Present and Future of the United Nations*, Toronto: Harper Collins Publishers Ltd., 2006, p. 27.

时期，但始终是一个影响国际关系和各行为体的体系性存在。它的职能和规模在不断地发展、扩大。其会员国从最初的 55 个国家发展到今天的 193 个国家，其相关的机构与治理结构涵盖了国际事务的方方面面。作为一个主权国家构成的多边国际体系，联合国得以生存和发展，一方面是因为世界各国始终面对着需要经由联合国进行互动的问题，存在着对联合国的组织需求与制度需求；另一方面是因为联合国能够通过自身组织与制度的发展与变革，在一定程度上适应内部需求的变化和外部环境的变化。

联合国作为当今最重要的主权国家制度，其会员国身份是主权国家都希望得到的。联合国会员国身份虽然不是主权国家身份的必要条件，但却是非常重要的认定。从理论上说，联合国会员国身份意味着在《联合国宪章》基础上其主权国家身份得到了公认的多边保障与合法性。这种需求可以解释为什么绝大部分主权国家都选择加入联合国。

例如，尽管《联合国宪章》保留着有关“战败国”的条款，但第二次世界大战结束后德国、日本、意大利等战败国都将加入联合国作为一项重要的对外政策目标。这些国家不仅加入了联合国，还成为联合国的积极支持者。从多民族国家中分离出的国家，为使自己的独立主权国家身份得到保证，也都希望得到联合国的承认。尤其是对中小国家来说，获得联合国会员国身份不仅是对其主权地位、安全与独立的一种保障，而且也可获得一个广泛的活动空间。即使是一些实行中立政策的国家，也陆续加入了这个体系。第二次世界大战后的奥地利在 1955 年实现了国家的独立，通过了关于国家保持永久中立的联邦宪法。同年 12 月 15 日，奥地利被接纳为联合国成员，实现了战后一直为之奋斗的目标。一直处于联合国外的瑞士，在 2002 年也加入了联合国，成为联合国会员国中的永久中立国。瑞士加入联合国后，同样积极通过联合国提升本国的国际影响。

在联合国会员国中，有 51 个会员国为联合国的创始会员国。联合国会员国其后的增长，反映出了不同时代世界政治形势的变化与特征。在 1946—1954 年间，只有阿富汗、冰岛、瑞典、泰国、巴基斯坦、阿拉伯也门、缅甸、以色列和印度尼西亚等 9 个国家被接纳为会员国。这是联合国会员国增长的低谷时期，反映了美国和苏联两大集团在这一问题上的相互对立，它们相互抵制对方支持的国家加入联合国。1955 年，美国和苏联在联合国会员国接纳问题上采取了相互妥协的态度，使联合国在接纳会员国问题上取得了突破，当年有 16 个国家被接纳为新会员国。

20世纪50年代末，尤其是进入60年代，许多亚非国家获得了民族独立，纷纷要求加入联合国，使联合国会员国的增长出现高潮。到1961年，联合国会员国已经增加到104个，1968年达到126个。经过70年代和80年代的增长，到80年代末，联合国会员国已经到达159个。在20世纪90年代，联合国会员国的增加反映出冷战结束后世界政治版图的分化与重组，一些多民族的主权国家发生了分裂，另一些分离的民族国家取得了统一：东西德国、南北也门分别成为统一的会员国；朝鲜和韩国同时加入了联合国；苏联解体后，中亚和波罗的海国家以独立的主权国家身份加入了联合国；捷克斯洛伐克一分为二；南斯拉夫也最终分解。在经历了90年代的变化后，到2000年，联合国的会员国达到189个。至2011年，联合国已经是拥有193个成员国的全球性组织。

在联合国的成员国中，尽管实行主权平等的原则，但大国与小国在这一体系中的地位是不同的，政治上的需求与态度也是不同的。联合国作为几个主要大国推动建立的产物，从一成立就具有大国互动平台的特点。其中，超级大国扮演了主导者的角色。美国对联合国的经费支持就体现了它对联合国的需求和在联合国中的地位。在联合国经常性预算的份额中，美国占22%。对联合国来说，这是一笔巨大的财政来源，联合国曾因美国拖欠会费而陷入严重的财政危机。为此，联合国不得不根据美国的条件实行改革，如削减美国的会费摊派额，实现预算的零增长等。美国所以在经费上支持联合国，就是要利用这个组织实现操控全球事务的目的。

在联合国成立之初，美国确实是享有这种主导地位的。不过，伴随着加入国家的增多，在联合国大会美国就逐渐失去了主导地位，在很多时候，其对外政策行为也受到了联合国的制约。在这种情况下，美国对联合国的态度就变成爱恨参半了。美国前驻联合国大使帕特里克·莫伊尼汉（Daniel Patrick Moynihan）曾将联合国描绘成一个“危险的地方”①。基于自身利益，美国常常把联合国抛在一边，但为了行为的合法性又不得不利用联合国。在美国，虽然积极支持联合国、高度评价联合国作用的人是少数，但主张退出联合国的人也是少数。尽管美国经常用拖欠会费的方法来制约联合国，也曾退出过联合国教科文组织等机构，但美国始终放弃联合国这个实施对外政策的

① A. J. R. Groom, “The United States and the United Nations: Some Revolting European Thoughts,” *Journal of International Relations and Development*, 6 (2), June 2003, pp. 120 - 138.

重要平台。

在美国，主张对联合国采取“有选择性合作”政策的观点是比较流行的。2004年，参议员查克·黑格（Chuck Hagel）在对共和党外交政策的建议中提出，美国的长期安全利益需要美国与盟国、联盟和国际组织建立起合作关系，首先应该从加强与联合国的关系开始。尽管联合国还存在许多不足，但在今天，“联合国比以前任何时候都更能发挥作用”。在反对恐怖主义、防止武器扩散、战后重建、推动民主、预防冲突等方面，美国都需要联合国。美国应该在这些方面发挥领导作用，明智地与国际组织分享权力，同时共担风险和代价。共和党不应把与国际组织的合作视为对美国力量的制约，而应该视为“对美国影响的扩大和延伸”①。这种观点明确反映了美国对联合国的利益需求。

如果说美国对联合国的政策代表了大国态度的一端，那么挪威、荷兰、芬兰、瑞士、瑞典、比利时、丹麦等西欧国家对联合国的态度则代表中小国家的需求。这些国家拥有相对中立的地位和政治环境，都是国际法、国际和平、裁减军备、环境保护及人权等事务的积极推动者。这些国家在历史上提供了多位联合国秘书长，包括来自挪威的第一位联合国秘书长赖伊，以及来自瑞典的哈马舍尔德和来自奥地利的瓦尔德海姆。这些国家对联合国的态度体现了对世界和平的渴望和对安全环境的利益需求。对它们来说，生活在一个法治世界要比生活在被美国控制下的单极世界更合意，也更有尊严。如果美国要充当世界领袖，那也需要得到国际社会的广泛赞同才行。在治理全球问题的过程中，世界各国需要的是“广泛的行为体的合作，而不是命令”。它们认为，民主领导是唯一的全球领导形式，这种领导必须获得赞同，而联合国则是获得广泛赞同的唯一载体。②

对于广大发展中国家来说，联合国的存在又有不同的意义。它们的利益需求是反对殖民主义、种族主义和争取民族独立，在独立后则需要在消除贫困、发展教育、预防疾病和减轻自然灾难等方面得到帮助。伴随着联合国日益发展成为一个普遍性组织和发展中国家可以发挥作用的舞台，它在建立国际政治和经济新秩序，维护国家的主权平等，促进不发达国家的发展中发挥

① Chuck Hegal, “A Republican Foreign Policy,” *Foreign Affairs*, Vol. 83, Issue 4, Jul/Aug 2004.

② A. J. R. Groom, “The United States and the United Nations: Some Revolting European Thoughts,” *Journal of International Relations and Development*, 6 (2), June 2003, pp. 120 – 138.

了不可替代的作用。2004 年南非总统曾称自己国家是联合国的“激进支持者”。他说，“因为我们贫穷，我们支持一个强大的、有效力的、广为接受的联合国”①。

作为一个互动平台和制度性结构，联合国是世界各行为体的利益会聚点。虽然在这种结构中有很多问题得不到解决，但历史证明，世界各国以和平与合作的方式解决各种国际问题只能经由这种互动方式。这种结构并不是公正的，但却是必不可少的，因为它可以发挥必不可少的作用。更重要的是，各行为体在互动中能够对它进行变革。

三 外部环境的变化与联合国的变革

联合国作为一个处理世界事务的组织，它成立后经历了一系列变革，这些变革与其外部环境的变化是相对应的。这些变化包括世界格局的演变，也包括全球治理的发展。

作为一个大国政治舞台，联合国的生存状态始终与大国关系的现状息息相关。联合国成立不久，以美苏为首的东西方两大集团的对抗就开始了。在两极格局下，所有的互动问题都呈现了美苏争夺和大国对抗的意识形态特征。由于联合国安理会难以实现大国一致，因此集体安全机制难以运作。正是在这样的环境下，联合国的维持和平行动应运而生，这种机制使得联合国在大国对抗的情况下能够发挥一种有限但独特的作用。对照宪章的规定，联合国的维和行动既不是一种强制性措施，也不是一种和平手段，而是介于这两者之间。这种结构的形成在某种程度上可以说是联合国适应环境变化的结果。

自 20 世纪 60 年代以来，随着民族解放和民族独立运动的兴起，大批新独立的国家加入联合国，使联合国会员国数量迅速上升，彻底改变了联合国内的格局。这样一种变化导致了联合国在观念、政策、任务和组织机构方面的变革。

联合国会员国的增加，导致联合国主要机构安理会、经社理事会的扩大，并推动了对《联合国宪章》的修改。经社理事会在 1965 年和 1971 年实现了两次扩大，由 18 个会员国扩大到 54 个会员国。安理会则从 11 个理事

---

① 南非代表在联合国大会 58 届会议一般性辩论上的发言，见联合国网，http：//www. un. org/，2003 年 9 月 23 日。

国扩大到15个理事国，增加了4个非常任理事国席位。

在这个阶段，联合国成立了一系列以促进经济、社会发展，促进国际经济贸易合作，向发展中国家提供资金、技术援助为宗旨的新机构和实体，包括国际贸易和发展会议、国际贸易中心、工业发展组织、开发计划署、妇女发展基金、农业发展基金等。在《经济、社会、文化权利国际公约》（1966年）、《社会进步与发展宣言》（1969年）、《建立新的国际经济秩序宣言》（1974年）、《各国经济权利和义务宪章》（1974年）、《发展权利宣言》（1986年）等文件中，联合国强调了尊重民族平等、民族独立及主权和领土完整的原则，提出了消除一切形式的种族歧视与剥削，消除殖民主义和种族主义的原则，强调在不损害国际合作和国际法义务的前提下，所有人民都有自由处置其自然财富和资源的权利。

冷战结束后，国际政治和世界版图发生了巨大变化。苏联解体和东欧部分国家分裂，产生了一批新独立国家，这些国家先后加入了联合国。世界大战危险基本消除后，局部冲突和国家内部冲突骤然增多。恐怖主义、核扩散、气候变化等一系列新的全球性问题的出现，使得联合国面临着新的形势和任务。大国对抗局面的结束为联合国框架内的国际合作提供了机会，会员国对联合国在全球事务中发挥更大作用寄予期望。在这种情况下，改革联合国的呼声高涨。作为冷战后第一位秘书长，加利在任期内提出了许多改革联合国的设想和方案，包括在《和平纲领》中提出的新安全观和维持和平新设想。在这一时期，有关精简机构、提高效率、解决财政危机、改革安理会和经济及社会理事会等方面的建议也被陆续提了出来。

1996年安南就任联合国秘书长后，用他自己的话说，提出了联合国历史上“最广泛、最深远的改革”。他认为，长期适应冷战环境和需求的联合国，其过时的管理文化、机构设置和工作方法都难以适应新形势和新任务的需要，导致了愿望和目标、任务与资源的矛盾，“在需求和期望与执行情况之间留下了无法弥合的差距”，在有些情况下联合国“根本不适合执行业务”①。安南为此提出并实施了一系列改革措施和方案。在任务与活动方面，除维持和平和建设和平外，可持续发展、千年发展目标、反恐怖主义、气候变化等被提升为联合国的主要议程。

20世纪末以来，联合国陆续建立了专门负责可持续发展、气候变化、艾

① 联合国秘书长安南报告：《革新联合国：改革方案》，A/51/950，1997年7月14日。

滋病防治等问题的机构，如可持续发展司、艾滋病规划署等。在“9·11”事件发生之后，联合国成立了反恐怖专门机构。当人权问题提升，建设和平问题受到关注后，相应的机构也随之诞生。2005 年联合国大会 60 届会议之后，新的人权理事会替代了旧的人权委员会，并诞生了建设和平委员会。当 2008 年全球金融危机爆发后，联合国大会成立了全球金融体系改革和应对金融危机的专家小组。

联合国在应对不断变化的国际挑战和全球问题的过程中，形成了复杂的组织和制度体系，生成了各种约束行为体行为的国际规范和规则，体现了当代国际互动的制度化及其成果。尽管这些成果有时会遭到破坏。

第二节　联合国体系的构成

“联合国系统”或“联合国体系”（the United Nations system）是由联合国主要机构及其附属机构、联合国专门机构（specialized agencies）、各方案和基金（programmes and funds）及一些相关组织与实体共同构成的。联合国是一个主权国家主导的国际组织，其会员国为主权国家，但主权国家并不是影响和参与联合国决策的唯一行为者。联合国体系的其他参与者，还包括区域组织、其他国际组织、非政府组织与民间社团以及商业部门等。有一种说法把这个多层、庞大的体系称为联合国大家庭，这反映了联合国体系的复杂性、多样性以及内在联系性。

一　联合国的主要机构

主要机构是联合国体系的支柱框架，是上述联合国基本属性的体现。联合国由六大主要机构组成：大会、安全理事会、经济及社会理事会、托管理事会、秘书处及国际法院。

1. 联合国大会（Assemble）是联合国的审议机构。“大会”一词从英文字义上讲有“集会”的意思，它是所有成员国代表集会的地方。如果说联合国多少有点“世界政府”的意思，那么大会被认为是最类似西方国家议会的一个机构。首先，它是联合国体系中最具有代表性的机构。所有联合国成员国，无论国家大小，人口多少，在大会中都有代表权，且实行一国一票的制度。这一点体现了国家平等的原则。其次，大会是各成员国代表聚会并讨论各种问题的场所，也是提出和审议决议的机构。这一点被认为是联合国平等主义、议会主义和多边主义民主精神的体现。正是这些属性使得联合国大会被一些人比喻为“全球议会”、“市民大会”等。

大会的职权范围非常广泛。根据《宪章》规定，大会可以就任何会员国提出的、《宪章》范围内的“任何问题”进行讨论，包括世界和平与安全方面的问题以及经济、社会、文化等各方面的问题。大会可就所讨论的问题或事项，向会员国和安理会提出建议，并可就危及国际和平与安全的情势提请安理会注意。大会负责促进有关经济、社会、文化及人权等方面的研究与合作，并提出建议。大会还负责收受并审查安理会提交的常年及特别报告以及联合国其他机关所提交的报告。大会负责审核联合国的预算。此外，大会还负责选举安理会非常任理事国及经济与社会理事会理事国；与安理会一起决定联合国新会员国的加入与除名以及国际法院法官的选举。大会常会每年举行一届，于9月的第三个星期二开幕，通常持续到12月中旬。一般是各国外长出席，有时总理或国家首脑也会参加。在每届常会开始时，大会要选出一名新的大会主席，同时还要选出21名副主席和大会所属六个主要委员会的主席。①

2. 安全理事会（Security Council）是联合国负责维持国际和平与安全的机构。根据《宪章》的规定，安理会的主要职能是维护国际和平与安全。当危及国际和平与安全的争端出现时，安理会将敦促冲突各方以和平的方式解决争端，包括提出解决建议和方案，派遣调查团，协调冲突方进行谈判等。如果安理会断定出现了对国际和平与安全的威胁，断定发生了侵略行为，可以采取除武力以外的强制手段，如断交、禁运和经济制裁等。如果这些措施仍然无效，安理会可以根据宪章第七章赋予的权力，采取强制性军事手段，包括使用陆海空部队，以实施集体安全，达到维持和恢复和平的目的。此

---

① 与大会有直接汇报关系的机构：（1）大会主要委员会：裁军与国际安全（第一委员会），经济和金融（第二委员会），社会、人道主义和文化（第三委员会），特别政治和非殖民化（第四委员会），行政和预算（第五委员会），法律（第六委员会）。（2）大会附属机构：委员会、专门委员会、管理委员会、理事会和小组、工作组和其他。（3）咨询附属机构：联合国建设和平委员会。（4）基金和方案：国际贸易中心、联合国难民事务高级专员办事处、联合国儿童基金会、联合国贸易和发展会议、联合国开发计划署、联合国国际药物管制规划署、联合国环境规划署、联合国人类住区规划署、联合国人口基金、联合国近东巴勒斯坦难民救济和工程处、世界粮食计划署。（5）联合国其他实体：国际电子计算中心、联合国艾滋病毒/艾滋病联合规划署、联合国项目事务厅、联合国系统职员学院、联合国大学。（6）研究和培训机构：联合国裁军研究所、联合国训练研究所、联合国区域间犯罪和司法研究所、联合国提高妇女地位国际研究训练所、联合国社会发展研究所。

外，安理会还负责向冲突方面派出联合国观察员和调查团，以及联合国维持和平部队。

联合国安理会最初是由 11 个成员国组成，其中 5 个为常任理事国，其他 6 个为非常任理事国。5 个常任理事国是中国、法国、俄国、英国及美国。这 5 个常任理事国被认为是在第二次世界大战中作出突出贡献的国家，它们不是选举产生的，也无任期限制。非常任理事国由大会选举产生，任期两年。1965 年安理会进行了扩大，其成员增加到 15 个，其中 5 个仍然是原来的常任理事国，另外 10 个为非常任理事国。根据公平的地区分配原则，10 个非常任理事国名额分配给各地区集团：非洲国家 2 个，亚洲国家 2 个，拉丁美洲国家 2 个，东欧国家 1 个，西欧及其他国家 2 个。

根据《联合国宪章》（以下简称为“《宪章》”），在安理会的决策过程中，所有理事国都有一票的投票权，程序性问题需要 15 个理事国中的 9 票通过，其他非程序性问题则需要包括全体常任理事国在内的 9 国通过。这种规定就是体现大国一致的“否决权”，它意味着任何一个常任理事国的否决都将阻碍一项涉及实质性问题决议的通过。在涉及《宪章》第六章关于和平解决争端内容时，当事国不能参加投票。如果讨论的问题涉及非安理会成员国，当事方可以参加讨论，但没有投票权。

根据《宪章》，联合国所有会员国同意接受并执行安理会的决定。联合国其他机构只能向各国政府提出建议，唯有安理会有权做出各会员国必须执行的决定。安理会的运作机制，体现的是集体安全、大国一致和力量均势三原则的结合。在能够实现大国一致的情况下，集体安全便可以发挥作用。与其他机构不同的一点是，安理会全年随时开会。安理会主席在认为必要时，可随时召开会议。此外，安理会每年还要召开两次定期会议，时间由安理会自行决定。根据《宪章》，当面临与国际和平与安全相关的问题时，秘书长及任何联合国会员国都有权要求召集安理会讨论。任何国家，无论是否是安理会理事国，都可以就涉及和平与安全的问题提出召开会议的要求。①

3. 经济及社会理事会（Economic and Social Council）最初是由 18 个成员国组成，经 1965 年的宪章修改后，增加到 27 个，1973 年再次扩大到 54

① 与安全理事会有直接汇报关系的机构：（1）安全理事会附属机构：第 1540 委员会、反恐怖主义委员会、前南斯拉夫问题国际刑事法庭、卢旺达问题国际刑事法庭、军事参谋团、维持和平行动与维和特派团、制裁委员会。（2）常设委员会和特设机构：联合国赔偿委员会、儿童与武装冲突问题工作组、文件工作组。（3）咨询附属机构：联合国建设和平委员会。

个。该理事会的成员国由联合国大会选举产生，任期三年，每年改选1/3，可以连选连任。理事国席位分配给不同的区域集团：非洲14个，亚洲11个，东欧6个，拉丁美洲10个，西欧和其他国家13个。

根据《宪章》，经社理事会具有以下职权：

第一，提出建议与报告。就经济、社会、文化、教育、卫生及人权等其他有关事项向大会、会员国及其他机构提出相关报告以及相关建议案。

第二，组织研究和讨论。就全球性或跨学科性国际经济及社会问题组织研究和讨论，召开相关会议，为这类问题的讨论提供一个中心论坛。

第三，提供服务。经大会许可，向安理会、会员国及其他机构提供相关服务。

第四，联系与协调。与联合国其他专门机构和非政府组织建立联系，与它们进行磋商，协调它们与联合国的关系，向它们提供建议，调整它们的工作，并获取它们的经常性报告。

经社理事会的职责涉及众多领域，因而形成了两类委员会：一类是负责处理不同领域问题的“职司委员会”，另一类是负责处理不同地区问题的“区域委员会”，它们构成了经社理事会的附属机构。这些附属机构定期开会，并向经社理事会汇报情况，从事研究，组织国际会议，推动行动计划的实施。此外，经社理事会还包括与联合国建立关系的专门机构和非政府组织，以及一些常设、特设委员会和专家小组。①

4. 托管理事会（Trusteeship Council）是联合国实行国际托管制度的主要机构。设立托管理事会的目的是对由7个会员国管理的11个托管领土实行国际监督，并确保采取适当步骤为托管领土的自治或独立做好准备。在最后

① 与经济及社会理事会有直接汇报关系的机构：（1）职司委员会：预防犯罪和刑事司法委员会、麻醉药品委员会、人口与发展委员会、科学和技术促进发展委员会、社会发展委员会、妇女地位委员会、可持续发展委员会、统计委员会、联合国森林论坛。（2）区域委员会：非洲经济委员会（非洲经委会）、欧洲经济委员会（欧洲经委会）、拉丁美洲和加勒比经济委员会（拉加经委会）、亚洲及太平洋经济社会委员会（亚太经社会）、西亚经济社会委员会（西亚经社会）。（3）常设委员会：与政府间机构谈判委员会、非政府组织委员会、方案和协调委员会。（4）特设机构：信息学不限成员名额特设工作组。（5）由政府专家组成的专家机构：危险货物运输和全球化学品统一分类标签制度专家委员会、联合国地名专家组、国际会计和报告标准政府间专家工作组。（6）成员以个人身份组成的专家机构：发展政策委员会、经济、社会和文化权利委员会、国际税务合作专家委员会、公共行政专家委员会、土著问题常设论坛。（7）其他有关机构：提高妇女地位国际研究训练所董事会、国际麻醉品管制局、联合国人口奖委员会、联合国艾滋病毒/艾滋病联合规划署方案协调委员会。

一个托管领土帕劳于 1994 年 10 月独立后，该理事会的历史使命已经完成，于 1994 年宣布休会。托管理事会已修订了议事规则，只在需要时才开会。

5. 国际法院（International Court of Justice）为联合国主要司法机关，国际法院的规约是《联合国宪章》的构成部分。国际法院负责对国家间争端作出裁决，大会和安理会遇到法律问题，需要由国际法院发表咨询意见。国际法院通过发表咨询意见，已成为联合国《宪章》及其他国际法律的最高解释者，成为《宪章》有关各国法律义务规则的权威解释者。国际法院由大会和安全理事会选出的 15 名法官组成，这些法官任期 9 年，可连选连任。大会和安理会对法官同时单独进行投票，候选人必须在这两个机关都获得绝对多数票才能当选。因此，法官通常需要这两个机构的多次投票才能产生。安全理事会常任理事国不得对此项选举行使否决权。为确保法院组成的连续性，15 名法官的任期不是同日届满，而是每三年改选 1/3。在 15 名法官中，不得有 2 人来自同一国家。

6. 联合国秘书处（Secretariat）是负责联合国行政管理的机构，由秘书长及若干联合国所需办事人员组成，秘书长为联合国的行政首长。联合国秘书处继承了国联秘书处的许多工作制度和方法。国际联盟秘书处的工作方法深受英国公务员制度影响。曾担任国联秘书长的英国外交官埃里克·庄曼德（Eric Drummond）对建立一个真正意义上的国际公务员制度作出了贡献。他提倡以最少预算取得最高效率的工作原则，并坚持亲自任命秘书等高级工作人员，甚至拒绝包括当时最有影响的大国政府推荐的候选人。

按照制度，联合国秘书长应由大会经安全理事会推荐委派，办事人员由秘书长根据大会所定章程委派。秘书处负责行政管理、预算、语文及其他主要机构的管理职能，根据大会、安全理事会和其他机关的指示，执行联合国实务工作和行政工作，为这些机构提供服务。

秘书处设有秘书长办公厅、内部监督事务厅、法律事务厅、裁军事务部、政治事务部、经济和社会部、大会和会议管理部、新闻部、人道主义事务部、联合国安全协调员办公室等部门。联合国的总部设在纽约，在日内瓦、维也纳和内罗毕分别设有办事处。日内瓦办事处是联合国会议外交中心以及裁军和人权领域问题的论坛，维也纳办事处是联合国药物滥用管制、预防犯罪和刑事司法、和平利用外层空间及国际贸易法等领域活动的总部，内罗毕办事处为联合国环境和人类住区领域活动的中心。

联合国的主要机构构成了这个主权国家体系的基本组织框架。关于主要机构的构成和职能，《联合国宪章》都有制度性的明确规定。因此，主要机构的根本性变革，如成员扩大等，需要通过修改《宪章》方可完成。

二 联合国的专门机构和其他相关机构

在联合国系统中，还包括一系列与联合国建立关系的专门机构。专门机构包括国际劳工组织、世界卫生组织、国际民用航空组织、国际海事组织、国际电信联盟、世界气象组织等。这些机构是根据各国政府间协定所成立的组织，在经济、安全、社会、文化、教育、卫生及其他一些领域具有专门职能，是负有广泛国际责任的专门机关。这些组织依据自己的组织章程，通过协定与联合国建立了法律关系。联合国大会通过经济及社会理事会负责协调与这些机构的关系。①

除了专门机构，在联合国系统中还包括各基金和方案、一些与大会或经济及社会理事会建立起联系的相关机构、研究及训练机构以及其他一些实体。国际原子能机构、世界贸易组织属于联合国的“相关机构”。联合国难民署、开发署、粮食署、贸发会议、人口基金等属于联合国的“基金与项目”。这些机构中，有的只需向大会报告，有的具有同专门机构类似的地位和性质。这些组织和实体是联合国系统中的自治单位，它们有自己独立的章程和组织机构，一般包括作为最高权力机关的大会，作为执行机关的理事会或执行局，以及作为常设机关的秘书处。这些专门机构、方案和基金、相关组织及实体与联合国主要机构一起，共同构成了联合国系统：一个联合国大家庭。②

联合国作为一个普遍性的国际体系，与一些区域性组织也存在互动关系。这些组织是以联合国观察员的身份参与联合国的活动。其中包括：非洲、加勒比和太平洋国家集团、非洲开发银行、非洲联盟、安第斯共同体、加勒比国家联盟、黑海经济合作组织、加勒比共同体、中美洲一体化体系、英联邦秘书处、葡萄牙语国家共同体、萨赫勒－撒哈拉国家共同体、东非共

① 联合国专门机构包括：联合国粮食及农业组织（粮农组织），国际民用航空组织（民航组织），国际农业发展基金（农发基金），国际劳工组织（劳工组织），国际海事组织（海事组织），国际货币基金组织（基金组织），国际电信联盟（电信联盟），联合国教育，科学及文化组织（教科文组织），联合国工业发展组织（工发组织），万国邮政联盟，世界银行集团。

② 联合国相关机构：国际原子能机构、全面禁止核试验条约组织筹备委员会、禁止化学武器组织、世界贸易组织。各公约秘书处：残疾人权利公约、联合国防治荒漠化公约、联合国气候变化框架公约。联合国信托基金：联合国民主基金、联合国国际伙伴关系基金。

同体、中非国家经济共同体、亚欧经济共同体、美洲开发银行、法语国家组织、国际自然及自然资源保护联盟、拉丁美洲经济体系、拉丁美洲议会、阿拉伯国家联盟、经济合作与发展组织、欧洲安全与合作组织、美洲国家组织、伊斯兰会议组织、红十字国际委员会等。

联合国与区域组织之间的关系也有正式安排。联合国会员国可以缔结区域条约或加入区域组织，并以区域方式，采取区域行动来解决和平与安全问题。自联合国成立以来，一些区域和次区域集团也相继成立，其中一些集团为维持其成员的稳定和繁荣作出了重大贡献，一些集团直接处理了对和平与安全的威胁。联合国始终认为，区域组织未必与联合国的宗旨背道而驰，也不影响联合国在维持和平与安全方面负担主要责任。联合国鼓励这类集团发挥作用，认为区域组织可以成为多边体制的一个重要部分。根据《宪章》第52条和53条，区域组织和区域行动必须与联合国的宗旨及原则相符。安全理事会鼓励采用区域办法或由区域机关和平解决国际争端的做法，但强调要得到安理会的授权。

三　民间社会、非政府组织及私人部门

早在联合国创始阶段，非政府组织就与联合国建立了联系，使得民间社会在联合国体系的互动中占有了一席之地。《联合国宪章》的有关条款就反映了这一点。一般认为，《联合国宪章》序言中“我联合国人民”这句话表明，联合国既是会员国的联合国，也是各国人民的联合国，是民间社会的联合国。《宪章》第71条的规定，即“经济及社会理事会得采取适当的办法，俾与各种非政府组织协商有关本理事会职权范围内之事件”，被认为是有关联合国与非政府组织关系的规定，是最具权威的法律依据。

在联合国文件中，“民间社会”和“非政府组织”通常一起使用。根据联合国的定义，“民间社会”是一个非常广泛的概念，指“公民为促进自己的利益、主张、理想和理念，在家庭、朋友和工作场所以外自愿参加的结社活动”。“非政府组织”这一概念比“市民社会”要窄，它被包括在民间社会中，指“在地方、国家或国际级别上组织起来的非营利性的、自愿性的公民组织”，不是根据政府协议建立的组织。根据联合国的定义，非政府组织是具有公益性和中介性的一种非营利组织。非政府组织面向任务、兴趣相同的人们，提供各种各样的服务，发挥人道主义作用，向政府反映公民关心的问题等。在联合国的分类中，这两个类别有相互重叠的地方。对联合国有兴

趣的民间社会部分包括群众组织、行业组织、信仰组织、学术组织、公益非政府组织、社会运动和活动网络、有共同经历或“构想”的人组成的群众性松散社团等。

1946 年 6 月 21 日，根据经济及社会理事会 3（Ⅱ）号决议，联合国成立了负责非政府组织事务的“非政府组织委员会”（The Committee on Non－Governmental Organizations），作为经济及社会理事会下的一个常设委员会。委员会的主要职责是：审查非政府组织提出的有关咨询地位的申请；审查具有全面咨询地位和专门咨询地位的非政府组织提交的四年报告；执行理事会关于非政府组织规定的决议，监督具有咨询地位的非政府组织；完成经济及社会理事会要求的其他任务。委员会每年举行三星期会议，在特殊情况下，也举行非正式会议和非正式磋商。

1996 年 5 月，经社理事会通过的第 1996/31 号决议重新审议了联合国与非政府组织的关系安排，进一步细化了有关非政府组织咨询地位的规定，对于那些几乎与所有经社理事会任务相关的大型国际非政府组织，给予“全面咨商地位”（general consultative status）；对那些仅在若干领域与经社理事会任务相关的非政府组织，给予“专门咨商地位”（special consultative Status）；对那些经社理事会认为有时可对其工作作出贡献的非政府组织，给予“名册地位”（the Roster Status）。

联合国与非政府组织的互动关系，经历了一个发展过程。1946 年，与联合国建立咨询关系的前两类非政府组织只有 4 个，到 1959 年增加到 89 个，在经过 60 年代的低潮之后，自 70 年代起有了较大幅度的增长。特别是到 90 年代中期以后，几乎每年取得经社理事会前两类咨商地位的非政府组织都有 100 多个。据联合国统计，截至 2010 年 9 月 1 日，具有经社理事会咨询地位的非政府组织共有 3382 个，其中获得全面咨询地位的有 139 个，获专门咨询地位的达 2218 个，获得注册咨询地位的有 1025 个。[①]

非政府组织在互动中可以通过三种途径与联合国建立伙伴关系：一是获得经社理事会非政府组织咨询地位；二是与联合国新闻部非政府组织科（Department of Public Information/ NGO Section DPI/NGO）建立联系；三是与联合国与非政府组织联络处（The United Nations Non－Governmental Liaison

① 见联合国文件 List of Non－Governmental Organizations in Consultative Status with The Economic and Social Council As Of 1 September 2010（E/2010/INF/4），http：//esango. un. org/paperless/reports。

Service UN－NGLS）建立合作关系。

在与联合国互动的非国家行为体中，还包括企业界与商业部门，诸如跨国公司、工业联合会、代表多家公司的工业游说团体以及商会等。自1945年联合国成立以来，商业和企业界便在联合国发挥着积极的作用。从长期的实践来看，联合国与商业部门之间存在着一种相互需求的关系。联合国需要来自企业和商业部们的资助和它们的专门知识。联合国通过采购为商业界提供了市场，通过国际标准和制度的建立，也为商业界提供了技术规范和道德规范。

在联合国的机构中，采购司负责为联合国总部、联合国在世界各地的维持和平行动特派团、区域委员会、国际法院等联合国主要机构采购各类设备、商品和提供服务。联合国各专业机构、基金、计划署等，都有自己的采购计划。联合国的方针是尽可能地建立广泛的供应商数据库，这些供应商来自全体会员国和观察员。各商业部门要想与联合国作交易，必须在采购司登记成为潜在供应商。只有登记的供应商，才能应邀投标。

从总体来看，联合国的主要机构以及与主要机构有直接汇报关系的机构构成了联合国体系的主体架构，专门机构和其他机构通过与联合国的法律联系而构成了联合国体系中处理各种专门领域问题的部门，各种区域组织、民间社会和非政府组织通过参与联合国的活动也与联合国建立了正式的联系。从结构来讲，这些不同层次的行为体通过互动和发挥各自的功能而共同构成了联合国的“大家庭”。

第三节　联合国体系的属性与特征

在国际关系中，联合国是一个包括成员最多、互动问题最广泛、结构框架最复杂的国际组织。作为一个国际体系，它包括各种子体系和单元的互动，具有构成单元所不具有的独特属性，诸如政府间性、普遍性、合法性与超国家性等。在这个体系中，虽然有典型的大国政治的特色，但它在本质上乃是行为体进行国际合作的制度化的产物。

一　政府间性

联合国是主权国家建立的体系，是以主权国家政府为代表的政府间国际组织。这个组织的主要构成单元是国家行为体。《联合国宪章》明确规定了国家主权平等、保证国家领土完整或政治独立、不得干涉在本质上属于任何国家国内管辖之事件等原则。这一事实表明，主权国家建立联合国之后，它们自身的主权地位并未改变。联合国在本质上乃是协调它们关系的一个组织。在这个组织中，作为会员国的主权国家，其互动是自主的行为，在原则上享有同等的地位。为了参与组织的活动，几乎所有国家都向联合国派出了常驻代表团，性质相当于派驻各国的大使。这些代表团成员具有正式的外交官身份。

按目前国际组织的划分，联合国是属于多边政府间组织，有组织《宪章》、固定的地址和常设机构，并且长期活动。尽管联合国可以决定接受一个国家为会员，也可以决定停止甚至取消一个国家的会员资格，但这种权力最终是在主权国家手中。按照《宪章》，凡愿成为联合国会员国的国家，应首先向秘书长提出申请，包括在正式文书中作出愿意接受宪章所规定之义务的声明。安全理事会如果同意推荐申请国为会员国，大会将以出席并参加表决会员国的2/3多数对该国的入会申请做出决定。如果要停止或取消一个国家的会员身份，也是由联合国大会经安理会建议做出决定。这种权力决定体制，并不是高居于主权国家之上的超国家主义，而是通过主权国家协商的政府间主义。

尽管有建议主张组建超国家警察、军队和法院，以及基于“一人一票”原则建立“全球议会联盟”（Global Parliamentary Assembly）或联合国“人民大会”（UN People's Assembly）①，但迄今为止，联合国一直是以主权国家为单位行使投票权。大会实行的是一国一票制，安理会实行的是每一理事国一票，常任理事国拥有否决权。联合国主要机构的职位如秘书长、大会主席、安理会主席、经社理事会主席等，都是按地区公平原则分配给主权国家，这些职位的产生还需要得到会员国的同意。各主要机构的席位也是分配给不同地区的主权国家。因此，联合国的决策权说到底是在主权国家手里。例如，《联合国宪章》的修改，需要由包括全体常任理事国在内的2/3会员国按其国内宪法程序批准后方能生效。

《联合国宪章》明确规定，不得“干涉在本质上属于任何国家国内管辖

---

① 有关“全球议会联盟”，见 Richard Falk，NOT A PARLIAMENT OF DREAMS（Jul/Aug2002）；有关“人民大会”，见 Johan Galtung，“Global Governance for and by Global Democracy，” in The Commission for Global Governance，*Issues in Global Governance*，London：Kluwer，1995，pp. 195 – 215。

之事件”。在今天联合国的体制中，尽管不干涉内政原则面临很大的争议，其含义在实践中不断变化，但主权原则仍然是联合国的基本原则。联合国的国际法院尽管也有“法院”之名，但执行的是自愿接受管辖的原则，而不是强制管辖原则。国际争端是否提交国际法院，是由各主权国家自行决定。这一点同国内政治中的权力原则是不同的。在联合国实施维持和平行动和人道主义干预行动的过程中，虽然人权原则、保护责任日益成为联合国干预的理由，但联合国一切行动的实施，仍然是由主权国家决定的，尤其是拥有常任理事国席位的大国。当然，在联合国中政府间性并不能体现主权平等的原则。安理会常任理事国所拥有的否决权，使得这几大国拥有了决定干预其他主权国家的特权，也拥有了否决自身被干预的特权。

二　公平的地区代表性

联合国作为政府间组织，公平的代表性是组织的重要特征之一。为了体现国家不分大小一律平等的原则，联合国大会作为最具有代表性的机构，实行的是一国一票制。在其他主要机构的构成和议事规则上，从制度上讲，也能大体上反映出不同国家、不同地区及不同文明间的平衡性及代表性。

为了体现公平的地区代表性原则，联合国从安理会、大会、经社理事会等机构的构成，到秘书长、大会主席、安理会主席的产生，再到各种议事规则、雇员比例的确定等事务，都强调了“公平的地区分配”原则，选举席位事先公平地分配给不同的地区。虽然这一原则在《联合国宪章》中并没有特别提到，只是在第101条关于秘书处相关条文中有“征聘办事人员时，于可能范围内，应充分注意地域上之普及”这样的规定，但在实践中这样的做法却形成了惯例，并一直保持了下来。

联合国的这一特性，有一定的历史渊源。早在国际联盟的实践中，就出现过按地区分配选举席位的先例。1920年，国际联盟大会决定，在大会选举联盟行政院非常任理事时，要考虑地区席位分配的均衡与公正问题，并形成了一个非正式的地区均衡分配模式。联合国的发起国在创建联合国的过程中，吸收了国际联盟的这一做法。1945年，为准备旧金山会议，美国提出成立一个执行委员会。经过发起国家之间的协商，委员会由后来的5大常任理事国和其他9个国家组成。在这9个国家中，3个来自拉丁美洲，2个来自英联邦，2个来自东欧，1个来自西欧，1个来自中东，体现了地区的代表性。在1946年安理会非常任理事国和经济及社会理事会的第一次选举中，继承了这种席位分配方式。在联合国大会总务委员会第一次选举中，这一原则再次被采用。美国、英国及苏联等主要联合国发起国在选举问题上达成了这种非正式的一致，这种共识也被称为“伦敦君子协定”。与之相应，一种非正式的为选举目的而划分的选举集团逐步形成。

随着非殖民化运动和亚非国家力量的扩大，尤其是万隆会议之后，亚非国家强烈要求改变选举集团的划分规则。1957 年 12 月 12 日，联合国大会通过了关于《大会总务委员会之组成》的 1192（Ⅻ）号决议，第一次正式规定了联合国大会总务会议席位的分配模式，出现了四个选举集团，它们是：亚非国家、拉丁美洲国家、东欧国家和西欧及其他国家。与以前不同的是“中东”集团被取消，取而代之的是一个更广泛的地区集团“亚非国家”。另一变化是，“英联邦”和“西欧”被“西欧和其他国家”集团取代，美国、澳大利亚、加拿大、新西兰和南非被划归为“其他”类。这种选举集团的划分方式显然是冷战时代的产物，它既考虑了地域上的不同，也考虑了东西方两大集团的分野。

随着安理会和经济及社会理事会的扩大，公平的地区分配原则被正式应用于安理会非常任理事国和经济及社会理事会的选举。1963 年大会 1991（A）号决议规定了大会主要委员会、安理会非常任理事国和经济及社会理事会成员席位的分配，再次确认了 1957 年 1192（Ⅻ）号决议中规定的 4 大选举集团的划分。决议规定，将安理会成员从 11 国增至 15 国，其中 10 个非常任理事国中 5 个来自亚非国家，2 个来自拉丁美洲国家，2 个来自西欧和其他国家，1 个来自东欧国家。在 1971 年 12 月 20 日经济及社会理事会第二次扩大的时候，联合国大会通过了关于《扩大经济及社会理事会》的 2847（XXⅥ）号决议。这一决议体现的变化是：第一，选举集团划分模式被正式用于所有经济及社会理事会成员的选举，而不仅限于新选出的成员；第二，非洲和亚洲正式分离为两个选举集团，原来的四大选举集团变成五大选举集团。决议规定，经济及社会理事会理事国从 27 国增加到 54 国家。席位的分配是：非洲国家 14 个；亚洲国家 11 个；拉丁美洲国家 10 个；西欧和其他国家 13 个；东欧社会主义国家 6 个。

为了确保地域上的公平代表性，联合国大会主席每年依次轮流从五个地区小组产生。安理会的构成也是如此，根据公平的地区分配原则，10 个非常任理事国名额分配给各地区集团：非洲国家 3 个，亚洲国家 2 个，拉丁美洲国家 2 个，东欧国家 1 个，西欧及其他国家 2 个。根据惯例，联合国秘书长的产生也要遵循地区轮换的方式。

三　综合性与全球性

联合国是一个全球性组织，全球性、综合性、普遍性是其一大特征。这些属性主要体现在两个方面：第一是会员国覆盖面广及全球，全世界的所有行为体几乎都参与或与联合国的互动相关。第二是联合国组织职能无所不包，各种国际问题、全球问题的治理几乎都与联合国直接或间接相关。这些属性与特点使得联合国明显不同于各种地区组织和专门性组织。

《联合国宪章》规定："凡其他爱好和平之国家，接受本宪章所载之义务，经本组织认为确能并愿意履行该项义务者，得为联合国会员国。"这一规定表明，联合国没有种族、民族、宗教、文化和其他政治、意识形态条件的限制。只要爱好和平、接受《联合国宪章》的国家，都可以成为联合国会员国。这种具有广泛性与包容性的会员国资格，使联合国成为全球性的国际组织体系。几乎所有主权国家都成为联合国的会员国，尽管它们有着千差万别的政治、经济、文化背景。这一特点使得联合国与欧盟、非盟等地区组织和阿拉伯国家联盟、伊斯兰会议组织等具有一定宗教、种族身份差异的组织明显不同。

从职能来讲，联合国各主要机构的"问题领域"覆盖了和平与安全、经济、社会、文化、人权、环境等各个方面。联合国的创立者在这一点上是明确的，即将联合国设计为一个职能具有普遍性和全球性的组织。按照《联合国宪章》的表述，联合国在维护和平与安全方面的主要职能，包括维护国际和平及安全，防止和消除对和平之威胁，制止侵略行为或其他和平之破坏等；并以和平方法，根据正义及国际法的原则，调整或解决足以破坏和平之国际争端或情势等。在维护基本人权方面，联合国的目标是不分种族、性别、语言或宗教，增进并激励对于全体人类之人权及基本自由之尊重，以促进平等、社会进步、民主、自由等价值。在促进经济及社会的进步与发展方面，联合国的主要目的是促成国际合作，以解决国际间属于经济、社会、文化及人类福利性质之国际问题。

根据联合国的宗旨和目的，联合国在机构设置上也体现了综合性、普遍性、全球性的特征。除了负责和平与安全事务的安理会和经济及社会理事会之外，联合国设立了各种附属机构和专门机构，负责发展、人权、环境、教科文卫等相关问题。《联合国宪章》对经济及社会目的的强调是国际联盟所没有的，其广泛性也是其他组织机构所不具备的。由于大会所讨论和审议的问题非常广泛，大会设立了许多委员会，以处理相关事务。大会将大多数问题分别分配给六个主要委员会审议：第一委员会负责裁军与国际安全，第二委员会负责经济与金融，第三委员会负责社会、人道主义与文化，第四委员会负责特别政治和非殖民化，第五委员会负责行政和预算，第六委员会负责法律。这些委员会的分工表明，提交联合国审议的议题涉及国际互动的方方面面，涵盖的问题领域具有综合性与全球性。

联合国在成员构成和互动问题上的全球性，使得它成为当代国际组织中最具普遍性的国际体系。这个体系并非单一结构，而是由多层次的众多子系统组成的，诸如人权体系、发展体系、裁军体系、环境体系等。由于这个体系中的互动问题具有综合性，肩负着管理全球性事务的责任，不仅关注国家间关系，而且关注普遍的人权；不仅关注传统的政治和军事安全问题（如战争和平问题），而且关注经济、社会、环境、文化等方方面面，因此必然会与各种区域组织、非政府组织和商业部门建立起广泛联系，从而使得整个体系的互动更具普遍性特征。

四 国际合法性与超国家特征

联合国作为全球国家组成的一个国际组织是具有权威的。联合国的活动和它的各种制度与原则，对主权国家的对外政策行为是有影响的，有时甚至有重大影响。联合国的这种权威性，来自它所具有的合法性，而它之所以具有合法性，是因为它得到了会员国的同意。由于联合国的构成几乎包括了全部主权国家，因此联合国所具有的合法性在国际组织中是最高的。

从规范的角度看，《联合国宪章》被认为是国际法的基本原则，是调节国家间关系的基础。联合国通过的决议、公约、条约等，也被认为是国际法的主要渊源。安理会通过的决议更是如此。安理会被认为是可以实施国际制裁及合法使用武力的机构，这是其他国际组织所不具有的属性。尤其是美国发动伊拉克战争后，引发了国际社会对使用武力之规范的大讨论。多数会员国认为，得到联合国授权后使用武力才是合法的，而美国发动伊拉克战争没有得到安理会授权，因而是非法的。

联合国因主权国家的同意而具有的合法性与权威性，使得它具有了主权国家所不具有的权威。说得确切些，虽然联合国所做的事，最终决定权是在主权国家的手里，但联合国作为一个体系，它在一定的条件下（即不存在否决的情况下）是具有影响主权国家行为的权力的。安理会可以决定对一个国家动武，这就是一种超国家的权力。事实上，联合国所处理的主权国家提交的问题，都是单一主权国家所不能解决的。主权国家让联合国处理这样的问题，就不得不同意联合国享有某种主权国家所不享有的权力，而这种权力与主权的属性是相悖的。

从冷战后联合国的实践来看，具有干预性质的活动呈现出了“扩大化”的趋势：联合国从干预“国家间”事务走向干预“国家内”事务，甚至起着类似临时政府的作用；从中立、不干涉内政、非强制等维持和平行动走向不经主权国家同意的“强制维和”；从干涉原本针对威胁国际和平与安全的“狭义安全”问题走向干涉包括生态安全、经济安全、社会安全、健康安全等在内的“广义安全”问题；从干涉国家行为体走向干涉“个人安全”和“普遍人权”问题。总之，这种变化意味着联合国不仅要管理涉及国家间关系的国际和平与安全问题，而且要对人类社会中所有个人的安全、健康以及政治权利、社会权利负责。

联合国的国际互动中之所以能日益表现出超国家性，说到底，是因为主权国家需要联合国在复杂的国际事务中扮演这样的角色。联合国如果不具有这样的属性，就很难在安全、经济、社会、文化等领域为成员国提供服务。在无政府的状态下，主权国家要想维持相互间的秩序，用国际法来规范互动行为，也需要一个具有国际合法性的机构来确定国际行为是否具有合法性，例如，对超出自卫范围使用武力的授权，以及对破坏和平与安全的国家实施经济制裁等。

从管理的角度讲，联合国的国际合法性与超国家性也是主权国家所需要的。例如，面对凸显的全球问题，人们认为联合国框架内的多边合作是促进全球治理，协商解决全球性问题的最佳途径。2000 年安南秘书长在题为《我们人民：21 世纪联合国的作用》的“千年报告”中强调，全球治理的顺利实施离不开国家，国家既要对各自社会负责，也要以集体行动的方式对所有国家公民之星球的共同生活负责。他指出，这种治理还将包括民间社会各组织、私营部门、议员、地方当局、科学协会、教育机构和许多其他实体。他相信，联合国十分适合于推动各种不同的非国家行为体同国家决策者一起制定新的治理世界之道。①

① 联合国秘书长报告：《我们人民：21 世纪联合国的作用》，A/54/2000。

此外，联合国的权威性使得它所倡导的和平、公正、人权、平等、发展等具有普世意义的原则、规范与价值能起到规范国家行为，监督政府，促进人类社会进步的作用。事实表明，没有联合国的这种“道德见证人”的作用，弱小国家就不可能得到“适度的保护”①。

总之，与其他国际体系相比，联合国体系的主体是一个最具广泛性与代表性的政府间组织，能够赋予国家行为合法性，同时也能够发挥一定的超国家影响。

第四节 联合国体系对主权国家的影响

联合国是主权国家需求互动的产物，作为体系，它反过来也会对构成它的主权国家产生影响。联合国的作用主要是调解主权国家之间的关系，维护主权国家之间的和平与安全，调解和解决争端。联合国体系中的规则、原则和制度的建立与实施，一方面能够规范、调整并改变主权国家的行为，包括禁止一些行为，同时倡导一些行为；另一方面，能够通过普及国际规范，建构主权国家的行为。

一 强制性措施

在出现对国际和平的重大威胁时，如果调解、斡旋等和平手段失效，根据《宪章》规定，联合国安理会通过决议，可以对主权国家采取强制性手段，达到维持和平的目的。强制性措施包括制裁和军事行动。这种机制表明《宪章》赋予了联合国具有合法使用武力的权力，而安理会决议则有权采取强制性措施。联合国的这种职能，被认为具有某种“准世界政府”的特性。

安理会是联合国负责维持和平与安全的核心机构，当威胁和平与安全事件发生时，所有会员国、联合国大会及非会员国，都可根据《宪章》规定，提请安理会关注。联合国《宪章》规定，在安理会采取强制措施或军事行动时，会员国有责任和义务采取配合行动。当安全理事会做出决定采取军事行动时，由安全理事会与会员国或会员国集团缔结特别协定，并由签字国各依

---

① A. J. R. Groom, “The United States and the United Nations: Some Revolting European Thoughts,” *Journal of International Relations and Development*, 6 (2), June 2003, pp. 120 – 138.

其宪法程序批准。根据特别协定，相关国家应“供给为维持国际和平及安全所必需之军队、协助及便利，包括过境权”。特别协定应规定军队的数目及种类，说明准备程度及一般驻扎地点，以及所供便利及协助之性质。

如果说和平解决争端是维护和平与安全的第一道防线，那么强制性的集体安全措施则是第二道防线。集体安全具有威慑效应，可使破坏和平的当事者明白，如果继续这种行为，联合国会员国将集体行动，采取包括军事手段在内的一切措施，以制止其侵略或其他威胁和平的行为。联合国可以采取强制性措施，是恢复和平和解决冲突的最后手段。在整个冷战时期，这种“集体安全”被认为只有一次实践，即介入朝鲜战争。这次实践是在美国主导下，在苏联缺席安理会表决的情况下，以联合国的名义组织的一次联合国军参战行动。此后，这一机制陷入瘫痪。

冷战结束后，全球范围的大国对立基本结束。在第一次海湾战争中，联合国的集体安全机制被认为得到了一次完全的实施。1990 年伊拉克入侵邻国科威特后，联合国安理会先后通过一系列决议，要求伊拉克无条件地从科威特撤军，并对伊实施了包括武器禁运在内的全面制裁。1990 年 11 月，安理会通过了准许对伊拉克使用武力的 678 号决议，但伊拉克未作出任何让步。1991 年 1 月，以美国为首的多国部队向伊拉克发起了代号为“沙漠风暴”的大规模军事行动，以执行安理会 678 号决议。在多国部队的军事打击下，伊拉克宣布无条件从科威特撤军。1991 年 4 月 3 日，安理会通过决议，对包括裁军内容在内的停火条件作出了详细的规定，在伊拉克接受该决议的规定之后，停火正式生效。这一集体安全的成功案例使联合国的支持者受到鼓舞，相信未来联合国将在这一领域发挥更大的积极作用。

2002 年 9 月 12 日，小布什在第 57 届联大会议上谴责伊拉克在海湾战争后背弃了它向国际社会作出的承诺，违背了联合国相关的裁军决议，拥有安理会决议禁止的大规模杀伤性武器，呼吁联合国采取行动迫使伊拉克销毁大规模杀伤性武器。由于安理会 5 大国在对伊动武问题上存在分歧，安理会在伊拉克问题上无法达成一致，不能采取集体行动。联合国和平解决冲突的努力没有让美国满意，联合国的集体行动也没有形成。2003 年 3 月 20 日，美国在没有得到安理会授权的情况打响了对伊拉克的战争。战争爆发的当天，联合国秘书长安南发表声明说，如果我们再坚持短短的一段时间，伊拉克也许就会和平地解除武装；如果不是这样，全世界就会做出集体决定，采取行动解决这个问题，这样做要比现在的行动具有更大的合法性，因而能得到更广泛的支持。①

联合国在解决伊拉克危机上的失败，以及联合国主要成员国在伊拉克重建问题上的分歧，使这一组织的威望再次遭受沉重打击，也使《联合国宪章》和现行的国际法基本原则面临新的挑战。不过，从另一角度看，联合国在这个问题上也发挥了自己可以发挥的作用：既然不能制止一个安理会常任理事国发动战争，那也不应授权发动这样的战争。这是符合《联合国宪章》原则的。这一结果既是美国单边主义导致的，也是联合国自身结构所决定的。联合国的和平努力虽然没有成功，但我们不能忽略和否认这种努力的积极作用。在安理会通过第1441号决议后，联合国对伊武器核查开始按决议执行，这说明联合国可以为解决伊拉克危机提供可能。而且，在伊拉克问题上，联合国也表现出其不可替代的公正立场，并没有完全屈从于某一个超级大国。例如，联合国监核视委员会（联合国监测、核查和视察委员会）及原子能机构对伊的核查结果，并没有为美国打击伊拉克提供所需要的充分证据。联合国没有承认美国对伊动武的合法性。

从美国的行为看，它并没有真的把联合国的约束放在眼里，小布什总统也一再强调美国行为的合法性无须联合国授权，但美国其实并不能真的对联合国的作用置之不理。正如美国前国务卿奥尔布莱特所指出的，联合国仍然是得到最广泛认可的国际合法性来源，即便对帝国来说，这种合法性也是重要的。② 在当时，许多国家明确表示，只有联合国通过相关的新决议，它们才能向伊拉克提供援助或派遣部队。

当然，由于联合国实施集体安全性质的强制措施必须得到安理会5大常任理事国的一致同意，因此一般情况下很难实施。再者，会员国对联合国的强制性干预措施以及合法使用武力的特权通常都存在争议。1999年的科索沃战争和北约未得联合国授权的军事干预，就曾经引发过一场关于人道主义干预的辩论。2003年美国发动对伊拉克战争的一个理由是解放独裁政府压迫下的伊拉克人民。美国认为，对独裁国家实施“政权更替”是正当的。美国的这种行为是继“人道主义干预”后对联合国“不干涉内政”原则的又一新的挑战。

---

① 联合国秘书长关于伊拉克问题的声明，2003年3月20日。http：//www. un. org。

② Madeleine K. Albright，“Think Again：The United Nations，” *Foreign Policy*，September/October 2003.

2000年以来，随着“保护责任”的提出，联合国以保护人权为目的的人道主义干预趋势加强。自“保护责任”（Responsibility to Protect）① 报告提交联合国讨论后，现已经成为一个十分流行的概念。其核心内容是，国家的责任是保护人民，当国家不能保护其人民的时候，这种保护责任将临时转移为“集体国际责任”，而联合国则是完成这一使命的“最佳实体”，它应该“授权采取军事行动以保护无辜者”②。“保护责任”原则以《每一个国家均有责任保护其人民免遭灭绝种族、战争罪、族裔清洗和危害人类罪之害》为标题被写入联合国大会通过的“2005年世界首脑会议成果”文件中。该文件指出：“我们接受这一责任，并将据此采取行动。国际社会应酌情鼓励并帮助各国履行这一责任。”而且，如果和平手段不足以解决问题，有关国家当局无法保护其人民，联合国将随时准备根据《宪章》，包括第七章，“及时、果断地采取集体行动”③。尽管国际社会对“保护责任”还存有争议，但从《2005年世界首脑会议成果》文件看，国际社会已基本接受这一原则。对利比亚的军事行动是运用“保护责任”的典型案例。

联合国的这种集体安全机制和强制措施无疑会对主权国家产生重大影响，但由于这种行动要求安理会常任理事国的一致通过，因此很少能够达到预定的效果。在没有大国一致的情况下，集体安全自然失效。另外，强制性措施一般都是大国对小国的行动，5个常任理事国拥有否决权，显然不会受强制性措施的影响。受大国庇护的国家也可免于这一措施的影响。正如保罗·肯尼迪得出的结论：一个大国的单边行动是能够不受国际组织和舆论影响的。因此，大国可以做许多其他较小国家所不能做的事情。这一点表明，在联合国体系的互动中，并不是所有成员国都是平等的。④

二 维持和平行动

在高政治领域，联合国除了可以采取强制性措施之外，更经常发挥的乃

① 加拿大与联合国网，Canada and the United Nations，http：//www. dfait－maeci. gc. ca/canada_un/。

② 加拿大代表在联合国大会58届会议一般性辩论上的发言，2003年9月23日。见联合国网，http：//www. un. org/。

③ 联合国《2005年世界首脑会议成果》，2005年10月24日，http：//www. un. org/chinese/ga/60/docs/ares60_1. htm。网上查询时间：2011年7月2日。

④ Paul Kennedy, *The Parliament of Man*：*The Past*，*Present and Future of the United Nations*，Toronto：Harper Collins Publishers Ltd.，2006，p. 111.

是维持和平、建设和平的作用。根据来自联合国的评估，联合国是对维持和平贡献最大的多边组织。全世界只有美国部署在海外的军事人员数量超过了联合国。根据联合国提供的数据，截至 2011 年 11 月 30 日，有 121272 人在联合国维持和平行动部（维和部）领导的 16 个和平行动中工作，其中包括军事人员 82047 人、警察人员 14304 人、军事观察员 1971 人。有 115 个国家派遣了军事人员和警察参加联合国维持和平行动。此外，还有 18379 名文职人员和 2337 名志愿人员参与其中。①

联合国的维持和平行动是在冷战时期形成并发展起来的。在《联合国宪章》中，第六章对和平解决冲突作出了规定，第七章对包括使用武力在内的强制措施作出了规定，但并没有对“维持和平行动”作出规定。传统的“维持和平”概念，主要是指在取得所有相关各方同意的情况下，以监督停火及脱离接触为目的，实地部署联合国军事和文职人员（包括军事观察员或警察）的一种行动。各方同意原则、中立原则以及除非在自卫和授权情况下不使用武力原则，是联合国传统的“维和三原则”。由于“维持和平行动”是介于第六章和第七章之间的一种途径，因此曾被称为《联合国宪章》的“第 6.5 章”。

联合国维持和平行动的实施，最初主要是监督停火、隔离冲突，后来则增加了日益扩大的民事任务，包括监督选举，组建政府，改组和削减军队，建立新的警察部队，改革司法制度，保护人权以及解决其他经济和社会问题等。在这样的演进过程中，联合国传统的“维持和平行动”（Peacekeeping），通过增加“缔造和平”（Peacemaking）和“建设和平”（Peace – building）的使命，发展成了综合性的“和平行动”（peace operations）。2000 年 3 月，安南组建了“联合国和平行动问题高级别小组”，对联合国的和平与安全活动进行彻底的审查。在该小组提交的《卜拉希米报告》（Brahimi Report）中②，明确提出了有关“和平行动”（peace operations）的概念，以示与“维持和平行动”的区别。该报告中提出的联合国和平行动四大要素包括预防行动、缔造和平、维持和平与建设和平。

对于新形势下的维和任务，潘基文秘书长指出：“今天维持和平人员面

① 联合国维持和平行动概况介绍，http：//www. un. org/chinese/peace/peacekeeping/。其中文职人员统计数字的截止日期是 2011 年 9 月 30 日。

② 《联合国和平行动问题小组报告》，（A/55/305 – S/2000/809）。

临的挑战，规模、复杂性和风险程度都是空前的。他们的任务包括支持当事方之间的政治对话，协助国家政府扩大国家权力范围，强化人权和法治，就安全部门改革提供咨询，支持解除武装、复员和重返社会方案，以及保护平民。”① 观察当代的和平行动，可以看到，联合国派出人员除了解决冲突问题，还越来越多地担负了监督选举和重建政府的使命，担负了政府的“保护责任”，甚至扮演了“临时政府”的角色。以下三个事例都体现了联合国的这种作用。

1991 年 7 月至 1995 年 4 月，联合国建立了“联合国萨尔瓦多观察团”，目的是核查萨尔瓦多政府与法拉本多·马蒂民族解放阵线为结束 10 年内战而达成的所有协定的执行情况。这些协定涉及停火及相关措施、武装部队的改革和裁减、建立新的警察部队、司法和选举制度改革、人权、土地所有制以及其他经济和社会问题。1992 年 12 月，武装冲突正式停止后，联萨观察团核查了 1994 年 3 月和 4 月成功举行的选举。

1992 年 3 月至 1993 年 9 月，联合国建立了“柬埔寨过渡时期联合国权力机构（联柬权力机构）”，该机构的目的是确保 1991 年 10 月 23 日在巴黎签署的《柬埔寨冲突全面政治解决协定》的执行。根据协定，柬埔寨全国最高委员会是“柬埔寨的唯一合法机构和权力来源，在整个过渡时期体现柬埔寨的国家主权、独立和统一”。由柬埔寨四方组成的柬埔寨全国最高委员会授予联合国所有必要的权力，以保证协定的执行。“联柬权力机构”得到授权的任务涉及人权、组织和举行自由和公正的大选、军事安排、民政管理、维持法律和秩序、柬埔寨难民和流离失所者的遣返和重新定居，以及在过渡期间恢复柬埔寨基本的基础设施。

1997 年 8—11 月，联合国建立了“海地过渡时期特派团（联海过渡团）”，目的是协助海地政府，支持和帮助海地国家警察的专业化。“联海过渡团”警察部分的任务包括为海地国家警察人群控制特警队、快速反应部队和皇宫卫队等重要的部门提供培训。这些部门的能力加强后将大大改善海地国家警察的效率，同时海地国家警察也可致力于其自身的发展。“联海过渡团”军事安全部分的任务包括在部队指挥官的指挥下确保执行任务的联合国人员的安全和行动自由。在联合国系统相关机构为推动海地政权建设、民族和解和经济复兴而开展的各项活动中，特别代表发挥了协

---

① 《秘书长关于联合国工作的报告》，A/64/1（SUPP），http：//www. un. org/zh/ga/64/。

调作用。

从维持和平与建设和平的实践和使命看，尽管有些比较成功，有些不成功，但人们一致的看法是，联合国的维和是必不可少的，是无法替代的一种维持国际和平与安全的途径，因为这种行动确实适应了国际形势变化的需求。由于得到了世界各国的支持，联合国在这方面所发挥的作用在不断增强和扩大，冷战结束后这一趋势尤为明显。从1948—1988年的40年间，联合国一共启动了18项维和行动，而从1990—1999年的10年间联合国就启动了35项维和行动。伴随着联合国维和行动的增多，维和费用也在不断上升。例如，联合国2004—2005年度的维和行动预算为44.7亿美元①，而2011—2012年度的维和预算上升到约78亿美元。②

三 自愿原则下的法律仲裁

国际法院是联合国六大主要机构之一。所有联合国成员国以及声明承认国际法院的管辖权并保证认真遵行国际法院判决的非联合国成员国，都可以参与这一体系的互动。国际法院实行非强制性原则，国家自愿参与诉讼。如果一国同意参与，就有义务遵守法院的裁决。如果主权国家不自愿参加诉讼，国际法院无权主动受理案件，无权主动调查主权国家的行动，或过问其内政。《国际法院规约》规定，只有国家才可以向国际法院提交案件，即国际法院只受理国家间争端，不受理国家与国际组织、私营实体、非政府组织及个人等其他非国家行为体之间的争端。

自愿接受国际法院管辖的国家，在国际法院作出裁决后，应服从国际法院的判决。一些会员国自愿将冲突和争端交国际法院受理，国际法院的判决对双方而言就具有法律效力，双方应该遵守国际法院的判决。在下面的两个案例中，可以看到，主权国家在自愿接受国际法院的管辖后，在涉及领土与主权争议的问题上，接受并服从了国际法院的判决，放弃了过去坚持的利益要求和国家立场。

西德、丹麦、荷兰大陆架案。三国因北海大陆架的划界问题上发生了争执，一直没有签订协议书。国际法院作出判决后，西德、丹麦和荷兰三国经过谈判，于1971年1月28日签订了三边议定书。根据议定书，西德与丹麦、

---

① 联合国网站，http：//www.un.org/en/peacekeeping/resources/statistics/factsheet.shtml。

② 参见联合国维和行动网页，http：//www.un.org/zh/peacekeeping/operations/financing.shtml。

西德与荷兰签订了双边条约，分别调整了彼此在北海的大陆架疆界，从而使得三国间的大陆架划界争端获得解决。

尼加拉瓜与洪都拉斯边界争端案。由于历史原因，尼、洪两国在加勒比海海域存有争端。洪方认为两国领海应以北纬15度为界，并据此于1986年同哥伦比亚签署协议。尼方则坚持两国领海应以北纬17度为界，认为洪、哥两国签署的协议侵犯了尼方主权，于1999年要求海牙国际法院对尼、洪领海争端进行裁决。根据海牙国际法院作出的裁决，洪都拉斯对北纬15度与17度之间、靠近15度的4个岛礁拥有主权。裁决还重新划定尼、洪两国海上边界、专属经济区及大陆架范围，使得两国基本平分了有争议海域。两国领导人对国际法院的裁决表示接受和欢迎。两个中美洲国家和平地接受国际法院就领海争端所作裁决在这一地区的历史上尚属首次。

国际法院的仲裁作用，体现了联合国以国际法为准则协调国家间关系的重要职能。一方面，这种作用体现出联合国有某种“司法权力”，另一方面这种权力要发挥作用又必须以主权国家自愿接受为前提。事实上，由于联合国并没有强制执行裁决的能力，因此它所做出的决定未必能够得到长期遵守。例如，柬埔寨与泰国就两国边界处的柏威夏寺所发生的争端，国际法院在1962年曾作出裁决，认为归属柬埔寨。当时泰国接受了这一裁决，但该问题实际上并未真正解决。2008年7月柏威夏寺成为世界文化遗产后，双方在这一问题上的争端升级，并爆发了多次武装冲突。这一案例表明，联合国扮演“法官”角色对主权国家的影响是有限的：主权国家愿意接受国际法院的裁决，联合国就能发挥司法裁决的影响；主权国家不愿意接受国际法院的裁决，或者虽然表示接受裁决但并不真正执行裁决，联合国就发挥不了司法影响。

由于国际法院并不是一个高居于主权国家之上的司法机构，因此它解决国际争端和预防冲突的成效就取决于主权国家的意愿。联合国前秘书长安南曾强调：“接受法院强制管辖权的国家越多，以和平手段迅速解决潜在的争端的可能性就越大。”① 就国际法院的管辖权而言，虽然联合国的193个会员国都是《国际法院规约》的缔约国，但只有66个国家依照《规约》第三十六条第二项和第五项提出声明，承认法院的管辖权具有强制性（其中许多国

① 安南秘书长报告：《预防武装冲突》，2001年6月7日，S/2001/574。

家附有保留）。[①] 所以，正如加利秘书长 1992 年在《和平纲领》中所说："尽管国际法院待审案件目录有所增加，但国际法院仍然是没有得到充分利用的一种和平判决争端的手段。"[②]

四　条约机制的作用

在联合国的互动中，经缔约方大会通过，并经过会员国国内法律程序批准的条约，是最具影响的国际法。尽管联合国的多数决议或宣言没有强制性的制约作用，而且联合国也很难对违反国际法的行为实行强制性执行，包括安理会通过的决议，但联合国在法律和制度建设方面所发挥的作用仍然是不可替代的。这些具有国际法属性的规范，在国际互动中有助于促进各国在相关的领域达成共识，加强合作，并可使主权国家"提高认识"，逐步形成尊重、遵守国际规范的自觉行动。

联合国体系中具有制度建设功能的机构可分为两类，一类是根据《联合国宪章》建立起来的机构，如安理会、大会、国际法院等。这些机构通过的决议，包括《联合国宪章》、各种公约以及各主要机构如大会和安理会通过的各种议案等，具有国际法属性，起着制约主权国家行为、调节国际关系的作用。另一类是根据条约建立的机构，被简称为"条约机构"（Treaty bodies）。联合国主持通过的公约或者条约，经会员国签字生效后，就构成了国际法文件。为了监督这些公约和条约的执行，联合国成立了相关的条约机制。以联合国在人权和环境两个领域的条约及机构为例，可以了解这种机制的运作。

联合国所通过的一系列促进和保护人权的决议、公约和条约等文件构成了联合国的人权规范的体制。为审查和监督缔约国执行人权公约的情况，防

---

① 目前共有 66 个国家依照《规约》第三十六条第二项和第五项提出声明，承认法院的管辖权具有强制性（其中许多国家附有保留）。这些国家是：澳大利亚、奥地利、巴巴多斯、比利时、博茨瓦纳、保加利亚、柬埔寨、喀麦隆、加拿大、哥斯达黎加、科特迪瓦、塞浦路斯、刚果民主共和国、丹麦、吉布提、多米尼克、多米尼加共和国、埃及、爱沙尼亚、芬兰、冈比亚、格鲁吉亚、德国、希腊、几内亚、几内亚比绍、海地、洪都拉斯、匈牙利、印度、日本、肯尼亚、莱索托、利比里亚、列支敦士登、卢森堡、马达加斯加、马拉维、马耳他、毛里求斯、墨西哥、荷兰、新西兰、尼加拉瓜、尼日利亚、挪威、巴基斯坦、巴拿马、巴拉圭、秘鲁、菲律宾、波兰、葡萄牙、塞内加尔、斯洛伐克、索马里、西班牙、苏丹、苏里南、斯威士兰、瑞典、瑞士、多哥、乌干达、大不列颠及北爱尔兰联合王国和乌拉圭。见 http：//www. un. org/zh/ga/66/docs/4/3. html#a。

② 布特罗斯·布特罗斯-加利：《和平纲领》，纽约：联合国新闻部，1992 年，第 22 页。

止破坏人权的事件发生，并进一步改善和促进世界人权状况，联合国建立了相关的机构，目的是使人权问题的解决规范化、制度化。

联合国通过的有关人权的主要文件包括：《世界人权宣言》（1948 年）、《消除一切形式种族歧视国际公约》（1965 年）、《公民权利及政治权利国际公约》（1966 年）、《经济、社会、文化权利国际公约》（1966 年）、《消除对妇女一切形式歧视公约》（1979 年）、《禁止酷刑和其他残忍、不人道或有辱人格的待遇或处罚公约》（1984 年）、《儿童权利公约》（1989 年）、《保护所有移徙工人及其家庭成员权利国际公约》（1990 年）等。这些文件规定了基本人权的主要内容和标准，以及促进和实现这些标准的措施。

对应以上公约，联合国成立了相应的监督履约机制，包括经济、社会与文化权利委员会（Committee on Economic，Social and Cultural Rights，CESCR）、消除种族歧视委员会（Committee on the Elimination of Racial Discrimination，CERD）、消除妇女歧视委员会（Committee on the Elimination of discrimination Against Women，CEDAW）、禁止酷刑委员会（Committee Against Torture，CAT）、儿童权利委员会（Committee on the Rights of the Childs，CRC）等。这些委员会的主要职能是接受并审议缔约国递交的报告，提出建议和意见。缔约国根据委员会请求，应每两年就其所采用的实施本公约各项规定的立法、司法、行政或其他措施向联合国秘书长提出报告，供委员会审议。

在环境领域，联合国主持下通过的公约和条约类文件主要有：《国际防止海上油污公约》（1954 年）、《国际干预公海油污事故公约》（1969 年）、《国际油污损害民事责任公约》（1969 年）、《防止倾倒废物及其他物质污染海洋的公约》（1972 年），《世界文化和自然遗产保护公约》（1972 年）、《濒临物种国际贸易公约》（1973 年）、《远距离越境空气污染公约》（1979 年）、《养护野生动物移栖物种波恩公约》（1979 年）、《海洋法公约》（1982 年）、《保护臭氧层维也纳公约》（1985 年）、《关于消耗臭氧层物质的蒙特利尔议定书》（1987 年）、《生物多样性公约》（1992 年）以及《气候变化框架公约》（1992 年）等。这些文件对相关问题的基本定义、缔约国的权利和义务、冲突解决的程序以及对条约执行情况的监督和审查都作出了规定，对缔约国具有法律约束力。

以《生物多样性公约》为例，该公约设立了一个最高权力机构，即缔约方大会，由批准公约的各国政府（含地区经济一体化组织）组成。这一机构负责监督和检查公约的执行进展，为成员国确定新的优先保护重点，制订工作计划。大会也可以修订公约，建立顾问专家组，检查成员国递交的进展报告并与其他条约组织开展合作。公约的秘书处设在加拿大的蒙特利尔，与联合国环境规划署保持紧密联系，其主要职能是组织会议、起草文件、协助成员国履行工作计划，与其他国际组织合作，收集和提供信息。

联合国的条约机制，包括相关的正式制度与执行机构，由于具有普遍的约束作用、较为完善的执行机制和得到了广泛的接受，因而构成了当代国际制度体系的主要组成部分。在这些制度的影响下，参与互动的联合国成员的行为会发生相应的改变。它们会按照相关的规范调整自己的行为，而且会把这些国际规范内化为国内法律。

以中国履行联合国《消除对妇女一切形式歧视公约》为例，我们可以看出联合国条约机制对主权国家的影响。1967 年联合国大会制定了《消除对妇女歧视宣言》。1976 年，妇女地位委员会以该《宣言》为基础制定了《消除对妇女一切形式歧视公约》草案，目的是通过具有法律约束力的文件，消除妇女在政治、经济、社会和文化领域及家庭关系中受歧视的情况。1979 年，联合国大会通过了这一公约。中国政府于 1980 年 7 月签署该公约，1981 年 9 月该公约对中国生效。为了履行对公约的承诺，1982 年中国制定了《妇女权益保障法》，并采取了其他相应措施以保证对该公约的履行。例如，2003 年 3 月中国颁布的《农村土地承包法》，特别强调结婚、离婚及丧偶妇女享有平等获得土地的权利。2005 年 8 月中国人大批准加入《反对就业/职业歧视公约》，并将《公约》中妇女与男子享有平等就业权利和禁止基于性别对妇女歧视的内容列入《促进就业法》。中国在县以上各级政府中都建立了妇女工作机构，形成了相应的组织机构体系、目标管理体系和监测评估体系。目前，中国已经形成了一整套保护妇女人权和促进性别平等的法律体系。

五 价值规范的建构

联合国所通过的一些宣言、决议，不属于有明确的法律约束力的条约，但同样能够对主权国家的行为产生影响。这类行为规范，被称为“软立法”。约瑟夫·奈就把联合国的《21 世界议程》称为“一个非常软的立法”，因为这一议程“没有条约的地位，任何国家都无遵守的义务”。他认为，尽管这种“软立法”无法提供实施的手段，但也可以“在全球范围内影响公众的看法”，并“有助于在国内外发起运动”[①]。这里所说的“软立法”，实际上所指涉的是一种社会建构过程，即通过传播知识、价值、准则与规范，改变行为体的观念，并进而形成新共识和行为体之间的新的集体行动。例如，联合国在环境保护领域就发挥了动员全球环境保护力量和全球舆论，提高全球环境保护意识，推行环境行为准则和价值的显著作用。

联合国前秘书长安南认为，联合国的力量最重要的是表现在“规范领域”（normative realm）的影响，联合国的近乎于普适性的规范，可以用来评价和指导国际社会中的实践活动。这些规范不仅在道德上具有重要意义，而且可以为国际社会中的日常生活提供制度上的架构。[②] 就当代的国际互动而言，人们可以清楚地看到联合国在价值和规范方面的导向作用。在人类发展、环境保护、消除大规模杀伤性武器、维护人权等领域，这种作用越来越大，成员国也将越来越倾向于根据联合国的规范采取行动。[③] 按照建构主义的解释，规范的传播能够塑造国家的利益观，从而改变国家的行为。联合国通过传播国际规范，在越来越多的问题领域推动着各成员国遵循基本的原则、价值，使得国际关系体现出了某种程度的进步趋势。

在联合国的历程中，有一系列重要文献起到了传播规范的作用，例如，《只有一个地球》、《我们共同的未来》、《人类环境宣言》、《和平纲领》、《21世纪议程》、《千年报告》等。这些报告和宣言以各种文字在全球发行，影响广泛。由于联合国的特殊地位，联合国决议、宣言、公约等文献中体现出来的原则和思想更容易被各国人民和政府所接受。正是从联合国的这些报告中，许多人对于环境问题、人类发展问题和国际安全问题有了全新认识，接受了有关“免于匮乏”、“免于恐惧”、“人类安全”和“综合安全”等意识。这种观念的改变在许多国家的安全政策和发展政策中得到了体现。对发展中国家来说，这方面的影响更为明显。

以2000年联合国首脑会议通过的《千年宣言》为例，就可以看到这种影响。该《宣言》在重申《联合国宪章》宗旨和原则的基础上，首次明确

---

① ［美］约瑟夫·奈、约翰·D. 唐纳胡主编：《全球化世界的治理》，王勇等译，北京：世界知识出版社2003年版，第34页。

② 安南：“Renewing the United Nations: A Programme for Reform”，联合国A/51/950，14 July 1997。

③ Martha Finnemore, “Constructing Norms of Humanitarian Intervention,” in Peter J. Katzenstein, ed., *The Culture of National Security: Norms and Identity in World Politics*, New York: Columbia University Press, 1996, pp. 153－185.

写入了对21世纪国际关系“必不可少”的若干“基本价值”（fundamental values）。2005年9月，在联合国60周年首脑会议通过的《成果文件》中，会员国再次重申了《千年宣言》中提出的基本价值。这两个文件中明确提出的7项“共同基本价值”（common fundamental values）是：自由、平等、团结、包容、尊重所有人权、尊重自然和分担责任。这些价值的提出，表明了联合国成员国在互动中形成了具有普遍意义的重要共识。这是自20世纪末以来国际社会和联合国寻求全球共同伦理价值努力的初步成果。目前，这一基本价值已经被广大会员国认同。例如，拥有118个成员国的不结盟运动国家2010年举行的部长级特别会议所发表的《马尼拉宣言》中，就明确重申坚持和捍卫《联合国宪章》及联合国《千年宣言》中提出的国际关系基本价值。①

联合国在舆论和话语领域所发挥的作用表明，在这个最大的国际组织中，行为体之间在观念层面的互动是一个重要的组成部分。正是这种观念的互动，不断影响着国际伦理准则的演进和各行为体的价值判断。在这个过程中，行为体可以影响体系的观念建构，反过来，体系的共有观念也会深刻地影响行为体的观念与行为。这样的相互影响，在联合国大会的一般性发言中就能够反映出来。

例如，调查2009年9月第64届联合国大会的一般性辩论发言②，可以发现，各国政府除了表达对金融危机的一致关注外，在维持和平与安全、应对气候变化、可持续发展、实现千年发展目标、保障基本人权等问题上都有较高程度的共识，这表明联合国将和平、发展和人权作为三大支柱，已经得到多数会员国的认同和支持。图6－1显示了在这次会议上联合国会员国关

① 见2010年不结盟运动马尼拉会议宣言（Manila Declaration and Programme of Action on Interfaith Dialogue and Cooperation for Peace and Development，Manila，Philippines），16－18 March，2010。

② 随机调查的60个会员国为：巴西、美国、利比亚、乌干达、卡塔尔、土库曼斯坦、智利、乌拉圭、阿尔及利亚、韩国、科摩罗、加纳、波斯尼亚和黑塞哥维那、卢旺达、立陶宛、塞浦路斯、圣多美和普林西比、塞拉利昂、巴拿马、瑞士、津巴布韦、瑙鲁、帕劳 、爱沙尼亚、科特迪瓦、布基纳法索、黎巴嫩、索马里、前南斯拉夫的马其顿共和国、多米尼加、布隆迪、泰国、荷兰、吉尔吉斯斯坦、图瓦卢、特立尼达和多巴哥、萨摩亚、孟加拉国、圣基茨和尼维斯、莱索托、圣马力诺、纳米比亚、秘鲁、缅甸、墨西哥、巴林、古巴、突尼斯、厄立特里亚、叙利亚、格林纳达、巴布亚新几内亚、尼加拉瓜、挪威、印度尼西亚、吉布提、佛得角、圣文森特和格林纳丁斯、摩尔多瓦共和国、希腊 。

资料来源：《64届联合国大会一般性辩论》，联合国网，General Debate of the 64th Session，http：//www. un. org/ga/64/generaldebate。

注和强调的主要问题。在随机调查的60个会员国中，超过一半以上的国家重点强调了维护和平与安全、应对气候变化、实现千年发展目标和保障基本人权的内容。

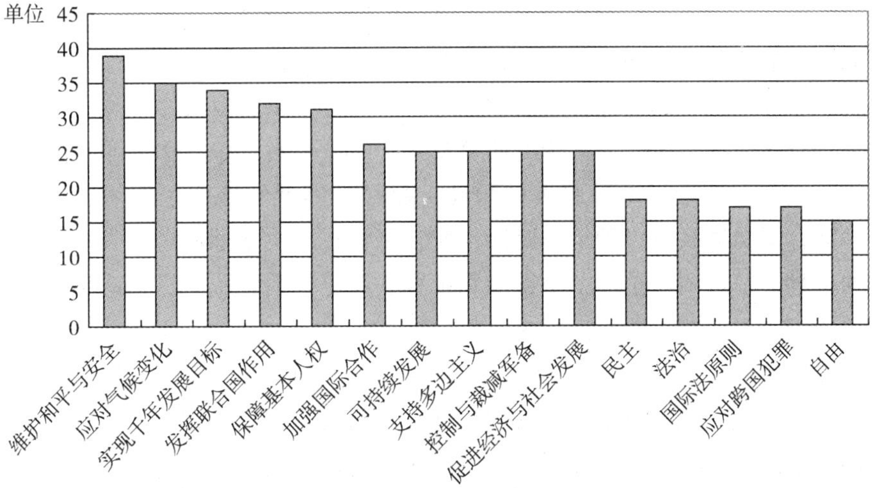

图6-1　第64届联大会员国关注和强调的主要问题

在很多情况下，为了政治利益和发展利益，联合国会员国也倾向于接受联合国倡导的价值与规范，借此推动国内制度的建设，实现“善治”。例如，长期处于内战和动乱状态的非洲小国布隆迪，在联合国建设和平项目的帮助下，举行了多党选举。尽管选举时各政治派别之间有分歧，但没有发生大规模暴力。联合国驻布隆迪办事处制定了联合国与该国的共同行动战略，除了维持和平外，其优先任务包括民主施政、改革安全部门、改善人权和司法系统以及社会重建和可持续发展等。联合国在该国启动了政治、行政和经济管理领域的改革，帮助该国提高立法部门和民间社会的参与能力，包括提高公共管理能力、建立问责制、实施对腐败的零容忍政策等。在联合国帮助下，该国政府将“善治”和“反腐败”作为一项“国家战略”，为此还成立了专门的政府部门“善治部”（the Ministry of Good Governance）。联合国方面认为，布隆迪树起了一座“巩固和平、民主和实现可持续发展的重要里程碑”①。

① Burundi's good governance commended by United Nations，http：//bnub. unmissions. org/.

六 推动全球治理

在当代的国际互动中，越来越多的问题被纳入全球问题的名单，诸如人口问题、环境问题、气候变化问题、恐怖主义问题、跨国犯罪问题等。这些问题不是一个国家面对的问题，也不是一个国家能够解决的问题。应对这样的问题，需要各种不同的行为体在多个层次进行广泛的合作。由于这样一个过程不是自上而下的管理，需要对方方面面进行协调，因而“全球治理”的概念与模式应运而生。在这样的治理模式中，需要有一个适当的平台和协调机构，以利于各行为体采取集体行动，而联合国就恰恰适于扮演这样的角色。联合国的体系特点和组织属性，使它能够在解决全球问题的过程中发挥沟通信息，组织高层论坛，协调谈判过程，制定相关规范和进行政策咨询的重要作用。

以全球环境治理为例，我们可以看到联合国所扮演的角色和发挥的作用。1972 年的联合国人类环境大会，为全球环境问题的治理建立了一个世界性的政策框架，成立了环境规划署。该机构的宗旨是促进环境领域的国际合作，在政府和国际机构间形成有关环境问题的共识，协调环境规划的总政策，审查世界环境状况和各国的环境政策与措施，促进环境知识的传播和情报的交流。

环境规划署的活动主要涉及：（1）环境评估：具体工作部门包括全球环境监测系统、全球资料查询系统、国际潜在有毒化学品中心等。（2）环境管理：涉及人类住区的环境规划和人类健康与环境卫生、陆地生态系统、海洋、能源、自然灾害、环境与发展、环境法等。（3）支持性措施：包括环境教育、培训、环境情报的技术协助等。由于联合国环境规划署在国际环境治理中发挥着不可替代的作用，因而对主权国家和其他行为体的环境行为的改变产生了重要的影响。

联合国作为一个讨论全球环境问题的主要论坛，是全球范围内动员、宣传环境保护意识的最佳场所，有许多多边国际环境协定是经联合国催化产生的。人们普遍承认，联合国是国际环境治理中的一个重要角色，尤其是在应对气候变化等全球性环境问题上，具有无可替代的作用。

1974 年，联合国第六次大会特别联大要求世界气象组织（WMO）承担起有关气候变化方面的研究。1988 年 11 月，世界气象组织与联合国环境规划署联合建立了“政府间气候变化专门委员会（IPCC）”，就气候变化问题进行科学评估。1990年IPCC发表了第一次气候变化评估报告，提供了气候变化的科学依据，促使联合国大会做出了制定联合国气候变化框架公约（UNFCCC）的决定。联合国大会于1990年建立了气候变化政府间谈判委员会，开始进行气候变化框架公约的谈判。

1992年6月，在巴西里约热内卢召开的联合国环境与发展大会上，154个国家签署了《联合国气候变化框架公约（UNFCCC）》。这是世界上第一个为全面控制二氧化碳等温室气体的排放，以应对全球气候变暖给人类经济和社会带来不利影响的国际公约，也是国际社会在对付全球气候变化问题上进行国际合作的一个基本框架，该公约奠定了应对气候变化国际合作的法律基础。

1997年12月，第3次缔约方大会在日本京都举行，会议通过了《京都议定书》，对2012年前主要发达国家减排温室气体的种类、减排时间表和额度等作出了具体规定。根据这份议定书，从2008—2012年间，主要发达国家的温室气体排放量要在1990年的基础上平均减少5.2%。2007年12月缔约方在印度尼西亚巴厘岛举行会议，出台了“巴厘路线图”计划。“巴厘路线图”缔约方约定在2009年前完成《京都议定书》第一期承诺到期后的续订协议谈判，希望通过2009年年底哥本哈根会议的谈判，推动各国如期实现预定的目标。尽管2009年的哥本哈根会议只达成了一项不具法律约束力的协议，但经过2010年的坎昆会议和2011年的德班会议，气候变化谈判还是取得了艰难的进展。在德班气候大会上，与会代表一致同意《京都议定书》的第二承诺期将从2013年1月1日开始，38个发达国家将继续作出有法律约束力的减排承诺。

在推动气候变化谈判的过程中，联合国秘书长利用自己的地位，做了大量工作。2006年11月，在肯尼亚内罗毕开幕的联合国气候变化高层会议上，安南最后一次以秘书长的身份就气候变化问题发言。他对那些仍然质疑气候变化是否有科学根据的人进行了猛烈抨击，认为他们的观点是“落伍和过时的看法”。潘基文在气候变化问题上发表的重要讲话和文章，包括2007年6月16日在《华盛顿邮报》上发表的专题文章《达尔富尔的气候罪犯》（A Climate Culprit In Darfur）①，强调气候变化不仅是一个环境问题，而且是一个

① 以上资料见联合国网站及Ban Ki Moon，“A Climate Culprit In Darfur，” *The Washington Post*，Saturday，June 16，2007，p. A15。

可能给经济和社会发展带来严重影响的问题，是一个可能会影响到国内政治稳定及国际和平与安全的问题。联合国秘书长的作用，反映了其背后积极主张在联合国框架内解决气候变化问题的会员国、非政府组织和民间社会力量的支持。

在联合国的倡导、推动、组织下，参与全球治理的联合国会员国为应对全球气候变化在国内进行了相应的制度改革和创新，提出了配套的政策措施。例如，日本在1997年成立了以内阁总理大臣为首的“全球变暖对策本部”，日本气象厅也设立了专门的“气候科”、“气候变化对策室”、“气候变暖情报中心”、“气候研究部”等机构。1998年日本颁布了《全球气候变暖对策推进法》，规定了中央政府、地方政府、企业和国民应对气候变暖的责任，确立了应对气候变暖的基本政策。

中国政府1998年建立了国家气候变化对策协调小组，2007年6月发布《应对气候变化国家方案》。为推动该方案的实施，中国各级政府机构还通过完善产业政策、财税政策、信贷政策和投资政策，充分发挥价格杠杆的作用，形成有利于减缓温室气体排放的体制机制。[①] 中国政府在2009年还提出了到2020年单位国内生产总值二氧化碳排放比2005年下降40%—45%的行动目标。这是中国积极应对气候变化的自主行动，也是中国应对全球气候变化的重大贡献。联合国方面认为，“中国在多个方面积极应对气候变化，特别是中国政府成功将气候变化纳入发展规划，积极推动低碳和可持续发展模式，对发展中国家应对气候变化具有重要意义”。联合国开发计划署驻华总代表罗黛琳表示，开发计划署将积极支持中国应对气候变化的努力。[②]

世界各国参与全球治理的行动，充分体现了联合国体系的功能与影响。

第五节 结语

联合国作为一个国际体系，既是一个具有普遍性的主权国家组织和公约与制度的体系，又是一个协调各行为体行为和应对各种全球问题的治理结构。这样的体系从整体上讲，是以主权国家为主的各行为体进行互动的国际

① 中央政府门户网站，http：//www.gov.cn，2008年10月29日。

② “中国应对气候变化政策与行动”主题会在坎昆举行（2010年12月1日）。见发改委网站，http：//www.ndrc.gov.cn/。

舞台，也是它们融入国际社会和全球集体行动的环境。对于作为单元的行为体来说，联合国的存在是符合它们的共同利益的。

在当今的国际关系中，联合国在形式上是一个最大的国际结构，具有其他任何国际组织都不具有的普遍性、代表性与合法性。行为体的互动无论涉及国际安全问题还是经济、社会、环境等问题，联合国都是可以发挥作用的结构性因素。联合国的制度体系可以作为成员国互动的场所，可以形成制度规范成员国的行为，可以建构成员国共同的价值，也可以容纳解决各种具体问题的功能性机构。就当代的联合国而言，它确实已经形成了一个无所不包的大体系。

不过，联合国作为一个理想主义的产物，其实际运作的方方面面未必都符合人们的理想。联合国作为政府间机构，尽管具有某些主权国家所不具有的超国家属性，但并不是居于主权国家之上的权力机构。在理论上，它只能做主权国家授权它做的事。由于联合国的建立是主权国家特别是大国讨价还价的产物，因此先天就带有大国政治的色彩。这一点决定它的公平与公正只能是相对的。作为一个处理实际问题的互动平台，它的政府间组织的身份属性决定它的管辖权和效率都是有限的。在有些时候，联合国在体制上的局限性使得它不但无助于问题的解决，反而会使问题更复杂化甚至制造出新问题。大型全球组织所具有的种种弱点，诸如迟缓、低效，在联合国体系中都有清楚的体现。

由于联合国的属性决定它不可能是完善的结构，因此尽管主权国家一直在其中进行互动，但也始终存在不满，存在要求改革的声音，存在改革的进程。特别是冷战结束后，随着联合国地位与作用的上升，要求改革联合国的呼声也增大了。一些新兴国家要求享有更大的参与权和代表权。许多发展中国家要求联合国实现民主化，有越来越多的国家对安理会的否决权、私下协商及秘密会议等做法提出批评，抱怨联合国的管理方式和工作方法缺乏民主、透明，也缺乏效率和权威性。会员国要求联合国在行政管理、经费编制、机构设置、工作方法、制度安排等方面适应形势新的需求。

在联合国改革问题上，会员国面对的是更集中好还是更分散好、是多些干预好还是少些干预好的方向性问题。从目前的趋势看，建立联合国集中领导的全球决策机制，在政治、组织和技术方面都还不成熟。成员国在这方面的建议包括建立联合国全球公共资源托管理事会、联合国军队、环境安全理事会、经济安全理事会等。这些改革建议，有一些可能在未来逐步成为现实，但目前尚不可能得到成员国的普遍支持。显然，期待联合国在全球各领域发挥领导作用，成为集合法性、公正性、代表性、效率及效能于一身的完美组织，发挥“准世界政府”的作用，在现阶段是不现实的。联合国进行改革，在任何情况下都不可能超越国际政治现实和主权国家组织基本属性的制约。

应该看到，与建立初期相比，联合国在许多方面已经发生了巨大变化。例如，在人权和人道主义问题上，联合国更趋向于超国家性，采取了更多的强制行动。在环境问题、难民问题、妇女儿童问题、艾滋病防治等领域，联合国更像是一个全球协调与管理机构。在安全方面，联合国维和行动的规模和使命不断扩大，对于包括传统安全与非传统安全在内的综合安全的关注取代了对狭义的传统安全的关注，在更广泛的层面协调各国的集体行动，以应对人类社会所面对的挑战。

从未来的发展看，联合国体系的互动将代表人们的两种愿望：第一，维护主权国家的利益；第二，超越主权，管理全球性事务。如果说冷战时期联合国的互动在第一点上比较突出，那么今后在第二点上将更加突出。由于这两者之间存在的冲突，因此联合国体系中的互动常常伴随着争议。对于联合国的作用，虽然国际社会总的来说是支持的，但它作为政府间组织所做的许多事确实与传统的主权理念不合。从这个角度来看，联合国体系的互动不可避免地会使主权国家间关系发生变化。

第七章　国际经济体系

经济互动是人类社会存在的基本形态。在国际关系中，行为体的经济互动是运作于市场的网络之中，主要涉及生产、贸易和金融领域，并且会形成各种经济体系。当代行为体的生产活动，经由跨国公司的对外投资，已扩展到世界各国，形成了全球性的生产体系。各种行为体之间进行贸易，则形成了全球的市场与贸易体系。复杂多元的金融交易，则形成了全球的金融与货币体系。这些体系相互联系，相互作用，相互影响，把各种经济活动连成一体，构成了更大的整体结构，并且与政治体系相交叠。从宏观上讲，世界各国的经济活动都是这个体系的组成部分。

从国际关系的角度观察和解释行为体的经济互动，有助于认识和理解国际互动的这一基础形态的存在状况、运作机理和对行为体的影响。

第一节　国际经济互动及其扩展

人类社会的经济互动是一个历史的范畴，无论是生产还是交换，都经历了复杂的演进和从量变到质变的发展。

在原始社会，由于生产力极其低下，劳动的成果极其有限，因此没有剩余，只能维持最低限度的生活。随着生产工具的改进，剩余产品出现了。由于居住于不同的自然环境的社会群体有不同的生产活动，生产的物品出现了差异化和多样化，因而出现了交换物品的可能性。不过，最早出现的产品交换只是偶然现象。

人类社会真正形成贸易活动，是伴随着三次社会大分工。第一次大分工是畜牧业同农业的分离，这一分工“第一次使经常的产品交换成为可能”①。

---

① 恩格斯：《家庭、私有制和国家的起源》，载《马克思恩格斯全集》第21卷，北京：人民出版社1965年版，第183页。

在农业部落与畜牧业部落之间形成的经常性的产品交换是人类历史上最早的贸易活动。第二次大分工是手工业同农业的分离。伴随着这一分工，出现了直接以交换为目的的生产，即商品生产。[①] 由于在这一时期出现了金属货币，因此在不同的商品生产者之间出现了以货币为媒介的贸易。第三次大分工是商人阶层同生产活动的分离。伴随着私有制的初步确立，社会上出现了专门从事贸易活动的行业，并且出现了一个不从事生产而只从事产品交换的阶级——商人。[②] 专业贸易活动的产生，标志着人类由野蛮时代的高级阶段，走到了文明时代的门槛。[③]

不同的社会群体之间的贸易，是早期人类社会经济互动的主要表现。贸易是商品所有权或服务从一个人或实体向另一个人或实体的转移。这种互动最初是偶然地发生于狭小的范围。随着贸易活动的常规化与扩大化，市场和货币出现了。市场是进行贸易的网络，有一定的地域范围与组织形式。最初的贸易形式是以物易物，即直接的商品和服务交换。易货贸易发展到一定阶段，就产生了货币。古典货币，例如黄金，既是商品，具有使用价值，同时又是特殊商品，即作为一般等价物。货币具有交换媒介、价值尺度、延期支付标准和完全流动的财富储藏手段等功能。货币的出现大大简化和促进了贸易。伴随着人类历史的发展和生产力的提高，以交换为形式的经济互动的规模不断扩大。贸易关系将相距遥远的市场联系在一起。这样，最初的经济体系就形成了。

公元前三千纪，早期的苏美尔城市国家就已出现了贸易活动。当时的商人称“达木卡尔”，他们用粮食、羊毛、布匹、椰枣和鱼类在周围地区换取金属、石材和木材。金属交换媒介这时刚刚出现，先为铜块，后来用银。公元前 800 年，巴比伦开始了与印度的贸易。从公元前 500 年起，地中海和希腊文明开辟了东西两个方向的贸易通道。[④] 公元前 2 世纪，中国汉朝与罗马帝国间的经济互动形成了海上“丝绸之路”，双方从事贵金属和奢侈品的贸易活动。随着罗马帝国和汉王朝的衰落，这种贸易活动一度减少，但在公元

---

① 恩格斯：《家庭、私有制和国家的起源》，载《马克思恩格斯全集》第 21 卷，北京：人民出版社 1965 年版，第 187 页。

② 同上书，第 162 页。

③ 同上书，第 188 页。

④ Philip D. Curtin, *Cross-Cultural Trade in World History*, Cambridgeshire: Cambridge University Press, 1984; Robert P. Clark, *The Global Imperative: An Interpretive History of the Spread of Humankind*, Boulder, Colo.: Westview Press, 1997.

4 世纪时再度活跃，并在公元 1000—1350 年间达到鼎盛。

东西方的经济互动，促进了欧洲和亚洲的地区性贸易的发展。12 世纪之后，欧洲国家内部的城乡商品交换，主要是通过小型的地方集市进行，而各地区以及各国之间的贸易则通过大型的定期集市进行。这些集市不仅交换欧洲各地的产品，而且还买卖来自东方的奢侈品和其他特产。到 14 世纪，欧洲已经形成了地中海、北海和波罗的海、汉萨同盟、罗斯和不列颠五个贸易区。亚洲则出现了东亚、东南亚和南亚三个贸易区。[①] 在伊斯兰新月地区、阿拉伯半岛、印度的海滨城市国家、非洲的各个王国以及阿拉伯人在非洲东海岸的货物集散地之间，海上贸易网络也不断扩大。到 15 世纪初，在欧洲、亚洲和非洲之间已形成了相当广泛的贸易网络，商品交换涉及土特产、生活用品、劳动工具和原材料，大大带动了相关地区尤其是欧洲商品经济的发展和城市的繁荣，催生了西欧早期资本主义的萌芽。

然而，15 世纪土耳其奥斯曼帝国的崛起打断了这一自然的进程。土耳其阻断了欧洲通往波斯、阿拉伯、印度和中国的商路。为了摆脱困境，欧洲国家开始寻找通往东方的新航路。15 世纪末到 16 世纪初的所谓“地理大发现”和通往东方的新航道的开辟，就是这一历史演进的产物。西班牙人和葡萄牙人在探险中扮演了第一批开拓者和殖民者的角色。1487 年巴托罗缪·迪亚士到达了好望角。1493 年哥伦布到达了美洲。1498 年达·伽马到达了印度西南的卡利库特。1522 年麦哲伦完成了环球航行。

新航路的发现使得欧洲人开始走向世界各地，商业资本的流通范围和贸易地区迅速扩大，贸易量和商品种类急剧增加。地中海、中欧、波罗的海和大西洋沿岸的区域贸易日趋繁荣。欧洲与非洲、美洲、亚洲之间的跨洋联系，不仅是一个经济互动的扩展过程，而且是一个血腥的殖民过程。在这一过程中，一种新型贸易公司扮演了重要角色，例如英国和荷兰的东印度公司，荷兰和法国的西印度公司等。到 18 世纪中叶，以西欧为中心的早期世界市场出现了。

在经济互动范围的扩张进程中，近代货币信用制度率先在西欧兴起。在 16—18 世纪，西欧的货币制度是金银复本位制度，金铸币与银铸币同时流通。尽管欧洲金属货币的存量不断增加，但仍然难以满足日益增长的流通和

① 宋则行、樊亢：《世界经济史》（上卷），北京：经济科学出版社 1994 年版，第 32—40 页。

支付的需要。在这种情况下，商人银行①开始活跃起来，大大缓解了商业互动中流动性不足的困境。这为近代银行业的出现奠定了基础。在支付手段上，汇票、支票制度、本票以及票据贴现等信用工具也逐渐流行起来。为了避免私人银行的不稳定，许多政府还扶植建立了本国的“公有银行”，并建立了银行间的票据清算制度。最早的公立银行是1587年由威尼斯参议院授权建立的里阿尔托银行。1609年，荷兰阿姆斯特丹市政当局批准成立了阿姆斯特丹汇兑银行。在1660—1710年间，这家银行成为世界上第一个国际清算中心。此后，阿姆斯特丹在商业和金融上的权威地位被伦敦所取代。在17世纪后期，英国的金融技术创新已经远远领先于其他西欧国家。

从国家间的经济互动来看，16—18世纪是一个贸易保护主义时代。西欧各国执行重商主义政策，鼓励对外贸易，争取贸易顺差，以便获得大量的金银，同时限制进口。这时的贸易仍属于互通有无的性质，尚未建立在国际分工的基础之上；交换的商品基本上还没有成为各自再生产过程的必要环节；处于支配地位的仍然是商业资本而不是工业资本。早期洲际贸易的发展主要是西欧资本主义国家的对外殖民的产物，西欧国家借此完成了早期的原始资本积累，为18世纪后半期的工业革命创造了条件。

18世纪60年代，工业革命首先发生于英国，其后在欧美大陆扩展开来。机器大工业的普遍建立使得生产力得到空前提高，交通运输条件的改善使得新地区不断加入到世界商品交换之中。从19世纪开始，国际贸易不再限于少数国家和地区，而是扩展到了世界大部分地区；它也不再是偶然的贸易，而是经常性的贸易。交易的商品种类从奢侈品发展到了日常生活所需的大宗消费品和生产需要的原材料、机器设备等。贸易结构形成了西方工业国家出口工业制成品，广大农业国家出口初级产品的格局。国际分工体系的确立，再加上19世纪60—70年代交通运输和通信技术的进步，使得世界各大洲的区域性市场紧密地联系在一起，从而形成了统一的世界市场和国际贸易体系。

在这样一个不断扩张的市场中，对于居主导地位的强国来说，保护性关税已日益成为经济发展和对外扩张的障碍。从19世纪初开始，扮演着“世

① 商人银行（Merchant Bank）是早期欧洲国家对从事企业银行和投资银行业务的大型综合性银行的称谓。早在18—19世纪，当时规模较大的银行如罗斯柴尔德家族、巴林银行等均被称为商人银行。它们除了从事存款和贷款业务，赚取利差之外，还帮助客户筹集资金，为政府提供公共事业融资，并使用银行自有资本进行投资等。

界工厂”和世界贸易中心角色的英国，开始逐步废除贸易保护主义政策，废除了东印度公司对印度和中国的贸易垄断权，与各主要国家订立了互惠关税协定，取消了605种商品的进口税，降低了1035种商品的进口税。[①] 到1860年，英国成为实行自由贸易政策的国家。这一变化体现了国际经济互动中的制度机制的演进。

随着欧洲工业革命的发展和世界市场的扩大，近代银行制度也逐步确立起来。伦敦作为世界贸易的中心，同时也成为国际金融的中心。1826年，英国议会放松了不允许建立股份制银行的禁令，股份银行在英国伦敦以外的城市纷纷建立。到1833年年末，英格兰已经有了近50家地方股份银行。1844年的《银行宪章法案》（Bank Charter Act）正式确立了英格兰银行的中央银行地位。在欧洲大陆，银行制度也逐渐发展完善起来。银行制度的发展带来了国际信贷关系的扩大。英国依靠工业革命积累的充足资金，开始通过发行债券、股票等形式大举对外投资，借贷国既包括欧洲大陆一些国家的政府，也包括美国的部分州政府以及印度等英属殖民地。银行业的发展标志着金融体系的出现。从19世纪70年代开始，伴随着资本主义从自由资本主义向垄断资本主义转变，发达国家开始大规模输出资本，金融垄断资本确立了其在国际经济互动中的统治地位。大规模的资本输出，进一步加强了西欧国家在世界经济体系中的主导地位。

伴随着世界各国间贸易关系的发展，围绕关税的斗争也日益普遍化和尖锐化了。为了保护本国的工业品市场，从19世纪七八十年代开始，除英国以外的其他欧美国家大多采取了贸易保护主义政策。在德、法、俄、意等国之间爆发了多场关税战。欧洲大陆国家的贸易保护措施，使得英国国内也出现了贸易保护主义的声音。与18世纪对国内“幼稚产业”的贸易保护不同，此次关税大战保护的是卡特尔、托拉斯的垄断制度。

为了缓解经济发展的不平衡以及关税大战所导致的国际紧张关系，真正意义上的现代国际贸易条约在19世纪下半期开始出现并发展起来。19世纪60年代，英国首先与德国、比利时签署了贸易条约。此后，法国与德国、德国与俄国也先后签订了贸易条约。最惠国待遇作为贸易条约的重要原则和内容得到了普遍的接受和认可，暂时缓解了各国在国际贸易中的矛盾，促进了国际贸易的发展。不过，国际贸易条约并不能真正解决资本主义国家经济发

① 宋则行、樊亢：《世界经济史》（上卷），北京：经济科学出版社1994年版，第284页。

展不平衡所导致的矛盾。19 世纪末到 20 世纪初，资本主义世界经济危机频发，美国、德国迅速崛起，英国和法国地位下降，俄国、日本、意大利和奥匈帝国成长为二流强国。帝国主义国家间长期积累的矛盾终于引发了第一次世界大战。

第一次世界大战的爆发并没有解决国际体系中原有的矛盾，反而造成了新的不平衡。在两次世界大战期间的 21 年间，资本主义世界爆发了三次世界性经济危机，关税战、资源争夺战、货币战成为这一时期国家间经济互动的重要表现。第一次世界大战之后，各资本主义国家本想放宽战时对贸易的限制，但随后而来的经济危机和大萧条使得市场问题再度尖锐化。各国纷纷采取禁止性高额保护关税、反倾销关税等措施打击竞争对手以保护国内市场的政策。1921 年，英国实行了《保护工业法》，对多种重要工业制成品征收高额进口税。美国于 1922 年实行了所谓的“竞争性关税”，平均税率超过 30%。贸易保护主义浪潮导致国际贸易停滞不前。面对这种形势，各大国多次召开国际会议，试图消除妨碍国际贸易扩大的各种限制，缔结恢复自由贸易的协定，但均无果而终。

20 世纪 30 年代，国际范围的关税战再度升级。1930 年美国国会通过了《霍莱－斯姆特法令》，大幅度提高了近千种商品的进口关税，比第一次世界大战爆发之前的关税还高出 41.5%。对于美国的行动，有 33 个国家提出抗议，7 个国家采取报复措施。此后不久，共有 45 个国家提高了关税，以对美国进行报复。1931 年年底到 1932 年年初，美国又先后对一些进口工业品和农产品征收了 10%—100% 的进口税，使得关税战趋于白热化。

长期奉行自由贸易政策的英国从 1931 年起转而推行全面的高关税政策，先后颁布了《非常进口法》、《紧急关税法》、《1932 年进口税法》等三项立法，并制定了英国及其他帝国成员间相互提供优惠待遇的帝国特惠制，以防止其他国家对英帝国市场的渗透。美国一方面对其附属国菲律宾、古巴实行优惠关税；另一方面则力图打破英帝国的关税同盟，先后与加拿大和英国签订了贸易协定。

除关税手段外，对贸易的数量限制也开始成为帝国主义国家间贸易战的手段。一方面，国家通过进口定额制、许可证制、外汇限制等政策措施限制进口；另一方面，通过担保信贷及直接提供出口信贷、出口补贴以及外汇倾销等举措增加商品的出口。帝国主义国家之间的贸易战使得整个国际贸易体系陷入了无序状态。

在这一时期，国际经济互动的主角是以国际卡特尔为形式的国际垄断组织。这些垄断组织形式多样，其控制的领域涵盖了钢铁、化学、石油等众多重要的工业部门。在20世纪30年代的经济危机与萧条年代，有关国家政府签订的一系列商品协定，例如1931年的《国际糖协定》和《国际锡协定》，1933年的《国际小麦协定》和《国际茶协定》，1934年的《国际橡胶协定》，实际上就反映了输出或加工这些产品的垄断组织的利益。因此，国际垄断组织几乎控制了整个世界市场的生产和销售。

在货币和金融领域，以金本位制为基础的国际货币体系瓦解，货币战升级。第一次世界大战期间，金币本位制被各国政府抛弃，银行券停止兑换黄金，禁止黄金自由输出，交战国政府通过大量发行纸币来弥补巨额的军费开支，引发了严重的通胀，造成国际金融关系和国际贸易的严重混乱。为了稳定通货，第一次世界大战结束后初期，英、法、德等欧洲国家转而采用金块本位制或金汇兑本位制（也是不完全的金本位制），只有大发战争横财的美国仍保持了典型的金币本位制。

在1929—1933年的世界经济危机期间，欧美国家工业生产和对外贸易急剧下降，大量工厂倒闭，国际收支状况严重恶化，国际资本输出与国际信用规模亦显著减少。在此背景下，一些国家的大银行接连破产或遭受挤兑，这些国家政府已无足够的黄金储备来维持现有的货币体系。1931年9月，英国政府被迫宣布彻底放弃金本位制度，英镑随即大幅贬值，其他国家纷纷效仿。1936年3月，金本位制全面崩溃，国际货币体系陷入混乱，不同货币集团之间的货币战不断升级。虽然美、英、法等主要国家之间曾经一度达成货币协定，但未能解决各国间尖锐的利益冲突。在这一时期，金融领域的互动主要表现为林立的货币集团间的对抗。

世界范围的经济大危机，特别是各国为摆脱危机而进行的贸易战、货币战，进一步加剧了资本主义国家发展的不平衡，并引发了各国严重的政治危机。德、日等战争策源国，无法通过自身经济政策的调整摆脱困境，遂以疯狂的对外扩张，把世界拖入了第二次世界大战的浩劫之中。

自第二次世界大战结束起，国际经济关系的发展进入了一个新阶段。当代的各种国际经济互动，都与这个进程分不开。如果说以上所述是自古以来的经济互动简史，那么下面将分三个方面阐述国际行为体在生产领域、贸易领域和金融领域的互动，并解释这些互动所形成的整体结构及其对国际关系的影响。

第二节 跨国公司与生产体系

在当代的国际关系中，跨国公司（multinational corporation，MNC）是指以一国为基地或决策中心，通过对外直接投资，在其他国家或地区设立子公司、分公司或附属机构，从事国际性生产、经营或其他服务活动的大型企业或公司。以庞蒂亚克·莱曼汽车为例，该品牌汽车被称为“21 世纪世界工厂的产物”。它由美国福特汽车公司牵头，德国负责设计，零部件产自 7 个国家，最后在韩国组装成车，并销往世界各地。这些公司作为规模巨大的非国家行为体，其网络分布于世界各国，虽然具有经济属性，但时常发挥举足轻重的政治影响。

跨国公司作为一种生产体系，是人类社会经济活动国际化发展到一定阶段的产物。联合国经济及社会理事会 1978 年对跨国公司作了这样的定义：“跨国公司是在作为基地的国家之外拥有或控制生产或服务设施的企业。这类企业并不一定是股份化或私有的，它们也可以是合作制或国家所有制的实体。”按照这个定义，第一家跨国公司应当是存在于 1602—1799 年的荷兰东印度公司（Dutch East India Company）。这家垄断了对东方贸易的特大型商业公司拥有发动战争、与外国签订条约、铸造货币和建立殖民地等准政府权力。该公司在运作期间，总共向海外派出 1772 艘船，约有 100 万人次的欧洲人搭乘 4789 航次的船班前往亚洲地区。在近 200 年的时间里，该公司在世界贸易中有重要影响力。① 公司的殖民地被称为荷属东印度，在 19 世纪扩展到整个印度尼西亚群岛，形成了现代意义上的印度尼西亚。

欧洲早期对殖民地的直接投资，主要是集中于铁路建设和矿业开采，目的是掠夺殖民地的资源，从事贸易活动。例如，当时英国的直接投资主要是流向印度、南非及其他英属殖民地，而对制造业的投资比较少，不像现代跨国公司是以跨国直接投资和跨国生产为主要经营活动。从经济互动的角度讲，现代跨国公司的出现乃是资本输出的产物。随着对世界市场的争夺，为了避开贸易限制，西方国家的一些大公司也开始了对国外生产领域的直接投资。这样，现代意义上的跨国公司就产生了。

19 世纪末和 20 世纪初，跨国公司的发展出现了一次小高潮。为了争夺

① 宋则行、樊亢：《世界经济史》（上卷），北京：经济科学出版社 1994 年版，第 67—72 页。

世界市场，跨国公司之间纷纷通过垄断协议来瓜分国际市场。1902 年美国烟草公司与英国帝国烟草公司达成协议，前者把其在英国和爱尔兰的市场让给帝国烟草公司，后者则允诺不向美国、美国的附属国或古巴出售其产品。1907 年美国通用电气公司和德国电气总公司签署瓜分世界市场的协定，由通用电气垄断美国和加拿大市场，电气总公司垄断德国、奥匈帝国、俄国、荷兰、丹麦、瑞士、土耳其以及巴尔干国家市场。在这一时期，虽然跨国公司的组织形式和经营管理相比现代化的大跨国公司仍有很大距离，但已经具备了跨国公司的一切必要条件。[①] 美国的胜家缝纫机器公司、威斯汀豪斯电气公司、爱迪生电器公司、英国的帝国化学公司等都是现代跨国公司的先驱。

在两次世界大战期间，跨国公司在数量上和规模上都有所发展。不过，在第二次世界大战结束之前，由于战争和经济危机等因素的影响，跨国公司的发展是比较缓慢的。据统计，全世界的对外直接投资，1914 年是 143 亿美元，到 1938 年才增至 263.5 亿美元。在第二次世界大战结束以前，英国的对外投资数量始终领先于其他国家。[②] 直到第二次世界大战之后，跨国公司才得以迅速发展。西方发达国家在 1945 年的对外直接投资是 200 亿美元，到 1978 年剧增至 3693 亿美元，到 1988 年突破 1 万亿美元，到 1995 年达到 2.7 万亿美元。[③] 在这一扩展性互动过程中，美国跨国公司的数目、规模、国外生产和销售额均居世界之首。

第二次世界大战结束以来，全球跨国公司的发展大致可以划分为以下几个阶段：第一个阶段是战后初期至 20 世纪 50 年代末，西方国家特别是美国的跨国公司获得了较为迅速的发展。为了巩固战后的国际政治经济霸权，美国在加强国家资本输出的同时，积极鼓励私人企业对外扩展。根据联合国跨国公司中心的调查，1945 年，美国 138 家垄断大公司在国外共拥有子公司 1965 家；1955 年，美国的跨国垄断公司达到 170 家，其国外子公司也增加到 3114 家；1960 年，这类跨国公司已经有 185 家，国外子公司激增至 4796 家，比 1950 年增长了一倍多。[④] 在这个阶段，美国跨国公司对外扩张的主要

① 正弘：《跨国公司历史追溯》，《人民日报》（海外版）2001 年 9 月 28 日第 10 版。

② 从对外直接投资的数目大致可以看出跨国公司的发展状况，但是二者并不能等同，跨国公司都是通过对外直接投资形成的，但对外直接投资并不是跨国公司活动的全部。

③ 以上数字引自杨宇光《经济全球化中的跨国公司》，上海远东出版社 1999 年版，第 2—8 页。

④ 联合国秘书处经济社会事务部编：《世界发展中的多国公司》，北京：商务印书馆 1975 年版，第 38 页。

目标是那些石油和矿产资源丰富的国家，尤其是拉美国家。50 年代中后期，随着西欧经济的逐步恢复，美国也开始将投资重点转向欧洲，加强了对西欧国家的资本输出。在这一时期，西欧国家和日本的对外投资发展不大，美国跨国公司在世界跨国公司中占据了绝对优势。

第二个阶段是 20 世纪 60—70 年代上半期。随着西欧和日本经济的迅速发展，西方跨国公司出现了空前迅速的发展。据联合国统计，1968—1969 年，西方国家的跨国公司达 7276 家，海外子公司 2.73 万家。1973 年，西方跨国公司数量达到 9481 家，海外子公司和分支机构有 3 万多家。跨国公司的净产值 1969 年达到 5000 亿美元，占世界国民生产总值的 20%。1973 年，发达国家 4515 家跨国公司的销售总额达到 14541 亿美元，其中美、英、法、意、联邦德国和日本六国就占到总量的 89.2%。

美国的跨国公司虽然仍占优势地位，但是西欧和日本跨国公司的实力逐渐增强，与美国在世界范围内展开了激烈竞争。在世界最大的 100 家跨国公司中，美国由 1967 年的 69 家下降到 1973 年的 49 家；同期英、法、德三国则由 18 家增加到 27 家，日本由 8 家增至 11 家。1975 年，在世界最大的 200 家跨国工业公司中，英、法、德、日占有数量已达到美国的 2/3 以上；在最大的 50 家中，美国占 23 家，西欧和日本占 25 家。[①] 西欧和日本的垄断企业不仅在世界范围内对美国发起了强大的挑战，而且将矛头指向了美国本土，大量兼并和收购美国本土企业。1969 年，英国石油公司接管俄亥俄美孚石油公司，震动了美国工业界；英国的英美烟草兼并了美国的肯贝尔公司，联邦德国的拜耳公司收购了美国迈尔斯制药公司。这些事例表明，跨国公司的竞争进入了群雄逐鹿的时代。

第三阶段是 20 世纪 70 年代后半期至 80 年代中期。在西方国家经济陷入“滞胀”，国际贸易摩擦日益加剧的背景下，跨国公司发展迅速，无论是数量、经营规模、活动范围还是在世界经济中的作用，都进一步增大了。1983 年，西方国家跨国公司的国外子公司已由 1977 年的 8 万多家增至 10 万多家，其中 350 家西方最大的跨国公司在国外的分支机构和子公司占总数的近 1/4。1980 年，跨国公司年中销售额超过 20 亿美元的已有 350 家。从经营方向上看，多元化的趋势在增强。据对美国最大的 187 家跨国公司的调查，其经营商品和服务的项目从 1975 年的 1633 种，增加到 80 年代初的近

① 宋则行、樊亢：《世界经济史》（上卷），北京：经济科学出版社 1994 年版，第 353—354 页。

2000 种。

以美国埃克森石油公司为例，可以充分看出跨国公司的新变化和影响力。该公司 1985 年销售额为 866.7 亿美元，排名世界第二，资产额为 691.6 亿美元，净收益为 48.7 亿美元，雇佣员工人数为 14.6 万，在 100 多个国家设有大约 500 家分支机构和子公司，在世界各地拥有 50 多家炼油厂和化工厂，拥有输油管道长达 6 万公里，销售网密布整个世界，是名副其实的“石油帝国”。除石油外，它的经营方向逐渐向多元化发展，涉及飞机、橡胶、打字机、化纤等业务。

值得一提的是，发展中国家的跨国公司也得到了迅速发展。据不完全统计，1980 年，发展中国家和地区的跨国公司有 963 家，拥有国外分支公司 1964 家，分布在 125 个国家和地区，总额超过 100 亿美元。据美国《幸福》杂志的统计，1985 年，发展中国家已有 10 家跨国公司位居世界 100 强，其中墨西哥石油公司名列第 22 位，居发展中国家之首。

第四个阶段是 20 世纪 80 年代末至今。随着冷战结束、经济全球化和一体化不断深入，跨国公司进入了一个新的迅猛发展期，其政治经济影响力进一步扩大。美国、欧盟和日本等发达国家仍然主导着世界投资市场，世界上最大的 30 个东道国占据世界外国直接投资流入总量的 95% 和股份总额的 90%；占世界外国直接投资流动和股份的 99% 左右。发展中国家的跨国公司总的来看仍逊于发达国家，但有些公司的规模也相当大，例如和记黄埔与马来西亚石油公司。这些公司大多集中于石油、电信、建筑和化工等行业，来自亚洲和拉丁美洲大约 13 个新兴工业化经济体以及南非。① 从总体来看，发达国家的跨国公司以直接投资和技术抢占了新兴市场的主导权。

跨国公司的对外直接投资，推动了国际生产体系规模的发展。据联合国统计，1998 年全球约有跨国公司 5.3 万家，其外国子公司约有 45 万家②，到 2007 年，全球对外直接投资存量 15.6 万亿美元，占当年世界 GDP 的 29%；全球约有 7.9 万个跨国公司，控制着 79 万个外国附属机构；跨国公司的外国分支机构总资产达到 68.7 万亿美元，雇佣员工 8200 万人；全年创造增加值 6 万亿美元，占当年世界 GDP 的 11%；全年出口 5.7 万亿美元，占当年

① 黄河：《跨国公司与当代国际关系》，上海人民出版社 2008 年版，第 98 页。

② UNCTAD, *World Investment Report* 1997: *Transnational Corporations*, *Market Structure and Competition Policy*, New York: United Nations, 1998, p. 1.

世界总出口的 33%；全年销售总额 31.2 万亿美元，占当年世界 GDP 的 57%。[①] 跨国公司垄断了世界绝大部分的先进技术，少数大公司的研发开支甚至超过了所有政府部门、甚至一些大国的预算。

表 7-1　　2006 年按国外资产排名的非金融跨国公司世界 5 强[②]

公司	母经济体	国外资产（亿美元）	国外销售额（亿美元）	国外子公司
通用电器	美国	4422.78	742.85	785
英国石油公司	英国	1703.26	2158.79	337
丰田汽车公司	日本	1646.27	785.29	169
皇家荷兰壳牌集团	英国、荷兰	1611.22	1825.38	518
埃克森美孚公司	美国	1549.93	2526.8	278

作为重要的国际关系行为体，跨国公司的作用是举足轻重的。从表 7-1 中可以看出，排名世界前 5 位的非金融跨国公司的国外资产都在 1500 亿美元以上，"富可敌国"，超过了大多数国家的 GNP。跨国公司的这种强大经济实力，以及它们跨国的生产和经营方式，使得它们成为国际体系中重要的行为体。一方面，跨国公司与母国有着剪不断的联系，它们不仅是国家间经济互动的重要组成部分，有时还承载着实现母国对外政策目标的重任。最显著的例子是第二次世界大战后美国对西欧国家推行的马歇尔计划。这一计划的实施是以经济援助为形式，使美国大量跨国公司进入欧洲市场。在进行跨国经济互动的过程中，跨国公司还会根据自身的利益，一方面影响母国国内的政治，例如特定议题的立法和民意；另一方面影响东道国的政策，诸如控制某些国家的某些行业乃至经济命脉，甚至干涉其内政。联合国报告指出，历史上"跨国公司通过积极支持或反对政府或该国的特殊个人和集团，可能对东道国的政治制度试图施加影响。……从而可以影响东道国的政治生活，甚至公开或隐蔽地干涉东道国的内政"[③]。例如，1951 年英伊公司在伊朗石油国有化过程中对政府施压，1954 年美国联合果品公司参与推翻危地马拉总统

① UNITED NATIONS CONFERENCE ON TRADE AND DEVELOPMENT, *World Investment Report 2008: Transnational Corporations and the Infrastructure Challenge*, p. xvi.

② Ibid., p. 220.

③ 联合国跨国公司中心：《再论世界发展中的跨国公司》，北京：商务印书馆 1982 年版，第 104 页。

阿本斯（Jacobo Arbenz，1913—1971）的活动。[1]

跨国公司对东道国经济的控制是其参与互动的一种主要方式。20 世纪初，外资控制了墨西哥的日常经济活动，控制着墨西哥的财政和金融等要害部门，墨西哥修筑铁路的路线仅仅是为了满足跨国公司的运输需要，完全由外资决定。1965 年，秘鲁政府试图调整电话工业政策，但遭到国际电话电报公司（ITT）的阻挠，最终未能执行。20 世纪 90 年代，私有化浪潮席卷拉美，巴西的电信产业、阿根廷的国有企业、秘鲁的电力公司、萨尔瓦多的电信局都被跨国公司收购，对这些国家的经济安全构成了很大的威胁。在非洲的地区冲突中，也可看到跨国公司的操控。为了从刚果冲突各方或其中间人手中购买自然资源，跨国公司的活动构成了刚果冲突久拖不决的一个重要因素。据称，美国 Cabot、Kemet、Visshay Sprague 三家公司同交战各方保持着"供应链"的关系，以获取铌钽铁矿资源，这种资源对电子设备生产是不可或缺的；美国和荷兰的合资公司 Eagle Wings 通过与卢旺达军队的密切联系获得了有限进入铌钽铁矿区的权力。[2]

在国际关系中，跨国公司的实力、地位与运作机制决定它们可以发挥重要影响。值得一提的是，跨国公司近年来通过与联合国、非政府组织以及地区组织的合作，积极参与了全球治理，尤其是全球环境外交。例如，成立于 1995 年的可持续发展世界企业委员会及所属跨国公司表现活跃，参与了哥斯达黎加和萨尔瓦多两国的自然资源规划、菲律宾的废弃物再循环计划以及在克罗地亚、津巴布韦和俄罗斯三国的发展教育计划。[3] 可以想见，通过参与全球治理，跨国公司的影响力得到了进一步扩展。

总的来看，跨国公司对世界政治的重大影响，正是日益增长的跨国经济互动的结果。在 20 世纪 70 年代，已有许多社会科学家相信，跨国公司的扩张已开始威胁国家的主权或者说正在降低国家的自主权。他们认为，跨国公司的发展促进了经济相互依赖的发展，而这种发展将导致国际经济与政治秩序发生根本性改变。从当今的国际关系事实看，尽管不能把经济相互依赖的

---

① 详见黄河：《跨国公司与当代国际关系》，上海人民出版社 2008 年版，第 218—220 页。

② Jim Lobe，"Global Businesses Profit from Congo War，Groups Charge，" October 28，2003，http：//www. globalpolicy. org/socecon/tncs/2003/1028congoprofit htm；转引自黄河：《跨国公司与当代国际关系》，上海人民出版社 2008 年版，第 321 页。

③ 朱素梅：《全球环保领域中的跨国公司及其环境外交》，《世界经济与政治》2000 年第 5 期，第 65—66 页。

发展都归因于跨国公司的扩张，但跨国公司的地位与分量决定了其联系纽带的重要性。为了发展这种经济联系的纽带，跨国公司必然会谋求适意的国际环境与政府政策，从而会对国际关系发生影响。例如，美国的一些大公司就常常对美国对华政策施加影响。

第三节 国际贸易体系

当代国际贸易体系的形成与发展，始于第二次世界大战结束之后的多边贸易谈判。为了避免战前的贸易战再次发生，确立稳定的贸易秩序，各国希望通过协商，建立一整套贸易规则，使国际贸易能够在制度的框架之下进行。1947 年，相关国家达成了“关税及贸易总协定”（GATT），这标志着国际贸易体系开始了制度化进程。

作为一个多边协商的框架，GATT 以国际制度的形式，明确了各成员国要履行的义务。它们进行进一步的谈判可以依据这组规则来进行，其贸易行为是否合理也可以通过这组规则来裁定。[①] 尽管此后各国间的谈判进程充满了曲折与困难，但这种互动形式与体系结构却一直延续了下来。

国际贸易体系的产生与发展，反映了各国贸易关系的演进走向制度化的必然趋势。

一 战后国际贸易体系的谈判进程

国际贸易体系的发展历程就是多边贸易规则的谈判进程。从 1947 年至今，这一进程大致经历了四个阶段：（1）1947—1963 年，GATT 体系形成，确立了多边贸易谈判的程序；（2）1964—1979 年，GATT 规则的强化与扩展；（3）1980—1995 年，完成新一轮的多边贸易谈判，世界贸易组织诞生；（4）1996 年至今，国际贸易体系迈入 WTO 时代。

（一）1947—1963 年：多轮减税谈判，GATT 体系形成

国际贸易组织的设想是美国最先提出来的。第二次世界大战之后，美国成为最大的胜利者。与第一次世界大战结束时相比，美国此时更愿意承担建立国际政治经济新秩序的重任。由于美国有强大的经济实力、较多的国际收

---

① Kenneth W. Dam, *The GATT: Law and International Economic Organization*, Chicago: University of Chicago Press, 1970.

支盈余和广阔的国内市场，因而美国在世界贸易政策上的影响程度远远超过了其他任何一个国家。只有美国才有能力推动世界朝着降低贸易壁垒的方向前进。[①] 为了避免战前盛行的经济民族主义和贸易战再度出现，美国希望把“国际贸易组织”（ITO）与国际货币基金组织和国际复兴开发银行建设成为战后国际经济秩序的三大支柱。[②]

1941 年，美国和英国开始就战后国际贸易体系的设计进行谈判。在谈判中，美国和英国有两大分歧：一是美国倡导没有例外的非歧视原则，但英国却希望继续维持不列颠国家之间的特惠待遇；二是英国希望在规则中包括能够允许使用临时进口壁垒的条款，与美国意见相左。最终，两国在《国际贸易组织宪章》中达成了妥协方案：特定日期之前业已存在的特惠安排可以免除一般规则的约束，但未来组织的成员国要承诺不增加现有的壁垒，并应通过谈判逐渐削减壁垒，最终实现壁垒的完全消除；贸易限制措施可以在出现国际收支困难时使用。

在美英达成一致的基础上，组建国际贸易组织的任务最终交由联合国负责。从 1946 年 10 月到 1948 年 3 月，由 18 个国家组成的筹备委员会参加了起草 ITO 宪章的四次会议。在最后一次会议上，ITO 宪章即《哈瓦那宪章》最终通过，并且由 53 个国家签署。宪章内容有 106 条并包括 16 项附件，不仅涉及贸易政策，而且包含了就业、经济发展与复兴、贸易政策、限制性商业措施和政府间商品协定等内容。

由于该宪章是一个综合妥协方案，从头到尾贯穿着例外和限定，因此美国国内自由贸易的拥护者感到失望。一些商业集团认为宪章中包含了很多与贸易并不直接相关的内容，例如就业和反垄断；另一些人认为宪章并没有对外国投资给予足够的保护。1950 年年末，由于国会反对者众，杜鲁门政府决定不将国际贸易组织宪章提交国会批准。受美国影响，其他主要国家也没有批准这个宪章。尽管成立 ITO 的设想最终流产，但宪章中所包含的一些准则和条款还是很有价值的，并在后来体现在了关税与贸易总协定（GATT）之中。

GATT 的形成，最初是作为 ITO 的副产品，在宪章正式生效之前充当一

---

① Joan Edelman Spero, *The Politics of International Economic Relations*, New York: St. Martion's Press, 1990, p. 68.

② 林珏：《战后美国对外贸易政策研究》，昆明：云南大学出版社 1995 年版，第 44 页。

项临时协定，一旦宪章生效，这个协定就自动终止。当时，为了给大会的关税减让问题提供一个基本原则，筹备委员会参考了国际贸易组织宪章的贸易政策部分，以宪章的精华为基础，拟定了 GATT 草案。1947 年 10 月，出席日内瓦会议的 23 个国家签订了关税与贸易总协定，包括一项贸易法规和一个关税减让表。根据章程规定，GATT 于 1948 年 1 月 1 日生效。作为一个临时协定，GATT 的总体目标是削减贸易壁垒，尤其是关税，并限制配额等贸易壁垒的使用。各谈判方一致同意在规则中包含某些例外条款。GATT 体系的核心是最惠国待遇原则。根据这一条款，各缔约国给予任何其他国家进出口商品的任何特惠和特权，均应无条件地扩大到所有缔约国。

与 ITO 宪章相比，GATT 的约束力较弱，包含的内容也不够广泛，但正是因为如此，该协定才能凭借其灵活性和更加集中的议题而得到各缔约方的认同和批准。GATT 的诞生为国际贸易的正常运转提供了一个共同的准则，为国际贸易体系的形成奠定了基础，并在没有一个正式国际组织的情况下，运转了近半个世纪。

1947 年 4—10 月在日内瓦举行的国际贸易大会，不仅达成了 GATT，而且也开始第一轮多边贸易谈判。包括中国在内的 23 个国家参加了谈判。谈判最终达成了双边关税减让协议 123 项，涉及应税商品 45000 项，影响到世界贸易额的 40%。[①] 这轮谈判的最大特点是它完成于关贸总协定产生之前，并为此后的谈判确立了逐项双边谈判的模式。在该模式下，一国在谈判开始前首先要提交一份要求每一位贸易伙伴做出关税减让的“清单”，然后谈判各方互相交换。如果一个缔约方同意对某个贸易伙伴做出减让，这项减让将按照最惠国待遇原则自动适用于所有其他的缔约方。在这轮谈判中，美国由于其强大的经济实力和较高的关税水平，做出的关税减让幅度最大。

第二轮谈判于 1949 年 10 月在美国安纳西举行，谈判的主题是 GATT 缔约方与 11 个新加入成员的关税减让。GATT 原始的 23 个缔约方之间并没有再进行谈判。谈判仅涉及 5000 个税目商品的关税减让，因而对关税总体水平的下降影响十分有限。[②]

由于前两轮谈判的协议将在 1951 年 1 月 1 日到期，GATT 缔约方于 1950

① WTO, *World Trade Report* 2007, Geneva: WTO, 2007, p. 180.

② Interim Commission for the International Trade Organization (ICITO), *Liberating World Trade*, 1952.

年秋在托奎开始第三轮的谈判。在谈判中，各方决定巩固前两回合谈判的成果，并将新达成的关税减让延长至三年期限。该轮谈判取得了积极的成果，新增加关税减让商品 8700 项，使应税进口值 11.7% 的商品平均降低关税 26%。[①] 值得一提的是，中国和黎巴嫩、叙利亚、利比里亚在这一轮谈判中退出了 GATT 谈判。

GATT 经过三轮的多边谈判，在取得了成果的同时也遭遇了一些挫折。首先，英联邦国家仍然不愿意大幅度削减关税，因为这将导致它们之间的特惠关税优势大大降低。其次，各成员间关税水平的差异也产生了问题。一些欧洲国家的关税水平原本较低，它们认为在前两轮的谈判中耗尽了自己讨价还价的能力，因而拒绝在第三轮谈判中做出更大的让步。最后，美国杜鲁门总统决定不把 ITO 宪章提交国会批准也为托奎回合的谈判蒙上了一层阴影。

1954 年，随着成立 ITO 的设想彻底破灭，GATT 缔约方决定对现有的贸易规则进行重新评估，并且探讨 GATT 未来的发展。与会各方一致同意对 GATT 规则作出三点重大修正：一是修改第 18 条款有关幼稚产业例外的内容，将例外作为 GATT 政策的一部分而不是对规则的破坏；二是发展中国家在遇到国际收支危机时可以更灵活地使用数量限制措施；三是更多地照顾发展中国家的利益，允许发展中国家更灵活地使用关税保护，而不必履行“互惠”义务。[②] 尽管如此，发展中国家在世界贸易中的份额依然在下降。发达国家认识到，要想在更大的范围内推动关税水平的降低，就必须将发展中国家纳入到 GATT 体系之中。

1956 年，22 个缔约方在日内瓦进行了第四轮多边贸易谈判。这一轮谈判在削减和约束关税方面取得了一定的进展。此轮谈判的关税减让涉及 25 亿美元的贸易额，涉及商品 3000 多项，使应税进口值 16% 的商品平均降低税率 15%。到这一阶段，已有 2/5 的国际贸易处在了 GATT 规则的约束之下。

为了解决困扰缔约方的发展中国家的问题，一份由有关专家撰写的题为《国际贸易的趋势》的报告分析了发展中国家在融入世界贸易体系时面临的挑战。这份 1958 年发表的报告在结论中称：“初级产品生产国感受到的不安

---

① Interim Commission for the International Trade Organization (ICITO), *Liberating World Trade*, 1952.

② R. E. Hudec, *Developing Countries in the GATT Legal System*, Aldershot, Hampshire: Gower Publishing, 1987.

是有道理的，现有商业政策的规则和协定对它们而言有些不公平。”①

为了处理1957年欧洲经济共同体（EEC）建立后这个关税同盟与其他缔约方的关系，GATT第五轮（狄龙回合）的多边贸易谈判于1960年9月开始。这一回合的主要任务是将6个EEC成员的关税转变为六国对其他非成员的共同关税。按照GATT第24条规定，新的对外共同关税不能超过这六国单独关税的平均水平，如果EEC成员想要违背这项规定，它们就必须削减其他货物的关税作为补偿。本回合的关税减让谈判取得了满意的进展，共达成4400多项商品的关税减让，涉及49亿美元的贸易额，使应税进口值20%的商品平均降低关税税率20%。另外，谈判还达成了《棉纺织品安排》，各缔约方同意将此作为GATT规则的例外，允许与棉花出口国进行配额限制的谈判。

从前五轮的多边贸易谈判来看，其谈判内容都是关税减让，谈判方式是按照请求逐项进行。关税减让涉及的货物几乎都是工业品。美国和欧共体都不愿意将农产品纳入到多边体系中来。② 尽管对发展中国家有利的农产品仍未纳入到议程中去，发达国家也没有采取任何实质性的步骤，但多边贸易谈判已开始关注发展中国家的利益。

（二）1964—1979年：GATT规则的强化和扩展

20世纪60年代初，开展新一轮多边贸易谈判的动力来自两方面：一是发展中国家不满足于狄龙回合所取得的微弱成果，急于开拓新的出口市场并参与到多边贸易体系中去；二是随着欧共体力量的上升，美国希望强化大西洋共同体的合作，以便共同应对共产主义的威胁。

在美国总统肯尼迪的推动下，1964年5月，GATT部长级会议启动了新一轮的多边贸易谈判。社会主义国家和受其影响的国家被排除在谈判之外。1967年，肯尼迪回合结束。谈判在发达国家工业品关税削减方面取得了较大的进展，涉及所有关税约束商品的2/3，价值400亿美元，平均减让幅度达38%。

与以往的谈判相比，肯尼迪回合取得了一些历史性突破：（1）这一轮的关税减让除了使用传统的产品对产品方式外，也采用了全面减税或线性减税的方式；（2）农产品第一次被纳入到谈判的主要议题之中。不过，由于美国

① GATT, “Trends in International Trade,” Geneva: GATT, 1958, p. 11.

② WTO, *World Trade Report* 2007, p. 183.

和欧共体存在分歧，仅降低了某些农产品的税率，涉及贸易额仅为20亿美元；（3）非关税壁垒首次被纳入到多边贸易谈判中来，但由于各缔约方对进入一个新的领域有所顾忌，最终仅达成《1967年国际反倾销守则》和一项包含不同非关税壁垒的议定书；（4）首次正式和明确地提出了针对发展中国家的“非互惠原则”。此举具有扶持发展中国家经济发展的重要意义。

20世纪70年代初，美元实行了浮动汇率制，布雷顿森林体系解体，国际金融体系受到巨大冲击。在这种背景下，美国和欧共体决定开始新一轮的谈判，主要基于以下几点考虑：首先，尼克松政府在国内面临着巨大的保护主义压力，政府被指责在过去几轮谈判中让步过多，牺牲了美国的利益。美国政府希望借新一轮的谈判，纠正这种所谓的不均衡，减少贸易逆差。其次，美国政府担心欧共体的扩大会对美国的贸易和投资带来不利影响，认为随着英国等三个国家加入欧共体，欧洲共同农业政策将进一步损害美国农产品对欧洲的出口。最后，随着工业品关税的下降，非关税壁垒日益突出，亟须应对。欧共体最初对发起新一轮谈判并不积极，但布雷顿森林体系的解体以及美元的疲软使得欧共体希望将汇率问题纳入到谈判中来，促使美国放弃海关议价（American Selling Price）的“美国售价体系”（US Customs Valuation）①。

1973年9月，新一轮谈判在东京拉开帷幕。各缔约方承诺“逐步取消贸易壁垒，改善世界贸易的国际框架”。各方还同意采取措施帮助发展中国家增加出口收入，实现经济发展。大约有30个非缔约方的发展中国家被邀请参加东京回合的谈判，使得参加谈判国家总数超过了100个。发展中国家虽然参与者众多，但该轮谈判的主角仍然是发达国家，主要是美国、欧共体和日本。

该轮谈判尽管开始不久即遭遇了一系列挫折，包括发达国家因国内严重的经济下滑和国际收支不平衡而出现的保护主义浪潮，以及欧美在农产品问题上难以调和的分歧，但谈判还是取得了重要的进展。在热带产品的谈判中，发达国家应发展中国家的要求，取消了大多数热带产品的关税壁垒，而且不要求发展中国家提供对等待遇。这些产品涉及咖啡、茶叶和可可，但海产品、糖和烟草的关税下降幅度不大。在关税方面，实际削减幅度超过了预期的60%，涉及1260亿美元的商品，占1976年工业品贸易的90%。美国工

① WTO, *World Trade Report* 2007, p. 186.

业品的平均关税从6.3%降至4.3%，欧共体由6.5%下降到4.6%。[①] 在限制非关税壁垒方面，共通过了9项独立的国际协议，以补充或进一步明确《总协定》中原有的限制或禁止非关税的条文。但是，由于这些条文是所有签约国相互妥协的结果，有共识的国家可以参加，而不强求所有签约国必须参加，因此，它们也削弱了GATT条款的约束效力。

对于长期由发达国家主导的多边贸易谈判而言，发展中国家的首次参与是国际贸易体系演进的一个重要变化。不过，对于东京回合的谈判结果，发展中国家并不满意。发展中国家要求发达国家坚持并改善普惠制的使用，但发达国家坚持最惠国待遇的税率同样有益于发展中国家。虽然协定允许GATT成员给予发展中国家特殊与差别待遇，但却规定发展中国家在经济状况好转时应承担更多的义务。在非关税壁垒方面，谈判并没有解决发展中国家关心的问题。

（三）1980—1995年：从GATT到WTO

进入20世纪80年代，美国经济政策出现重大调整，对国际经济体系产生了深远的影响。里根政府为了应对美国经济严重的滞胀，进行了大规模的减税，导致联邦预算赤字急剧上升。在国内保护主义的压力下，美国政府先是说服日本对汽车出口实行自愿出口限制措施，后又对来自巴西、欧共体、日本、墨西哥和韩国的钢铁进口成功地实行了反补贴税和反倾销申诉。美国的行动引起了连锁反应。欧共体、加拿大和澳大利亚以“不公平贸易”为由发起了数起反倾销调查。

为了将国际贸易体系拉回正常的轨道，缔约方大会决定在1982年召开部长会议讨论应对办法，但却没有达成多少共识。欧美在农产品问题上的分歧仍然是会议失败的主因。美国抱怨本国农产品既不能进入欧洲市场，也无法进入第三国市场，并将此归咎为欧共体的共同农业政策。欧共体坚持认为其政策是与多边贸易规则相一致的，并且指责美国也对其农业市场进行了干预。另外，美国要将服务贸易纳入新一轮的谈判，但遭到了发展中国家的强烈反对。多边贸易谈判暂时陷入僵局。

1985年4月，经合组织国家贸易部长一致同意召开新一轮谈判的准备会议，并且强调了发展中国家参与的重要性。7月，GATT理事会决定了准备会议的时间。在会议上，以巴西和印度为代表的几个发展中国家提出了参加

---

① WTO，*World Trade Report* 2007，p. 186.

会议的一系列条件，但这些条件并没有被发达国家接受。为了绕开发展中国家，发达国家在缔约方大会上以 2/3 的多数通过了召开新一轮多边谈判准备会议的决定，时间定在 1986 年 9 月，地点是乌拉圭的埃斯特角城。

1986 年 1—7 月，准备委员会先后举行了 9 次会议，讨论新一轮多边贸易谈判的议题。一些主要的发展中国家反对将服务贸易、知识产权和投资作为新议题纳入进来，因为这些议题会妨碍国家干预经济的能力。为了能在 7 月这个最后期限内结束准备工作，少数发达国家（欧洲自由贸易联盟国家、澳大利亚、加拿大和新西兰）组成了一个非正式工作小组，并邀请了 20 个支持新一轮谈判的发展中国家加入，美国、日本和欧共体在最后阶段才参与进来。7 月末，以瑞士和哥伦比亚为首的工作组终于完成了一份乌拉圭部长会议的宣言草案。1986 年 9 月 15 日在乌拉圭的埃斯特角城，GATT 部长级会议决定启动新一轮的旨在全面改革多边贸易体制的谈判，即“乌拉圭回合”。

乌拉圭回合是 GATT 成立以来最复杂和最困难的全球性多边贸易谈判。参加谈判的国家和地区从开始时的 103 个增加到 1995 年的 128 个，涵盖了全球各主要国家和地区。谈判议题从关税、非关税壁垒扩大到纺织品和服装、农产品、知识产权、投资、服务贸易等十几个议题。其中，欧美之间的农产品谈判则是左右全局的关键，并且贯穿了乌拉圭 7 年艰苦谈判历程的始终。美国坚持取消所有导致农产品贸易扭曲的补贴，并提出达成一项短期改革措施的协议；欧共体则只愿意对农业补贴进行有限和逐渐的削减。直到 1991 年，欧共体委员会决定改革共同农业政策，美欧之间的农产品谈判才出现转机。1993 年，37 个发达国家和发展中国家致信美国、欧共体和日本政府，要求它们“在这个关键时刻发挥领导者的角色，将乌拉圭回合置于优先地位”。此后，谈判取得了重要进展，美欧之间也终于达成一致。1993 年 12 月 15 日，乌拉圭回合的谈判终于结束，完成了规模最大的一次国际贸易体系变革。

经过这一轮谈判，各个国家的关税水平有了大幅下降。发达国家的工业品平均关税水平从 6.3% 降到 3.8%，关税约束产品的比例也大大提高，发达国家从 78% 增加到 99%，转轨国家从 73% 增加到 98%，发展中国家从 21% 增加到 73%。农产品和纺织品贸易首度被纳入多边贸易规则中来。多边贸易规则的涵盖范围从传统的货物贸易领域延伸至服务贸易和知识产权领域。有关非关税壁垒谈判也取得了进展。强化的争端解决机制进一步加强了多边贸易规则的约束力。

乌拉圭回合不仅大大推动了全球自由贸易体系的进一步扩展，成功避免了全球新贸易保护主义势力的阻挠，而且终于为国际经济体系的第三大支柱——世界贸易组织（WTO）的建立奠定了基础。这距离1941年ITO设想的提出已经过去了半个多世纪。随着乌拉圭回合最后文本的通过和签订，WTO正式取代了GATT，国际贸易体系迈入了一个新的时代。

（四）1995年至今：进入WTO时代

WTO自诞生之日起就面临着巨大的挑战，必须要完成乌拉圭回合协定中的“内置”议程。在乌拉圭回合长达2万多页的最后文件中，包含了一个雄心勃勃的未来谈判议程，涉及内容30多项。有些设定了对现有承诺的评估时间表，其中最重要的就是《纺织和服装协定》。还有一些是关于新议题的未来谈判的时间和期限，其中服务贸易居于最重要的位置。虽然乌拉圭回合达成了《服务贸易总协定（GATS）》，但它只是巩固了某些领域的现状，而没有能够如美国所希望的那样更进一步。在美国的推动下，1996年和1997年，GATS谈判成功地将全球电信市场的95%和很大一部分金融服务业纳入到自由化进程中来。

1996年12月，WTO在新加坡召开了成立以来的第一次部长级会议，就新一轮多边回合谈判的议题进行讨论。美国希望在议题中纳入政府采购透明度的问题，而欧盟则希望推动贸易的便利化。克林顿政府主张就贸易与劳工政策进行谈判，但遭到了发展中国家的强烈反对。欧盟提出在议程中应包含贸易与投资以及竞争政策，但美国对此心存疑虑。最后，各成员国决定组成3个工作组对贸易与投资、竞争政策和政府采购的透明度进行讨论，再加上贸易的便利化，这4个议题被称作“新加坡议题”。新加坡会议的最主要成就是在美国的推动下达成了《信息技术协定》，同意进一步削减IT产品的关税壁垒。

1998年5月，为了纪念多边贸易体系走过50年，WTO第二次部长级会议在日内瓦举行。在会议上，开始新一轮多边贸易谈判的建议遭到了一些发展中国家的反对。以印度为首，几个发展中国家要求在发起新一轮谈判之前先对乌拉圭回合的成果进行评估。凯恩斯集团①坚持把取消农业补贴作为新一轮谈判的前提条件。欧盟和日本力主将投资和竞争政策纳入议程。几方各

① 该集团于1986年8月在澳大利亚凯恩斯成立，由14个农业生产和出口国组成，它们是澳大利亚、阿根廷、巴西、智利、哥伦比亚、匈牙利、印度尼西亚、马来西亚、菲律宾、新西兰、泰国、乌拉圭、斐济和加拿大。这些国家因生产效率低和资金缺乏而深受欧美国家出口补贴之苦，在乌拉圭回合多边贸易谈判中，凯恩斯集团是一个坚强的联合体，它要求撤销贸易壁垒并稳定削减影响农业贸易的补贴。目前，凯恩斯集团成员国扩大至19个，占有1/4的世界农业出口量。

持己见，会议无果而终。1999 年 11 月，WTO 在美国西雅图举行了第三届部长级会议，但由于分歧难以弥合，会议宣告失败，原定于西雅图会议启动的具有里程碑意义的千禧年回合谈判因此而流产。

西雅图会议失败的最主要原因是三个主要成员在议题上分歧巨大。美国、欧盟和日本在农业补贴、劳动力标准以及反倾销问题上严重对立。对它们而言，国内政治目标远比贸易自由化更为重要。这次会议的失败表明，在经济全球化时代，贸易政策与国内政治的关联日趋紧密。贸易议程的扩展使得贸易与国内利益开始发生冲突，国内政治目标与贸易自由化成为这些政府面临的一个两难选择，贸易政策因此常常会面临更大的国内压力。

2001 年 11 月，WTO 第四次部长级会议在卡塔尔的多哈举行，启动了新一轮的“多哈回合”谈判。多哈回合的谈判议题内容广泛并且平衡了各方的利益，包括了农业、非农产品市场准入、服务、知识产权、规则、争端解决、贸易与环境以及贸易和发展问题等八个领域，谈判涉及世界 65 亿人口中的 55 亿人、世界年出口贸易总额 13 万亿美元中的 97%，计划在三年期限内即 2005 年 1 月 1 日前完成。

多哈回合的谈判尽管被 WTO 总干事迈克·穆尔（Mike Moore）赞誉为 WTO 和贸易体制以及发达国家与发展中国家关系的历史转折点，但众多的利益分歧并没有得到解决，只是在很大程度上推迟了爆发的时间。

例如，农业问题是多哈回合最核心的内容之一。在这一问题上，发达成员和发展中成员之间、发达成员之间、老成员和新成员之间都存在着不同利益的分歧，主要表现为农产品关税削减和出口补贴。美国由于在农产品方面具有较强的竞争力，因而极力推动农产品贸易自由化，主张大幅度削减国内支持，乃至取消出口补贴，降低关税并缩小成员间的关税差异。欧盟、瑞士、挪威、日本和韩国等成员因缺乏农业比较优势，希望尽可能维持对农业的高度保护和支持，主张采用乌拉圭模式进行关税减让和削减国内支持，给予成员较大的灵活性。大部分发展中成员强调出口竞争方面的严重不平衡以及发展中成员的发展需要，主张关税减让与出口补贴削减相联系，给予发展中成员切实有效的特殊差别待遇政策。东欧和新加入成员强调其面临的特殊困难和加入谈判中所作的广泛承诺，要求给予经济转型成员和新加入成员特殊待遇政策。

2003 年 9 月，在墨西哥坎昆举行的世贸组织部长级会议上，由于各成员在农业等问题上没有达成一致，会议无果而终。2004 年 3 月，世贸组织成员的代表在日内瓦就农业问题进行了紧急磋商，但亦未取得实质性进展。同年8月1日，世贸组织147个成员方的贸易代表在日内瓦经过两周的密集磋商，终于达成框架协议，内容涉及农业、非农产品市场准入、服务贸易、贸易便利化和发展等领域。在谈判的核心领域——农业的框架协议中，发达成员承诺最终取消出口补贴，大幅度削减国内支持，实质性改进市场准入条件。框架协议达成后，世贸组织成员将在此基础上继续就谈判模式和具体内容进行磋商，以最终完成"多哈回合"谈判。

2005年12月在中国香港举行的WTO第六次部长级会议，确定在2013年年底前取消所有形式的农产品出口补贴；发达成员和部分发展中成员在2008年前向最不发达国家提供至少97%的产品免关税、免配额的市场准入；发达成员在2006年取消棉花的出口补贴。此次会议还确定了新的谈判时间表，即不迟于2006年4月底之前确定农产品和非农产品的谈判模式，并在7月底之前提交综合减让表草案；服务贸易谈判也必须于2006年2月底前或此后尽快提交初步出价/要价单等。虽然WTO总干事拉米将此次会议称作"将停滞不前的多哈回合贸易谈判拉回了正常轨道"，但此次会议的暂时成果并没有消除各成员在一些主要议题如农产品贸易自由化上的严重分歧。2006年7月24日，世界贸易组织总干事拉米正式向149个成员建议中止多哈回合谈判，而且不为恢复谈判设定时间表。

2008年7月29日，旨在寻求多哈回合谈判关键性突破的世贸组织小型部长会议在历经9天的艰苦谈判后再度宣告失败，未能实现达成农业和非农产品市场准入模式协议的目标。多边贸易体系的谈判再次功亏一篑。2008年12月12日，世界贸易组织总干事拉米宣布，由于各成员无法弥合在一些敏感问题上的分歧，他决定放弃在年底前召开部长级会议来讨论推动达成农业和非农产品市场准入模式协议的计划，这意味着拖延7年之久的多哈回合谈判进程再度止步不前。

回顾7年来多哈回合谈判的艰难历程，可以看到，在农业领域的特殊保障机制、棉花补贴问题以及非农领域的部门减让等问题上的严重分歧，实际上体现的是成员国基于国家主权、民族利益、国内政治等方面的原因在国际规范问题上的对立和冲突，是有关国际经济新秩序主导权的斗争。对于国际贸易体系的发展而言，从第二次世界大战前的贸易战，到战后半个多世纪的贸易自由化进程，再到21世纪初的僵持局面，世界各国在贸易问题上的互动仍然面对着国家贸易保护主义的障碍。从谈判进程来看，尽管一再遭遇挫折，停下了前进的脚步，但也始终存在着重启的可能，因为各成员加入这个体系的互动，最终目的还是要达成协议，而这种合作符合各成员的根本利益。当然，这个过程还需要一段很长的时间。

从 GATT 到 WTO 多边贸易谈判历程见表 7－2 所示。

表 7－2　　GATT/WTO **多边贸易谈判**：1947—2009 **年**

回合	时间/缔约方	议题及谈判模式	谈判成果
日内瓦	1947/23	关税：逐项提出请求	1.5 万个税目减让
安纳西	1949/33	关税：逐项提出请求	5000 税目减让；9 项准入
托奎	1950/34	关税：逐项提出请求	8700 税目减让；4 项准入
日内瓦	1956/22	关税：逐项提出请求	减让幅度不大
狄龙回合	1960－61/45	关税：逐项提出请求，部分是为了重新平衡 EEC 成立之后的关税水平	交换了 4400 项减让；EEC 提出对制成品关税线性削减 20% 被拒绝
肯尼迪回合	1964－67/48	关税：公式法（线性）和逐项谈判；非关税：反倾销、海关估价	关税平均削减 35%；约 3.3 万税目被约束；达成海关估价、反倾销的协议
东京回合	1973－79/99	关税：公式法，但有例外；非关税：反倾销海关估价、补贴和反补贴、政府采购、进口许可、产品标准、保障、发展中国家的特殊和差别待遇	OECD 国家制成品进口关税平均削减 1/3 至 6%；达成除保障条款之外的非关税壁垒的自愿行为守则
乌拉圭回合	1986－94/1986 年 103 个；1993 年 117 个	关税：公式法和逐项谈判；非关税：所有的东京回合议题、服务贸易、知识产权、装船前检验、原产地规则、与贸易有关的投资措施、争端解决、透明度和贸易政策的监督	关税再度平均削减 1/3，农业和纺织服装也纳入到规则中；创建 WTO；达成有关服务和知识产权的新协定；东京回合的大部分守则扩展到所有的 WTO 成员
多哈回合	2001－？/2008 年 7 月 153 个	关税：公式法和逐项谈判；非关税：贸易便利化、规则、服务和环境	

资料来源：WTO：《世界贸易报告 2007》，北京：中国商务出版社 2008 年版。

二　国际贸易体系的结构与机制

国际贸易体系，从概念上来讲，就是国际行为体围绕贸易问题进行互动而形成的制度结构。这一结构有两层主要含义：一是谈判机制，二是制度机制。谈判机制是指各行为体作为成员方在系列谈判中就各问题进行讨价还价的程序性规定。这种机制包括确定的目标、程序、参与成员和时间表，具有多边谈判的属性。制度机制是指各成员方在谈判中所达成的包含限制性约定的协议，这些协议文本，作为国际贸易体系的制度，对各国的贸易行为规定了相应的权利与义务，能够规范行为体的行为，推动世界贸易行为按照有序的方式进行。

（一）国际贸易体系的互动结构与谈判特点

国际贸易体系的结构，不论是就谈判机制而言，还是就制度机制而言，都是由各单元的互动决定的。自第二次世界大战后国际贸易的多边谈判开始，美国作为国际体系的主宰者就一直发挥着主导的作用。在半个多世纪的互动实践中，欧盟和日本等其他发达国家并不是一味地跟在美国的后面。它们在农业等问题上与美国有着很大的分歧。广大发展中国家随着国际地位的提升和参与多边谈判的积极性的提高，在多边谈判中的作用日益增大。特别是新兴大国，已成了国际贸易制度建设的举足轻重的力量。总的来看，当今国际贸易体系的结构仍然是以各主权国家的经济实力以及政治实力为基础的。

经过多年的谈判，各成员方根据不同的利益诉求形成了以下的互动单元或单元组合：[①]

（1）美国。作为当今世界上最发达的工业化国家和农产品生产大国和出口大国，美国的基本立场是继续推动多边贸易自由化，削减农产品和非农产品的贸易壁垒，更大程度地推动其他国家市场的开放。美国还是新议题的积极支持者，在知识产权、竞争政策、投资等新议题上，美国希望强化有利于“美国标准”的国际贸易体系规则的建立。

（2）欧盟。欧盟在非农产品削减关税方面的基本立场与美国相似，但在削减农业补贴、国内支持和降低农产品关税等问题上立场与美国相左。欧盟

① 详见盛斌《迟到的“千年回合”多边贸易谈判：从西雅图会议到多哈会议》，《世界经济》2002 年第 3 期。

强调农业的多功能性，主张渐进地开放农业市场。在发展中国家的市场准入方面，欧盟的态度较美国更加灵活。

（3）日本和韩国。在农产品问题上，这两个国家的立场与欧盟相近，但在非农产品谈判中希望能够打破欧美对其不公正的市场准入限制。

（4）凯恩斯集团。该集团由澳大利亚、新西兰、加拿大等15个发达国家和发展中国家组成，这些国家基本上都是农产品的生产国和出口国。它们关注的焦点是在谈判中完全取消农业出口补贴，这一主张得到了部分美洲国家和77国集团的积极响应。

（5）发展中国家。这些国家关注的议题包括协议的执行问题、差别和优惠待遇问题、WTO的民主规则问题等，在农产品谈判中希望能够扩大发达国家农产品的市场准入，在新加坡议题[①]上普遍持反对态度。在与发达国家的对峙中，发展中国家内部又分化为两个阵营：一是以墨西哥、新加坡、东欧国家为代表的成员，其立场相对较软，倾向于发达国家；二是以印度、巴基斯坦、巴西、马来西亚、印度尼西亚等为代表的国家，其立场强硬，与发达国家成员形成对抗态势。

（6）最不发达国家。这些国家的基本立场除了发展中国家坚持的要点外，还强调多哈回合乃是一场道德和经济运动，提出创造性的市场准入、债务减免和能力增强，目的是使最不发达国家融入世界贸易体系。

由于多边贸易谈判中不同群体间存在着复杂的诉求与利益分歧，因此谈判进程非常艰难。在发达国家和发展中国家之间存在矛盾，在发达国家和发展中国家内部也存在着不同的利益诉求。以第七轮多哈回合的谈判为例，就可以清楚地看到这一点。

在最敏感的农产品贸易谈判中，各成员国结成了不同的联盟。其中，美国和凯恩斯集团是农产品贸易自由化的坚定支持者。美国作为一个农产品生产大国和出口大国，其小麦、饲料谷物和大豆产量约占世界总量的25%，出口量占世界的45%。凯恩斯集团的成员则是农业资源丰富、农业发展水平较高、产品生产成本较低的国家。在多哈回合中，美国和凯恩斯集团关于农业谈判的基本主张是扩大农产品贸易自由化，取消出口补贴，降低关税。

欧盟是全球农产品最大的进口市场，维护欧盟的共同农业政策及其对农业高水平的保护和支持是欧盟农产品贸易谈判的基本立场。欧盟强调农业的

① “新加坡议题”的主要内容包括投资、竞争政策、政府采购透明度和贸易便利化。

多功能性，认为农业并不是简单的贸易问题，在环境保护、乡村社区生活方式、动物福利等方面都发挥着重要的作用。在农产品市场准入方面，欧盟强调灵活性，希望能够尽可能保护重点产品，通过增加敏感产品数量，降低对敏感产品关税削减幅度的承诺水平。①

10国协调组（G10）是立场更为保守的集团，包括韩国、日本、瑞士、挪威等农产品净进口国。这些国家的目标是保证自身利益不受农产品补贴削减的影响，主张对它们认为敏感的农产品税收削减进行讨价还价。

在有关农产品的谈判中，发展中国家还形成了20国协调组（G20）、33国协调组（G33）以及90国协调组（G90）。

G20是由亚洲、非洲和拉美等主要发展中国家组成的，包括巴西、印度和中国，其目标是在多哈回合谈判中协调立场，敦促发达国家削减农产品补贴。巴西等出口大国强烈要求实质性地取消出口补贴和国内支持等贸易扭曲措施。印度作为农业进口大国，则积极主张农业谈判应考虑粮食安全和农村发展的需要。它们共同强调农业谈判的三大支柱（市场准入、出口补贴、国内支持）、特殊与差别待遇（S&D）、特殊产品（SP）和特殊保障机制（SSM）对发展中成员的重要性。

G33是由在农业生产和贸易上处于相对弱势地位的46个发展中成员组成。它们结盟的目标是把“战略产品”和“特殊保障机制”这两个议题纳入农业问题谈判，期望以此保障本国农业发展目标。它们要求发展中成员有权自主确定一定比例的产品作为“特殊产品”，享受不削减关税、不扩大关税配额的待遇。

G90是由最不发达国家和非洲—加勒比海—太平洋国家共同组成，主要关注的是欠发达国家的削减例外、特惠侵蚀、特殊产品和特殊保障机制等问题。

除上述集团外，多边谈判中还有非洲—加勒比海—太平洋国家协调组、非洲国家协调组、最不发达国家协调组、小型经济体协调组等。各种利益组合的联盟多达25个。一些国家根据利益的需要参加了多个协调组。例如，巴西既是凯恩斯集团成员，又参加了G20和G33；中国既是G20的成员，同时也参加了G33。

① 《各大利益集团角力多哈谈判》，《WTO经济导刊》，转引自http：//chinawto.mofcom.gov.cn/aarticle/ap/p/200605/20060502318998.html。

在发达国家之间，除了在农产品问题上的分歧之外，在其他议题上也存在分歧。例如在服务贸易的谈判中，欧盟最初的谈判立场是实现“有效”的市场准入，因此，服务贸易应定义为包括一个部门所有可能发生的交易形式。欧盟建议设立一个“规章委员会”来决定规则的“合适性”，判断“合适性”的标准应通过谈判加以确定；对不合适的措施应逐步进行自由化，目标是所有成员方在每个部门都实现“可比较”的市场准入。相比较，美国的建议是最自由化的：最惠国待遇适用于所有签字方，国民待遇必须作为一项具有约束力的一般义务。服务贸易的定义应包括外国直接投资，所以限制外国服务提供者市场准入的措施都必须放到谈判桌上来。[①] 因此，美国更希望达成一个像 GATT 那样的协议，欧盟则希望达成一个松散的协议。

在发展中国家之间，由于经济具有异质性，有不同的资源禀赋、关税结构和贸易结构，从贸易自由化中的获益不均衡，因而谈判立场也是相异的。有学者计算，在完全的贸易自由化条件下，相对于不采取任何改革措施的情况，泰国、韩国和中国台湾的收入将增长 3.5% 以上，而中国大陆的收入仅增长 0.2% 。[②] 在农产品贸易结构上，既有像凯恩斯集团成员那样的农产品出口国，也有大量严重依赖农产品进口的国家。据联合国粮农组织的统计，有 22 个国家处于长期高水平的饥饿状态（30% 以上人口食物不足），这些国家全部是低收入和净进口国，其燃料或者主要粮食（大米、小麦和玉米）消费严重依赖进口，因此它们在价格上涨的冲击下尤为脆弱。[③] 不同的国情导致发展中国家在农产品贸易自由化问题上立场相异。一些国家会因为受益而赞成农产品关税削减，另一些国家则会因为利益受损而持反对态度。

在“特惠侵蚀”问题上，发展中国家的立场也发生了分化。“特惠侵蚀”是指世贸组织谈判导致的关税削减，缩小了该税率与特惠税率之间的差

① ［英］伯纳德·霍克曼、迈克尔·考斯泰基：《世界贸易体制的政治经济学》，刘平等译，北京：法律出版社 1999 年版，第 128 页。

② Kym Anderson, Will Martin and Dominique van der Mensbrugghe, “Doha Merchandise Trade Reform: What is at Stake for Developing Countries?” *World Bank Policy Research Working Paper* 3848, February 2006, Table 1. 转引自田丰《WTO 多哈回合谈判中止的原因及谈判前景展望》，载王洛林、李向阳主编《2006—2007 年：世界经济形势分析与预测》，北京：社会科学文献出版社 2007 年版，第 149 页。

③ 22 国包括厄立特里亚、布隆迪、科摩罗、塔吉克斯坦、塞拉利昂、利比亚、津巴布韦、埃塞俄比亚、海地、赞比亚、中非共和国、莫桑比克、坦桑尼亚、几内亚比绍、马达加斯加、马拉维、柬埔寨、朝鲜、卢旺达、博茨瓦纳、尼日尔和肯尼亚。

距。按照世贸组织的最惠国待遇原则，关税缩减必须自动和无条件地给予其他所有缔约方。这会导致因区域贸易协定而享受发达国家特惠税率的发展中国家的受惠程度大大缩水。近年来，在区域贸易协定大量出现的情况下，很多发展中国家由于可以根据协定享有某些出口商品的关税特惠，因此多边贸易体系的最惠国待遇就显得不那么重要了。这也在很大程度上削弱了发展中国家在多边贸易体系中的凝聚力。

由于经济发展水平的不同以及在国际经济和贸易秩序中所处地位存在巨大差异，发达国家与发展中国家的矛盾和冲突始终贯穿着整个多边贸易体系的谈判进程。尽管从肯尼迪回合开始，在谈判中出现了关注发展中国家利益诉求的声音，多哈回合更是明确提出要将发展中国家的利益和需要“放在工作计划的核心位置”，但在议题设定和谈判目标的基本立场上，发达国家与发展中国家的分歧仍然像鸿沟一样难以弥合。

按照多边贸易体系的设想，发展中国家在多边贸易谈判中应该享受特殊与差别待遇，发达国家不应该要求与发展中国家的对等互惠。这就是多边贸易体系的普惠制的基本内涵。但是，随着一些发展中国家经济的迅速增长，以及发展中国家在世界市场份额中的比重逐渐增加，发达国家对于给予发展中国家特殊与差别待遇越来越不情愿，尤其是对于中国和印度这样的发展中大国。它们开始更多地要求这些发展中大国提供对等的互惠。这也是中国加入世界贸易组织为什么会经历长时间讨价还价的原因。

对于当前的多边贸易体系，发展中国家是有颇多不满的。它们认为在乌拉圭回合中作出的承诺已经超出了其承受能力，但在乌拉圭协议的执行问题上，发达成员却并没有兑现其承诺。发达成员在制定多边贸易体系的规则时采用了双重标准，一方面强压发展中成员开放国内市场；另一方面却不愿意对发展中成员开放本国的市场，尤其是在农业领域。发达国家的农业补贴和市场准入限制为发展中成员的产品进入其市场设置了很高的门槛。

尽管存在诸多矛盾与冲突，讨价还价的过程曲曲折折，但多边贸易谈判进程毕竟在前行。回顾各成员方在 GATT 和 WTO 体制中的互动历史，可以看到以下特征：

第一，谈判进程是一个多议题的交易，涉及减让（自由化承诺）的交换。如同在市场上一样，在谈判过程中，参与方会提出它们希望贸易伙伴做到的自由化程度以及它们自己准备进行的减让承诺，每一方都想用最小的付出换来最大的回报。通过相互讨价还价，最终目的是达成一个各方都可以接受的平衡方案。在这一过程中，作为交换中介的不是货币而是“议程”。确定议程（如可能的议题、先后顺序等）所进行的讨价还价，往往需要很长的时间（乌拉圭回合确定议程花费了5年）。由于这一进程缺乏“价格”机制，谈判者往往不愿意做出足够的减让以达成协议，因而冲突、僵局时常发生，并且最终结果常常会偏离帕累托最优的结果。①

第二，谈判是一个多阶段和多方的博弈，因此历时长久且容易反复。通常是一个缔约方提议开始，发起确定谈判议程的前期谈判，然后是正式的多边贸易谈判，接下来是后期谈判和实施阶段。从1947年首轮谈判开始，谈判经历的时间越来越长，谈判的进展也越来越艰难。有时最困难的决定会在最后一分钟做出，但更多时候谈判的最后期限已经没有实质意义。在谈判中，政府并不是铁板一块，它们在国内与相关产业、利益集团、各部门做工作的时间可能丝毫不亚于在国际谈判桌上花费的时间。例如，欧盟在谈判时是以一个成员方参与，但它显然需要协调内部的不同声音和利益。

第三，每一轮谈判都未必会达成实质性的结果，每一项协议也未必有实质意义。在某种意义上，这种谈判有点像联合国大会，同样有100多个成员，同样需要就众多的议题达成协议，也同样有很多协议没有实质性的约束力和具体的内容。例如，虽然肯尼迪回合接受了关于贸易和发展的内容，东京回合许诺给予发展中国家“普惠制”，多哈回合被称为“发展回合”，但是这些话语更多表达的是一种愿望或姿态，并不包含发达国家对发展中国家的具体承诺。当然，这类象征性协议的政治意义，对各成员方来说仍然是有价值的。②

（二）国际贸易体系的制度结构

从关贸总协定到世界贸易组织，国际贸易体系的制度结构在谈判进程中不断得到完善和强化。在关贸总协定阶段，虽然成员方在促进贸易自由化、为贸易谈判确立框架方面取得了显著的成功，但这个机制本身还是有很大局限的：GATT还够不上一个正式的国际组织，只是一个协商论坛。它没有专门的贸易争端解决机构。它的管辖权主要限于制造业产品，没有处理农业、服务、知识产权或对外直接投资的权力，也没有处理关税同盟和其他特惠贸

---

① Baldwin and Clarke, “Game Modeling the Tokyo Round of Tariff Negotiations,” *Journal of Policy Modeling*, 9 (2), 1987, pp. 257 – 284.

② 参见［英］伯纳德·霍克曼、迈克尔·考斯泰基：《世界贸易体制的政治经济学》，刘平等译，北京：法律出版社1999年版，第七章、第八章和第十章。

易安排的有效职能。[①] 世界贸易组织成立后，作为一个真正的国际组织，它在上述领域的权力得到了大大的加强，不仅为各成员政府提供了具有束缚力的"强壮桅杆"（希腊神话中英雄为摆脱海妖诱惑而将自己捆绑在桅杆上），而且还建立了贸易争端解决机制。[②]

经过多年互动，当代的国际贸易体系的制度结构主要包括两大部分：一是有关贸易互动的基本原则；二是体系运作的基本机制。就后者而言，还可以再划分为三个方面的机制：一是国际贸易体系规则的制定和决策机制；二是国际贸易体系中规则执行的监督机制；三是国际贸易体系中的冲突解决机制。这三个机制是自由开放的多边贸易体系正常运行的保证。

1. 国际贸易体系的基本原则

行为体进行多边贸易谈判的基本目标，是建设一个自由和开放的国际贸易体系。为了实现这个目标，成员方经过长期的互动，确立了一些基本的原则与规则。

在关贸总协定成立之初，各成员就通过协商一致的谈判方式确立了多边贸易体系的规则和确立这些规则应遵循的基本原则：非歧视、互惠、市场准入和公平竞争。在半个世纪之后，重新审视多边贸易体系规则的制定和决策机制，可以发现它们呈现出的两面性：一方面，它们从制度上保证了多边贸易体系的运行和进步；但另一方面，其中存在的问题也在很大程度上导致了当前多哈回合谈判进程的缓慢和拖延。

在WTO规范其成员贸易政策的三个协议即关贸总协定（GATT）、服务贸易总协定（GATS）和与贸易有关的知识产权协定（TRIPs）的谈判过程中，WTO的基本原则，即非歧视、互惠、市场准入和公平竞争，贯穿始终。一般来说，这四项基本原则是服务于贸易自由化这同一个目标的，因而它们之间的关系可以说是互为补充。其中，非歧视是最根本的原则，互惠是在国际多边谈判中使用的一种工具；市场准入和公平竞争是使用上述两项原则的目标。在这些原则中，市场准入原则是处于核心的地位。

非歧视原则又称无差别待遇，根据这项原则，某一成员方对另一成员方不采取任何对其他成员方所不适用的优惠和限制措施。如果成员方根据合法

---

① ［美］罗伯特·吉尔平：《全球政治经济学：解读国际经济秩序》，杨宇光等译，上海人民出版社2003年版，第239页。

② ［英］伯纳德·霍克曼、迈克尔·考斯泰基：《世界贸易体制的政治经济学》，刘平等译，北京：法律出版社1999年版，第120页。

的理由而采取某种限制措施或禁止措施，这种措施必须同样适用于其他成员方，而不是仅仅针对某些成员方。[①] 非歧视原则具体表现为两项原则：最惠国待遇和国民待遇原则。

互惠原则也叫对等原则，它要求成员方在有关关税、非关税壁垒、知识产权、服务贸易以及与贸易有关的投资措施等市场准入领域必须对等地给予对方优惠待遇。这体现了 WTO 管理的国际贸易体系中权利与义务的平衡。该原则也为各成员方在谈判中的基本立场和相互之间的贸易关系确立了互惠互利的基本框架。

市场准入是指一成员方允许另一方的货物、劳务与资本参与本国市场的程度。这一原则体现了关贸总协定和世贸组织致力于建设开放的多边贸易体系的目标。通过增强各成员对外贸易体制的透明度，减少和取消关税、数量限制和其他强制性限制市场准入的非关税壁垒，就能够改善各成员市场准入条件，从而实现世界贸易的自由和开放。

公平竞争原则又称为公平贸易原则，是专门针对出口贸易的一项基本原则。它禁止成员方采取不公正的贸易手段进行国际贸易竞争或扭曲国际贸易竞争，这些不公正的贸易手段包括出口倾销和出口补贴。如果发现倾销或补贴的商品给某一进口成员方带来了损害或可能带来损害，该进口成员方可以采取反倾销和反补贴措施，例如征收反倾销税、反补贴税等。

上述四项原则虽然从总体上讲都是为了促进贸易的自由化，但它们在实践中却未必都是一致的。例如，公平竞争原则与市场准入原则就可能发生矛盾。当进口商品的竞争“过度”损害了国内产业时，政府就可以用反倾销税或反补贴税的方式抵制商品的进口。这种谋求公平竞争的手段也是一种贸易壁垒，只不过是合法采用的。再比如，非歧视原则虽然是多边贸易体系的根本原则，但是世贸组织却允许区域贸易协定的优惠条款可以形成对该原则的例外。这项例外大大削弱了多边贸易体系规则对各成员贸易政策的约束力。

2. 国际贸易体系谈判的决策机制

在多边贸易谈判中，WTO 的决策机制仍然沿用了 GATT 的协商一致的传统，即在正式投票表决之前，各成员要通过谈判和磋商达成一致。这一传统一方面是非歧视原则在制度层面的体现，另一方面也是为了更好地将协议的规则落实到各成员的政策中去，因为 GATT 在机制上缺乏让各成员遵守规则

① 曹建明、贺小勇：《世界贸易组织》，北京：法律出版社 1999 年版，第 66 页。

的强制力量。这一机制对发展中国家维护自身的经济利益是有利的。在GATT中，每个成员都有“一票”的表决权。如果几个国家结成联盟，就能够更有力地增加这些国家在谈判中的影响力。通过讨价还价来达到各成员意见一致的决策机制是多边贸易谈判和多边贸易体系发挥作用的核心机制。当然，如果不能达成意见一致，就需要各成员投票表决。①

按照GATT的决策传统，谈判进程是不允许因某国的异议而受影响的，除非这个国家是主要的贸易大国。由于衡量一个国家在WTO中的影响，主要看该国在世界贸易中的份额、贸易依存度或“开放度”（进出口额在GDP中的比重）和绝对市场规模，因此美国、欧盟和日本在多边贸易谈判中的影响力是举足轻重的。在具体产品或行业的谈判中，一国在该项产品贸易中的比重也决定着其影响力的大小。例如，阿根廷虽然在贸易总量上是一个比较小的贸易方，但是它却是重要的肉类出口国。在有关牛肉贸易的决策中，阿根廷的政策立场就更具影响力。随着印度、中国这些发展中大国的崛起，它们的影响力也会增强。因此，当今的国际贸易体系虽然仍是发达国家居主导地位，但发展中国家尤其是发展中大国的决策影响力正逐渐上升。

从国际贸易体系的决策传统来看，尽管相关规范能够推动谈判的进程，但也暴露出了问题和缺陷，并成为当前多边贸易谈判屡屡受挫的一个重要原因。一方面，成员数量的大幅度增加使得坚持协商一致的传统要付出更大的代价。1947年GATT成立时仅有23个缔约方，1964年肯尼迪回合开始时缔约方已经有74个，1986年乌拉圭回合开始时缔约方数量上升到108个，而现在WTO成员共有149个，是1947年的近7倍之多。谈判方的增多使得涉及的利益冲突更多，各方的利益目标也更为分散，要通过协商一致的方式达成协议便成了非常困难和复杂的事情。

发展中成员经济实力的增强和参与多边贸易谈判的热情与积极性的高涨，使得原有的谈判结构发生了变化。在多哈回合之前，GATT决策机制运转良好的一个原因在于只有相对较少的成员或成员集团参与谈判进程。② 如今，发展中国家不仅参与G20和G33等利益集团维护自身的利益，而且它们

① 如果是与总原则相关的修正，必须要全体一致通过；如果是对协议条款的解释或豁免某成员方的义务，需要3/4表决通过；对于除总原则外的其他议题的修订，需要2/3多数通过；对于其他没有明确规定又不能达成意见一致的情况，简单多数表决即可。

② 田丰：《WTO多哈回合谈判中止的原因及谈判的前景展望》，载王洛林、李向阳主编：《2006—2007年：世界经济形势分析与预测》，北京：社会科学文献出版社2007年版，第151页。

对待多边贸易谈判的态度也更加主动，对多边贸易体系的运转和规则也有了更多的了解，懂得如何利用制度机制提高自身的影响力和发言权。如果发达成员不顾发展中成员的利益强行设立议题或就协议进行表决，发展中成员的反对票就足以使谈判进程中止。因此，在现有的决策机制下，要想达成协议就必须在讨价还价的环节上耗费更多的时间和更大的精力，否则协议就可能被“否决”。从另一个角度看，这也意味着改变多边贸易体系的规则是一件很困难的事。在149个成员中要不存在“异议”地通过一项决议，难度之大可想而知。

3. 国际贸易体系规则执行的监督机制

落实多边贸易谈判所达成的协议，需要有专门的监督机制。WTO的贸易政策审议机制（TRAM）的建立始于乌拉圭回合，正式协议是1979年东京回合谈判达成的《关于通知、磋商、争端解决和监督的谅解》。根据这个协议，各缔约方同意对各成员的贸易政策和贸易体制进行定期和系统的审议，以评估各成员方贸易政策对多边贸易体系的影响，并提出建议，敦促各成员方加强透明度来增强对WTO规则的遵守。每个成员都需要定期提交详述其贸易政策的报告。对每个成员的审议频率是按照各成员在世界贸易中所占的份额来进行的，4个最大的贸易方——欧盟、美国、日本和加拿大——由WTO总理事会每两年审议一次；其次的16个最大成员每4年接受一次审查；其余成员则每6年进行一次审议；不发达国家的审议周期则更长。

WTO的贸易政策审议是基于成员方政府提交的报告进行的，仅涉及贸易政策中具有全球性影响的问题。它不仅是一个系统监督其成员方贸易政策的机制，也是防止贸易争端的一个预防机制。之所以会形成这样的机制，是WTO基于历史经验而做出的一种应对。在20世纪70年代，由于主要资本主义国家贸易保护主义抬头，非关税壁垒和一些“灰色区域”措施（例如自动数量限制等）纷纷出台，使得自由的多边贸易体制受到严重侵蚀。为了避免个别成员方出于短期政治考虑或国内利益集团的压力，采取背离多边贸易体系规则的政策行为，推动谈判进程的主要成员方认识到，单靠协议的达成并不能保证其有效的实施，多边贸易体系必须强化其监督职能。

作为一项多边贸易体系重要的监督机制，TRAM的最大贡献是敦促各成员方提高贸易政策的透明度，提高国际贸易运转的“可预见性”。在多边贸易体系开始运转的数十年里，一些国家长期或明或暗地采取一些背离多边贸易规则的措施，由于缺乏政策透明度，这些措施常常在出现贸易争端时才被发现。TRAM 所确立的定期报告制度、定期评审制度和集体审议制度，可以增进各成员间贸易政策的相互了解，有助于减少贸易摩擦。虽然这个机制也存在很大的局限性，不足以评估不同国家的贸易政策对贸易体系的影响，而且审议报告也不能当做解决贸易争端的基础，但它所发挥的监督作用，仍然是多边贸易体系能够向前发展的重要保障。

除了贸易政策的审议机制之外，WTO 还设有其他的监督机构，例如，贸易发展委员会负责审议涉及发展中国家利益的问题；收支平衡限制委员会监督为了实现收支平衡而实施的贸易限制；纺织品监督机构负责审查涉及多种纤维协定国家的双边纺织品贸易协议。还有几个委员会负责具体协议的运转。

4. 国际贸易体系的争端解决机制

有效地解决争端是国际贸易体系成功运行的保证。从关贸总协定到世贸组织，国际贸易体系的争端解决机制逐渐得到了完善，其中最大的进步是世贸组织成立之后争端解决机制有了更强的约束力，也得到了众多成员——从超级大国到发展中国家——的认可。自 1995 年 1 月世贸组织成立至 2007 年 3 月，世贸组织共受理了 359 起贸易纠纷，平均每年近 30 起。其中，61% 的申诉方是发达国家，其余为发展中国家。[①] 这些数字表明该机制在运作并在发挥作用。

与 WTO 相比，在 GATT 时期并不存在专门的争端解决机制，只在总协定的第 22 条和第 23 条中规定，如出现贸易争端，解决程序可分两步走：首先由争端双方进行磋商，如果磋商无效或不能解决问题时，当事方可以将争端提交缔约方全体大会讨论。这个程序在缔约方成员较少的时候，可以凭借缔约方大会主席的威望进行裁决。例如，1948 年的荷兰、比利时和卢森堡与古巴之间的领事税纠纷，巴基斯坦与印度之间的出口退税纠纷，就是经由这样的方式解决的。随着总协定成员的增加，第二步程序又被分为两步走：先由一个包括争端双方代表和若干中立国代表组成的工作组进行审议并提出报告，再提请年度缔约方全体大会讨论通过。由于工作组中有争端方参加，因此其效率和公平性受到质疑。从 1954 年“意大利诉瑞典反倾销案”开始，工作组成员改由第三方的专家组成审议小组。这一改革，标志着总协定迈出

① 毛燕琼：《争端解决机制是 WTO 对全球经济稳定的最独特贡献》，《WTO 经济导刊》2008 年第 8 期。

了摆脱国家间政治交易而更尊重国际法的重要一步。①

从实效来讲，虽然 GATT 的争端解决程序在实践中得到了逐步的发展，但它却缺乏约束力，经常受到当事方的拖延和阻挠。按照 GATT 有关决策程序的规定，缔约方要求成立专家小组必须要经缔约方全体大会的批准；专家小组的审议报告只有经过缔约方全体大会的一致通过才具有法律效力。这种“协商一致”的传统，对于争端解决来说，构成了一个致命的问题：如果败诉方或被诉方不服从审议，阻挠专家小组的成立，或对报告行使否决权，那么该争端的解决就会被无限期地拖延。例如，1988 年美国首次利用特殊 301 条款对巴西出口至美国的产品进行制裁，巴西将争端提交到 GATT，但美国在此后的半年中一直阻挠专家小组的成立，直到一年后美国才在多个国家的压力下放弃阻挠，专家小组才得以成立。再如，在美国与欧共体的多项贸易争端中，美国和欧共体都曾经试图阻挠报告的通过。

鉴于存在这些弊端，在 1994 年乌拉圭回合的文本中，出现了一个有关争端解决程序的重要文本，即《关于争端解决的规则和程序的准则的谅解协议》。它是对此前争端解决程序的重要补充和改进。这样，在世贸组织框架内，就有了统一的争端解决程序，不仅适用于货物贸易领域，更扩展到服务贸易和知识产权等新的领域。该协议规定申诉方有权申请适用“专家小组”程序，并确定了一个新的上诉程序，专家小组的报告不必经过任何批准即可“自动”生效。按照新规定，任何一个国家都不能阻碍这一程序对争端作出裁决，从而弥补了原有争端解决程序缺乏强制力的弱点。

新的争端解决程序被看做是世贸组织对国际贸易体系建设的突出贡献之一。由于其法律约束力得到加强，以至于产生它是否会威胁到国家主权的争论。1994 年 6 月 14 日，美国参议院对外关系委员会专门就 WTO 和美国主权进行了听证会，就 WTO 及其争端解决程序是否将极大地侵犯美国的主权这一问题进行了激烈的讨论。结论是 WTO 有充分的制约和监督机制，可以保证不会对国家主权造成不适当的干涉。② 从这一情况中可以看到，即使对美国这样的大国而言，有效的争端解决机制也能够产生足够的威慑力和影

① John H. Jackson, *World Trade and the Law of GATT*, New York: The Bobbs - Merrill Company, 1969, p. 174.

② 约翰 · H. 杰克逊：《设计及实施有效的争端解决程序：WTO 争端解决、评估与前景》，载［美］安妮 · O. 克鲁格主编《作为国际组织的 WTO》，黄理平等译，上海人民出版社 2002 年版，第 242 页。

响力。

当然，产生威慑力并不是争端解决机制的主要作用，其最大的贡献在于建立了一个“规则导向的体系”（rule-oriented system），通过提供稳定且可预见的规则体系，为各成员国政府以及企业提供指导和借鉴，就可以在一定程度上避免传统的贸易对抗引发贸易战，保证国际贸易体系的稳定和正常运行。目前，这个多边争端解决框架正日益成为各成员国解决贸易纠纷的主要途径。

值得一提的是，发展中国家对世贸组织新的争端解决程序是抱有很高的期望的。据统计，关贸总协定的争端解决程序处理的238件贸易纠纷中，与发展中国家有关的仅61起，这与发展中国家在协定缔约方中占有4/5的比例是很不相称的。在世贸组织成立以后的18个月中，发展中国家和地区提交的争议案有21起，其中6起针对美国，6起针对欧盟，其余针对其他发展中国家。[①] 尤其是当发展中国家与发达国家发生贸易争端时，作为经济实力较弱的一方，它们往往不具备与发达国家讨价还价的杠杆，而贸易争端解决程序则能为发展中国家维护自身的正当权益提供解决途径。世贸组织成立后的第一案就是巴西、委内瑞拉诉美国的汽油进口限制案。美国败诉后表示服从裁决，并准备与巴西、委内瑞拉进行进一步磋商以最终解决争端。

当然，没有任何一个体系是完善的，世贸组织的争端解决程序也是如此。在规则导向原则的建立、专家小组报告的法律效力、评审标准、资源问题、非违反型案例[②]等问题上，成员间都存在争议。尽管美国在争端裁决中也可能败诉，但以美国为首的发达国家仍然在体系中居主导地位，也是这个规则导向的争端解决机制的最大受益者。从这一点来看，这一机制的“平等”仍然是相对的。

三　国际贸易体系的影响

国际贸易体系作为一种制度结构，汇聚了行为体的预期，即为了贸易的自由化，各方会通过谈判建立并遵守有约束力的行为规范。事实上，一旦谈判达成协议，参与方就有了遵守协议的义务，其行为就会受到协议的约束。

---

① 曹建明、贺小勇：《世界贸易组织》，北京：法律出版社1999年版，第398页。

② WTO争端解决程序受理的贸易争端案例有两种：一种是违反了WTO的规则或义务；另一种是被投诉方并没有违反WTO的规则或义务，但却产生了使贸易规则“无效或效力削弱”的效果。后一种情形即属于非违反型案例。

国际贸易体系所发挥的最主要的作用，就是确保世界各国能够在平等和公平的前提下，以合作（谈判）的方式推进制度建设，消除贸易壁垒，考虑不同发展阶段的国家的诉求，促进贸易的发展与社会进步。

在国际关系中，国际贸易制度的影响可以大体上分为两个方面：一是对单个国家的影响，这种影响主要体现在国家内部层面，会使国内政策发生变化，并且会影响国内政治的进程；二是对国家间关系的影响，这种影响主要体现在国际层面，会改变国家间的互动行为。这两方面的影响从结果来看，既涉及经济政策的调整，亦关乎政治斗争与国际关系。

（一）国际贸易体系对主权国家的影响

在制度体系的影响下，行为体接受国际贸易规范，就需要把国际规范内化为国家的政策。事实上，国际贸易制度在演进的过程中，对各国的国内制度建设的要求亦日益严格。例如，在 20 世纪 70 年代之前，GATT 对于缔约国的要求就是参与关税壁垒的互惠减让，坚持最惠国待遇和国民待遇的“不歧视原则”，但并未把其国内政策纳入管辖范围之内。但是，自东京回合开始，GATT 的规则就开始直接涉及那些会影响到本国和国外货物和服务产品竞争的国内制度。

国际贸易制度对国家政策的影响，概括起来主要有这样几个方面：第一，确保各国市场的开放，逐步消除关税壁垒和非关税壁垒；第二，确保贸易在平等的条件进行，反对各种歧视性限制；第三，允许“例外”和特殊情况下的保护措施。

1. 关于贸易壁垒问题

国际贸易的发展，取决于国家间市场的开放。对任何国家来说，其对外贸易的利益都在于尽可能地扩大国外市场和保护国内市场。基于这样的动因，它们一方面会以多边合作的方式进行贸易谈判，力图通过建立国际贸易制度的方式消除贸易壁垒，实现贸易的自由化；另一方面则会实行某种程度的贸易保护主义，想方设法抵制外来产品进入本国市场。尽管从长远来看，贸易保护主义未必有利于国家的发展，但任何政府的合法性都取决于国内力量的支持。因此，在国际贸易体系的互动中就会长期存在一对矛盾，即消除贸易壁垒的努力与不断出现的贸易保护主义。这一矛盾所反映的就是国际贸易规则与本国贸易利益之间的冲突。

国际贸易中所存在的壁垒，有关税壁垒，也有非关税壁垒。第二次世界大战结束之初，贸易保护主义主要表现为各主权国家之间的高关税壁垒。因此，削减关税构成了多边贸易谈判的主要任务。从1947年的日内瓦回合开始直到1995年结束的乌拉圭回合，关税减让一直是谈判的一项核心内容，从最初的23个成员国到128个，绝大多数国家都加入到削减关税的进程当中。从产品对产品的谈判到公式法减让，关税削减的范围不断扩大，关税水平不断下降。总的来看，八轮关税减让谈判，尽管曲曲折折，但使得全球关税水平大幅度下降了。尤其是工业国家工业品进口关税在最后三轮谈判中下降幅度分别达到38%、33%和38%。①

自20世纪80年代起，随着如关税、配额、数量限制等传统贸易壁垒的大幅度降低，各国为保护本国产业而实行的各种非关税壁垒明显增多。国际贸易体系中因而形成了围绕"新保护主义"的斗争。新保护主义主要涉及非关税壁垒。可以说，非关税壁垒的出现，作为主权国家在国际贸易体系中的行为，同样是受国际贸易制度影响的结果。

在消除传统壁垒的过程中，如何在遵守多边贸易规则的同时最大限度地保护本国的民族利益，是各主权国家政府面临的重要挑战。从实践来看，它们的做法主要包括这样几个方面：一是尽可能利用现有制度中有利于自己的条款来保护自己的市场，诸如利用多边贸易规则所允许的过渡期和临时保护措施，利用制度中的"例外"规定和一些模糊条款；二是把一些新的贸易标准纳入谈判之中，推行所谓的"新保护主义"；三是在多边贸易框架之外，通过缔结双边或地区自由贸易协定来实现本国的贸易目标。

对贸易出口国进行反倾销和反补贴的"两反"调查，是新保护主义的一个主要表现。这样的措施原本是国家在承诺长期开放市场的前提下，面对紧急情况时可以采取的"临时"和"短期"的保护性措施，但现在却越来越多地成为国家搞保护主义的常规手段。根据世界贸易组织的统计，自1980年以来，反倾销案件的总数不断上升，年增长率达到8%，高于同期全球商品贸易5%的增速。在90年代以前，反倾销案件的发起者主要是以澳大利亚、欧共体和美国为主的发达国家，在90年代以后，阿根廷、巴西、印度和墨西哥等发展中国家则成了主要使用者，每进口1美元，它们发起反倾销的频率是美国、欧共体等传统用户的15—20倍，而且这些反倾销案件有2/3左右都是针对发展中国家的。② 根据2009年公布的数据，中国连续14年成

---

① WTO, *World Trade Report* 2007, Geneva: WTO, 2007, p. 207.

② Ibid., p. 241.

为遭遇反倾销调查最多的成员，连续 3 年成为遭遇反补贴调查最多的成员。[①]

近年来，尽管发达国家对“两反”措施的使用有所下降，但采用技术壁垒和卫生检疫措施却呈现扩大化趋势。在多边贸易规则中，有关技术与卫生的规定是为了保证和鼓励成员国采用国际认可的标准。虽然允许进口国采用更加严格的标准，但要求它们提供采用这些标准的“科学”依据，并采用风险评估机制。由于相关规定并不明确，因此成为许多发达国家限制新兴经济体和其他发展中国家产品进入本国市场的一个手段。世界银行在一份报告中指出，由于不同国家政府推行不同的技术标准，致使东亚发展中国家因进口国的卫生、检疫标准增加了大量的额外成本。例如在黄曲霉毒素方面，采用更为严格的欧盟标准而不是国际 Codex 标准，将使泰国的谷类、干果出口减少 3.5 亿美元，中国出口减少 3.8 亿美元，越南减少 1500 万美元；如果在四环素方面采用 Codex 标准，会使中国和泰国的牛肉出口增长 1 倍。欧盟禁止进口转基因生物，对泰国金枪鱼出口和中国转基因作物的出口产生了十分不利的影响。[②] 据 WTO 统计，1995 年以来向 WTO 通报的实施 TBT（Agreement on Technical Barriers to Trade，技术性贸易壁垒协议）和 SPS（Sanitary and Phytosanitary Measures，实施卫生与植物卫生措施协定）措施的件数不断增多，2006 年的通报件数分别是 1995 年的约 2 倍和 6 倍。[③]

在谈判中出现有关竞争政策、劳工和环境标准等新议题，使得贸易与这些社会政策问题联系在一起，从而导致了新的贸易摩擦。竞争政策也称反垄断政策，它涉及对成员国企业的行为以及反竞争行为（例如卡特尔、优势地位的滥用以及反竞争的并购）的规制；与贸易有关的环境标准涉及产品在生产和加工过程中须达到的环保要求；劳工标准则涉及生产国的劳工政策，包括工时和保障措施等。尽管这些议题在多哈回合均被搁置，在国际贸易体系框架内尚未形成专门的贸易协定，但是相关条款和内容已包含在了已有的多边贸易规则之中。

随着发达国家采用更高、更严格的环境和劳工标准，这些国家也要求发

① 中国商务部公平贸易局：《WTO 统计 2008 年中国成为遭遇“双反”调查最多的成员》，中国商务部网站，2009 年 5 月 9 日，http://gpj.mofcom.gov.cn/aarticle/subject/mymcyd/subjectdd/200905/20090506258669.html。

② World Bank, *East Asia Integrates*, Cambridge University Press, 2004. 转引自王勇：《国际贸易政治经济学》，北京：中国市场出版社 2008 年版，第 222 页。

③ WTO, *World Trade Report* 2007, p. 240.

展中国家的出口产品达到其制定的标准，这无形中提高了发展中国家产品进入发达国家市场的准入门槛，增加了发展中国家的产品成本。例如，绿色贸易壁垒就是一些国家制约发展中国家纺织品和其他产品出口的重要手段。绿色壁垒又称环境壁垒，既具有可持续发展属性，又具有贸易壁垒的属性。对进口产品设置正当的环境标准，可以保护环境，促进人类社会的进步，但如果不适当地使用甚至滥用这些标准，则演变成了贸易保护主义。近年来，中国许多产品由于达不到欧盟的环保标准而被欧盟拒之门外，包括纺织品、服装、食品、家具等。据波兰媒体报道，自 2009 年 5 月 1 日起，欧盟禁止进口含有二甲基甲酰胺（DMF）的鞋子和家具产品，欧盟称该物质吸收潮湿空气后会引发过敏反应。外界认为此举主要是针对中国。[①] 这一规定对于中国的木制品出口形成了“绿色壁垒”，中国一些木材出口企业因而受到严重影响。[②]

国际贸易的多边谈判过程中所形成的各种规范，无论是否有争议，一旦正式生效，成员就要照做。成员方履行自己的义务，就需要改变相关的国内法规。国际贸易体系的制度规定已越来越多地对各成员方的国内制度提出了要求。例如，按照《与贸易相关的知识产权协定》（TRIPS）的要求，所有 WTO 成员都必须达到知识产权保护的最低标准。SPS 规定了各成员为了保障人类和动植物消费产品的安全，产品应该达到的要求。TBT 和 SPS 两项协定首次将多边贸易规则引向出口货物的国内过程和生产方法（PPMs）。以往 WTO 规则中有关产品的规定大多体现在产品的特征上，这些特征是可以在边界进行控制的，但是很多 PPMs 并不必然会体现到产品上，例如捕鱼方法的不同并不会体现在被捕捞的鱼有何不同，而从最终产品上也看不出生产工厂的安全保障措施和工作时间如何。

2. 国际贸易制度与国内政治

由于国家参与国际贸易体系的互动需要改变国内制度，会对国内不同利益集团产生不同影响，因此这种互动最终会延伸到国内政治层面，构成国内政治的一个重要议题。通常国家外贸政策的制定会受到来自政府、市场和社会三个层面的压力，国会、地方政府、国内利益集团以及公民社会运动都会

① 中国商务部公平贸易局：《欧盟将禁止进口中国部分鞋和家具产品》，中国商务部网站，2009 年 5 月 19 日。

② 《中国木制品遭遇欧盟“绿色壁垒”》，《中国产经新闻报》2009 年 5 月 25 日。

发挥其影响。政府在进行决策时不可避免地会受到国内政治舞台上寻求贸易保护主义的利益集团与支持市场开放集团之间互动的影响。[①] 从这个角度看，国际贸易制度与国内政治是存在互动关系的，国际制度会影响国内政治进程，反过来，国内政治也会影响国际制度的进程。

以 1999 年世贸组织试图在西雅图部长级会议上启动“千禧年”回合的贸易谈判为例，可以看到国内政治对这种多边谈判的影响。西雅图会议的失败使得千禧年回合的贸易谈判最终流产，其原因有二：一是主要发达国家在农业问题上僵持不下，二是“新贸易议程”的提出招致广大发展中国家的强烈不满。美国、欧盟和日本在农产品问题上分歧严重，主要是因为国内存在巨大压力。在美国，农业利益集团贸易之所以具有特殊的政治影响力，一方面是因为美国农业在国际市场上颇具竞争力，另一方面是因为美国政治体制的特殊设计增强了农业部门的政治影响力。[②] 美国农业利益集团一直希望能够开拓海外农产品市场，尤其是欧盟和日本的农业市场，因此美国在西雅图会议上坚持要求取消欧洲农业补贴、要求欧盟和日本开放本国农产品市场。欧盟从国内政治的角度考虑，认为给农民提供大量的农业补贴对欧洲完成经济发展和政治一体化的任务至关重要，而日本执政的自民党需要农民的选票，也反对开放本国的大米和其他农产品市场。对当时这三个主要发达经济体来说，国内政治目标要远比贸易自由化更重要。

再比如，美国等发达国家提出的包括劳动力标准、人权和环境等极具争议的“新贸易议程”，也是受到国内强大的公民社会运动影响的结果。贸易与环境问题的提出缘起于 20 世纪 90 年代关贸总协定的两起争端裁决。第一项裁决是 1991 年关贸总协定否决了美国禁止进口采用会杀害海豚的方法捕捞金枪鱼的禁令；第二项裁决是 1998 年否定了美国的保护海龟的法案。这两项裁决引起美国国内环境保护主义者的强烈抗议。他们批评多边贸易机制将贸易自由化置于环境保护之前。激进分子更是谴责自由贸易是威胁环境的罪魁，呼吁抵制世贸组织，认为世贸组织侵犯了美国的主权。这一事例表明，环境保护主义者已经成为抵制有关自由贸易的强大政治力量。[③]

---

① J. Tumlir, *Protectionism: Trade Policy in Democratic Societies*, Washington D. C.: American Enterprise Institute, 1985.

② 参见王勇：《中美经贸关系》，北京：中国市场出版社 2007 年版，第 102 页。

③ ［美］罗伯特·吉尔平：《全球政治经济学》，杨宇光等译，上海人民出版社 2003 年版，第 247 页。

劳动力标准问题是被欧美的劳工组织所推动的，并且得到了关注欠发达国家劳动力问题的两方人权倡导者的支持。迫于巨大的国内政治压力，在1999年的世贸组织西雅图部长会议上，美国克林顿政府试图强行把“劳动力标准”问题纳入到未来的谈判议程中，并声称要对不遵守某些劳动力标准的国家实施经济制裁。2000年年初，美国同意增加柬埔寨进口到美国的纺织品限额，柬埔寨则同意提供劳动力标准，包括大幅度提高工资。该协定执行后，柬埔寨纺织工人每月可获得40美元，而当时柬埔寨大学教授的每月收入才只有20美元。

由于国家参与多边贸易制度谈判涉及政府与国内各利益集团的关系，因此当国家决定做出某种妥协以实现国家的最大利益时，中央政府就必须要顶住国内保护主义利益集团的压力。为了使对外贸易政策获得立法通过，常常要在国内利益集团中进行游说，为政策的实施扫清国内政治的障碍。为推动贸易自由化，中央政府面对巨大国内政治压力时，也可利用WTO规则克服国内政治障碍，扩大开放，增进整个国民的福利。

例如，乌拉圭回合通过的《与贸易有关的投资措施协议》（TRIMS），禁止对外资企业强制提出所谓“国产化”要求。中央政府如果接受这个协议，就意味着会与国内利益集团发生冲突。对于这样的规定，在学界是有争议的，包括著名经济学家斯蒂格利茨在内的很多学者认为这样的规定压缩了发展中国家的发展空间。不过，世界银行在考察了澳大利亚、印度等国汽车工业国产化的案例之后发现，这些国家的“本地内容”计划不仅没有推动汽车产业的进步，反而延缓了技术进步，减少了汽车业的生产、销售，并且给政府和企业带来了高昂的交易成本。澳大利亚的案例还表明，一旦“本地内容”计划确立，在政治上就会变得难以根除，即使这一政策被证明是没有效率的，围绕这一政策而形成的众多特殊利益集团也会尽力维护它。在这种情况下，TRIMS却可以用作为抵制国内民粹主义和特殊利益集团游说者的“有用工具”。①

从国内政治角度来看，WTO既像一面镜子——国家在多边贸易谈判中的政策立场通常是国内各相关利益集团利益诉求整合的体现；同时它也是一个桅杆——政府可以把自己绑在上面来逃避各种压力集团发出的

① Gary Pursell, “Australia's Experience with Local Content Programs in the Auto Industry: Lessons for India and Other Developing Countries,” *World Bank Working Papers*, Published 2001.

“塞壬”[①] 的呼喊[②]，并借此机会纠正国内政治的“市场失灵”现象，避免为了某一利益集团的利益而背弃贸易自由化的承诺。不过，中央政府在国内政治舞台上与各利益集团互动的结果如何，在很大程度上还要取决于政府把自己绑在这个“桅杆”上的决心有多大。

3. 成员方的地区主义行为

为了保护本国的贸易和经济利益，WTO 成员国除了利用多边贸易规则推行新保护主义之外，还采取了绕过 WTO 而直接与有关国家缔结双边或地区贸易协定的做法。地区主义（或称区域主义）与多边贸易体系的关系在当今学术界仍然是一个极具争议的问题。有观点认为地区主义是全球多边贸易体系的一个基石[③]，区域贸易自由化会进一步推动全球贸易的自由化。也有学者针锋相对，认为地区主义不仅不会成为全球多边贸易体系的基石，而且会是一个“绊脚石”，只会导致全球贸易体系的崩溃。[④] 虽然这两种理论观点都没有得到充分的经验证实，但有一种现象却值得关注，即当国家认为多边贸易体系的相关规定不能确保自己的利益时，就可能通过双边或区域合作的途径来实现本国的目标。这一点在美国身上表现得尤为突出。

从历史上看，美国的第一个地区贸易协定就是在多边贸易谈判受挫时签署的。东京回合结束之后，由于贸易保护主义的兴起以及日益扩大的南北差距，GATT 缔约方在 1982 年召开部长级会议，探讨国际贸易体系面临的威胁。美国希望能够就农产品市场准入和服务贸易进行多边谈判，但分别遭到了欧共体和发展中国家的强烈反对。会议最终没有取得任何实质性的成果。在这种情况下，美国政府开始积极利用地区主义的贸易途径。1982 年 2 月，里根总统建议缔结美国的第一个地区贸易协定——加勒比盆地倡议（Carib-

① 塞壬（Siren）是希腊神话中人首鸟身的怪物，经常飞降海中礁石或船舶之上，又被称为“海妖”，它们以甜美歌声来引诱海员把船驶进暗礁满布的海岸，使得过往的水手倾听失神，迷失方向、迷失心智，导致溺水而亡，航船触礁沉没。后来用“赛壬之声”来形容美妙具有诱惑力的歌声。

② F. Roessler, “The Scope, Limits and Function of the GATT Legal System,” *World Economy*, No. 8, 1985, pp. 289 – 298.

③ K. Bagwell and R. W. Staiger, *The Economics of the World Trading System*, Cambridge: MIT Press, 2002; R. E. Baldwin, “Multilateralising Regionalism: Spaghetti Bowls as Building Blocs on the Path to Global Free Trade,” *The World Economy*, Vol. 29, No. 11, 2006, pp. 1451 – 1518.

④ G. M. Grossman and E. Helpman, “The Politics of Free Trade Agreements,” *American Economic Review*, Vol. 85, No. 4, 1995, pp. 667 – 690; Pravin Krishna, “Regionalism and Multilateralism: A Political Economy Approach,” *The Quarterly Journal of Economics*, Vol. 113, No. 1, 1998, pp. 227 – 250.

bean Basin Initiative)。一年后美国开始与以色列就自由贸易区进行谈判。美国认为，自己作为世界上最开放的经济体，与其他经济体（如日本）存在着开放程度的严重不对等，要想改变这种状况，就必须经由双边和多边两个途径加以解决。一旦多边贸易谈判进展不畅，就需要更多地转向双边贸易谈判。

多哈回合开始之后，多边贸易谈判进展缓慢并且屡次陷入僵局，国际间贸易谈判成为各主要成员国的贸易发展战略重点。1990 年，向 GATT/WTO 通报的国家间贸易协定只有 20 项，到 2000 年增至 86 项，2007 年已经高达 159 项。多哈回合开始之前，国家间的贸易协定是以复边协定（plurilateral agreement）[①] 为主，但在 2000 年之后，双边贸易协定出现了爆炸性的增长。其中，发展中国家与发达国家之间的贸易协定已经从 1995 年占总协议量的 14% 扩大到 2007 年的 27%。[②] 2003 年，美国贸易代表罗伯特·佐利克表示："我们将不是被动地接受否决开放市场的承诺，我们要鼓励主张自由贸易的改革者。如果别人不想向前推进，那么，美国将与那些愿意前进的国家采取行动。"[③]

欧盟在 2001 年多哈回合启动之后本已经宣布暂停地区主义行动，将主要精力放在多边谈判上。但是，多哈回合陷入僵局之后，欧盟于 2006 年 7 月宣布计划进行更多的双边和区域自由贸易协定谈判，将东盟、韩国和南方共同市场作为优先谈判对象，确定印度、俄罗斯和海湾合作委员会为候选对象，而中国作为考虑对象。[④]

发展中国家也不甘落后，东亚、拉美、非洲和其他国家都加强了区域内和双边贸易合作。墨西哥除了加入北美自由贸易协定之外，还与 40 个国家签署了 12 项贸易协定，协定对象除了西半球国家之外，还包括以色列、欧洲国家、新加坡、韩国和日本等，墨西哥还完成了与欧洲自由贸易联盟

① 复边协定或称诸边贸易协定，主要是指由 WTO 部分成员方参加的贸易协定，即《WTO 协议》附件四中所包含的协定，包括《政府采购协定》、《国际民用航空贸易协定》、《国际牛肉协定》和《国际乳制品协定》。目前，后两个协定已于 1997 年失效，而同年达成的《基础电信协定》则可归入此类协定。

② UNCTAD, *Trade and Development Report* 2007.

③ R. McMahon, *The Rise in Bilateral Free Trade Agreements*, New York: Council on Foreign Relations, 2007.

④ Raymond J. Ahearn, "Europe's New Trade Agenda", CRS Report for Congress, Order Code RS22547, December 6, 2006.

（EFTA）国家的自由贸易协定谈判。[①]

（二）国际体系对国家间关系的影响

国际贸易制度的生效与运作，塑造了行为体进行互动的环境。从经济上来讲，有了这样的制度，可以提高国际贸易的交易效率，减少交易成本，提高透明度，实现成员间的信息共享；可以为贸易活动确立明确的“游戏规则”。通过对程序和时限的监督，对缔约方的违约提出事先警告，促进贸易诉讼，进行调解和仲裁，并且监督各成员对条约规则的遵守，能够大大增强国际贸易秩序的可预见性和稳定性。[②]

由于国家间的经贸关系从来不是纯粹的经济互动，常常会与国家间的政治互动交织在一起，因此国际贸易体系作为一个结构因素，亦会改变行为体之间的政治关系。

1. 成为国际政治因素

主权国家参与国际贸易互动，通常具有两种属性，尽管谋求经济利益是第一属性，但以之为手段谋求政治利益亦是常见现象。由于加入国际贸易体系有利可图但又有严格的“门槛”，因此它的“入围资格”就可能成为国际政治中的一个筹码。

在中美入世的双边谈判中，围绕是否给予中国永久性的正常贸易关系地位（PNTR），美国政府在国内发起了美国历史上规模最大、代价最为昂贵的游说运动，被誉为美国贸易政治教科书中的经典案例。[③] 2000 年，出于战略上的考虑，克林顿政府决定支持中国加入 WTO 并支持给予中国 PNTR。但在美国国内，政府的决策却面临着来自国会中民主党极端自由派和共和党极右派议员的联合抵制，民意调查也对通过 PNTR 立法极为不利。为此，白宫成立了专门的游说协调办公室——“中国作战中心”，协调游说的立场与行动，不仅在众议院对反对者进行耐心说服，而且还动用了庞大的学术资源，为 PNTR 提供学术支持。在国会之外，反对给予中国 PNTR 的阵营核心是以美国劳联—产联（AFL－CIO）为首的美国工会组织，他们担心进口与在华投资的扩大会对其造成不利的冲击。反对阵营中还有一些所谓的“公共利益”集团，从环保、人权等公共利益出发，反对给予中国 PNTR。为此，美国工

① M. Angeles Villarreal, “Trade Integration in the Americas,” CRS Report for Congress, Order Code RL33162, 2005, pp. 17－18.

② WTO, *World Trade Report* 2007, Geneva: WTO, 2007, p. 128.

③ 王勇：《中美经贸关系》，北京：中国市场出版社 2007 年版，第 79 页。

商界成立了联合游说协调组织——美中贸易商界联盟，对这些反对阵营展开了全方位的游说活动。正是在美国政府和工商界的携手努力下，2000 年 5 月 24 日，众议院以 237 对 197 票通过了授予中国 PNTR 的提案，这一法案随后在参议院也得到通过。从 PNTR 案例来看，美国的贸易政治是有利于维护美国的国家利益的。

2. 平等与公平问题

国际贸易体系的运作，是以谋求平等与公平为原则。GATT 对于缔约国的要求是参与关税壁垒的互惠减让，坚持最惠国待遇和国民待遇的“非歧视原则”。非歧视原则所包含的最惠国待遇原则和国民待遇原则保证各成员国能够在平等互惠的基础上开展各项货物和服务的交换。同时，这一原则所包含的例外条款或“漏洞”，也为各成员国在遭遇进口冲击或国内保护主义压力过大时采取临时性保护措施提供合法依据。这样既保证了国际贸易体系的开放性，同时也为各成员尤其是发展中成员维持本国经济的发展提供必要的空间。

WTO 协商一致的决策传统对成员国来说是相对公正的，“一国一票”和根据议题的不同采用简单多数、特别多数或全体一致的决策方式在程序上保证了各成员无论大小都可以参与到多边贸易规则的制定过程中去，发出自己的声音。

WTO 的决策和争端解决机制是各成员国共同参与国际贸易规则制定和解决贸易争端的重要制度保证。作为提供国际公共物品的重要保证，WTO 完善了自身的争端解决机制，强化了其在强制实施贸易规则、解决贸易争端并强制执行协议的权力：没有任何一个国家可以阻止争端解决小组听取诉讼；所有的成员都必须遵守所有的规则并接受特定争端解决机制的制约；当出现违反协议规定的情况时，有权选择“跨部门报复”。WTO 的强制性被认为比其他几乎所有的多边机制都要优越，而这是加强其公正性、公共物品性质，防止贸易大国滥用自己贸易影响力的重要手段。①

在国与国关系中，WTO 强调了非歧视原则与互惠原则，在更大的范围内，则希望处理好发达国家与发展中国家的关系，关注发展中国家的诉求。

---

① Charan Devereaux, Robert Z. Lawrence and Michael D. Watkins, *Case Studies in US Trade Negotiation: Making the Rules*, Vol. 1, Washington D. C.: Institute for International Economics, 2006, pp. 10 – 12. 转引自王勇：《国际贸易政治经济学》，北京：中国市场出版社 2008 年版，第 204 页。

但是，在不对称的国际经济格局中，是不可能真正做到公平的。多边谈判进程的艰难，就体现了这一点。

在国际贸易体制中，发达国家、发展中国家以及经济转型国家地位与作用是不同的。发达国家在制定多边规则的过程中往往具有主导作用，已形成的多边贸易规则也更多地反映了发达国家的经济利益，而发展中国家则处于相对的劣势。发展中国家作为国际贸易体系的后来者，面临的首要任务是接受现有的规则，融入国际贸易体系，并在体系的框架内，为自身赢得更有利的规则制定权和更大的发展权，最终缩小与发达国家的差距。第三世界学者萨米尔·阿明（Samir Amin）曾经对当前多边贸易规则的“双重标准”以及对发展中国家的不合理限制提出了尖锐的批评，认为这些规则是发达国家面对第三世界工业化的兴起而采取的限制措施。①

乌拉圭回合《与贸易有关的知识产权协议》（TRIPS）的通过被认为是多边贸易规则中最能体现发达国家“赤裸裸”追求自身利益的例证。在乌拉圭回合的谈判中，以美国为首的发达国家，不顾广大发展中国家的反对，以贸易制裁为要挟手段，将知识产权问题强行纳入到谈判之中。在乌拉圭回合之前，发展中国家的普遍立场是知识产权与贸易无关，这一问题应由世界知识产权组织（WIPO）来解决。据参与乌拉圭回合谈判的加拿大谈判代表回忆，许多国家面对的情况是，“要么接受美国的制裁，要么通过谈判达成多边协议，在这种情况下接受 TRIPS 协议无疑是一个更好的选择”②。最终达成的 TRIPS 是以“平等待遇”为原则的协议，虽然给予发展中国家一定的过渡期，但并未考虑发展中国家的特殊发展需要。在 TRIPS 协议达成之后，拥有多数专利、版权和商标的发达国家成为最大的受益者，而发展中国家更多的是作为知识产权的进口者和使用者来履行协议的知识产权保护义务。

按照 TRIPS，美国制裁侵犯其知识产权的国家具有了国际合法性，而不必再依据国内的“特殊 301 条款”。在执行 TRIPS 的过程中，美国常常提出

---

① ［埃及］萨米尔·阿明：《五十年足够了》，杭新译，原载美国《每月评论》1995 年第 4 期，《中国与世界》（电子刊物）1998 年第 8 期。转引自王勇：《国际贸易政治经济学》，北京：中国市场出版社 2008 年版，第 209 页。

② Sylvia Ostry, “Intellectual Property Protection in the World Trade Organization: Major Issues in the Millennium Round,” in Owen Lippert, ed., *Competitive Strategies for the Protection of Intellectual Property*, Vancouver: The Fraser Institute, 1999, pp. 193 – 205.

高于协议规定的要求。例如，美国贸易代表办公室在1997年的报告中指出："美国对于埃及缺乏有效的专利保护严重关切，美国呼吁埃及立即给予所有类型的产品包括药品、农业化学品和食品等专利保护。"[①] 其实，按照TRIPS的规定，埃及有权在2000年之后才提供食品专利保护。美国对埃及的要求超出了TRIPS的日程表。

发达国家在国际贸易体系中享有不对称的权力，一方面是因为它们作为贸易大国，按照多边贸易谈判的互惠原则需要做出更大的减让，因而在无形中积累了更多的谈判筹码[②]；另一方面也因为发展中国家在多边贸易体制中"先天不足"和重视程度不够。例如，1960年GATT成员中的不发达国家有20个，但只有7个参加了GATT狄龙回合的谈判。1997年WTO的131个成员中有97个成员在日内瓦有全职代表，但有很多发展中国家代表不得不兼职总部设在日内瓦的其他国际组织的事务；其余34个成员的代表则由驻欧洲其他地方的使馆人员或国内政府人员担任；还有些成员根本没有在日内瓦设代表。[③] 虽然在WTO中发展中成员占大多数，但有很多国家由于贸易量有限对全球多边贸易谈判根本不重视，这也是为什么在"一国一票"制的WTO内发展中国家声音不响亮的一个重要原因。

当然，我们也应该看到，随着发展中国家尤其是一些发展中大国的崛起，发展中国家在国际贸易体系中的作用在上升。尤其是乌拉圭回合开始之后，发展中国家提高了参与度，增加了对多边贸易规则的影响力。原本被排除在多边贸易规则之外的纺织品、农业贸易逐渐被纳入到多边谈判之中。多哈回合因为在目标中提出充分考虑发展中国家的发展需求，因而也被称为"发展回合"。

为了在多边贸易谈判中争取更大的利益，发展中国家加强了团结，再度联合起来，结成谈判联盟，加强了在国际贸易体系中的地位。但是，与发展中国家在20世纪60—70年代为争取建立国际经济新秩序而成立"77国集团"的情况相比，当前发展中国家在多边贸易体制中的互动出现了利益分化

---

① USTR, "USTR Announces Results of Special 301 Annual Review," Press Release 97 – 37, April 30 1997, http: www. ustr. gov/releases/1997/04/97 – 37. pdf.

② Theodore H. Cohn, *Global Political Economy: Theory and Practice*, New York: Longman, 2000, p. 199.

③ 它们是乍得、几内亚、卢旺达、尼日尔、马拉维、布基纳法索、马里和莫桑比克。详见［美］安妮·O. 克鲁格编：《作为国际组织的WTO》，黄理平等译，上海人民出版社2002年版，第47页。

与结盟重组的现象。①

首先，发展中国家内部出现了利益分散化的趋势。一方面，由于经济全球化的不断深化，发展中国家的发展水平出现了较大的差异，以巴西、印度、中国、俄罗斯等为代表的发展中大国在全球贸易中的份额大大增加，这种差别使得发展中国家很难再实现整体结盟。另一方面，地区经济一体化的发展也为发展中国家在区域内开展合作提供了契机，形成了新的地区认同。最突出的例证就是北美自由贸易区的建立改变了墨西哥对多边谈判的态度和立场。由于发展中国家多元化和差别化的发展，发展中国家在乌拉圭回合中组成了不同的谈判同盟，而原本为“77 国集团”代言的非正式小组——“10 国集团”，在联合发展中国家抵制新一轮多边贸易谈判时也失去了原有的影响力。在服务贸易、TRIMS 和 TRIPS 等新议题上，发展中国家内部也出现了分裂，出现了以东盟为首的更接近发达国家的所谓“支持者集团”。

其次，发展中国家目前的结盟活动主要是围绕产业部门或专门问题展开的。牙买加、埃及、墨西哥和秘鲁等一些依赖粮食进口的发展中国家组成了“粮食进口国家联盟”，与欧盟一道反对农业自由化。巴西、印度牵头的发展中国家“20 国集团”在多哈回合的农业谈判中，也成为一支重要的力量。WTO 总干事拉米指出：“20 国集团鼓励了发展中国家结成更广泛的联盟，以求在贸易体系内共同行动。”为了自身利益的最大化，发展中国家有时还将盟友扩展到发达国家。“77 国集团”的领头羊巴西与其他一些主要的发展中农业大国和澳大利亚、加拿大这两个发达国家组成了凯恩斯集团，在农业谈判中对欧盟、美国这两大集团起到了制约作用。此外，“20 国集团”在 20 世纪 80 年代还与 9 个发达国家结成“拉特咖啡馆集团”（the Café au Lait Group），成为发展中国家在服务贸易谈判中的重要力量。②

尽管发展中国家之间利益分散化的趋势不可逆转，但是，在多哈回合中，发展中国家再度迸发出强大的凝聚力。乌拉圭回合结束之后，发展中国家对发达国家在乌拉圭回合协议执行问题上存在三个方面的担忧：一是发达国家是否会履行乌拉圭回合协议规定的义务；二是在不同的过渡期之前，发展中国家执行乌拉圭回合相关协议的能力；三是某些 WTO 协议具有实质性

① Mohammad Tanzimuddin Khan, China, WTO and Developing Countries—A Constructivist Analysis, *Perceptions*, Vol. Ⅸ, 2004, March - May, pp. 13 - 28.

② Oliver Morrissey, *Journal of International Development*, Vol. 17, No. 5, 2005, pp. 695 - 711, 转引自王勇：《国际贸易政治经济学》，北京：中国市场出版社 2008 年版，第 243 页。

的约束是否与国家的发展相一致。[①] 发展中国家意识到，在促进发展和要求给予“特殊和差别待遇”方面它们仍然有着共同的需求，而只有再度团结起来才能维护自身的利益。

从总体上来看，国际贸易体系作为一种结构，为全球国家提供了互动的制度环境，包括进行谈判的程序性规则与约束行为的限制性规则。尽管在这样的互动中不同国家所享有的利益、权利并不是平等的，谈判不时遭遇失败，但这种结构毕竟会聚了行为体进行有序互动的期望。事实表明，这样一种结构对于维护全球行为体的共同利益是不可缺少的。

第四节　国际金融体系

在现代国际经济互动中，每一个国家都需要进行国际金融活动，因此相互间会发生货币关系，并且会形成国际金融体系。国际金融体系是现代国际经济体系的不可缺少的组成部分。

所谓国际金融（international finance），是指国家和地区之间货币流通和资金周转的运动形态，包括国际收支、国际汇兑、国际结算、国际信用、国际投资等方面。这些活动所形成的整体结构，就是国际金融体系。该体系包括行为体进行金融活动的过程、互动所形成的金融秩序以及一整套国际金融制度。国际金融体系作为一种经济纽带，把全球国家有机地联系在了一起。由于任何国家都必须进行国际金融活动，都需要进行货币的流动，因此都是这个体系的单元，并且都会受到这个体系的影响。

行为体在国际金融领域进行互动，其行为都需要遵守明示的或默示的规范和相关准则。有规范才能形成有序的国际金融秩序。虽然自现代国际金融体系形成以来，国际金融领域曾多次发生危机并导致了全球性金融恐慌和经济衰退，但该体系在国际经济互动中并未因此而丧失应有的影响，相反，在应对金融危机和经济衰退过程中发挥了越来越重要的作用。在每次金融危机和经济衰退发生后，国际金融体系都会发生不同程度的变革。

一　国际金融体系的演进

现代国际金融体系的演进是以国际货币关系的变化为体现的。在市场经

① ［英］伯纳德·霍克曼、迈克尔·考斯泰基：《世界贸易体制的政治经济学》，刘平等译，北京：法律出版社 1999 年版，第 249 页。

济体制下，各国之间商品、劳务、资本往来，最终都要通过货币在国际间进行结算、支付，因此国际货币关系无处不在，渗透了市场经济体制下的各个经济领域。就国际货币体系而言，体现的是国际间货币流通的组织制度形式。国际货币体系在调节各国的国际支付、结算、汇兑与转移等方面有着明确的规则、惯例、政策、机制和组织机构，各国间货币金融交往都要受到国际货币体系的约束。

现代国际金融体系的形成与发展，大致经历了三个重要历史阶段和主体货币演变的过程。从不同时期主导国际金融体系的“金融帝国”的兴衰中，可以看到现代国际金融体系沿革的基本脉络、影响和应有的历史地位。

（一）金本位制

现代国际货币体系的形成是以“金本位制”（Gold Specie Standard）的实行为起点的。[①] 1816 年英国开始实行“金本位制”后，世界上主要国家先后实行了“金本位”的货币制度，这一制度结束了长期的国际金融秩序混乱和货币关系无序的状态。由于“金本位制”是资本主义国家通过相关协议建立起来的以英国和英镑为主导的货币制度，因此被普遍视为资本主义货币体系。“金本位制”的实行是现代国际货币体系形成的开端。

“金本位制”的最初形成，需要追溯到 17 世纪中叶一次带有历史性的重大货币变革。1696 年，由于连年的对外战争，英国军费开支日益膨胀，战争不仅消耗了英国的大量财富，也使得以银为本位制的英镑贬值成为必然之势。英镑贬值导致英格兰银行挤兑风潮愈演愈烈。在国家财政面临巨大压力以及金价上升和银价下降的情况下，英国政府不得不考虑通过货币重铸来减轻国家负担，虽然这一设想最终因各阶层的反对和各政治派别的压力而未能实现，但却孕育了英国货币制度的变革。1717 年以后，英国开始了从“银本位制”向“金本位制”转变的过渡。在一段时期内英国实行的是“金银复本位制”（gold and silver bimetalism），尔后逐渐成为实行“金本位”的国家。1816 年 6 月 22 日英国议会通过法案，从法律上正式确立“金本位制”，“银本位”处于从属地位，作为“金本位制”的辅助。“金本位制”在国际货币体系中的运转一直延续到第一次世界大战，甚至维持到 20 世纪 30 年代世界性经济危机的前后。

---

① “金本位制”是以黄金为本位币的货币制度。在这种倾向制度下，单位货币的价值等同于一定重量的黄金，不同货币之间的汇率由它们各自的含金量决定。

从英国在法律上确定“金本位制”到20世纪初近一个世纪的时间里，英国在世界政治和经济格局中处于霸主地位，被史学家称为“英国治下的霸权”（Pax Britannica）。在这一时期，英国在国际金融领域具有绝对权威，主导着以英镑为核心的“金本位制”的国际货币体系。世界各国纷纷采用了这一制度。

1914年第一次世界大战爆发后，由于参战国家军费开支过大和财政状况日趋恶化，因此纷纷发行不兑换黄金的纸货币，禁止黄金自由输出。这种情况使得黄金作为贮藏手段的作用不复存在，“金本位制”名存实亡。

第一次世界大战结束以后的若干年间，资本主义世界曾出现过一个相对稳定的时期。主要资本主义国家的生产先后恢复到战前的水平，因此西方各国试图重新启用“金本位制”。然而，由于此时的英国已经不再具备主导国际货币体系的实力，黄金储备不足以保障各国用货币兑换，再加上“金本位制”流通基础货币——英镑已经遭到削弱，恢复以英镑为基础货币的典型的“金本位制”已不可行，因此，在一段时期除美国以外其他大多数国家只能实行没有金币流通的非典型“金本位制”，也就是“金块本位制”（Gold Bullion Standard）和“金汇兑本位制”（Gold Exchange Standard）。

“金块本位制”是一种以金块办理国际结算的变相“金本位制”，亦称“金条本位制”。在该制度下，由国家储存金块作为黄金储备，流通中各种货币与黄金的兑换关系受到限制，不再实行自由兑换，但在需要时，可按规定的限制数量以纸币向本国中央银行兑换金块。“金块本位制”在20世纪70年代基本消失。

“金汇兑本位制”是在“金块本位制”或金币本位制国家实行的一种外汇制度，这是一种准许本国货币无限制地兑换外汇的金本位制。在该制度下，国内只流通银行券，银行券不能兑换黄金，只能兑换实行“金块本位制”或“金本位制”国家的货币。国家的国际储备除黄金外，还有一定比重的外汇，外汇在国外才可兑换黄金，黄金是最后的支付手段。实行“金汇兑本位制”的国家，要使其货币与另一实行金块或“金币本位制”国家的货币保持固定比率，需要通过无限制地买卖外汇来维持本国货币币值的稳定。“金汇兑本位制”在20世纪70年代也基本消失。[①]

“金块本位制”和“金汇兑本位制”由于不具备“金本位制”的一系列

① 参见乔桂明等：《国际金融学》，北京：中国财政经济出版社2005年版，第202页。

特点，因此被视为残缺不全或嬗变的“金本位制”（也有学者习惯将“金本位制”的实行与“金块本位制”和“金汇兑本位制”的实行分为货币体系演进的两个不同阶段）。在这种情况下，“金本位制”从根本上退出历史舞台已经不可避免。

20 世纪 30 年代前后世界性经济危机的爆发，引发了深刻的货币信用危机，银行挤兑风潮遍布欧洲各国。1931 年 7 月，德国政府宣布停止偿付外债，实行严格的外汇管制，禁止黄金交易和黄金输出，结束了“金汇兑本位制”。与此同时，欧洲大陆国家银行的纷纷倒闭，导致各国纷纷向英国兑换黄金，使得英国的黄金大量外流，迫使英国政府于 1931 年 9 月宣布英镑贬值，并放弃“金本位制”。随后，一些以英镑为基础货币实行“金汇兑本位制”的国家，如印度、埃及、马来亚等国相继摆脱了“金本位制”固定汇率制的束缚。爱尔兰、挪威、瑞典、丹麦、芬兰、加拿大等国亦放弃了“金本位制”。1933 年年初，货币信用危机蔓延到大西洋彼岸的美国，导致大批银行因挤兑而破产，联邦储备银行黄金储备骤然减少，美国政府随即宣布停止银行券兑现，禁止银行和私人贮存黄金和对外输出黄金。美国实行“金本位制”的历史也到此结束。到 1936 年，最后放弃“金本位制”的是法国、瑞士、意大利、荷兰、比利时等欧洲国家。至此，资本主义国家普遍开始实行不兑现黄金的信用货币制度，“金本位制”正式退出国际货币体系成为历史，英国在世界货币体系中的霸主地位也就此结束。

“金本位制”作为一种制度，在国际货币体系演进中是占有重要地位的。这种货币体系的形成，是因为随着资本主义的发展，各国货币制度的差异越来越成为阻碍商品流通的“瓶颈”。在这种情况下，黄金最终被赋予了世界货币的职能，将各自主权货币与黄金挂钩的国家，承诺本国货币与黄金可自由兑换。这样的货币制度不是通过国际协议确立的，汇率的稳定和汇率的变动都是自发调节。在这样的体系中，由于实行“金本位制”的核心国家之间货币制度本身存在着差异，因此“金本位制”在一定程度上和在一定时期内难以不折不扣地实施，甚至主导国——英国也会毁约，颠覆自己确立的货币制度。在“金本位制”体系之外的国家，由于使用的是银币或不可兑换的货币，因此就世界范围而言，国家间的经济互动是不稳定的、脆弱的和有很大局限性的。由于“金本位制”的实行存在先天的不足和脆弱性，不具有普遍的法定约束力，又没有相应的国际机构进行监督和缺乏强有力的协调机制，因此在世界性经济危机的冲击下被废止就不可避免了。

（二）布雷顿森林体系

“金本位制”解体之后，伴随着各国政府过度发行货币和实行通货膨胀政策，国际金融体系呈现了一种混乱的状态，国际汇率剧烈波动，通货膨胀无止境上升，国际货币体系链处在了一个断裂时期。在这种情况下，改变国际金融秩序混乱的局面就成为国际社会迫在眉睫的事情，但连年的战争延误了新的国际货币体系的建立。到了第二次世界大战的后期，美英两国出于本国利益的考虑，开始安排战后的世界政治、经济格局，这中间就包括建立新的国际货币体系。

1943 年 4 月，美国首先提出了以时任美国财政部助理怀特名字命名的“怀特计划”。这一方案名义上是要在联合国框架下建立新的国际货币体系，但计划的核心内容却表现出美国试图操纵和控制战后国际货币体系的意图。“怀特计划”的具体内容是建立一个国际性基金组织，以基金制为基础（初期基金至少为 50 亿美元），由会员国按规定的份额缴纳，份额的多少根据会员国的黄金外汇储备、国际收支及国民收入等因素决定。基金组织的货币单位为“尤尼它”（Unita），每一“尤尼它”等于 10 美元或含纯金 137 格令（1 格令相当于 0.0648 克纯金），基金与美元和黄金挂钩。基金表决权取决于会员国缴纳的份额，各会员国在基金组织里的发言权与投票权同其缴纳的基金份额成正比例。会员国货币都要与“尤尼它”保持固定比价，不经基金会员国 3/4 的投票权通过，会员国货币不得贬值，以稳定货币汇率。各成员国须取消外汇管制、双边结算和复汇率等歧视性措施。各国同时建立“国际复兴开发银行，帮助遭受战争创伤的国家迅速恢复经济，对会员国提供短期信贷，以解决国际收支逆差，调节国际收支。基金的办事机构设在拥有最多份额的国家（即美国）。“怀特计划”的实质是由美国控制该货币体系，以基金制形式使会员国的货币与美元挂钩，这样美国就可以通过国际金融手段对国际经济和外交事务施加深刻的影响，确保在金融领域的支配地位。

英国为了与美国分享战后国际金融的主导权，也紧随其后提出了以英国著名经济学家、英国财政部顾问凯恩斯名字命名的“凯恩斯计划”，也被称为“国际清算联盟”方案，目的是为英国争取战后更多的利益。在此之前，凯恩斯就设想过建立一个全球性的国际货币联盟，由它取代各国中央银行的作用，吸收存款，发放贷款，收取利息和发行国际通用货币。凯恩斯的设想最终因英国财力的不济而流产。此时英国提出的“凯恩斯计划”，其主要内容包括：建立“国际清算同盟”，相当于世界银行；会员国中央银行在“国际清算同盟”开立往来账户，各国官方对外债权债务通过该账户用转账办法进行清算；顺差国将盈余存入账户，逆差国可按规定的份额向“国际清算同盟”申请透支或提存。“国际清算同盟”账户的记账单位为“班科”（Bancor），以黄金计价，会员国可用黄金换取“班科”，但不可以用“班科”换取黄金；各国货币以“班科”标价，不经“国际清算同盟”理事会批准不得变更。会员国在“国际清算同盟”的份额，以第二次世界大战前3年进出口贸易平均额的75%来计算。“国际清算同盟”总部设在伦敦或纽约，理事会会议在英、美两国轮流举行。“凯恩斯计划”的实质是尽量贬低黄金的作用，主张恢复多边清算，取消双边结算。①

“怀特计划”和“凯恩斯计划”出台后，美英两国进行了长时间的讨价还价。基于英美之间经济实力和国际地位的此消彼长，英国做出了部分让步和妥协，但保留了“凯恩斯计划”的部分内容——即成立“国际清算同盟”，也就是后来的世界银行。美国提出的“怀特计划”则被全面接受。

1944年7月，在美国新罕布什尔州布雷顿森林召开了有44个国家参加的联合国国际货币金融会议，会议在美英主导下通过了以“怀特计划”为基础制订的《国际货币基金协定》和《国际复兴开发银行协定》，宣布了战后国际货币体系的建立，这就是著名的“布雷顿森林协定”。以这一协定为基础而形成的国际金融结构，就是从战后初期一直持续到20世纪70年代的“布雷顿森林体系”。

“布雷顿森林体系”的核心内容是美元与黄金直接挂钩，其他国家的货币与美元挂钩。虽然美国国内不流通金币，只流通纸币，但承诺其他国家政府可以用美元向其兑换黄金。为了保持国际汇率的稳定，“布雷顿森林体系”确立了以美元为基础货币的固定汇率制。依照相关规定，国际货币基金组织成员国必须确认美国政府在1934年规定的35美元折合1盎司黄金的官价，当黄金官价在国际金融市场上剧烈波动或受到投机者炒作冲击时，各国政府都要协同美国政府进行干预。各成员国的货币必须与美元保持固定汇率。美国政府根据确定的黄金官价，按各国货币的含金量与美元确定固定汇率，或直接与美元形成固定汇率，汇率上下的浮动维持在1%以内。如果货币含金量的变动超过1%，必须得到国际货币基金组织的批准。“布雷顿森林体系”

---

① 以上过程的陈述，参见马之骃：《国际货币基金组织的性质和作用》，《世界经济》1980年第7期。

的确立，使得美元等同于黄金，各国货币只有通过美元才能与黄金发生联系。

在“布雷顿森林体系”中，美国是处于支配者的地位。到 1949 年，美国拥有的黄金储备按照当时的官价折合 245.6 亿美元，占世界黄金储备的 71.2%。战后的英国等西欧国家和日本需要恢复经济，但为发展经济又需要大量的美元，美元因此成为这一时期的“抢手货”，各国黄金储备大量流向美国，对美元的依赖度越来越高。

到了 20 世纪 50 年代初，情况发生了新的变化。美国发动朝鲜战争造成军费开支不断上升，财政状况不断恶化，国际收支由顺差转为逆差，对外债务急剧增加，黄金储备开始大量流失。1960 年美国的黄金储备下降到了 178 亿美元。此时英国等西欧国家和日本的经济已得到恢复，步入了快速发展时期，出口大幅度增长使其国际收支由逆差转为顺差，与此刻的美国形成了鲜明对照，从而引发了“布雷顿森林体系”建立后的第一次美元贬值危机。1960 年 10 月间，国际金融市场风云突变，刮起了一股抛售美元抢购黄金的风潮，美元贬值和金价暴涨失去控制，美国协同各国多次进行市场干预也无济于事，黄金价格高出了官价的 18.5%，这意味着美元的比价贬值了约 18.5%。

美元危机发生后，为了重新建立美元的国际信誉，美国与有关国家在互动中采取了一系列维持黄金官价和美元汇率的措施。1961 年 10 月美国联合英国、瑞士、法国、西德、意大利、荷兰、比利时等国家建立了黄金总库，由英格兰银行作为黄金总库的代理机关，负责维持伦敦黄金价格，将金价维持在 35.20 美元 1 盎司的官价水平。“黄金总库”是在“布雷顿森林体系”下为维持各国货币之间的固定汇率和维持美元的关键货币地位所采取的应急措施。

1962 年国际货币基金组织和“10 国集团”（包括美国、英国、联邦德国、法国、日本、比利时、意大利、荷兰、加拿大、瑞典 10 个发达国家）签订了“借款总安排”。这是“10 国集团”设立的一种特别贷款项目。“借款总安排”签署初期的基金总额相当于 60 亿美元，其中美国占总额的 33.33%，居 10 国之首。①

20 世纪 60 年代中期后，美国又被拖入了越南战争，国际收支逆差再度

① 参见王春萍：《国际金融学》，西安：西北工业大学出版社 2005 年版，第 170—173 页。

攀高，财政状况更加恶化，对外债务已不堪重负，黄金储备进一步减少，美元的国际信誉又一次到了岌岌可危的地步。1968 年 3 月第二次美元危机爆发。在抢购黄金风潮中，伦敦黄金市场被迫关闭，“黄金总库”也不得不取消。为此美国与有关国家达成了“黄金双价制”的协议，即在国际黄金市场上金价由供求关系自行决定，35 美元 1 盎司的黄金官价向美国兑换仅限于各国政府或中央银行。这一规定意味着在国际金融市场上以官价向美国自由兑换黄金的制度不复存在，美元的国际信誉大大降低了。

第二次美元危机发生后不到三年，1971 年又爆发了第三次美元危机。美国的黄金储备降至战后的最低点，甚至不及其短期债务的 25%，面临着黄金储备告罄的危险。1971 年 8 月 15 日，美国政府宣布实行“新经济政策”，内容之一就是对外停止履行美元兑换黄金的义务，终止了美元与黄金的直接联系，从而颠覆了美国政府的承诺，动摇了“布雷顿森林体系”的根基。

美国停止履行美元兑换黄金义务后，引起了国际金融市场的极度混乱，西方各国对美国的做法表示强烈不满。经过长期的磋商，“10 国集团”于 1972 年 2 月在美国华盛顿的“史密森机构”（世界最大的博物馆，位于美国华盛顿）达成一项协议，即“史密森协议”。按照该协议，各国同意美元贬值 7. 89%，黄金官价升至每盎司 38 美元，西方主要货币的汇率进行相应调整，并规定汇率上下浮动的幅度不超过 2. 25%。“史密森协议”是西方国家为拯救濒临崩溃的“布雷顿森林体系”而进行妥协和调和的产物，只是调整了黄金官价、汇率以及汇率的波幅，认可了美元贬值和美国放弃按官价兑换黄金的承诺，并未触及“布雷顿森林体系”存在的弊端，是一个软弱无力的协议。虽然这一协议暂时缓解了美元危机的深化，但未从根本上解决问题。

1973 年 1 月，美元危机进一步向纵深发展，抛售美元风潮又一次爆发，美元被迫再次贬值 10%，黄金官价也升至每盎司 42. 22 美元。此后，随着美元的不断贬值和黄金价格的一路飙升，黄金官价不复存在。第三次美元危机的爆发严重动摇了美元的国际信誉。为维持本国的经济利益，西方各国纷纷放弃固定汇率制，实行浮动汇率，欧共体做出决定不再与美元保持固定汇率，实行联合浮动。由于“布雷顿森林体系”的基础是美元与黄金挂钩，各国货币与美元挂钩，因此这样一种政策的推出，标志着“布雷顿森林体系”的瓦解。

“布雷顿森林体系”从建立到崩溃运行了近 30 年，虽然与“金本位制”相比是短命的，但总体上说该体系是战后各国开展国际合作较为成功的范例。从历史的视角看，该体系对战后国际贸易和世界经济的恢复与发展起到了以下几方面的作用：

第一，“布雷顿森林体系”确立的美元与黄金直接联系和美元与各国货币的双挂钩货币制度，结束了第二次世界大战前国际金融领域动荡和货币制度混乱的状况，使战后十余年的国际金融秩序保持了相对稳定。

第二，“布雷顿森林体系”实行的是可调整固定汇率制，各国货币与美元挂钩，汇率的波动受到相对严格的约束，在很长一段时期内使国际汇率能够保持相对稳定，对国际商品顺畅流通和国际资本有序流动发挥了重要作用。

第三，由于美元能够兑换黄金，又是世界各国主要国际储备货币，弥补了战后初期国际清算能力的不足，在一定程度上缓解了黄金供应不足带来的国际储备紧张的状况。

第四，尽管“布雷顿森林体系”瓦解了，但“布雷顿森林体系”建立的国际机构——国际货币基金组织和世界银行依然存在，这两个机构对世界经济的稳定增长和解决发展中国家面临的困难所发挥的作用被普遍认可。

但是，从另一面来讲，“布雷顿森林体系”也存在难以弥补和不可克服的缺陷。由于该体系确立了美元在国际货币体系中的特殊地位，导致美国享有任何国家无法制约的特权，美国的货币政策和一举一动都会对国际金融互动产生影响，甚至有可能引发国际金融市场的动荡。三次美元危机最终导致“布雷顿森林体系”的崩溃就暴露了这一体系的弊端。事实表明，一国货币作为主要国际储备资产是有很大风险的，如果该货币发生危机，必然会给国际金融领域带来动荡或是全球性危机。此外，由于“布雷顿森林体系”过分强调汇率的稳定，各国利用汇率变动调节国际收支平衡的机制自然失灵，这也导致各国最终放弃固定汇率制，转而实行浮动汇率制。

从“布雷顿森林体系”建立后美元的职能看，以美元为主导的国际货币体系实际上带有“金汇兑本位制”的特征。在这一货币制度下各国都用美元作为主要的国际支付手段，美元自然就成为世界性货币和其他国家的主要储备资产，比“金本位制”下的基础货币——英镑更具权威性。因此“布雷顿森林体系”的国际货币制度实际上就是美元本位制。①

比较“布雷顿森林体系”与“金本位制”的不同，可以看到，“布雷顿

① 参见李向阳：《布雷顿森林体系的演变与美元霸权》，《世界经济与政治》2005年第10期。

森林体系”是通过国际协议建立起来的国际货币制度，有相应的法律约束力，有相应国际机构的监督和指导，这正是“金本位制”在运行阶段所不具备的。“布雷顿森林体系”的建立，弥补了国际货币体系长期没有相应法律约束力，以及没有国际机构监督和指导的不足和缺陷。从“布雷顿森林体系”的从属关系上看，“布雷顿森林体系”名义上是联合国框架下的国际货币体系，但事实上却相对独立于联合国，以致成为美欧等西方国家操纵国际金融秩序的工具。

（三）牙买加货币体系

美元危机导致了“布雷顿森林体系”的瓦解，而“布雷顿森林体系”的瓦解使得国际金融秩序又出现混乱局面，金融市场的动荡进一步加剧。为此，国际社会和有关国际机构提出了种种改革国际金融体系的方案，如恢复“金本位制”，延续“美元本位制”，实行“综合货币本位制”或设立“最优货币区”（optimal currency area）等[①]，但均未取得实质性进展。

1972年7月，国际货币基金组织成立了由11个主要工业国家和9个发展中国家组成的专门委员会，研究国际货币制度的改革问题，并于1974的6月提出了一份“国际货币体系改革纲要”，对黄金、汇率、储备资产、国际收支调节等问题提出了一些原则性的建议。1976年1月，国际货币基金组织理事会“国际货币制度临时委员会”在牙买加首都金斯敦举行会议，最终签订了“牙买加协议”。同年4月，国际货币基金组织理事会通过了《国际货币基金组织协定第二修正案》，从而形成了浮动美元本位制的“牙买加货币体系”（Jamaica System）。[②]

自“牙买加货币体系”确立以来，西方大多数国家放弃了“布雷顿森林体系”下的固定汇率制和钉住美元的货币制度，汇率实行自由浮动。许多发展中国家也选择了与美元汇率联系的货币制度。由此，浮动汇率制与联系汇率制成为并行的国际货币制度。在这一时期，虽然“布雷顿森林体系”确

---

① “最优货币区”（optimal currency area），是一个经济地理概念，指由两个或两个不同国家或地区组成的一种货币联盟，区域内实行单一的共同货币，或虽有几种货币但相互之间具有无限兑换性，其汇率在对内进行经常交易时互相钉住，保持不变，对外则统一浮动，以求在总体上达到宏观经济政策的最优效果，即对内稳定物价、控制失业，对外维持国际收支平衡。“最优货币区”理论是1999年度诺贝尔经济学奖获得者、“欧元之父”——罗伯特·蒙代尔（Robert A. Mundell）在《最优货币区域理论》一文中提出的。参见 Robert A. Mundell，“A Theory of Optimum Currency Areas，” in Robert A. Mundell，*International Economics*，New York：Macmillan，1968，pp. 177 - 186。

② 参见李富有等：《国际金融学》，西安交通大学出版社2005年版，第45页。

立的美元与黄金挂钩的模式退出了历史舞台，但世界各国货币与美元挂钩的一些规定和现状并没有改变，“牙买加货币体系”依然没能弥补“布雷顿森林体系”的不足，也没能阻止美元的颓势。

在“牙买加货币体系”确立之前的1973年3月，欧洲共同体6个国家（法国、德国、荷兰、卢森堡、比利时、丹麦）与非共同体的瑞典和挪威共同建立了联合浮动汇率集团，首先开始实行浮动汇率制。实行这种制度，集团成员对内部货币实行固定汇率，对集团外货币则实行联合的浮动汇率。此后，各国纷纷仿效联合浮动汇率集团的浮动汇率制，英国和意大利也一度加入联合浮动汇率体系（1992年9月在欧洲金融市场动荡中退出了浮动汇率体系）。截至1994年12月底，联合浮动汇率体系的币种包括：德国马克、法国法郎、荷兰盾、比利时法郎、丹麦克朗、爱尔兰镑、西班牙比塞塔、葡萄牙埃斯库多和奥地利先令。联合浮动汇率集团的出现和发展为欧洲货币体系的形成创造了条件，同时也催生了“牙买加货币体系”的浮动汇率制。在这一过程中，主要西方国家普遍以浮动汇率制度取代了“布雷顿森林体系”下的固定汇率制度。

“牙买加货币体系”的浮动汇率制产生至今，国际货币体系呈现了多样化汇率制度并存与美元仍居主导地位的特点。实际上，“牙买加货币体系”是一种带有混合性质的国际汇率制。世界各国在汇率安排和货币政策上是存在相当大的差异的，一些国家实施的是自由浮动制和开放性的货币政策，另一些国家实施的是与美元挂钩或一篮子货币政策，还有一些国家实行的是有管理的浮动汇率制和严格的货币政策。

“牙买加货币体系”下浮动汇率制形成后，虽然国际汇率更富有弹性，避免了美元本位制的崩溃，但并未使美元渡过危机，国际汇率的波动更加剧烈，美元贬值之势并未逆转。由于汇率的剧烈波动使许多国家（特别是发展中国家）经济和金融系统多次遭受严重打击，因此国际社会要求稳定西方主要货币汇率的呼吁日益强烈。在此期间，西方国家为解决美元过度贬值对全球经济带来的负面影响，进行了两次具有影响的政策协调。1985年9月，西方5国（美国、日本、西德、英国和法国）财长和中央银行行长在纽约广场大厦签署协议，一致同意通过国际协作干预，稳步有序地推动日元对美元升值，此协议被称为“广场协议”（Plaza Accord）。1987年2月，在美国主导下，为了稳定国际外汇市场，阻止美元汇率过多过快下滑，通过国际协调解决发达国家面临的政策难题，西方7国财长和中央银行行长在巴黎的卢浮宫达成协议，7 国一致同意在国内宏观政策和外汇市场干预两方面加强协调与合作，保持美元汇率在当时水平上的基本稳定，此协议被称为“卢浮宫协议”（Louvre Accord）。然而，这些协议并没有起到稳定美元地位的作用。

20 世纪 90 年代后，随着美元汇率的下跌，美元在国际货币体系中的地位进一步下降。虽然西方各国多次进行干预，企图阻止美元汇率的进一步下跌，但收效甚微。在浮动汇率制下，国际经济与金融形势呈现出了长期的不稳定。主要表现为：

（1）浮动汇率制助长了金融领域投机的猖獗，加剧了国际金融市场的动荡。浮动汇率制导致国际汇率变动频繁，为外汇投机提供了可乘之机，波动幅度往往大于预期，国际金融市场在炒作的冲击下频频发生危机，让投资者和各国政府经常措手不及。应对国际金融领域多发的各种危机成为各国政府最棘手的问题。

（2）国际汇率的剧烈波动导致国际商品价格变动异常，加大了市场风险和全球性通胀压力。由于汇率的波动特别是美元的贬值，不仅使以美元计价的国际大宗商品价格屡创新高，导致全球性通胀成为长期趋势，而且汇率的波动使得外贸成本和对外投资的不确定性与风险加大。

（3）各国间的货币战使得汇率博弈向政治化方向发展。汇率的波动导致各国货币竞争性贬值，许多国家纷纷以货币贬值为手段来平衡国际收支和处理贸易不平衡，或是解决国内经济停滞和失业问题。特别是 20 世纪 90 年代以来，美国同许多国家贸易逆差不断扩大，美国一方面加强了贸易保护措施，另一方面加速美元贬值。西方其他国家的货币也竞相贬值，竞争性贬值愈演愈烈。

（4）国际协调与合作更加困难，加剧了国际经济关系的矛盾和摩擦。浮动汇率制在一定程度上导致各国为维护国家利益而在汇率上与邻为壑，削弱了国际金融领域的国际协调与合作。西方国家各自为政，导致其内部的协调与合作也越来越困难了。

（5）各国外汇管理的难度加大了，金融风险增加了。由于浮动汇率制具有汇率波动的不确定性，因此各国进行外汇管理更加困难，特别是在国际外汇储备资产的保值、投资以及风险管理等方面。

浮动汇率制度的实行，尽管在一定程度上是受经济规律所驱动，但它同时又始终由国家利益所决定。货币制度本身是国家制度的一部分，汇率制的实施自然也属于国家主权范畴，有其独立性。各国货币当局出于各种因素的考虑，都会采取措施不同程度地对汇率的浮动进行国家干预。20 世纪 70 年代以来，在美元发生危机和欧洲发生金融动荡时各国屡屡联手进行市场干预，实际上都体现出了对汇率进行管理的特点，只不过干预的力度和频率有所区别。

“牙买加货币体系”的形成使得国际货币关系出现了新格局。各国在国际货币领域的互动失去了“布雷顿森林体系”那样的相对稳定性，呈现出了多元化和多样性的特点。尽管美元从此步入了漫长的衰落期，国际金融领域危机此起彼伏，但美国金融霸权地位和美元在世界货币中的主导地位并没有改变。进入 21 世纪之后，美元汇率的反复无常进一步加剧了国际金融市场的动荡。从未来国际金融体系的走势看，美元的地位会进一步下降，而货币格局有可能向多元化演进。①

二　当代主要国际金融制度的构成

国际金融制度是约束行为体金融互动行为的规范的总和。当代国际金融制度包括国际金融规则、相应的保障机制和国际金融组织等，有各个不同的层面。例如，国际货币基金组织（International Monetary Fund—IMF）与世界银行（the World Bank）是运作于全球层面的制度体系，而欧元区等则是地区性制度，这些国际机构与机制构成了全球性和区域性金融制度。参与国际金融体系互动的行为体，除了作为主权国家代表的各国央行、财政部等国家代理人和政府部门外，还有各种全球性组织与地区性组织，以及各种私营机构。所有这些行为体通过密切的相互联系，构成了复杂的金融网络。这个网络既是联系全球所有行为体（没有例外）的纽带，亦是各行为体进行金融互动的制度环境。

自第二次世界大战结束以来，全球金融体系中的最重要的权威机构，一直是国际货币基金组织和世界银行。这两个机构是“布雷顿森林协议”的产物，是全球层面的金融组织。20 世纪 70 年代后，“布雷顿森林体系”因多次美元危机而最终崩溃，但国际货币基金组织和世界银行却依然在国际经济和全球金融领域发挥着重要职能和作用。区域性货币合作机制，是区域经济和金融关系发展的“衍生品”，其职能和作用主要体现在地区层面，有一些

---

① 参见［日］小川英治、姚枝仲：《论钉住一篮子货币的汇率制度》，《世界经济》2004 年第 6 期。

亦具有跨地区属性。

(一) 国际货币基金组织的职能和运作

在1944年7月召开的联合国国际货币金融会议上，与会国以“布雷顿森林协议”为基础制订了《国际货币基金协定》，决定成立国际货币基金组织，以此加强对战后国际金融秩序的管理、指导和监督。1945年12月国际货币基金组织正式成立，1947年11月成为联合国的专门性金融机构，总部设在华盛顿，在经营和政策制定上有相对的自主性和独立性，只有联合国成员才有权直接或间接成为基金的成员。基金组织目前有187个成员国。

从历史上看，“金本位制”时期是没有相应的国际机构来维持国际货币秩序的。战后国际货币基金组织成为国际货币体系正常运转的中心机构，填补了国际货币体系长期没有国际机构管理、指导和监督的空白，也使国际金融领域有了各国集资共同应对可能发生的危机和发放援助性贷款的国际机构。国际货币基金组织是以国际性基金的形式运作。作为“布雷顿森林协议”的产物，虽然名义上是联合国框架下的金融机构，但实际的运作却不受联合国管辖。在该机构中，权力始终控制在发达国家手中，发展中国家则长期处在边缘地带。

作为一个政府间组织，国际货币基金组织的最高权力机构是理事会，理事会由成员国委派正、副理事各一名组成，通常是由各成员国的财政部长或央行行长担任。按惯例理事会每年9月定期举行一次会议，并与世界银行每年共同举行年会。理事会下设执行董事会——临时委员会，负责日常工作，行使理事会委托的一切权力，是国际货币基金组织的决策和指导机构，在政策协调以及制定中期经济和金融政策等方面发挥战略性作用。1999年9月，国际货币与金融委员会（IMFC）在国际货币基金组织的框架内成立，取代了已运作25年之久的临时委员会。国际货币基金组织总裁由执行董事会推选，负责基金组织的业务工作，任期5年，可连任。

国际货币基金组织成立60多年来，总裁一职一直由欧洲人担任。执行董事会的24个成员中有7个来自欧盟。在总裁问题上美欧尽管也有竞争，但还是相互通融和扶持，以避免这一重要职位旁落。随着时间的推移，欧洲人把持该组织的做法越来越多地遭受来自各方的质疑，发展中国家和新兴经济体国家要求国际货币基金组织总裁应当通过公开竞争的方式产生，认为由欧洲人出任的传统已经不适应形势的需要，国际货币基金组织作为全球性金融机构，需要体现的是权威性、合理性和广泛的代表性，在总裁的选派上不应局限于欧洲人。这种呼声构成了组织内改革压力的一部分。

国际货币基金组织作为常设的全球性金融机构，宗旨是促进国际货币的合作与协调，同时担负着国际汇率协调的任务。依据国际货币基金组织确定的宗旨，其主要职能是：(1) 通过其常设机构促进国际金融与货币领域的合作，为国际货币问题的磋商和协作提供平台，制定成员国间的汇率政策和经常项目的支付及货币兑换方面的规则，并进行指导和监督。(2) 稳定国际汇率和维护国际货币秩序，在成员国之间保持有序的金融秩序与合理的汇率安排，避免竞争性的汇率异常变动。(3) 在紧急情况下有条件地向国际收支发生困难的成员国提供必要的紧急资金融通，发放援助资金或贷款，避免危机向其他国家蔓延和扩散，但所采取的援助措施不应危害受援国或国际繁荣。(4) 协助成员国建立贸易交易的多边支付制度，消除妨碍世界贸易的外汇管制。(5) 为成员国提供有关国际货币合作与协商的场所和召开定期或临时会议。(6) 定期发布《世界经济展望》和各成员国经济形势报告等，就世界经济和金融形势进行评估与预测，为各国政府和学术界提供参考。

国际货币基金组织作为一个稳定各国货币并监督外汇市场的国际机构，不发放商业性贷款，但为成员国货币的稳定设有储备金供有关国家借用。这种金融活动与银行贷款性质完全不同，带有援助性借款性质，所借款项必须在5年内清还。它可以对成员国进行资金融通，但运作方式与通常意义上的商业贷款不同，具有较为苛刻的条件和政策的干预性。

多年来，国际货币基金组织对于促进国际金融与货币合作，促进国际经济一体化，维护国际汇率秩序，在发生金融危机时对于国际收支困难的成员国提供紧急资金融通等方面是发挥了重要作用的。不过，由于国际货币基金组织对成员国的援助是有条件的，常常具有干预相关国家内政的特点，因而也常常产生消极影响。

例如，1983年巴西政府为了得到国际货币基金组织提供的贷款，同意接受该组织提出的修改货币和预算政策等苛刻条件。但是，自实施这些条件后，巴西货币不断贬值，金融危机屡屡发生，经济始终笼罩在该组织所提出的经济政策的阴影之下。又如，20世纪90年代阿根廷出现经济危机时，国际货币基金组织要求阿根廷政府获得贷款必须执行该组织提出的经济计划，其中包括进口自由、允许外国投资商自由投资、经济私有化等。1997年亚洲金融危机发生后，国际货币基金组织在提供援助时也要求受援国执行该组织提出的一系列经济计划，此举遭到了亚洲各国的强烈不满和抵制。

在国际货币基金组织中，行为体互动是以权利的不同分配为基础的。该组织的投票权取决于各成员国在总资本中的配额比例，而配额比例通常取决于各经济体的经济总量。长期以来，美国、欧盟和日本等发达国家因拥有70%以上的投票权，所以一直主导着重大事项的决策。而包括中国在内的新兴经济体国家和广大发展中国家的投票权则不足30%，特别提款权的份额也很少。这种情况表明该组织投票权分配不合理，各成员国的地位严重失衡。

成员国在国际货币基金组织中的配额，决定它们能够获得的资金援助数量——即特别提款权（Special Drawing Right）。特别提款权是国际货币基金组织1970年创设的一种储备资产和记账单位，俗称“纸黄金”。它是基金组织分配给会员国的一种使用资金的权利。会员国可用它向基金组织指定的其他会员国换取外汇，以偿付国际收支逆差或偿还基金组织的贷款，还可与黄金、自由兑换货币一样充当国际储备。由于特别提款权不是真正货币，因此只有换成其他货币后才能用于贸易或非贸易的支付。特别提款权的权重货币经过多次调整，目前已简化为美元、欧元、英镑和日元四种货币。2010年调整后的美元、欧元、英镑和日元分别占权重比例的41.9%、37.4%、11.3%和9.4%。[①] 提款权创设之初是以国际储备资产的形式出现的，1971年在国际储备资产总额中约占4.5%，但几十年来这一比重始终没有大的变化。截至2010年8月底，国际货币基金组织的总配额为2040亿特别提款权（约合3160亿美元，1美元等于0.637特别提款权）[②]，距离成为国际储备资产的目标还十分遥远。

（二）世界银行的职能和运作

世界银行的成立，始于1944年7月布雷顿森林会议通过的成立“国际复兴开发银行”（IBRD）的协定。1945年12月，在28个国家签字后该协定正式生效。国际复兴开发银行是今天所称的“世界银行”的一个主要组成部分，在世界银行集团中还包括有其他机构。世界银行于1946年6月开始运营，1947年11月5日起成为联合国属下专门性经济和金融机构，总部同样设在华盛顿，与国际货币基金组织一样具有相对的独立性。世界银行是按股份制公司原则建立的非营利性国际金融机构，不是一般意义上的银行，主要职能是提供长期贷款，其运行方式类似于国际货币基金组织，但宗旨和职能

---

① 参见国际货币基金组织网站，http：//www. imf. org。

② 综合国际货币基金组织网站公布的相关数字。见 http：//www. imf. org/external/index. htm。

与国际货币基金组织有所区别，侧重发展援助和消除全球贫困。

世界银行成立之初，主要是致力于第二次世界大战后欧洲的复兴，是美国实施“欧洲复兴计划”（European Recovery Program）的重要步骤和体现。由于欧洲主要国家在战争中受到重创，战前的债权国成为战后的债务国，需要获得贷款恢复和发展经济，世界银行因而在欧洲经济的复兴中发挥了重要作用。1948 年，世界银行的职能和作用重心转向了世界性的经济援助，试图把富国的资源转化成贫困国家的经济增长，尔后专注于缩小贫富差距和消除全球贫困。

世界银行的最高权力机构为理事会，理事会由 186 个成员国委派代表组成（由各成员国的财政部长、央行行长或级别相当的政府官员担任）。理事会下设执行董事会，由 21 名执行董事组成，其中 5 名由拥有股份最多的美、英、法、日、德委派，另外 16 名由其他成员国按地区选出。世界银行的权利分配与国际货币基金组织类似，取决于成员国投票权的比例（投票权的比例与会员国认购的股本成正比）。目前西方 7 国占有的投票权高达 40% 以上，仅美国就占据了 17.37%。按规定，重要的决策需要 85% 以上多数票才能通过，这意味着美国在世界银行中享有特殊权利，可以一票否决任何一项重要决策。

世界银行的构成，包括国际复兴开发银行（International Bank for Reconstruction and Development—IBRD，拥有 186 个成员国）、国际开发协会（International Development Association—IDA，拥有 169 个成员国）、国际金融公司（International Finance Corporation—IFC，拥有 182 个成员国）、多边投资担保机构（Multilateral Investment Guarantee Agency—MIGA，拥有 175 个成员国）、国际投资争端解决中心（Interational Centre for Settlement of Investment Disputes—ICSID，拥有 144 个成员国）五部分，亦称世界银行集团（World Bank Group）。历届行长无一例外地都由美国总统提名，自然也无一例外地都由美国人担任。世界银行行长同时还兼任各机构会长或主席等职。

在当代，世界银行运作的主要的宗旨和职能是：（1）通过对生产事业的投资，资助成员国的复兴和开发工作。（2）通过对贷款的保证或参与贷款及其他投资方式促进国际和私人投资。当成员国不能在合理条件下获得私人资本时，以世界银行本身资金或其他资金给予成员国直接贷款。（3）通过鼓励国际投资，开发成员国的生产资源，提供技术咨询和提高生产能力，促进成员国国际贸易的均衡增长及国际收支状况的改善。（4）资助贫困国家摆脱贫穷、发展经济。

世界银行业务运作方式与投资银行有类似之处，向公司、个人或政府机构发行债券，将所得款项向发展中国家提供低息贷款、无息信贷和赠款。世行的资金来源主要是各成员国缴纳的股金，向国际金融市场的借款，以及发行债券和收取贷款利息。成员国对世界银行资金的筹措和使用共同负责。世界银行进行贷款，有三个限制条件：（1）只有参加国际货币基金组织的国家，才允许申请成为世界银行的成员。贷款是长期的，一般为15—20年不等，宽限期为5年左右。除需要援助的国家可以享受无息信贷或赠款外，贷款利息为6.3%左右。（2）只有成员国才能申请贷款，私人生产性企业申请贷款要由政府担保。（3）成员国申请贷款一定要有工程项目计划，贷款专款专用，世界银行每隔两年要对其贷款项目进行一次严格审查。

近年来，世界银行的宗旨和职能转向减少贫困和提高生活水平。作为世界上提供发展援助最多的机构之一，世界银行通过向生产性项目提供贷款和对改革计划提供指导，支持发展中国家政府建造学校和医院、改善供水供电设施和保护环境。进入21世纪后，世界银行将其业务的侧重点放在实现联合国提出的“千年发展目标”（Millennium Development Goals）[①] 和“可持续发展”[②] 的减贫努力上，并定期发布《世界发展指标》报告，追踪“千年发展目标”设定的一系列社会发展目标的进展情况。

作为一个国际金融机构，世界银行在帮助发展中国家发展经济、消除贫困等方面发挥了重要的作用，在解决金融危机方面也做了许多工作。然而，由于该机构在帮助欠发达成员国实现经济发展和提供经济援助时，往往附带歧视性或政治性条件，有些条件甚至十分苛刻，因此常遭到各界的批评和发展中国家的指责。世界银行提出的苛刻条件常常左右着发展中国家的经济社会政策，不论是减免非洲高负债国家债务，对提供援助附加条件，还是处理金融危机时要求危机国紧缩财政并提高利率以换取紧急援助，在很大程度上

---

① 2000年9月联合国发布了《千年宣言》即“千年发展目标”，包括8个方面：消灭极端贫穷和饥饿；普及小学教育；促进男女平等并赋予妇女权利；降低儿童死亡率；改善产妇保健；与艾滋病毒/艾滋病、疟疾和其他疾病作斗争；确保环境的可持续能力；全球合作促进发展。其中承诺到2015年前将极端贫困人口减半，构成了“千年发展目标”的核心部分。见联合国网站，http://www.un.org/zh/mdg/summit2010/。

② “可持续发展”涵盖范围包括国际、区域、地方及特定界别的层面，基本定义是满足当代人的需求，又不对后代人满足其需求的能力构成危害的发展称为可持续发展。见联合国网站，http://www.uncsd2012.org/rio20/。

都有损受援国的利益，因而在该组织内要求改革的呼声日益强烈。

（三）区域性金融机构与货币互换机制

区域性国际金融机构，目前比较典型和有代表性的有美洲开发银行（Inter-American Development Bank—IDB）、欧洲投资银行（European Investment Bank—EIB）、欧洲复兴开发银行（European Bank for Reconstruction and Development—EBRD）、亚洲开发银行（Asian Development Bank—ADB）、非洲开发银行（African Development Bank—ADB/AFDB）、加勒比开发银行（Caribbean Development Bank—CDB），以及欧洲中央银行（European Central Bank—ECB）等。世界许多地区内的货币基金和多边或双边货币互换协议机制，在区域性货币合作中的作用也越来越突出。

美洲开发银行是世界上成立最早和最大的区域性多边开发银行，成立于1959年12月30日，是美洲国家组织的专门金融机构，其他地区的国家也可加入，但非拉美国家不能利用该行资金，只可参加该行组织的项目投标。其宗旨是：集中各成员国的力量，对拉丁美洲国家的经济、社会发展计划提供资金和技术援助。

欧洲投资银行是欧洲经济共同体（欧盟的前身）各国政府间的金融机构，成立于1958年1月。其宗旨是：利用国际资本市场和共同体内部资金，促进共同体的平衡和稳定发展。该行的主要贷款对象是成员国不发达地区的经济开发项目，1964年起贷款对象扩大到与欧共体有较密切联系或有合作协定的共同体外的国家。

欧洲复兴开发银行成立于1991年，欧盟委员会、欧洲投资银行和39个国家在银行中拥有股权。其宗旨是：在考虑加强民主、尊重人权、保护环境等因素的前提下，帮助和支持东欧、中欧国家向市场经济转化，以调动上述国家中个人及企业的积极性，促使其向民主政体和市场经济过渡，投资的主要目标是中东欧国家的私营企业和这些国家的基础设施。

亚洲开发银行是联合国亚洲及太平洋经济社会委员会（联合国亚太经社会）赞助建立的区域性金融机构，与联合国及其区域和专门机构有密切的联系，成立于1966年11月。其宗旨是：通过向亚太地区发展中国家提供项目贷款和技术援助，促进和加速本区域的经济合作。亚行对发展中成员的援助主要采取贷款、股本投资、技术援助、联合融资担保等四种形式。

非洲开发银行是非洲最大的地区性政府间开发金融机构，成立于1964年11月。其宗旨是：通过提供投资和贷款，利用非洲大陆的人力和资源，促进成员国经济发展和社会进步，优先向有利于地区经济合作和扩大成员国间贸易的项目提供资金和技术援助，帮助成员国研究、制定、协调和执行经济发展计划，以逐步实现非洲经济一体化。

加勒比开发银行是16个加勒比国家和2个非本地区成员在牙买加金斯敦签署协议建立的，成立于1970年1月。其宗旨是：促进加勒比地区成员国经济的协调增长和发展，推进经济合作及本地区的经济一体化，为本地区发展中国家提供贷款援助。

欧洲中央银行是欧洲货币合作的区域性金融机构，也是欧元区国家的中央银行，根据《马斯特里赫特条约》的规定于1998年7月1日正式成立，是为了适应欧元发行流通而设立的金融机构，同时也是欧洲经济一体化的产物。

区域性国际金融机构，运行方式与国际货币基金组织和世界银行基本类似。最高权力机构是理事会，理事会由各成员国委派。理事会每年定期或不定期举行会议，有自己的出版物，发布本地区经济和金融形势报告。这些金融机构是区域性决策和指导机构，是促进区域性货币合作的重要组织形式。在国际货币基金组织和世界银行不能在本地区发挥作用的时候，这些机构的作用就显得更加重要。其中有些机构的成员甚至包括区域外国家，成为跨地区国际金融互动的组成部分。

例如，欧洲中央银行和欧元作为地区金融合作的产物，其作用就超越了地区范畴，在世界货币格局中占有一席之地并具有重要影响。欧洲货币合作始于1979年3月。当时欧共体（European Community，又称欧洲共同市场）的12个成员国决定调整计划，正式开始实施欧洲货币体系（EMS）建设和规划。1988年后这一进程明显加快。1991年12月通过的《马斯特里赫特条约》决定自1999年1月1日起在部分欧洲国家实行单一货币——欧元（Euro），在欧元区国家实行统一的货币政策。1994年欧洲货币局成立。1998年7月1日欧洲中央银行正式成立。1999年1月1日，欧盟当时15个成员国中的11个，即德国、法国、意大利、荷兰、比利时、卢森堡、爱尔兰、西班牙、葡萄牙、奥地利和芬兰，形成了实行统一货币的欧元区。自此欧元进入国际金融市场，银行和证券交易所开始进行欧元交易以及国际贸易结算，欧元成为世界主要货币之一。2002年1月，欧元纸币和硬币正式在欧元区国家和国际市场流通。2002年7月，欧元区各国本国货币退出流通，欧元成为欧元区唯一的合法货币。其后，斯洛文尼亚、塞浦路斯、马耳他、斯洛伐克和爱沙尼亚相继加入欧元区，使欧元区国家增至18个。欧元的启动意味着欧洲货币体系的互动进入一体化高级阶段。目前，欧元区已经成为世界上最大的经济体，欧元作为区域性单一货币的流通已经不限于欧元区，作为国际储备货币在世界货币体系中的地位越来越重要，成为挑战美元世界货币霸权地位的强有力竞争者。不过，由于英国、瑞典和丹麦等国未加入欧元区，欧元区形成以来的各种问题日渐暴露，特别是2008年金融危机发生以来，希腊、西班牙、意大利等多个欧元区国家深陷债务危机，因此欧元的未来存在着诸多的变数与风险。

在国际金融互动中，区域性货币基金和多边或双边货币互换协议也是重要的地区货币合作形式。特别是1997年亚洲金融危机爆发以来，亚洲地区的货币基金和货币互换协议逐渐成为应对货币危机的不可或缺的机制。在金融危机之前，亚洲地区虽然已存在货币合作机制，例如东盟国家之间就存在货币基金，但规模很小，资金总额仅有2亿美元，难以抵御投机性国际资金的冲击。亚洲金融危机爆发后，许多东亚国家认识到，任何国家和地区都很难依靠自身的力量防止危机的深化和蔓延，要保持本地区金融市场的稳定，防止金融危机再度发生，就必须加强地区金融合作，建立亚洲货币基金。

2000年5月4日，第九届东盟10国与中日韩“10+3”财长在泰国清迈共同签署了建立区域性货币互换网络的协议，即“清迈协议”（Chiang Mai Initiative）。该协议主要包括两部分：首先，扩大东盟互换协议（ASA）的数量与金额；其次，建立中日韩与东盟国家的双边互换协议。“清迈协议”初步确定，亚洲各国从外汇储备中共出资500亿美元进行货币互换安排，尔后资金规模逐步扩大。2008年为应对美国次贷危机引发的全球金融动荡，中日韩与东盟10国建立了800亿美元的共同外汇储备基金，其中中日韩3国分担80%的出资额，余下的20%由东盟国家负担。这一举措表明，在金融危机背景下亚洲地区有关国家对建立区域性货币协调机制已有了进一步的共识，从而为亚洲地区日后建立区域性货币和协调机制创造了条件。目前东亚各经济体共有超过1万亿美元的外汇储备，这有利于各国进一步扩大货币互换安排或其他形式的融资安排。

除了以欧元区为典型的区域性货币合作和以“清迈协议”为典范的货币互换安排之外，目前实行区域性货币制度的还有西非货币联盟、中非货币联盟、东加勒比货币区等。

西非货币联盟最初建立于1962年，当时由非洲西部的塞内加尔、尼日尔、贝宁、科特迪瓦、布基纳法索、马里、毛里塔尼亚等7国组成。1963年11月，多哥加入了该联盟。西非货币联盟成员国原系法国的领地或殖民地，是法郎区的一部分，这些国家在独立前后的一段时期使用的货币为“法属非洲法郎”。1962年11月1日，西非货币联盟成立了成员国共同的银行——西非国家中央银行，总行设在塞内加尔首都达喀尔，在各成员国设有代理机构。总行负责制定货币政策，管理外汇储备，发行共同的货币——“非洲金融共同体法郎”，各成员国使用统一货币。1994年1月10日，根据《西非经济货币联盟条约》，西非货币联盟更名为“西非经济货币联盟”，同时西非国家中央银行正式成立。同年8月1日起《西非经济货币联盟条约》正式生效。

中非货币联盟制度由喀麦隆、乍得、刚果、加蓬和中非共和国5个成员国组成。这些成员国原来亦系法属殖民地，也是法郎区的一部分，与西非货币联盟成员国一样独立前后使用的货币也是“法属非洲法郎”。1973年4月1日中非货币联盟成立了成员国共同的中央银行——中非国家银行，总行设在喀麦隆首都雅温德，发行共同的货币——“中非金融合作法郎”。西非和中非两个货币联盟虽然各自发行不同名称的货币，但都采取钉住法国法郎的货币发行机制，两种货币是等值的。

东加勒比货币区也属于区域性货币联盟制度，该货币区由安提瓜、多米尼加、格林纳达、蒙特塞拉特、圣卢西亚、圣文森特等国组成。1965年，东加勒比货币区各国成立了共同的货币管理局，废止了原来的货币——“英属西印度元”，开始统一发行区内各国共同使用的货币——“东加勒比元”，实行与英镑挂钩的联系汇率，但不负责对各国银行的监督，不规定上缴存款准备金，也不承担“最后贷款人”的义务。1976年7月7日，东加勒比元与英镑脱钩，改为钉住美元，40多年来与美元汇率一直保持着相对稳定。1983年10月1日东加勒比货币区成立了东加勒比中央银行，取代了原来的货币管理局。

区域性金融机构和货币合作机制，是地区范围货币互动关系的产物，体现了国家间在金融领域的合作与协调。这样的制度结构弥补了国际货币基金组织和世界银行等国际组织不能兼顾地区金融问题的不足，同时也在一定程度上避免了国际货币基金组织和世界银行对有关地区和国家的经济、金融政策的过多干预。当然，这些区域性金融机构和货币合作机制都不是孤立的，它们其实都是全球金融互动网络的组成部分，与国际货币基金组织和世界银行也有合作与协调。就这些互动本身而言，一方面它们的演进在推动着地区一体化的发展，另一方面也影响着全球金融互动结构的变化。

三 国际金融问题与行为体的互动

全球金融互动在国际制度的规范下尽管从总体上来讲是有序的，但也始终存在动荡。由于各国经济的发展密切相连却又不平衡，总会出现这样或那样的问题，而且各国经济政策的制定都是把自身利益放在首位，因此一旦出现问题就会牵动整个体系，引发多国互动的连锁反应，甚至是危机局面。在国际金融体系的作用下，货币汇率问题和金融危机迅速蔓延的可能性增大，但同时也会导致各国为治理相关问题和应对危机而采取集体行动，形成多边或双边的政策协调与合作。观察现实的国际金融关系可以看到，国际金融互动所涉及的问题主要包括：货币竞争与汇率之争、金融危机的传导等，而应对这些问题的互动则会形成国际协调与合作。

（一）货币竞争

货币竞争是世界主要货币为争夺世界货币主导地位而进行的互动。如果一国货币在国际货币体系中取得主导地位，其货币和货币政策就将影响整个国际金融领域。主导货币通常是经济实力较强国家的本货币，与该货币发行国的经济实力和在国际经济中的地位密切相关，例如英镑、美元。一国货币取得主导地位，体现的是货币的国际化过程，即成为国际上普遍认可的计价、结算、储备及市场干预的工具。这个过程就是国内货币转变为国际货币的过程，即货币实现自由兑换后，被其他国家所接受而成为国际支付手段。这是国际市场对该货币选择的结果。

货币竞争体现的是国家间对实力地位与利益的争夺。就这一点而言，战后国际体系中的金融互动与19世纪欧洲国际体系中的金融互动没有明显区别。战后的英国由于没有强大的经济和金融力量支持而淡出国际金融中心，布雷顿森林会议后另一位世界霸主美国取得国际金融主导地位，就是这种争夺的结果。“布雷顿森林体系”瓦解后，美元主导地位不断遭遇挑战，也是这一竞争的体现。

在当代，世界货币多元化和区域化的发展已成为国际货币体系演化的新趋势，货币竞争也更加激烈。日元、欧元和人民币都是这一竞争过程中的重要成员。虽然这些货币还没有形成威胁美元世界地位的挑战，但它们的国际化进程显示出了地位的不断提高和区域影响的不断扩大。

1. 日元的国际化波折

20世纪70年代初期，为应对日元升值，日本政府将出口贸易改由日元结算，开始走上日元国际化道路。1978年12月，日本政府提出了“正视日元国际化，使日元和西德马克一起发挥国际通货部分补充机能”的方针。在1980年修改的《外汇及外国贸易管理法》基础上，日本政府积极推动日本国内金融的自由化（尤其是利率的市场化与放松对短期金融市场的管制），这为后来国内信贷的快速上升和资产市场的泡沫化埋下了隐患。1985年召开的“广场会议”迫使日元大幅升值。进入20世纪90年代，日本经济陷入了“十年低迷”，日元国际化趋势出现倒退，对外贸易中按日元结算的比重在下降。1998年，大藏省再次提出《关于推进日元国际化的政策措施》，实施的措施包括：提高日本经济和日元国际信誉，进一步提高贸易和金融、资本交易中运用日元的比重，进一步创造有利于外国保有和运用日元的政策环境。但是，至今日元仍没有取得与日本经济相称的地位。[①]

2. 欧元的兴起

欧元的诞生和兴起在很大程度上改变了世界货币格局和货币竞争局面。欧洲有关国家在国际货币体制面临改革和调整之际，在不同场合多次表示要进一步提升欧元地位，甚至希望取美元而代之。从国际金融互动的角度看，欧元的兴起弥补了区域性货币合作的不足。在世界范围内不具备实行固定汇率制的条件下，欧元区国家以区域性货币合作的方式实现了区域内货币的统一。这一区域货币联盟的形成，奠定了在更大范围内向国际货币一体化演进的基础。在欧元路径下，成员之间的地位和利益可以通过谈判进行调节，各方的权利和义务也相对平等，存在维持汇率固定的基础。由于欧元区的经济分量可与美国分庭抗礼，因此出现了欧元取代美元地位之“说”。不过，由于2010年欧元区陷入了严重的主权债务危机，导致欧元的发展前景出现了很大的不确定性。

3. 卢布的国际化设想

在普京担任总统期间，为提升俄罗斯在国际社会的地位和与美元抗衡，普京把打造“强势卢布”视为俄罗斯国家战略的重要步骤，并完成了卢布在实现资本项目下的可自由兑换。到了梅德韦杰夫时代，俄罗斯勾画了未来的“金融帝国”雏形，准备到2020年把莫斯科建成世界金融中心，并将卢布造

① 《美元日元国际化进程》，《经济日报》2011年8月19日。

就成独联体区域性货币。按照俄罗斯的预想，如果出口的石油和天然气都以卢布结算，俄罗斯势必将卢布进一步打造成世界性货币。因此俄罗斯构筑的“石油卢布”战略无疑是实现卢布国际化的重要设想。从目前俄罗斯的经济实力和卢布的国际化程度看，卢布还不具备世界性货币应有的条件，也构不成对美元霸权地位的威胁，但卢布未来发展的区域化影响是值得关注的。

4. 人民币国际地位的确立

随着中国经济的崛起以及人民币国际地位的提升，人民币的国际化问题日益受到关注。2008 年全球金融危机发生后，中国所处的经济地位和高额的外汇储备决定了持有人民币的安全性。人民币如果作为国际储备货币，不仅风险相对小于美元，而且还有一定的预期升值空间，所以从安全性考虑和保值出发，许多国家和地区支持人民币成为国际储备货币的意愿越来越强烈。在这种情况下，国际上出现了人民币将成为世界主导货币之一的说法，认为人民币在未来是能够与美元竞争的货币。世界银行行长佐利克认为，如果美国不能很好地处理贸易和财政“双赤字”问题，美元就有可能丧失世界主要储备货币的地位，而人民币有可能在未来 15 年内成为替代美元的国际储备货币之一。①

自 2008 年以来，中国央行已与中国香港地区、韩国、马来西亚、印度尼西亚、白俄罗斯、阿根廷等多个国家和地区的央行及货币当局签署了货币互换协议。这些协议的签署表明，中国的贸易伙伴认可了人民币的地位和稳定性，接受了人民币作为结算货币甚至储备货币，这对于人民币的国际化具有积极意义。尽管目前人民币还不具备成为世界性货币的条件，国际化程度有限，但随着中国经济的进一步发展，人民币成为世界性货币是迟早的事。中国推进人民币国际化进程，在战略上可以概括为三个步骤：人民币周边化（人民币在周边国家流通）、人民币区域化（人民币在亚洲其他国家流通，成为区域主导货币）、人民币国际化（最终实现人民币成为储备货币）。②

（二）汇率之争

汇率是国家间货币关系的最基本的联系方式。所谓的货币外汇汇率（Foreign Exchange Rate）是指一个国家的货币折算成另一个国家货币的比

① 新华网，2009 年 11 月 11 日，http：//news. xinhuanet. com/fortune/2009 - 11/11/content_12434714. htm。

② 参见张明：《人民币国际化的进展与隐忧》，《国际融资》2011 年第 3 期。

率、比价或价格，即以本国货币表示的外国货币的价格。由于世界各国货币的名称和币值不同，国家间货币关系和价格就需要通过兑换率即汇率来体现。

外汇的概念有动态和静态之分。动态概念是指把一个国家的货币兑换成另外一个国家的货币，简称为国际间汇兑（Foreign Exchange），是清偿国际间债权、债务关系的一种专门性的经营活动。静态概念是指以外国货币表示的可用于国际之间结算的支付手段，这种支付手段包括以外币表示的信用工具和有价证券，如银行存款、商业汇票、银行汇票、银行支票、外国政府库券及其长短期证券等。按照国际货币基金组织的解释，外汇是货币行政当局（中央银行、货币管理机构、外汇平准基金组织和财政部）以银行存款、财政部国库券、长短期政府债券等形式保有的、在国际收支逆差时可以使用的债权。因此，无论外汇是动态的还是静态的，都需要由汇率来决定其价格。在国际贸易中，汇率是最重要的调节杠杆，每一个国家生产的商品都是按本国货币来计算成本的，其商品在国际市场上竞争成本的计算必然会与汇率联系在一起。由于汇率的变化会直接影响该国商品在国际市场上的成本和价格，直接影响商品的国际竞争力，因此国家基于利益进行汇率之争就不可避免。

汇率之争是国家在货币问题上互动的体现。由于每两种货币之间都存在汇率，因此国际市场上的所有货币都是联系在一起的。任何一种货币的升值或贬值，都会对其他货币以及相关国家的经济带来影响。国家基于利益，都希望汇率的确定符合自己的需求，因而会发生汇率之争。虽然汇率的变动会受到“看不见的手”的影响，但真实汇率的确定却是国家意志的体现。当经济关系失衡时，国家就会对汇率进行强有力干预。国家对汇率的操纵和干预有多边行为也有双边行为。例如，在多次美元危机中，西方国家联手对市场采取措施就是对汇率的多边操纵和干预行为。通常，国家间是通过多边或双边谈判的方式决定汇率变动的。

例如，1985 年的“广场协议”和 1987 年的“卢浮宫协议”就是西方发达国家对汇率进行“协作干预”的产物。按照“广场协议”的约定，G5 国家（美国、日本、西德、英国和法国）要在两年半的时间内，促使美元对日元汇率由当时 1 美元兑换 237 日元升至 1 美元兑换 120 日元。此后，尽管日元对美元大幅度升值，但美国政府并未改善自身的财政状况，外贸逆差继续增大，而且美元大幅度贬值也引起了国际外汇市场和世界经济的较大震荡。

为此，G7 国家又达成卢浮宫协议对外汇市场进行干预，目的是保持美元汇率在当时水平上的基本稳定。这两次干预行动，都是美国主导下通过协调机制促成的汇率调整。

汇率之争尽管从本质上讲是经济互动，但也常常会带有政治内涵。一国的汇率选择是一个多方动态博弈的均衡结果，反映了政府与受汇率变化影响的利益集团之间的关系，在汇率问题背后隐藏着国际关系的本质。[①] 例如，中美双方在人民币升值问题上的交锋就带有明显的政治色彩。美国频频在人民币汇率问题上向中国施压，形成了两国关系中的一个主要摩擦。针对人民币汇率和两国贸易不均衡的问题，美方是将重点放在"消除贸易不均衡"上，反复强调人民币汇率严重低估是导致中美贸易不均衡的重要原因；而中国则将重点放在"反对贸易保护主义"上，认为造成中美贸易不均衡的原因并不是人民币汇率问题，美国对外贸易的长期逆差是其自身深层次经济因素决定的。尽管美国国内也有观点反对将美国经济问题归咎于人民币汇率，但美国国内的政治斗争却把这个问题政治化了。在美国，一些人总认为中国是一个政治制度不一样的国家，中国在经济发展过程中，政府起了很大作用，是政府干预导致了贸易不平衡，压低了人民币汇率，给出口企业增加了优势。2010 年 3 月美国参众两院联合要求奥巴马政府将中国列入"汇率操纵国"，对中国发起"汇率战"，就是把经济问题政治化的典型体现。

从汇率之争看，国家在货币领域的互动，实质上乃是国家利益的博弈。尽管货币关系在原则上乃是经济关系，在一定程度上受经济规律所左右，但由于国家在这种互动中并不是单纯的经济行为体，同时还是国际政治行为体，因此这种互动亦具有政治属性，仅仅从经济视角是不能作出恰当解释的。由于国家在国际关系中会同时参与多个体系的互动，相互间有复杂的利益博弈与交换，因此在很多时候国家的货币决策可能并不是出于经济原因，而是同时进行了政治考量。例如，对于前边提到的日美汇率之争，就必须同时考虑两者的政治关系，才能更好地理解它们之间在货币政策上的互动。

（三）金融危机

金融危机作为金融互动结构中的常见现象，是过程也是结果。由于这种现象是金融系统脆弱化的体现，内涵和外延极其丰富，因此很难给出简明的界定。著名经济学家雷蒙德·戈德史密斯（Raymond Goldsmith）曾戏言：

---

① 罗霄：《从人民币升值透视中美国际关系博弈》，《学海》2007 年第 3 期。

“如同西方文化中的美女一样，金融危机也难于定义，但一旦相遇却极易识别。”他给金融危机下的定义是：“所有或绝大部分金融指标的一次急剧的、短暂的、超周期的恶化，这些指标包括短期利率、资产（股票、房地产）价格、厂商的偿债能力以及金融机构的破产等。”① 虽然这一界定只描述了与危机有关的种种现象，或者说只涉及了危机的外延，没有论及危机的实质与内涵，但可以作为危机讨论的起点。

金融危机发生的形式多种多样，以影响国家、地域和全球划分，有国内金融危机、区域性金融危机和全球性金融危机。国内金融危机只局限于本国，而区域性金融危机和全球性金融危机则可统称为国际金融危机。金融危机就性质、内容而言，还可划分为货币市场危机、资本市场危机、债务危机、金融机构危机和综合金融危机。此外，还有系统性金融危机和非系统性金融危机。② 按照国际货币基金组织 1998 年 5 月发表的《世界经济展望》的划分，金融危机的类型包括货币危机（currency crisis）、银行危机（banking crisis）、金融系统危机（systemic financial crisis）、债务危机（foreign debt crisis）等。③

金融危机发生后，在初期通常表现为局部危机，一旦大面积扩散和蔓延，也会演化成系统性危机。系统性金融危机的主要表现是金融领域诸多方面出现严重问题或混乱，其特征是人们对未来经济持悲观的预期，部分国家或整个区域内货币出现大幅度贬值，经济总量与经济规模出现较大的损失，经济增长出现衰退。金融系统危机往往伴随着企业的大量倒闭、失业率的提高和经济的萧条。

货币危机是金融危机的常见的现象，其表现是货币市场上对一种货币的冲击导致该货币大幅度贬值或导致该国外汇储备大幅下降。一国货币之所以在短时间内急剧贬值，通俗地说，是因为人们对该货币丧失信心，大量抛售该货币。20 世纪 90 年代以来，先后肆虐于西欧（1992—1993 年）、墨西哥（1994 年）、东亚（1997—1998 年）、俄罗斯（1998 年）、巴西（1999 年）、土耳其（2001 年）和阿根廷（2001—2002 年）等国家或地区的货币危机，

---

① 李小牧等主编：《金融危机的国际传导：90 年代的理论与实践》，北京：中国金融出版社 2001 年版，第 1—2 页。

② 同上书，第 4 页。

③ IMF, *World Economic Outlook*, May, 1998. 转引自李小牧等主编：《金融危机的国际传导：90 年代的理论与实践》，北京：中国金融出版社 2001 年版，第 3 页。

其表现大都是如此。

在国际金融体系中，由于所有货币都不可避免地与汇率联系在一起，因此货币危机具有“传染效应”（contagion effect），这也是货币关系互动的一个方面。当一个国家或地区货币汇率骤然下跌后，恐慌情绪就会迅速蔓延到与其经济依存度高或与其经济特征相类似国家的货币市场，加大这些国家发生同样危机的可能，甚至导致区域市场全面危机的爆发。货币危机形成“传染效应”，尽管有客观原因，但并非完全是自然过程，金融投机行为的推波助澜在这个过程中通常有重要作用。从世界范围历次发生的货币危机看，国际金融市场的投机者总是利用一国或地区货币体系的脆弱性操纵市场，从而导致危机的发生与蔓延。当然，投机者有机可乘，与相关国家恶化的经济现状和金融系统的薄弱性是分不开的。例如，泡沫经济破灭、银行呆坏账增多、国际收支严重失衡、外债过于庞大、财政危机、政治动荡、公众对政府的不信任等，都可能导致投机者乘虚而入，通过金融投机牟取暴利，并引发货币体系的动荡。

从1997年爆发的亚洲金融危机看，其爆发就与炒家的投机操作分不开。由于许多东南亚国家如泰国、马来西亚和韩国等长期依赖中短期外资贷款维持国际收支平衡，汇率偏高并大多维持与美元或一揽子货币的固定汇率或联系汇率，因此给美国炒家索罗斯主导的量子基金乘势炒作泰铢提供了一个千载难逢的机会。量子基金大量卖空泰铢，迫使泰国不得不放弃与美元挂钩的固定汇率，实行自由浮动汇率，由此导致泰铢大幅度贬值。泰国的货币危机很快波及所有东南亚实行货币自由兑换的国家和地区，各国货币纷纷贬值，最终酿成了一场以货币危机为形式的亚洲金融危机。

东南亚各国货币纷纷贬值后，港元便成为亚洲强势货币，紧接着量子基金和老虎基金开始炒卖港币，在市场上大量抛售港币。为应对这种情况，香港政府大幅调高了息率（隔夜拆息一度高达300%），并动用外汇储备近1200亿港币（约150亿美元）进行阻击，最终炒家被迫平仓撤出亚洲金融市场。对于这场危机，学界认为一个重要原因就是亚洲一些国家金融开放过度、过急，超越国情发展阶段，盲目地借鉴发达国家模式改革开放，结果给投机者提供了机会与条件，最终造成国家金融安全的失控，使得国家经济遭受了灾难性的打击。①

① 转引自谭雅玲：《亚洲金融危机10年后的思索与判断》，《国际贸易》2007年第6期。

在金融体系的互动中，货币危机与债务危机往往有着连带关系。例如，1982年8月的墨西哥债务危机，引发了20世纪80年代历时10年的拉美债务危机。1982年8月12日，世界第二大债务国墨西哥宣布无力偿还1982—1983年到期的外债本息约195亿美元。随后近40个发展中国家做出同样的反应，纷纷要求国际社会帮助解决债务不断恶化的问题，由此引发了全球性的发展中国家的债务危机。严重的债务危机无论对于债务国，还是对于发达国家的债权银行乃至整个国际社会，都形成了巨大的压力。

国际债务危机即债务偿还危机，是指借款者在国际借贷领域中大量负债，超过了自身的清偿能力，导致无力还债或必须延期还债的现象。衡量一个国家外债清偿能力有多个指标，其中最主要的是外债清偿率指标，即一个国家在一年中外债的还本付息额占当年或上一年出口收汇额的比率。一般情况下，这一指标应保持在20%以下，超过20%就说明外债负担过高。同时政府公共债务占GDP的比重应保持在20%以下，超过20%就说明偿还债务能力下降，债务就有可能发生。历次拉美货币危机都伴随着债务危机的出现，而债务危机又都是因债务占GDP比重过高引发的。

1994年墨西哥再度爆发的金融危机，就是货币与债务的双重危机。开始发生的是货币危机，比索汇率骤跌不止，比索的贬值演变为债务危机，酿成全面性金融危机，尔后波及整个拉美地区，形成地区性金融系统危机。2001年7月拉美国家债务危机在阿根廷再次重演，此时阿根廷公共债务已占GDP的55.9%，国际储备和银行储备不断下降，金融风险进一步扩大，金融系统濒临崩溃边缘。受其影响，巴西、乌拉圭等国成为重"灾区"，整个拉美地区金融系统危机四伏。以债务危机严重的巴西为例，公共债务占到GDP的66%，有近300亿美元的中长期的美元债务需要偿还，而此时巴西的外汇储备仅为360亿美元。[①] 由于巴西债券利率比美国国债利率高出1759个基本点，因此如果按照这个条件进行债务展期，那么巴西仅外债利息就将支付350多亿美元。尽管后来在国际机构的援助下巴西渡过了这场危机，但相关数字表明，债务危机甚至有可能使国家面临破产的风险。

在金融互动中，银行危机是指银行过度涉足（或贷款给企业）高风险金融活动（如投资房地产、股票），导致资产负债严重失衡，呆账负担过重，资本运营呆滞甚至出现破产倒闭的情况，并在银行系统和各个领域蔓延。由

① 新华社北京2001年1月17日电，见 http：//news. xinhuanet. com。

于银行业紧缩借贷导致大量挤兑会造成市场流动性严重不足，因而最终会形成银行的系统性危机。由于资产配置是商业银行等金融机构的主要经营业务，各金融机构之间因资产配置会形成复杂的债权债务联系，因而银行危机具有很强的传染性，一旦某个金融机构资产配置失误，不能保证正常的流动性头寸，就可能演变成全局性的金融动荡。由于银行业作为金融业的主体，在国家的社会经济生活中具有非常重要的地位，因此发生危机会产生广泛的连带影响。

信贷危机是泛指金融领域信贷发生问题所引发的危机，其表现是大量贷款无法收回，导致贷款金融机构产生大量坏账，致使有关银行及信贷机构破产倒闭，并蔓延到整个金融系统。2007 年夏开始的直接由美国次贷引起的金融危机是一次典型的信贷危机。美国的次贷危机（subprime lending crisis）又称次债危机，即次级抵押房贷危机。次级按揭贷款是国外住房按揭的一种类型，贷给没多少收入或个人信用记录较低的购房人。次级抵押房贷是一个高风险、高收益的行业，与传统意义上的标准抵押房屋贷款相比，这种贷款对购房贷款人的信用和还款能力要求的“门槛”低，但利率却比一般抵押贷款要高出很多。在房价不断走高时，由于抵押品价值高于贷款，次级抵押贷款生意兴隆，贷款也不会产生问题。即使贷款人现金流并不足以偿还贷款，他们也可以通过房产增值获得再贷款来填补缺口。对于将贷款大量发放给不符合贷款条件的个人（信用评级为次级）的金融机构来说，在房价上涨的情况下，即使借款人无力偿还贷款，收回的房屋依然能够清偿贷款并获利，同时还能够将这种情形的贷款打包上市（证券化），在证券市场上流通，以转移风险。然而，如果房价下跌，情形就会不同。在借款人无法按期偿还贷款时，贷款机构即使收回房屋也不足以清偿贷款，这种巨额损失会导致一批房企及金融机构破产倒闭。美国的次贷危机就是在这种情况下发生的。

从 20 世纪 70 年代到 21 世纪初，历次金融危机都是从一个领域波及另外的领域，如从货币危机到货币体系危机，从债务危机到股市危机，从信贷危机到银行系统危机，甚至到整个经济体系和金融系统危机。例如，美国的次贷危机发生后就形成了这样的过程：最开始是在信贷领域，然后向金融系统渗透，并且从美国的本土向全球蔓延，从金融领域向实体经济扩散，最后将世界许多国家和地区拉下水。在 2010 年开始的欧债危机中，情形也是一样。主权债务信用危机像瘟疫一样在欧元区国家蔓延和深化。危机最初发生在希腊，其后在爱尔兰和葡萄牙也相继发生问题。为解决这场危机，欧盟和国际货币基金组织启动了总额7500亿欧元的紧急救助，但危机还在继续扩大。2011年5月间，希腊再次面临主权债务违约风险，标准普尔将希腊的信用评级下调至“垃圾级”。葡萄牙主权债务违约风险紧随其后，还债迫在眉睫，被迫向欧盟和国际货币基金组织求援。此后，危机又蔓延到了西班牙、意大利等国家。欧元区债务危机的不断扩大使得欧盟面对着体制上的危机和解决危机的重大挑战。

从上述危机可以看出，在当代的国际金融网络中，密切的互动关系使得体系中的任何国家都不能独善其身。国际货币基金组织在2008年6月发表的《金融与发展》报告中坦言：“虽然事件的诱因在于美国抵押贷款违约事件的增加，特别是次贷市场，但是其敲门砖效应带来的后果却非常的严重。结构化信用产品链条的快速延伸中包含的不透明性和复合性的特征使得头寸持有的地点、规模以及杠杆作用等都变得隐蔽起来——有时候甚至从金融机构本身的角度来看也是如此。危机的蔓延也令很多投资者感到惊讶和慌乱。由于导致危机形成的各种动机深深地扎根于私人部门的行为中，而且在某些情况下甚至被政策所激励，因此解决这些问题很不容易。但是这些问题值得引起巨大的关注，因为危机的影响已经达到一个很宽广的范围，它波及了很多国家的普通民众。”①

金融危机作为各种金融问题积累的体现，在现代国际关系中的出现有日益频繁之势。由于这些危机都是互动的产物，因此互动的程度就决定危机的属性。现代金融体系联系的行为体越多，互动越密切越深入，发生问题的概率就越高，影响就越广泛越严重。当然，这种密切的相互依赖情况，也决定行为体有可能形成广泛的国际合作和危机管理。

（四）多边国际协调机制

世界各国在经济互动中的密切关系，一方面造成了问题与危机的蔓延与扩散，另一方面则促成了国际合作与多边政策协调。除了国际货币基金组织与世界银行这样的全球性国际组织之外，参与协调与治理的还有集团性协调机制以及多种论坛组织与区域性组织。

20世纪70年代中期，为应对“石油危机”和“美元危机”引发的经济衰退，协调西方各国的经济政策，美国、英国、法国、德国、意大利、日本和加拿大建立了7国首脑定期会晤的机制，即“7国集团”（G7）。由于7国

① International Monetary Fund, *Global Financial Stability Report*, April, 2008.

集团在当时的世界经济中占据着绝对支配地位，因而掌握着国际经济领域的话语权，能够主导国际经济、金融规则的制定。

到了20世纪80年代，7国集团峰会的政治色彩明显加强，关注的议题逐渐扩展到全球政治和安全领域。冷战结束后，俄罗斯的加入使得G7扩大为G8，峰会涉及的内容也更加多样，除了协调国际金融政策之外，还涉及了包括贸易、气候变化等议题的各种全球重大问题。从20世纪90年代后期开始，8国集团加强了与发展中国家的对话，形成了更广泛的互动平台。不过，由于这一机制除了一年一次的会议之外，并非严格的国际组织，对与会国没有多少约束，因此起到的实际作用相对有限。据报道，35年来通过的决议超过3000项，但真正得到执行的却很少。[①]

进入21世纪之后，伴随着新兴大国的崛起和各种全球问题的凸显，全球互动的内容与形式也在变化。2008年金融危机的发生，标志着由单一“富人俱乐部”主导世界经济的时代的结束。美国、欧洲单凭自身无法抵御危机，而以“金砖国家”为代表的新兴经济体则成为世界经济发展的动力，并且更多地参与到了“游戏规则”的制定之中。[②] 作为这种变化的体现，G20取代G8成为协调全球主要国家的政策的平台。

G20是20个经济体的财长与央行行长组成的一个体制，包括19个国家加欧洲单一货币，自1998年开始运作。这些国家的政府首脑或国家元首不定期地与会。G20体制构成的一个重要特点是除了老牌的7个西方发达国家（G7）之外，还包括主要新兴大国——中国、印度、俄罗斯、巴西，以及其他具有地区代表性的大国——南美的阿根廷、非洲的南非、欧亚的土耳其、中东的沙特。事实表明，世界经济问题只有在这样的平台上才能进行有意义的讨论。

G20国家能够形成合作与协调机制，是因为它们认识到，只有加强宏观经济政策和货币政策的多边合作与协调，共同承担风险，才有可能解决危机，推动全球经济的稳定发展。2008年11月15日，首次G20国家领导人峰会在华盛顿举行，其后相继在伦敦、匹兹堡、多伦多、首尔和戛纳等地举行了多次峰会。从这些会议来看，G20发挥了四个层面的作用和功能：一是促进国际协调与合作的机制化。2009年9月，匹兹堡峰会决定将G20制度化，

① 转引自《西方不甘心放弃G8》，《环球时报》2010年7月1日第7版。

② 宰飞：《国际力量消长，G20取代G8?》，《解放日报》2010年6月27日。

提升为治理国际金融问题的最主要的制度平台。二是推动了国际金融机构的改革和治理，促成了国际货币基金组织与世界银行的份额和投票权向新兴和发展中国家的转移。三是加强了国际金融监管制度。2009 年 4 月的伦敦峰会一致同意在金融领域实施新的监管规定，在 G20 框架下建立了金融稳定委员会（FSB），并催生了“巴塞尔协议Ⅲ”①。

G20 作为一种国际机制，虽然作用在提升，但并没形成具有法律约束力的国际“条约”或“宪章”，它所达成的一些国际协议和国际承诺，在很大程度上仍然属于“非正式的”。虽然这种非正式性使得 G20 机制具有协调国内—国际两种政治需求的优势，在全球治理中具有很大的灵活性，但在存在分歧的情况下也很难形成集体行动。事实上，自全球金融危机爆发以来，G20 成员国在宏观经济政策和货币政策协调上始终存在着利益分歧，因此其协调作用同各国的期望值相差甚远。不过，由于要解决当代的国际金融问题只能通过国际合作与协调，因此主要国家间类似互动还会继续下去。

除了 G8 和 G20 的全球层面的政策协调机制，各国还在区域层面上进行着政策协调。例如，欧洲经济与货币联盟、北美自由贸易区等区域协调机制，在地区金融领域出现问题时能及时采取危机管理措施，防止事态的扩大和蔓延，有时比区域以外的国际协调或接受国际货币基金组织和世界银行的救援更为有效。

四　国际金融体系改革

国际金融体系运作中出现各种问题，从根本上讲，与体制上的弊端是分不开的。解决这些问题，需要各国加强国际合作，进行必要的改革。实际上，国际金融体系从形成起就不断进行着改革和重构。从“金本位制”到“布雷顿森林体系”，再到“牙买加货币体系”；从“固定汇率制”到“浮动汇率制”，再到汇率制的“多样化”；从单一主导货币到货币的“多元化”，每一阶段的改革和重构都体现了行为体互动结构的演进。自 2008 年金融危机爆发以来，国际社会更加感到了改革国际金融体系的必要性与紧迫性。

国际金融体系作为行为体的一种互动结构，之所以会发生变革，有两个

---

① 2010 年 9 月 12 日，巴塞尔银行监管委员会（BCBS）召开央行行长和监管当局负责人会议（GHOS），就巴塞尔协议新框架细节达成一致意见，并在 2010 年 11 月的 G20 首尔峰会上获得签署。“巴塞尔协议Ⅲ”的签署被视为国际金融业改革进程中的“里程碑”，将大幅降低金融危机发生的可能性和危害程度。见新华网，http：//news. xinhuanet. com/。

根本原因：一是这个体制的主要制度安排经过一段时间的运作，就不再适应变化了的形势，不再能应付日益增多的弊端与问题。二是随着体系内力量对比的变化，一些国家感到自己在这个体制的机构与组织中的地位与自己的实际力量不相符，要求建立更公平的互动结构，享有更合理的权利。从这两方面来讲，国际金融体系改革的利益诉求，既是对行为体共同利益的反映（改变制度），以便建立更有效的体制，亦是对行为体间力量对比关系的反映（改革权利分配），以便实现各方更平衡的利益。由于在改革进程中不同国家有不同的利害，因而互动充满了不同利益的讨价还价。

（一）国际金融制度的改革

国际金融体系的改革，说到底是一种国际制度的变革。作为行为体互动的产物，有关国际金融的规范必须符合行为体的共同利益，并且符合各行为体间关系的现实。如果体系的制度结构不能应对互动中出现的问题，导致互动失衡，形成各种危机，那么结构中就会出现改革的压力。当然，变革旧制度通常都会经历一个曲折的过程，除非原有的体制崩溃。在改革过程中，各行为体都会按照自己的意愿进行讨价还价。它们需要追求共同利益，也会力争自己的国家利益。强者会谋求主导地位，弱者会推动建立公平的体制。在任何情况下，各方所建立的平衡都是相对的。一旦体系失衡，面对危机治理功能失效，矛盾就会上升，新的博弈就会开始。如果结构通过变革能够做到与互动的要求大体适应，体系就会稳定下来。如果变革与各行为体的要求不适合，变革的压力就会推动变革继续向前进。由于各方在金融领域的互动只能在有序的状态下进行，因此各国无论怎样互动都不会离开制度，在多数情况下会通过修补使之不断完善。这也反映了国际金融互动的特有属性。

1. 储备货币制度的改革

进行国际金融体系改革，必然涉及美元和美国的国际金融地位问题。近年来，伴随着金融危机的持续，美元作为单一信用储备货币，在国际货币体系中的地位受到来自各方面的挑战与冲击。2008 年爆发的美国次贷危机，严重损害了全球投资者对美国金融市场和金融产品的信心。如果全球投资者购买美国金融资产的意愿下降，美国的融资规模就会下降，美国的国际收支就会出现更严重的失衡，而美元的地位则会进一步下降。当然，由于金融危机在重创美国金融市场和实体经济的同时，也重创了美元的主要对手欧元和日元，因此美元的国际储备货币地位还未到“改朝换代”的地步。不过，美国经济发生的问题毕竟给美元本位制敲响了警钟。在这种情况下，要求改革国际货币储备制度的呼声日益高涨。

针对国际货币体系改革问题，中国人民银行行长周小川指出，对于储备货币发行国而言，国内货币政策目标与各国对储备货币的要求是经常存在矛盾的。货币当局可能因抑制本国通胀的需要而无法充分满足全球经济不断增长的需求，也可能因过分刺激国内需求而导致全球流动性泛滥。理论上，“特里芬难题”① 仍然存在，即储备货币发行国无法在为世界提供流动性的同时确保币值的稳定。周小川认为，当一国货币成为全世界初级产品定价货币、贸易结算货币和储备货币后，该国对经济失衡的汇率调整是无效的，因为多数国家货币都以该国货币为参照。经济全球化既受益于一种被普遍接受的储备货币，又为发行这种货币的制度缺陷所害。从布雷顿森林体系解体后金融危机屡屡发生且愈演愈烈来看，全世界为现行货币体系付出的代价可能会超出从中的收益。不仅储备货币的使用国要付出沉重的代价，发行国也在付出日益增大的代价。危机未必是储备货币发行当局的故意，但却是制度性缺陷的必然。② 正因为存在这些制度性缺陷，因此美元作为储备货币，其发行数量是不可能受到约束的。事实上，美国政府基本上都是根据国内经济发展的需要制定货币政策，而不是根据世界经济增长需求确定美元发行数量。③

为了改革当今的货币储备制度，2008 年成立的联合国大会主席有关国际货币和金融体系改革的专家委员会提出，应提供一个比美元更加稳定的国际价值储存载体。2009 年 G20 伦敦峰会前夕，周小川提出了在国际货币基金组织现有的特别提款权（SDR）基础上构建“超主权国际储备货币”以取代美元的建议，这个建议得到了俄罗斯、巴西等新兴国家的支持。周小川认为，提款权具有成长为超主权储备货币的特征与潜力。因此应特别考虑充分发挥提款权的作用，着力推动提款权的更加广泛的分配，以及拓宽提款权的使用范围。从现实性来看，目前的提款权是由美元、欧元、日元和英镑组成的货币篮子，并不能反映全球经济发展的格局。要让这个货币篮子更具代表

---

① 美元的“特里芬两难”（Triffin Dilemma）：一方面，为满足世界经济对国际储备货币的需求，美国会通过持续的经常账户赤字输出美元；另一方面，持续的经常账户赤字会造成美国对外净负债的上升。一旦其他国家投资者对美国在不制造通货膨胀前提下的偿债能力失去信心，抛售美元与美元资产，就会造成美元本位制难以为继。参见张明：《国际货币体系改革与中国的参与》，载张蕴岭主编：《中国面临的新国际环境》，北京：社会科学文献出版社 2011 年版，第 72 页。

② 周小川：《关于改革国际货币体系的思考》，见新华网，http：//news. xinhuanet. com。

③ 张明：《国际货币体系改革与中国的参与》，载张蕴岭主编《中国面临的新国际环境》，北京：社会科学文献出版社 2011 年版，第 71—73 页。

性，至少要让人民币、卢布（俄罗斯）、卢比（印度）、雷亚尔（巴西）等货币加入其中，而且要扩大提款权的使用范围与发行规模。从这样的设想看，要得到广泛认可并不是一件容易的事。

从现实性来讲，推动储备货币的多元化，即建立美元、欧元和亚洲货币（比如人民币）并立的局面也许是可能的。在这种格局中，美元会继续在全球范围内充当重要的国际性货币，但势力范围可能会逐渐缩小，而欧元和亚洲货币，则可能会逐步扩大使用范围。当然，这个过程可能很长，不会一蹴而就。而且，由于当代的金融互动存在很大的不确定性，特别是金融危机的发生和消极影响往往难以估计，因此储备货币多元化的进程也存在很大变数。就目前的情况而言，如果欧盟不能顺利摆脱债务危机，甚至危及欧元的存在，那么欧元作为储备货币篮的一个组成部分就根本谈不上了。①

2. 金融监管制度的改革

全球性金融危机的频频爆发，表明国际金融体系缺乏跨境监管机制。由于各国金融监管当局都是各自为战，而且实施的监管标准和强度存在差异，因此不能应对当代的全球性危机。现有的国际金融监管与协调机构，包括国际货币基金组织、世界银行、国际清算银行、金融稳定论坛（FSF）等，亦未能很好地监测全球性风险。事实表明，在全球金融体系的互动中，建立更有效的全球监管机制是非常必要的。②

2009 年 3 月，在 G20 伦敦峰会召开前，出现了各种有关加强金融监管的观点。时任国际货币基金组织总裁的卡恩指出，在构建金融新秩序过程中，必须处理好三个关键问题：第一，在重新设定监管框架和落实监管措施方面，国际货币基金组织应发挥关键性作用；第二，必须建立更有效的早期预警机制，对发达国家金融经济进行更好的监管；第三，国际社会在政策上要协调一致，共同应对危机。他表示，国际金融监管体系的改革是重建市场和民众信心的重要来源，应当将包括银行、基金公司、监管机构等金融体系参与者融合在一起，进行协调统一的监管。③

德国总理默克尔表示，国际金融危机源自市场的无节制行为，应加强金融市场监管。她说："世界目前处在一个分水岭，我们必须从灾难中吸取教

---

① 张明：《国际货币体系改革与中国的参与》，载张蕴岭主编《中国面临的新国际环境》，北京：社会科学文献出版社 2011 年版，第 74—77 页。

② 同上书，第 71 页。

③ 《IMF 总裁主张：对金融机构进行协调统一监管》，《人民日报》2009 年 3 月 29 日。

训，不能每10年重复一次这样的灾难，我们需要一部金融市场宪法。”①

美国推出的金融系统全面改革方案则强调要加强金融稳定论坛在全球金融监管中的作用。这个曾有“金融富国俱乐部”之称的金融稳定论坛成立于1999年4月，是亚洲金融危机后成立的一个国际金融咨询和协调组织，最初成员是七大工业国，后来邀请中国香港、澳大利亚、新加坡、荷兰、瑞士和欧洲央行等金融中心和国际组织加入。2009年3月，金融稳定论坛在伦敦会议后宣布接纳中国、俄罗斯、印度尼西亚等20国集团成员加入。美国财长盖特纳表示，金融稳定论坛要与国际货币基金组织和世界银行一道，监督执行更高的监管标准。

诺贝尔经济学奖得主斯蒂格利茨提议在联合国设立经济理事会，担当全球金融监管重任，这一提议也受到许多国家欢迎。

正如一篇“财经观察”所指出的，全球金融监管合作的背后是大国力量的博弈。目前在国际金融体系改革中最突出的三股力量来自美国、欧盟和新兴市场。它们的利益取向不同，因而冲突不可避免。从美国的建议看，它依然在积极维护自己主导的国际金融体系。欧洲希望借此次危机提高本地区在全球金融体系中的发言权和影响力。新兴市场则更关注自身金融体系的健康稳定成长，同时希望在国际金融体系中得到更多的话语权。②

（二）国际金融组织的改革

国际金融组织的改革，涉及成员国在其中的投票权的分配与地位的调整。在现有的国际金融组织中，主要是国际货币基金组织和世界银行，新兴与发展中经济体的权利与其经济地位是不相称的，它们没有公平的发言权，不能充分表达自己的意愿与利益，在发生金融危机时往往处于极为被动的境地，有时不得不任由发达国家“摆布”，例如，在要求“援助”时接受苛刻的附加条件。因此，在国际金融组织的改革中，新兴与发展中经济体希望建立一个以民主原则为基础的金融体系，通过增加发展中国家在国际金融体系中的分量，改善国际金融体系中发言权与地位分配长期失衡的状况。

对于国际金融组织的改革，国际社会是有一定的共识的。用联合国的话

---

① 新华网柏林2009年3月28日电（记者胡小兵）。

② 新华网北京2009年3月30日电，《财经观察：全球金融监管合作面临的三大挑战》（新华社记者刘丽娜）。

语来说就是："布雷顿森林机构必须全面改革，使其能够更充分地反映世界经济中不断变化的经济实力，并能更敏捷地对目前和今后的挑战作出反应。我们重申，按照布雷顿森林机构各自的任务规定，增强发展中国家在这些机构中的话语权和参与程度，对提高这些机构的合法性和成效至关重要。我们确认国际金融机构已经开展的治理改革，包括最近关于配额审查的协议、基金组织的话语权改革和世界银行的相关步骤，并鼓励朝着这一方向进一步改革。"①

观察国际金融体系的运作可以看到，随着全球经济的发展，以国际货币基金组织和世界银行为代表的国际金融机构，其制度设计和运行与国际经济金融格局变迁的距离日益拉大，导致其在全球经济互动中无法充分发挥作用。其中的一个主要问题就是份额和投票权分配不对称，发展中国家的代表性严重不足。这种不平衡的权利分配局面，决定这些国际金融机构主要服务于部分发达国家的利益，而忽视全球大多数发展国家的需求。

为了对投票权进行改革，国际货币基金组织分别于2006年、2008年和2010年三次通过决议，对投票权进行重新分配。2006年在新加坡召开的国际货币基金组织年会，投票决定增加中国、韩国、墨西哥和土耳其的投票权。中国的投票权从2.928%提升至3.651%；韩国从0.76%提升至1.328%；墨西哥从1.196%提升至1.43%；土耳其从0.453%提升至0.547%。2008年国际货币基金组织理事会通过一项提案，将新兴市场及发展中国家的投票权从新加坡会议后的40.5%调整至42.1%。其中中国从3.651%调整到3.806%，印度从1.882%调整到2.337%，巴西从1.377%调整到1.714%。2010年4月，国际货币基金组织又将超过6%的份额转给新兴市场国家和发展中国家。中国的份额升至6.394%，超过德国、法国和英国，位列美国和日本之后。2010年4月，世界银行通过了转移投票权的改革方案，发达国家向发展中国家共转移了3.13%的投票权，使发展中国家整体投票权从44.06%提高到47.19%。其中，中国在世界银行的投票权从2.77%提高到4.42%，成为世界银行第三大股东国，仅次于美国和日本。2011年3月，国际货币基金组织2008年提出的份额和投票权改革方案正式生效（见表7-3）。

① 联合国大会第A/RES/63/239号决议，2008年12月24日。

表7-3　主要国家GDP占世界比重及其在IMF的提款权（SDR）份额与投票权

国家	2010年GDP（以国际汇率计算）		2010年改革后	
	万亿美元	占世界GDP总量比例（%）	SDR份额（%）	投票权（%）
美国	14.62	23.59	17.407	16.479
中国	5.74	9.26	6.394	6.071
日本	5.39	8.69	6.464	6.138
德国	3.3	5.32	5.586	5.308
法国	2.55	4.11	4.227	4.024
英国	2.25	3.63	4.227	4.024
意大利	2.03	3.4	3.161	3.016
巴西	2.02	3.26	2.316	2.218
加拿大	1.56	2.51	2.312	2.214
俄罗斯	1.47	2.37	2.706	2.587
印度	1.43	2.3	2.751	2.629

注：2010年世界GDP总额以国际汇率计算约为61.96万亿美元。表中所列的份额与投票权数字，是改革方案生效后的数字。

资料来源：国际货币基金组织2011年4月12日发布的《世界经济展望》和国际货币基金组织官方网站数据，见http：//www. imf. org/。

从国际货币基金组织的改革来看，总的趋势是向新兴市场国家和发展中国家转移份额与投票权，但这些转移生效之后，不平衡的情况是依然存在的。2010年的改革方案生效后，发达国家所占份额尽管从60.5%下降到57.7%，投票权从59.5%下降到55.3%，但少数发达国家仍然掌握控制权。就美国而言，其支配性地位并未改变。美国的份额和投票权分别为17.407%和16.479%。由于国际货币基金组织的重大决议需要获得85%以上投票权，因此美国在重大决议上继续拥有实质性的否决权。从这些数字来看，国际金融体制的基本格局并未发生根本性改变。

从表7-3主要国家的GDP和在国际货币基金组织中的份额与投票权的对比看，发达国家所占份额与投票权基本上都高于GDP在世界经济中所占比重，而金砖国家的份额和投票权则低于GDP所占比重。这种情况，决定未来的国际金融组织的改革，可能会继续向着更公平地分配权利的方向发展。

2010年4月14日，世界银行行长佐利克在其发表的题为《第三世界的终结？——面向多极化世界，实现多边主义的现代化》的演讲中指出，世界经济和政治版图正在变化，处于新的、多极化的快速演变中，世界银行必须采取行动，适应新的现实。现代化的多边主义需要引入新的参与者。①

当然，从总体上讲，由于新兴国家与发展中国家在世界经济中仍处于弱势，金融危机的发生并不能改变全球经济互动的整体格局，因此谋求更公平的金融体系的改革还有漫长的路要走。

第五节　结语

在当代世界，不存在封闭的经济体。在国际行为体之间，经济互动是最普遍、最广泛和最经常的联系。无论是在生产领域、贸易领域还是金融领域，一些重要的互动都是须臾不可中断的。例如，能源供应中断会导致能源危机，债务违约会导致债务危机，资金链中断会导致生产的危机。在国际关系中，国家作为经济体，必须通过互动维护自己的经济利益。在任何一个经济互动网络中，国家都必须积极参与和理性应对。在一些情况下，国家甚至会运用政治力量和军事力量来维护自己的经济利益。

与其他的互动不同，行为体进行国际经济活动，并建构各种经济体系，尽管是有意识的行为，但同时也会受到“看不见的手”的影响。经济体系的运作有自己的规律性。尽管在很多时候政府可以发挥积极的干预作用，但干预未必有效。事实上，经济领域频频发生的各种危机就表明了政府干预作用的有限性。在日常的经济互动中，尽管每一个国家在主观上都力图使互动顺畅，希望能够避免危机，能够取得更有利于自己的结果，但互动却常常出现意料之外的结果。就互动结构的发展而言，未来会出现怎样的结果，在很多情况下仍然是不可预测的。

与政治、军事关系相比，经济互动所形成的关系在总体上是一种积极的相互依赖关系。经济关系中的每一方通过互动谋求利益，都有赖于他方进行合作。事实上，以损人利己的方式进行“零和”式互动是不可能持续的。因此，经济领域的互动，在总体上具有合作的属性，行为体的行为会接受规范的约束。在这种互动中，规范会得到不断的完善。在一般情况下，遵守规范对每一方都是有利的，破坏规范得不偿失。在当代，复杂、细密的规范体系

① 中国新闻网，2010年12月30日，http：//www. chinanews. com/cj/2010/12－30/2757333. shtm。

确保了全球经济互动的有序进行。尽管这些规范对一些弱国和后来者可能存在诸多不公平或不平等的方面，但有规范的互动毕竟比无序的交易更好。事实上，弱国与后来者只有加入互动，才有可能在制度框架下谋求对自己更为有利的局面。

在国际经济体系中，由于国家具有不同的利益与目标，因此，尽管互动在总体上具有合作属性，但矛盾与斗争也始终存在。不论是在生产领域，还是在贸易与金融领域，问题、争端甚至对抗都经常发生。由于这些互动是以国家为单元，因此即使是经济互动也往往具有政治内涵。例如，贸易问题、汇率问题都可能成为国家间的政治问题，在中美之间就常常出现这样的情况。当然，国家层面的经济冲突，通常都是有限度的。从国际关系的发展趋势看，以多边合作的方式深化经济领域的互动并治理各种经济问题，会成为世界各国更为经常的对外政策选择。

第八章　国际军事体系

在以“无政府”和“自助”为特征的国际关系中，主权国家生存与安全的最终保障是自己的军事力量。尽管在国际互动的常态下国家未必需要使用军事力量，但因为始终存在不安全因素，因此任何国家都不敢放弃这种手段。由于国家的军事力量是自身权力的中坚部分，因此国家间关系就存在军事互动这样一个重要层面。国家经由军事力量进行互动所形成的整体结构就是国际军事体系。

在国家的军事互动中，存在着增强对抗性的过程，诸如进行军备建设与军备竞赛，缔结军事结盟，进行军事威慑，以及使用军事力量进行武装冲突甚至大规模战争；也存在减缓对抗性的过程，诸如开展安全合作，建立安全体制，进行军控与裁军谈判，加入安全条约与协定等。对行为体来说，无论是进行冲突还是合作，军事互动所形成的体系都是行为体实施对外政策的最重要的环境因素之一。

第一节　军事互动的产生与发展

自人类社会出现，群体间的关系就存在武力的因素。由于原始人类群体会不时发生利益的冲突，因此它们都不得不把自己武装起来。这样，在不同的社会群体之间就会形成惯常的围绕军事问题的互动。作为人类互动的一种暴烈形式，最初它只是星星点点地发生于各个有人类居住的地方。以后，随着人类社会生产力水平的提高，交往范围的扩大，战争能力的增强，各种冲突与战争的规模和影响也越来越大。当人类的社会联系扩展到全球之后，冲突与战争也逐步具有了全球的属性。

在20世纪，以两次世界大战的发生为标志，人类真正进入了全球冲突与战争的时代。在这样一个时代，人类社会不但可以把地球的任何部分作为战场，而且可以进行波及全球的战争。人类所掌握的先进军事力量，不但可以摧毁敌对方的人员、设施和军事装备，而且可以把整个地球摧毁几十次。从这个意义来讲，人类社会的军事体系也演进成了一个全球的系统。

在当代，军事互动是以主权国家为基本单元。在人类历史的长河中，主权国家的形成是17世纪以后的事情。因此，探讨人类社会的军事互动，可以分为两个大阶段，即前主权国家的军事互动和现代军事互动。

一　前主权国家的军事互动

在原始社会，军事互动的发生是伴随着私有制的产生而形成的。为了争夺生存权、财产、牺牲品，或者为了复仇，原始氏族与部落群体间不时发生争斗，最初的战争遂由此而开始。在中国历史上，见于记载的最早的“战争”是发生在距今4600余年前的“涿鹿之战”。在这场战争中，炎帝与黄帝结成军事同盟，最终战胜了蚩尤部族。传说中的华夏文明就是在这之后发展起来的。[①]

在古代社会，正式军队的互动是伴随着国家的产生而开始的。有了“国家”这种权力组织，专门化的军事力量才能形成和维持，人类社会才可能发生较大规模的战争，并实现一定区域的统一。例如，在世界文明摇篮之一的两河流域，公元前3000年时形成许多城市国家。这些国家为争夺奴隶、土地和灌溉控制权，不断进行混战。在这个过程中，阿卡德王国实现了整个地区的统一。为了加强统治，阿卡德王国曾建立了5400人的常备军。阿卡德王国灭亡后，两河流域又相继统一于不同的王国，包括著名的巴比伦王国。[②]

通观世界古代史，可以看到，王朝的兴衰与更替，国家的统一与分裂，从表现形式看，都是通过军事互动。军事力量强大的国家，很可能在较短时间内靠军事征服建立起庞大帝国，但这种靠征战建立的大帝国，往往是不稳定的，也可能迅即瓦解。就不同地区的不同古文明而言，情况大体上都是如此。例如，公元前334年，马其顿王亚历山大率军远征，先后征服了波斯、腓尼基、埃及、中亚细亚，建立了一个广袤的帝国，但前323年亚历山大病死后，这个帝国就迅即分裂了。当然，也有帝国在征战后建立起了成功的统

---

① 据史记载：“蚩尤作乱，不用帝命。是黄帝乃征师诸侯，与蚩尤战于涿鹿之野，遂依附杀蚩尤。”详见司马迁《史记·五帝本纪》。

② ［美］斯塔夫里阿诺斯：《全球通史——1500年以前的世界》，吴象婴、梁赤民译，上海社会科学院出版社1999年版，第119页。

治体制，延续的时间较长。罗马帝国在分为东西两部分之前就存在了400年。

对于古代的统治者来说，军事活动是一种主要的对外行为。所谓“古之大事，唯祀与戎”，就是这种情况的写照。由于古代社会国家权力的主要体现是军事权力，强者为所欲为，弱者尽受其苦，因此“丛林法则”是行为体间互动的根本法则。在这种法则下，国家间的征服与抵抗，构成了军事互动的主要表现，而国家的扩张、分裂与灭亡则是军事互动的常见结果。

当然，在军事互动中，除了直接的交战行为之外，同时也存在结盟、制衡、施压、分化等其他形式的军事互动。在西方文明史中，伯罗奔尼撒战争就是各种不同形式的军事互动的一个事例。

在公元前5世纪，希腊城邦国家雅典和斯巴达结成军事同盟，挫败了东方波斯帝国的多次入侵。为了联合希腊各城邦国家共同防御波斯，以雅典为首的环爱琴海国家建立了提洛同盟，以斯巴达为首的伯罗奔尼撒内陆国家建立了伯罗奔尼撒同盟。雅典与斯巴达之间的权力竞争，最终导致了双方的战争。在战争爆发前，在不同的城邦国家间发生了频繁的外交活动，包括削减军事设施的谈判。战争爆发后，两个同盟都试图通过各种手段瓦解对方的力量。[①] 到战争后期，尤其是雅典在西西里战败后，雅典的同盟国大量背叛，而波斯对斯巴达的支持，最终导致了雅典的战败和提洛同盟的瓦解。在这场战争中，作为当时发达文明的希腊城邦国家展现了战争与外交相结合的复杂军事互动。

进入中世纪之后，不同地区和不同时期的军事互动存在不同的情况。在华夏文明的演进过程中，除了王朝更替和国家分裂所导致的战争之外，还有一类重要的军事互动就是中央王朝与北方游牧部族的互动，而这些游牧部族的西迁，则又与欧洲社会发生了联系。就欧洲的社会发展状况而言，在封建制度下骑士阶层的兴起，形成了一种独特的军事体制，而这种体制的衰落则直接为欧洲进入近代军事互动准备了条件。

中世纪的几支大的游牧民族，作为军事互动的主角，在互动中把东方与西方联系在了一起。它们的大规模的迁徙，包括匈奴西迁、突厥人西迁、蒙

---

① 关于第二次伯罗奔尼撒战争前提洛同盟与伯罗奔尼撒同盟的军事外交史料，详见 Thucydides, *History of The Peloponnesian War*, Translated by Rex Warner with an Introduction and Notes by M. I. Finley, *Penguin Books*, 1954, pp. 74 - 75。

古西征等，对西方社会产生了重要的影响。

匈奴作为一个游牧民族，最初是活跃于亚洲蒙古高原，自中国的春秋战国时起就与中原地区不断进行战争。在秦汉时期，匈奴遭到强大的中原帝国的重创后分裂为南北两部，南匈奴内迁逐渐汉化，北匈奴则逐渐向中亚和东欧迁移。进入中世纪后，不仅欧洲的蛮族哥特人被匈奴逼至多瑙河，东西两个罗马帝国也感受到了来自东方的强大军事压力。突厥是中世纪在亚洲兴起的游牧民族，较匈奴稍晚，势力扩展至蒙古高原，后分裂为东西两部。东突厥在唐太宗贞观三年（公元629年）被彻底击溃。西突厥余部在唐军不断的军事进攻下，向西迁移，进入西亚，皈依了伊斯兰教，并分裂为诸多部落。其中依附于阿拉伯帝国的塞尔柱突厥部统治了西亚一个多世纪，奥斯曼突厥部则攻破了欧洲的拜占庭，建立了长达六个世纪的跨三大洲的帝国。蒙古人的西征发生于13世纪，在短时期内把东方的战争互动延伸到了欧洲腹地，并且在欧亚大陆的两端同时进行，影响了整个欧亚大陆的军事体系。

在欧洲，公元480年西罗马帝国灭亡后形成了由国王、贵族和骑士构成的复杂的封建割据状态。讲到这一历史阶段的军事互动，不能不提到在分散的庄园经济基础上所形成的一个特殊的军事互动阶层，即骑士。骑士都是有一定家产的封建主，否则没有能力配置马匹、铠甲、剑等武器和副手。由于当时的欧洲处于分裂现状，没有大规模战争，因而惯于小打小闹、单骑决斗的骑士能够在军事互动中居于主角地位。骑士制度盛行于11世纪末叶至13世纪初叶。十字军东征就是这一时期骑士的对外征战活动。

骑士作为军事互动行为体的时间并不长。其衰落有三个原因：一是货币经济的发展，二是王权的上升，三是军事革命的发生。货币经济的发展导致骑士制度赖以存在的基础——庄园经济走向衰亡。王权慢慢强大使得中央集权成为历史发展潮流。在国与国之间战争越打越多、规模越打越大的情况下，职业雇佣军和常备军就逐渐取代了桀骜不驯、难以召集且没有纪律的骑士。步兵革命的发生，提高了平民的军事和政治的地位，原有的等级秩序受到巨大冲击。这一革命为近代早期欧洲军队规模的扩大打下了基础。

如果说军事革命是军事互动的形式与手段的改变，那么主权国家的产生与发展，则改变了军事互动的行为体。这两方面的变革，标志着人类社会的军事互动进入了新阶段。

二　现代军事互动的形成与演进

17世纪初，已经历了宗教改革的欧洲，因为天主教与新教的矛盾而爆发了一场持续30年的战争。战争最初起因于神圣罗马帝国疆域内的波希米亚王国新教徒1618年的起义，但很快就演变为欧洲各王国、帝国间争夺利益的大战。1645年战争结束时，参战各国以及其他欧洲主要国家在威斯特伐利亚召开和会。会议确立了一项重要原则，各国无论大小、战胜国还是战败国，都以平等的身份与会，而不再受制于罗马教廷和神圣罗马帝国。1648年，与会各国签订了《威斯特伐利亚和约》。《和约》的签订，标志着在欧洲范围内形成了近代的主权国家体系，即“威斯特伐利亚体系”。与这个进程相对应，以主权国家为主要行为体的军事互动开始了。

在整个18世纪，欧洲范围内的战事频频，诸如西班牙王位继承战争、瑞典与沙皇俄国的北方战争、奥地利王位继承战争、英法与普奥七年战争等。通过这些战争互动，欧洲各国进一步强化了主权意识。在这一过程中，以战争谈判和签订和约为主要内容的军事外交，以限制军备水平为内容的军备控制等，都成为主权国家间军事互动的重要表现。[①]

主权原则确立之初，欧洲战争的性质并没有改变。无论是国王和王储之间的个人战争、宗教讨伐战争还是没完没了的包围但却没有决定性结果的战争，其规模相对来说都是比较有限的，而且从事战争的有很多是临时拼凑的私人军队或雇佣军。这样的战争环境并不具备产生现代军事互动的条件。1789年发生的法国大革命，对于欧洲的军事互动来说，是一个标志性的事件，因为这场革命在欧洲有力地推动了民族国家的形成过程，而随后开始的拿破仑战争（Napoleonic Wars，1799—1815年）则开创了一个战争的新时代。用福煦（Ferdinand Foch，1851—1929）的话来说，这是一个民族战争的时代，这种战争注定要把国家的所有资源都完全投入进去。[②] 富勒

---

① 相关史料可参见 Sir George Clark，“From the Nine Years' War to the War of the Spanish Succession,” in G. W. Prothero，Sir A. W. Ward，Stanley Leathes，eds.，*The Cambridge Modern History*，Cambridge：Cambridge University Press，1970，Vol. 6，pp. 381 – 409；J. W. Smith，“The Netherlands and Europe in the Seventeenth and Eighteenth Centuries,” and J. S. Jones，“English Attitudes to Europe in the Seventeenth Century,” in J. S. Bromley and E. H. Kossman，eds.，*Britain and the Netherlands in Europe and Asia*，London：Macmillan，1968，pp. 13 – 55。

② ［法］A. 约米尼：《战争艺术》，见范林森译校并汇编：《西方战略经典》（上册），北京：时事出版社2002年版，第268页。

（J. F. C. Fuller，1878—1966）指出，凭借人民的热情，法国大革命把那个民族的全部力量投入到了战争当中，而拿破仑对别国的压榨，又唤醒了欧洲其他民族的同样的精神。[①] 这种新时代的新战争，需要统帅者有更宏观的视角，有驾驭复杂战争过程和调动国家资源的更大能力，并且需要有更周密的计划和谋略。这些条件的出现，使得现代军事互动的形成成为必然。

拿破仑以战争向欧洲输出革命，导致欧洲封建君主建立反法同盟进行对抗。1814 年拿破仑失败之后，各方举行的维也纳会议恢复了欧洲的封建秩序，各战胜国重新划分了在欧洲的势力范围。这一结构就是所谓的“维也纳体系”。维也纳体系是以均势为原则[②]，在一段时间内维持了欧洲列强间的和平与协调。为了防止革命再次发生，沙皇亚历山大一世于 1815 年 9 月联合奥、普两国缔结神圣同盟。其后，英、俄、奥、普四国又缔结了四国同盟条约，以便用武力维护维也纳会议决议的实施。维也纳体系形成后，欧洲形成了一种均势的状态，这种军事结构大体上持续到了第一次世界大战。

第一次世界大战（1914—1918 年）虽然主要发生在欧洲，但世界上大多数国家都卷入了。就规模与范围而言，这场战争的爆发标志着人类社会的军事互动进入了一个新阶段。战争的主角是同盟国和协约国两大军事集团。奥匈帝国、土耳其、保加利亚等属同盟国阵营，英国、法国、俄国和意大利等则属协约国阵营。在战争期间，其他地区的许多国家也加入其中。据估计，这场战争大约有 6500 万人参战，1000 万左右的人丧生，2000 万左右的人受伤。战争给欧洲造成的破坏前所未有。

第一次世界大战结束后，召开了解决欧洲战后问题的巴黎和会和远东战后问题的华盛顿会议。《凡尔赛条约》、《圣日耳曼条约》、《纳依条约》、《特里亚农条约》和《色佛尔条约》所体现的欧洲战后安排形成了“凡尔赛体系”；而《四国条约》、《关于限制海军军备的条约》和《九国公约》则使战后太平洋远东地区形成了“华盛顿体系”。“凡尔赛—华盛顿体系”作为一种结构，正是第一次世界大战军事互动的产物。

在“凡尔赛—华盛顿体系”下，国际联盟作为第一个正式的集体安全组

---

① ［法］A. 约米尼：《战争艺术》，见范林森译校并汇编：《西方战略经典》（上册），北京：时事出版社 2002 年版，第 294 页。

② Henry A. Kissinger, *A World Restored—Europe After Napoleon: The Politics of Conservatism in a Revolutionary Age*, New York: Corsset and Dunlap, 1964; Charles Breyning, *The Age of Revolution and Reaction*, New York: W. W. Norton, 1970, chaps. 3 – 5.

织，构成了一个维持和平的国际结构。《国际联盟盟约》第十条规定，成员国负有保护每一个成员独立与领土完整的义务。不过，它最终还是让各国自行决定是否及如何履行此项义务。在国际联盟存在期间，向它提交的政治争端事件共66件，它成功地处理了其中的35件，但在最重要的政治争端事件上却失败了。1931年日本侵略中国，1935年意大利侵略埃塞俄比亚，1936—1938年德、意干涉西班牙内战，国联都未加制止。1937年日本对中国发动全面侵略战争，1938—1939年希特勒吞并奥地利和捷克斯洛伐克，并向波兰发动全面进攻，国联也毫无作为。国联一次次地失败，使得“凡尔赛—华盛顿体系”一步步地瓦解，并且最终演变成了第二次世界大战。

与第一次世界大战以欧洲为主战场不同，第二次世界大战是真正意义上的全球战争，先后共61个国家和地区、20亿以上的人口被卷入战争，作战区域达到了2200万平方千米。这场战争作为全球军事互动的进一步的扩展，在规模、范围、破坏性和影响上都达到了前所未有的程度。

1939年德国入侵波兰，英、法对德宣战，第二次世界大战全面爆发。1940年，德、意、日三国签订《军事同盟条约》，轴心国集团形成。1941年，德国入侵苏联，日本袭击珍珠港，使得战争的互动范围空前地扩大了。1942年，反法西斯同盟国签署《联合国家宣言》，至此，第二次世界大战形成了同盟国和轴心国两大军事同盟集团的对抗。随着同盟国的不断胜利，战争最后以德国和日本的投降宣告结束。

从军事互动技术的角度讲，第二次世界大战完成了热兵器时代向机械化时代的过渡。坦克在第一次世界大战中应用于战场后并未引起各国高层军事领导的重视，直到德国的装甲部队以“闪电战”横扫欧洲大陆之时，人们才意识到一个新战争纪元的到来。由大规模航空力量和装甲力量组成的独立突击集团在机械化战争时代发挥了无可替代的作用。在海战上，传统的大舰巨炮的比拼演进为以航空母舰为主的海上机动兵团的争夺，制海权从此让位于制空权。总之，机械化时代的战争属性是将火力和机动性发挥到极致，其实质是工业实力的较量，它加速了战争进程，更加轻易地扩大了战争的影响及互动范围。

第二次世界大战结束后的国际体系在1944年的雅尔塔会议上确定了下来，英国首相丘吉尔、美国总统罗斯福和苏联最高统帅斯大林对战后全球秩序的安排达成了一致。然而，这种战后安排并没有持续多久。随着美国总统哈里·杜鲁门（Harry Truman）发出冷战宣言，以美苏两大军事集团的对抗为特点的两极格局就逐渐形成了。这种持续了半个世纪的互动结构，给国际关系造成了深刻的影响。

两极格局的军事互动，主要表现为以美国为首的北大西洋公约组织（NATO）和以苏联为首的华沙条约组织（WTO）之间的冷战。由于第二次世界大战后的世界军事互动进入了核武器时代，美苏两个超级大国的核武器的发展都达到了能够“相互确保摧毁”的程度，因此，尽管双方的战略核武器都瞄准对方，且多次出现可能导致冲突的危机，但没有发生大规模的战争，因为双方都明白，进行核战争就意味着全人类的毁灭。在这样的条件下，两大军事集团的互动，主要是通过局部代理人战争、科技和军备竞赛以及外交博弈等方式进行，相互遏制但不直接诉诸武力。观察这个历史阶段所发生的战争，诸如朝鲜战争、中东战争、越南战争、阿富汗战争等，可以知道，尽管不是两个超级大国直接动手，但这些战争的背后确实都有它们的权力竞争的影响。

在冷战时期的军事互动中，两个超级大国的军备竞赛是一个最突出的方面。到 20 世纪 80 年代，两国的核弹头数量都超过了万枚，足以将地球毁灭数十次。正如罗伯特·杰维斯所说：“部署核武器的合理战略是个自相矛盾的说法”①，在核武库达到荒谬程度且核战争不能打的情况下，两个超级大国的理性选择只能是进行核军控与核裁军。不过，在冷战期间，尽管双方进行了这样的互动，但成果甚少，只有 1972 年签署的《反导条约》和 1974 年签署的《限制地下核武器试验条约》，但并没有实质性裁减核武器。直至苏联解体前夕，双方才就削减和限制进攻性战略武器取得阶段性进展。冷战结束之后，俄罗斯取代苏联继续了这个过程。

冷战的结束改变了长期存在的东西方对抗格局，世界大战的危险基本消除。这一历史性变化深刻地影响了世界军事互动。美国作为唯一的超级大国，特别是军事超级大国，不再有对等的对手。虽然一些军事集团仍然存在，如北约以及其他的一些条约组织，在一些地区也存在对抗的局面，如朝鲜半岛、南亚、中东等，但在全球层面不存在大国间军事对抗的结构。在主要大国的互动关系中，由于在安全上主要面对的是日益突出的全球性问题，诸如金融危机、恐怖主义、核扩散、气候变化等，存在着进行治理的共同利

① Robert Jervis, *The Illogic of American Nuclear Strategy*, Ithaca, N. Y.: Cornell University Press, 1984, p. 19.

益，因此虽然存在对抗性因素，但在总体上是一种合作的局面。

从特点来讲，当代的军事互动可以概括为这样几个要点：第一，军事互动作为权力政治的最重要表现形式，仍然居重要地位。世界各国军费的增长情况就表明了这一点。第二，美国一超独大，是世界军事互动的主导者，有能力在世界任何地方发动战争，始终愿意使用武力解决问题。第三，当代世界各国所面对的问题，多数不是军事手段能解决的问题。在这种情况下，军事互动的效用下降了。第四，国际组织、国际制度针对国家行为特别是军事行为的限制性因素在增多，军控与裁军体系在发展。第五，在高新技术发展的条件下，各国的军备竞赛进入了新阶段。第六，军事外交的普遍开展使得军队不再是单纯的战争机器，军队间的对话与合作已成为建立新的合作型国家关系的重要渠道。第七，新安全观深入人心，为国家间建立新的全球安全结构奠定了基础。

第二节 全球军事互动的主要行为体

当代全球的军事互动，参与的单元大体上可分为两类，一类是国家行为体，另一类是非国家行为体。国家行为体是指参与军事互动的独立国家及其军事力量。非国家行为体主要包括两类，一类是主权国家组成的国际组织，诸如军事结盟组织、安全合作组织、裁军与军控组织等，北约、欧安会、裁军谈判会议等就属于这样的行为体；另一类是非政府武装组织，诸如活跃在冲突地区的反政府武装、恐怖主义组织等。

在参与军事互动的行为体中，主权国家作为可以合法拥有和使用军事力量的行为体，是最重要和最基本的单元。国家运用军事力量进行互动，可以发挥威慑作用，可以进行军事外交，但最根本的作用则是进行战争。虽然国家在多数时候并非处于战争状态，但保有和发展军事力量，就是为了在必要的时候使用它。因此，国家为了实现对外政策目标，始终要确保自己是一个有效的武装行为体。即使是中立国家，也需要保有必要的军事力量。这一点构成了当代国家间政治的一个重要特点，尽管人们很少强调这一点。

主权国家进行军事互动，是通过军事部门进行的。在国家的政治结构中，军事力量是一个举足轻重的部门。一方面，它是国家权力的不可分割的一部分，是直接代表国家的，必须听从国家的调动。另一方面，它又是一个具有一定独立性的组成部分，与民事部门有截然不同的地位，在国家的决策中有自己的特殊地位与声音，在对外关系中可以进行很多专门的互动。观察国家的实际军事行为，可以看到，不论是军事交流、联合军演、参与维和，还是执行战争使命，国家军事部门的互动行为都具有两重性，既代表国家，又具有不同于民事互动的军事特殊性。一般来讲，军事互动的决策都是由国家作出的，但具体的运作则表现为军事部门的相互联系、相互作用和相互影响。

国家在军事互动中形成的制度化结构，即国际组织，亦是军事互动的重要单元。这些组织作为国家互动的产物，一方面受相关国家的意志所支配，另一方面则具有主权国家所不具有的属性。例如，北约作为一个军事同盟组织，它的存在与行为都要由成员国决定，但北约作为一个非国家军事行为体，在国际关系中却有北约任何一个成员国所不具有的地位与作用。在阿富汗战争中，北约就是一个参战的单元。在军事行动中，许多西方国家认为以国际组织的名义采取集体行动具有合法性。例如，1999 年以美国为首的西方国家对前南斯拉夫进行所谓的“人道主义战争”，就是以北约的名义。

与军事互动相关的国际组织，大体上有两类。一类是全球性或地区性组织，诸如联合国、非盟、欧盟、美洲国家组织。这些组织本身不是军事组织，但由于本身具有维护和平与安全的使命，因此不能免于军事互动。例如，联合国就有维护安全、建立和平、推动军控与裁军的组织机构，非盟等地区性组织也参与维和等军事互动。这类组织是中立的，它们参与军事互动不是为了推动战争，而是为了消除战争、实现和平。还有一类是军事结盟组织，除了像北约那样的多边组织之外，还有许多双边的军事关系也可归入这类。这类组织是专门的军事行为体，原本的使命就是准备和进行战争。在当代，随着形势的发展，一些军事同盟组织正日益向更广泛的安全互动领域扩展。

一　综合性国际组织

自联合国成立以来，全球陆续出现的一些综合性国际组织因与安全议题相关而参与了国际军事互动。这一类行为体的特点主要体现在以下两个方面：

第一，这类国际组织一般具有综合职能，涵盖的领域比较广泛，维护和平与安全是它们的重要职能之一，但不局限于军事或安全领域。例如联合国、欧盟等。

联合国是一个普遍性的组织，涉及全球事务的各个方面，与军事领域相关的机构主要包括：联合国大会第一委员会——政治与安全委员会、裁军审议委员会（DC）、裁军事务咨询委员会（ABDM）、裁军研究所（UNIDIR）、联合国裁军事务部（DDA）、维和行动部（DPKO）等。与联合国保持一定联系的相关独立机构主要有国际原子能机构（IAEA）和日内瓦裁军谈判会议（CD）等。国际原子能机构是1954年12月由第九届联合国大会决议设立的，1957年10月在维也纳正式成立，其主要职责是促进国际社会和平利用原子能、防止核扩散。日内瓦裁军谈判会议直接接受联合国大会第一委员会的建议，促进在有效国际监督下的全面彻底裁军，并且要向联大进行年度工作报告，其经费预算由联合国负责。①

欧盟作为一个区域性组织，最初的互动主要是实现经济一体化。1991年通过的《马斯特里赫特条约》使得欧盟具备了政治安全合作的职能，开始实行共同的防务政策。1999年赫尔辛基首脑会议决定成立欧盟快速反应部队。2003年布鲁塞尔首脑会议通过了欧盟第一个安全战略文件。2004年，欧盟外长会议决定建立欧盟军事装备局，其主要任务是推动欧盟实施安全与防务政策，协调欧盟的军备开支，帮助成员国提高防务能力，包括危机处理、军备合作、军事技术研发以及开发具有竞争力的欧洲军事设备市场。军事装备局的决策机构由参与国的国防部长组成，直接对欧盟理事会负责，同时向欧盟政治与安全委员会提交工作报告并接受该委员会指导。②

第二，这类国际组织在军事互动中倾向于非对抗性的行为方式。由于这些组织具有综合性，因此可以基于更广泛的领域而不仅仅从军事角度出发维护国际和平与安全。推动军控与裁军谈判，就冲突与紧张局势进行外交斡旋，开展维持和平行动等都是全球性和地区性国际组织参与军事互动的重要表现。在这方面，联合国的作用尤为突出，而欧盟、非盟也有重要影响。

二 军事同盟组织

与前一类国际组织不同，军事同盟组织的成立乃是缔约国针对共同军事威胁而进行的纯粹的军事合作。北大西洋公约组织（NATO）和华沙条约组

① 李东燕：《联合国》，社会科学文献出版社2005年版，第313—315页。

② 《欧盟外长会议决定正式开始建立军备局》，2004年7月，来源于新华网，http：//news. xinhuanet. com。

织（WTO）是在冷战时期最为典型的军事同盟组织，这两大组织都将对方视作威胁，在组织内部开展军事一体化合作。冷战结束后，华约组织解体，北约失去了外部直接军事威胁，但北约很快确定了假想的安全威胁，其中一个很重要的内容就是未来俄罗斯的重新崛起。虽然北约组织在冷战后的职能有所拓展，但仍然是以军事同盟关系为基础。正因为北约并没有改变其属性，因此在参与国际军事互动时更倾向于采取对抗性的行为方式。

自20世纪90年代起，北约不顾俄罗斯的强烈反对，一直向东扩展，挤压俄罗斯的战略空间。在波黑和科索沃问题上，北约以强硬的姿态介入，并采取了军事打击手段，在建立反导系统问题上与俄罗斯一再形成紧张关系。虽然近年来北约也注意与俄罗斯缓和关系，建立了对话磋商机制，在防务领域开展了一定的合作，但所导致的地缘政治对峙始终是欧洲区域军事互动的主要表现。

三　非政府武装组织

非政府武装组织是指与政府军对抗的反政府武装、恐怖主义组织以及跨国犯罪组织（如海盗）等。这些组织在传统的意义上主要涉及的是国内冲突而不是国际军事互动。然而，在当代的国际关系中，这些非政府武装组织日益具有了跨国的特点。一方面，它们的活动并不限于国家内部，而往往是跨越边界的。例如，非洲国家的很多反政府武装，往往活跃于邻国，并且进行跨界武装斗争。恐怖主义组织与军火商也都具有典型的“国际”特点。

在当代的国际冲突中，反政府武装与恐怖主义组织往往是联系在一起的，有一些战事既具有恐怖主义的特点，又具有游击战的特点。例如，在伊拉克战争与阿富汗战争中都存在这样的现象，针对非军事人员的袭击与针对军事人员的袭击常常交织在一起。

自“9·11”事件发生以来，恐怖主义日益成为全球安全的重大威胁之一。尽管这类组织与军队有很大不同，但亦是使用暴力的行为体。“基地”（Al－Quade）组织、菲律宾的阿布沙耶夫武装、西班牙的“埃塔”、斯里兰卡的泰米尔伊拉姆猛虎解放组织、印度尼西亚的“伊斯兰团”等都是较大的组织。

在全球化的大背景下，原先分散在各个国家和地区的恐怖组织之间的联系密切了，日益形成了一个全球性的网络。例如，“基地”组织2002年3月在黎巴嫩同巴勒斯坦哈马斯及黎巴嫩真主党游击队等极端组织举行过秘密

“峰会”，旨在加强合作以共同对付美英等国。利用全球联系的网络，恐怖主义组织可以更便利地收集情报，进行人员培训、筹划与实施袭击。

近年来，随着大规模杀伤性武器扩散问题的加剧，恐怖主义与武器扩散问题也开始交织在一起。恐怖主义组织不断谋求制造生化武器乃至于制造核武器的技术，使得发生更大规模的恐怖袭击的危险不断增大。其中，核恐怖主义日益成为国际社会关注的焦点。[①] 1995 年日本奥姆真理教利用沙林毒气在东京地铁进行了大规模恐怖活动，造成大量人员伤亡与恐慌。2001 年，美国国内爆发的“炭疽邮件”事件也是生物恐怖主义的一种形式。“9·11”事件之后，在俄罗斯和欧洲一些国家发生了多起核材料走私案件。本·拉登就曾公开号召穆斯林世界用核武器进行“圣战”。这些事件都表明使用大规模杀伤性武器的恐怖主义已经成为现实威胁。有学者把这种恐怖主义称为“超级恐怖主义”（super-terrorism），把实施这种恐怖活动的恐怖分子称为“最终恐怖主义者”（ultimate terrorist）[②]，就是对这种严重威胁的警示。

跨国犯罪组织也是重要的非国家行为体，这些组织的行为尽管主要属于刑事犯罪，但由于它们都是武装化的团体，早已超出了刑事警察能够应对的程度，因而常常涉及跨国军事互动。例如，哥伦比亚国际贩毒集团、索马里海盗组织等就引发了国际军事互动。为了根除毒品犯罪，相关国家不得不动用军事力量进行打击。为了在国际海域维护航行安全，许多国家不得不派遣军舰采取联合行动打击海盗。

四　国际和平组织

与各种武装组织不同，国际和平组织是从相反的方向参与国际军事互动，即阻止和反对战争。这类组织包括从事反战的非政府组织，推动军控与裁军的非政府组织等。绿色和平组织、国际红十字会、“反地雷运动”等都属于这一类行为体。

世界反战运动从互动结构来讲，有两种情况，一种是无正式组织的民众反战活动，另一种是非政府组织进行的反战活动。例如，在伊拉克战争爆发

① 2006 年《美国国家安全战略》明确指出：“能够在瞬时造成大规模毁伤后果的核武器对恐怖分子有特别的吸引力”，详细内容参见 Bush Administration：*The National Security Strategy of The United States of America*，March 2006，p. 19。

② GAO，Analysts Slam “Super-Terrorism,” Response Plan，Friday，May 12，2000，http：//www.speakout.com.

前，世界各地大约有1000多万人参与了反战示威活动，战争爆发后，世界各地的反战活动更是此起彼伏。除了传统的游行示威和举办各种集会之外，民众还通过互联网进行反战活动。这些反战活动的主题很明确，即遵守国际法，维护联合国权威，对战争造成的人道主义危机及引发的相关环境问题表示担忧。非政府组织表达反战意愿有自己的独立渠道和方式，可以在很大程度上影响战争的进程，比如可以促使各方用和平方式解决问题，也可以促使战争各方在互动过程中注意保护特定人群或特定领域。有时在政府和政府间组织无法干预冲突时，非政府组织则可以发挥重要作用。①

在军备控制领域活跃的非政府行为体可分为5种类型：（1）由核科学家和专门研究人员组成的科学研究机构，如瑞典斯德哥尔摩国际和平研究所、美国科学家协会（Federation of American Scientists）等；（2）由政府官员、著名科学家、知名人士组成的组织，如普格瓦什关于科学和世界事务会议（Pugwash Conference on Science and World Affairs）、堪培拉消除核武器委员会（Canberra Commission on the Elimination of Nuclear Weapons）等；（3）由某一职业或领域为主组成的职别组织，如律师反核国际协会（The International Organization of Lawers Against Nuclear Arms）、工程师和科学家反扩散国际网络（The International Network of Engineers and Scientists Against Proliferation）、为了社会责任的医生组织（Physicians for Social Responsibility）、医生防止核战争国际协会等（International Physicians for the Prevention of Nuclear War）；（4）有组织的群众性运动，如2000年消除核武器条约运动等；（5）性别组织与宗教团体，如妇女争取和平与自由国际联盟（Women's International League for Peace and Freedom）等。

非政府组织对于推动全球军控进程有重要的作用。例如，《渥太华禁止防步兵地雷公约》的生效，就与非政府组织的活动分不开。其中“国际禁雷运动”（International Campaign to Ban Landmines）、红十字国际委员会等组织做了很多工作。这些组织不但对各国政府施压影响，向公众进行宣传，而且对相关的武器生产厂商进行说服，劝导他们放弃此类武器的生产。在有关谈判陷入僵局的时候，国际禁雷运动发起了非政府组织与政府的国际会议，建立了国家政府与非政府组织在这一领域的互动机制。1999年《渥太华公约》

① 袁正清：《国际非政府组织：现状与趋势》，载李慎明主编：《2007年：全球政治与安全报告》，北京：社会科学文献出版社2007年版，第262页。

生效。该公约文本承认红十字国际委员会与红新月运动（Red Crescent Movement）等非政府组织对于推动谈判进程和最终达成条约起到了至关重要的作用。①

五 从事军火生产与贸易的跨国公司

在国际关系中，跨国公司是重要的非国家行为体。从事军火贸易的跨国公司一方面与各国军备建设相关，另一方面又具有跨国网络与影响力，因而其活动构成了全球军事互动的重要组成部分。表 8－1 列出了 2009 年全球从事军火生产和贸易的跨国公司前 10 强的贸易额及军火销售额占总销售额的比例。从表中数据可以看到，当今世界从事军火生产与贸易的跨国公司主要集中在美国和欧洲等发达国家，这些从事军火生产和贸易的跨国公司的军火销售不仅绝对额度数值极高，而且在比率上很多占到公司整体总销售额的一半以上，仅有少数公司低于 50%，有的达到了 80% 甚至 90% 以上。这些数据清楚表明了当代跨国公司的军火贸易对全球军事互动的巨大影响。

表 8－1　　2009 年全球从事军火生产和贸易的跨国公司前 10 强②

排名	公司名称	国家	武器种类	贸易额（百万美元）	军火销售额占销售总额比率（%）
1	洛克希德·马丁公司	美国	飞机，电子装备，导弹，太空武器	33430	74
2	BAE 公司	英国	火炮，飞机，电子装备，军用车辆，导弹，轻武器，舰船	33250	95
3	波音公司	美国	飞机，电子装备，导弹，空间武器	32300	47
4	诺斯罗普·格鲁曼公司	美国	飞机，电子装备，导弹，后勤，舰船，空间武器	27000	80

① Stockholm International Peace Research Institution: *Arms, Disarmament and International Security* (*SIPRI Year Book* 2005), Stockholm: SIPRI, 2005, p. 54.

② Stockholm International Peace Research Institution, "The SIPRI Top 100 arms-producing companies, 2009." http://www.sipri.org/research/armaments/production/Top100.

续表

排名	公司名称	国家	武器种类	贸易额（百万美元）	军火销售额占销售总额比率（%）
5	通用动力公司	美国	火炮，电子装备，军用车辆，轻武器，舰船	25590	80
6	雷神公司	美国	电子装备，导弹	23080	93
7	航空防务及航天公司	欧盟	飞机，电子装备，导弹，空间武器	15930	27
8	芬梅卡尼卡集团	意大利	火炮，飞机，电子装备，军用车辆，导弹，轻武器	13280	53
9	L－3 通信公司	美国	电子装备，后勤装备	13010	83
10	联合技术公司	美国	飞机，电子装备，引擎	111100	21

从事军火生产和贸易的跨国公司主要经由两个途径参与全球军事互动：

第一，通过竞争控制世界军火市场，使自己的产品被更多的军事力量（包括国家的军事力量和非国家行为体的军事力量）所购买使用。这样的活动对于全球的军备控制与裁军进程和缔造和平进程产生了逆向作用。

第二，在本国政府内通过扶植利益集团代理人，通过操控政府对外军事行为来参与全球军事互动。如美国前总统乔治·W. 布什就是美国军火商利益的代理人，他曾任美国军火商“卡莱利投资集团”的董事。美国军工企业对于布什在大选中给予了超过民主党候选人戈尔 15 倍的资金支持，其中居前三位的是诺斯罗普·格鲁曼公司、洛克希德·马丁公司和休斯公司。[①] 这些跨国军工企业通过推动布什政府进行对台军售，发动阿富汗战争和伊拉克战争，而在对外军事互动中获取巨额收益。

从非国家行为体在国际军事互动中的作用来看，有一些组织扮演的是参与、准备战争的角色（如军事同盟组织、非政府武装组织），有一些组织则扮演了反战的角色（如国际和平运动），有一些组织在做消除战争的工作（军控与裁军组织），也有一些组织则在加剧军备竞赛（如跨国军火公司）。正是因为这些多样的行为体在国际军事互动中发挥着不同的作用，因而以主

① 张清敏：《从布什政府对台军售看美台军事关系的变化》，《美国研究》2004 年第 4 期，第 15—38 页。

权国家为主体的国际军事互动呈现了复杂的局面。

第三节 当代军事互动行为：冲突与合作

当代国际体系中的军事互动种类繁多，概括起来，可以分为两大类，即冲突与合作。冲突行为是军事对抗的表现，有不同的程度和不同的形式。使用武装力量的冲突，即热战，有从局部战争到全面战争的不同等级。世界大战、核战争是冲突的最高等级。不使用武装力量的冲突，即冷战，表现为军事对峙，包括相互遏制和军备竞赛等内容。合作行为有两种不同属性的表现。一种是为对抗而合作，即建立军事结盟，目的是加强军事对抗的能力。另一种是为消除军事对抗而合作，包括消除敌意、建立信任、限制军力发展和裁减军备以及建立安全合作体制等。

一 军事冲突与战争

行为体使用武力进行互动，所导致的是武装冲突（armed conflict）。在讨论安全问题的时候，人们通常是把“冲突”与“战争”当做可以通用和互换的概念。但是，从较为严格的学理意义上进行辨析，“冲突”与“战争”是有区别的。

关于“冲突”的概念，多尔蒂和普法尔茨格拉夫认为：“冲突一词指的是这样一种情况：某一可以确认的人群（不论是部落、人种、语言、文化、宗教、社会经济、政治或其他群体）有意识地反对一个或几个可以确认的人群，原因是它们各自在谋求不同的或看起来不同的目标。”① 这一界定强调了冲突的两层基本含义：一是双方目标和利益不相容；二是双方为了达到目标采取了敌对行为。

与“冲突”的定义相比较，“战争”的定义要狭窄一些。瑞典斯德哥尔摩国际和平研究所（SIPRI）对“战争”的界定是：两个或更多政府的武装力量之间，或者一国政府与至少一个有组织的武装力量之间，使用武力，在任何单一年份导致与战斗相关的死亡人数达到1000人，而且各方对于控制

---

① ［美］詹姆斯·多尔蒂、小罗伯特·普法尔茨格拉夫：《争论中的国际关系理论》，阎学通等译，北京：世界知识出版社2003年版，第200页。

政府或领土存在不相容的利益。[1] 这个定义有如下几个要点：（1）战争的根本属性是使用暴力，它应该是“热战”而不是“冷战”。（2）战争的参与者都是有组织集团的成员而不是个人，个人即使使用暴力，也只能算是刑事犯罪，而不能称之为战争。（3）战争涉及的是政府，或者至少一方是政府，如果战争的另一方是非政府行为体，其根本目的也在于建立政府。（4）战争通常有一个人数的限定，即造成的死亡人数达到1000人以上。（5）战争的争夺对象或起因主要是要控制政府或领土。

对比“冲突”与“战争”两个概念可以发现，二者在内涵上既有重叠又有差别。从国际关系的角度来看，冲突不但包括使用武装力量的互动，而且包括不使用武装力量的外交互动，例如，口头抗议、召回大使、经济制裁等行为。本章所讨论的冲突，从军事互动的角度讲是个广义的范畴，包括不同程度的军事行为，包括力量显示、武力威胁直至武力的使用。一般来讲，使用武力的冲突只有升级到一定的程度后，才可称为战争。前面所谈到造成死亡人数达到1000人就是一种标准。

从互动的形式来看，参与武装冲突的行为体不同，使用武力的程度不同，所构成的冲突结构也不同。以国界为标准，发生在国家内部的武装冲突是内战；发生在两个以上国家（政府）之间的战争是国际战争；发生在一国政府与边界之外的非国家武装组织之间的武装冲突可称为跨国冲突。按照冲突的烈度与范围，行为体之间的战争可划分为小型冲突、局部战争、世界大战等。

从学术研究的角度讲，一些研究机构对冲突有更细致的划分。例如，德国海德堡国际冲突研究所（HIIK）[2] 的研究把冲突分为5个级别：（1）潜在冲突（Latent Conflict）：指相关方在具有国家含义的可界定的价值上立场对立，每一方所阐述的要求都为另一方所感知。（2）明显的冲突（Manifest Conflict）：包括那些定位于运用暴力的预备阶段的种种措施，诸如口头施压、明确威胁使用暴力或是实施经济制裁。（3）危机（Crisis）：指紧张的局势，在这种局势中，至少一方在零星的事件中使用了暴力。（4）严重的危机（Severe Crisis）：指相关方以有组织的方式反复使用暴力。（5）战争

---

① 斯德哥尔摩国际和平研究所：《SIPRI年鉴2003年》，中国军控与裁军协会译，北京：世界知识出版社2004年版，第99、140页。

② 该机构的英文全称是：Heidelberg Institute on International Conflict Research。

(War)：指暴力冲突，在这种冲突中，暴力的使用是以一种连续和系统的方式，冲突方会根据形势采取广泛的措施，破坏的范围广泛且持久。对于这5种情况，该研究所把第一种和第二种定性为非暴力冲突，把后三者定性为暴力冲突。就冲突的程度而言，第一种与第二种被列为低度，第三种为中度，第四种和第五种为高度。在这种分类中，第四种与第五种相当于人们通常所说的“重大武装冲突”①。按照该研究所的统计，2009年全球总共爆发了365场冲突，其中包括7场战争、24场严重的危机、112场危机、114场明显的冲突危机、108场潜在的冲突。②

从上述的分类中，可以看到，战争与冲突作为行为体使用暴力的互动方式，会导致复杂的、多层次的结构。这种结构的最基本的表现形式就是两方或多方的对抗。对抗的主要参与方是代表国家的武装集团。除了核心的参战方之外，还存在对参战方进行支援或对战争进行干预、制止的其他行为体的互动。这些互动也构成了体系结构的一部分。

（一）参战方的直接互动

就战争的互动结构而言，直接的参战方是最基本的单元。例如，苏联入侵阿富汗的战争、三次印巴战争、20世纪80年代的两伊战争、90年代的俄罗斯车臣战争等都是两方直接交战，而海湾战争、科索沃战争以及21世纪初的阿富汗战争、伊拉克战争等，则是多方参与的互动结构。作为一种动态的过程，战争的进行常常会出现参与方扩大的现象。例如，朝鲜战争最初是北朝鲜与南朝鲜的内战，后升级为以中国、北朝鲜为一方与以美国为首的“联合国军（含南朝鲜军队）”为另一方的国际战争。索马里内战本来是内部武装派别之间的战争，但埃塞俄比亚和厄立特里亚的介入，则使得这场冲突演变成了国际冲突。

近期较为突出的事例是2008年8月爆发的南奥塞梯战争。在这场只持续了3天的战争中，最初是格鲁吉亚中央政府与南奥塞梯当局之间的冲突，俄罗斯介入之后，形成了俄罗斯与格鲁吉亚作为主要交战方，南奥塞梯当局配合俄罗斯作战的互动结构。8月9日后，另一未获承认的原格鲁吉亚自治

---

① Heidelberg Institute on International Conflict Research at the Department of Political Science, University of Heidelberg, *Conflict Barometer* 2004, http://www.hiik.de/en/index_e.htm.

② Heidelberg Institute for International Conflict Research at the Department of Political Science, University of Heidelberg: *Conflict Barometer* 2009, http://www.hiik.de/en/konfliktbarometer/pdf/ConflictBarometer_2009.pdf.

州阿布哈兹从科多尔地区对格军实施分割包围，俄罗斯境内的北奥塞梯共和国也派遣志愿军支援南奥塞梯军队。这样，战争的结构便演变为了以俄罗斯为主导的北奥塞梯、南奥塞梯、阿布哈兹一方与格鲁吉亚的交战。

（二）其他方的间接介入：物质支援

在战争的过程中，有一些国家或国际组织，虽然与直接交战方存在着利害关系，或在交战地域有巨大利益，但这种利益关系还达不到直接派遣军队参战的程度。在这种情况下，为了影响战争进程，它们就会以间接的方式介入到互动之中，诸如向交战方提供资金、装备、人员等帮助，从而也构成了战争互动的一部分。

在朝鲜战争中，苏联出于意识形态原因和与美国对抗的利益，坚定支持了作为战争参与方的中国与朝鲜，提供了大量军事装备，并且出动战机提供了空中支援。在越南战争中，中国和苏联都分别为北越军队提供了大量武器装备、弹药及粮食等物资供给。中国还派出了军事顾问团，以及工程兵部队和高炮部队为越南人民军提供后勤和防空支援。

苏军入侵阿富汗之后，为了遏制苏联南下印度洋、威胁美国能源后方的战略企图，美国向隐藏在山地地区坚持游击作战的阿富汗抵抗武装力量提供了武器弹药及后勤物资等方面的援助，使他们得以坚持 10 年的抗苏游击战争。

1990 年发生的海湾战争，在联合国安理会 678 号决议的支持下，以美国为主，英国、法国、埃及、沙特等 27 个国家组成多国部队向伊拉克军队发动进攻，而战争费用得到了以色列、沙特等海湾国家以及日本、联邦德国等西方盟国约 540 亿美元的资助，并且反伊同盟方还商定全部战争费用由海湾国家、日本与联邦德国、美国按照 60%、20%、20% 的比例分担。①

在索马里战争中，非洲与海湾国家（其中大部分是非直接参战国）也大规模地向内战各派提供军事援助与物资供应。比如，根据联合国监督小组 2006 年 11 月的报告，索马里国内最大反对派别——伊斯兰法院联盟接受了来自吉布提、厄立特里亚、伊朗、利比亚、沙特阿拉伯、叙利亚和其他海湾国家的武器援助与部队训练；而索马里过渡联邦政府则接受了埃塞俄比亚、

① 方连庆、刘金质、王炳元主编：《战后国际关系史（1945—1995）》（下），北京大学出版社 1999 年版，第 892 页。

乌干达、也门等国的武器援助。[①]

在2011年的利比亚战争中，班加西的利比亚反对派不仅在英、法等北约国家的军事力量支持下顶住了卡扎菲政府军的凌厉攻势，而且还直接得到了上述国家的武器援助。

（三）围绕战争的外交互动

围绕战争，除了直接、间接卷入军事互动的行为之外，一些行为体基于利益，还会进行相关的外交互动，其中既包括表示支持或反对的低强度外交行为，也包括外交施压乃至于威慑等高强度外交行为。

行为体围绕战争互动所开展的外交是存在不同的程度的。在这里，行为体自身的利益相关度以及国际道义原则都可能是重要的影响因素。通常，没有直接利益关系的行为体会呼吁各方保持克制，用和平手段解决分歧，并且可能进行斡旋和调停。与冲突有较大利益关系的行为体，则可能采取更为强硬的外交手段，施加外交压力，甚至呼吁进行制裁。这样的外交行动尽管本身不具有军事属性，但却与军事互动形成了密不可分的关系，因为行为体开展的外交是围绕着战争问题进行互动。

在1965年的第二次印巴战争中，美国和苏联分别向巴基斯坦和印度施加了外交压力，再加上联合国秘书长吴丹从中斡旋，迫使双方签订了《塔什干协定》。这两个超级大国之所以进行外交干预，是因为印巴战争打破了美苏维护南亚地区稳定的利益。

2008年12月以色列在加沙地带发动战争，从而引发了相关各国的“外交大战”。除了叙利亚、黎巴嫩（真主党游击队）、伊朗等国对巴勒斯坦哈马斯政权提供了物质援助之外，其他各国都仅在外交层面上展开了互动。法国总统萨科齐指责以色列入侵加沙地带，呼吁以色列立即撤军。欧盟轮值主席国捷克却不赞同法国强硬的外交表态。英国和德国呼吁巴以双方停火。阿拉伯世界则集体谴责以色列的军事行动，呼吁国际社会制止以色列的战争行为，为巴勒斯坦提供国际救援。埃及政府提出了“一定期限停火”的决议草案。委内瑞拉的反应最为激进，宣布将驱逐以色列驻委大使，敦促安理会采取必要措施制裁以色列。美国的外交表态较为暧昧，为了维护在中东地区的利益，一方面对以色列表示支持，另一方面因不愿意与阿拉伯世界对立而对

---

① 斯德哥尔摩国际和平研究所：《军备、裁军和国际安全（SIPRI年鉴）》，中国军控与裁军协会译，北京：时事出版社2008年版，第93页。

联合国安理会的停火决议投了弃权票。①

（四）国际组织制止战争的干预行动

战争对国际和平与安全的威胁，导致了相关国际组织的干预。这种干预也构成了军事互动的重要组成部分。从国际制度的角度讲，联合国的集体安全结构就包括对战争的干预机制。除了实施强制性措施，即以参与战争的方式维护国际安全之外，以维和行动的方式对战争进行干预是最常见的形式。在这些干预行动中，联合国是进行授权和组织行动的最高权威。在联合国的体制中，除联合国直接组织的行动之外，还有得到授权的其他组织或国家的参与。例如，非盟和北约也在一些情况下参与了对战争的干预。非盟在非洲的维和行动中发挥了重要作用。北约作为一个军事同盟组织，除了在联合国体制外对一些国家进行军事干涉外，也以不同方式参与了联合国体制中的维和行动。

联合国所进行的维和行动，从原则上来讲既不是纯外交行动，也不是武力强制行动，而是使用军事力量控制冲突、实现和平的行动。例如，为了应对黎以边界以色列与真主党游击队的武装冲突，联合国派遣维和部队（UNIFIL）在黎以边界建立了宽20公里的缓冲区，确保边界地区不被黎巴嫩真主党游击队作为军事打击以色列的前哨阵地，使以色列北部领土获得安全，从而能够实现撤军。此外，联合国在东帝汶、苏丹达尔富尔、海地等国家和地区均开展了不同规模的维和行动。②

联合国开展维和行动的程序为：首先由安理会核准部署行动，并给予授权。然后由联合国秘书长提出开展维和行动的动议并报告其进展情况，包括任命指挥官、提请会员国派遣部队等。需要说明的是，联合国维和行动的开展程序对各会员国没有强制性，会员国的积极性和意愿将对维和行动的效率构成直接影响。如果会员国采取消极态度或因各方面原因难以完成预定计划，那么一项维和行动将会拖延上一两个月甚至数月。③

目前联合国维和部队的负责机构是1992年成立的联合国维持和平行动部（DPKO），简称“维和部”。各国维和部队在行动上受维和部队司令部支配，但编制指挥仍属本国。联合国维和行动的一部分费用由各会员国分摊，

① 有关加沙地带战争的信息可参阅人民网，http：//world. people. com. cn/GB/8212/8597/index. html。

② 关于联合国维和行动的相关数据可参考联合国官方网站，http：//www. un. org/。

③ 李东燕：《联合国》，北京：社会科学文献出版社2005年版，第199页。

各国维和部队的后勤保障大部分需要本国政府提供。维和部队军人的工资也由该国政府按照国内相应级别发放。联合国对参与维和行动的各国军队报销设备费用，同时给参与维和行动的各国提供每人约 1000 美元的补偿费用。

冷战结束以来，由于地区冲突热点更加突出，因此各个区域性国际组织在解决地区热点冲突问题时发挥了越来越重要的作用。地区性组织与联合国在维和问题上形成了良性的互动。这种互动，在形式上主要有三种类型：第一，联合国安理会授权其他非联合国组织开展维持和平行动。例如 1999 年科索沃战争以后，联合国安理会授权北约派遣国际维和部队进驻科索沃以维持当地稳定。第二，两项或多项维持和平行动的相互接替。例如，为解决东帝汶问题，先是澳大利亚派遣维和部队，之后被联合国维和行动接替，然后澳大利亚维和部队又再次接替联合国。第三，同时实施两项或多项维持和平行动，包括联合国与非联合国维持和平行动之间的并行实施以及多项非联合国维和行动的并行实施。近年来，显著趋势是前两类维和行动越来越多地向着第三类互动形式发展。①

二 军备竞赛

军备竞赛（arms race）是“不同国家之间在军备方面的对抗性的互动，至少涉及两个国家”②。从参与主体来看，也存在多边的情况。在程度上，军备竞赛有高对抗性与低对抗性之分。所谓高对抗性，是指参与的行为体在公开视对方为战略敌手的紧张气氛下，相对于对手的实力大规模发展军备的互动结构。所谓低对抗性，是指参与者在未公开指明敌手的情况下发展相关军备的互动结构。由于军备的落后就意味着某种程度的不安全，因此在具有安全相关性的国家之间，军备的发展始终是会相互参照的，从而体现出某种竞赛的特点。作为一种没有实际交战的军事对抗形态，军备竞赛在某种程度上乃是一种冷战行为。在这种状态中，行为体可能是为了压倒对手，也可能是为了谋求均势。在不具备以战争手段改变现状的情况下，行为体的主要目的是对对手进行威慑。

在 20 世纪冷战结束之前，全球的军备竞赛具有典型的高对抗性的特点。

---

① 斯德哥尔摩国际和平研究所：《军备、裁军与国际安全（SIPRI 年鉴 2007）》，中国军控与裁军协会译，北京：时事出版社 2008 年版，第 156 页。

② 李彬：《军备控制理论与分析》，北京：国防工业出版社 2006 年版，第 8 页。

例如，两次世界大战前和战争中大国间针锋相对的军备发展，冷战期间美苏的军备发展特别是核军备的发展。以美苏之间的高对抗性军备竞赛为典型，我们可以看到这类竞赛的两个显著特点：

第一，相互为敌。军备竞赛的动因在于所谓的“不安全感”（sense of insecurity），这种不安全感的程度决定了军备竞赛的对抗性程度。在冷战中，美国将苏联视为“自由世界”的头号敌人，而苏联则将美国视为对社会主义阵营的首要威胁，这种意识形态上的敌对化定位，使得双方都将最大限度地打击和限制对方作为自己的战略目标。在这样的互动中，任何一方军备实力的增长，即使是正常的军备发展措施，都会引起另一方的不安全感，并随之做出增强军备的反应。

第二，“安全困境”（security dilemma）的螺旋互动模式。所谓安全困境是指这样一种现象：一方的军备扩充会引发对方相当规模的军备扩充，而这又将导致原来一方更大规模的军备扩充。如此循环往复，导致参与军备竞赛的行为体陷入了一种螺旋上升的互动模式中。通常，一方在武器上的任何重要发展，都会导致另一方采取相应的举措。[①] 在美苏的军备竞赛中，这一特点体现得非常典型：双方在核武器、运载工具以及各种常规武器的发展中都遵循了这样的原则，从而达到了一种大体相当的均势局面。

冷战结束之后，伴随着大国间对抗关系的消除，军备竞赛的情形也发生了变化。国家间更多出现的是低对抗性的军备发展与互动。例如，美国发展弹道导弹防御系统（Ballistic Missile Defense System）迫使俄罗斯改进其战略打击力量，印度与巴基斯坦竞相发展的核武器与弹道导弹，朝鲜发展核武器以对抗美国的军事压力，伊朗发展军事能力以及寻求核能力以对抗美国的战争威胁，委内瑞拉发展军事力量并与俄罗斯开展军事合作以威慑美国的军事扩张等均为典型案例。

这种低对抗性的军备竞赛，从结构来讲，大体上可分为两类。一类是指传统意义上的大国之间的军事互动。这种互动与以冷战为代表的高对抗模式相比，一个显著变化是以意识形态判断敌友和以“零和关系”来判断战略得失的思维方式已不再居主导地位，军事关系已不能再简单地按“非敌即友”来划分，虽然军备发展仍然具有针对性，但通常不会形成敌意不断升级的局

① ［美］威廉·奥尔森：《国际关系的理论与实践》，王沿等译，北京：中国社会科学出版社1987年版，第273页。

面。例如，在美俄之间，尽管各自的军备发展与部署仍具有一定程度的相关性，但双方的关系定位却基本上处于“既非战略对手也非盟友”的状态。另一类是指涉及地区性强国乃至一些中小国家的军事关系，在这类互动中，是存在相互为敌的情况的。例如，在朝鲜与美国、伊朗与美国、印度与巴基斯坦之间都存在将对方定位为战略敌手的情况。

三 军控与裁军

军备控制与裁军是国家行为体为消除紧张状态而开展合作所导致的一种互动结构。由于军备竞赛是一种边际效益递减且消耗大量国家资源的互动，因此军备竞赛的发展与升级达到一定程度后，就不可避免地会导致一些对竞赛本身有限制性效应的结果。从物理角度讲，各种军备的杀伤效应都有一个固定的面积值①，当军备数量增加所扩大的杀伤面积大于打击目标的面积时，再发展军备就是徒劳无益的。再者，军备数量的增加超过一定程度后，特别是核武器，其操作、储存、维护都会导致一系列的安全问题，风险会急剧增大。从成本来讲，军备竞赛是以国家资源的消耗为代价的，当国家资源的消耗达到国家难以承受的程度时，参与方就会倾向于达成阶段性的妥协，这种妥协可以是军备控制，也可以是裁军。美苏自 20 世纪 70 年代开始军控与裁军谈判，签署一系列裁减或控制军备的条约，在很大程度上就是出于这样的原因。

对于国家削减军备的行为，人们通常用军控（Arms Control）与裁军（Disarmament）来概括。对于这两个概念的界定与使用，在学界是存在争议的。许多学者认为裁军应该是军备控制的子概念，指军备和军事人员数量的削减，而军备控制则不仅包括裁减军备，而且包括为军备发展设定一个上限，即可以增加一些军备来维护稳定。② 托马斯·谢林（Thomas C. Schelling）在《战略与军备控制》（*Strategy and Arms Control*）一书中对军备控制的定义是：“潜在的对手之间为了共同利益，在降低战争的可能性、战争的烈度与范围（如果战争爆发的话）以及为准备战争所付出的政治、经济成本

① 例如早期 2 万吨级核武器的杀伤半径为 2.2 千米到 2.6 千米，详见 Figure 5.140，in Samuel Glasstone et al.，*The Effects of Nuclear Weapons*，Third Edition，Washington D. C.：US Government Printing Office，p. 219。

② Donald G. Brennan，ed.，*Arms Control Disarmament and National Security*，New York：George Braziller，Inc.，1961，pp. 19－42.

等方面所进行的各种军事合作形式。”[①] 比较“裁军”与“军备控制”这两个概念，可以看到，广义的“军备控制”可以更好地解释这里所要描述的军控体系。

在人类历史上，存在军事活动与战争，大概就存在军控。只要人类群体不想无限度地从事战争，他们就会进行军控。在古代中国、美索不达米亚、印度、希腊和罗马都有关于多边与双边军控的记载。近代的军备控制是始于18世纪。第二次世界大战后至冷战结束前为军控发展的黄金时期。到目前为止，国际军备控制领域已经形成了一个多层次的较完善的体系结构。这个体系由多边和双边军控体系两大部分构成，领域涉及核武器、生物化学武器、外空武器、常规武器、小武器与不人道武器等（本章将在后面对裁军与军控体系的现状与运作机制进行具体的阐释）。

四　军事外交

军事外交作为一种外交活动，是指出于国家或国家集团的军事安全利益，以军队为主体，以军事为主要内容的涉外活动，这种活动是国家整体外交的重要组成部分。[②] 通常，军事外交有广义和狭义之分，广义的军事外交是包含一切军事和安全内容的外交活动，它的主体可以不是军人，可以是国家领导人、防务部门或外交部门的文职官员等，而狭义的军事外交则专指以军人为主体的涉外交往事务。

军事部门作为国家构成的一个重要组成部分，它有两种发挥作用的方式，即战争方式与非战争方式。孙子所讲的“上兵伐谋，其次伐交，其次伐兵，其下攻城”，就强调了军事外交对于国家军事战略的重要意义。他所提出的“伐交”，指的是广义的军事外交。在前主权国家时期，军队人员一般没有独立的外交互动。真正出现狭义的军事外交，是在近代军事互动体系形成之后，发端于拿破仑时期开始派驻军官为外交官员的措施。维也纳体系形成后，其他欧洲各国纷纷效仿，最终在19世纪中正式建立了外交武官制度。[③] 本章所讨论的主要是狭义的军事外交。

现代的军事外交既包括双边互动，也包括多边互动。这种互动的水平与

---

① Thomas C. Schelling and Morton H. Halperin, *Strategy and Arms Control*, New York: Twentieth Century Fund, 1961, p. 2.

② 杨松河：《军事外交概论》，北京：军事谊文出版社1999年版，第1页。

③ 同上书，第28—29页。

国家间的总体外交有密切关系，可以说是国家间外交关系的“晴雨表”。自冷战结束以来，伴随国际局势不断趋向缓和，世界各国的军事交流呈现日益频繁之势，形成了一个密集的互动网络，有力地推动了国际安全合作的发展。以中国对外军事交流的情况为例，可以看到国际军事交流具体的互动形式。

（1）各级军事官员的互访，包括军队高级将领的互访、电话热线沟通、防务磋商、海军舰艇出访等。根据《2008 年中国的国防》白皮书统计，中国已与150 多个国家建立了军事关系，在109 个国家设立了武官处，有98 个国家在中国设立了武官处。[①] 根据《2010 年中国的国防》白皮书统计，近两年，中国人民解放军高级军事代表团出访40 多个国家，有60 多个国家的国防部长、总参谋长来访；中国已与22 个国家建立了防务安全磋商对话机制。在海军舰艇编队出访方面，近两年来，中国海军共派出10 余批20 余艘次舰艇访问30 多个国家，接待了20 多个国家30 余艘次舰艇来访。[②]

（2）军事人员的培养与交流，包括互派军队留学生、军事院校与学者间的对口交流合作等。从2007 年到2008 年，中国人民解放军向30 多个国家派出军事留学生900 余名。20 所军队院校分别与美国、俄罗斯、日本、巴基斯坦等20 多个国家的相应院校建立和保持了校际对口交流关系，共接纳130 多个国家的4000 余名军事人员到中国军队院校学习。[③] 此外，中国海军护航编队在亚丁湾和索马里海域护航期间与有关国家和组织加强交流互动，与欧盟、多国海上力量、北约、俄罗斯、韩国、荷兰、日本等护航舰艇进行指挥官登舰互访24 次，与荷兰开展互派军官驻舰考察活动，积极参与联合国索马里海盗问题联络小组会议以及“信息共享与防止冲突”护航合作国际会议等国际机制。[④]

（3）联合军事训练与演习。例如，邀请各国特种侦察兵参加的远距离敌后渗透侦察作战对抗学习活动的“爱尔纳·突击”国际侦察兵竞赛，在委内

---

① 《2008 年中国的国防》白皮书，来源于新华网，2009 年1 月20 日，http：//news. xinhua net. com/newscenter/2009 -01/20/content_10688192_13. htm。

② 《2010 年中国的国防》白皮书，来源于新华网，2011 年3 月31 日，http：//news. xinhua net. com/politics/2011 -03/31/c_121252219_17. htm。

③ 《2008 年中国的国防》白皮书，来源于新华网，http：//news. xinhuanet. com/newscenter/2009 -01/20/content_10688192_13. htm。

④ 《2010 年中国的国防》白皮书，来源于新华网，2011 年3 月31 日，http：//news. xinhua net. com/politics/2011 -03/31/c_121252219_9. htm。

瑞拉“国际猎人学校”举行的反恐联合训练等。截至2010年12月，中国人民解放军已与外国军队举行了44次联演联训，对促进互信合作、借鉴有益经验和加强军队现代化建设起到了积极作用。在上海合作组织框架内，联合反恐军事演习呈现了机制化发展态势，2005年、2007年、2009年、2010年，中国与俄罗斯等上合组织成员国都举行了联合反恐军事演习。在海军合作方面，中国与印度、法国、英国、澳大利亚、泰国、美国、俄罗斯、日本、新西兰、越南等国海军举行了双边搜救、通信、编队、潜水、护航等课目的双边多边海上演练。在陆军合作方面，中国近年来与巴基斯坦、印度、新加坡、蒙古、罗马尼亚、泰国等国举行反恐、安保、维和、山地作战、两栖作战等课目的联合训练，探索了实施混合编组、共同施训的新模式。①

在当代的国际军事互动中，尽管战争仍然是常见现象，但在大国之间，主要互动都是以军事外交为体现。这种外交包括施压与遏制，但更多体现的是合作关系。大国都希望通过对话，加深了解，减少误判，消除争端，谋求共同利益与合作。事实上，由于大国之间不存在进行战争的利益与可能，因此开展军事外交是普遍的理性选择。对各国的军事部门来说，怎样更好地以军事外交实现国家目标已成为与进行军事斗争准备同等重要的使命。

第四节　当代典型的军事体系

行为体进行军事互动，可以导致各种不同的结构。其中比较典型的有以下几种。

一　国际安全体系

国际安全体系是多个国家通过集体合作谋求安全的一种制度形式。第一次世界大战后的国联、第二次世界大战之后的联合国，都是这样的国际安全体系。

联合国体系所体现的集体安全制度，是以参与这一体系的所有国家的共同安全为基础，体系为所有国家提供集体安全保障。体系内或体系外的任何国家违反规定，侵略体系内的任一国家或几个国家，都将被视为对体系内所

① 《2010年中国的国防》白皮书，来源于新华网，2011年3月31日，http：//news. xinhuanet. com/politics/2011－03/31/c_121252219_9. htm。

有国家的侵犯。

集体安全体系起源于第一次世界大战结束之后。美国总统伍德罗·威尔逊提出的“十四点”，倡导建立全球的集体安全保障。威尔逊提出了航海与贸易自由、国家不分大小一律平等、民族自决、缔结和约、实现裁军等主张，并将这些主张作为维护世界和平、力图“永久性地避免战争”的基本原则。这一构想与此前国家依靠“自助”或与他国结盟实现安全保障是迥然不同的。根据《国际联盟盟约》，任一会员国违反集体安全而诉诸战争，各国可予以制裁直至使用武力，但判定一国是否有侵略行为，以及采取何种制裁手段，由国联按照“全体一致”原则决定。由于国联的这种安全体制并不能真正应对国际紧张局势，不能制止战争的发生，因而最终随着第二次世界大战的爆发而瓦解。

第二次世界大战结束后，国际社会从国联的失败中汲取教训，力图建立一种更为强有力的集体安全保障体系。联合国集体安全体系的运作与国际联盟相比，对于威胁和武装侵略的界定和判断，由实行五大国一致原则的安理会来进行，而非全体大会。联合国安全理事会（UNSC）中的五大常任理事国，即美、俄、英、法、中，都有一票否决权。联合国安理会的这种集体安全体系的运作不仅有助于效率的提高，更有助于其作用的发挥。联合国安理会形成的决议具有强制性，如果相关国家拒不执行，联合国还可以采取进一步强制措施，比如实施经济制裁，直至派遣联合国军或联合国维持和平部队介入。

从联合国体系的实际运作来讲，在冷战期间，由于美、苏两大阵营的对抗，联合国安理会在很多安全问题上不能达成一致，因而很难采取行动。20世纪70—80年代后，由于美、苏关系的缓和，以及第三世界国家在联合国中力量得到增强，这一体制开始显示出积极的作用。在解决两伊战争、海湾战争、柬埔寨维和等重大国际安全问题上，联合国都发挥了重要作用。冷战结束后，这一体制进一步得到发展。尽管美国作为超级大国经常绕开联合国行事，但联合国集体安全体系所具有的合法权威的地位，使得任何国际安全问题都无法绕开联合国的制度影响。从这一点来讲，联合国的集体安全体系已经成为当前维护国际和平与安全的基础。

除了联合国这一主要的安全制度之外，各种其他形式的安全合作也在发挥日益增大的作用。这里所说的安全合作体系，与军事同盟体系是不同的，其区别主要在于：第一，国际安全合作体系虽然存在各国共同关注的安全利益，但并不针对所谓来自第三方的威胁。例如，欧洲安全合作组织（OSCE）是俄罗斯等苏联中东欧国家与西欧国家共同参与、旨在维护欧洲地区和平与安全的国际安全合作体系，而朝核六方会谈与东盟地区论坛则是解决亚太地区安全问题的合作体系。第二，参与国际安全合作体系的国家相互间保持主权独立，并不因进行合作而让渡部分主权，不会像参与军事同盟那样可能让渡指挥权甚至允许别国在本国建立军事基地并驻扎军队。例如，上海合作组织（SCO）的各成员国在安全合作中保持了主权独立，在成员国之间没有互相驻军。第三，国际安全合作体系中的国家可以基于协商和自愿原则开展一定的防务合作，但没有维护集体安全和承担共同防御的义务，参与这些体系的国家不会被卷入军事冲突。

国家间进行安全合作，建立制度体系，可以消除紧张关系，在一定程度上建立相互的信任，并且解决各种威胁安全的问题。例如，上海合作组织的成立就是源于成员国解决历史遗留问题的努力。20 世纪下半叶中苏之间的紧张对峙关系，曾导致双方在边界长期驻扎大量军队。苏联解体之后，中苏之间的边界问题演变成了涉及多国的问题。为了缓解边境紧张局势，共同维护中亚地区的安全，增强相互信任，中国、俄罗斯、哈萨克斯坦、吉尔吉斯斯坦、塔吉克斯坦五国元首 1996 年在上海签订了关于在边境地区加强军事领域信任的协议，1997 年又进一步签订了五国边境地区裁减军事力量的协议。上海五国领导人会晤机制与上述两大协议构成了上海合作组织的基础。2001 年 6 月，五国与乌兹别克斯坦一起正式成立了上海合作组织。[①]

东盟地区论坛的建立则是一个加强地区安全对话的例子。冷战结束后，亚太地区国家普遍认为有必要开展多边安全对话，不少国家提出较为具体的设想和建议。1992 年年初的东盟首脑会议就加强地区政治、安全对话达成共识。1993 年 7 月在新加坡举行的第 26 届东盟外长会议，特别安排了东盟 6 个成员国、7 个对话伙伴国、3 个观察员国和 2 个来宾国共 18 国外长参加的“非正式晚宴”。在这个会议上，各方同意于 1994 年在曼谷召开东盟地区论坛（ARF），就地区安全问题进行非正式磋商。东盟地区论坛是目前亚太地区唯一的政府间多边安全对话机制。

朝核六方会谈与欧洲安全合作组织则属于消除紧张状态的安全合作。在

---

① 上海合作组织的特点与由来，可参见斯德哥尔摩国际和平研究所《军备、裁军与国际安全（SIPRI 年鉴 2007）》，中国军控与裁军协会译，北京：时事出版社 2008 年版，第 242—244 页。

东北亚，由于只签署了停战协议而没有和平协议，朝鲜一直与美国、韩国等处于敌对状态。2003 年朝鲜正式退出了《核不扩散条约》，朝核问题遂成为威胁东北亚地区安全的巨大隐患。为解决这一问题，中国等相关国家积极推动了六方会谈。这一机制为朝美双边提供了对话的平台。欧洲安全合作组织（OSCE）的前身是 1975 年的欧洲安全与合作会议（CSCE），后者是冷战时期西方与苏东两大敌对阵营展开对话沟通以维护欧洲安全稳定的多边论坛。该机制的建立最早源于 1955 年苏联提出的缓和欧洲紧张局势、废除现有军事集团、建立欧洲集体安全的建议。1966 年 7 月，华沙条约国政治协商会议正式提出召开欧洲安全与合作会议的建议。之后，美苏经过长期的讨价还价，于 1972 年 5 月就召开欧安会达成了协议。

从形式来讲，国际安全合作是以各国高级官员的定期会谈为主要互动形式，虽有常设组织机构，但通常较为松散且无强制执行力。在这种互动中，高官峰会是协调合作政策的平台，而常设机构则起着执行的功能。例如，上海合作组织的成员国外长会议、元首峰会是每年举行一次，而欧洲安全合作组织的首脑会议及其他机构的会议则是两年举行一次。上海合作组织的主要执行机构包括在北京成立的秘书处、区域反恐机构等[①]，对组织内成员国的互动与执行合作内容仅有协调的作用。

在国际安全合作的制度框架内，是存在多样化的军事交流的。东盟地区论坛在 1994 年首届外长会议主席声明中强调，该论坛的目的是就亚太地区政治安全问题开展建设性对话，在建立信任措施、核不扩散、维和、交换非机密军事情报、海上安全和预防性外交等领域开展合作。其军事交流形式多年来均以培训、研讨为主。上海合作组织成员国间的军事交流，包括边界地区军事力量部署的信息互通、核查，边境驻军之间的互访、联谊及增强军事透明度，共享和交流打击极端主义、分裂主义及恐怖主义的情报与经验，以及举行联合军事演习等。欧洲安全合作组织的军事交流相对较少。

国际安全合作体系的运作，除内部成员间的合作外，还与外部的国家及国际组织进行互动。以上海合作组织为例，该组织从 2004 年开始启动了观察员机制，蒙古随即成为观察员国。2005 年，巴基斯坦、伊朗、印度也获得了观察员国地位。同年，上海合作组织与阿富汗建立了合作与磋商机制。此

① 斯德哥尔摩国际和平研究所：《军备、裁军与国际安全（SIPRI 年鉴 2007）》，中国军控与裁军协会译，北京：时事出版社 2008 年版，第 244—246 页。

外，上海合作组织还与联合国、欧盟、东盟等组织展开了对话与交流。由于上海合作组织内成员国与其他国际组织存在大量重叠，既有集体安全条约组织成员，也有欧安组织成员，因此也为该组织与集体安全条约组织和欧安组织的对话交流与合作打开了方便之门。2008 年 12 月，上海合作组织成员国外交部代表在北京秘书处举行了本组织与欧盟、欧安组织和其他非本地区组织合作问题磋商。近年来，美国和北约也逐渐重视上合组织在中亚和外高加索地区的作用，希望能开展合作与交流。

二　军事结盟

军事同盟是军事合作互动的极端表现形式。《不列颠百科全书》以例证方式界定了同盟（alliance）的含义："国际关系中不同强国或者国家进行联合行动所形成的一个联合组织，比如第二次世界大战中反对德国和它的盟国的美国和欧洲国家的同盟，反对苏联和它的盟国的北约。"① 这一界定有两个要点：第一，同盟必须是国家行为体之间联合行动所形成的一个组织；第二，同盟必须有明确的反对或针对的对象。这两点正好说明军事同盟作为一种互动体系所包含的主要结构。

在军事同盟内部，成员国之间的互动通常有正式的条约机制或非正式的默契机制所规定的权利与义务。斯蒂芬·沃尔特（Stephen M. Walt）在给同盟下的定义当中就包含了这种默契式的非正式制度安排："同盟是两个或多个主权国家之间在安全合作方面所作出的正式或非正式的安排。"② 例如，美日同盟关系就属于前者，而美国与以色列的军事同盟则属于后者。

主权国家以互动结成军事同盟，所要解决的最根本的问题就是共同应对外部威胁。例如，第一次世界大战时期，协约国成员面临着来自德国、奥匈帝国、意大利所组成的同盟国的军事威胁；第二次世界大战时期，同盟国成员都面临德、意、日轴心国的威胁；冷战时期，北约和华约组织均视对方为安全威胁。然而，随着冷战的结束，军事同盟的意义也在发生变化。例如，北约与日美军事同盟在冷战时期都是针对苏联及其盟国的。苏联解体之后，原有安全威胁不复存在了。为了维持同盟继续存在的合法性，就需要给同盟

① *The New Encyclopædia Britannica*, 15th Edition, Vol. 1, 2005, London: Encyclopedia Britannica, Inc., p. 281.

② Stephen M. Walt, *The Origins of Alliances*, Ithaca: Cornell University Press, 1987, p. 12.

的运转注入新的活力。北约与日美军事同盟都引入了假想的未来安全威胁。

北约引入的假想安全威胁主要包括四个方面：未来俄罗斯的重新崛起、对西方民主制度的可能威胁、地区热点的潜在威胁、非传统安全领域尤其是恐怖主义的威胁。1991 年罗马首脑会议通过的《联盟新战略概念》强调，新形势下，北约要防止俄罗斯东山再起，推行西方民主制度；在军事战略方面要从防御华约大规模军事进攻转变为“预防冲突和处理危机”。2002 年，布拉格峰会再次修订军事战略，除了继续强调预防地区热点可能导致的传统安全威胁之外，还将非传统安全威胁尤其是应对恐怖主义威胁列为北约军事战略的重要目标。①

冷战之后日美同盟也发生了类似的变化，从“针对敌国型”转向“针对地区冲突型”，将俄罗斯、中国、朝鲜等视为对手或潜在的威胁。② 美国和日本于 1997 年公布了“新日美防卫合作指针”。1999 年日本国会两院通过了《周边事态法案》、《自卫队法修正案》和《日美相互提供物资和劳务协定修正案》，将法案条文中表述含混的“周边事态”这一概念纳入美日军事同盟必须防范的威胁。这一新的战略指针除了指向朝鲜之外，更主要的是把中国实力的崛起尤其是在台海地区可能爆发的军事冲突视为主要安全威胁。

军事同盟作为一个体系，其互动主要包括同盟内部及同盟外部两个结构层次。

同盟内部的互动指参与同盟的国家行为体之间的互动，这种互动使得同盟成为一个整体。军事同盟内部成员国的互动，大致可归为以下三种形式：第一，当一国的安全受到威胁时，同盟内部其他成员将共同来应对这一威胁；第二，同盟内部成员国之间建立联合军事制度，开展军事援助以及联合军事演习等防务合作；第三，当成员国中某一国违反了盟约时，其他成员国将进行干预乃至武力惩罚。

第一种军事同盟内部互动形式通常被称为“集体安全”互动机制，这是军事同盟成员国间最基本的互动形式。在各种成文的军事同盟条约中，均有此类条文作为行为规范。例如，《北大西洋公约》第五条规定：“对于欧洲或北美一个或数个缔约国的武装攻击，应被视为对缔约国全体的攻击。因此

---

① 刑骅、苏惠民、王毅主编：《新世纪北约的走向》，北京：时事出版社 2004 年版，第 75、100 页。

② 刘江永：《中国与日本：变化中的“政冷经热”关系》，北京：人民出版社 2007 年版，第 492 页。

缔约国同意在此种武装攻击发生时，每一个缔约国将按照《联合国宪章》第51条所承认的单独或集体自卫权利，应单独及会同其他缔约国采取必要行动，协助被攻击的一国或数国，必要时此种行动包括使用武力。”《华沙条约》第三条规定：“如果欧洲发生了任何国家或国家集团对一个或几个缔约国的武装进攻，每一缔约国根据《联合国宪章》第51条行使单独或集体自卫的权利，个别地或通过同其他缔约国的协议，以一切它认为必要的方式，包括使用武装部队，立即对遭受这种进攻的某一个国家或几个国家给予援助。”诞生于冷战后的独联体《集体安全条约》的条款，也强调“在遇到外部侵略时进行相互援助”。

第二种互动形式是军事同盟内部成员国最基本的关系模式，即军事防务领域的合作，包括建立共同的军事指挥体制，加强相互军事援助，开展共同军事训练与演习等。北约和华约都建立了明确的军事一体化指挥体制。北约设立由各缔约国国防部长组成的防务委员会，下设各国参谋长组成的军事委员会，在军事委员会内设美、英、法三国代表组成的常设小组，负责制定统一的防务计划。华约则建立了武装部队联合司令部，负责同盟各国军事行动的指挥。司令部设在莫斯科。[①] 冷战结束后苏联国家建立的集体安全条约组织也建立了联合司令部，由各国参谋总长或相同职务的军官轮流担任。[②] 当然，随着时间的推移，军事同盟的内部体制也会发生变化。例如，冷战时期，根据《美韩共同防御条约》，韩国军队须服从美国主导的美韩联合军事指挥体制的指挥。1994年韩国收回了战时军事指挥权。2005年韩国向美国正式提出了收回和平时期的军事指挥权的要求，美国已同意韩国在2010年开始独立行使指挥权，届时，美韩军事同盟的内部防务合作中将不再包含共同军事指挥体制这一形式。

第三种互动形式反映了成员国对内部“秩序”的维护。这种秩序可以是基于意识形态的价值，也可以是基于同盟的整体安全利益。为了维护这一“秩序”，同盟对成员国的惩治甚至可以是武力干预。在冷战时期，这一互动形式最有代表性的案例就是1956年的“匈牙利事件”和1968年的“布拉格

① 方连庆、刘金质、王炳元主编：《战后国际关系史（1945—1995）》（下），北京大学出版社1999年版，第69、250页。

② 集体安全条约组织与北约有极其相似之处，在结构上有相似之处，均以一个相互支援的条约为基础。更多内容参见斯德哥尔摩国际和平研究所：《军备、裁军与国际安全（SIPRI年鉴2007）》，中国军控与裁军协会译，北京：时事出版社2008年版，第231页。

之春”。苏联和其他华沙条约组织成员国对匈牙利和捷克进行了干涉，包括出动坦克和空降部队进行武力干预。按照勃列日涅夫提出的“社会主义大家庭”理论，社会主义阵营的主权和利益高于内部成员国的主权和国家利益。在西方国家，同样存在这样的案例。1997年土耳其与希腊在塞浦路斯领土问题上形成争端，甚至潜伏着军事冲突的危机，美国通过北约的联盟机制对双方进行了强制干预，从而使事态不至于恶化。在这三个案例中，前两例的干预是基于“意识形态”原因，而第三例干预则是为了维护同盟的整体安全利益。

军事同盟作为一个整体，与外部行为体互动的最基本的表现形式就是军事对抗。没有军事对抗，军事同盟的存在就没有意义了。例如，第一次世界大战时期协约国与同盟国处于敌对状态，在海外殖民地、巴尔干等问题上都存在对抗性互动。在冷战时期，北约与华约也是剑拔弩张，核武器、洲际弹道导弹互相瞄准对方，在欧洲中部大量部署针对对方的中程弹道导弹，常规武装力量枕戈待旦。在重大安全问题上，两大军事同盟之间相互对抗，引发了两次柏林危机和古巴导弹危机。

当然，军事同盟进行这种对抗性互动，并不意味着它们与对手之间没有接触和对话。例如，在北约与华约紧张对峙的冷战时期，两大军事同盟集团也不定期地展开对话。围绕德国统一问题、欧洲安全问题，特别是针对军备控制与裁军问题，双方进行了一系列谈判。华约7国与北约16国集团之间从1987年2月开始就欧洲常规力量武装的限度展开谈判，于1990年11月达成了《欧洲常规武装力量条约》。

冷战结束之后，随着国际关系的缓和，军事同盟的对外互动也发生了变化。例如，北约与俄罗斯之间原有的敌对关系逐渐向着和解和合作方向转化。1991年苏联解体以后，北约与以俄罗斯为首的前苏东国家建立了“北大西洋合作委员会”，就冷战后北约与原苏东地区由敌对向和解关系的转化确立了制度性合作框架。1994年1月，北约在布鲁塞尔举行的首脑会议上通过了“和平伙伴关系计划”，一方面继续推进北约东扩进程，另一方面谋求与俄罗斯展开双边军事合作和定期磋商。俄罗斯尽管在北约东扩问题上坚持反对的立场，但在第二年便加入了这一计划。1997年5月，北约与俄罗斯总统叶利钦在巴黎签署了《北约与俄罗斯联邦关于相互关系、合作与安全的基本文件》，成立了北约—俄罗斯联合常设理事会，正式建立了所谓的“19+1机制”。“9·11”事件以后，俄罗斯与北约在反恐、核不扩散、军控等问题上进一步加强了合作。2002 年 5 月，北约与俄罗斯正式签署了关于建立北约—俄罗斯理事会的《罗马宣言》，以“20 国机制”取代“19 + 1 机制”，俄罗斯拥有了与北约成员国同等的地位。

伴随着国际军事互动中合作因素的增多，军事同盟同非敌对行为体之间的互动也增多了。从 2002 年开始，北约与中国展开了全面的对话与接触，北约秘书长夏侯雅伯对与中国进行接触对话的互动乃至于发展建设性伙伴关系一直持积极态度。[①] 对于联合国，北约也保持了经常性的互动关系。1999 年科索沃战争后，北约开始致力于在联合国授权下或经联合国同意后采取行动。联合国秘书长潘基文在 2007 年上任之后也到北约总部访问，以加强双方在维护世界和平与安全以及促进繁荣和保障人权方面的合作。

三　军控与裁军体系

军控与裁军体系，包括行为体的互动过程，也包括互动所形成的制度与规范体系，包括双边互动，也包括多边互动。

在行为体的军事互动中，最早出现的是双边军控体系。近代双边军备控制的互动兴起于 18 世纪中叶之后，最早的双边军控条约是 1787 年的《英法条约》，该条约规定英国与法国应当限制海军舰船的建造规模，并且要相互通知军舰的配备。随着近代国际关系的发展，主权国家之间通过签订双边的军备控制条约来实现各自的战略目标逐渐成为军事互动领域的重要方面。1809 年法奥战争结束之后，两国签订了《维也纳和约》，又称《申布伦和约》，该和约规定奥地利军队的规模缩减为 15 万人。1817 年，英国与美国签订了《拉什—巴格特协定》，在英属加拿大与美国边界的五大湖及尚普兰湖地区限制双方的军舰数目和吨位以及舰炮类型。第一次世界大战后，1935 年签订的《英德海军协定》放松了对德国海军的限制。第二次世界大战以后，随着两极格局的形成，双边军控的互动日益集中化，形成了以美苏两个超级大国为主的双边军控体系。冷战结束后，俄罗斯继承了苏联的军事大国地位，继续与美国进行双边军控互动，从而使双边军控体系主要集中在美俄之间。其他国家大多愿意通过更为成熟、完善和有效的多边军控体系渠道进行互动。

① 吴黎明：《邀请中国记者观摩军演，北约对华释放接触意愿》，来源于新华网，2007 年 5 月 30 日，http：//military. people. com. cn/GB/42962/5799673. html。

多边军控的起源时间比双边军控要晚。多边军控体系是三个及以上国家围绕军控问题展开互动所形成的结构。最早的多边军控条约是1899年和1907年两次海牙国际和平会议所达成的军控协议，包括在战争中禁止使用有毒武器，以及《限制使用兵力索取契约债务公约》、《和平解决国际争端公约》两大条约。随着第一次世界大战后对德和约《凡尔赛条约》的签订以及国际联盟的建立，多边军控体系得到迅速发展，形成了如1922年《限制海军军备条约》、1925年禁止使用化学及生物武器作战的《日内瓦议定书》等。第二次世界大战结束后，随着联合国以及其他多边国际组织的成立，国际军控体系的制度化得到了不断的完善与发展。

从军控体系的历史发展来看，尽管双边、多边的结构都属于国际制度，但其性质毕竟有所不同。双边军控体系，作为双边外交的产物，尽管也与国际大环境有关，但主要取决于两个当事国的意愿与讨价还价的进程。多边军控体系，作为多边外交的产物，与国际大环境有更密切的关系。说得确切些，没有国际合作的大环境，没有国际制度发展的基础条件，多边军控体系是很难真正形成的，即使条约达成也很难生效。观察近几个世纪的军控进程就可以看到这两种不同的军控体系的不同特点。

从双边军控体系的结构来看，由于参与的行为体只有两个，因此互动过程相对简单。每一个行为体进行决策时，主要考虑的是与对方如何进行讨价还价。这种变数较少的互动，比较容易达成协议。就这种互动而言，第二次世界大战后比较典型的事例就是美苏（俄）之间的军控谈判进程。

在20世纪60年代末至70年代初，苏联与美国形成了大体上的均势，两国关系在一定程度上呈现了缓和。在这样的背景下，两国的军控谈判达成了多项协议，包括签订1972年的《反弹道导弹条约》和《关于限制进攻性战略武器的某些措施的临时协定》，1973年的《关于进一步限制进攻性战略武器谈判的基本原则》、《美苏关于防止核战争协定》、《美苏关于和平利用原子能科学技术合作协定》，1974年的《美苏限制地下核武器试验条约》、《美苏关于限制反弹道导弹系统条约议定书》，1979年的《苏美第二阶段限制进攻性战略武器条约》等。

在20世纪80年代中后期，美国总统里根大幅度调整了对苏政策，实行“以实力求和平”的对话方针，而苏联领导人频繁更迭后，戈尔巴乔夫推行了外交“新思维”，把缓和与美国的关系作为苏联外交政策的核心目标。从1985—1988年，美苏又一次在军备控制领域开展了大规模的互动，并且取得了重大成果，包括签订1987年的《美苏消除两国中程和中短程导弹条约》，1988年的削减50%进攻性战略武器的初步协议。1991年7月31日，解体前夜的苏联与美国签署了《第一阶段削减进攻性战略武器条约》，规定到2001年前美苏（俄）双方的核弹头总数分别由1991年的12118枚和10909枚削减到6000枚。运载工具（包括陆基导弹、海基导弹和战略轰炸机）的数量削减到1600件。①

苏联解体后，俄罗斯推行了倒向西方的对外政策，美俄关系曾一度进入“蜜月期”。两国举行了第二阶段削减进攻性战略武器的谈判，并且顺利地在1993年1月签署了《第二阶段削减进攻性战略武器条约》。由于美俄双边关系在90年代后期开始恶化，美国的遏制政策和北约的东扩导致了俄罗斯的强烈反对，尤其是科索沃战争使得两国关系跌至苏联解体后的最低谷，因而美俄第三阶段削减进攻性战略武器的谈判被搁置，直到2000年以后才恢复谈判。2002年5月24日，美国和俄罗斯签署了《美俄削减进攻性战略力量条约》暨《莫斯科条约》，规定双方在2012年之前将两国部署的核弹头数量削减到1700—2200枚之间。2010年4月8日，美俄又签订了新的《削减战略武器条约》以取代美苏1991年签订的《第一阶段削减战略武器条约》及2002年的《莫斯科条约》，规定双方核弹头数量限制在1550枚以下，同时，战略武器运载工具总数不得超过800件。② 美俄之间能够取得谈判进展，主要是因为它们的战略武器远远多于其他核武器国家，可以在双边的范围进行谈判，只要条件可以为对方所接受，就可以达成协议。

与双边结构相比，多边军控体系的结构要复杂得多。由于涉及的行为体多，因此变数就多，达成一致的难度就大。尽管进行军控与裁军从理论上讲符合世界各国的利益，但由于军备是国家间竞争的决定性因素，是各国生存与安全的保障，因此是否裁减和如何裁减就具有权力政治的内涵。在这种情况下，每个国家在决策时都需要仔细地考量自己的利益，从而使得军控体系的建构变成了一个充满了不确定性的过程。

多边军控体系的建设，从本质上来讲，是一个国际制度的建设过程。说得确切些，要实现军控目标，就必须在互动成员取得共识的基础上建立有效

---

① *Arms Control and Disarmament Agreements: Texts and Histories of the Negotiations*, Washington, D. C. : United States Arms Control and Disarmament Agency, 1990, pp. 150 - 176, 261 - 300.

② 蒋振西：《评析美俄核裁军新条约》，载中国军控与裁军协会：《2011年国际军备控制与裁军》，北京：世界知识出版社2011年版，第51—54页。

的制度，而要建立这样的制度，则需要有一定的组织框架与程序以利于成员国进行建立军控制度的互动。从第二次世界大战后的多边军控体系的发展看，这样的互动有几种形式：一是在联合国的框架内进行军控体系建设的互动，并形成具有开放意义的普遍体系；二是在一定的国家间进行合作，形成封闭性的军控组织；三是在地区安全合作的基础上形成一定范围的军控体系。

联合国作为一个实现世界和平与安全的普遍性组织，自建立后就逐步形成了进行军控互动的结构。联合国的军控机构包括：联合国大会第一委员会——政治与安全委员会、裁军审议委员会（DC）、裁军事务咨询委员会（ABDM）、裁军研究所（UNIDIR）和联合国裁军事务部（DDA）等。联大第一委员会成立于1978年第一届裁军特别联大，其互动形式是由联合国各会员国对军控裁军相关领域的议案进行表决，遵循多数一致的原则。裁军审议委员会的职责是对联大通过的军控与裁军议案进行审议，每年在纽约举行为期四周的会议。裁军事务部是隶属于联合国秘书处、负责执行大会有关军控与裁军事务的机构。裁军事务咨询委员会和裁军研究所是隶属于联合国的专门的军控与裁军研究机构，其职责是为军控与裁军方面的决策提供咨询服务和建议。

国际原子能机构（IAEA）和日内瓦裁军谈判会议（CD）是与联合国保持一定联系的独立机构。国际原子能机构是1954年12月根据第九届联合国大会的决议设立的，1957年10月在维也纳正式成立，其主要职责是促进国际社会和平利用原子能、防止核扩散。日内瓦裁军谈判会议的雏形10国裁军委员会是20世纪50年代末苏、美、英、法四国外长会议决定成立的，它与联合国的密切互动体现在职责与经费来源上。裁军谈判会议直接接受联合国大会第一委员会的建议，促进在有效国际监督下的全面彻底裁军，并且要向联大进行年度工作报告，其经费预算由联合国负责。

在以联合国为主导的国际军控与裁军体系中，经过成员国的互动，形成了系列的国际军控制度。

首先，在核军控领域形成了较为完善的禁止核试验、核不扩散及建立无核区的条约结构。禁止核试验的条约体系包括1963年8月达成的《部分禁止核试验条约》和1996年9月第50届联大审议通过的《全面禁止核试验条约》。核不扩散条约体系是以1968年签署的《不扩散核武器条约》为基础，1995年该条约无限期延长。建立无核区的条约体系包括1959年的《南极条约》、1972 年的《海床公约》、1967 年的《拉丁美洲禁止核武器条约》[①] 等。

其次，在外空武器、生物武器和化学武器领域也形成了相关的条约结构。外空武器领域的条约体系结构包括 1963 年的《部分禁止核试验条约》中禁止在外层空间进行核试验的条款以及 1967 年的《外层空间条约》和 1979 年的《月球协定》。生物武器与化学武器领域的条约体系是以 1972 年签署的《生物武器公约》和 1992 年签署的《化学武器公约》为核心。

最后，在常规武器、小武器与不人道武器等领域，联合国及相关军控机构也广泛参与，虽然不完善，但仍形成了部分条约体系。在小武器方面，虽然没有形成具体的条约体系，但达成了一系列决议和计划，包括 1979 年的《关于小武器系统的决议》、第 55 届联大通过的 2002—2005 年期间拟议的中期计划[②]，以及 2001 年召开的“关于小武器和轻武器的违禁贸易以及所有相关问题会议”所通过的行动纲领等。在常规武器方面，1980 年联合国建立了军事支出标准汇报制度，这是一个资源报告系统；1992 年联大建立了常规武器登记册，由各国自愿申报。在不人道武器领域所形成的条约或文件，包括 1980 年签署的《禁止或限制使用某些可以被认为具有过分伤害力或滥杀滥伤作用的常规武器会议最后文件》、《禁止或限制使用某些可以被认为具有过分伤害力或滥杀滥伤作用的常规武器公约》、《关于无法检测的碎片的议定书》、《禁止或限制使用地雷（水雷）、饵雷和其他装置的议定书》、《禁止或限制使用燃烧武器议定书》等。此外，2004 年 12 月，联合国在肯尼亚召开的“全球扫雷大会”通过了《内罗毕宣言》和《行动计划》，倡议更多国家加入《渥太华禁雷公约》。

在联合国体系之外，一些主要的军备大国为了进行武器的出口管制，还成立了若干国际军控组织。比较有名的包括核供应国集团（NSG）、桑

---

① 《拉丁美洲禁止核武器条约》是由拉丁美洲国家发起，经由联合国大会批准设立的。1962 年 10 月“古巴导弹危机”后，巴西、玻利维亚、厄瓜多尔和智利向第 17 届联大提出关于建立拉美无核区的提案。1963 年 4 月 29 日，上述四国元首以及墨西哥总统在各自首都发表声明，要求拉美国家缔结多边协定，使拉美尽快成为无核区。同年，第 18 届联大通过了包括上述五国在内的 11 个国家关于建立拉美无核区的提案。1967 年 2 月 14 日，巴拿马、秘鲁、玻利维亚、厄瓜多尔、哥伦比亚、哥斯达黎加、海地、洪都拉斯、墨西哥、萨尔瓦多、危地马拉、委内瑞拉、乌拉圭和智利在墨西哥城签署《拉丁美洲禁止核武器条约》，即《特拉特洛尔科条约》。条约于 1969 年 4 月 25 日生效。

② 第 55 届联大 2002—2005 年中期计划包括：其一，向受小武器影响的国家提供咨询意见和援助；其二，促进小武器战略合作和协调；其三，促进非政府组织参加制止使用小武器；其四，对 2000 年预召开的联合国小武器和轻武器非法贸易各方面的问题，大会采取后续行动。

戈委员会（ZC）[①]、导弹技术控制制度（MTCR）[②] 以及澳大利亚集团（AG）[③] 等。

此外，还有一部分多边军控体系建立在地区性国际组织（尤其是安全合作组织）的框架之内。最有代表性的几个分别是：《欧洲常规力量武装条约》是建立在欧洲安全与合作组织的框架内；《南太平洋无核区条约》是建立在南太平洋岛国多边论坛框架内；《非洲无核区条约》是建立在非洲联盟的前身即非洲统一组织的机构框架内。

多边军控体系的内部互动，有一个动态的过程。具有普遍意义的体系都是开放的结构，目的是吸引所有国家参加，以便形成具有普遍约束力的国际规范。从已有的军控条约来看，签约国都有一个从少到多的过程。例如，《全面禁止核试验条约》从 1996 年第 50 届联合国大会通过该条约开放签署以来，几乎每年都有新的国家签约加入这一体系，相关数据详见表 8-2。尽管《全面禁止核试验条约》尚未生效（该条约的生效需要得到其附件 2 规定的 44 个国家的批准，其中美国拒绝批约成为最大障碍），但从形势的发展看，生效的前景是存在的。根据最新数据统计，“截至 2010 年 9 月，已经有 182 个国家签约，153 个国家按国内法律程序批约，还有 42 个国家没批约”[④]。

---

① 核供应国集团由美国、苏联、英国、加拿大、法国、德国、日本 7 个主要核出口国建立。前身是 1975 年的“伦敦核俱乐部”，1992 年更名为“核供应国集团”。其宗旨是通过加强核军民两用品及相关技术的出口管制，防止核扩散。而为了加强国际间关于核出口控制的协调与合作，禁止转让可用于制造核武器的钚等材料。1971—1974 年在瑞士教授克劳德·桑戈主持下组成了一个 15 国小组在维也纳召开了一系列非正式会议，就核供应国集团达成的《核转让准则》、《触发清单》两项文件达成谅解，成立了“桑戈委员会”。

② 导弹技术控制制度建立的背景是在 20 世纪 80 年代，印度、巴基斯坦与埃及相继建立导弹工业，另有十几个国家也制定了导弹发展计划。西方国家认为，如不及时制止导弹技术的扩散，势必危及自身的安全利益。1982 年，英国和美国首先就建立相关出口控制制度进行了磋商。同年 7 月和 1985 年 7 月，西方 7 国集团举行了两次会议协调各国立场，达成一致意见，最终在 1987 年成立。其目的是防止可运载大规模杀伤性武器的导弹和无人机及相关技术扩散。

③ 澳大利亚集团是针对两伊战争中所使用的化学武器均来自西方国家这一情况由澳大利亚主持成立的。1985 年，在布鲁塞尔由澳大利亚主持召开了协调化学设备出口控制措施的会议，由已经实施出口许可证制度的一些西方国家参加，防止化学武器扩散。1990 年该组织扩展到防止生物武器的扩散。

④ 邹懿、张颖：《对美国亚临界核试验的评估》，载中国国际问题研究所军控与国际安全研究中心：《全球核态势评估报告（2010—2011）》，北京：时事出版社 2011 年版，第 179 页。

表 8-2　1996—2005 年历年签批《全面禁止核试验条约》国家总数统计①

年份	1996	1997	1998	1999	2000	2001	2002	2003	2004	2005	总计
签约	138	11	2	4	5	5	1	4	4	2	176
批约	1	7	18	25	18	20	8	11	12	6	126

《禁止化学武器公约》于 1992 年 11 月经第 47 届联合国大会通过后成为公约。1993 年 1 月开放供签署。首批签约的国家包括中国在内一共有 130 个。1997 年 4 月 29 日公约正式生效。截至 2009 年年底，共有 188 个国家加入到该公约的体系之中。② 2010 年 4 月，联合国秘书长潘基文在《禁止化学武器公约》生效 13 周年之际，呼吁尚未加入这一公约的国家早日签署公约。

《禁止生物武器公约》于 1972 年 4 月分别在华盛顿、伦敦和莫斯科公开签署。1975 年 3 月 26 日，该公约生效，并且对其他非签署国开放，各国在自愿的基础上可以签署加入并遵守该公约条款。截至 2010 年 12 月，加入该公约的国家达到了 163 个。③

普遍性军控体系的互动，从总的趋势看，是加入的行为体不断增多。当然，作为一种自愿行为，也存在成员国退出条约的情况。不过，行为体退出相关条约，不再遵守有关规范，并不意味着可以退出相关问题的互动。一方面，退出国家在相关问题上的行为仍然构成该体系互动的一部分（作为非成员）；另一方面，条约内成员也不会放弃对该国家的互动。

例如，《不扩散核武器条约》第十条第一点明确规定了成员国拥有可以退出的权利，但必须作出说明。条约原文如下："每个缔约国如果断定与本条约主题有关的非常事件已危及其国家的最高利益，为行使其国家主权，应有权退出本条约。该国应在退出前三个月将此事通知所有其他缔约国和联合国安全理事会。这项通知应包括关于该国认为已危及其最高利益的非常事件的说明。"

2003 年 4 月 10 日，朝鲜以国家安全为理由，宣布退出 1985 年签署加入

① 此表格来源于张玉龙：《〈全面禁止核试验条约〉生效前景和未来发展》，载中国军控与裁军协会《2006 年度国际军备控制与裁军报告》，北京：世界知识出版社 2006 年版，第 60 页。

② 《中国代表团团长张军大使在〈禁止化学武器公约〉第 15 届缔约国大会一般性辩论中的发言（2010 年 11 月 29 日，海牙）》，载中国军控与裁军协会：《2011 年国际军备控制与裁军》，北京：世界知识出版社 2011 年版，第 323 页。

③ 《中国代表团团长王群大使在〈禁止生物武器公约〉2010 年缔约国会议上的发言（2010 年 12 月 6 日，日内瓦）》，载中国军控与裁军协会：《2011 年国际军备控制与裁军》，北京：世界知识出版社 2011 年版，第 332 页。

的《不扩散核武器条约》，废除了与国际原子能机构签署的全面保障监督协议，大力发展其核计划并拒绝接受国际核查。在朝鲜宣布退约后，联合国秘书长科菲·安南在日内瓦发表讲话，敦促朝鲜重新考虑退出《不扩散核武器条约》的决定。日本首相小泉纯一郎访问平壤期间，呼吁朝鲜能够早日重返《不扩散核武器条约》。核不扩散条约成员国中国、日本、俄罗斯、美国和韩国与朝鲜进行六方会谈，其目标就是通过地区安全合作的形式力促朝鲜放弃一切核武器及现有核计划，早日重返《不扩散核武器条约》，并回到国际原子能机构保障监督机制中。

军备控制体系，作为一个制度结构，无论是多边还是双边，在正式形成之后，其内部运作都包括三个方面，即制度的执行与核查、制度的修订以及对违反制度者的惩罚。

（一）制度的执行与核查

军备控制与裁军的条约体系建立之后，相关制度对缔约国就产生了国际法效力，缔约国就会围绕遵约与审查问题开展互动。

遵约就是各缔约国按照条约规定，履行相关义务。例如，1972 年《反弹道导弹条约》签署之后，美国和苏联均按照条约规定只在首都和一个导弹发射井处部署弹道导弹防御系统。1987 年《中程弹道导弹条约》签署后，到 1991 年 5 月，美国和苏联都完成了将属于中导条约规定范围内的所有中程导弹和中短程导弹全部销毁的工作。美俄（苏）《第一阶段削减进攻性战略武器条约》签署后，双方在 10 年左右时间里共销毁了约 1000 件运载工具，近万枚核弹头。

军控体系的审查主要包括两种表现形式：一是缔约国对条约进行审议，二是军控体系的制度机构对缔约国的执行情况进行核查。

缔约国对条约进行审查，主要是采取大会审议的方式。例如，《不扩散核武器条约》、《禁止生物武器公约》和《禁止化学武器公约》等在体系框架下都设置了固定的审议大会机制。《不扩散核武器条约》最初规定，条约有效期为 25 年，其间每 5 年举行一次审议会议，审议条约的执行情况。1975 年召开了第一次审议大会。1995 年在联合国《不扩散核武器条约》的审议和延长大会上，178 个缔约国以协商一致方式决定无限期延长该条约。①

---

① 田景梅、胡思得：《2005 年〈不扩散核武器条约〉审议大会评析》，载中国军控与裁军协会：《2006 年度国际军备控制与裁军报告》，北京：世界知识出版社 2006 年版，第 46—51 页。

《禁止生物武器公约》在1975年生效，各国在自愿的基础上遵守该公约。公约签署国曾于1980年、1986年、1991年、1996年、2002年和2006年就该公约举行过六次审议会议。2006年的审议会议围绕国际局势的发展对公约的影响，特别是恐怖主义威胁和“非典”、“禽流感”等疾病的影响，对加强信任的措施进行了讨论。《禁止化学武器公约》的缔约国在2003年和2008年分别举行过两次审议大会。在2008年的第二次公约审议大会上，100多个缔约国对公约的实施情况进行了回顾审核，围绕优化核查机制、妥善解决销毁化学武器的设施风险、防止对人类环境的破坏、促进国际合作等问题展开了讨论并且制定了工作计划。

军控体系的执行机构对缔约国的审查，是一种技术性的核查活动。例如，对不扩散核武器的情况进行技术性核查，主要是通过联合国领导下的国际原子能机构进行的。《全面禁止核试验条约》尽管尚未生效，但其技术核查的工作却已先期启动了，目前已经具备较为有效的核查能力。[①]《禁止化学武器公约》生效以来，各缔约国均宣布了其化学武器数量，并且“接受了约3000余次国际核查”[②]。生物武器由于其技术本身的复杂性，目前尚未探索出一套行之有效的技术核查机制。在双边军控领域，美苏《中程弹道导弹条约》、《削减进攻性战略武器条约》等的执行均存在核查方面的互动。例如，《中导条约》规定每一方都拥有就地核查的权利，各方每年进行20次核查，为期3年；以后5年每年检查15次。再往后是每年检查10次，为期15年。在核查互动中，双方均向对方公开本国的中程弹道导弹的所有情况，包括导弹数量及部署地点，然后由美苏（俄）两国的战略导弹部队军官及该领域的工程人员、专家组成核查小组前往对方境内检查销毁中程导弹的全过程。在削减战略武器条约的执行过程中，也有双方军控人员组成的核查小组监督核弹头的拆卸、销毁情况以及运载工具的拆除及部署状况。

（二）制度的修订

军控条约在签订后，随着时间的推移，其中的一些条款可能不再适合当下情况，需要修订或补充。某些成员国在缔约之初由于处于劣势地位，不得不接受一些“不平等”条款，随着地位的变化，也会谋求更为“公

---

① Status of Provisional Technical Secretariat Work on International Monitoring System Station and Laboratories, CTBT/PTS/INF. 142/Rev. 22.

② 郭安凤：《生物恐怖与国际生物军控模式》，载中国军控与裁军协会：《2008年度国际军备控制与裁军报告》，北京：世界知识出版社2008年版，第108页。

平”的条约内容。因此，条约的修订构成了行为体在军控制度领域进行互动的重要方面。在条约的修订过程中，各方将展开新的博弈。这些互动包括条约文本的修订，以及国内最高立法机构是否批准新修订内容的讨价还价。

例如，在防止核扩散的条约领域，国际原子能机构1997年5月核准保障协定的《附加议定书》，就是对相关制度所作的重要修订。该议定书规定可以核实缔约国是否存在未申报的核材料和核设施，而原有保障协定则只对已申报的核材料不被转为军用进行监督。中国于1998年12月31日签署了附加议定书。截至2001年11月，签署附加议定书的国家有57个。不过，由于许多无核武器国家对这一附加协议一直抱消极态度，认为核武器国家应当将更多的和平核活动置于国际原子能机构的保障监督之下，因此签署情况并不理想。

就军控制度的修订来说，成员方之所以要对规范进行改变，说到底是因为围绕相关问题的互动发生了制度不能适应的变化。例如，《欧洲常规力量武装条约》是1990年11月19日由北约16个成员国和华约6个成员国签订的，当时苏联和华约处于解体前夜，政局动荡不稳，在两大阵营的对抗中处于劣势。虽然华约国家在常规武装力量的数量方面多于北约国家，但实际上外强中干。在这种情况下华约国家接受了条约中的“不对等裁减”原则，即拥有常规武器数量优势的一方先裁、多裁，达到平衡后双方再开始进行对等削减，直至低水平的均势。根据这一原则，拥有军事人员和重型装备绝对优势的华约各国将进行大幅度裁军。华约组织和苏联解体后，俄罗斯同北约的常规军备力量之间的对比骤然间发生重大改变，俄罗斯一方军力的衰落使得双方常规军备的对比严重失衡。为此，俄罗斯一直谋求对该条约进行修订。1993年，时任俄罗斯总统的叶利钦致函欧常条约缔约各国，要求暂停执行条约的一些内容，但遭到以美国为首的北约国家的反对。1995年，俄方再次提出对条约进行修订，因为条约“不符合俄罗斯的国家安全利益”，否则俄将“被迫退出条约”。到了90年代后期，随着俄罗斯经济的复苏和谋求重振其大国地位，北约意识到了与俄罗斯加强合作对于维护欧洲地区安全的重要性，因此同意了对该条约的修订。1999年11月，欧安组织伊斯坦布尔首脑峰会通过了《欧洲常规武装力量条约修改协议》，有30个国家签署。新的修订条约改变了原条约中以实现北约和华约两大集团间常规力量平衡的核心内容，引进了以国家和领土为基础来确定常规军备限额的新机制。[①] 不过，截至2007年，只有俄罗斯、白俄罗斯、哈萨克斯坦和乌克兰批准了该修改协议，北约国家均未批准这一条约。2007年7月，俄宣布暂停执行《欧洲常规武装力量条约》。

由于军控制度的修订属于高政治领域的互动，涉及敏感的安全问题与权力关系，因此从总体上来讲，达成一致更困难，更容易出现反复。不过，只要在这种互动进程中存在共同利益，就有可能经过曲折最终找到各方都能接受的平衡点。

（三）制度的违反与惩罚

对于已经加入军控体系的国家来说，执行制度的规定是其法律义务，但国家利益至上的原则又始终是国家进行对外战略选择时必须考虑的规范，在这两者发生不可调和的矛盾时，就可能出现缔约国违反制度的情形。从维护条约有效性的角度讲，军控体系内都存在“违反—惩罚”的机制。

例如，核不扩散体系与伊朗的关系就体现了这样的互动。伊朗是1968年《不扩散核武器条约》的第一批签约国家，是以无核武器国家身份加入的。然而，为了维护其地区大国地位和安全利益，伊朗自20世纪50年代起就开始了对核能的开发，并且在核问题上一再出现反复。1979年“伊斯兰革命”之后，美国开始指责伊朗秘密发展核武器，并对其实施了遏制的政策。2003年年初，伊朗宣布发现并提炼出能为其核电站提供燃料的铀后，国际原子弹机构通过决议要求伊朗签署《附加议定书》，终止铀浓缩活动。伊朗于2003年12月正式签署了《不扩散核武器条约附加议定书》，并且在第二年暂停浓缩铀离心机的组装。然而2006年1月，伊朗又恢复了核燃料研究活动。同年3月，联合国安理会发表主席声明，对伊朗恢复铀浓缩活动及中止与国际原子能机构在《附加议定书》框架下的合作表示严重关切。[②] 伊朗则强调拥有和平开发核能的权利，并威胁要考虑退出《核不扩散条约》。由于伊朗一再违反《核不扩散条约》及《附加议定书》的制度规范，联合国安理会分别于2006年12月、2007年3月和2008年3月通过了三次对伊朗进行制裁的决议。第一阶段的制裁包括与其核计划和弹道导弹项目有关的禁运措施、资产冻结和监督相关人员出国旅行等内容。第二阶段的制裁包括

---

① Stockholm International Peace Research Institution: *Arms, Disarmament and International Security* (*SIPRI Year Book* 2005), Stockholm: SIPRI, 2005, p. 653.

② Nuclear Threat Initiative, http://www.nti.org/e_research/profiles/Iran/Nuclear/index.html.

禁止伊朗武器出口，增加了对涉及伊朗核计划和导弹计划的个人及实体实施资产冻结的措施，并且呼吁各国不再向伊朗政府提供优惠贷款、捐赠及援助。第三阶段的制裁措施包括扩大对伊朗的旅行限制和冻结资产对象名单、禁运敏感双用途物项等。对于联合国的制裁，伊朗的反应是一方面继续开展铀浓缩活动，另一方面则与国际原子能机构和联合国保持对话。从核不扩散体系成员围绕伊朗核问题的互动看，尽管违反、制裁与对话都在继续，但鉴于这个问题具有高政治属性，与中东地区形势、伊朗与西方国家关系乃至与更大范围的国际关系互动都密切相关，因此仅限于核军控领域的制度性互动是不可能真正找到解决办法的。

在当代的国际关系中，国际军控与裁军体系的发展，既是一个权力政治互动的过程，也是一个制度合作的过程。作为国际军事体系的一个组成部分，其建设的艰难和成效都是显而易见的。尽管它的作用有限，只在某种程度上减少和限制了某些国家的某些军备的发展，但毕竟减少了对人类社会的威胁，无论如何都是有利于国际和平与安全的。

第五节　结语

当代的国际军事互动及其所形成的体系，从历史演进来看，日益具有了复杂的结构。国家的军事部门作为主要行为体，尽管终极使命是进行战争，但实际上要参与各种非战争互动，包括维持和平行动、裁军与军控行动，以及日常的军事外交行动。事实表明，现代军事体系乃是一个冲突与合作并存的结构。在这种结构下，国家军事部门的非战争行为与战争行为实际上具有了同等重要的地位。为了能够更好地发挥自身作用，国家不但要有适度的和有效的武装力量，以便应对可能的威胁与战争，在需要的时候能够有力地捍卫国家利益，同时也要有强有力的外交手段，能够说服和影响对手，“不战而屈人之兵”，以非战争手段达到国家的目的。

国际军事互动中合作因素的凸显，是因为时代的发展导致了国际关系的演进。在历史上，军事互动原本是对抗性最强的行为模式，但随着全球化进程和相互依赖关系的发展，动辄使用武力的现象在下降，而军事外交的功效则在上升。当行为体理性地认识到可以用非战争途径达到目的时，它们就不会使用战争手段。相互依赖关系的发展使得行为体的相互了解在加深，处理相互间问题的手段也有了更多的选择。

当然，无论军事互动中合作因素有怎样的影响，也不可能完全取代冲突的因素。军事力量作为国家的最强硬手段，在需要的时候是会发挥决定性作用的。尽管随着人类社会的进步，战争手段的危害性日益受到限制，但战争就是战争，在“永久和平”实现之前，这种互动始终是国家面对的最大的威胁因素，也始终是国家进行国际互动时不能忽视的国际环境因素。

总结当代的国际军事互动，在总体上有这样一些要点值得关注：第一，军事冲突结构中的非对抗性因素在增多，军事互动中越来越多地包含了外交互动因素和国际制度的制约因素。第二，基于共同安全观念的全球安全体系得到了发展，构成了各国进行多边军事外交的平台。第三，由于国际关系中相互依赖的因素日益增多，各国面对全球性问题有了更大的合作性利益，因此各国间出现军备竞赛也不容易形成冷战时期的那种高对抗状态。第四，军事同盟的对抗性逐渐弱化，正向着职能多样化的国际安全合作组织迈进。第五，非政府组织对军控议程的推动，使得军事互动模式呈现多元化趋势，构成了全球治理的重要组成部分。

由于当代的军事互动出现了复杂的变化，因此已不再是单纯的权力互动关系。国际合作与国际制度因素影响的增强，使得国际军事体系呈现出了新局面，使得各国军事行为体面对着新的使命与挑战。

第九章　国际政治文化体系

在国际关系中，所有单元都是有意识的社会存在物和寻求意义的行为体。它们基于自己的民族历史、宗教信仰或政治认同，都有对于他者、对于整个世界和各种国际问题的特有认知、信念、态度与情感，或者说都有特定的政治意识形态。在这样的观念背景下，行为体在进行物质层面的互动时，都会进行精神层面的互动，并因此会建构出一种国际政治层面的文化关系。无论是基于认同形成盟友、伙伴或敌对关系，还是面对互动问题进行观点的沟通，它们都会在"主体间世界"形成某种心理的结构。这种结构内含行为体的价值选择和行为规范，有尖锐的对立与斗争，也有相互的接受与融合。这种整体性的观念结构，作为外在环境，亦会对行为体的互动形成建构性影响。

国际政治层面的文化体系，同物质结构一样，是国际关系的重要组成部分。探讨这种结构，一方面要理解其基本的概念与理论，另一方面则要了解其现实的表现与运作机制。从经验层面讲，行为体互动的观念结构是有复杂情况的。基于国际政治的视角，本章重点阐述具有典型性的价值观和意识形态系统、宗教系统和媒体系统。

第一节　国际政治文化体系的基本概念

国际政治文化体系来源于行为体在观念层面的国际政治互动。要理解这种互动，首先需要理解什么是文化，并理解文化层面的互动对于国际政治的意义。

文化是一个包含复杂内涵与外延的概念，有各种不同的界定。[①] 一般来

① Alfred Kroeber 和 Clyde Kluckhohn 曾汇集了 164 种有关文化（culture）的界定。可参见 Kroeber, A. L. and C. Kluckhohn, *Culture: A Critical Review of Concepts and Definitions*, Cambridge, MA: Peabody Museum, 1952。

讲，广义的文化是指人类在社会历史发展过程中所创造的物质财富和精神财富的总和，而狭义的文化则特指精神财富，如文学、艺术、教育、科学等。[①]本章所讨论的国际政治文化体系，是就狭义的文化而言，主要指国际政治中心理因素的整体结构。

国际政治文化是政治文化在国际关系中的拓展。政治文化原本是就国内政治而言的，1956 年美国政治学家阿尔蒙德（Gabriel A. Almond）最先使用了“政治文化”的概念。[②] 根据阿尔蒙德的观点，政治文化是一个民族在特定时期流行的一套政治态度、政治信仰和感情，它是由本民族的历史和当代的社会、经济和政治活动进程所促成的。[③] 派伊（Lucian W. Pye）认为，政治文化是政治系统中存在的政治主观因素，包括一个社会的政治传统、政治意识、民族精神和气质、政治心理、个人价值观、公众舆论等，能够决定政治系统的价值取向，规范个人的政治行为，使政治系统保持一致。[④] 维巴（Sidney Verba）指出，一个社会的政治文化为人们提供了参与政治的主观意向。[⑤]

在概念上，政治文化作为政治体系中的主观因素，包含政治认知、政治信念、政治感情、政治态度、政治价值观等方面。[⑥] 政治文化中的认知因素是指人们对于政治角色、政治组织、政治过程等方面的认识，这构成了人们进行政治判断和行为选择的基础。情感因素是人们对政治体系和政治活动的情绪，态度和价值观则体现了人们对于政治生活的直观评价与判断。这些因素综合起来，就构成了一个国家的政治意识形态。

政治文化作为一种观念性结构，不是个别人的思想观念，而是群体的意识；不是支离破碎的想法和观念，而是系统的思想体系。这种观念不但是对现实的反映，而且是对未来美好前景的预期与描绘。一般来讲，政治文化是社会成员在历史传统和当下特定政治环境的双重影响下，经过长期的心理积

---

① 中国社会科学院语言研究所词典编辑室编：《现代汉语词典》（第 5 版），北京：商务印书馆 2005 年版，第 1427 页。

② 中国大百科全书总编辑委员会《政治学》编辑委员会：《中国大百科全书》（政治学），北京：中国大百科全书出版社 1992 年版，第 504 页。

③ ［美］加布里埃尔・A. 阿尔蒙德、［美］小 G. 宾厄姆・鲍威尔：《比较政治学：体系、过程和政策》，曹沛霖等译，上海译文出版社 1987 年版，第 29 页。

④ Lucien W. Pye, *Aspects of Political Development*, Boston: Little Brown, 1986.

⑤ S. Verba, “Comparative Political Culture,” in LucienW. Pye and Sidney Verba (eds.), *Political Culture and Political Development*, New Jersey: Princeton University, 1965, p. 513.

⑥ 中国大百科全书总编辑委员会《政治学》编辑委员会：《中国大百科全书》（政治学），北京：中国大百科全书出版社 1992 年版，第 504 页。

淀而形成的一种心理定势，反映了一个社会群体长期形成的比较稳定的和一贯性的政治倾向。这种政治倾向的形成与社会群体的社会习惯、民族传统、宗教信仰等因素分不开，与现实形势所形成的内外压力也分不开。通常，这种心理定势一旦形成，便不易改变。从这个角度讲，政治文化不同于公众舆论或民意，后者是人们对于某一具体事务或问题所产生的一时性的心理反应，通常具有不稳定性和可变性。当然，一个国家的公众舆论或民意的形成与政治文化也是有密切关系的，民意在很多情况下会受到政治文化的影响，而政治文化从长远来说，也会受到民意的影响。

政治文化作为一种结构，对国家行为起着指导作用，不但是国家在国内政治中的指导，而且是国家在国际政治中的指导。国家在国际关系中怎样为自己定位，怎样确定自己的敌友，怎样评估自己的利益、目标与手段，都会经过特定的心理过程，都会受到特定政治文化的影响。这种影响主要来自行为体长期以来所形成的对外部世界的认知，对自己身份的政治认同，对民族宗教的归属以及对重大国际问题的习惯性的价值判断等。这些心理层面的东西，作为行为体实施对外政策的观念背景，会使行为体在处理与其他行为体的关系和解决国际问题时表现出特定的偏好和政治倾向。这些倾向和偏好会决定它们在现实国际互动中的认知、态度与行为选择。

行为体以政治文化为背景参与国际互动，它们在与他方接触时，就会以自己的观念影响他者。无论进行何种形式的互动，其行为（包括言与行）所体现出的“意义”都会产生影响。行为体会力图使他者明白自己的意图，接受自己的规范认同与价值判断，做出自己希望的政策调整。作为“意义”受众的其他行为体，面对这种观念的影响，也会做出回应，它们也会表达出自己的“意义”。这样，行为体在观念层面的互动就形成了。这种互动就是一种文化的关系。

在文化互动中，行为体的基本宗旨就是传播自己的观念。除了与物质层面的互动相伴随的观念的交流（比如在政治、军事、经济谈判中的说服与被说服）之外，行为体还会进行纯文化的互动。在公共外交中通过非强制手段改变他者的观念，树立良好的国家形象，进而改变国家间关系，就是纯文化的互动。

在观念互动中，由于一个行为体的心理定势不容易被改变，因此观念的互动未必会形成相互兼容的情形。从这个角度讲，行为体要以文化手段改变他国民众的认知，必须通过他国民众可以接受的方式，否则就可能“水土不服”。美国在对外战略中以推行民主的方式改变他国行为，在中东就难以达到目的。事实上，一种文化要被接受，至少在认同上不能是相冲突的。

从历史的演进来看，行为体之间的物质互动与文化互动总是相对应的，行为体进行物质互动会有意义的相互表达，而进行文化的互动也需要有相应的物质基础。一般来讲，人的活动到达哪里，其观念的影响就能够到达哪里。在古代社会，由于地理条件的限制，不同政治单元之间的文化交流是稀少的。即使有“丝绸之路”这样的沟通东西方的通道，其规模和影响仍是十分有限的。直到近代，伴随着西方列强的殖民扩张，世界不同地区的联系才密切起来，不同文化之间才有了大规模的碰撞和互动。这就是亨廷顿所说的“冲击”。

文化的传播作为一个扩散过程，既有说服，也有强制。由于行为体传播文化的物质条件不同，其文化对外部环境和对传播对象的影响力和普适度不同，因此会表现出强势文化与弱势文化的不同。有些文化有广泛的影响，也有些文化只局限于狭小的地域。在人类文明进步的过程中，先进文化会不断地取代落后文化，例如，一些野蛮习俗会逐渐被取代。

在文化传播的过程中，物质因素作为外部条件是有重要影响的。早期的殖民者之所以能够向全球传播西方的文化，就是因为资本主义发展所创造的物质条件。他们能够凭借强势的物质条件进行强制性的文化灌输与文化扩张。这种文化传播是基于物质层面上的不平等所造成的文化层面上的不平等。在当代，尽管科学技术的进步与普及使得全球国家都能享有便捷的文化传播手段，但发达国家在信息技术上的优势，使得它们仍然能够在文化互动中占据优势地位。

当然，文化互动作为一种心理活动过程，所受到的物质条件的影响毕竟与物质互动不同。对物质互动可能有重要影响的各种限制，对文化互动的作用可能要小得多。例如，战争会受到参与人数的影响，而文化的传播则不受人数多少所决定。例如，马克思和恩格斯的思想就影响了全世界。在国际关系中，只要人与人之间有了接触，不论多么稀少，都会发生思想的交流与传播。一本书，甚至只言片语，都可能对一个社会群体产生重大的影响。德国诗人海涅（Heinrich Heine）就曾经警告法国人，不要低估观念的力量：一位教授在他宁静的书房里孕育出来的哲学观念，有可能毁灭一个文明。[①] 在文

① 刘军宁、王焱、贺卫方编：《市场逻辑与国家观念》，北京：三联书店 1995 年版，第 197 页。

化的互动中，少数精英就可以推动文化的传播。西方传教士早期到中国传教，中国唐代高僧玄奘赴天竺（印度）求经，日本派遣唐使到中国学习中国文化，都是这一类文化传播的实例。在一些情况下，文化的影响是可以突破时空限制的。

国际行为体通过心理活动进行观念层面的互动，就会在国际范围甚至世界范围内形成某种主体间的结构，即国际政治文化。国际政治文化是行为体共享的观念结构，在一定程度上反映的是相互关联的行为体在国际政治中共有的态度、信念、情绪和价值取向等。这种观念上的共同体，尽管其心理层面的东西不能观察，但它们在观念上的一致性是有外在表现的。行为体会以自己在对外政策上的言与行，形成可以观察的“圈子”。这样的“圈子”有特定的社会意义，扮演着价值纽带的角色。这种意义与价值的纽带，作为联结单元的观念结构，是任何国际政治体系得以存在和维持的必要基础。如果把国际体系的物质结构比喻为“硬件”，那么文化结构则是“软件”。

在一个文化体系中，不同的文化会产生冲突碰撞，但也可能通过沟通减少由文化差异所造成的隔阂、误解，达到文化的融合。所谓文化的融合，是指不同文化因素或文化成分彼此接纳与调和，形成一个有机整体的过程。[①]尽管每个行为体的文化都有其独特性，但由于文化的互动与国际关系的整体互动分不开，因此一些代表社会进步的文化因素会为各国所接受。事实上，即使是各国独有的东西，也可能为他者所接受。各民族文化都有其存在的价值，文化之间可以取长补短，共同进步。在这里，文化的融合并不等于文化的趋同。文化融合作为不同质文化间的交融与整合，并不排斥多样性，通过扬弃与优化，有可能形成“你中有我、我中有你”的局面。

行为体经由互动所形成的文化体系，其属性是不同的，可能是积极的，也可能是消极的。一方以强制性的物质力量为基础扩张自己的文化，或者以相互对立的意识形态进行你死我活的斗争，是属于消极的文化互动。相反，如果各方的文化能够在相容的情况下互动，实现融合，共同进步，则是积极的互动。

无论进行何种属性的文化互动，行为体观念的演进都会推动体系的变革。行为体对互动问题与国际关系的认知，对他者的情感，对目标的价值判

① 郭洁敏：《当今国际关系中文化融合的新趋势》，《现代国际关系》2005 年第 10 期。

断与行为选择，原则上决定着体系变化的进程及其结果。建构主义就认为冷战的结束是因为苏联领导人改变了观念，并进而改变了与西方国家的关系。从历史事实中可以看到，苏联东欧发生的剧变确实与苏联意识形态的改变有关，尽管其改变存在复杂的成因。

行为体的文化作为体系结构的一部分，在影响和决定体系的同时，也会受到体系的影响。观察欧盟的一体化进程，可以注意到，成员国共享的欧洲历史与文化传统，在心理的层面上所形成的对民主、人权和市场经济的认同，在很大程度上影响着欧盟的各种共同政策的形成和各个成员国在一体化进程中的行为。

从行为体的角度来看，我们也应该注意到，尽管在体系影响下其观念会发生某些变化，但它们所特有的政治文化总是会保持一定的稳定性的。事实上，人们不会轻易放弃已有的文化而接受异质文化。正因为如此，国际关系中的观念文化的斗争往往会长期存在。亨廷顿所讲的“文明的冲突”就是对这种现实的一种解释。在中东、东亚、南亚以及欧洲，意识形态的对立与斗争一直在持续，即使在不存在意识形态冲突的国家之间，政治文化的差异也是普遍存在的。所以，全球政治文化互动，从整体上来讲，是存在复杂性和多元情形的。政治文化互动所形成的整体网络，所呈现的是一种多元的形态。就现实的国际政治文化体系而言，比较突出者是与意识形态斗争相关的全球网络。本章在这里所阐述的事实，主要涉及三个方面，即政治意识形态体系、宗教极端主义体系和媒体体系。

第二节　国际政治与意识形态

在国际政治文化的互动中，意识形态无疑是最突出的因素。每一个参与国际互动的行为体，基于自己的政治文化，都有较稳定的对于世界的整体看法，这种看法包括对于世界的理解，也包括对于世界的价值判断。所以，它既是对于现实国际问题的看法，亦是对理想国际秩序的预期。这一套系统化了的思想观念体系，就是行为体的意识形态。意识形态具有导向功能，决定行为体的政治倾向。

意识形态是行为体政治心理的稳定的结构。作为持久坚持的东西，行为体通常都会自我标榜其意识形态的正确性，甚至认为是唯一正确的。“它在形式上往往与其他意识形态以二元对立的方式区分，而在诉求对象上则企图使广大的民众成为追随者。"[1] 因此，行为体往往对外界不同的政治理念采取一种排拒的态度，并且要求其他行为体接受自己的政治主张。在当代的国际关系中，主要的意识形态包括自由主义、保守主义、社会主义、资本主义、法西斯主义等。不同的行为体基于所信仰的意识形态，在国际政治中会形成鲜明的身份认同。意识形态相同的国家会组成联盟。由于意识形态本身具有排他性和封闭性，难以包容其他的思想体系，因此不同意识形态的国家之间往往斗争不断。

库尔思（James Kurth）在《二十世纪的战争、和平与意识形态》一文中，阐释了20世纪的意识形态的抗争。他认为，20世纪是处于战争与意识形态冲突这两种影响之下。在20世纪之初，起支配作用的意识形态是自由主义，即经济上的自由市场资本主义和政治上的自由民主政治。代表这种意识形态的是国际体系中的西方强国美国、英国和法国。在右翼与自由主义抗争的是保守主义，即在经济上对自由市场资本主义实行限制，在政治上对民主主义实行限制。代表这种意识形态的是国际体系中的东方强国德国、奥匈帝国和日本。在左翼与自由主义抗争的是社会主义，即经济上的国家所有制和政治上的"社会民主政治"。第一次世界大战并不是意识形态冲突引起的，但战争却成了意识形态的简化器：自由主义者变得更崇尚民主主义，一些人甚至变成了激进分子；社会主义者变得更崇尚马克思主义，一些人甚至变成了共产主义者；保守分子变得更崇尚民族主义，一些人甚至变成了法西斯主义者。纳粹德国和法西斯主义意大利在第二次世界大战中的决定性失败和被征服，使得法西斯主义和国家社会主义退出了争论，并使余下的两个意识形态家族——自由主义民主政治和社会主义在漫长的决斗中彼此对抗。这种决斗形成了冷战。[2]

回顾第二次世界大战结束以来的国际关系史，可以看到，国际政治中的意识形态之争始终存在，冷战时期社会主义阵营与资本主义阵营的斗争，冷战结束后围绕民主人权的价值观斗争，都是具有这种属性的互动。了解这两个阶段的历史进程，对于理解国际文化体系中的意识形态斗争是十分必

① 江宜桦：《自由主义哲学传统之回顾》，载王焱等编：《自由主义与当代世界》，北京：三联书店2000年版，第8页。

② James Kurth, "War, Peace, and the Ideologies of the Twentieth Century," *Current History*, January 1999. 译文引自［美］库尔思（J. Kurth）：《二十世纪的战争、和平与意识形态》，朱雅文译，《国外社会科学文摘》2000年第2期。

要的。

一　冷战中的意识形态之争

第二次世界大战结束后所开始的冷战，既表现为社会主义与资本主义两大阵营的地缘政治的对抗，亦表现为两种社会制度与意识形态的斗争。尽管在战时美英与苏联是反法西斯战争的盟友，但随着战争的结束和一批社会主义国家的出现，这种意识形态上的矛盾就凸显出来。时殷弘认为，与近几个世纪里大多数大国的对抗相比，冷战的真正特征在于它具有非常强烈的意识形态色彩。[①] 由于美苏这两个大国在对抗中都尽力避免发生全面“热战”，因而形成了以“冷战”为特征的关系。“冷战”一词是 1946 年美国政治家斯沃普（Herbert Bayard Swope）在为参议员巴鲁克（Bernard Baruch）起草的一篇演讲稿中首次使用的。1947 年 9 月，美国政论家李普曼（Walter Lippmann）出版了《冷战》一书，该词从此被广泛采用。[②]

在持续近半个世纪的冷战中，意识形态的对抗不能完全概括冷战的特点，但却是冷战中一个最为明显的特征。这一过程的开始，并非起因于此前大国互动中常常出现的政治军事因素，而是基于意识形态上的不信任与敌意。后来两大军事集团的形成与不战不和的关系状态，正是在这种意识形态对立的基础上形成的。

1946 年 2 月，时任美国驻苏联的代办乔治·凯南（George Frost Kennan），向美国国务院发出了一封长达 8000 字的电报（Long Telegram），对苏联的内部社会和对外政策进行了深入分析。他认为，苏联的目标是推进社会主义事业，苏联认为资本主义者是不能信任的，资本主义是对社会主义理想的威胁，社会主义不能同资本主义世界长久地和平共处，苏联不允许资本主义影响苏联人民。这篇电文为美国改变对苏政策奠定了思想基础。

1946 年 3 月，已卸任的丘吉尔在杜鲁门的陪同下前往密苏里州的富尔敦，在威斯敏斯特学院发表了题为《和平砥柱》的演讲。丘吉尔在演说中特意谈论了“战争和暴政”问题，声称“没有人知道，苏俄和它的共产主义组织打算在最近的将来干些什么，以及他们扩张和传播倾向的止境在哪里”。

---

① 时殷弘：《现当代国际关系史》，北京：中国人民大学出版社 2006 年版，第 245 页。

② 中国大百科全书总编辑委员会《政治学》编辑委员会：《中国大百科全书》（政治学），第 200—201 页。

他说："从波罗的海的斯德丁到亚德里亚海边的的里雅斯特，一幅横贯欧洲大陆的铁幕已经降落下来。"在铁幕后面的国家，"不仅以这种或那种形式屈服于苏联的势力，而且还受到莫斯科日益增强的高压控制"。在铁幕的外面，共产党的"第五纵队"遍布各国，"到处构成对基督文明的日益严重的挑衅和危险"[①]。丘吉尔在富尔敦说出了美国想说而不便公开说的话，适应了杜鲁门政府的需要。丘吉尔的富尔敦演说打响了美国发动对苏"冷战"的信号。

1947 年 3 月，美国总统杜鲁门在国会两院联席会议上发表咨文，他从"希土危机"讲到美国的"伟大责任"，认为"自由制度的崩溃和独立地位的丧失，不但对这些国家，而且对全世界都具有灾难性"，"美国的政策必须是支持各国自由人民，他们正在抵制武装的少数集团或外来压力所施行的征服活动"，"必须帮助各国自由人民以他们自己的方式去解决有关他们各自命运的问题"。[②] 在杜鲁门看来，今日世界的所有国家都面临着对两种不同生活方式的选择，一种是以大多数人的意志为基础的自由制度，另一种是以强加于大多数人的意志为基础的极权政体。美国必须支持那些自由国家的人民抵抗武装的少数人。[③] 杜鲁门的演讲将世界明确地划分为两个阵营，显示了鲜明的意识形态斗争的色彩。

1947 年 7 月，乔治·凯南以"X"的署名在美国《外交》杂志上发表了题为《苏联行为的根源》（The Sources of Soviet Conduct）的文章，提出美国应对苏联的扩张倾向进行长期、耐心、坚定与警觉的"遏制"。这一主张奠定了美国对苏联实行遏制战略的思想基础。凯南本人也因此获得了"遏制之父"（Father of Containment）的称号。赫伯特·费斯（Herbert Feis）称凯南的论文"为杜鲁门主义的咨文提供了一个更坚定、更严峻的理论基础，也可以说，它把杜鲁门主义发展成了一个纲领"[④]。杜鲁门主义的形成，标志着美苏两国的战时同盟彻底决裂，冷战也随之拉开了序幕。

在杜鲁门主义出台的同时，苏联的《消息报》、《真理报》分别发表社论，指出这是"帝国主义扩张政策"的大暴露，对美国的意识形态攻势进行

---

① 王绳祖主编：《国际关系史》（第 7 卷），北京：世界知识出版社 1995 年版，第 108—109 页。

② 同上书，第 118 页。

③ 余伟民主编：《世界当代史》，北京：高等教育出版社 2001 年版，第一章第四节。

④ Herbert Feis, *From Trust to Terror: The Onset of the Cold War*（1945 - 1950）, New York: Norton, 1970, p. 121.

反击。在这样的意识形态互动中，具有对立意识形态的两大阵营形成了一种对抗的国际结构。尽管这种结构包括北约与华约的军事对抗的意义，但同时亦具有社会主义与资本主义两种意识形态对抗的意义。在这种包含不同层面对抗的互动结构中，物质层面的互动与政治文化层面的互动是相辅相成的。

从经济方面来说，在资本主义阵营内，美国为了遏制苏联，离间苏联与东欧国家的关系，也为了给自己“过剩的”商品寻找市场，于1947年7月启动实施了“马歇尔计划”（The Marshall Plan）。从1948年4月3日到1952年6月30日，美国共拨付“援款”131.5亿美元。“马歇尔计划”在一定程度上帮助了西欧国家在战后的经济复兴，而更为重要的意义则是促进了西欧和美国在对抗苏联过程中的战略接近和协调，增强了遏制苏联的力量，并为西方政治军事联盟的形成奠定了基础。①

为了反击“马歇尔计划”，进一步巩固东欧阵地，1947年7—8月，苏联与东欧各国签订了一系列双边经济贸易协定，西方将这些协定统称为“莫洛托夫计划”。与马歇尔计划相抗衡的莫洛托夫计划的实施，初步形成了以苏联为首的东欧经济圈。1949年1月，苏、保、匈、波、罗、捷等国在莫斯科成立了经济互助委员会。之后不久，阿尔巴尼亚、民主德国也相继加入。②“莫洛托夫计划”的实施和经互会的成立，作为对“马歇尔计划”的反击，加强了苏联与东欧的经济联系，但同时也限制了东欧国家同西方的经济往来，使其逐渐成为一个游离于世界市场之外的封闭经济集团。在这个集团内部，意识形态的一致性进一步巩固了。

从军事角度来讲，为了加强对苏联的遏制和包围，1949年4月，美国、英国、法国、荷兰、比利时、卢森堡、加拿大、丹麦、挪威、冰岛、葡萄牙、意大利12国外长在华盛顿签署了《北大西洋公约》，建立了北约组织。美国通过对北约的领导，一方面加强了对西欧国家的政治和军事控制，另一方面也在欧洲大陆形成了遏制苏联的弧形包围圈。为了抗击西方的军事组织，苏联先后与波兰、南斯拉夫、罗马尼亚、匈牙利和保加利亚签署了双边军事同盟条约。1955年5月，苏、阿、保、匈、民德、波、罗、捷八国在华沙签署了《友好互助合作条约》，成立了华沙条约组织。北约与华约两大组

① 参见方连庆、刘金质、王炳元主编《战后国际关系史（1945—1995）》（上），北京大学出版社1999年版，第59—63页。

② 参见颜声毅主编《当代国际关系》，上海：复旦大学出版社1996年版，第13页。

织的成立，使得东西方在欧洲大陆形成了军事对峙的态势。

冷战期间，尽管有过一些短暂的缓和，比如，1959 年美苏双方在戴维营会谈后出现了短暂的缓和，但东西方的意识形态对立却一直居于主导地位，并且一直持续到了 20 世纪 80 年代中期。1985 年，戈尔巴乔夫当选为苏共总书记。1986 年，戈尔巴乔夫提出了“新思维”。他认为，当今世界是一个多样性的统一体，核战争威胁着人类的生存与发展，全人类的利益高于阶级利益，资本主义仍然具有发展前途与富有生命力。据此他提出了处理国际关系的四个基本原则，即和平共处的普遍原则、自由选择的原则、普遍安全的原则和维持两极体制的原则。① 在戈尔巴乔夫的新思维中，核心价值是“全人类的价值高于一切”，“公开性”、“民主化”、“多元论”、“人性化”和“人道主义化”是其核心支柱。② 在这种意识形态转变的背景下，苏联与社会主义阵营的东欧国家发生了剧变，政权更迭、社会制度改变。随着 1991 年 12 月 25 日苏联的解体，冷战也宣告结束。

冷战的结束使得西方国家欢欣鼓舞。面对这一国际结构的变化，福山提出了“历史终结论”。福山说，黑格尔和马克思都曾相信，人类社会的发展是有终点的，会在人类实现一种能够满足它最深切、最根本的愿望的社会形态后不再继续发展。这两位思想家因此断言，会有“历史的终结”阶段。黑格尔将终结定位于一种自由的国家形态，而马克思则把它确定为共产主义社会。历史终结并不是说生老病死这一自然循环会终结，也不是说重大事件不会再发生了或者报道重大事件的报纸从此销声匿迹了，确切地讲，它是指构成历史的最基本的原则和制度可能不再进步了，原因在于所有真正的大问题都已经得到了解决。基于这样的认识，福山认为，冷战的结束标志着自由民主制度战胜了共产主义。由于自由民主制度相继战胜了神权政治、君主政治、法西斯主义和共产主义，因此它也许是“人类意识形态发展的终点”和“人类最后一种统治形式”，并因此构成了“历史的终结”。所以这样说，是因为此前的种种政体都具有严重的缺陷及不合理的特征从而导致其衰落，而自由民主制度正如人们所证明的那样不存在这种根本性的内在矛盾。③

① 参见方连庆、刘金质、王炳元主编《战后国际关系史（1945—1995）》（下），北京大学出版社 1999 年版，第 630—631 页。

② 李振城：《苏联兴亡的沉思》，北京：改革出版社 1996 年版，第 407—411 页。

③ ［美］弗朗西斯·福山：《历史的终结及最后之人》，黄胜强、许铭山译，北京：中国社会科学出版社 2003 年版，第 1—3 页。

福山的“历史终结论”提出之后，受到了一些学者和政客的追捧，但是也遭到了一些学者的批评。亨廷顿就提出了质疑。“9·11”事件之后，当亨廷顿被问到是不是相信福山的结论“西方文明将扩散到全世界”时，他断然回答道，我当然宁愿相信如此，但这不会发生。亨廷顿的理由是：虽然美国仍将是唯一最强大的国家，西方仍将是首要的文明，但世界其他强大的本土力量正在诉求地方传统、价值和习俗，它们拒绝西方的傲慢和在其看来是文化帝国主义的东西；人类的本性并没有发生变化，所有物质福利方面的改善都没有改变文明之间的差异。①

事实证明，冷战的结束并没有终结意识形态的斗争。在国际政治文化的互动中，国家间的意识形态斗争又开始了一个新阶段。

二　冷战后的意识形态之争

冷战的结束，改变了世界范围内意识形态互动的格局。对西方的自由主义者来说，新的国际格局不再是社会主义与资本主义的对立，而是民主与非民主之间的划分。迈克尔·多伊尔1983年提出的概念——民主的“和平地带”（democratic “zone of peace”），成了新的地缘政治用语。由于西方国家认为只有实现民主才能实现和平和安全，因此在新形势下的意识形态互动就转变成了围绕民主、人权的价值观之争。这场斗争的主要表现，就是西方国家扩展民主和非西方国家维护主权的抗争。在理论上，自20世纪80年代就开始的有关“民主和平”的讨论，成为这场互动的一个体现。②

所谓“民主和平”论，其基本内容就是民主国家之间不打仗。这一理论的推论，就是国际和平与安全的实现同民主制度向世界的扩展息息相关，因为只有全世界的国家都成为民主国家，才不会再发生战争。正是基于这一认识，美国朝野有很多人认为，后冷战时期美国外交政策的中心应是扩展民主。克林顿政府的国家安全顾问安东尼·莱克（Anthony Lake）指出，美国冷战后的目标必须是扩大民主和平与繁荣的地带，“一旦在其他国家民主制度和市场经济取得支配地位，我们自己的国家就变得更安全、繁荣和有

① 刘仁营、裘白莲：《评福山的“历史终结论”》，《红旗文稿》2009年第18期。

② 1983年，持民主和平观的代表人物迈克尔·多伊尔在《康德、自由主义遗产与外交》一文中，第一次正式提出了“民主和平论”。见 Michael Doyle, “Kant, Liberal Legacies, and Foreign Affairs,” *Philosophy and Public Affairs*, Summer 1983, pp. 323 – 353。

影响力"①。尽管全球化导致了不同国家之间的共存共荣，相互依赖性增加，但是在他们看来，独裁和专制的国家会威胁到美国的安全，共同的利益固然需要，但是共同的价值更为重要。正因为存在这样的意识形态，以美国为首的西方国家围绕民主、人权等价值观问题同其他非西方国家的互动构成了后冷战时期国际政治文化体系的一个重要表现。

冷战结束之后，以美国为首的西方国家为了将自身的民主和价值观扩展至全世界，纷纷推行扩展民主和价值观的外交战略。

在克林顿执政时期，美国在对外政策上实行了参与和扩展战略，具体包括3个支柱，其中之一就是将民主原则和民主制度作为对外政策的基石。②在小布什执政时期，美国于2006年9月推出了"普林斯顿计划"，其核心是构筑21世纪法治下的自由世界，并且提出要以"民主同盟"来共同应对挑战，而这些同盟国家，并非自称民主国家即可，而是"定期举行多党派参与的自由公平的选举"的国家。③奥巴马政府上台后，继续以推广"民主"为己任。与前任小布什政府实行的单边主义不同，奥巴马更强调通过柔性手段逐渐渗透，比如，通过公共外交和援助政策来扩大美国的影响。

日本政府在冷战后也积极推广自己的价值观。1992年，日本内阁在制定《政府开发援助大纲》时，就规定受援助国的民主、市场经济、人权等因素应作为提供援助的主要依据。2002年，小泉首相的咨询机构所提出的《21世纪日本外交基本战略——新时代、新视野、新外交》的研究报告，明确将维护自由、民主主义、人权等价值观作为日本的基本国家利益之一。2006年，时任日本外相的麻生太郎在日本国际问题研究所发表了《打造自由与繁荣之弧》的演讲，提出了"价值观外交"和"自由与繁荣之弧"两个新概念，并以之作为日本外交的一个新主轴。④2007年年初，首相安倍在国会施政演说中，又明确地提出了要"与共同拥有自由、民主主义、基本人权、法治等基本价值观的国家加强联系，构筑开放而富有创新精神的亚洲，为世界的和平与稳定作贡献，强调要进一步推进真正为亚洲和世界和平作贡献的

① 转引自王缉思、徐辉、倪峰主编《冷战后美国的外交（1989—2000）》，北京：时事出版社2000年版，第36—37页。

② 宫少朋、朱立群、周启朋主编：《冷战后国际关系》，北京：世界知识出版社1999年版，第83页。

③ 参见钮汉章、高鹏《按照自身的意愿塑造世界——从普林斯顿计划看美国对外政策可能的调整》，《世界经济与政治论坛》2007年第3期。

④ 孙承：《从"价值观外交"到"积极的亚洲外交"》，《国际问题研究》2008年第2期。

‘有主张的外交’”[①]。这些主张反映了日本试图通过扩展自由民主价值观，扩大日本在亚洲和世界影响的政策取向。

在德国，默克尔政府也是实行价值观外交的典型。2007 年 9 月，默克尔接见达赖后，中德关系受到严重冲击。11 月，默克尔在国会发表施政报告时宣称，德国的外交和安全政策是建立在价值观之上的。德国正是因为采取这种“价值导向”的策略，才赢得国际声望。她声称，德国将坚持以自由、民主、人权价值为导向的外交政策，利益外交必须以价值为导向。共同的价值观是保证世界各个国家和民族在经济全球化的竞争时代和平共处的基础。[②]

在实施扩展民主战略的过程中，西方国家采取了“演变”与“战争”两手策略。前者更多的是经由非政府组织、跨国公司和大众媒体，通过经济援助和技术合作等手段实现的。后者则是直接通过发动战争来推行民主。冷战之后，美国联合其盟国连续发动了伊拉克战争、阿富汗战争、利比亚战争。发动战争的原因很多，一个很重要的因素是试图将其民主推广到该地区，以建立美国式民主的“样板”。尽管美国在扩展民主时不承认有任何进行“圣战”的意图，但是在“民主和平论”的指导下，美国显然把自身的安全同其他国家的国内政治制度的性质联系在一起，因而不可避免地采取了干涉主义的对外政策。

冷战结束之后，国际体系中的意识形态结构的一大变化，是苏联东欧国家的意识形态的转型。这些国家放弃了原来的意识形态信仰，开始倡导意识形态的多元化。在这个过程中，以美国为首的西方国家开始加强对西方价值观的宣传，进行意识形态的渗透，目的是在这些国家争取意识形态的优势，改变这些国家的颜色，即推动所谓的“颜色革命”。

颜色革命，是指通过和平手段实现权力转移的政治运动，因其革命以某种颜色作为标志而得名。用公式来表示，“颜色革命” = 反对派 + 合适机会 + 街头政治 + 和平方式 = 推翻原有政权 + 建立亲西方政权。在这里有几个关键因素：第一，颜色革命是涉及政权变更的政治运动；第二，颜色革命的形式是“街头政治”；第三，颜色革命具有西方的意识形态色彩；第四，政权

① 第166 回国会における安倍内閣総理大臣施政方針演説，2007 年 1 月 26 日，http：//www. kantei. go. jp/jp/abespeech/2007/01/26sisei. html。

② ［德］默克尔：《“利益外交必须以价值为导向”——在阿登纳基金会年会上的发言》，转引自俞仪方：《秉持“和而不同”理念，应对中德关系变化》，《德国研究》2008 年第 3 期卷首语。

变更后建立的是亲西方的政权。[①]

从已发生的颜色革命来看，尽管相关国家的政权腐败和存在严重的社会问题是原因与条件，但与西方国家推广“民主革命”亦是分不开的。西方国家一方面将转型国家的现政权妖魔化，收集政府的失误和错误，并加以扩大，煽动群众的不满；另一方面是通过媒体进行舆论宣传，潜移默化地向该国人民灌输西方国家的社会制度、生活方式和价值观。这样的观念互动严重削弱了转型国家民众的国家认同，使得少数人的抗议演变成了大规模的革命。进入21世纪之后，这样的革命波及了多个国家。

格鲁吉亚的“玫瑰革命”是颜色革命的第一波。2003年11月2日，格鲁吉亚举行议会选举。由于谢瓦尔德纳泽已经连续担任两任总统，根据选举法规定，他不能第三次连任，因此，其他党派争夺激烈。反对派指责当局在选举中存在“舞弊”行为，遂组成了临时联盟，组织数千人在格首都第比利斯主要街道举行示威。11月22日，格反对派人士率领示威者冲入议会大厦，阻止了新一届议会的召开。谢瓦尔德纳泽称反动派的行为是“国家武装政变”，宣布国家进入紧急状态。之后，军方向反对派倒戈。在国际上，美国、联合国、俄罗斯、乌克兰等反对谢氏动武。在国内外压力下，谢瓦尔德纳泽最终选择了下台。在2004年的选举中，萨卡什维利当选为总统。这场政治运动因其领导人萨卡什维利每次出面都手拿一枝玫瑰，因而被称为“玫瑰革命”。

乌克兰发生的是“橙色革命”（又称“栗子花革命”）。2004年10月31日，乌克兰举行第四次总统选举。首轮投票两位候选人得票均未超过半数。在第二轮投票中，乌克兰总理亚努科维奇以49.53%的得票率获得简单多数。俄罗斯对这个结果表示欢迎，以美国为首的西方国家则认为选举不够公正，并以恶化乌美关系和延缓乌克兰融入欧洲—大西洋一体化进程相要挟。反对派领导人尤先科也拒不承认选举结果，认为选举中存在舞弊行为，宣布全国举行政治大罢工，号召支持者上街示威游行，最高法院被迫暂停了亚努科维奇的总统就任仪式。12月2日，反对派围攻政府大楼。次日，乌最高法院裁决亚努科维奇的当选无效，定于12月26日重新投票。随后，总统库奇马的态度也发生转变，表示尊重最高法院的决定。12月26日，尤先科在新一轮

---

① 赵长庆主编：《“颜色革命”在中亚——兼论与执政能力的关系》，北京：社会科学文献出版社2011年版，第1页。

选举中胜出。由于尤先科的支持者以橙色作为抗议的颜色，所以被称为“橙色革命”。

吉尔吉斯斯坦发生的是“郁金香革命”。2005年2月27日，吉尔吉斯斯坦举行最高议会选举，根据规定将选出75名议员，当天选出了32名议员，其余选区由于候选人得票未过半数，只能进行第二轮选举。3月13日举行了第二轮选举，又选出了39名议员，尚有4人待选。从选举结果来看，亲总统的力量取得了胜利，亲西方的候选人只有8人当选。当时负责监督选举的独联体观察团、上海合作组织观察团、中国观察团和欧盟观察团基本上都认可了选举结果。就在多数人认为议会选举将顺利结束的时候，南部一些反对派领导人指责选举中存在舞弊行为，鼓动其支持者上街游行示威。3月20日，示威者开始冲击民警局大楼，局势失控，一些不法分子开始打砸抢。南部骚乱迅速扩展至北部，首都比什凯克也出现了混乱。3月24日，示威者冲击总统府。总统阿卡耶夫离开吉尔吉斯斯坦，反对派领导人巴基耶夫由老议会任命为代总理并代行总统职务。7月10日，巴基耶夫高票当选为总统，吉尔吉斯斯坦政权易主，亲西方政权建立。

独联体国家所发生的“颜色革命”，尽管都属于国内政治范畴，但无疑都有国际政治背景。实际上，这些革命都属于国际意识形态互动的一部分。在西方国家的意识形态影响下，这些国家政权的变更都具有意识形态变色的特点。西方国家推动这些“革命”，支持反对派推翻政府，从根本上说是要通过在这些国家确立西方意识形态的优势，改变这些国家的身份认同。

对于一些尚未改变颜色的国家，西方国家也一直希望通过这样的方式加以“解放”。例如，卢卡申科领导的白俄罗斯政权就被美国视为眼中钉。早在1996年，美国就开始在政治、经济上支持白俄罗斯反对派，向流亡在外的白俄罗斯“人民阵线”领导人波兹尼亚提供政治避难权，指责白俄领导人“侵犯人权”，“违反民主原则”。2005年4月，赖斯在访问俄罗斯时宣称：“白俄罗斯是中欧最后一个真正的独裁国家，它已经到了应该改变的时候。”① 在立陶宛开会期间，赖斯特地抽时间会见白俄罗斯反对派领导人，明确承诺美国将帮助白俄罗斯实现“民主”，支持白反对派在2006年总统选举

① 中新网4月21日电：《赖斯公开声称白俄罗斯“独裁”，政权应更迭》，http://news.xinhuanet.com/world/2005-04/21/content_2858889.htm。

时发动“蓝色革命”，一举推翻卢卡申科总统的“独裁统治”①。2010 年卢卡申科再次高票当选总统之后，美国拒不承认选举结果。国务院发言人菲利普·克劳利随即在新闻发布会上表示：“美国同意欧安组织得出的结论。我们无法承认昨晚选举合法。”②

西方国家积极推行“颜色革命”，并且取得了一些成功，这构成了一种新的意识形态互动结构。在这种互动中，通过票箱和温和抵抗制造民主，适应了西方国家的意识形态需要，因此被驾轻就熟地用作了在他国实现政权变更的便利手段。在对独联体国家实行这样的策略之后，美国等西方国家把这种手段又用到了中东和阿拉伯世界。

在中东，已建立现代西方式民主政治体制的国家并不多，只有以色列和土耳其接近这种类型，更多的国家则是在推翻了封建专制制度的基础上，建立起了威权主义的政治体制。有些阿拉伯共和制国家，名义上实行“多党制”，实际仍是“一党制”，甚至在最高领导职位的继承上还具有封建世袭制特点。在冷战期间，西方国家集中精力应对苏联，为了获得伊斯兰国家的石油，采取了“中东民主例外论”。冷战结束之后，苏联威胁消失，西方国家开始关注和改造中东地区国家的政治体制。尤其是“9·11”事件之后，美国将反美主义和恐怖主义归因于阿拉伯世界——伊斯兰国家内部的“民主缺失”（Democracy Deficit）。自 2002 年以来，美国的主要领导人如总统小布什、国防部长拉姆斯菲尔德、国务卿鲍威尔和国家安全事务助理赖斯等人，多次在重要场合表示，中东国家普遍存在的政治专制、经济失败和文化落后是产生恐怖主义的主要原因，因此制定一项促进中东国家民主变革的战略——小布什总统称之为“推动自由战略”（A Forward Strategy of Freedom）——已势在必行。2004 年 2 月，美国副总统切尼在达沃斯世界经济论坛上发表讲话，系统地阐述了美国在中东地区推动民主变革的政策主张。2004 年 6 月，在八国集团首脑会议上，美国正式提出“大中东倡议”，后改为“泛中东和北非倡议”，呼吁八国集团加强与该地区在政治、经济、文化领域的合作，以便增进该地区的自由和民主。正是在这样的背景下，2005 年黎巴嫩发生了“雪松革命”。

---

① 刘明：《大众传媒与政权更迭——从苏东剧变和“颜色革命”看传媒的作用》，《现代传播》2006 年第 1 期。

② 中国新闻网：《白俄罗斯大选引发骚乱，美称不承认选举合法》，http：//www. chinanews. com。

2005 年 2 月 14 日，曾经为黎巴嫩重建作出杰出贡献的黎巴嫩前总理、亿万富翁哈里里在贝鲁特遭遇炸弹伏击，葬身火海。尽管一个自称为“沙姆国家圣战与胜利组织”的武装团体宣称对袭击事件负责，但是哈里里的追随者还是把矛头指向了本国政府以及为其撑腰的叙利亚，这导致了约 6 万名黎巴嫩示威者聚集在贝鲁特市中心，要求卡拉米领导的政府辞职，进行国际调查，并且要求叙利亚撤军。在黎巴嫩反对党和示威民众的巨大压力下，由卡拉米领导的黎政府于 2 月 28 日宣布集体辞职。这场由街头示威所导致的政权更迭被美国国务院称为“雪松革命”。

2010 年年末，发端于突尼斯的民众抗议，在北非中东地区引发了波及广泛的政局动荡。虽然事件的发生具有一定的偶然性，有深层次的国内原因，比如，政府的高压统治、贪腐盛行、失业率高、地区发展不均衡等，但西方国家的意识形态影响也是重要因素。事件的起因是突尼斯 26 岁的菜贩博阿兹因抗议摊位被警方取缔而自焚。这引发了大规模的抗议活动并导致了该国政权的更迭。其后，埃及、也门、阿尔及利亚、利比亚、叙利亚等国亦爆发了示威与动乱。埃及总统穆巴拉克在压力下被迫辞职，并被送上法庭。利比亚的动荡则演变成了内战，反政府武装在北约军事干涉行动的支持下，推翻了卡扎菲政权。在这场政局剧变中，可以说整个中东地区和阿拉伯世界都受到了影响。面对这一动荡局势，西方国家除了给予军事上的支持之外，还在意识形态方面发挥了强大的影响力。例如，2011 年 5 月 19 日，美国总统奥巴马在美国国务院发表了中东政策演讲，明确将支持中东北非地区的政治改革和民主进程作为美国外交的“最优议程”，宣示了继续扩展民主的战略意图。

美国除了推行扩展民主的战略外，在观念体系的互动中还以更具攻击性的意识形态手段向敌对国家施压。在冷战结束之后，美国使用了“无赖国家”（rogue state）的提法指涉伊朗、伊拉克、利比亚、朝鲜、叙利亚和苏丹等国家。2002 年 1 月 29 日，美国总统布什在一年一度的国情咨文中，又将伊拉克、伊朗和朝鲜这三个国家指责为“邪恶轴心”（axis of evil）。这两个提法都具有明显的界定敌人的意识形态色彩。在美国看来，独裁专制、没有实行西方民主制度和威胁美国安全的国家都是邪恶的。2005 年 1 月 18 日，赖斯作为候任国务卿在美国参议院外交委员会的确认提名听证会上，把古巴、缅甸、朝鲜、伊朗、白俄罗斯、津巴布韦六国列为“暴政前哨”（outpost of tyranny），称暴政滋生出绝望和仇恨，孕育出恐怖主义。与强调支持恐怖主义和企图掌握大规模杀伤性武器的"邪恶轴心"说法相比，"暴政前哨"论将反恐与打击暴政和推进自由相提并论，从而进一步强化了意识形态对抗的色彩。

国际政治中的意识形态互动，尽管是在观念的层面，但并非纯粹的思想的交锋与沟通。实际上，这些互动总是与物质层面的互动密切联系的。冷战时期社会主义与资本主义两大意识形态的对抗，是与华约、北约两大军事集团的对抗并存的。恐怖的核军备竞赛可以说正是这种对抗在物质层面的一种体现。冷战后美国等西方国家推行扩展民主和维护人权的战略，也是有一系列与意识形态互动相配合的物质手段的，资金支持、经济制裁、政治施压、军事打击等都是可能的选择。实际上，西方国家在国际关系中运用意识形态手段，只要具备条件，都会使之转变成物质层面的互动。这一点也是国际政治的一个重要特点。

第三节　宗教极端主义与国际政治

宗教是国际政治中的重要精神因素。行为体受不同宗教信仰的影响，就可能有不同的政治理念、不同的认同和不同的对外政策倾向。在国际文化互动中，具有共同宗教的行为体会结成一个网络，以不同宗教为背景进行互动会构成更大的网络。这种宗教网络并非都与行为体的世俗政治互动相关，但确实有一些宗教体系与国际政治体系是相交叠的，这一部分宗教互动就构成了国际政治文化体系的组成部分。本章所阐述的宗教系统，正是指的这一部分。

一　宗教对国际政治的影响

宗教是一种观念，是一种群体性的心理活动。恩格斯指出："一切宗教都不过是支配着人们日常生活的外部力量在人们头脑中的幻想的反映，在这种反映中，人间的力量采取了超人间的力量的形式。"①

在人类社会生活中，宗教作为一种深层次的文化现象，具有民族整合和凝聚的功能。宗教可以构筑民族性格，影响民族的价值观和思维方式。宗教

① 中共中央马克思恩格斯列宁斯大林著作编译局编：《马克思恩格斯选集》（第2版），第3卷，北京：人民出版社1995年版，第666—667页。

为信徒提供了一套价值和道德观念系统，宗教组织、宗教礼仪和宗教信仰能够唤起民族的认同，规范民族的理想和追求，具有道德教化的功能，成为体现民族凝聚力的一种纽带。① 正因为宗教有这样的地位与作用，因此可以在心理层面发挥重要作用，甚至能够成为解决危机的工具。比如，在苏联解体之后，俄罗斯在国家转型期间出现了严重的信仰危机和道德危机，鉴于历史上俄罗斯与宗教的密切关系，叶利钦和普京在寻找“俄罗斯思想”的时候，就把东正教思想和俄罗斯文化结合起来，给予东正教重要地位，使之成了俄罗斯民族复兴的支柱。

宗教作为一种观念活动，必然折射到行为体对世界的认知上，也必然会影响到其对外政策。一旦行为体在国际政治互动中的意图具有了宗教色彩，宗教与国际政治就有了相关性，而国际体系也就具有了某种宗教的意义。

在国际政治中，宗教观念会影响行为体的认同、情感与意志，其中，宗教对行为体认同的影响最突出。一方面，相同的宗教文化认同有助于行为体之间加强国际合作。在国际关系中，英美之所以形成了“特殊关系”，其中的一个重要原因就是拥有同源的“盎格鲁—撒克逊”文化。在阿拉伯国家之间，共享的伊斯兰文化也是构成了它们团结合作的纽带。反过来，不同的宗教信仰则会强化政治、经济矛盾，甚至可能成为诱发国际冲突的一个重要原因。

宗教之所以可能引发冲突，是源于宗教教义的歧异性、宗教矛盾的永恒性、宗教追求的神圣性以及宗教情感的狂热性。② 很多宗教是具有排他性的，这种排他性有可能造成不同信仰者之间的隔阂和矛盾，而宗教的狂热性则可能导致矛盾升级与失控。虔诚的宗教徒在信仰受到威胁时，有可能诉诸武力以捍卫其信仰。③ 在世界历史的进程中，宗教内部和宗教之间的冲突频频发生。就不同宗教间的关系而言，对国际政治造成较大影响的主要是世界性宗教之间的冲突。比如信仰伊斯兰教与信仰基督教的行为体之间的冲突。

基督教在早期强调和平观念、强调逆来顺受，在基督教成为官方宗教后，教会开始支持战争，甚至成为战争的组织者。十字军东征是基督教发生变化的一个转折点。就伊斯兰教而言，一方面主张对待敌人要宽容，能和平

① 参见刘中民：《论宗教对国际政治的影响》，《欧洲》1996 年第 5 期。

② 刘中民：《论宗教对国际政治的影响》，《欧洲》1996 年第 5 期。

③ ［英］约翰·康韦尔：《原教旨主义：野蛮的救世主》，英国《星期日泰晤士报》2001 年 11 月 25 日。

就要努力和平；但另一方面又要求每一个诚实的人都必须坚信伊斯兰教是生活的唯一坚强支柱，要为扩展伊斯兰的战略空间而斗争。对穆斯林而言，“恶”体现在异教徒当中，战争是使拒不服从的民族归并到伊斯兰和平之地的最终手段。①

1071 年，皈依伊斯兰教的塞尔柱突厥人占领耶路撒冷，骚扰前来朝圣的基督徒，从而激起了基督教的十字军东征。从 1096—1291 年，在罗马天主教教皇的准许下，由西欧封建领主和骑士组成的十字军对他们认为是异教徒的国家发动了持续 200 年的宗教战争。这场动员兵力数十万人的战争暴行，聚合了当时的三大时代热潮：宗教、战争和贪欲，造成了基督教徒与伊斯兰教徒之间深刻的仇恨和敌对。在当代的国际关系中，尽管这两大宗教不再存在历史上的那种关系，但在一些问题上可能依然是引发冲突的一个因素。

除了不同宗教之间的冲突之外，信仰同一宗教的不同国家之间和同一宗教的不同派别之间也会发生冲突。这种冲突可能是出于信仰的原因，但主要是为了争夺宗教事务的主导权和世俗利益。例如，持续 8 年的两伊战争的原因之一就是宗教因素。在伊朗和伊拉克，“什叶派”穆斯林均占多数，但是两国的政治体制却完全不同。伊朗在霍梅尼革命后建立的是以“什叶派”为核心的政教合一的国家，而伊拉克则是占少数的“逊尼派”当政。在历史上，伊拉克是“什叶派”的发源地，掌握大权的伊朗“什叶派”暗中支持伊拉克“什叶派”发动反政府骚乱，这成为引发两国冲突的重要原因。

在伊拉克国内，同属伊斯兰教的“什叶派”和“逊尼派”则是为了权力和利益而不断发生冲突。在 2003 年美国发动战争推翻萨达姆政权之后，两个教派的冲突在伊拉克的和平重建进程中依然是一个症结。人口占多数的“什叶派”穆斯林希望在后萨达姆时代赢得政治地位，而拥有上千年统治传统的“逊尼派”穆斯林则不甘心大权旁落。在“什叶派”主导和平进程的情况下，双方的矛盾不断加剧。2006 年，伊拉克“什叶派”圣地阿里·哈迪清真寺遭到武装分子爆炸袭击，举世闻名的金色穹顶遭受“灭顶之灾”。血案发生之后不到 14 小时，伊拉克境内的 168 座“逊尼派”清真寺也遭到攻击，上百名无辜者丧生。②

---

① 参见张战、李海君：《国际政治关系中的宗教问题研究》，北京：中国社会科学出版社 2009 年版，第 25 页。

② 参见马丽蓉：《论阿里·哈迪清真寺的象征功能》，《阿拉伯世界研究》2006 年第 4 期。

由于宗教是民族的一个标志性特征，因此具有宗教意义的冲突也往往与民族问题交织在一起。民族作为宗教的载体，会成为宗教冲突的直接参与者。这样的冲突不仅决定于教义教派的差异，而且决定于民族和国家利益。在这样的冲突中，一旦民族利益和宗教的狂热与恐怖主义结合起来，宗教极端势力就可能走向恐怖主义。在历史上，早就存在受宗教影响的恐怖主义。犹太教西卡里伊教派（Sicarii）、暗杀十字军中基督徒的穆斯林秘密团体（Ismailis - Nizari）、印度的谋杀教团（Hindu Thugs）等都是极端恐怖组织。在当代的国际关系中，民族分离主义分子往往打着宗教旗帜，并且以恐怖主义作为其实现政治目标的手段。

例如，两次车臣战争的发生，虽然有历史遗留问题和现实民族矛盾的影响，但是宗教因素也始终是一个不容忽视的动因。车臣人主要信仰伊斯兰教，“逊尼派”穆斯林占多数，历史上车臣民族与俄罗斯积怨甚深。20 世纪 70 年代在车臣出现了以“瓦哈比主义”为代表的极端宗教主义，它强调“纯洁伊斯兰”，主张对异族人和背离早期伊斯兰教原则的穆斯林发动“圣战”。为了逼迫俄罗斯当局改变政策，宗教极端分子采用了恐怖主义手段。1995 年 6 月，车臣匪首巴萨耶夫在斯塔夫罗波尔边疆区的布杰诺夫斯克制造了绑架 1000 多名人质的事件，要挟俄政府立即从车臣撤军，否则将杀死全部人质。[①] 1999 年，车臣民族分裂分子共制造了 15 起恐怖事件，造成 338 人死亡，550 多人受伤。[②] 2002 年 10 月 23 日，车臣恐怖分子在莫斯科大剧院扣押了 750 多名人质。2004 年 9 月 1 日，车臣恐怖分子又闯入俄罗斯南部北奥塞梯共和国别斯兰市第一中学，将参加完开学典礼的学生、家长和教师劫为人质。这些恐怖主义事件都震惊了世界。

除了谋求民族分裂所导致的宗教冲突之外，还存在谋求民族统一的泛民族主义所导致的冲突。目前在世界上比较盛行且具有影响力的泛民族主义思潮主要有泛伊斯兰主义、泛阿拉伯主义、泛突厥主义、泛索马里主义、泛阿尔巴尼亚主义等。在这类事件中，比较典型的是库尔德问题所导致的冲突。库尔德人讲库尔德语，属印欧语系波斯语族，信奉伊斯兰教，主要居住在土耳其、伊朗、伊拉克、叙利亚、黎巴嫩、阿塞拜疆和亚美尼亚等国。库尔德人是一个人口较多的民族，但在历史上从未单独建立过自己的国家。在现代

---

① 李华：《俄罗斯车臣恐怖主义产生的根源》，《东北亚论坛》2005 年第 3 期。

② 赵龙庚：《从世界民族分裂主义看车臣危机》，《东欧中亚研究》2002 年第 2 期。

民族运动中，库尔德人试图从所在国分离出来，并在土耳其、伊朗、伊拉克三国交界地区建立库尔德斯坦（Kurdistan）。这样的主张导致在相关国家冲突不断。比如，伊拉克的库尔德工人党就经常对土耳其发动恐怖袭击，而土耳其则越境发动军事打击行动。

在国际关系中，宗教作为一个意识形态因素，还有可能成为一些国家对外进行干涉的借口与动因。在西方国家的对外政策中，人权外交是一个重要方面，而以维护“宗教自由”为名干涉一些国家的内政，甚至颠覆不符合其利益的政权，就是一种典型的基于意识形态的干涉模式。以南斯拉夫在冷战后的剧变为例，在民族矛盾激化并爆发战争的过程中，宗教因素构成了矛盾的一个突出方面。在波黑谋求独立的过程中，三个主要民族即信仰天主教的克罗地亚族、信仰伊斯兰教的穆族和信仰东正教的塞尔维亚族之间爆发了残酷的战争。其后，在科索沃谋求独立的过程中，信仰伊拉兰教的阿尔巴尼亚族与塞族之间又发生了战争。对于这些冲突，美国和一些西方国家以民主、人权、宗教自由为旗号进行干预，包括进行军事干预，利用宗教因素作为自己的意识形态借口，通过干涉谋求地缘主导权，推动了南斯拉夫的解体过程。①

为了实现自身的利益，西方国家在宗教信仰和宗教自由问题上往往实行双重标准。比如，在车臣问题上，出于反俄的需要，美国在暗中支持车臣恐怖分子。在第一次车臣战争发生后，西方媒体一边倒地谴责俄罗斯在车臣侵犯人权。②“9·11”事件发生后，由于美国自身利益遭到伊斯兰极端势力的侵害，美国不得不宣布3个车臣武装团体，即“里亚杜斯·萨利欣车臣烈士侦察破坏营”、“伊斯兰特种团”和“伊斯兰国际旅”为恐怖组织并对它们实行制裁，理由是它们从事恐怖主义活动和与本·拉登的“基地”组织有关系。

在影响国际政治的宗教因素中，原教旨主义是占有重要地位的。“9·11”事件的发生就凸显了伊斯兰极端势力所代表的宗教原教旨主义对国际关系的影响。由于西方强势文化的扩张，一些相对弱势的文化开始重申原信仰的权威，甚至不惜采取政治和军事手段进行对抗。原教旨主义作为宗教领域

① 张战、李海君：《国际政治关系中的宗教问题研究》，北京：中国社会科学出版社2009年版，第174页。

② 侯艾君：《车臣问题与外部因素》，《俄罗斯研究》2005年第2期。

的一种社会现象，通常是与社会变革相关的，即一旦社会发展遭遇挫折，一些宗教信仰者就会追求本教特有的传统信仰或原旨教义，这就是原教旨主义思潮的回归。

在美国存在着基督教原教旨主义，其核心是坚信上帝确实存在、《圣经》无可争议的正确性、末日审判以及个体被拯救的必要性。[①] 犹太教也存在着原教旨主义，这种思潮是以《圣经》作为政治行动的依据。由于对以色列国家建立的解释与主张不同，这种思潮又可分成旧原教旨主义和新原教旨主义。旧原教旨主义源于18世纪，认为政治生活是异教徒的行为，犹太人必须等待上帝的指示与救赎；而新原教旨主义者则是一些“武装的先知”，认为犹太人要在国际政治斗争中为上帝而战。[②]

如果原教旨主义仅是宗教内部的一种思潮，其影响就比较小，如果主张与政治运动相结合，那它就可能具有极强的保守性、排他性和战斗性，影响也就比较大。犹太教和基督教原教旨主义相对来说只是思潮，而伊斯兰原教旨主义却往往与国际政治有密切关系。

伊斯兰原教旨主义之所以会与政治运动相结合，主要原因在于伊斯兰教是入世性极强的宗教。《古兰经》和《圣训》中对现实生活中的政治制度、伦理道德、日常生活等都有详细的规定。在穆斯林看来，这些规定描绘出了一个美好世界的蓝图，只要严格按规定去做，就能建设一个理想的人间天堂。伊斯兰原教旨主义系西方学者对“伊斯兰复古主义”的称谓，它主张严格遵循伊斯兰教初创时期的原旨教义和传统，用伊斯兰教的本来精神作为改良、复兴宗教和社会的动力，以消除腐败，纯洁信仰，清除外来的各种异端邪说以及西方腐朽文化和生活方式的浸染，重建以伊斯兰教法为基础，以古代麦地那哈里发国家为楷模的理想的伊斯兰国家、伊斯兰社会和伊斯兰秩序。这是与世俗主义、民族主义、伊斯兰现代主义相对立的一种宗教和社会改良学说。[③] 其核心就是反对西方价值观念，认定伊斯兰法是伊斯兰社会和政体的基础，主张建立政教合一的国家政权。

伊斯兰原教旨主义之所以复兴起来，首先，与西方大国的步步紧逼和犹太复国主义的影响有关。冷战期间，中东成为美苏两大阵营角力的场所，美

① 李力、曾强：《美国的基督教原教旨主义》，《国际资料信息》2005年第6期。

② 张家栋：《当代恐怖主义的宗教根源》，《国际观察》2006年第2期。

③ 中国伊斯兰百科全书编辑委员会编：《中国伊斯兰百科全书》，成都：四川辞书出版社1994年版，第692页。

国积极在中东培植亲美势力，苏联也打着民族解放的旗号向中东地区渗透。由于美国对以色列的偏袒，四次中东战争后以色列的实力越来越强，严重地威胁到了伊斯兰世界的安全。

其次，伊斯兰原教旨主义的复兴也与伊斯兰国家自身存在的问题有关。自20世纪60年代开始，伊斯兰国家开始了现代化进程，然而，盲目地照搬西方并没有带来经济发展，反而出现了政治腐败、社会分配两极分化、文化教育落后等各种困难和问题，导致国内矛盾加剧。在这种情况下，现代化所带来的西方化、世俗化倾向遭到了传统宗教文化的强烈抵制，传统宗教文化也因此勃兴起来。

此外，伊斯兰原教旨主义的复兴还与宗教政治化、政治宗教化的倾向有关。从第二次世界大战结束到20世纪60年代，尽管许多穆斯林国家的宗教信仰者在不同程度上参加了反对殖民统治、争取民族独立的斗争，但当时几乎没有伊斯兰教的政党。70年代以后，随着伊斯兰复兴运动的兴起，伊斯兰政党和追求政治目的的伊斯兰组织不断涌现。

上述因素综合在一起，导致了伊斯兰原教旨主义的兴盛。1979年伊朗伊斯兰革命的成功，更是极大地刺激了伊斯兰世界的原教旨主义运动的发展。冷战结束之后，随着两极格局的解体，伊斯兰原教旨主义扩散到了中亚、东南亚、非洲等地区，形成了从东南亚、中亚经伊朗至阿拉伯世界再到北非的一条弧形“原教旨主义动荡地带”。

在伊斯兰原教旨主义兴起的过程中，其内部是存在不同的派别的。对“圣战”的不同解释，成为伊斯兰原教旨主义温和派和激进派的分水岭。这里所讲的“圣战”，是指“为主道而战”，目标是在全世界建立伊斯兰政权，以《古兰经》和圣训规范世人的行为和生活的过程。对于这个过程，《古兰经》称之为“杰哈德”，而媒体则把之翻译为“圣战”。按照伊斯兰教观念，“圣战”是穆斯林的宗教义务之一。它有大小之分，有和平和暴力之别。“大杰哈德”是指信徒“用心、用舌、用手”同自己内心的邪恶意念作斗争，净化心灵，虔信真主和使者，并致力于以和平方式规劝世人，传播伊斯兰教。“小杰哈德”是指穆斯林用“剑”进行斗争，鼓励穆斯林拿起武器，走上战场，为捍卫和弘扬伊斯兰教而战。① 前者为温和派，他们承认现政权的合法性和正统性，主张在法律允许的框架内活动，对圣战的认识是根据《古

---

① 陈嘉厚：《现代伊斯兰主义》，北京：经济日报出版社1998年版，第56—59页。

兰经》关于“你应凭智慧和善言而劝人遵循主道”的教诲，其途径是坚持不懈地进行宣教和教育，以使全体穆斯林觉醒。后者是激进派，他们狭隘地把“圣战”理解为暴力斗争，认为“用剑”消灭异教徒和叛教者是每一个穆斯林应尽的义务。比较两者，温和派所主张的是改良之路，而激进派则主张为了达到目的可以不惜代价和采用任何手段。后者的激进主张，导致他们往往会发展成为宗教极端主义。

二　宗教极端主义及其特点

宗教极端主义既属于宗教范畴，更属于政治范畴。马品彦认为，宗教极端主义是指一些利益集团打着宗教的旗号对宗教进行歪曲的和极端化的解释，煽动宗教狂热和极端思想，制造不同信教群体之间的仇视和斗争，并采取极端手段，以求摧毁一切现存社会秩序和世俗国家，目的是建立神权统治的思想和行为体系。[①] 金宜久认为，这种主义是与宗教有关的、具有由偏激而致极点的主张要求，或是以偏激的手段实现其主张要求的行为活动。[②] 作为一种与宗教有关的政治思潮和行为活动，宗教极端主义可以指宗教内部的极端主义倾向，也可以指在宗教名义下的极端主义，或打着宗教旗号的极端主义。[③]

在当代社会，作为宗教信徒的人是具有二元身份的：一方面他们是信徒，会表现出敬畏、祈祷、膜拜等带有宗教属性的行为；另一方面他们又具有世俗属性，要以公民身份参与社会生活。由于具有二元身份，因此当他们参与政治生活时，就可能受到所信仰的宗教的影响。当一种宗教在社会生活中具有强大影响时，宗教本身就会发生变化。特别是当一些具有政治野心、奢望或者私欲的宗教领导人力图在世俗生活中扮演重要角色时，宗教就会出现政治化的趋势，从而走向异化。这里的宗教政治化是指“信仰的政治化，主张的意识形态化，组织形式的团体化，活动方式的诡秘化”。当那些持有极端主张并从事极端活动的个人或集团，从极端的方面阐述其宗教经典和宗教教义并伴以相应的极端行为时，宗教就变成了极端主义。[④]

---

① 马品彦：《宗教极端主义的本质与危害》，《新疆社会科学》2008 年第 6 期。

② 金宜久、吴云贵主编：《当代宗教与极端主义》，北京：中国社会科学出版社 2008 年版，第 164 页。

③ 金宜久：《宗教在当代社会的蜕变》，《世界宗教研究》2002 年第 2 期。

④ 同上。

宗教极端主义产生时，必然会伴随相应的载体或者组织。宗教在异化的过程中，会向两个方面发展：一种情况是在极端化、狂热化的发展过程中形成邪教组织。我国《刑法》第三百条对邪教的定义是：冒用宗教、气功或者其他名义建立，神化首要分子，利用制造、散布迷信邪说等手段蛊惑、蒙骗他人，发展、控制成员，危害社会的非法组织。例如，美国“大卫支派”和“太阳圣殿教”，日本的“奥姆真理教”，乌干达“恢复上帝十戒运动”，中国的“法轮功”组织等，都是邪教组织。另一种情况是在极端化、狂热化的过程中形成的政治化的宗教极端组织。当今许多国家都存在包含有宗教背景的极端组织，比如主张民族分离的西班牙巴斯克极端组织“埃塔”，斯里兰卡主张分离的“泰米尔猛虎解放组织”等。

邪教与宗教极端组织作为宗教极端化的产物，有相同的方面，但也存在明显的区别。邪教组织吸收信徒和成员通常是通过蒙骗、提供治疗、协助解脱等方式在盲从的人群中进行，而宗教极端组织则是基于政治目的通过严格的训练和考验吸收合格者为成员。邪教组织从事公开或隐秘的布道宣教活动，主要动机在于聚敛财富，或从事邪恶的非政治性社会活动，而宗教极端组织的活动则是政治性，更重视宗教政治化所产生的后果。邪教组织要求成员献身，攻击、加害的对象往往是自身的成员，其基本手段是自杀或自残，而宗教极端组织攻击、加害的对象则主要是组织外的人员，组织内成员通常会被灌输忠诚思想，行动中可以使用人体炸弹等形式与攻击对象同归于尽。①

在当代，参与国际政治互动的宗教极端组织中，影响最大的是伊斯兰极端组织。这类组织是以伊斯兰教为旗帜，主张以极端的手段达到净化信仰、排除异己、建立绝对理想型的伊斯兰社会秩序、伊斯兰国家和伊斯兰生活方式的目的。例如，比较有代表性的基地组织和伊斯兰解放党的宗旨与活动就体现了这种特点。

“基地”组织的建立与发展与两个因素密切相关。一个是阿富汗长期的战乱。在苏联入侵阿富汗时期，美国为了抗击苏联，积极支持阿富汗境内的极端组织，客观上助长了极端组织的发展。另外一个因素是20世纪兴起的伊斯兰原教旨主义。许多阿拉伯国家激进的伊斯兰原教旨主义者为了“圣战”，纷纷前往阿富汗。为了加强对这些“圣战者”的培训和集中管理，

① 参见金宜久、吴云贵主编《当代宗教与极端主义》，北京：中国社会科学出版社2008年版，第191—195页。

1988年本·拉登建立了训练基地，“基地”组织由此得名。在苏联撤出阿富汗之后，“基地”组织开始确立新的“圣战”目标，即对抗西方和消除伊斯兰世界的“腐败政权”。1998年本·拉登与巴基斯坦、埃及、沙特和孟加拉国的宗教极端分子组建的“伊斯兰反犹太人和十字军国际阵线”是“基地”组织真正建立的标志。“基地”组织由于与阿富汗塔利班政权存在价值观和政治利益上的一致性，因此二者也加强了联合。

“伊斯兰解放党”（伊解）成立于1953年，创始人是约旦籍巴勒斯坦人塔基丁·纳卜哈尼，创立的宗旨是要拯救日益衰落的穆斯林乌玛[①]，并把它从卡菲尔[②]思想、体制和执政者手中解放出来，把它从卡菲尔国家的控制和影响中解放出来。该组织在后来发展中逐渐被淡忘，但是随着苏联的解体和网络通信技术的飞速发展，在阿拉伯世界又死灰复燃。目前在巴基斯坦、黎巴嫩、苏丹、也门、约旦、英国等都存在着激进的伊解组织。[③]

伊斯兰极端宗教组织在国际互动的地位与影响，有一个历史演进过程，这个过程有以下几个特点：

首先是全球化。伊斯兰极端势力的发源地是埃及，但是随后出现了全球化的趋势，在世界范围内不断扩展。伊斯兰极端组织全球化的原因与其三次迁徙浪潮有关。“迁徙”的传统始于伊斯兰教先知穆罕默德。他早年出走麦加，前往麦地那，并在麦地那建立了统一的穆斯林社团“乌玛”，为后来在圣战的旗帜下征服麦加贵族和统一阿拉伯半岛奠定了基础。按照这一传统，穆斯林不会满足于一处永久居所，哪里能履行信仰，能实现自己的理想，哪里就是家园。迁徙的目的是要建立一个崭新的、世界性的、不带地方主义色彩的国家。

从20世纪五六十年代开始，伊斯兰极端势力经过三次迁移，势力迅速扩展至全球。[④] 第一次迁徙发生在埃及境内，迁徙的原因是为了逃避萨达特政权对宗教极端组织的打击。当时在埃及伊斯兰组织的组织下，数千名追随者放弃了尼罗河三角洲优越的生活环境，集体迁往某一艰苦地区，尝试建立伊斯兰政权，但是很快被埃及安全机构找到并被镇压。这次迁徙的失败使得埃及宗教极端分子产生了向国外迁徙的念头，在他们看来，全球每一个角落

① “乌玛”可以理解为全世界穆斯林组成的群体。

② 卡菲尔：阿拉伯语音译，有“不信教者”和“异教徒”之意。

③ 参见涂龙德、周华：《伊斯兰激进组织》，时事出版社2010年版，第七章。

④ 具体内容参见同上书，第四章第三节。

都是安拉治下的土地，都可以供其迁徙。此后，埃及的伊斯兰极端组织开始走出国门，向其他阿拉伯国家和欧洲国家迁徙。

第二次迁徙源于阿富汗圣战。苏联入侵阿富汗之后，当时的埃及萨达特政府正由于与以色列媾和而深陷孤立，遭到国内伊斯兰教势力的强烈反对和阿拉伯世界的同声指责，阿拉伯国家集体与萨达特政权断交。在这样的形势下，美国唆使萨达特政权放手让埃及境内的极端分子前往阿富汗参加抵抗苏联占领的圣战，双方一拍即合。这样，圣战者纷纷涌向了阿富汗。

第三次迁徙是在阿富汗战争之后。阿富汗人担心有朝一日养虎为患，对这些圣战者开始心存芥蒂。同时，为了改善与其他国家的关系，阿富汗政权开始引渡被各国安全机构通缉的极端分子。在这种情况下，一部分圣战者寻找安全的藏身之地以继续圣战使命，另一部分圣战者则投入新的战场。冷战后不断蔓延的民族和宗教冲突，为这些圣战者提供了新的活动舞台。这次迁徙的地点主要是塔吉克斯坦、波黑和车臣。

其次是网络化。当代的伊斯兰极端宗教组织已经演变成为一个较为模糊、松散的组织，它们利用各种通信技术，相互之间遥相呼应，形成了一个无形的全球恐怖网络，成为了一个不具备等级体系，但又有共同圣战目标和敌对目标的幽灵。就“基地”组织而言，在世界许多地方都有分支机构，而且各地的组织有各自不同的目标。在这样的体系中，即便某一个节点发生问题，也不会影响整个网络的运作。当年号称“基地老三”的扎卡维被炸死，伊拉克“基地”组织马上发表声明，宣布阿布·哈姆扎·穆哈吉尔接替扎卡维的职位。2011 年 5 月 1 日，“基地”组织头号领导人本·拉登被击毙，“基地”组织随即在网络上发表声明，强调拉登之死不会让“伊斯兰圣战”结束。

再次是本土化。就“基地”组织而言，许多参加过“圣战”或者在“基地”大营里受训过的人员，回到原居住国后，积极招纳本国成员，建立起独立性很大的组织。原来一国政府为了防止国外“圣战者”的进入，通常都会加强边防，极端宗教组织的本土化使得所在国的政府防不胜防。利用本国资金，组建本国组织，设计本地的恐怖袭击策略，这种“本土化”策略已经成为宗教极端组织采取的新手段。

宗教极端组织作为政治行为体，其行为是不受国界限制的，常常对地区安全和国际关系带来重大的影响。自冷战结束以来，在很多的国内冲突和地区冲突中，都有宗教极端主义和宗教极端组织的身影。例如，波黑内战、科索沃危机、阿以冲突、印巴冲突、斯里兰卡冲突、北爱尔兰冲突、阿富汗战争、伊拉克战争等，宗教极端势力在其中都扮演了重要角色。

由于伊斯兰宗教极端主义的最终目标是在全世界建立政教合一的“伊斯兰国家”，因此其活动会危害相关国家的稳定和领土完整。为达到这样的目的，这些组织可能通过爆炸、绑架、暗杀等恐怖活动，谋求民族分裂。中国新疆地区受到泛伊斯兰主义和泛突厥主义双重影响的“东突”极端组织，就是以建立“东突厥斯坦伊斯兰国”为目标，对中国的国家安全造成了严重的威胁。

从国际体系的视角观察宗教的地位与作用，应当看到，宗教并非都与政治相关，与国际政治相关的宗教因素，所发挥的实际上是政治作用而不是纯粹的宗教作用。宗教只是一种信仰，但确有一些行为体把宗教作为实现政治目的的意识形态和动员手段。由于宗教是影响信教者心理的深层因素，因此一旦宗教活动与政治活动交织在一起，就会相互促进，使得宗教政治化，政治宗教化，并且很难再使这两者分离。由于国际结果的改变最终取决于人的观念的改变，而宗教观念是一种很难被改变的因素，因此具有宗教因素的国际问题的解决往往非常困难。中东问题久拖不决就是一个例证。

第四节　国际媒体系统

在国际关系中，行为体的观念要得以传播，总要经由一定的媒介进行。按照传播学的概念，媒介是指能使传播活动得以发生的中介性公共结构。①这种公共机构，就是所谓的媒体。在当代，媒体主要包括三大类：（1）印刷媒体，包括报纸、图书、杂志等；（2）电子媒介，包括广播、电影、电视等；（3）数字媒体，以计算机和互联网为主要体现。

由于行为体进行互动离不开观念的互动，而观念的互动又离不开媒体，因此媒体在国际关系中扮演着重要的角色。在行为体互动所形成的体系中，国际媒体也是有复杂的体系的。这种媒体的体系不但对每一国家具有影响，而且对各种国际组织和国际互动的整体进程也会产生重要作用。

---

① ［美］约翰·费斯克等编：《关键概念：传播与文化研究词典》（第二版），李彬译，北京：新华出版社 2004 年版，第 161 页。

一 媒体与政治

作为文化传播的中介，媒体不仅告诉公众发生了什么，而且还有能力通过事实和信息的选择，影响公众在重大问题上的言论和立场。不过，媒体所传播的信息无论如何包装和加工，归根结底是来源于行为体。行为体需要媒体发布特定的信息，需要媒体来传播自己的政治主张。从这个角度来讲，媒体是具有工具性的。作为工具，媒体要为各种不同的行为体服务，要传播不同行为体的声音，但媒体从来不是纯粹的机器。尽管媒体传播信息离不开物质技术与设备，但传播过程毕竟是由人进行的，媒体工作者在传播信息的时候都不可避免地会受到自己的认知、情感和立场的影响。这一点决定了媒体本身也是具有政治文化的行为体。它们有自己的意识与意志，有自己的判断，在文化互动中常常表现出自己特有的政治属性。由于媒体具有双重属性，既是为行为体互动服务的工具，本身又是独立的行为体，因此媒体在国际政治文化的互动中有重要的地位与作用。

观察媒体的实际运作，可以看到，在任何国家中，媒体都不能免于国家的影响。虽然媒体常常强调自己是中立的，自己所追求的最高境界是独立于政治，宣称自己的报道能够完全客观地反映现实，但事实上，它们都需要遵守国家制定的相关行为规范，在重大政治问题上其倾向都不得不接受国家权力的限制。

由于媒体在为行为体传播信息的过程中会受到政府和行为体的制约，会受到自身的政治倾向与态度的影响，因此它们在谋求完全的“客观”、“公正”的时候，充其量只能做到在党派斗争中保持相对的独立性。约瑟夫·普利策（Joseph Pulitzer）曾提出，媒体应该永远为进步与改革而斗争，决不向不公或腐败妥协；永远与所有党派的哗众取宠斗争，决不从属于任何党派；永远与特权阶层和压迫阶级作对，决不失去对贫困者的同情；永远为大众福利而奉献；永远旗帜鲜明而独立，绝不因怯懦而不敢攻击错误，无论这些错误是因为权势还是因为贫困。① 然而，这一点是很难做到的，因为媒体在本质上乃是政治行为体，不可能超然于政治斗争之外，也不可能高居于政治斗争之上。

作为信息载体，媒体始终是政治互动的不可缺少的组成部分。媒体能够

① 李良荣：《当代世界新闻事业》，北京：中国人民大学出版社2002年版，第33页。

通过形成社会舆论来影响行为体（即政府）的政治倾向。在现代社会，公众所了解的有关国内和国际问题的信息，主要来自媒体。媒体在很大程度上决定着公众能够得到什么信息。由于媒体在传播过程中都要对事实和信息进行筛选，并且可能通过自己的解释左右公众的情感和对事情的分析与判断，因此能够在很大程度上决定公众在国际问题上的态度和立场。在没有其他信息来源的情况下，公众不得不根据媒体所提供的信息进行思考，并且很容易先入为主地接受媒体所宣传的观点。一旦媒体宣传的观点变成公众舆论，就会在特定问题上对政府的决策产生影响。例如，伊拉克战争期间所曝光的虐囚丑闻，就导致了小布什政府的支持率下跌，并且直接影响了人们对这场战争的看法与支持度。从这个角度讲，媒体能够发挥监督政府的职能，这也是媒体被称为继立法权、司法权和行政权之后的“第四权力”的原因。例如，2007 年美国媒体曝光沃尔福威茨安排女友的工作的丑闻，沃尔福威茨在各方指责下被迫辞去了世行行长的职务。

从另一个角度讲，政府也可以利用媒体宣传自己的观点，通过改变舆论倾向，调动公众情绪，来营造有利的决策氛围。美国在发动伊拉克战争之前，就利用媒体把伊拉克萨达姆政权建构成美国的敌人，宣称伊拉克所拥有的大规模杀伤性武器是对美国安全的严重威胁，由于联合国的武器核查不起作用，因此美国别无选择，只能发动战争。在当时，美国的媒体大量进行这样的宣传，使得美国公众在攻打伊拉克问题上同仇敌忾，形成了对小布什政府错误决策的一致支持。

在美国，政府领导人利用媒体动员公众是进行重大决策的常见做法。在历史上，罗斯福的“炉边谈话”就是一种引人注目的与民众沟通的方式。罗斯福在 12 年的总统任期之内，共进行了 30 次“炉边谈话”。每当美国面临重要抉择时，总统就用这种方式对公众进行动员。

由于媒体可以通过引导舆论对政治互动产生重要影响，因此任何国家都不会听任媒体完全不受控制，都会对媒体的行为进行一定程度的管理与约束。尽管媒体希望扮演独立的政治角色，但不可能免于国家的意识形态和政治倾向的影响。特别是在高政治领域，当传播与国际问题和国家外交政策相关的信息时，媒体都需要有一定的“自律性”和“责任性”，必须使自己的行为符合国家的安全利益。如果涉及机密，那就更需要接受政府的管制了。所以，任何媒体与政府都存在相互依赖关系。

在媒体与政府的相互关系中，我们也应该看到，尽管媒体会受到国家行为体的一定的管制与利用，但并不是政府的组成部分，具有与国家行为体不同的属性。一个基本的事实是，在任何国家，都存在政治倾向不同的媒体，不同媒体在面对同一问题时，可能有不同的立场与声音。这一点表明，媒体是具有一定的政治独立性的行为体。它们能够独立地参与国际互动，能够对国际互动发挥独立的影响。

二 国际媒体与跨国传播网络

在国际关系中，媒体传播信息与行为体的国际互动是对应的。说得确切些，有国际互动，就有传播国际互动信息的需求。从信息传播的逻辑看，基本的表现就是范围的不断扩散。在这样的过程中，信息传播范围在不断扩大，信息传播机构也在不断扩大。正是这样的过程，推动了国际媒体网络的形成。

这里所说的国际媒体，主要是指那些从事国际信息传播活动的机构与网络。这样的机构，有国营的，也有私营的（目前是以私营为主）；有独立机构，也有媒体集团（如贝塔斯曼）；有的是以新闻传播为主（如报纸、电视、通讯社等），也有的是以娱乐性业务为主（如影视媒体集团）。与国际政治相关的媒体，主要是指以新闻传播为主的媒体。

当代国际媒体的形成与发展，经历了一个较长的发展过程。19 世纪中叶哈瓦斯、路透社、沃尔夫等国际通讯社的诞生，开启了国际媒体的信息传播时代。

哈瓦斯通讯社（Agence Havas）是全球第一家通讯社。1825 年，哈瓦斯（Charles Havas，1783—1858）在巴黎创办了一家新闻社，其业务就是从外国报刊上选出法国人感兴趣的报道，然后译成法文，卖给巴黎各家报纸。由于其稿件比较受欢迎，新闻社生意日益兴旺。1835 年，哈瓦斯兼并几家新闻社后，正式亮出“哈瓦斯通讯社”的招牌，哈瓦斯也因此成为通讯社的鼻祖。此后，哈瓦斯通讯社利用电报和火车等新科技，进一步加快了新闻的传播速度。1848 年，伴随着欧洲大革命，哈瓦斯社得到了较快的发展。同年，哈瓦斯雇佣了沃尔夫和路透，后来二人自立门户，成立了沃尔夫社和路透社。第一次世界大战结束以后，哈瓦斯社已控制了法国 80% 的报业广告，成为法国最大的广告垄断组织。1940 年，德军占领了法国，哈瓦斯社瓦解。

路透通讯社（Reuters）是由英国人保罗·路透（Paul Reuter，1816—1899）于 1850 年在德国亚琛创办的，次年迁往英国伦敦。1865 年路透社在欧洲率先报道了林肯被刺杀的新闻，之后声名大振，并于1923年开创了使用无线电在国际间传播新闻的先例。

沃尔夫通讯社（Wolffs Telegraphisches Bureau）是由德国人贝纳德·沃尔夫（Bernard Wolff，1811—1879）在1829年创办的，它与哈瓦斯社和路透社并称为19世纪的三大通讯社。与后两者的独立自主不同，沃尔夫社从创办之初就与普鲁士王国有密切的关系，表现出官方的性质。该通讯社于1933年停办。

在世界新闻发展史上，通讯社的出现标志着一个新时代的到来。通讯社以精良的设备、遍布世界各个角落的通信网和专业化的分工协作，向世界范围内的新闻机构提供各种消息，使得国际互动中所发生的事能够广为人知。通讯社既是新闻信息的生产者，亦是信息的传播者。

从20世纪20年代起，以英国广播公司（BBC）和美国之音（VOA）的相继出现为代表，国际媒体进入了广播时代。英国广播公司成立于1922年，由几个大财团共同出资，公司成立最初的目的是建立一个覆盖全国的广播传输网络。1927年BBC获得皇家特许，由理事会负责公司运作。1932年，BBC第一次向英国本土以外地区进行广播。在相当长的一段时间内，BBC一直垄断着英国的电视、电台。时至今日，BBC已经成为在全球拥有高知名度的媒体。美国之音（VOA）于1942年2月由战时情报组组建，向德国占领的欧洲和北非地区提供盟国的新闻节目。目前它以46种语言通过无线电和电视以及互联网向世界各地进行信息传播。

媒体传播手段的不断发展，使得新闻传播的速度不断加快，传播范围不断扩大，这些都进一步提高了新闻的时效性。现在，许多国家都有自己的国际广播，广播一方面有传播新闻和文化交流的作用，同时也体现出了政治宣传的功能。

20世纪70年代，以美国出现的一些著名的电视媒体如CNN等为标志，国际媒体进入了电视时代。美国有线电视新闻网（CNN）1980年创办于亚特兰大，是全球第一家全天24小时直播新闻的电视媒体，任何突发新闻，CNN都会作现场报道。1981年，CNN率先通过电视报道里根被刺事件而引起轰动。1991年的海湾战争和2001年的“9·11”事件，CNN的报道都引起了世界的关注。CNN直播新闻的出现，改变了新闻是已经发生之事的传统观念，让世界各国观众都成为新闻的目击者，能够随时随地了解当今世界正在发生的事件。

20世纪90年代，随着一些国际巨型媒体集团的出现，比如时代华纳、新闻集团等，国际媒体出现了跨国发展的趋势，使得信息的传播与文化的交流成为国际互动的非常重要的一个方面。

新闻集团（News Corporation）是全球最大的媒体集团之一，也是一个庞大的传媒帝国。它的首席执行官鲁伯特·默克多用50多年的时间将一个普通地方报业公司打造成了当今世界规模最大、国际化程度最高的综合性传媒公司之一。该新闻集团覆盖了所有的媒体领域，而且扩展到了不同的国家。在报纸领域，新闻集团控股了英国40%的报纸，包括《泰晤士报》、《每日电讯》、《镜报》、《卫报》等知名报纸；控制了澳大利亚2/3的报纸。在电视领域，它可以向世界各地传播自己的节目：在美国，它拥有20世纪福克斯电影公司、福克斯网络和35家电视台；在欧洲，它拥有天空电视台；在拉美，它与3家电视台合作，通过卫星传播节目；在亚洲，它可以用7种语言，通过40多个频道向该地区提供节目。

时代华纳（Time Warner Inc.）也是一个大型的媒体公司。1990年，以影视和音乐产品著称的华纳传播公司（Warner Communications，Inc.）与经营出版事业为主的时代公司（Time Inc.）合并为时代华纳公司（Time Warner，Inc.）。2000年，当时美国最大的互联网服务商美国在线（AOL，America Online）并购时代华纳，并将公司改名为美国在线时代华纳（AOL Time Warner）。2003年该公司将名称改回“时代华纳”。在这个大型传媒集团中，包括时代杂志、生活杂志、财经杂志、CNN、HBO、华纳兄弟等一系列公司，业务横跨出版、电视、电影、广播等诸多方面。

国际媒体经过100多年的发展，在传播手段、传播内容上都发生了重大的变化。这些世界主要媒体，虽然总部是设在某一个国家，但其在世界各地都设有分支机构或者记者站，专门负责采集世界各地的重大新闻，并进行国际间的信息传播活动，其信息传播活动穿越了所在的国界，在国外也有较多的受众群体。例如，美国的CNN，总部在美国，而实际上却覆盖了六大洲，每天将世界范围内发生的重大事件传递给全球1亿多观众。

由于媒体在随时报道世界各地的信息，其传播活动不受国家边界的限制，是以全球民众为传播对象，因此其影响也就具有了跨国性质。国际媒体的跨国传播活动与影响，导致了国际传播网络的形成，在各国新闻发布会现场所聚集的各国媒体就是这种互动网络存在的生动体现。无论这些媒体是发出一致的报道，还是就同一问题发出不同的声音，它们的传播活动都会相互影响，这共同构成了国际政治文化互动的组成部分。这种媒体体系作为一个整体结构，是各媒体互动的产物，反过来，也影响着各个媒体的传播活动。共同的受众与对共同问题的报道，导致世界各种媒体密切地联系在了一起。这种联系，既是精神性的，也是物质性的。前者是指各媒体通过信息的传播而形成的对国际问题的共有认识，后者是指媒体在传播信息过程中通过自身扩张和机构之间的联系而形成的国际媒体网络。

在当代，随着信息技术的发展，各国媒体无论是在物质上还是观念上相互依赖程度都在不断加深。由于互联网的发展把全球公众联系在了一起，因此公众也日益参与到了媒体的传播活动之中。如果说传统的国际信息的传播有传播者与受众之分，那么在网络时代，这种区分已日益模糊。在互联网上，公众既是信息的接受者，也是信息的发布者与传播者。这样一种变化，其影响是深远的。由于广大公众都在随时随地参与国际信息的传播，因此围绕信息传播而形成的体系进一步扩大了。在某种意义上，所有“在线”的人都是这个体系的组成部分。他们既在物质上（通过计算机）联系在一起，而且在观念上（共享知识）也联系在一起。随着上网的人越来越多，这个体系也在日益扩大。

由于媒体能够使公众“在线”，因此公众能够更直接地参与国际互动，并进而对相关政府的政策产生影响。例如，2008 年法国政府对华态度和行为的改变就是通过中国民众和媒体互动来实现的。2008 年 4 月，北京奥运圣火在巴黎传递时，遭到了“藏独”分子的干扰，几天之后巴黎市长表示将要求议会授予达赖“荣誉市民”的称号。这两起事件引起了中国人民的愤怒，在网络媒体的宣传之下，全国范围内以抵制家乐福为始，掀起了声势浩大的抗议巴黎政府行为的活动。法国政府被迫采取危机公关，一周之内，法国参议院议长克里斯蒂安·蓬斯莱、法国前总理、人民运动联盟副主席让 - 皮埃尔·拉法兰和萨科齐的首席外交顾问让 - 大卫·列维特相继访华。爱丽舍宫随后也传来消息：“萨科齐同意双方要继续深化关系。”①

可以说，媒体的发展使得国际关系发生了重要的变化。舞台不同了，演员不同了，上演的戏目也不同了。不但参与互动的行为体在改变，行为体互动的方式也在改变。

---

① 《重压之下法密集公关，一周三政要访华》，《东方早报》2008 年 4 月 22 日。

三 国际媒体对国际关系的影响

在国际关系中，人们对外部世界的了解多是通过新闻媒体实现的。媒体通过传播信息，可以造成某种国际舆论，从而影响行为体的行为。国际舆论是指一种观念，即国际互动中众多行为体在一定问题上所形成的态度和意见的总和。国际舆论环境一旦形成，就会构成一种规范的压力，倡导某些行为并制止另一些行为。这样的一种“主体间结构”，是行为体从事国际互动的文化环境。

国际舆论作为互动的一种环境因素，会直接影响国家的对外战略决策和具体政策的执行。对行为体来说，如果推行的对外政策与国际舆论一致，就能够得到国内社会和国际社会的认可，取得合法性。如果与国际舆论相反，则会面对着巨大的国际压力。比如，“9·11”事件后国际社会形成了反对恐怖主义的舆论环境，在这种环境下没有哪个国家敢公开声称支持恐怖主义。在维护人权的问题上，国际舆论环境也有相同的作用。在世界各国普遍接受人权规范的情况下，如果一个国家的行为被认为侵犯了人权，就会受到谴责甚至干涉。由于国际舆论总是与一定的规范相联系，因此能够对行为体发挥强有力的建构（社会化）作用，使行为体不得不改变立场与态度，并进而发生观念的变化。

由于国际舆论能够在很大程度上改变行为体的政策乃至对问题的认知，因此进行舆论战就构成了国际政治互动的一种重要形式。在实施对外政策的过程中，行为体为达到改变他者行为的目的，经常会利用媒体工具，试图在观念上战胜对手，瓦解其意志，“不战而屈人之兵”。在冷战期间，西方国家针对古巴政权的马蒂广播电台，针对亚洲的亚洲广播电台，针对苏联东欧地区的自由欧洲电台等，都是宣传其价值观和进行意识形态斗争的重要媒体工具。冷战结束后，在格鲁吉亚、乌克兰、吉尔吉斯斯坦等国的“颜色革命”中，西方国家也利用媒体优势，为反对派实现政权变更提供了强大的舆论支持。

在国际政治中，传播媒体所发挥的作用，与国家形象的塑造是密切相关的。在这里，国家形象是指各国公众对一个国家的相对稳定的总体评价，这种评价的好坏，会在很大程度上决定别国对该国的态度。得道多助，失道寡助。好的国家形象，可以使一国有较多朋友，在争议问题上得到较多的支持，遇到困难会得到较多的帮助；反之，参与国际互动则会面对着重重困难。一个国家有怎样的形象，决定于人们得到了怎样的信息，并且特别决定于媒体长期报道的积累。如果一个国家常常得到负面的报道，那么该国就会给世人一个不好的形象。有学者对《时代》周刊2003年5月5日至11月24日有关伊斯兰世界的140篇报道进行分析后发现，在这些报道中，恐怖主义是第一主题，报道中所涉及的恐怖分子全部来自伊斯兰世界。按照这些报道，多数穆斯林是生活在"血腥的日子"里，从伊拉克到沙特、伊朗、印度尼西亚，人民的生活苦不堪言，很多人受到非人的虐待。[①] 这些新闻报道在经过其他媒体的转载之后，就会在广大的读者群中形成有关伊斯兰世界的负面形象。

由于在国际政治中国际舆论有重要作用，而国际舆论的形成在很大程度上决定于国际媒体的话语权，因此对国际话语权的争夺就表现为对国际媒体的主导地位的争夺。谁掌握了主流的国际媒体，谁就掌握了国际舆论导向；谁掌握了国际媒体的舆论导向，谁就掌握了话语权。正如冯·戴伊克所言，话语是一种社会控制力量，各种话语无不体现着社会权势的意志，无不对应着特定的权力结构。[②] 行为体掌握话语权，可以突出有利于自己的信息，屏蔽于己不利的信息，可以对事实作出有利于自己的解释，从而造就有利于自己的舆论倾向。

国际行为体对话语权的争夺，首先表现为对传播媒介的竞争，即谁在物质条件上居优。在当代，传播媒介包括语言媒介、印刷媒介、影视媒介和网络媒介等多种形式。谁拥有最便捷的传播媒介，能最及时地传播信息，谁就可以取得传播的优势。在这方面，行为体的物质实力是基础。长期以来，西方发达国家凭借自己的国力和先进的科学技术，一直在国际媒体和信息传播中占据主导地位。按照有关的数字统计，目前占世界总人口不足1/5的西方国家，占有世界信息流量的80%，占有世界图书出口量的3/4，以及音乐市场的绝大部分。在全球无线电频率分配方面，西方国家占据了全球90%以上的资源。[③] 在互联网的全部网址中，78%为英文网址，96%的电子商务网址是英文网址，有70%的网址出自美国。在网上的信息，约90%是英语，法

① 宋庚一：《美国媒体对伊斯兰世界的形象建构——以〈时代〉周刊个案为例》，《阿拉伯世界》2004年第2期。

② 庄晓东主编：《传播与文化概论》，人民出版社2008年版，第61—62页。

③ 林立民：《国际"话语权"：21世纪战略竞争制高点》，《中国国防报》2008年7月29日。

语占5%，西班牙语系为2%。网上信息有80%是美国提供的。①

在新闻媒体方面，据统计，美国等西方媒体垄断了世界大部分地区近90%的新闻信息传播。美联社目前的国内媒体用户有5700家，国外媒体用户有8500家。路透社的财经新闻和国际新闻拥有55.8万家的国际订户。法新社在150多个国家和地区发展用户。西方三大通讯社的日发稿量相当于由84个国家新闻单位组成的不结盟国家通讯社提供新闻量的1000倍。②

在西方国家中，美国在传媒资源的占有上享有超强的地位。美国控制了全球75%的电视节目制作。许多第三世界国家的电视节目，来自美国的占60%—80%。③ 据联合国一项调查显示，全球每周约有25万小时的电视节目播出时段，美国在其中占据了9万多小时，几乎占40%。各国进口的电视节目75%来自美国。美国互联网用户全球第一。全球联网信息约3/4来自美国。④ 据统计，世界最大的300家跨国传媒公司，美国占据了将近一半。这种情况导致美国历史学家爱西奥多·怀特将美国传媒比作“世界上最大的传声筒和洗脑系统”⑤。

在信息传播的竞争中，如果说物质因素是媒体发展的必要条件，那么内容质量则是媒体发展的充分条件。一个国家要掌握国际舆论，不但要有现代媒体的物质条件，而且要有能够说服人的传播内容。就新闻传播而言，尽管所报道的对象都是发生的事，作为媒体应当坚持客观、中立的原则，但由于新闻本身乃是人主观加工的产物，因此与客观真实并不能画等号。在实际运作中，媒体所传播的内容，总是有选择的。现实世界的信息无穷无尽，媒体在发布信息之前，必须进行过滤和筛选，这样加工出来的信息都会体现出传播者的视角与意图。经过加工处理，新闻媒体给受众创造的是一个“虚拟环境”。在这样的“虚拟环境”中，主要的国际媒体通过设置新闻议题，然后对该议题先入为主地发出海量报道，从而不知不觉地影响人们的思维。例如，中国在美国媒体国际报道中的出现频率是较高的，但报道议题却十分集

---

① 《解放日报》2000年9月5日第4版。

② 韩松、李佩、刘雅鸣、黄燕：《浅谈全球化时代我国对外宣传面临的挑战与对策》，《对外宣传参考》2003年第3期。

③ 徐耀魁主编：《世界传媒概览》，重庆出版社2000年版，第693页。

④ 林立民：《国际“话语权”：21世纪战略竞争制高点》，《中国国防报》2008年7月29日。

⑤ 王纬主编：《镜头里的“第四势力”——美国电视新闻节目》，北京广播学院出版社1999年版，第1页。

中，主要是人权问题、台湾问题、对华贸易问题、汇率问题等。

国际媒体的传播竞争，从时效来讲，主要表现为争夺重大信息传播的首发权或首播权。新闻是有时效性的，谁先掌握了首播权，谁就掌握了先机。比如，阿拉伯半岛电视台声名鹊起，就是因为在许多事件上取得了首播权。在“9·11”事件中，半岛电视台几乎与美国CNN同步播放了美国遭受袭击的整个过程。在随后美英联合打击阿富汗后，半岛电视台成为唯一获准进入塔利班控制区的电视台。在美国军方到处搜集本·拉登情报而不能如愿时，半岛电视台却频频播放本·拉登的讲话录像。可以说，这些首播的重要信息使得半岛电视台在全球范围内得到认可。在这个过程中，半岛电视台致力于打造阿拉伯地区新闻自由的努力也得到了其他国家的认可。

在传播媒体的竞争中，新闻报道的真实性应当是一个基本原则，但虚假的报道却不时出现。比如，在伊拉克战争刚刚打响之时，美国媒体就报道伊拉克第51步兵师的师长和副师长率8000名士兵在伊南部地区投降，这则消息被多国的媒体转载。但是仅隔一天后，美国参谋长联席会议负责伊拉克战争的副总指挥斯坦利·麦克克里斯托少将就表示，这支部队并没有投降。[①]这条新闻被证明是虚假的。这类虚假新闻的出现可能与媒体的不当竞争有关，但也可能有国家或者集团利益的驱动。

在国际关系中，有一些行为体是故意——或者是为抹黑对手，或者是为自己的行为寻求合法性——传播和散布虚假信息。利用媒体作虚假宣传，是有人相信谎言重复1000遍就能成为真理。希特勒的宣传部长保罗·约瑟夫·戈培尔就讲过，宣传的唯一目的，就是“征服民众”；宣传的基本原则就是不断重复有效论点，谎言要一再传播并装扮得令人相信。美国在2003年发动伊拉克战争之前，为了获得国内公众的支持，就不断释放出伊拉克拥有大规模杀伤性武器的信息。这些事先精心制作的信息，经过大量的报道之后，成功地左右了公众的情绪与态度，使得美国取得了攻打伊拉克的国内合法性。直至战争结束，美国也没能找到大规模杀伤性武器，这则新闻也被证明是彻头彻尾的假信息。美国利用媒体传播虚假消息谋求战争的合法性，尽管最终酿成恶果，使自己陷于泥潭，但新闻媒体的影响与作用却充分地显示了出来。

---

① 新华网：《五角大楼的武器：从伊拉克战争看美国的媒体及报道》，2003年6月10日，http：//news. xinhuanet. com。

正是由于媒体对国际关系存在特殊作用和影响，因而世界各国在国际互动中都非常重视媒体的作用。各国外交部定期举行新闻发布会，就是要通过传播信息谋求国际互动的话语权。发言人总是希望媒体能够把自己精心准备的东西发布出去，影响国际舆论和别国政策，但媒体的传播是有自己的解读与选择的。在这样的互动过程中，发言人的阐释是重要因素，而国家形象则是更重要的因素。一个国家想要影响国际媒体，使之接受自己的话语，并不是一件容易的事。

由于媒体在国家外交中有重要作用，因此“媒体外交”也应运而生。媒体外交是新闻媒介积极参与并发挥影响的外交方式。媒体外交最初是指新闻记者和外交官之间的各种活动，现在主要指一国政府通过大众传媒与另一国民众交流，通过媒体向他国民众释放信息，宣传本国的政策，塑造本国的形象，获取他国民众的信任，从而推进本国利益的活动。以他国民众为对象进行媒体宣传，这实际上构成了公共外交的重要组成部分。

第五节　结语

在国际政治中，行为体在观念层面的互动是与在物质层面的互动并存的结构。作为社会行为，行为体围绕任何物质性问题（诸如权力）互动时都会有观念层面的沟通或交锋。除此之外，行为体还会围绕特定的精神性问题进行互动。不论是涉及意识形态领域的主义与价值观，还是涉及宗教信仰和教派之分，行为体都会相互作用、相互影响。这种互动可能表现为意识形态的认同，也可能表现为价值观的对立。宗教作为一种观念因素，可能有助于国际合作，也可能导致行为体之间的对抗甚至战争。在当代，西方国家进行人道主义干涉，推行扩展民主战略，在中东地区发生的不同教派间的暴力冲突，都是具有国际政治文化背景的互动现象。行为体围绕观念问题进行政治互动所形成的结构，就是国际政治文化体系。

在当代的国际文化互动中，媒体提供了物质的平台。科学技术手段的发展，使得行为体之间的文化联系成为一种便捷、快速、普遍的互动结构。在这种互动中，信息的传播都是经由人实现的，因此各种媒体既是传播工具，又是具有主体性的行为体。它们能通过信息的传播引导国际舆论，并且能够把全球公众都联系在这个体系中。由于媒体对国际政治有巨大影响，因此通过媒体进行舆论战就成了国际政治的一种重要表现形式。

国际政治中的文化结构，作为普遍存在的现象，并非都具有高政治属性。如果说涉及意识形态的互动具有高政治性，那么涉及全球治理的观念互动则具有低政治性。前一类互动，诸如价值观、宗教观的冲突，是有可能演变为现实的物质层面的冲突的。例如由人权问题引发的军事干涉和教派冲突引发的战争。后一类互动，则通常具有合作的属性，尽管也存在矛盾与冲突，但不会演变成对抗甚至战争。例如，治理全球气候变化所形成的观念结构就属于这一类体系。在这个体系中，世界各国有不同的利益，因而有不同的立场与政策，但它们都能参与这一治理过程，表明它们在生态理念上是存在方向一致的认知的。

国际政治文化体系对行为体的影响，主要体现在身份与形象两个方面。行为体的身份认同既是一种政治现象，也是一种文化现象。无论是在意识形态、宗教还是一般的价值观上，行为体在文化互动中都会表明自己的身份认同，即站在哪一边，与谁为友或者为敌。另一方面，行为体参与国际互动，表明自己的身份认同，都会得到其他国家政府和公众的评价，从而构成其国际形象。虽然身份与形象并不是一回事，但显然有密切联系。说得确切些，身份认同在国际政治中常常是决定一个国家形象的重要因素。国家在朋友眼中往往有好形象，在敌人眼中则会有坏形象。

国际政治文化体系，说到底是行为体的互动建构的。行为体持有与他者为敌或为友的观念，就会建构出与敌对关系或朋友关系相应的文化结构。在当今的世界，围绕人权问题、民主问题所形成的体系，都是属于人为建构的国际政治文化体系。行为体面对这些问题参与互动，不得不进行身份的选择并确定自己的立场与态度。

在文化体系的互动中，行为体的观念发生变化，观念结构的属性就会发生变化。然而，由于一个社会群体的观念不容易改变，因此观念结构的变化也是不容易的。中东问题、朝鲜半岛问题、南亚问题之所以长期得不到解决，一个根本性因素就是各方敌对的观念根深蒂固。在当今解决各种国际问题的进程中可以看到，行为体间的观念结构不改变，其政治关系就不会改变。即使对立的行为体能够成功地进行某些利益的讨价还价，也难以最终解决问题。

面对国际政治文化体系的互动，国家必须要有适宜的战略。政府在文化互动上的决策，既要考虑大众的观念与情绪，也要考虑国家利益。国家完全以意识形态为决策依据肯定是不理性的，因为那样会到处树敌；但完全摆脱意识形态因素也是不可能的，因为那样就会没有朋友。应该注意到，随着社会发展和国际关系的进步，作为规范的国际伦理原则也在进步。国家一方面要与时俱进，把自己的形象与国际社会普遍认同的价值联系起来；另一方面则要以人类文明的进步为背景，谨慎处理好各种观念领域的矛盾与冲突。

第十章　国际体系与中国的对外战略选择

在当今的国际关系中，行为体通过互动所形成的形形色色的国际体系，从国家进行战略决策的角度讲，乃是时刻要面对的国际环境与舞台。国家作为国际体系中的一个单元，要以适宜的对外战略实现自己的利益和目标，除了要有适宜的身份定位之外，还特别要有对国际环境的适宜认识与评估。在以往有关国际关系和对外政策的研究中，人们对于国际体系与国家战略决策的内在关系很少探讨。实际上，这个问题解决了，国家的对外战略选择才能建立在科学的基础之上，才能基于对环境因素的正确认识，确立一整套较为明确的原则，并且将涉及不同领域的具体政策与行为适当地协调起来。

以国际体系为背景讨论中国的对外战略选择，所要解决的核心问题，就是中国的对外互动面对着怎样的国际环境，有怎样的身份与角色的定位，要谋求怎样的利益，应怎样利用国际体系的系统效应选择适宜的战略手段来实现自己的战略目标。

第一节　中国的身份、角色与利益

中国作为国际体系中一个单元，参与国际互动谋求自己的利益与目标，首先需要有明确的身份定位：在国际关系中，中国是怎样的国家？扮演什么角色？有怎样的权利与责任？怎样确定自己的朋友与敌人？以怎样的身份与其他大国以及周边国家互动？有怎样的利益与目标？这些问题总和起来就是：中国在现阶段和可以预见的未来，怎样定位自己的国际身份？

一　中国的身份

国际体系作为国家组成的“社会”，其构成单元是包括各种不同的行为体的。这些行为体存在社会发展程度的不同，意识形态与社会制度的不同，地缘位置的不同，利益与目标的不同，以及对外互动行为模式的不同等。不同行为体在国际互动中有着不同的身份。这种身份既是行为体对自身的国际角色的定位，也是其他行为体对该行为体身份的认同与评价。一个行为体与外部世界的关系，它在国际互动中的利益与政策选择，其他行为体对该行为体的认知与政策，都与其身份定位分不开。

从历史发展来看，中国的身份定位有一个变化过程。在新中国成立后至改革开放前的历史阶段，中国在意识形态领域的认同居重要地位。20 世纪 50 年代的“反帝”，60 年代和 70 年代的“反帝反修”，都是基于意识形态认同所形成的对外关系模式。这种认同既是长期的革命斗争历史的产物，也是当时国际格局的对抗性结构的产物。在社会主义与资本主义的意识形态对抗中，中国的身份是社会主义国家。在“三个世界”的划分中，中国的身份是第三世界国家和反对霸权主义的国家。

改革开放之后，随着中国对社会主义、对自身的利益与发展道路的进一步认识，特别是在国际局势日趋缓和、世界大战的危险基本消除的情况下，中国确立了以经济建设为中心的基本路线，从而也改变了在对外关系上的身份认同。自 80 年代开始，中国认识到自己处于社会主义的初级阶段，进一步强调了自己的发展中国家的身份，在对外关系中强调独立自主和不结盟，不再以意识形态画线。与这种身份变化相对应，中国一方面保持和发展了与广大发展中国家的关系；另一方面也广交朋友，与发达国家发展关系，包括建立各种不同的伙伴关系。为了谋求自身发展，中国把解决国内问题放在首位，在国际关系中不再“举旗”、“当头”。苏东剧变后中国在战略上“韬光养晦”，也是在这种身份认同下的一种战略选择。

在新的身份定位下，中国的最大变化就是经济建设有了飞速发展。经过 30 多年的积累，中国的国力显著增强。中国的经济总量（GDP）相继超过英国、德国、日本，到 2010 年上升到世界第 2 位。在这个过程中，中国与美国在 GDP 上的差距不断缩小。1978 年时美国 GDP 是中国的 15 倍，2000 年时是中国的 8 倍，到 2010 年时这一数字已缩小到 2.5 倍。[①] 伴随着中国经济地位的提升，中国的国际分量与影响在增大，已成为世人眼中一个正在崛起的“大国”。

在中国经济总量已居世界前列的情况下，再加上中国的国土、人口规

① 参见世界银行网站，http：//databank.worldbank.org/ddp/home.do？Step = 12&id = 4&CNO = 2。

模，联合国安理会常任理事国地位，核武器国家地位，在国际金融与贸易体系中的地位，以及在全球治理中的地位等，中国的身份是否还是一个发展中国家，或者说中国的身份是否发生了变化，就成了一个越来越受关注的问题。事实上，不但国际社会在热议中国的“崛起”，中国国内也有越来越多的人把“大国”与中国的国家目标相联系。由于身份乃是人们的一种主观认定，因此中国已与两种身份相联系：一方面，中国坚持自己是发展中国家；另一方面，中国的若干要素和人们认知已使中国具有某种大国的形象。这样的一种有着双重属性的身份特点，构成了在新形势下分析中国的利益与目标、与外部世界关系以及中国的对外战略选择的一个必须讨论的问题。

比利时学者古斯塔夫·格拉茨认为，中国一方面认为自己是一个曾经遭受帝国主义侵略的发展中国家，因此有权得到更多的体谅和支持。另一方面，它认为自己是一个新兴的大国，正在逐步地重建古代王朝的荣耀，并希望受到平等的对待和尊重。这就是北京为什么对于受到尊重和平等相待如此敏感的原因。中国所具有的既是发展中国家又是新兴大国的双重身份，使得中国不得不面对国内经济发展与作为负责任大国之间实现平衡的压力。①

郭凯认为，中国既是一个发展中国家，同时也是这个世界上最主要的强国之一。在世界近现代历史上，还从来没有哪个国家同时有过这两个身份。发展中国家的身份，意味着中国是现有国际秩序的挑战者，而不是维护者；主要强国之一的身份，意味着中国已然是国际秩序的一部分。作为世界第二大经济体、联合国安理会常任理事国、世界银行和国际货币基金组织的主要股东，中国很难再把自己描述成一个边缘化的国家。在过去，中国巧妙地利用了这种双重身份争取权益：讨论权利的时候，强调自己是个大国；讨论义务的时候，强调自己是穷国。放眼未来，继续按照这种思路走下去的空间会越来越小。欧美放给中国的信息是毫不含糊的，更多的投票权对应的应该是更多的义务。②

作为世人眼中的新兴大国，中国现在已被推到了世界舞台的中央，成为一个举足轻重的行为体。无论是解决国际安全等高政治问题，还是讨论贸易、金融与环境等低政治问题，中国都不得不扮演一个备受关注的角色，不得不面对承担更多国际责任的压力。显然，在今天的情况下，中国已被打上

① ［比利时］古斯塔夫·格拉茨：《中国的身份窘境》，《财经》2011 年第 12 期。

② 郭凯：《中国的双重身份》，《瞭望东方周刊》2010 年第 46 期。

了“大国”的烙印，已不可能再以一个纯粹的“发展中国家”行事了。

然而，观察中国的真实发展水平，还必须看到，虽然中国的经济总量很大，集国家之力可以办成很多大事（比如在航天事业上），但如果把这种发展成果平均到每一个人头上，其数字就非常之低了。按照世界银行的排名，2010 年中国的人均 GDP 居世界第 100 位，略低于安哥拉，在全世界 190 个国家中居中游偏下，不到美国的 1/10。① 在联合国的《2011 年人类发展报告》的排名中，中国的人类发展指数列第 101 位，在该报告所列的 187 个国家中，也属于中等偏下水平。② 从中国的人均发展水平和中国人民的幸福程度来讲，中国还确实是一个发展中国家。统计数据表明，中国的这两个身份之间是存在巨大反差的。

中国的这两种身份，实际上使中国处于一种窘境：作为一个只有中等偏下发展水平的国家，中国需要保持快速的发展，需要得到关照，但作为一个受到关注的新兴大国，中国却受到了日益增大的“负责任”的压力，例如在金融危机与气候谈判问题上。鉴于中国的实际发展水平，中国不可能像传统的世界大国那样负责任，但鉴于中国的新兴大国地位，亦不可能像一般发展中国家那样谋发展。对中国来说，如何在这两者之间实现平衡，如何确定自己的利益与目标，如何适当处理与其他国家乃至与国际秩序的关系，都需要有正确的认识与选择。对于这些问题，首先需要思考的就是中国的国家利益与目标的问题。

二 中国的国家利益与目标

国家利益，最基本的含义就是对国家的“好处”③。从这个角度讲，国家利益也可以解释为需求（need）与欲求（want），即国家拥有而需要保卫的东西，以及国家没有而想要得到的东西。阿姆斯特茨（Mark R. Amstutz）在论述国家利益时，就是从这个角度进行界定。他说，国家利益的概念通常是指国家相对其他国家而言的基本的需求和欲求。④

从中国的双重身份来讲，中国的利益与目标也存在两个维度：作为发展

① 参见世界银行网站，http：//databank. worldbank. org/ddp/home. do? Step = 12&id = 4&CNO = 2。

② 参见 UNDP，*Human Development Report* 2011，http：//hdr. undp. org/en/。

③ 参见中国社会科学院语言研究所词典编辑室编：《现代汉语词典》，北京：商务印书馆 1983 年版，第 698 页。

④ Mark R. Amstutz，*International Conflict and Cooperation*，Boston：McGraw Hill，1999，p. 179.

中国家，中国的根本利益在于谋发展；作为新兴大国，中国需要“恢复大国地位”①，或者说要做“负责任的大国”。这两个维度，实际上涉及了不同的互动机理。

中国以发展作为根本利益，这与中国尚处于世界中等偏下发展水平的现状是对应的。作为一个人口大国，中国要使自己的发展水平真正达到发达国家的水平，还有漫长而艰难的路要走。虽然中国在过去30多年中取得了飞速发展的成绩，但今后面对的问题与挑战会更大、更多。因此，中国在未来要始终把谋发展放在首位，并以此为中心进行自己的对外战略安排。

中国以发展作为战略安排的中心，在利益层面所涉及的最基本的问题就是如何处理与安全利益的关系。② 从战略上来讲，发展利益与安全利益在任何情况下都是密不可分的。由于国家在国际关系中的生存在本质上是处在一种无政府状态，始终面对着现实的和可能的威胁，因此实现发展是离不开安全的。要维护安全，国家就必须投入资源，但这种投入最终必须符合人民提高生活水平的本质要求。因此对安全的资源配置应当服从于和服务于发展的利益。具体来说，就是国防建设要适应国家发展的需求和发展的程度。所以要这样来讨论问题，是因为国家以安全为中心发展经济和以经济为中心维护安全是两种完全不同的战略模式。在改革开放之前，中国搞三线建设，备战备荒，就是前一种发展模式，而20世纪80年代之后进行的经济建设，则是后一种模式。这两个历史阶段的国际背景不同，在发展与安全的资源配置上排序不同，其结果也不同。对于中国来说，面对战争威胁当然要进行备战，但面对和平机遇则要以经济建设为中心。历史的经验表明，只要没有战争威胁，中国在原则上就应该把发展利益放在首位。在这一点上，邓小平讲得很明确：发展经济是最大的政治，是长期的任务。如果发生大规模的战争，只好停一停，否则就要专心致志地做下去。即使发生大规模战争，打仗以后也要继续干，或者重新干。这一点必须扭住不放，毫不动摇。③

---

① 《中国60年外交战略考量　目标随国家利益而变》，《人民日报》（海外版）2011年8月22日。

② 关于生存利益和发展利益，楚树龙在《中国的国家利益、国家力量和国家战略》（《战略与管理》1999年第4期）一文中作了清楚的阐述。他指出：“任何国家的核心利益，大体上包括安全和发展两个基本方面或范畴。在和平条件下，即国家没有陷入大规模战争的条件下，安全是国家基本的利益，发展是国家的根本利益。”

③ 邓小平：《目前的形势和任务》（1980年1月16日），《邓小平文选》第2卷，北京：人民出版社1994年版，第249页。

以经济建设为中心谋求发展，国家对安全利益的维护从总体上讲是一种内向的行为，即是为了自卫，是为了确保和平的发展环境。这种行为模式与外向的权力扩张与权力竞争是迥然不同的，其最大特点就是国防力量发展的防御性与有限性。按照这种模式，国家满足安全利益的需求，其程度是以经济发展的需求为限度。低限就是内向的需求，即维护国家的领土完整，主权不受侵犯。高限则是维护国家的对外经济互动的安全，即维护中国海外公民的安全以及中国对外经济互动（如航运）的安全。在这里，无论讲低限还是高限，中国的国防建设都应该以适应发展利益的需求为限度。中国多年来所坚持的和平发展与不称霸的对外战略，就是这种内在的发展需求所决定的追求安全的模式。对中国来说，人均发展水平过低的事实决定维护安全始终要基于发展中国家的身份进行，即是为了维护自己的发展权利。

从另一个维度讨论中国的国家利益，就涉及中国的“大国”身份。由于中国经济的飞速发展导致国家地位不断提升，日益被视为“崛起”，因而中国基于发展中国家身份而做的事情，越来越多地被联系“大国”身份进行解读。这就造成了各种误解与猜忌。

在国际关系中，“大国”（great power）的身份是具有“权力”（power）意义的。大国进行权力互动，就意味着进行权力竞争，其典型体现就是军备竞赛。这样的行为模式与国家维护发展的自卫模式是具有不同的属性的。进行权力竞争，就是进行支配力与影响力的竞争。无论是在全球范围还是地区范围，大国所竞争的权力，其基本含义都是指让别国做原本不会做之事的能力。按照现实主义的逻辑，大国在无政府状态下为了自身利益进行权力竞争，都需要增大权力，而增大权力的结果就是相互冲突。对于霸权国家来说，要维护自己的地位不受威胁，就不能容忍具有对等实力的竞争对手的存在。因此，大国政治不可避免地会演进为战争的“悲剧”①。

从中国的双重身份来讲，尽管表现出了某种“大国”的特点，但低发展水平的现实决定中国远没有资格参与大国政治游戏，中国根本负担不了这种身份的成本。然而，中国的双重身份使得国际社会往往把中国视为一个大国，特别是视为一个已投身大国游戏的主要成员。这种情况是中国不得不面对的一种无奈结果，即在低发展水平的阶段被认为具有了大国的资格与

① 参见［美］约翰·米尔斯海默《大国政治的悲剧》，王义桅、唐小松译，上海人民出版社2003年版。

能力。

以大国身份参与国际互动，基本的意义就是进行权力竞争。由于大国关系在本质上乃是权力关系，每一个大国都会面对着其他大国的权力压力，因此都需要以自己的权力进行应对。这种互动的最典型体现就是外交上与军事上的遏制与反遏制，每一方运用权力的目的都是要实现在一定区域内的支配或避免被支配。在这种竞争中，各方为了谋求权力优势或均势，必然会进行一定程度的军备竞赛，并且会导致结构性的紧张关系。就这样的机理而言，与实现国家的发展的逻辑显然是不同的。对于中国来说，如果按照这个逻辑行事，只适度发展权力大概是不行的，因为必须对外部的权力压力作出至少是对等的应对，这样就难免要陷入军备竞赛与权力竞争。作为结果，中国不但会使经济建设和解决国内需求失去首要地位，而且会卷入日益增多的冲突，从而使中国失去和平发展的国际环境。显然，这样的选择所导致的消极后果是不符合中国实现“脱贫”的根本利益的。

从未来一个相当长的发展阶段看，中国的国家发展程度决定中国参与国际互动的模式只能遵循发展的逻辑而不是权力政治的逻辑。用权力政治解释中国的“崛起”，是忽略了中国的基本现实与国家的内在需求。当然，中国在谋求发展的过程中，鉴于自己的分量与国际地位，在参与国际事务时，与发展排名相近的一般发展中国家也是不能相提并论的。在很多时候，中国是作为一个整体单元参与国际议程的，这时中国的分量就不可避免地会成为一个重要因素，会使中国面对着“大国责任”的问题，并且面对着如何处理国家利益与全球利益关系的问题。

对于中国来说，在全球化的大背景下，参与国际互动除了要考虑自身利益之外，还必须要考虑日益增多的国际利益或全球利益。这些利益反映的是一批国家甚至全球国家的共同需求。在中国所追求的利益中，也同样包括这样的需求。例如，解决全球环境问题，建立合理的国际贸易与金融秩序，就是各国的共同利益，也是中国的利益。由于实现这样的利益涉及的不是一个国家的问题，因而需要经由国际合作和全球治理。在当代的国际关系中，进行国际合作主要还是以国家为单元，这就涉及了国家的责任问题。在推动集体行动的时候，通常需要由大国牵头。大国起主导作用，就意味着要承担更大的责任。对于中国来说，在国际关系中怎样承担责任又涉及了身份的问题。

在谋求全球利益的过程中，大国之所以有更大的责任，主要是因为大国有更大的利益相关性。例如，贸易大国、金融大国与建立全球贸易和金融秩序有更大的利害关系，温室气体排放大国与全球气候谈判有更大的利害关系，而核武器国家则与全球的不扩散体制有更大利害关系。也许，倡导这些国际议程的并不是大国，但如果大国不加入，则这些议程就无从谈起。对大国来说，参与和推动这些议程的互动，主要意义不是进行权力竞争，而是进行国际合作与制度建设。大国所承担的责任，是治理的责任和推动集体行动的责任。这样的责任的主要含义是使合作能够实现，使制度能够建立并得到遵守。在以往事关秩序的互动中，一直是传统的西方发达大国，特别是超级大国承担这样的角色。在当代的国际关系中，由于西方国家受金融危机等因素的影响，无力或不愿意单独承担这种角色，因此力量不断上升的新兴大国——实际上是不发达大国，被推到了舞台的中心。这也是形势发展的结果。在治理全球问题的过程中，历史赋予了新兴大国一种新的“大国”责任。

对于中国来说，顺应历史潮流就必须在双重身份中求得一种平衡。中国既不能像 G7 那样承担发达国家的责任，也不能像安哥拉那样承担发展中国家的责任。中国的利益、责任与权利应当是对应的。既然中国在日益增多的全球问题互动中有了较大的分量，那么就需要负起与之相关的一份责任，并得到一份相应的权利。这种责任和权利主要是指在全球治理中发挥更大作用和得到更大的话语权。事实上，随着中国的发展，中国可能需要在这方面作更多的贡献。当然，有一点是需要明确的，即在中国尚处于中等偏下发展水平的阶段，过度要求中国承担大国责任是不现实的，也是不合理的。中国的责任与利益需要平衡。

对于中国的身份与责任，章百家认为，中国作为“发展中大国”，一方面不可避免地要承担更大的国际义务，但必须量力而行；另一方面要强调自己的发展所需的利益，而这种利益又要得到其他国家的承认。这将是一个长期磨合的过程。对于中国未来的目标，章百家认为，改革开放仍是中国必须坚持的大战略。无论外部世界怎样，中国最重要的目标是在国内，即到 2025 年建成以实现公平、公正与和谐为特征的全面的小康社会。从对外关系来讲，中国虽然已是一个世界大国，但同时也是一个存在不少软肋的大国。中国早已庄严宣示“永不称霸”，走“和平发展”之路。中国所希冀的大国地位应该是新式的，以本国的繁荣、人民的安康、世界的和平与和谐为目标。[①]

---

① 《中国 60 年外交战略考量　目标随国家利益而变》，《人民日报》（海外版）2011 年 8 月 22 日。

戴秉国在阐释中国的利益目标时指出："中国发展的目标归结为一句话，就是对内建立和谐社会，对外推动建设和谐世界，也就是中国首先要对13亿中国人民负责，同时也对世界人民、对世界和平与发展负责，使中国发展的成果惠及国内民众和国际社会。"① 这种说法强调了中国自身发展的根本利益，同时也强调了中国在国际社会中所应负的责任。

第二节　中国面对的国际体系环境

中国进行对外战略决策，如果说身份、利益是内部影响因素，那么国际体系则是外部影响因素。行为体互动所形成的整体结构，构成了中国进行对外战略决策的背景与条件，以及实施这些战略的宏观舞台。

如前所述，由于国际行为体有许多问题（需求）需要通过国际互动解决，因而会形成具有不同属性和中心问题的体系结构。这些结构不但多元，而且相互交织、联系。从这一点来讲，中国参与国际互动所面对的是非常复杂的国际环境。这种环境的构成并非只有一个体系，而是有多个体系。由于这些体系具有的不同机理，因此对中国实施对外战略有不同的意义与影响。

基于前边的理论研究所阐述的体系属性，中国所面对主要体系影响可以概括为权力政治、国际制度与观念建构三种机制。由于这些机制对中国而言有不同的意义，因此中国进行对外战略决策需要对国际环境因素进行具体的分析，目的是搞清楚不同的机制所带来的不同的机遇与挑战。

一　权力政治体系的影响机制

当代国际关系中的国家，可以说都是权力行为体。国家通过对外互动实现自己的利益，在很多情况下需要运用自己的权力，特别是以军事力量为体现的硬权力，以便改变他者的行为。这样的互动所导致的就是权力关系。

国家作为权力体实行实力外交，按照现实主义的理念，可以有两种基本的模式：一是进攻现实主义，即为了不受任何对手的威胁，最大限度地获取权力。这种模式，对大国而言，实际上就是确立霸权。二是防御现实主义，即以安全和防御为目标，基于面对威胁的程度适度地发展权力。这两种模

① 王缉思：《中国的国际定位问题与"韬光养晦、有所作为"的战略思想》，《国际问题研究》2011年第2期。

式，可以概括为外向的权力运用与内向的权力运用。在这里，外向与内向不是单纯指权力运用的方向，而是指国家维护利益的区别。前者作为一种扩张模式，国家的利益是外向的；后者作为一种自卫的模式，国家的利益是内向的。

国家运用权力，无论是内向行为还是外向行为，都是需要保有和发展一定的军事力量的。国家之所以需要发展军力，运用权力实现自己的目的，根本原因在于国际关系是一种“无政府状态”，国家之上没有更高的政府，国家只能用“自助”的方式确保生存与发展，而军事力量则是“自助”的最强有力的手段。在进行权力互动时，国家除了保有和发展自身的军事力量之外，还会运用外交手段进行力量的组合，诸如结盟。由于国家进行权力互动都是相互作用的行为，一方对另一方运用权力，另一方也会做出相同的反应，因而会导致一种持续的紧张关系的升级，甚至有可能演变成实际的冲突。在这种互动模式之下，国家会处于一种难以摆脱的“安全困境”。

在权力互动中，国家的内向行为模式与外向行为模式是有不同的影响机制的。具体来说，军力发展和使用的程度与限度会不同，影响与结果也会不同。内向的权力运用模式，通常军力的发展程度有限，因为只要能实现自卫的目标就够了，影响与结果也主要限于当事国。相反，外向的运用模式，其影响与结构往往会有较大范围，可能涉及多个国家甚至整个地区。例如，边界领土争端通常冲突程度有限，影响也较小。相比较，冷战时期美苏争夺世界霸权，其影响范围则是全球性的。

对中国来说，实现国家利益，权力互动体系是一个不能回避的外部因素，而且是首要因素。从自卫和防御的理念来讲，中国发展与运用权力有两个基本理由：第一，中国国家统一尚未实现，与一些国家还存在历史遗留下来的陆地边界划分和海洋领土权益争议。这些问题都存在发生冲突的隐患，而军事力量则是解决这些问题的最终保障。第二，随着中国海外利益的扩展，中国面对着日益增大的保卫海外利益的挑战，需要保卫中国的海外运输通道和公民的人身安全，这些也需要国家有必要的军事力量的保障。中国基于这样的需求参与权力体系的互动，是典型的内向行为模式，这种行为模式所构成的权力结构，从理论上讲，其冲突属性是有限的。

不过，我们也应该看到，中国所面对的权力政治挑战其实是存在复杂情况的。中国的国家统一问题，即台湾问题，存在美国军事干预的因素，中国发展反对美国军事介入的能力，具有中美军事互动和遏制美国在这一地区的霸权的意义。中国与周边国家的领土争端，无论是陆地领土争端，还是海洋权益争端，虽然都是基于内向的国家利益进行权力互动，但因为中国具有某种“大国”的身份而同时带有了另外的意义。例如，中印领土问题带有两个亚洲大国的影响力竞争的背景，南海领土问题因东盟相关国家引入外部势力干预而出现了国际化趋势，而中日领土争端则存在美日同盟的影响。实际上，面对中国的发展，特别是中国军事力量的增强，周边与中国有争议的国家采取了日益增多的以遏制中国为目的的军事与外交互动。它们就领土争端问题大做文章，鼓吹“中国威胁论”，导致了紧张关系的升级与扩大。这样，原本只涉及国家统一与领土主权的权力互动问题，因为这种国际互动的系统效应而演变成了一种地区权力竞争结构。

对中国来说，基于“自卫”和“不称霸”的对外关系理念发展实力，一直是以构筑和平的发展环境为目标。然而，地区性权力竞争结构的形成，使得中国不得不面对一种困境：虽然中国希望通过最低限度（双边）的方式来解决与相关国家的领土与海洋权益争端，使矛盾能够最小化，但与中国有领土争议的国家却通过与外部行为体的政治、军事互动而建构了一种遏制中国的权力体系。对于这种结构，中国不得不做出应对。在这种结构中，中国是以防御的态势捍卫内向的国家利益目标，但结构的其他成员却把中国视为一个要进行外向权力互动的“大国”来对待。由于外向的大国政治的逻辑不可避免地会导致权力冲突的升级，因此这样的权力结构对中国的和平发展来说是有消极影响的。事实上，近年来伴随着中国军力的上升和维护国家利益的决心的增强，美国以及中国周边的其他一些国家在与中国进行互动时进一步突出了军事因素。这种情况导致中国周边关系中冲突的一面增强了，特别是领土争端，呈现出了尖锐化的趋势。这种演变，实际上是地区权力竞争结构发展的产物。

面对权力竞争结构，中国在权力的发展中事实上是处于一种两难境地：伴随经济的发展，中国的军力要适应世界军事形势的发展而发展，以便更好地承担自卫的使命。然而，在权力竞争结构中，中国军力的发展，必然会导致其他互动方做出反应，这样就会使权力竞争升级。面对遏制的压力，中国需要做出回应，如果被认为懦弱可欺就会处于更加不安全的境地，然而始终进行对等的发展则可能陷于军备竞赛之中而使紧张局面不断升级。对中国来说，在提升自卫能力的同时如何尽可能地避免地区权力竞争的“安全困境”，是面对权力政治互动必须解决的重大对外战略选择问题。

二　国际制度的运作与影响机制

如同不能回避权力的影响一样，国家参与国际互动同样不能回避制度与规范的影响。在当今世界，几乎任何互动都与规则或制度有关，要么涉及现成的规范，要么与确立规范的进程相关。从这个角度讲，行为体参与国际互动，在很大程度上具有推动、建立、参加、遵守国际制度的意义。就具体表现而言，行为体加入国际条约或国际组织，把国际制度内化为国内制度，参与国际多边谈判和各种全球性议程，在国际关系中履行国际义务和承担国际责任，都属于与国际制度体系相关的行为。

国家参与国际制度体系的互动，很像是车辆与现代交通系统的关系。任何车辆要想顺畅地达到目的地，都必须加入这个系统，并服从相关的规则。就国家间关系而言，尽管是一种无政府状态，但并不是无秩序状态。国家的行为，从总体上来讲，都是有某种规范的。即使只存在非正式规则，也能确保有序的互动。例如，在国家之间尽管不时发生冲突，但作为主权者并存就必须遵循主权原则，这就是一种有规范的结构。就国家在各种具体的问题领域的互动而言，诸如在贸易、金融、环境、卫生、人权等方面，事实上都是存在规范的。对于任何一种国际行为，世界各国都会有是否正当的判断，这种判断所形成的共识就是规范，而规范则有可能在互动中被制度化。在当今的国际关系中，各种行为规范可以说已演进成了非常广泛、细密的制度网络。尽管这些国际制度的遵约情况未必都很好，但这些制度作为一种体系结构的存在及其作用是毋庸置疑的。

国际制度体系作为一种结构，从属性上讲，体现的是一种合作的关系。这一点与权力政治体系是有根本不同的。如果说权力政治是行为体基于利己利益而形成的一种结构，那么国际制度体系则是行为体基于共同利益而形成的一种结构。从制度机制来讲，任何一种规范要有效，就必须得到各参与方的同意。所以，在互动中只有各方找到共同利益，才有可能确立规范和建立制度。对于互动方来说，找到共同利益乃是合作的前提，而制度的建立和秩序的形成则是合作的结果。由于合作所导致的国际制度能够在一定程度上约束行为体的行为，因而国际制度结构中的国家间关系会呈现出一种“国际社会”的特点。

对于中国来说，要通过参与国际互动实现自己的利益目标，所面对的国际制度体系是与权力政治体系同样重要的环境因素。中国自实行改革开放政策以来，随着参与国际互动的扩大与深入，参与了日益增多的国际制度。这也是中国融入国际社会的结果。对中国来说，国际制度乃是中国实现自身利益的背景条件、路径条件与保障条件。中国参与国际制度，在履行国际义务的同时，也享有了相应的权利。尽管这些制度未必都公平，但加入其中才能推动其变革。在国际制度体系下进行互动，中国就有了新的身份与角色。参与任何一个制度领域的互动，成为其成员，就意味着在这个领域的行为取得了合法性，可以利用制度规范保护自己的利益，可以与其他制度成员基于共同利益建立起合作关系。从这个角度讲，国际制度构成了中国可以利用的战略资源。

中国所面对的国际制度体系，作为战略互动环境，是有复杂构成的。从范围来讲，有全球性的，也有地区性的；有多边的，也有双边的。从内容来讲，有高政治的，也有低政治的。例如，联合国作为一个普遍性组织，就是一个全球性的制度体系，而 APEC、东盟地区论坛、上海合作组织、东盟 10 +1和 10 +3 等则是地区性的制度体系。

在国际制度中，联合国是中国所面对的一个最广泛的制度体系。联合国无论是作为互动平台还是作为制度规范，都涉及广泛的国际事务。联合国的制度体系，大体上可分为三个方面：第一，有关主权国家间关系的规范，包括不干涉内政原则，以及有关国际和平与安全的原则等；第二，有关保护人权的规范；第三，治理各种全球问题的规范，诸如涉及经济、人类发展、军控与裁军、难民、劳工、航空、环境、卫生等领域的相关组织与制度。这些问题领域的制度，有些涉及高政治的互动，有些涉及低政治的互动。由于世界上的主权国家几乎都是联合国成员，因此联合国的制度体系构成了国际行为合法性的主要来源。任何国家都不能处于这个体系的互动之外，行事都不能不考虑有关的原则与规范。在这个体系中，国家有遵守规范的义务，同时也有保护自身利益的权利。联合国的制度作为国际规范虽然没有国内制度那样的权威，时常有国家把联合国的规定置于一边，但违反《联合国宪章》、决议等所付出的代价也是很大的。正是联合国制度的存在，确保了主权国家体系的正常秩序，以及在相关问题上国际互动的正常进行。

在联合国体系中，中国的地位与影响都是非常重要的。中国是安理会常任理事国，是许多主要机构的主要成员，例如是国际货币基金组织和世界银行的主要股东。就这个制度结构而言，中国负有重要的责任，同时也享有重要的权利。中国的地位与作用表明，中国是这个秩序的一部分，有责任维护这个秩序并推动这个秩序前进。这样做符合世界各国的利益，也符合中国的利益。

除了联合国这个最基本的全球制度结构之外，中国还面对着其他一些全球性的专门组织与制度，诸如国际移民组织、国际刑警组织、红十字国际委员会等。这些体系所涉及的都是某一特定领域的制度性互动。

中国所面对的区域性组织与制度，有一些与中国直接相关，诸如东亚峰会、亚太经合组织、东盟地区论坛、中日韩合作、上海合作组织等。中国是这些组织与制度的参与者和重要成员。还有许多区域性组织，中国不是其成员但存在不同程度的互动关系，例如欧盟、东盟、非盟等。中国参与的组织，其制度对中国有直接影响；中国未参与的组织，其制度会影响中国与其成员间的互动。

在中国参与的国际组织中，还有一类组织即 G 型组织，对中国有特别的意义，其中主要包括 G8、G20、金砖国家和 77 国集团。中国是 G20 和金砖国家成员，与 G8 和 77 国集团是对话关系。

在世界经济秩序中，长期以来一直是西方发达国家扮演主导者的角色，G7 就是这样的俱乐部。进入 21 世纪以来，特别是 2008 年金融危机发生后，世界经济格局发生变化的一个最引人注目的现象就是“富人俱乐部”已不再能单独主导世界经济。美国、欧洲深陷危机，而以“金砖国家”为代表的新兴经济体则地位凸显，成为世界经济发展的动力。这种格局的变化推动着更多新生力量参与到“游戏规则”的制定之中。2010 年 G20 取代 G8 成为世界经济的主要论坛就反映了这样一种变化。

G20 是 20 个经济体的财长与央行行长组成的一个体制，包括 19 个国家加欧洲单一货币，自 1998 年开始运作。这一体制的构成除了老牌的 7 个西方发达国家（G7）之外，还包括主要新兴大国——中国、印度、俄罗斯、巴西，以及其他具有地区代表性的大国——南美的阿根廷、非洲的南非、欧亚的土耳其、中东的沙特。在这个体制中，中国是一个重要成员。中国的地位与影响主要来自中国在世界经济中的地位。中国的 GDP、贸易量、外汇储备等要素，决定中国在商讨国际经济秩序的安排时有重要的发言权。2011 年欧盟发达国家深陷债务危机，在美国自顾不暇的时候，要求人均只有中等发展水平的中国进行救援，就从一个侧面体现出了中国地位的变化。

从总体上看待中国在国际制度体系中地位的变化，可以知道，中国的“大国”身份，其实更具制度内涵而不是权力内涵。中国的人类发展水平决定中国只是一个发展中国家，但中国经济发展的速度和经济总量，决定中国在世界经济议程中占有重要地位。再加上中国是最大的温室气体排放国，是人口最多的国家，因此在涉及气候变化等全球性问题的制度安排中都居重要地位。事实上，正因为中国的大国地位更具制度内涵，因此中国的大国责任也主要是体现在国际制度的互动领域。由于中国在全球利益的互动中占有更大份额，有更大的相关性，因此需要在这个结构中有更大的作为，需要扮演更积极的角色。

三　观念文化体系的影响机制

参与国际互动，中国除了要面对权力体系与制度体系这类物质层面的结构之外，还面对着行为体的观念互动所形成的结构。这样的体系是行为体在思想、舆论、文化以及价值观领域的交往行为的产物。由于行为体的国际互动作为社会行为总是伴随着观念的表达，因此对于互动问题，对于特定国家的行为乃至对于这些国家本身，在互动的群体中都会形成一定的看法。这些看法的总和，即共有观念，会构成行为体实施对外政策的观念或舆论背景，或者说是文化环境。

在国际关系中，文化环境对于行为体的影响是非常大的，特别是长期以来所形成的国际意识与观念，由于是深植于人们心里的东西，因此往往是根深蒂固的因素。这些形而上的东西所构成的结构，一方面会形成规范限制或约束行为体的行为；另一方面会起建构作用，能够塑造行为体的观念，改变行为体的行为，并进而改变国际关系。

文化环境对行为体对外政策的影响，可能有正面的作用，也可能有负面的作用。如果一个国家的对外政策行为或国家本身在互动中得到的是国际舆论的正面评价，那么其战略就比较容易达到目标，反之则会困难重重。得到正面的评价，形成正面的舆论环境，行为体的行为就容易得到国际社会多数成员的同意，从而具有合法性，反之，则得不到合法性。

行为体在国际互动中所面对的文化环境，是有复杂的构成的。与国际互动直接相关的是有关各种国际问题的共有看法。例如，对于环境问题（气候变化问题）、贸易问题、恐怖主义问题、军控问题、人权问题等，参与互动的行为体群体中都会有各种观念的沟通，并且会形成某种占主导地位的共有观念。这种观念的形成，对行为体来说就构成了一种规范，即适当行为的准则。如果行为体的行为或观念与这种规范不合，那就会受到舆论的压力。例如，当核不扩散成为一种规范的时候，主张核扩散，或是以实际行动进行核扩散，就会遭到国际社会的谴责与制裁。在环境问题上也是如此，当减少温室气体排放成为国际社会的共识之后，行为体就很难反其道而行之。

除了有关具体问题的观念互动之外，在国际关系中还存在着比较“纯粹的”思想观念的互动，包括在意识形态、宗教和价值观领域的互动。围绕市场经济、民主、人权、宗教自由等价值的互动与斗争，所形成的就是一种观念的结构。这些体系也许在某种具体问题的互动上影响不明显，但它们往往有更深层、更长期的作用。这种体现身份认同的东西，会使行为体在决策中表现出特定的倾向。例如，在发生国际干预问题时，强调主权与强调人权就构成了一种意识形态的分歧。

在国际互动中，中国所面对的国际文化环境大体上可以分为两类：一是与具体的互动问题相关的观念结构，另一类是与身份认同相关的观念结构。前一种文化结构，其影响主要体现在具体的互动问题上，影响中国具体的外交政策；后一种文化结构，其影响主要体现在中国与他国的关系上，涉及身份认同与站队。无论是前一种环境还是后一种环境，都包含体系中他者对于中国的评价与看法，这些评论与看法的总和，就构成了中国在国际社会中的国家形象。这种形象决定于中国怎样说和怎样做，但最终是决定于他者怎样看。对中国来说，国家形象对于实施对外政策是有重要影响的。中国如果能够在国际关系中树立起良好的形象，那就能够与各国建立起良好的关系，在互动中就能更顺利地达到自己的目的。反之，如果形象被妖魔化，那就会面对认同的敌意，就会使互动遇到更多困难。

对于中国来说，构成国家形象的要素实际上包括两部分：针对具体问题的政策选择所形成的形象和基于身份认同所形成的形象。这两个方面的要素，有根本性影响的是后一部分。作为一个正在崛起的大国，世界各国怎样看待中国的身份，这是一个关乎中国面对着怎样的观念环境的最重要的问题。对国际社会来说，一个最根本的关注点就是：中国是一个和平发展和负责任的国家，是建设和谐世界，还是崛起后会威胁别国乃至地区安全，甚至会挑战霸权并改变国际秩序？对这个问题有不同的认知和解读，就会建构与中国的不同的关系，并制定不同的应对政策。

有关中国国家形象的观念环境，作为互动的产物，并不是一成不变的结构。对中国来说，参与这种互动，既是被社会化的过程，也是一个说服和影响他者的过程。在相互的沟通中，中国有机会也有可能改变国际社会的观念。事实上，只有经由这样的过程，国际社会对中国的看法才有可能发生积极的变化。

第三节　中国的对外战略选择

由于中国面对的国际体系具有多元的特点与属性，每一种体系都有特定的影响机制，而中国基于不同的政策需求会参与不同的国际体系的互动，因此在制定对外战略时，需要根据不同体系的不同机理确定自己的政策选择，并且利用体系的系统效应，协调自己的战略行为。

在原则上，中国应该利用参与体系互动的积极影响消解可能发生的麻烦和消极后果。由于权力互动的结构可能导致紧张关系，国际制度的结构具有合作的属性，而参与观念的互动可以改变别国的认识，因此中国进行战略判断，原则上应该通过积极参与国际制度互动和文化观念互动的方式来消解权力互动所带来的消极结果，为自己的和平发展造就有利的条件。基于这样的判断，中国在参与国际互动以实现对外政策目标时，应相应开展三类不同的外交，即实力外交、制度外交与公共外交。

对中国来说，实施对外政策所面对的三类环境并非相互分离，而是密切联系在一起的。说得确切些，当中国与其他国家打交道的时候，即使是就一个问题互动，也会受到其他结构的影响。例如，就中美关系而言，就往往并存多个层面的互动，会同时受到权力结构、制度结构（相互依赖）和观念文化结构的影响。因此，中国采取对外政策时，不但要考虑采取行为时直接面对的环境与影响，而且要考虑与之相应的其他因素和连带影响，这样才能达到趋利避害的目的。

一　实力外交

实力外交是指与权力互动对应的外交。实行这种外交，就是以实力为后盾参与国际互动。在当今的国际关系中，绝大多数国家都拥有可用于对外政策行为的强制性手段。这种手段的最典型形式，就是军事力量。国家之所以会发展和保持强制性手段，目的就是为了在必要时以权力手段改变他者行为，从而实现自己的利益。

中国作为一个经济总量的大国，在国际关系中作为一个整体一致的行为体，在权力政治中是具有相当的分量的。然而，当中国发展和运用权力时，因为涉及资源的调配，所以始终不能离开一个基本点，即中国的真实发展水平还处于世界中等偏下的地位。正是这种地位，决定中国的国家利益始终需要以发展为中心。根据这一原则，中国在参与权力体系的互动时，战略选择应当而且只能是内向的模式。在这种发展水平的情况下进行外向的权力竞争是不理性的，也是不可能取得人民同意的。

鉴于人均发展水平，中国在未来相当长的历史时期内始终面对着提高人民生活水平的根本使命。这一点，约瑟夫·奈看得很清楚。他说，今天的中国是把注意力集中于自己的领土之内，是以经济建设为中心。即使中国的国民生产总值超过美国，中国仍然面临着大范围的乡村贫困和严重的不平等问题。[①] 事实上，由于中国的人口基数太大，中国要想在人均发展水平上赶上发达国家，远比人口少的国家要难得多。这种国情决定中国的国家力量必须始终集中于解决国内的发展问题，中国处理权力关系要以确保和平的发展环境为宗旨。从这个逻辑来讲，中国强调自己的和平发展与不称霸，并非只是口号，而是不能动摇的战略选择。面对权力体系，发展中国家的身份是中国行为的基点。

开展实力外交，具体而言，涉及如何认识“韬光养晦”的问题、军力发展问题和领土争端问题。

（一）正确理解“韬光养晦”

“韬光养晦”是20世纪80年代末邓小平基于对中国国情和世界局势的认识而提出的外交战略思想。[②] 自90年代以来，中国的外交战略一直被表述为“韬光养晦、有所作为”。1998年江泽民在第9次驻外使节会议的讲话中说：“要继续长期坚持冷静观察、沉着应付、绝不当头、韬光养晦、有所作为的战略方针。”[③] 这一说法表明了邓小平提出的“韬光养晦”思想对中国较长时期对外关系的战略指导地位。

---

① ［美］约瑟夫·奈：《中国的崛起并不意味着战争》，《中国社会科学报》2011年11月10日第4版。

② 在公开的出版物中，邓小平讲“韬光养晦”是在1992年的一次谈话中。他同身边人员谈中国发展问题时说：“我们再韬光养晦地干些年，才能真正形成一个较大的政治力量，中国在国际上发言的分量就会不同。”见中共中央文献研究室编：《邓小平年谱（1975—1997年）》，北京：中央文献出版社2004年版，第1346页。

③ 这一表述的出处见江泽民1998年8月在第9次驻外使节会议上的讲话。他说：“要继续长期坚持冷静观察、沉着应付、绝不当头、韬光养晦、有所作为的战略方针。要韬光养晦，收敛锋芒，保存自己，徐图发展。”见《江泽民文选》第2卷，北京：人民出版社2006年版，第202页。

"韬光养晦"一词，"韬光"意为隐藏自己的光芒，"养晦"意为处在一个相对不显眼的位置，组合起来是指"隐藏才能，不使外露"。① 邓小平强调"韬光养晦"，是主张中国在对外关系中要保持低调，不当头，不称霸，不搞对抗，要集中精力进行经济建设，一心一意谋求和平发展。用邓小平的话来表述就是：要"埋头实干，做好一件事，我们自己的事"②。"中国永远站在第三世界一边，中国永远不称霸，中国也永远不当头"③。邓小平提出这样的战略思想，一方面与国际形势相适应，另一方面与中国内向的国家发展利益相一致。正因为中国坚持了这一战略，因此抓住机遇，实现了经济的快速发展。

对于中国实行的"韬光养晦"战略，按照邓小平的原意和中国实际的对外政策行为，解释为"埋头实干"和"永远不称霸"是适当的。这既符合该词的原意，也切合了中国的真实战略意图。然而，国外对该战略的含义却存在很大的误解和曲解，主要表现就是把"埋头实干"的目的解释为等待时机东山再起。例如，美国国防部在2002年首次公布的《中国军力报告》中，就把"韬光养晦"翻译为"hide our capabilities and bide our time"，意即"掩盖自己的能力，等待时机东山再起"。此后，美国政府在多个年度的《中国军力报告》中都采用了这样的英文表述。按照这样的理解，中国现阶段的对外战略是在等待时机，一旦时机成熟，中国就可能向美国发起挑战。这与中国"永远不称霸"的战略理念是截然相反的。这样的理解是把中国内向的发展说成了潜在的外向的权力竞争。这无疑是为美国遏制中国制造依据。

熊光楷曾专门撰文讨论了有关"韬光养晦"的翻译问题。他认为，国外对"韬光养晦"的误解，一是对这一成语的理解有误；二是对中国的外交战略思想的理解有误。这种错误的解读，完全歪曲了中国和平外交战略方针的内涵和实质，给我们的正常对外交往造成了不应有的负面影响。④

从权力政治的视角来看，中国实行"韬光养晦"所讲的"低调"，即不当头、不称霸、不搞对抗，都是权力互动意义上的选择。这样选择的目的，

---

① 中国社会科学院语言研究所词典室编：《现代汉语词典》，北京：商务印书馆1983年版，第1120页。

② 中共中央文献研究室编：《邓小平年谱（1975—1997年）》，北京：中央文献出版社2004年版，第1289页。

③ 《邓小平文选》第3卷，北京：人民出版社1993年版，第363页。

④ 有关"韬光养晦"的翻译问题，熊光楷进行了讨论。见《中文词汇"韬光养晦"翻译的外交战略意义》，《公共外交季刊》2010年夏季号。

就是集中力量做好国内的事。中国不能像超级大国那样张扬，中国只能做发展中国家该做的事。中国这样做不是搞权宜之计，而是必须长期坚持这样的方针。“永远不称霸”和“永远不当头”就体现了这一方针的实质。

（二）军力建设问题

在权力互动中，军力建设是一个敏感的问题。中国的发展中国家的身份和谋求发展的根本需求，决定中国必须长期坚持以经济建设为中心。在这样的战略安排中，中国军力的发展对应于不称霸与和平发展的目标，在原则上必然是内向的和防御型的。

中国坚持内向与防御型的军力建设，同样需要谋求军力的相应发展。作为新兴国家，在中国经济改变落后状态的过程中，中国军力也需要改变长期以来的落后状态。不过，中国军力以防御为目标的发展，与外向型的军力发展模式是完全不同的。进行外向型权力竞争，国家军力的发展是以压倒（至少是遏制）对手为目标。由于这样的模式必然会导致对手采取对应的措施，因此结果就是军备竞赛。以防御为目标发展军力，程度则是有限的，因为目的在于应对威胁，虽然这个过程中也会出现军备建设的互动，但结果通常是达成某种均衡。对中国来说，发展军力的根本目的是为了更好地维护自己的利益，而不是要挑战霸权，因此即使适应形势实现了较快发展，也是有限的与克制的。这一模式并不是策略性的，而是由国家的根本利益决定的。

在当今世界军事变革的大潮中，任何国家的军力都不得不与时俱进。这种发展特别表现为质的提升。在全球军事发展中，美国远远走在了各国的前面。美国作为超级大国，在军事上的优势是最明显的。按照斯德哥尔摩国际和平研究所提供的数字，2010 年美国的国防开支是 6980 亿美元，占世界军费总额的 43%，相当于中国军费的 9 倍。① 美国的这种发展态势，实际上是为全球军事互动确立了一个框架：在这个赛场，你要是不跟着发展，在权力竞争中你就没有安全保证。在这种情况下，中国进行军力发展是必要的，也是合理的。

对中国来说，要发展军力，就要处理好富国与强军的关系，因为这涉及国家发展的战略安排。按照刘明福的说法，新中国成立以来中国在富国和强军关系上经历了三个阶段。第一个阶段，是在新中国成立以后的 20 多年里，

---

① *SIPRI Yearbook* 2011 *Summary*, http://www.sipri.org/yearbook/2011/files/SIPRIYB11summary.pdf, p. 9；《2010 年中国的国防》，http://www.gov.cn/jrzg/2011-03/31/content_1835289.htm。

面对严重的军事威胁，被迫在“穷国”的基础上“强军”。第二个阶段，是在改革开放以后近 20 年的时间里，为了国家经济建设的大局，在国防和军队建设长期“忍耐”的基础上“富国”，虽然加快了“富国”的步伐，却迟滞了“强军”的进程，军队硬件建设多年停滞不前，武器装备严重落后，与世界大国军队现代化的差距拉大。第三个阶段，是进入 21 世纪以后，在国民经济持续高速发展、综合国力大为增强的基础上，在“富国”的同时“强军”，坚持“富国”与“强军”的统一。这是中国国防和军队建设科学发展的新阶段。①

在新时期，中国强军的标准和目标，简而言之，就是锻造一支与维护国家发展利益相适应的现代化军事力量。基于自卫与防御的模式，中国的军事力量的发展要满足这样的需求，即能够捍卫国家的领土、主权不受侵犯，维护国家的统一；确保国家的发展能有一个和平环境，不受外部军事力量的遏制；在必要时能够保卫海上运输线和维护海外中国公民的安全。

要建设这样一支军事力量，就需要进行相应的投入。不过，鉴于中国的国家利益和军力发展的防御属性，这种建设始终要以适度为原则。由于中国实力的发展不可避免地会改变地区甚至世界的权力结构，因此会导致与相关国家关系的紧张。如果不能消解这种紧张的互动关系，中国就会受权力竞争的逻辑所左右。由于这种紧张关系是一种心态，因此中国要消除与外部世界在军事互动中可能形成的紧张关系，关键不在于军事装备发展的程度，而在于能否建立起互信关系，使相关国家理解中国实力发展的适度性与防御性，从而使得军事互动能够保持在相互不感到威胁的框架之内。近年来一些国家屡屡要求中国增加军事透明度，不论是出于何种目的，至少表明它们没有接受中国实行和平发展战略的解释。要消除这种猜疑，就涉及另外层面的体系互动，即通过公共外交，改变别国的观念。

2011 年，中国发展航母的举动在国内外引起巨大的反响。关于中国的航母发展与海军战略问题，中国政府已明确表示：中国坚定奉行防御性的国防政策，绝不会因为发展先进武器而改变，中国近海防御的海军战略也没有发生转变。对于中国来说，发展航母乃是维护海上运输通道安全，扩大战略防御纵深，保卫领土完整与国家安全的必要措施，但这样的发展也不可避免地

① 刘明福：《中国梦：后美国时代的大国思维与战略定位》，北京：中国友谊出版公司 2010 年版，第 279—280 页。

会导致相关国家做出军事上的反应。事实表明，中国鉴于自身的分量，在进行军事建设的同时，必须开展广泛而深入的观念层面的互动。只有同步建立起军事互信关系，以军事力量确保国家和平发展的目标才能实现。

（三）关于领土争端问题

中国是一个领土大国，边界线长，陆地邻国多，意味着中国的地缘安全变数大，遇到麻烦的几率高，解决边界问题的负担沉重。在中国与周边国家的互动中，国家统一与领土争端是牵动权力关系的主要因素。统一问题即台湾问题。由于存在"台独"和美国干预的可能，因此不能排除使用武力的可能。领土争端包括与印度、不丹的陆地领土争议和周边的海洋领土权益之争。这些边界与领土之争，尽管主要涉及外交互动，但不时出现的摩擦往往牵动敏感的权力关系。

中国与印度有大约13万平方公里的领土争端，其中中国实际控制的争议区大约有4万平方公里。中国与不丹也有4500平方公里的领土争端，中国只实际控制其中很小一部分。在海洋方面，中国与朝鲜、韩国存在海洋专属经济区争议；与日本存在东海、钓鱼岛争端；与越南、菲律宾、马来西亚等国存在南海岛屿和海洋权益争端。目前中沙群岛的最大岛黄岩岛被菲律宾控制，南沙群岛中除中国大陆（8个）和台湾（1个）控制少数岛屿外，主要岛屿均被越南（29个）、菲律宾（9个）、马来西亚（5个）等国非法侵占。

近年来，钓鱼岛问题和南海问题显著升温。在钓鱼岛问题上，尽管中国在20世纪70年代就提出搁置争议、在更加广泛领域发展两国合作关系的指导思想，但日方却不断强化对该岛海域的管理与警戒。自90年代以来，日本在该岛海域屡屡挑起事端，包括在2010年中日撞船事件中扣押中国船员，使得两国在领土问题上的紧张关系升级。在南海问题上，菲律宾、越南、马来西亚等国一方面在侵占的岛屿上加强军事存在，在有争议的海域进行石油勘探和开采；另一方面拉拢美国、日本和印度等外部势力介入南海事务，使得中国与相关国家的领土和海洋权益争议日益复杂化。

在涉及权力体系的互动中，任何国家捍卫自己的领土主权都是最基本的自卫模式。中国面对相关的领土争端，鉴于自身的实力，如果是在双边的范围，是可以把问题局限于外交层面的。然而，如果争端的另一方使问题国际化，引入外部势力对中国进行牵制与权力制衡，那么这种权力互动就会在更大的程度上映射到地区权力的层面。一旦中国与相关国家的领土争端演变成地区权力体系的紧张关系，那就会破坏中国的和平发展环境。所以，中国处理领土问题，特别需要在坚持主权原则的同时，避免使争端给中国的外部环境带来消极影响。中国解决领土争端的关键，是在捍卫主权和维护周边和平环境之间找到恰当的平衡点。

长期以来，中国坚持的通过双边解决问题，一时解决不了先搁置争议的做法，就是为了避免领土问题的升温给中国带来不利的外部影响。然而，我们也应该看到，领土问题作为一个国际关系的问题，是动态的而不是静态的。如果另一方不保持现状，采取单方面的资源开发和加强军事存在的做法，那么中国也不得不采取进一步的行动。在这个问题上，中国要想改变对方行为，权力手段是不可少的，但权力手段必须与说服和制度性手段相结合才能最大限度地减少消极影响。说得确切些，中国使用权力手段，主旨不是以军事手段解决问题，而是为了通过威慑为问题的双边外交解决创造条件。当然，即使以外交手段为主要途径，中国的军力建设也必须保有能够捍卫领土完整的能力。

从操作的层面讲，中国的战略目标应该是保证中国的领土、领海不受侵犯，争议领土、领海最起码要保持现状，留待日后条件成熟时再解决。为了能够进行外交互动，中国需要保有足够的威慑力。要维护中国所控制岛礁、海域的权益，确保中国能够进行传统的捕鱼、科研考察以及资源利用等活动。在领土、领海遭侵略或蚕食的时候，要有能力采取适当的权力手段进行制止。

如果能够使问题维持现状，那么中国就可以运用外交手段处理争端，为将来和平解决创造条件。在资源丰富的争端海域，本着睦邻富邻和平等互利的原则，可以继续坚持“搁置争议，共同开发”的政策。这一政策的要点是共同开发。如果只搁置主权争议，任凭他国单独开发，或者引入第三方来开发，那么中国要和平解决问题就会更加困难。为了推动和平解决领土主权争端的进程，中国应与相关国家进一步密切经贸合作，加深相互依赖关系。

在国家统一问题上，中国也应该以和平解决为首要手段。为了应付“台独”和美国可能的干预，中国必须做好军事斗争的准备。这种准备的目的，是为了把两岸关系保持在和平解决问题的框架之内，并使得外部干预不能破坏两岸统一的和平进程。

总之，无论是处理领土领海争端问题，还是国家统一问题，中国都必须有足够的军事力量的准备。不过，这种权力手段的存在，首要目标不是实际使用，而是起威慑作用，以便把问题控制在能够通过和平手段解决的程度之内。鉴于中国的分量和实力的发展，中国从这样的视角考虑和处理问题不但是可能的，而且是现实的。只要在实际的运作中能够把握好度，就能够确保不发生大的冲突，使中国的和平发展环境能够不受大的影响。

以促和为目的发展和使用权力手段，这与中国有限度地发展军事力量的目标是相符的，与中国内向地维护国家利益的目标是相符的，与中国谋求和平的发展环境的根本要求也是相符的。

二 制度外交

制度外交是指参与国际合作和国际制度的对外政策行为。鉴于国际关系的演进日益呈现出秩序化与制度化特点，在各个互动领域，行为体采取集体行动不断地形成规范，因而制度体系已成为无处不在的互动结构。就这样的体系结构而言，中国事实上已身在其中，因此中国面对的选择不是要不要参与的问题，而是如何参与的问题。

在国际制度环境中，中国采取对外政策行为会碰到两类情况：一种情况是参与互动的领域已有现成的规范，要加入这些体系的互动，就需要接受并遵守这些规范。另一种情况是参与互动的领域还没有得到一致认可的现成规范，但行为体正通过互动建立规范，加入这种体系的互动，就意味着参与建立规范的过程。无论是前者还是后者，中国的对外政策行为都具有制度化的特点，最终都要受到制度的约束。

中国与国际制度的关系，就总体趋势而言，是一个参与和融入的过程。不过，这一过程并不意味着中国会参与任何制度。实际上，由于国际制度存在复杂的情况，任何国家都不可能加入全部国际制度。有些国际制度是国家基于自身利益的考量不愿意加入，也有些制度是国家限于条件不能加入。所以，在讨论中国参与国际制度的对外政策选择时，需要具体情况具体分析。

（一）中国加入国际制度的历史与现实

新中国建立之后，中国与国际制度的关系经历了相对孤立、消极参与、部分参与到全面参与的历史演进。20 世纪 70 年代之前，中国基本上是处于西方主导的国际制度之外，将改变国际制度本身作为追求目标。进入 20 世纪 70 年代后，中国调整了对外战略，与美国等西方国家逐步建立了正常的外交关系，淡化了挑战者的身份。1971 年中国恢复了在联合国的合法席位。这是中国与国际制度关系开始转变的重要标志。此后，中国加入了联合国的一系列专门组织和附属组织，如联合国开发计划署、工业发展组织、联合国贸易和发展会议、联合国教科文组织等。虽然中国在这一期间参加的政府间组织数量并不多（从1个增加到了21个），但毕竟成为了国际制度的参与者。

进入改革开放的历史阶段后，中国采取了与国际社会接轨的态度，参与国际制度的数量显著增加。不过，在这一时期的最初阶段，中国在国际制度体系中的行为从总体讲还是被动的，特别表现为缺乏议程创设意识。直至20世纪90年代，中国才开始了全面参与国际制度的时期。在国际互动中，中国基本认可了主要的国际制度，涉及政治、安全、经济、环境、人权等各个领域，在态度上更为积极，在规模上呈现全方位、多层次、宽领域的态势。

根据《国际组织年鉴》2008年的数据，在全球247个国际政府间组织中，中国参与了52个，其中国际组织联盟（A类）1个，全球普遍性国际组织（B类）29个，洲际性国际组织（C类）13个，地区性国际组织（D类）9个。从纵向看，中国参与国际组织的速度在加快，参与率在提升，程度和范围在加深和扩大。就参与国际非政府组织的情况而言，这种发展尤为明显。1998年中国参与2055个，2008年参与2841个，增加38.2%。不过，进行国际比较可以看到，中国对国际组织的参与仍有较大发展空间。就参与上述4类国际政府间组织与非政府组织的情况而言，2008年德国参与4365个，法国参与4342个，英国参与4148个，美国参与3310个，日本参与2652个，俄罗斯参与2396，巴西参与2325个，印度参与2176个，南非参与1944个，中国参与的只有1793个。中国的参与情况不但与发达国家相比有较大距离，与金砖国家的其他成员相比也有距离。①

中国成为国际制度体系的重要成员后，在遵约上也取得了巨大的进步。鉴于政治、文化和历史等原因，国外一些学者过去往往认为中国是“最不可能遵约”（the least-likely）的国家，但事实表明，中国是参与国际制度的负责任的国家。

在国际安全领域，中国签署或批准了大量的国际和地区核不扩散和军备控制条约，参加了包括裁军会议、联合国大会第一委员会、联合国裁军委员会、国际原子能机构等各种国际安全组织。在国际经济领域，中国是世界银行、国际货币基金组织和世界贸易组织的成员国，实施了这些组织的规范和

---

① Union of International Associations, *Yearbook of International Organizations*, 2009 - 2010, De Gruyter · Saur, 2009, pp. 47, 54, 141.

规则，并实现了相关规范和制度的国内化。在国际环境领域，中国严格遵守了报告义务并制定了环境发展目标，在国内制定了相关的法律法规和减排目标，注意发展新能源，并且在实践上依循国际规范的精神和规则不断减少温室气体的排放。[①] 在国际人权领域，中国也在积极的国际互动中取得了制度化进展，包括加入主要的人权机构并批准了一系列公约条约。

总之，在绝大多数国际制度中，中国基本实现了程序性遵约和实质性遵约。[②] 有诸多因素确保中国对国际制度的承诺是可靠可信的。在观念层面上，中国承认大部分现行国际制度对于维持国际和平与安全的意义，并且肯定国际制度在全球治理中是必不可少的。在组织层面上，中国经历了比较长的国际制度内部化过程，自20世纪80年代以来对国内法律以及政府规章做了大规模的立、改、废工作，为国际制度的执行奠定了比较牢靠的国内基础。在工具意义上，经济全球化在中国国内制造了大批得益者，这些得益者构成了中国与世界的重要沟通行为体，并且拥有比失利者更多的进策渠道与影响，至少从中期来看，他们是中国承诺国际制度的国内支持力量。[③]

当然，我们也应该看到，虽然中国已成为国际制度体系的重要成员，但在全球议程控制方面所起的作用还相对较弱，对于重大和热点问题较少主动提出国际议程，有时提出的议程虽然引起了关注，但最终为国际社会接受的情况还比较少。与在国际制度体系中居主导地位的欧美发达国家相比，在框定议题、提出核心概念、进行议程控制等方面的作用还不强。[④] 不过，在区域治理方面，中国已在发挥重要作用。例如，2000年9月，中国提出建立中国—东盟自由贸易区的建议得到东盟有关国家的支持。在2003年8月开始的朝鲜核问题的六方多边会谈中，中国始终扮演着重要的协调者角色。[⑤]

（二）国际制度与中国的利益

中国在国际关系中所要谋求的利益，可以分为两类，一类是只对自身有好处的东西，即自身利益；另一类是对国际社会甚至全球国家都有好处的东西，即国际共同利益。谋求前一种利益，虽然是满足自己的需求，但在当今时代却需要通过对外互动来实现；谋求后一种利益，由于需要行为体采取集

① 国务院新闻办：《中国特色社会主义法律体系》白皮书，2011年10月27日。
② 朱立群、黄超：《中国参与国际体系的评估指标及相关分析》，《江海学刊》2009年第5期。
③ 苏长和：《中国的软权力——以国际制度与中国的关系为例》，《国际观察》2007年第2期。
④ 朱立群、黄超：《中国参与国际体系的评估指标及相关分析》，《江海学刊》2009年第5期。
⑤ 苏长和：《中国的软权力——以国际制度与中国的关系为例》，《国际观察》2007年第2期。

体行动，因而更具有国际互动的意义。对中国来说，无论是谋求发展还是维护安全，都与他者相关，都离不开对外互动。参与国际互动，就要适宜地处理与国际制度或者说与国际秩序的关系。

在当今的国际关系中，制度环境是既定的客观存在。有关任何一个国际问题的互动，最终都会形成某种秩序。即使行为体一时处于丛林式的冲突，冲突之后也会谋求建立稳定的秩序。没有秩序，行为体的存在就没有确定性。行为体建立了秩序，就意味着它们确立了相互间的行为准则与制度。中国参与国际互动，实际上在每个问题上都会遇到制度问题。对中国来说，要么孤立于制度之外，甚至与之对抗；要么加入其中，成为其中一员并遵守其规范。如前所述，自 20 世纪 70 年代以来，中国经历了从孤立于国际制度之外到全面融入国际制度的变化。这一事实表明，中国已从制度外国家变成了国际制度中的重要一员。中国并不是反对现存秩序的国家，而是参与和维护国际制度的国家。

参与国际制度，对中国的国家利益是有重要的利害关系的。从结构的角度讲，国际秩序总是一定范围的国家建立的。孤立于秩序之外，甚至与之对立，就等于在一定问题上孤立于这些国家之外甚至与之对立。在制度之外，不但不能得到制度之利，而且还会付出额外的代价，即可能受到制度内成员的排斥甚至制裁。因此，除非是受到故意的孤立，或者相关问题与中国完全无关，中国要通过正常的国际互动实现自己的利益，就需要融入相关秩序之中，通过参与秩序内互动而不是与之对抗的方式推动国际制度向着有利于自己的方向转变。这样做的利益有三个方面：

第一，在制度结构中互动，是一种合法的行为。这种合法性的含义，就是得到其他行为体的认可。行为得到认可，实现利益就顺利，所付出的代价就比较小。相反，如果行为被认为不合法，就会遇到重重障碍。再者，行为的合法性也关系到国家的形象。国家是不是一个“负责任的国家”，也与是否遵循国际制度相关。

第二，在制度结构中互动，在原则上是一种合作行为和互利的行为。这种行为具有确定性，因为相关方都知道他者遵循规范会如何行事。参与这样的互动，中国的行为会受约束，其他方的行为也会受约束。在制度的约束下，行为体的地位是大体平等的，因此这种结构是一个相对公平的互动环境。在这种环境中通过外交手段实现利益，远比通过强制性的权力手段进行竞争更合乎理性原则。

第三，中国在当代面对着日益增多的地区性问题和全球性问题，包括经贸问题、金融问题、环境问题、安全问题等。解决这些问题符合各国的共同利益。追求这样的利益，唯一途径就是参与国际合作和制度化互动。中国只有参与相关制度，才能从中得到好处。做旁观者就不能从这种合作中得益。

由于国际制度的形成是世界各国采取集体行动和谋求共同利益的结果，因此从原则上讲，中国参与国际制度互动既要考虑自身利益，亦要考虑国际（全球）共同利益，或者说要从国际共同利益的视角考虑国家利益。说得确切些，中国需要通过国际合作、国际制度建设和遵约，在促进共同利益的过程中谋求国家利益。在这样做的时候，既不是单纯地谋求国际共同利益，也不是单纯地谋求国家利益。实际上，在国际制度结构中谋求国家利益，国家利益可以说是寓于国际共同利益之中。国家是以国际组织等国际机制为依托，用多边主义的方式实现自身利益。

对中国来说，参与国际制度可以满足自己的多方面的利益需求。从发展的角度讲，中国要实现经济的持续稳定的增长，就必须有长期的和平环境。这种环境作为一种秩序，必须是一种制度化的结构。从全球层面讲，联合国的制度体系就有国际安全体制的意义。联合国的不干涉主权制度和集体安全制度就是维护和平与安全的一种结构。尽管这种制度常常被破坏，但它的存在构成了国家互动行为是否具有合法性的基本依据。中国作为安理会常任理事国，是这个制度的重要成员。中国对这个制度负有重要责任，也享有重要的权利。这一制度的运作是符合中国谋求和平与安全的利益的。

在全球经济互动中，中国作为一个经济大国，要确保自己的贸易、金融利益，也有赖于国际贸易制度与金融制度。在世界贸易制度中，中国须按照规范开放自己的市场，同时也可以享有国际市场之利。在国际金融制度中，中国随着地位的上升，已成为国际货币基金组织和世界银行的主要股东，享有了相应的权利，也承担着相应的责任。随着中国在贸易和金融领域地位的上升，这些领域的国际制度的公平和有效性与中国有了日益增大的利害关系。

在全球问题的治理中，中国在解决气候变化、反恐、核不扩散、反海盗等问题时，都有重要利益，需要参与相关的国际合作与制度谋求这样的利益。中国参与全球气候谈判，参与并推动朝核六方会谈，都属于这类行为。积极参与这些国际机制，开展多边外交，一方面中国可以通过解决这些问题减少自己面对的问题，同时也有助于树立负责任的国际形象，可以大大减少实现和平发展所面对的国际压力。近年来，随着中国实力的增长，世界上一些国家尤其是超级大国对中国的猜忌日重。中国积极进行多边外交，能够通过国际制度平台另辟蹊径，开拓合作空间，既能为国际共同利益的实现作出贡献，也能为自身的发展改善国际环境。

当然，我们也应该看到，参与国际制度并非只有利没有弊。中国的参与实际上也面对着挑战。从历史的视角看，当今的国际制度环境大多是在西方国家主导下演进而来的，其形成与运作在本质上乃是西方大国维护自身利益过程的产物。中国作为发展中国家参加进去，是面对着相当多的不利因素的。国家发展水平的不同，对相关问题与制度在认识上的不同，特别是意识形态的不同，往往会导致矛盾与斗争。中国要获得制度结构之利就不得不付出相应的代价。这些代价有的是合理的，也有许多可能是不合理的。中国作为后进国家，要适应现有国际制度的核心价值、体制结构、行为规范和决策程序是有一个过程的，必须解决与自身利益的诸多冲突。从这个角度讲，中国在参与国际制度的时候，一方面需要处理好自身利益与国际共同利益的关系，另一方面也需要对不合理的代价进行艰苦的讨价还价。

（三）做“负责任的大国”

基于国家利益开展制度外交，中国的战略目标是融入主流国际社会，充分利用国际制度资源实现和维护中国的国家利益，促进国际制度的发展趋向民主化、合理化。总体而言，当前国际制度是基本适合中国的利益诉求的，因而中国要做积极参与者、创制者与推动者。

做参与者就是要加入国际制度。基于中国的国家利益，中国在原则上应加入所有对中国有利的反映国际共同利益的国际制度。对于普适性的、开放性的国际制度，特别是有关全球治理的制度，中国应采取积极的步骤加入其中，因为这类制度符合包括中国在内的世界各国的共同利益，中国早晚都得加入，主动加入比被动加入要好。这类制度如果不加入，不但有害中国的形象，而且也不利于中国的相关利益。对于区域性的制度，与中国有直接利益关系的，中国都要积极加入或与之进行密切互动，例如 APEC、ARF、东盟10 + 3、中日韩合作等。这些制度不参与，会使中国面对不利的国际环境，经济、安全利益都会受损。与中国没有直接利害关系的制度，例如其他地区的组织，中国则要加强联系与对话，因为在全球互动的过程中，跨区域的相互依赖关系在不断扩展和加强。

做创制者就是要在制度体系中发挥积极的主导作用，特别是要提出创议，推动制度向着更公平、合理的方向发展。鉴于国际制度过去大多是西方国家主导下的产物，存在很多不利于发展中国家的条款，因此中国加入后要提升自己的话语权，需要通过新议程的设立和推进改革进程，实现不同国家间利益的平衡。对于国际机制中不合理、不公正的方面，中国可以提出循序渐进、切实可行的建议，使其逐渐完善。在这个过程中，中国可以获得较多的主动权，而不是单纯地受制于制度的约束。除了改造已有制度，中国还可以发起建立新的组织与制度。在这方面，上海合作组织的建立就是一个典范。作为发展中国家中的大国，中国需要承担这样的责任。当然，我们也应该注意到，国际制度的原则、规范、规则、决策程序等是具有一定的稳定性和历史惯性的，要进行修改一般要经过一致原则或多数原则，改变起来往往很困难。

做推动者就是要确保制度的有效运行。国际制度不像国内制度那样可以通过特定机构加以实行。国际制度的运行，要靠各成员国自愿遵约，而且要靠主要国家进行推动。在这个过程中，尽管成员国的行动是一种集体行动，但大国总要发挥更大的作用，包括带头履约，也包括推动其他国家履约。中国实行制度外交，就需要在一定程度上发挥这样的作用。

在国际制度体系中互动，中国的身份与在权力体系中互动是不同的。在权力体系中中国不能以“大国”身份参与权力竞争，但在制度体系中却可以作为“大国”行事。这里有几个事实不能忽略：第一，中国是联合国安理会常任理事国，这是政治上的一种“大国”身份，这种身份具有制度含义。第二，中国的经济总量决定中国在全球经济互动中占有很大份额，特别是在金融与贸易领域中，这一事实决定了中国在全球经济制度中的地位。中国在国际货币基金组织和世界银行中地位的改变就是这种身份得到承认的体现。第三，中国是制度意义上的核武器国家，这种身份决定中国在军控、裁军和不扩散核武器领域的大国地位。第四，中国作为最大的温室气体排放国，在全球气候变化谈判中也具有大国地位。尽管中国并不具备像美国那样的全面的超强地位，但中国确实已在一些重要领域具有了重要地位。当然，从这些事实中可以看到，中国的这种“大国”地位，并不是权力政治的产物，而是制度互动的结果。正因为中国已在某种程度上成为制度意义上的大国，因此中国实行制度外交就需要与这种身份相符，即做一个“负责任的大国”。

在当今的国际关系中，要求中国“做国际社会中负责任大国”的呼声在增大。怎样做一个负责任的大国，什么叫负责任，都是必须思考的问题。实际上，负责任的概念是与国际制度领域的互动相联系的。前面所提到的做国际制度的参与者、创议者和推动者，就是“负责任”的体现。此外，中国作为制度互动中的大国，还应该发挥一般小国所不能发挥的作用。

做制度内“负责任的大国”，中国就需要提供适度的公共产品。在这里，提供公共产品可以更广义地理解为在国际合作中为实现国际共同利益作贡献。对于任何一项国际制度来说，要正常运作都需要参与国付出代价，就像联合国运作需要成员国提供会费一样。联合国推动全球发展（例如提供援助），解决国际冲突（例如维和），都需要经费，需要各国作贡献。对于承担这样的责任，中国基于自身的发展水平，是不能比照西方发达国家的，因为中国人均发展水平还很低。不过，中国基于自己的国家规模与经济总量，也不能比照处于同一发展水平的中小国家。作为新兴大国，中国需要在这两者之间取得平衡。一方面，中国随着自身的发展，在某些领域需要逐步承担起更大责任；但另一方面，中国不能忽视自己尚处于很低的社会发展水平的事实，对自己所能提供的公共产品始终要有清醒的判断。

三　公共外交

公共外交是指与观念建构对应的外交。在概念上，公共外交是通过善意的行为、话语赢取别国民心的一种外交形式。这种外交的宗旨是通过塑造本国的良好形象和改变他国政府与公众的看法的方式来推动本国外交政策目标的实现。为了改变外部世界对中国的看法，消除在一些领域的误解与偏见，中国必须进一步增加投入，巧用自己的软实力，做好说服工作，加强与各种行为体（包括国家与国际组织）的对话沟通，运用各种形式解释自己的政策目的，消除敌意，建构和谐关系。在与外部世界的沟通中，中国需要改变自己，做好自己的事，同时也需要改变世界，推动国际规范的进步，建构有利于自己的舆论环境。

（一）公共外交的含义

公共外交（public diplomacy）一词是由美国塔弗兹大学（Tufts University）教授埃德蒙德·格利恩（Edmund Gullion）于 1965 年首次提出的。按照格利恩的概念，公共外交是要影响公众对于外交政策的形成与执行的态度。它在国际关系中所包含的方面超越了传统的外交：政府对其他国家的舆论的培养；国家间民间团体和利益的互动；有关外交事务及其对于政策影响的报告；像外交官和外国记者那样的人群之间的沟通；跨文化沟通进程等。① 这样的界定，包括了政府间外交之外的不同行为体之间在观念层面的广泛互动。

与政府对政府的传统外交不同，公共外交的作用对象是他国民众。由于包括公众之间的沟通，因而也被称为人民外交（people's diplomacy）。这种互动被称为一种“外交”，是因其最终目的是要影响他国政府的对外政策，但其途径却并非直接针对政府，而是经由该国公众影响政府。所以，公共外交的作用在于改变他国民众的观念与态度。民众的观念改变了，国家的对外政策就可能发生改变。

进行公共外交，就主体而言包括政府、社会精英和普通公众等多个层面。其中，政府是主导者，社会精英是最活跃的中坚，而普通公众则是最为广大的基础性力量。② 如果说传统外交是以政府为主角，那么公共外交的主体则是多样的，其中非政府力量特别是普通公众乃是重要的行为体。当然，作为一种外交活动，它并不是自发的和无组织的，而是在政府机构的组织下进行的。多元的参与者尽管有不同的身份与使命，但都是基于国家利益并按照政府的意志行事的。即使在形式上是完全的民间活动，也是存在政府的引导与支持的，否则就不属于外交范畴。

以公共外交改变他国公众的观念，基本的运用机制就是说服。在传统外交中，国家间的互动是以实力为背景的，而且常常伴以某种强制。在公共外交中，行为体所依靠的则是对话。这种对话与传统外交的“宣传”手段是不同的。宣传倚重的是“说”，而对话则不但要“说”，还特别要“听”。从这一点来讲，公共外交是一种双向的沟通，而且是多层次、多主体和多形式的沟通。在现代传播条件下，电影、电视、音乐、体育以及其他各种文化活动都可以增进相互理解。特别是在当今的网络时代，公众参与沟通和传递信息成为非常方便的事情。在许多情景下，这些沟通活动可以成为外交的一部分。

国家开展公共外交，需要利用传统外交所没有涉及的广泛的互动领域。这种外交能突破政府对政府的僵化和民间对民间的软弱。进行这种沟通和交流，有利于赢得外国民众的信任和承认，因而特别有助于改变国家的形象。

---

① “公共外交”概念的由来，可参见 http：//uscpublicdiplomacy. org/index. php/newsroom/pdblog_ detail/060418_ public_ diplomacy_ before_ gullion_ the_ evolution_ of_ a_ phrase/。

② 任晶晶：《公共外交：中国外交新高地》，《中国社会科学报》2010 年 8 月 26 日。

目前，越来越多的国家认识到，通过善意的行为、话语赢取别国民心，通过塑造本国的良好形象改变他国民众的看法，能够更顺利地推动本国外交政策目标的实现。

在国际互动中，公共外交的实施与国家形象的维护是密切相关的。国家形象是在社会公众中所形成的对一个国家的印象、认知、认同与评价的总和。这种社会共有观念是一个国家的内在要素的外显形态作用于人的意识的产物。人们对一个国家产生了怎样的意识，会决定舆论走向和政府的外交政策的走向。在国际互动中，为世界大多数国家所认同的“正面形象”是一个国家走向世界的“特别通行证”，也是这个国家在国际交往中的“特殊的润滑剂”，更是这个国家在处理国际事务中所必须占据的“道德高地”。良好的国家形象可以为一国发展创造有利的环境，是一个国家极为重要的“无形资产”，而负面的国际形象则有可能使国家面临重重阻力，甚至陷于孤立无援的境地，从而会使国家付出更多的“无形成本”。①

一个国家的国家形象的形成，决定于两个方面：一是该国内在要素的实在，包括政治体制、经济发展、意识形态、文化传统以及价值取向等；二是各国公众对这些内在要素的外在表现的主观感受与评价。通常，公众形成的主观感受是根据所得到的各种相关信息。他们得到的积极信息多，经过一段时间的积累，就会对一个国家形成积极的印象，反之则会形成消极的印象。在这个过程中，公众印象的好坏，决定于所得信息的好坏；而所得信息的好坏，决定于两种情况：一种情况是国家内在要素本身有问题，消极的信息乃是这种“坏现实”的真实反映；另一种情况是国家内在要素本身没有问题，而信息传递过程存在问题，要么是因为信息传递不完全造成了误解，要么是因为传递信息者故意进行了歪曲和妖魔化。

值得注意的是，在当今的国际政治中，将竞争对手的形象“妖魔化”，使之处于道德上的“不义”境地，形成更不容易为他人所接受的“负面形象”，是某些国家常用的斗争手段。把一个国家的形象妖魔化之后，一方面可使之处于困境；另一方面则可以名正言顺地采取其他打击手段，包括采取军事行动。由于国家形象的塑造在国际政治中是一种常见的斗争手段，在很多情况下它并不是国家内在要素的真实反映，而是人为建构的东西，因此以公共外交的途径改变或改善国家形象就成了一项极为重要的国际互动内容。

---

① 苏淑民：《公共外交与中国国家形象的塑造》，《教学与研究》2008 年第 1 期。

从理论上讲，进行公共外交，在本质上就是要向公众传递有利于树立国家正面形象的信息。不过，这里也要分别不同的情况。对于国家内在要素存在问题所导致的负面形象，进行公共外交虽然能在某种程度上加以改善，但并不能从根本上解决问题。对于国家形象因被妖魔化而导致的公众误解，则有可能通过公共外交手段解决问题。正因为公共外交能够在一定条件下发挥塑造国家形象的作用，因而在越来越多的国家取得了与传统外交同等重要的地位。

（二）中国公共外交面对的主要问题

中国实施公共外交，就是要消除国家形象中负面的东西，树立正面的东西。作为在公众（包括本国公众）中形成的整体看法，中国的国家形象涉及的方面很多，既包括对外关系行为所导致的评价，也包括国家发展、社会治理和人民生活的方方面面所导致的舆论。这些看法总和起来，就会使人们形成好感（favorable）或没有好感（unfavorable）。

对于国家形象，目前有各种不同的研究。由于不同的研究有不同的关注重点，因而所得结果需要人们具体情况具体分析。例如，《安赫尔特－捷孚凯·罗伯国家形象指数报告》（2011 *Anholt – GfK Roper Nation Brands Index*）对国家形象所进行的测评，涉及的是六个方面，即出口、政府职能管理、文化、国民素质、旅游以及移民、投资环境。[①] 这些方面肯定可以导致人们对一个国家形成好感或没有好感，但这种评估视角的重点不在于国际关系。从中国实施公共外交的角度讲，分析国际舆论环境的重点应是中国对外关系中的形象问题。作为一个新兴大国，当下的中国最引人注目的方面，就是经济力量与军事力量的迅速发展所体现的权力的增长。世界各国公众对这样的发展所形成的舆论，作为中国的国家形象，对中国的对外关系会产生直接的重大影响。

从对外关系的视角分析中国的国家形象，有三个比较重要的问题：第一，世界各国对中国是否有好感。这种一般性判断是来自各个方面的评价，不单涉及中国的对外关系，而且也关乎中国对内部事务的治理。第二，中国的发展是否会取美国而代之，成为主导世界事务的超级大国。这是中国作为

---

① 该报告是由 GfK Roper Public Affairs & Corporate Communications 推出，2011 年 10 月 12 日发布的报告。简介见 http：//www. gfkamerica. com/newsroom/press_ releases/single_ sites/008787/index. en. html。

“大国”必然要面对的问题，也是人们分析国际结构会首先关注的问题，因为中国如果取代美国的地位，世界格局就会发生根本改变。第三，对于中国的经济与军力增长怎样看，即认为是好事还是坏事。这涉及的是对国际力量变化的价值判断的问题，而这种判断会导致各国公众形成对中国的好感或没有好感，并决定他们对中国的对外战略持赞同还是反对的态度。

1. 对中国的好感度（favorability）

参考皮尤研究中心（Pew Research Center）2011 年 7 月 13 日公布的数据（见表 10－1），可以观察一些国家对中国的好感度的走势。在该中心所调查的 22 个国家中，就 2011 年的数据而言，有 14 个国家过半数受访者对中国有好感。对中国好感度最高的是巴基斯坦（82%），其次是肯尼亚（71%）。对中国好感度低的国家，G7 中有德国与日本（均为 34%）。好感度最低的是土耳其（18%），其次是印度（25%）。在同一项调查中，对中国没有好感者过半数的国家有 4 个，分别是土耳其（66%）、日本（61%）、德国（59%）和约旦（52%）。从总体情况判断，应该说中国的形象是正面和积极的，与上一年相比呈上升趋势。

表 10－1　**对中国好感度的走势（%）**①

国家＼年份	2002	2005	2006	2007	2008	2009	2010	2011
美国		43	52	42	39	50	49	51
英国		65	65	49	47	52	46	59
法国		58	60	47	28	41	41	51
德国		46	56	34	26	29	30	34
西班牙		57	45	39	31	40	47	55
立陶宛								52
波兰		37		39	33	43	46	51
俄罗斯	71	60	63	60	60	58	60	63
乌克兰				64				63
土耳其		40	33	25	24	16	20	18

① Pew Research Center, “U. S. Status as World’s Superpower Challenged by Rise of China, U. S. Favorability Ratings Remain Positive,” July 13, 2011, http://pewresearch. org/pubs/2059/－superpower－china－us－image－abroad－afghanistan－terrorism.

续表

国家＼年份	2002	2005	2006	2007	2008	2009	2010	2011
埃及			63	65	59	52	52	57
约旦		43	49	46	44	50	53	44
黎巴嫩		66		46	50	53	56	59
巴勒斯坦				46		43		62
以色列				45		56		49
印度								25
印度尼西亚	68	73	62	65	58	59	58	67
日本	55		27	29	14	26	26	34
巴基斯坦		79	69	79	76	84	85	82
巴西							52	49
墨西哥				43	38	39	39	39
肯尼亚				81		73	86	71

其他国家对中国是否有好感，影响因素很多。除了中国国内因素之外，在对外关系中是否考虑了其他国家的利益也有重要影响。皮尤中心 2008 年的一项调查涉及了这个问题。在问卷中，83% 的中国人认为中国在对外政策决策时考虑了其他国家的利益。但是，在受调查的其他 23 个国家中，总计只有 30% 的人认为中国是这样做的。①

2. 中国是否会取代美国

中国是否会取代美国成为居首位的超级大国（world's leading superpower），这涉及的是公众认为中国会不会改变国际权力结构的问题，或者说是否会向美国提出挑战的问题。这个问题从权力政治角度看所具有的敏感性前边已有论述，这里不再重复。

从皮尤中心的数据看，有 4 个欧洲大国即法国、西班牙、英国、德国以及中国的绝大多数受访者给出了肯定的答案。巴基斯坦、巴勒斯坦和墨西哥也有过半数的受访者给出了肯定回答。在其他 14 个国家中，有 8 个国家持肯定意见者尽管未过半数，但多于持否定意见者，有 1 个国家两种意见持

① Pew Research Center, "The 2008 Pew Global Attitudes Survey in China: The Chinese Celebrate Their Roaring Economy, As They Ssruggle with Its Costs," July 22, 2008. http://www.pewglobal.org/.

平。只有 4 个国家否定意见占上风，过半数的有 2 国，即日本（60%）和黎巴嫩（54%）。值得注意的是，在美国持肯定意见者也比持否定意见者多 1 个百分点。从这些数字来看，可以说舆论倾向在总体上认为中国会在未来取美国而代之（见表 10 – 2）。

表 10 – 2　　**中国会取代美国成为主导性超级大国吗？（%）**①

国家	已经取代	最终将取代	前两项之和	绝不会取代美国
美国	12	34	46	45
法国	23	49	72	28
西班牙	14	53	67	30
英国	11	54	65	26
德国	11	50	61	34
波兰	21	26	47	31
俄罗斯	15	30	45	30
立陶宛	11	29	40	40
乌克兰	14	23	37	36
土耳其	15	21	36	41
巴勒斯坦	17	37	54	38
约旦	17	30	47	45
以色列	15	32	47	44
黎巴嫩	15	24	39	54
中国	6	57	63	17
巴基斯坦	10	47	57	10
日本	12	25	37	60
印度尼西亚	8	25	33	46
印度	13	19	32	17
墨西哥	19	34	53	31
巴西	10	27	37	47
肯尼亚	7	37	44	43

① Pew Research Center, "U. S. Status as World's Superpower Challenged by Rise of China, U. S. Favorability Ratings Remain Positive," July 13, 2011, http://pewresearch.org/pubs/2059/ – superpower – china – us – image – abroad – afghanistan – terrorism.

（三）对中国经济与军力增长的好坏判断

关于中国的经济增长与军力增长，皮尤研究中心的数据揭示了非常消极的舆论倾向。2007 年的数据表明，多数被调查的发达国家，不但认为中国军力增长是坏事，而且认为中国经济增长也是坏事。在两个方面对中国的增长持正面态度的主要是非洲国家。在 2011 年所调查的 21 个国家中，对中国军力增长持否定意见者占多数的国家有 17 个，只有 4 个国家（巴基斯坦、印度尼西亚、巴勒斯坦、肯尼亚）持肯定态度。对于中国的经济增长，有 13 个国家持肯定意见者超过持否定意见者，只有 4 个国家持否定意见者过半数。其中美国、法国、德国、俄罗斯这几个大国对中国经济增长都是持否定意见者居多（见表 10－3、表 10－4）。

表 10－3　**对中国最担心和最不担心的国家（2007 年数据）**①

对于中国经济增长			
认为是坏事（%）		认为是好事（%）	
意大利	65	科特迪瓦	96
法国	64	马里	93
韩国	60	肯尼亚	91
捷克	56	马来西亚	84
德国	55	塞内加尔	82
墨西哥	55	尼日利亚	80
摩洛哥	54	孟加拉国	78
对于中国军事力量增长			
认为是坏事（%）		认为是好事（%）	
韩国	89	科特迪瓦	87
法国	84	肯尼亚	69
捷克	83	马里	67
日本	80	尼日利亚	58
德国	77	巴基斯坦	57
斯洛伐克	75	马来西亚	57

① Andrew Kohut, "How the World Sees China," *Pew Research Center*, December 11, 2007. http://pewresearch.org/pubs/656/how-the-world-sees-china.

表 10-4 **中国权力增长对你们国家有怎样的影响（%）**①

国家	军力增长		经济增长	
	好事	坏事	好事	坏事
美国	11	79	37	53
英国	13	71	53	32
法国	16	83	41	59
德国	12	79	46	50
西班牙	12	74	52	40
立陶宛	11	62	47	27
波兰	13	68	32	46
俄罗斯	12	74	37	41
乌克兰	12	57	37	33
土耳其	9	66	13	64
约旦	28	52	65	28
黎巴嫩	24	57	57	29
巴勒斯坦	62	29	66	24
以色列	19	66	53	30
印度	22	50	29	40
印度尼西亚	44	36	62	25
日本	7	87	57	35
巴基斯坦	72	5	79	5
巴西	29	51	53	30
墨西哥	26	55	39	43
肯尼亚	62	29	85	12

对于中国在军事上像美国一样强大是好事是坏事的问题，被调查的 22 个国家中，有 15 个国家认为是坏事者居多，其中 13 个国家过半数。认为是好事者居多的有 7 个国家，其中有 4 个国家过半数，即中国（84%）、巴基斯坦（73%）、巴勒斯坦（62%）和肯尼亚（61%）。欧洲国家的被访问者

① Pew Research Center, "U. S. Status as World's Superpower Challenged by Rise of China, U. S. Favorability Ratings Remain Positive," July 13, 2011, http://pewresearch.org/pubs/2059/-superpower-china-us-image-abroad-afghanistan-terrorism.

多数都认为是坏事。在美国、法国、日本和德国，认为是坏事的受访者比例都超过了80%（见表10－5）。

表10－5 **中国在军事上像美国一样强大是好事还是坏事？（%）**①

国家	坏事	好事	国家	坏事	好事
美国	85	8	巴勒斯坦	28	62
法国	83	17	黎巴嫩	36	43
西班牙	79	14	以色列	70	17
英国	72	13	中国	6	84
德国	89	6	巴基斯坦	5	73
乌克兰	47	20	印度尼西亚	31	47
俄罗斯	57	19	印度	44	23
立陶宛	64	12	日本	87	7
波兰	69	12	墨西哥	54	31
土耳其	54	20	巴西	53	30
约旦	17	20	肯尼亚	30	61

皮尤研究中心所发布的数据，作为抽样调查的产物，是不可能准确反映相关国家的民意的，但所反映出的问题确实有重要的参考意义。值得注意的是，多数人认为中国会取代美国成为居主导地位的超级大国。在美国的舆论中，这种看法已有相当大的影响。不管政界或精英是否相信这一点，这种公众舆论无疑会对美国的对华政策产生重要影响。有这样的民意，美国政府就可以"理直气壮"地实施对中国的遏制。更值得注意的是，中国持这种看法的人占有更高的比例。在中国的发展水平只有世界中等偏下水平的情况下就认为可以取美国而代之，这种不适宜的大国心态不但对中国的对外政策会产生消极影响，而且也会导致世界其他国家对中国产生消极舆论。联系到皮尤研究中心数据所反映的其他国家对于中国经济增长和军力发展的态度，这一点就非常清楚了。由于认为中国会在不久的未来向美国挑战，因此人们就把中国的经济增长与军力发展与这一点联系了起来，从而形成了总体上的负面

① http：//www. pewglobal. org/2011/07/13/china－seen－overtaking－us－as－global－superpower/2/.

看法。这样的舆论环境，可以说构成了“中国威胁论”滋生的土壤。

从前边分析中可以看到，各国公众对中国与世界关系这个重大问题上所形成的看法，与中国基于国家利益所要走和能走的发展道路是完全不相符的。这种心态的存在与蔓延，是有害于中国的和平发展的。对于中国来说，要创造一个良好的发展环境，就要改变公众观念中的这些误解与曲解，而实行公共外交则是达到这个目的的不可缺少的手段。

（四）中国公共外交应当怎样做

进行公共外交，不是用宣传或外交辞令包装中国[①]，而是要通过沟通使各国公众了解或理解真实的中国。[②] 这样的工作能否塑造良好的中国形象，关键在于能否以事实说服人。进行这样的工作，沟通的形式很重要，但沟通的内容则更重要。知道公共外交要解决的问题，在沟通中摆事实讲道理，才有可能让公众（包括本国公众）真正了解中国对外关系的方方面面，才有可能消除误解和曲解，从而造就一个适宜中国发展的舆论环境。

鉴于中国在国际舆论环境中所面对的主要问题，中国进行公共外交所要涉及的内容，以下几个方面可能具有特别的重要性。

第一，不论中国取得怎样的成就，中国人均发展在世界上只有中等偏下的水平是一个基本事实。这一国情，决定了中国是发展中国家。由于中国是一个人口大国，实现惠及全中国人民的高水平发展是一件极为困难的事，因此在未来相当长的时期内，中国不可能改变自己的发展中国家的身份，将始终以社会的全面发展作为国家的最重要的利益。要实现这样的利益，中国就必须把战略的中心和重心放在解决国内问题上，而不可能把资源用于对外谋求霸权。在尚处比较低的社会发展水平的情况下改变国内发展这个中心，是不理性的，也是不可能取得合法性的。

第二，以发展为中心，决定中国对外战略的一个根本目标是确保和平的发展环境。这样的环境应当是一种以国际制度为架构的秩序。中国不会也不可能建立以自己为霸权国的体系，也不接受别国建立的霸权体系。中国决不愿意通过军备竞赛谋求权力政治意义上的均势。最符合中国自身利益的模式就是在国际制度基础上处理与外部世界的关系，特别是要睦邻周边，与邻为善和与邻为伴，开展广泛的合作，谋求共赢。对于中国来说，对外关系无

---

① 可参见苏淑民《公共外交与提升国家软权力》，《兰州学刊》2008 年第 2 期。

② 可参见曲星《公共外交的经典含义与中国特色》，《国际问题研究》2010 年第 6 期。

序，就无法安心地进行经济建设。为了确保有序的和平环境，中国需要把和平手段作为解决领土争端和国家统一问题的首选途径。这一点也是中国的发展利益所决定的。

第三，中国谋求以和平手段解决对外关系中的争端，不单决定于中国的国家利益，而且决定于中国的战略文化传统。总览中国数千年的历史进程，可以看到，在周边民族与中央王朝的互动中，古代中国的政治家是倾向于和。在不得不战的时候，采取的是以战促和；在实现了和以后，则特别强调“恩”与“德”的教育和影响作用。这样的模式是有事实根据的，体现了悠久的“和合文化”传统。虽然以“中国”为中心的朝贡体系是一种以“礼”为特征的不平等结构，但中央王朝维持这种体系却是以和睦周边为目的。多数统治者不倾向于对外干涉和使用武力，而主要强调的是运用道德的影响力。这种具有和平内涵的历史传统，在当代仍然有重要影响。20 世纪 50 年代中国政府提出和平共处的思想，60 年代周恩来阐述基于民族传统的中国外交哲学[①]，都体现了这样的战略理念。

第四，以发展利益为中心，不以争霸为目标，决定中国军力的发展具有防御属性，是内向的。中国进行军力建设的宗旨是为国家的发展服务。这样的宗旨决定中国军力的发展是有限的，即以能够胜任防御任务为限度。中国军力不会也不必要伴随经济增长而同步发展。中国的 GDP 即使在未来超过美国，中国也不会在军备上达到美国的水平。虽然伴随着世界军备发展潮流中国的军力会不断发展，包括更新旧装备并发展一些先进武器，但不会卷入军备竞赛。对于中国来讲，一旦军备建设超出自卫的限度，就会对国家发展造成负面影响，不但在国内会占用不必要的资源，而且在对外互动中会导致不必要的紧张关系。

第五，中国的经济发展有利于全球经济互动关系的发展。中国固然会消耗更多的资源，但同样会生产出更多各国需要的商品。中国的商品固然要对外出口，但中国巨大的市场同样需要各国商品的进口。中国经济的增长速度与分量，日益成为世界经济稳定发展的推动力。由于中国会转变发展方式，扩大内需，并且不会把经济发展成果同步地转变为以军事力量为基础的权力，因此中国的经济增长在总体上是有利于其他国家的利益的。

---

① 中华人民共和国外交部、中共中央文献研究室编：《周恩来外交文选》，北京：中央文献出版社 1990 年版，第 327—328 页。

第六，随着地位与影响的提升，中国已被推到全球治理舞台的中央。在这种基于国际制度框架的合作中，中国基于自己的国际分量，会承担起不断增大的责任，其中包括维护国际和平，提供国际救援，稳定世界经济，推动制度建设等。

以上这些内容概括起来说，就是中国不会也不可能崛起为一个军事超级大国，成为威胁别国的“老大”。由于现在认为中国会取代美国的舆论已有相当大的影响，甚至中国国内也有相当多人这样认为，因此可以说“准超级大国”已被建构成了中国的形象。如果中国真的是这样的国家，那么有这样的形象倒也不冤。关键是中国在理性的情况下根本不可能向这个方向发展，因此这种形象并不是真实中国的反映。要塑造适宜的中国形象，就需要通过公共外交进行观念转变工作。由于中国国内也有很多人在准备做“老大”，越来越倾向于像“老大”那样行事，认为中国在外交上和军事上都应该更加强硬，因此要改变别国公众的观念首先需要改变本国公众的观念。要让别国淡化把中国视为超级大国的心态，首先自己要淡化大国心态。尽管这样的沟通不是一个容易的过程，改变这种流行舆论特别困难，但要真正消除“中国威胁论”，消除带有猜忌甚至敌意的国际舆论环境，就必须针对这些涉及重大问题的曲解进行说服工作。进行这样的工作，当然不能仅靠公共外交，但公共外交有着不可替代的独特作用与影响。

第四节　结语

国际体系是中国参与对外互动的背景与环境，也是实现利益目标的资源与条件。这样的结构不是单一的，而是具有权力政治、制度合作和观念建构等多种属性和多种影响机制。为应对多元体系的影响所构成的系统效应，中国需要有多元的外交，并且需要有战略的协调。

作为体系中的单元，中国的适宜身份不是准备取代美国的“准超级大国”，而是需要长期集中力量进行国内建设的发展中国家。中国在权力互动中要内在地维护主权与发展利益，对外要谋求和平的发展环境。在制度互动中，中国作为国际秩序内的重要一员，会以积极的行为扮演更负责任的角色，在推动制度进步中发挥比一般中小国家更大的作用。在观念互动中，中国要以广泛的公共外交消除把中国视为准超级大国和威胁的误解与曲解，进一步做好自己的事，树立良好的国际形象，塑造更为有利的国际舆论环境。

在多元外交的统筹安排中，中国的战略判断可以考虑以制度外交和公共外交的积极行为来消解实力外交可能导致的消极后果。在不得不运用权力的影响时，必须尽最大可能争取以和平方式解决争端，并且可以通过某种方式和程度的制度外交和公共外交来予以平衡。如果中国能够在对外关系中始终有明确的身份与利益的定位，进行最适当的对外战略选择，能够利用国际体系的系统效应安排好各种具体事务，那么就能够在一定程度上避免国际体系中的消极因素，从而更顺利地实现自己的总体战略目标。

参考文献

一 英文资料

A. J. R. Groom, "The United States and the United Nations: Some Revolting European Thoughts," *Journal of International Relations and Development*, Vol. 6, No. 2, June 2003.

Abram Chayes and Antonia Handler Chayes, "On Compliance," *International Organization*, Vol. 47, No. 2, Spring 1993.

Abram Chayes and Antonia Handler Chayes, *The New Sovereignty: Compliance with International Regulatory Agreements*, Cambridge, Mass.: Harvard University Press, 1995.

Abramo F. K. Organski, *World Politics*, NY: Knopf, 1968.

Alastair Iain Johnston, "Treating International Institutions as Social Environments," *International Studies Quarterly*, Vol. 45, No. 4, December 2001.

Alexander E. Wendt, "Anarchy is What States Make of it: The Social Construction of Power Politics," *International Organization*, Vol. 46, No. 2, 1992.

Alexandra Gheciu, "Security Institution as Agents of Socialization? NATO and the New Europe," *International Organization*, Vol. 59, No. 4, 2005.

Alfred T. Mahan, *The Influence of Sea Power Upon History*, 1660 – 1783. Gretna, La: Pelican Pub, 2003.

Ashley J. Tellis, Janice L. Bially, Christopher Layne and Melissa McPherson, *Measuring National Power in the Postindustrial Age*, New York: Rond, 2000.

Baldwin and Clarke, "Game Modeling the Tokyo Round of Tariff Negotiations," *Journal of Policy Modeling*, 9, 1987.

Barbara Koremenos, Charles Lipson and Ducan Snidal, "The Rational Design of International Institutions," *International Organization*, Vol. 55, No. 4, Autumn 2001.

Barry Buzan and Richard Little, "The Idea of 'International System': Theory Meets History," *International Political Science Review*, Vol. 15, No. 3, July 1994.

Barry Buzan, "From International System to International Society: Structural Realism and Regime Theory Meet the English School," *International Organization*, Vol. 47, No. 3, 1993.

Brian Barry, ed., *Power and Political Theory: Some European Perspectives*, London: John Wiley, 1976.

Carl G. Jacobsen, ed., *Strategic Power: USA/USSR*, London: St. Martin's Press, 1990.

Charles Breyning, *The Age of Revolution and Reaction*, New York: W. W. Norton, 1970.

Charles W. Kegley, Gregory A. Raymond, *From War to Peace: Fateful Decisions in International Politics*, Beijing: Peking University Press, 2003.

Christopher Layne, "Kant or Cant: The Myth of the Democratic Peace," *International Security*, Vol. 19, No. 2, Autumn 1994.

Chuck Hegal, "A Republican Foreign Policy," *Foreign Affairs*, Vol. 83, Issue 4, Jul/Aug 2004.

Commission on Global Governance, *Our Global Neighborhood*, Oxford University Press, 1995.

Conway W. Henderson, *International Relations*, Boston: McGraw - Hill, 1998.

D. J. Murray and P. R. Viotti, eds., *The Defense Policy of Nations*, Baltimore and London: Johns Hopkins University Press, 1982.

David A. Baldwin, "International political economy and the international monetary system," *International Organization*, Vol. 32, No. 2, Spring 1978.

David Held, ed., *Political Theory Today*, Cambridge: Polity Press, 1991.

David Lektzian and Mark Souva, "Institutions and International Cooperation: An Event History Analysis of the Effects of Economic Sanctions," *The Journal of Conflict Resolution*, Vol. 45, No. 1, Feb., 2001.

David S. Sullivan, Martin J. Sattler, *Change and the Future International System*, New York: Columbia University Press, 1972.

Diana C. Mutz, Richard A. Brody and Paul M. Sniderman, eds, *Political Persuasion and Attitude Change*, Ann Arbor: University of Michigan Press, 1996.

Dina Zinnes, "Three Puzzles in Search of a Researcher," *International Studies Quarterly*, Vol. 24, No. 3, Sep., 1980.

Donald E. Lampert, Lawrence S. Falkowski, Richard W. Mansbach, "Is there an International System?" *International Studies Quarterly*, Vol. 22, No. 1, Mar., 1978.

Donald G. Brennan, ed., *Arms Control Disarmament and National Security*, New York: George Braziller, Inc., 1961.

Emer de Vattel, *The Law of Nations or Principles of the Law of Nature, Applied to the Conduct and Affairs of Nations and Sovereigns* (New ed.), J. Chitty, trans., Philadelphia: T. & J. W. Johnson, 1852.

F. Roessler, "The Scope, Limits and Function of the GATT Legal System," *World Economy*, No. 8, 1985.

Felix E. Oppenheim, "National Interest, Rationality, and Morality," *Political Theory*, Vol. 15, No. 3, 1987.

Francis A. Beer, *Peace against War: The Ecology of International Violence*, San Francisco: W. H. Freeman, 1981.

Francis M. Deng, *Protecting the Dispossessed: A Challenge for the International Community*, Washington, D. C.: The Brookings Institution, 1993.

Frank Schimmelfennig, "Strategic Calculation and International Socialization: Membership Incentives, Party Constellations, and Sustained Compliance in Central and Eastern Europe," *International Organization*, Vol. 59, No. 4, 2005.

Frederic S. Pearson and J. Martin Rochester, *International Relations*, 4th edition, New York: McGraw-Hill, 1998.

Friedrich Kratochwil and John Gerard Ruggie, "International Organization: A State of the Art on an Art of the State," *International Organization*, Vol. 40, No. 4, Autumn, 1986.

G. John Ikenberry, *Liberal Order and Imperial Ambition: Essays on American*

Power and World Politics, Cambridge: Polity Press, 2006.

G. W. Prothero, Sir A. W. Ward, Stanley Leathes, eds., *The Cambridge Modern History*, Cambridge: Cambridge University Press, 1970.

Gary Clyde Hufbauer, Steve Charnovitz and Jisun Kim, *Global Warming and the World Trading System*, Washington, D. C.: Peterson Institute for International Economics, 2009.

Gary Pursell, "Australia's Experience with Local Content Programs in the Auto Industry: Lessons for India and Other Developing Countries," *World Bank Working Papers*, 2001.

GATT, "Trends in International Trade," Geneva: GATT, 1958.

Geoffrey Stern, *The Structure of International Society: An Introduction to the Study of International Relations*, London: Pinter, 2000.

George Modelski and William Thompson, *Sea power in Global Poitics*, 1494 – 1993, Hampshire: Macmillan Press, 1988.

George Modelski, "The Long Cycle of Global Politics and the Nation – State," *Comparative Studies in Society and History*, Vol. 20, No. 2, 1978.

Gideon Rose, "Neoclassical Realism and Theories of Foreign Policy," *World Politics*, Vol. 51, No. 1, October 1998.

Glenn Kessler and Peter Baker, "Bush's 'Axis of Evil' Comes Back to Haunt United States," *Washington Post*, Tuesday, October 10, 2006.

H. Butterfield and Martin Wight, eds., *Diplomatic Investigations: Essays in the Theory of International Politics*. London: Allen and Unwin, 1966.

Halford J. Mackinder, *Democratic Ideals and Reality. With Additional Papers*. New York: Norton, 1962.

Hans – Henrik Holm and Georg Sørensen, eds., *Whose World Order: Uneven Globalization and the End of the Cold War*, Boulder: Westview Press, 1995.

Hedley Bull and Adam Watson, eds., *The Expansion of International Society*, Oxford: Oxford University Press, 1984.

Hedley Bull, *Anarchical Society: A Study of Order in World Politics*, London: Macmillan, 1977.

Hedley Bull, ed., *Intervention in World Politics*, Oxford: Clarendon Press, 1984.

Henri Tajfel, "Social Categorization and Intergroup Behaviour," *European Journal of Social Psychology*, Vol. 1, Issue 2, 1971.

Henry A. Kissinger, *A World Restored*, New York: Corsset and Dunlap, 1964.

Henry William Spiegel, *The Growth of Economic Thought*, 3rd ed., Durham: Duke University Press, 1991.

Herbert C. Kelman, "The Interdependence of Israeli and Palestinian National Identities: The Role of the Other in Existential Conflicts," *Journal of Social Issues*, January 1999.

Hyung Min Kim, "Comparing Measures of National Power," *International Political Science Review*, Vol. 31, No. 4, 2010.

International Monetary Fund, *Global Financial Stability Report*, April, 2008.

J. N. Rosenau, "Governance in the Twenty-first Century," *Global Governance*, Vol. 1, Winter 1995.

J. N. Rosenau, *The Scientific Study of Foreign Policy*, New York: Free Press, 1971.

J. S. Bromley and E. H. Kossman, eds., *Britain and the Netherlands in Europe and Asia*, London: Macmillan, 1968.

J. W. Burton, *Systems, States, Diplomacy and Rules*, New York: Cambridge University Press, 1968.

Jack L Snyder, Robert Jervis, *Coping with Complexity in the International System*, Boulder: Westview Press, 1993.

Jack Levy, "Historical Trends in Great Power War, 1495 – 1975," *International Studies Quarterly*, Vol. 26, No. 2, 1982.

James Kurth, "War, Peace, and the Ideologies of the Twentieth Century," *Current History*, January 1999.

Janice E. Thomson, "State Sovereignty in International Relations: Bridging the Gap between Theory and Empirical Research," *International Studies Quarterly*, Vol. 39, No. 2, Jun., 1995.

Jean Bodin, *On Sovereignty: Four Chapters from the Six Books of the Commonwealth*, edited and translated by Julian H. Franklin, Beijing: China University of Political Science and Law Press, 2003.

Jeffrey T. Checkel, "Why Comply? Social Learning and European Identity Change," *International Organization*, Vol. 55, No. 3, Summer 2001.

Joan Edelman Spero, *The Politics of International Economic Relations*, New York: St. Martion's Press, 1990.

John J. Mearsheimer, "The False Promise of International Institutions," *International Security*, Vol. 19, No. 3, Winter 1994/1995.

John R. V. Prescott, *Political Geography*, London: Methuen, 1972.

John S. Dryzek, Margaret L. Clark, Garry McKenzie, "Subject and System in International Interaction," *International Organization*, Vol. 43, No. 3, Summer, 1989.

John Vincent, *Human Rights and International Relations*, Cambridge: Cambridge University Press, 1986.

Jonas Tallberg, "Paths to Compliance: Enforcement, Management, and European Union," *International Organization*, Vol. 56, No. 3, Summer 2002.

Jonathan Mercer, "Anarchy and Identity," *International Organization*, Vol. 49, No. 2, 1995.

Joseph M. Grieco, "Anarchy and the Limits of Cooperation: A Realist Critique of the Newest Liberal Institutionalism," *International Organization*, Vol. 42, No. 3, 1988.

Joseph S. Nye, Jr., "Soft Power and American Foreign Policy," *Political Science Quarterly*, Vol. 119, No. 2, 2004.

Joseph S. Nye, Jr., "Soft Power," *Foreign Policy*, No. 80, 1990.

Joseph S. Nye, Jr., *Bound to Lead: The Changing Nature of American Power*, New York: Basic Books, 1990.

Joseph S. Nye, Jr., *Soft Power: The Means to Success in World Politics*, New York: Public Affairs, 2004.

Juergen Dedring, "The Role of the UN Security Council in Peace and Security in the Post-Cold War Era First Steps in the Exploration of a Misunderstood Organ of Global Governance," Paper presented to *International Studies Association* 41st Annual Convention, Los Angeles, CA, March, 2000.

K. J. Holsti, *Peace and War: Armed Conflicts and International Order*, Cambridge: Cambridge University Press, 1991.

K. J. Holsti, *Taming the Sovereigns: Institutional Change in International Politics*, Cambridge, UK: Cambridge University Press, 2004.

Karen A. Mingst, *Essensials of International Relations*, Third Edition, New York and London: W. W. Norton & Company, 2004.

Karl W. Deutsch, *The Analysis of International Relations*, 3rd ed. , Englewood Cliffs, N. J. : Prentice Hall, 1988.

Katherine Barbieri, *The Liberal Illusion: Does Trade Promote Peace?* Ann Arbor: The University of Michigan Press, 2002.

Keir A. Lieber and Gerard Alexander, "Waiting for Balancing: Why the World Is Not Pushing Back," *International Security*, Vol. 30, No. 1, Summer 2005.

Ken Booth, *Strategy and Ethnocentrism*, New York: Holmes & Meier Publishers, Inc. , 1979.

Kenneth W. Dam, *The GATT: Law and International Economic Organization*, Chicago: University of Chicago Press, 1970.

Kenneth Waltz, *Man, the State and War*, NY: Columbia University Press, 2001.

Klaus Knorr, "The Limits of Economics and Military Power," *Daedalus*, Vol. 104, No. 4, 1975.

Kroeber, A. L. and C. Kluckhohn, *Culture: A Critical Review of Concepts and Definitions*, Cambridge, MA: Peabody Museum, 1952.

Kym Anderson, Will Martin and Dominique van der Mensbrugghe, "Doha Merchandise Trade Reform: What is at Stake for Developing Countries?" *World Bank Policy Research Working Paper* 3848, February 2006.

LeRoy Bennett, *International Organizations: Principles and Issues*, Englewood Cliffs, NJ: Prentice - Hall, Inc. , 1977.

Lori F. Damrosch and David J. Scheffer, *Law and Force in the New International Order*, Boulder, Colo. : Westview Press, 1991.

M. P. Zanna, J. M. Olson & C. P. Herman, eds. , *Social Influence: The Ontario Symposium*, Vol. 5, 1987.

Madeleine K. Albright, "Think Again: The United Nations," *Foreign Poli-*

cy, September/October 2003.

Mark R. Amstutz, *International Conflict and Cooperation: An Introduction to World Politics*, Boston: McGraw Hill College, 1999.

Martin Wight, *International Theory: The Three Troditions*, London: Leister University Press, 1991.

Martin Wight, *System of States*, London: Leister University Press in association with London School of Economics and Political Science, 1977.

Mats Berdal, "The UN Security Council: Ineffective but indispensable," *Survival.* Vol. 45, No. 2, 2003.

Max Weber, *The Theory of Social and Economic Organization*, New York: The Free Press, 1947.

Michael Barnett and Raymond Duvall, "Power in International Politics," *International Organization*, Vol. 59, No. 1, 2005.

Michael Barnett, *Identity and Foreign Policy in the Middle East*, Cornell University Press, 2002.

Michael C. Desch, "Culture Cash: Assessing the Importance of Ideas in Security Studies," *International Security*, Vol. 23, No. 1, 1998.

Michael C. Williams, "Why Ideas Matter in International Relations: Hans Morgenthau, Classical Realism, and the Moral Construction of Power Politics?" *International Organization*, Vol. 58, No. 4, 2004.

Michael Doyle, "Kant, Liberal Legacies, and Foreign Affairs," *Philosophy and Public Affairs*, Summer 1983.

Michael Handel, *Weak States in the International System*, London: Frank Cass, 1981.

Michael J. Glennon, "The New Interventionism: The Search for a Just International Law," *Foreign Affairs*, Vol. 78, No. 3, May/June 1999.

Michael P. Sullivan, *Power in Contemporary International Politics*, South Carolina: University of South Carolina Press, 1990.

Modelski and Thompson, *Long Cycles in World Politics*, Seattle, Washington: University of Washington Press, 1985.

Mohammad R. Hafeznia, Seyed H. Zarghani, Zahra Ahmadipor and Abdelreza R. Efekhari, "Presentation a New Model of Measure national Power of the Countries," *Journal of Applied Sciences*, Vol. 8, No. 2, 2008.

Morton A. Kaplan, *Great Issues of International Politics: The International System and National Policy*, Chicago, Aldine Pub. Co., 1970.

Nicholas Greenwood Onuf, "The Principle of Nonintervention, the United Nations, and the International System," *International Organization*, Vol. 25, No. 2, Spring 1971.

Norman Z. Alcock and Alan G. Newcombe, "The Perception of National Power," *Journal of Conflict Resolution*, Vol. 14, 1970.

Ole R. Holsti, Randolph M. Siverson, Alexander L. George, *Change in the International System*, Boulder, Colo.: Westview Press, 1980.

Oran R. Young, "The United Nations and the International System," *International Organization*, Vol. 22, No. 4, Autumn, 1968.

P. M. Morgan, *Theories and Approaches to International Politics: What Are We to Think?* San Ramon, CA: Consensus, 1972.

Paul Kennedy, *The Parliament of Man: The Past, Present and Future of the United Nations*, Toronto: Harper Collins Publishers Ltd., 2006.

Peter J. Katzenstein, ed., *The Culture of National Security: Norms and Identity in World Politics*, New York: Columbia University Press, 1996.

Philip D. Curtin, *Cross-Cultural Trade in World History*, Cambridge and New York: Cambridge University Press, 1984.

R. E. Hudec, *Developing Countries in the GATT Legal System*, Aldershot, Hampshire: Gower Publishing, 1987.

R. Gurung, "Comparing Cultural and Individual Learning Tendencies," *American Psychologist*, Vol. 58, 2003.

R. McMahon, *The Rise in Bilateral Free Trade Agreements*, New York: Council on Foreign Relations, 2007.

Rawi Abdelal, Yoshiko M. Herrera, Alastair Iain Johnston and Rose McDermott, "Identity as a Variable," *Perspectives on Politics*, Vol. 4, No. 4, 2006.

Ray S. Cline, *World Power Assessment* 1977: *A Calculus of Strategic Drift*, Boulder (CO): Westview Press, 1977.

Ray S. Cline, *World Power Assessment: a Calculus of Strategic Drift*, Washington: Center for Strategic and International Studies, Georgetown University,

1975.

Ray S. Cline, *World Power Trends and U. S. Foreign Policy for the 1980's*, Boulder (CO): Westview Press, 1980.

Raymond Aron, *Peace and War: A Theory of International Relations*, New Brunswick: Transactions Publishers, 2003.

Richard Muir, *Modern Political Geography*, New York: Wiley, 1975.

Richard N. Rosecrance, *The Rise of the Trading State: Commerce and Conquest in the Modern World*, NY: Basic Books, 1986.

Robert A. Pape, "Soft Balancing against the United States," *International Security*, Vol. 30, No. 1, Summer 2005.

Robert Dahl, "The Concept of Power," *Behavioral Science*, Vol. 2, 1957.

Robert Jervis, "Cooperation under the Security Dilemma," *World Politics*, Vol. 30, No. 2, 1978.

Robert Jervis, *The Illogic of American Nuclear Strategy*, Ithaca, N. Y.: Cornell University Press, 1984.

Robert L. Pfaltzgraff, *Politics and the International System*, Philadelphia: Lippincott, 1969.

Robert O. Keohane and Joseph S. Nye Jr., "Globalization: What's New? What's Not? (And So What?)" *Foreign Policy*, Spring 2000.

Robert O. Keohane, "International Institutions: Two Approaches," *International Studies Quarterly*, Vol. 32, No. 4, Dec., 1988.

Robert O. Keohane, *International Institutions and State Power*, Boulder: Westview Press, 1989.

Robert P. Clark, *The global Imperative: An Interpretive History of the Spread of Humankind*, Boulder, Colo.: Westview Press, 1997.

Robert Powell, "Absolute and Relative Gains in International Relations Theory," *The American Political Science Review*, Vol. 85, No. 4, 1991.

Rogers Brubaker, Mara Loveman and Peter Stamatov, "Ethnicity as Cognition," *Theory and Society*, Vol. 33, No. 1, 2004.

Ronald J. Glossop, *Confronting War*, Jefferson and London: McFarland, 1983.

Shaun Young, *Beyond Rawls: An Analysis of the Concept of Political Liberal-*

ism. Lanham: University Press of America, 2002.

Sidney Verba, Klaus Knorr, *The International System*, *Theoretical Essays*, Princeton, N. J. : Princeton University Press, 1961.

Stephen D. Krasner, "Abiding Sovereignty," *International Political Science Review*, Vol. 22, No. 3, 2001.

Stephen D. Krasner, *International Regime*, Beijing University Press, 2005.

Stephen G. Brooks and William C. Wohlforth, "Hard Times for Soft Balancing," *International Security*, Vol. 30, No. 1, Summer 2005.

Stockholm International Peace Research Institution: *Arms*, *Disarmament and International Security* (*SIPRI Year Book* 2005), Stockholm: SIPRI, 2005.

T. C. Morgan and S. H. Campbell, "Domestic Structure, Decisional Constraints and War," *The Journal of Conflict Resolution*, Vol. 35, No. 2, June, 1991.

T. V. Paul, "Soft Balancing in the Age of U. S. Primacy," *International Security*, Vol. 30, No. 1, Summer 2005.

The White House, *A National Security Strategy for A New Century*, Washington D. C. : Press Office of the White House, 1999.

Theodore H. Cohn, *Global Political Economy*: *Theory and Practice*, New York: Longman, 2000.

Thomas C. Schelling, *Arms and Influence*, New Haven: Yale University Press, 1966.

Thomas W. Robinson, "A National Interest Analysis of Sino-Soviet Relations," *International Studies Quarterly*, Vol. 11, No. 2, 1967.

Thucydides, *History of The Peloponnesian War*, Translated by Rex Warner with an Introduction and Notes by M. I. Finley, Penguin Books, 1954.

Ulrich Pfister and Christian Suter, "International Financial Relations as Part of the World-System," *International Studies Quarterly*, Vol. 31, No. 3, Sep. , 1987.

UNCTAD, *Trade and Development Report* 2007, New York and Geneva, 2007.

UNCTAD, *World Investment Report* 1997: *Transnational Corporations*, *Market Structure and Competition Policy*, New York: United Nations, 1998.

Van Evera, "Offense, Defense and the Causes of War," *International Security*, Vol. 22, No. 4, 1998.

Walter Carlsnaes, Thomas Risse, and Beth Simmons eds., *The Handbook of International Relations*, London: SAGE Press, 2002.

William Ebenstein, *Great Political Thinkers: Plato to the Present*, 4th ed., Hinsdale, IL: Dryden, 1969.

WTO, *World Trade Report* 2007, Geneva: WTO, 2007.

Yale H. Ferguson, et al., "What Is the Polity? A Roundtable," *International Studies Review*, Vol. 2, Issue 1, Spring 2000.

Zeev Maoz and Bruce Russett, "Normative and Structural Causes of Democratic Peace," *American Political Science Review*, Vol. 87, No. 3, Sept., 1993.

二　中文资料

［埃及］布特罗斯·布特罗斯－加利：《和平纲领》，纽约：联合国新闻部，1992 年。

［德］伊曼努尔·康德：《永久和平论》，何兆武译，上海人民出版社 2005 年版。

［法］孟德斯鸠：《论法的精神》，张雁深译，北京：商务印书馆 2004 年版。

［法］让·布丹：《主权论》，李卫海等译，北京大学出版社 2008 年版。

［法］让－雅克·卢梭：《社会契约论》，何兆武译，北京：商务印书馆 2003 年版。

［荷］雨果·格劳秀斯：《战争与和平法》，何勤华译，上海人民出版社 2005 年版。

［加］罗伯特·杰克逊、［丹］乔格·索伦森：《国际关系学理论与方法》，吴勇、宋德星译，天津人民出版社 2008 年版。

［美］安德鲁·肖特：《社会制度的经济理论》，陆铭、陈钊译，上海财经大学出版社 2003 年版。

［美］安妮·O. 克鲁格编：《作为国际组织的 WTO》，黄理平等译，上海人民出版社 2002 年版。

［美］奥尔森：《集体行动的逻辑》，陈郁等译，上海人民出版社 1995 年版。

［美］奥兰·扬：《世界事务中的治理》，陈玉刚、薄燕译，上海人民出版社 2007 年版。

［美］保罗·肯尼迪：《大国的兴衰》，蒋葆英等译，北京：中国经济出版社 1989 年版。

［美］彼得·卡赞斯坦、罗伯特·基欧汉、斯蒂芬·克拉斯纳：《世界政治理论的探索和争鸣》，秦亚青等译，上海世纪出版集团 2006 年版。

［美］布鲁斯·拉西特、哈维·斯塔尔：《世界政治》（第五版），王玉珍等译，北京：华夏出版社 2001 年版。

［美］布鲁斯·琼斯等：《权力与责任：构建跨国威胁时代的国际秩序》，秦亚青等译，北京：世界知识出版社 2009 年版。

［美］查尔斯·蒂利：《强制、资本和欧洲国家（公元 990—1992 年）》，魏洪钟译，上海人民出版社 2007 年版。

［美］弗朗西斯·福山：《历史的终结及最后之人》，黄胜强、许铭山译，北京：中国社会科学出版社 2003 年版。

［美］汉斯·摩根索：《国家间政治：权力斗争与和平》，徐昕、郝望、李保平译，北京大学出版社 2006 年版。

［美］加布里埃尔·A. 阿尔蒙德、小 G. 宾厄姆·鲍威尔：《比较政治学：体系、过程和政策》，曹沛霖等译，上海译文出版社 1987 年版。

［美］卡尔·多伊奇：《国际关系分析》，周启朋等译，北京：世界知识出版社 1992 年版。

［美］卡伦·明斯特：《国际关系精要》（第三版），潘忠岐译，上海人民出版社 2007 年版。

［美］肯尼思·W. 汤普森：《国际思想之父——政治理论的遗产》，谢峰译，北京大学出版社 2003 年版。

［美］肯尼思·华尔兹：《国际政治理论》，信强译，上海人民出版社 2003 年版。

［美］理查德·N. 哈斯：《新干涉主义》，殷雄、徐静译，北京：新华出版社 2000 年版。

［美］罗伯特·基欧汉、海伦·米尔纳编：《国际化与国内政治》，姜鹏、董素华译，北京大学出版社 2003 年版。

［美］罗伯特·基欧汉：《霸权之后》，苏长和等译，上海人民出版社 2001 年版。

［美］罗伯特·基欧汉：《局部全球化世界中的自由主义、权力与治理》，门洪华译，北京大学出版社2004年版。

［美］罗伯特·基欧汉、约瑟夫·奈：《权力与相互依赖》，门洪华译，北京大学出版社2002年版。

［美］罗伯特·吉尔平：《全球政治经济学：解读国际经济秩序》，杨宇光等译，上海人民出版社2006年版。

［美］罗伯特·杰维斯：《系统效应：政治与社会生活中的复杂性》，李少军等译，上海人民出版社2008年版。

［美］罗伯特·基欧汉编：《新现实主义及其批判》，郭树勇译，北京大学出版社2002年版。

［美］罗伯特·吉尔平：《世界政治中的战争与变革》，宋新宁、杜建平译，上海人民出版社2007年版。

［美］迈克尔·巴尼特、玛莎·芬尼莫尔：《为世界制定规则：世界政治中的国际组织》，薄燕译，上海人民出版社2009年版。

［美］塞缪尔·亨廷顿：《文明的冲突与世界秩序的重建》，周琪等译，北京：新华出版社1998年版。

［美］斯塔夫·里阿诺斯：《全球通史——1500年以前的世界》，吴象婴、梁赤民译，上海社会科学院出版社1999年版。

［美］威廉·詹姆斯：《心理学原理》，郭宾译，北京：中国社会科学出版社2009年版。

［美］小约瑟夫·奈：《理解国际冲突：理论与历史》，张小明译，上海人民出版社2002年版。

［美］亚历山大·温特：《国际政治的社会理论》，秦亚青译，上海人民出版社2000年版。

［美］约翰·米尔斯海默：《大国政治的悲剧》，王义桅、唐小松译，上海人民出版社2003年版。

［美］约瑟夫·奈、约翰·D. 唐纳胡编：《全球化世界的治理》，王勇等译，北京：世界知识出版社2003年版。

［美］约瑟夫·奈：《美国霸权的困惑》，郑志国等译，北京：世界知识出版社2002年版。

［美］詹姆斯·多尔蒂、小罗伯特·普法尔茨格拉夫：《争论中的国际关系理论》，阎学通等译，北京：世界知识出版社2003年版。

[挪] 托布约尔·克努成：《国际关系理论史导论》，余万里、何宗强译，天津人民出版社 2004 年版。

[日] 小川英治、姚枝仲：《论钉住一篮子货币的汇率制度》，《世界经济》2004 年第 6 期。

[日] 星野昭吉：《全球化时代的世界政治：世界政治的行为主体与结构》，刘小林等译，北京：社会科学文献出版社 2004 年版。

[日] 星野昭吉：《全球政治学：全球化进程中的变动、冲突、治理与和平》，刘小林等译，北京：世界知识出版社 2000 年版。

[英] 爱德华·卡尔：《20 年危机（1919—1939）——国际关系研究导论》，秦亚青译，北京：世界知识出版社 2005 年版。

[英] 巴里·布赞、理查德·利特尔：《世界历史中的国际体系：国际关系研究的再构建》，刘德斌等译，北京：高等教育出版社 2004 年版。

[英] 伯纳德·霍克曼、迈克尔·考斯泰基：《世界贸易体制的政治经济学》，刘平等译，北京：法律出版社 1999 年版。

[英] 戴维·赫尔德、安东尼·麦克格鲁编：《治理全球化》，曹荣湘等译，北京：社会科学文献出版社 2004 年版。

[英] 戴维·赫尔德等：《全球大变革》，杨雪冬等译，北京：社会科学文献出版社 2001 年版。

[英] 赫德利·布尔：《无政府社会：世界政治秩序研究》（第二版），张小明译，北京：世界知识出版社 2003 年版。

[英] 霍布豪斯：《自由主义》，朱曾汉泽，北京：商务印书馆 1996 年版。

[英] 霍布斯：《利维坦》，黎思复等译，北京：商务印书馆 1996 年版。

[英] 马克·索尔特：《国际关系中的野蛮与文明》，肖欢容等译，北京：新华出版社 2004 年版。

[英] 亚当·斯密：《道德情操论》，蒋自强等译，胡企林校，北京：商务印书馆 1997 年版。

[英] 亚当·斯密：《国民财富的性质和原因的研究》，郭大力、王亚南译，北京：商务印书馆 1974 年版。

[英] 约翰·格雷：《自由主义》，曹海军、刘训练译，长春：吉林人民出版社 2005 年版。

[英] 詹宁斯、瓦茨修订：《奥本海国际法》，北京：中国大百科全书出

版社 1995 年版。

曹建明、贺小勇：《世界贸易组织》，北京：法律出版社 1999 年版。

曹卫东编：《欧洲为什么需要一部宪法》，北京：中国人民大学出版社 2004 年版。

陈嘉厚：《现代伊斯兰主义》，北京：经济日报出版社 1998 年版。

陈志敏、古斯塔夫·盖拉茨：《欧洲联盟对外政策一体化——不可能的使命?》，北京：时事出版社 2003 年版。

范林森译校并汇编：《西方战略经典》，北京：时事出版社 2002 年版。

方连庆、刘金质、王炳元主编：《战后国际关系史（1945—1995）》，北京大学出版社 1999 年版。

宫少朋、朱立群、周启朋主编：《冷战后国际关系》，北京：世界知识出版社 1999 年版。

国际货币基金组织：《世界经济展望》，2011 年 4 月 12 日，http：//www. imf. org。

黄河：《跨国公司与当代国际关系》，上海人民出版社 2008 年版。

黄仁伟、刘杰著：《国家主权新论》，北京：时事出版社 2003 年版。

江宜桦：《自由民主的理路》，台北：联经出版社 2001 年版。

金宜久主编：《当代宗教与极端主义》，北京：中国社会科学出版社 2008 年版。

李彬：《军备控制理论与分析》，北京：国防工业出版社 2006 年版。

李滨：《国际体系研究：历史与现状》，南京大学出版社 2000 年版。

李东燕：《联合国》，北京：社会科学文献出版社 2005 年版。

李富有等著：《国际金融学》，西安交通大学出版社 2005 年版。

李际均：《论战略文化》，《中国军事科学》1997 年第 1 期。

李良荣：《当代世界新闻世界》，北京：人民出版社 2002 年版。

李少军：《国际政治学概论》（第三版），上海人民出版社 2009 年版。

李少军主编：《国际战略学》，北京：中国社会科学出版社 2009 年版。

李巍、王学玉编：《欧洲一体化理论与历史文献选读》，济南：山东人民出版社 2001 年版。

李小牧等主编：《金融危机的国际传导：90 年代的理论与实践》，北京：中国金融出版社 2001 年版。

李振城：《苏联兴亡的沉思》，北京：改革出版社 1996 年版。

联合国跨国公司中心:《再论世界发展中的跨国公司》，北京：商务印书馆 1982 年版。

林珏:《战后美国对外贸易政策研究》，昆明：云南大学出版社 1995 年版。

刘德斌主编:《国际关系史》，北京：高等教育出版社 2003 年版。

刘江永:《中国与日本：变化中的“政冷经热”关系》，北京：人民出版社 2007 年版。

刘军宁等编:《市场逻辑与国家观念》，北京：三联书店 1995 年版。

刘鸣:《国际体系：历史演进与理论的解读》，北京：中共中央党校出版社 2006 年版。

刘中民:《论宗教对国际政治的影响》，《欧洲》1996 年第 5 期。

鲁毅等著:《外交学概论》，北京：世界知识出版社 1997 年版。

马克思:《资本论》第 1 卷，北京：人民出版社 1953 年版。

马丽蓉:《论阿里・哈迪清真寺的象征功能》，《阿拉伯世界研究》2006 年第 4 期。

潘忠岐:《世界秩序：结构、机制与模式》，上海人民出版社 2004 年版。

乔桂明等著:《国际金融学》，北京：中国财政经济出版社 2005 年版。

秦亚青编:《理性与国际合作：自由主义国际关系理论研究》，北京：世界知识出版社 2008 年版。

秦亚青等著:《国际体系与中国外交》，北京：世界知识出版社 2009 年版。

盛斌:《迟到的“千年回合”多边贸易谈判：从西雅图会议到多哈会议》，《世界经济》2002 年第 3 期。

盛红生、贺兵主编:《当代国际关系中的“第三者”——非政府组织问题研究》，北京：时事出版社 2004 年版。

时殷弘:《现当代国际关系史》，北京：中国人民大学出版社 2006 年版。

斯德哥尔摩国际和平研究所:《SIPRI 年鉴 2003 年》，中国军控与裁军协会译，北京：世界知识出版社 2004 年版。

宋则行、樊亢:《世界经济史》，北京：经济科学出版社 1994 年版。

苏长和:《自由主义与国际政治：自由主义国际关系理论的启示》，《世界经济与政治》2004 年第 7 期。

唐贤兴主编:《近现代国际关系史》，上海：复旦大学出版社 2002 年版。

涂龙德、周华：《伊斯兰激进组织》，北京：时事出版社 2010 年版。

王春萍：《国际金融学》，西安：西北工业大学出版社 2005 年版。

王福春、张学斌主编：《西方外交思想史》，北京大学出版社 2002 年版。

王缉思、徐辉、倪峰主编：《冷战后美国的外交（1989—2000）》，北京：时事出版社 2000 年版。

王洛林、李向阳主编：《2006—2007 年：世界经济形势分析与预测》，北京：社会科学文献出版社 2007 年版。

王绳祖等：《国际关系史资料选编》，武汉大学出版社 1983 年版。

王绳祖主编：《国际关系史》，北京：世界知识出版社 1995 年版。

王焱等编：《自由主义与当代世界》，北京：三联书店 2000 年版。

王勇：《国际贸易政治经济学》，北京：中国市场出版社 2008 年版。

王勇：《中美经贸关系》，北京：中国市场出版社 2007 年版。

夏立平：《当代国际体系与大国战略关系》，北京：时事出版社 2008 年版。

徐大同：《当代西方政治思潮：20 世纪 70 年代以来》，天津人民出版社 2001 年版。

徐大同：《西方政治思想史》，天津人民出版社 2000 年版。

徐耀魁：《世界传媒概览》，重庆出版社 2000 年版。

颜声毅主编：《当代国际关系》，上海：复旦大学出版社 1996 年版。

杨洁勉等著：《大体系：多极多体的新组合》，天津人民出版社 2008 年版。

杨洁勉主编：《国际体系转型和多边组织发展：中国的应对和抉择》，北京：时事出版社 2007 年版。

杨松河：《军事外交概论》，北京：军事谊文出版社 1999 年版。

杨宇光：《经济全球化中的跨国公司》，上海远东出版社 1999 年版。

余伟民主编：《世界当代史》，北京：高等教育出版社 2001 年版。

俞可平主编：《全球化：全球治理》，北京：社会科学文献出版社 2003 年版。

袁正清：《国际政治理论的社会学转向》，上海人民出版社 2005 年版。

张贵洪主编：《国际组织与国际关系》，杭州：浙江大学出版社 2004 年版。

张小明：《国际关系英国学派——历史、理论与中国观》，北京：人民出版社 2010 年版。

张旭昆：《制度演化分析导论》，杭州：浙江人民出版社 2007 年版。

张蕴岭主编：《中国面临的新国际环境》，北京：社会科学文献出版社 2011 年版。

张战、李海君：《国际政治关系中的宗教问题研究》，北京：中国社会科学出版社 2009 年版。

赵长庆主编：《"颜色革命"在中亚——兼论与执政能力的关系》，北京：社会科学文献出版社 2011 年版。

中国大百科全书总编辑委员会《政治学》编辑委员会：《中国大百科全书》（政治学），北京：中国大百科全书出版社 1992 年版。

中国军控与裁军协会：《2011 年国际军备控制与裁军》，北京：世界知识出版社 2011 年版。

中华人民共和国外交部、中共中央文献研究室：《周恩来外交文选》，北京：中央文献出版社 1990 年版。

庄晓东主编：《传播与文化概论》，北京：人民出版社 2008 年版。

索　引